[U]

大学、思想与社会

# 美国学院和大学史

[美] 弗雷德里克·鲁道夫 著

王 晨 译

First published in the English language in the United States of America
by The University of Georgia Press
Athens, Georgia 30602
Copyright ©1962, 1990 by Frederick Rudolph
"Rudolph Rediscovered" and "Supplemental Bibliography"
Copyright ©1990 by the University of Georgia Press
All rights reserved

# 译丛总序

时序兴废,学府常存,万象变幻,大学恒在。巴黎和博洛尼亚的微光,如星辰闪耀,璀璨夜空,与日月同辉,普照天下。大学,作为欧洲中世纪的机构,如今已蔚为全球的制度。

大学,作为教育文凭和学位的垄断者,曾是少数人的特权之所,如今已成为多数人成长过程的必经之地,是人类重要的生活和生存方式之一。大学,是个人、群体、国家和社会不可或缺的存在,是可持续发展的本基。

大学,在教权与王权的夹缝中诞生,如今不仅赢得了独立自由的地位,更为全人类提供最有价值的公共产品,是人才、思想、知识和科技的渊薮,是社会的轴心,是各国进行国际竞争的利器和法宝。

大学,冲决了信仰对心智的桎梏,放飞心灵,高扬理性,以思想自由引领时代,成为人类创新和社会开放的原动力,带来了人的解放和社会的进步，大学的发展也因为学术自由而生生不息。

大学给社会以深刻的影响，也时刻受到社会的浸润。大学与社会的关系并不总是一帆风顺的，两者始终在不断地相互试探和调适。今天，大学与社会深度纠缠、广泛交融，大学的社会功能、核心使命和公共信任、发展前景面临多重危机和挑战。要理解和应对这些危机和挑战，需要在大学的历史中探寻未来。

大学与社会重大变革的每一次相遇，总是围绕着生存与发展、保守与革新、价值与功用生发出激烈的争论，并表达了新的信念、观念和理念，而时代精神和社会思潮则像幽灵一样附体于大学理念。正是人文主义、启蒙思想、浪漫主义、实用主义、后现代主义等划分了大学思想演进的段落。

大学已成为众多学科研究的对象，高等教育学、社会学、经济学、历史学、地理学、城市学、政策学等学科的著述汗牛充栋。在国际学术界，"批判大学研究"（Critical University Studies）已提上日程，"大学学"呼之欲出。

中国有悠久昌隆的教育传统，但大学是一种欧洲制度，今天中国大学正向世界一流迈进，我们需要更为深入地认识和理解大学，认识大学与社会的关系，理解大学的思想。因此，我们与商务印书馆策划和编译了"大学、思想与社会"译丛。

这套译丛试图突破学科界限，汇聚史学、社会学、教育学等不同学科的学者对大学、思想与社会关系的思考，从多个维度帮助我们认识大学与国家、社会的关系的演变，了解当代大学面临的挑战，思考大学未来的发展之道。译丛分为四个专题：一、大学的历史与基本理论；二、不同时期的大学、国家与社会关系的演变；三、"二战"以来的大学与社会；四、当代大学之思与大学的未来。译丛所选之书均为相关论题的经典之作，兼顾学术性、思想性与可读性，期冀对当代大学发展有所启示，也诚望学界和出版界同仁给予指导和批评。

北京大学　沈文钦

清华大学　叶赋桂

北京师范大学　王　晨

2022 年 9 月

# 译者序

虽然弗雷德里克·鲁道夫自己在《美国学院和大学史》书后的《美国高等教育史学史》中将美国高等教育史的编撰起点追溯至1887—1903年由约翰·霍普金斯大学的赫伯特·巴克斯特·亚当斯指导编写的"美国教育史丛书"中的高等教育史著作，如《威廉玛丽学院》（1887）、《托马斯·杰斐逊与弗吉尼亚大学》（1888）、《美国联邦和州高等教育资助史》（1890）、《美国师范学校思想的兴起与发展》（1891）、《本杰明·富兰克林与宾夕法尼亚大学》（1893），以及亚当斯的《美国学院和大学史研究》（1887）等；而且在此书出版之前，也有查尔斯·特温的《美国高等教育史》（1906）、约翰·布鲁巴克和威利斯·鲁迪的《转型中的高等教育：美国历史（1636—1956）》（1958）等著作面世，但《美国学院和大学史》依然被认为是一部具有开创性的全面考察美国高等教育史的阐释性著作，它也因此成为美国高等教育史学术热潮兴起的经典标志。约翰·塞林在1990年为该书撰写的《导言》中赞扬该书确立了高等教育史的知识体系，或者说研究领域，因此处于美国高等教育研究的中心。

20世纪60年代，美国高等教育史学术热潮的兴起有其深刻原因。美国高等教育史研究最早可以追溯到19世纪末20世纪初。最初，其研究主要有两类，一类是联邦政府部门资助的研究，一类是校友和教育工作者开展的研究。联邦政府部门资助的研究主要通过联邦教育局进行，其1887—1903年发布的《信息通告》约请了相关学者针对政府感兴趣或要解决的现实教育问题提供相应的咨询报告，其中就含有对高等教育的历史研究。此类研究虽然也产出了一些具有价值的成果，但也存在一些问题。比如，其研究的关注点基本在于对当前行动给出的必要建议，因此，其历史研究往往是描述性、背景性或从属性的，总体而言缺乏历史感，即缺乏历史的问题意识和分析批判意识。研究者很少会从历史探究或问询的角度提出像弗雷德里克·鲁道夫那样的问题——"美国的学院和大学是如何以及为何成其所是的，这带来了什么样的后果？"而其研究主题也往往局限于与政治相关的教育主题，现实而细微的问题和客观史实性的内容占据了研究主流，这使得研究的可能性受制于现实，既难以拓展，也很容易枯竭。

校友和教育工作者开展的研究也有类似的问题，院校史研究往往缺乏问题意识，更多的是对院校发展历史事实的描述，或者是由校长或董事会自上而下确定框架之后撰写的奉承性或赞美性著作，而不是批判性或解释性著作，因此具有局限性，并不能被称为

美国学院和大学史

"善史";教育工作者的教育史研究则过于注重现实问题的解决,将历史看作是当前工作方案的灵感来源和行动的指南要素,而没有从历史本身去理解教育的发展,因此,高等教育史研究就不具备自身的合法性和重要性,也难以获得自足的发展动力。对此,鲁道夫在书后做了一个简要而明确的总结:"上述研究者大都对高等教育的当前发展和现实问题更感兴趣,而不是去理解过去、寻求历史经验。数据统计常常用来代替分析,尽管有历史性的标题,但作者很少把自己的研究看作是对美国历史的研究,而是首先将其视为对美国教育的研究。"

这种情况在第二次世界大战之后,尤其是在20世纪60年代之后有了极大的变化。从上述研究开端可以看出,美国早期高等教育研究是以解决自身发展问题为其主要导向和特征的,而随着国力的发展和教育的进展,60年代之后,美国高等教育研究则显然开始进入总结经验以保持领先地位的阶段。其核心转向回答"为什么美国社会能借助高等教育得到良好的发展""美国高等教育发展到如今这般地位和规模并发挥重要价值和作用的原因是什么"诸如此类的问题。

这种变化至少引出了美国高等教育史两个层面上的研究进展。

一是回到历史本身,以历史维度来看待美国高等教育的发展。此时,美国的历史研究也面临着方法的转变和领域的扩大,社会史、文化史等新史学研究成为重要内容。高等教育作为美国社会的重要组成部分和发展的重要动力,在现实和意识中都得到了共识性的重视和认可,高等教育作为美国历史研究重要主题的条件已然成熟。

译者序

探讨学院和大学发展史并辨明其在知识观念的创建、雅俗品位的形成乃至在美国社会和生活中扮演了怎样的创造性角色成为历史研究者的任务之一。当然，这一问题庞大而复杂，其衍生的论题涉及不同时期的教育、政治、经济、宗教、族群、文化、思想等，需要探讨的内容非一时一人所能竟成，但其研究显然已经越出了教育问题解决的框架边界，而进入了一片别开生面的历史疆域，并催生出了高等教育史学家这一群体，这也是鲁道夫对学院和大学中学生团体活动以及美式足球运动的研究被认为具有开创之功的原因所在。

二是对美国高等教育的世界领先地位或中心地位确立的历史原因的探究及其社会影响的研究。该研究趋势的突显既展现了历史条件和现实情形的推动，也体现了美国历史学者主动探究建构的意识倾向。美国建国之后一直重视国家利益和国家认同，并通过历史研究形成了多种历史叙事，以此来进行强化。在20世纪初，基于美国自身社会特点和实际需求，结合英国和德国大学模式的优点锻造发展出美国式大学并逐渐成为典型的美国体制和社会的主要动力之后，美国高等教育也逐步纳入了此类历史叙事之中。美国高等教育的成功秘诀以及它与国家崛起、社会发展的关系成为探究的核心。还记得在密歇根大学高等教育研究中心访学时的一次课上，一位教授在授课言谈中提及："在座的诸位（留学生居多），你们认为美国高等教育成功的原因是什么？"一位来自中东的同学笑答"是因为有钱"，教授摇头否认，认为其成功的根本因素是学术自由。且不论这两种观点谁为正确，或许都不可偏废，但此种在课堂中以展现常识的姿态揭示美国高等教育的中心地位及其发展优势的内在本质的思维却是深深地渗透在美国高等教育教学和研究的日常之中的。

鲁道夫的《美国学院和大学史》作为开创性的美国高等教育史经典阐释性著作，在上述两个方面都有其独到的贡献和建树。

在历史本身的探究方面，鲁道夫的主要贡献在以下两点：一是从微观的视角，用细腻的笔触描述和揭示了美国的学院、大学与社会的交织和互动。这是他以社会史的方式对本书核心问题的回答。他对殖民地学院创办时的政治管制模式、宗教结构和意识、社会需求和时代精神、绅士群体的观念和行动等因素进行了分析，并探讨其对各学院的结构和特征带来的影响；在探讨民主、科学对学院和大学的影响的过程中，他对美国社会的特性、政治进程的演变、阶层结构的变化、国家认同意识的凝聚、公众意识的更新、知识生产和应用的变革、跨大西洋两岸交流等内容进行了分析，并探讨了其对高等教育机构内的招生、课程、研究、管理、教授职业、学院生活方式所带来的影响；此外，他还探讨了大学运动兴起时国会、州政府立法，商业文明，慈善观念，富豪群体，校长群体，基金会等社会团体所发挥的作用。从这些我们可以清晰地看到这种特性。显然，这一特性的渗透不仅仅限于上述主题，读者诸君可以在阅读本书时慢慢体认其中所蕴含的这一研究特性。

在这方面的第二个贡献则是鲁道夫对美国高等教育史中某些主题的扩展性研究。其中，学生团体、课外活动、体育运动（尤其是美式足球）等内容的纳入无疑已经成为鲁道夫高等教育史研究的标志性符号。除此之外，在对教授职业兴起的探讨，对学院生活方式的探究，对宗教与高等教育机构关系的揭示，对学习动机变迁的刻画，对科学技术、大学与社会三者互动的解释，对新大学组织结构体系变革的观察等方面，鲁道夫都有较为深入的研究和自己独到的看法。而且，除了自身展开研究之外，他还在书后的文献综述中描绘了可资进一步研究的薄弱或空白之处，如教派与学院的关系、初级学院、女性高等教育等，而这些已然成为20世纪后半期美国高等教育研究的热点。

在探究美国高等教育中心地位确立的原因及其社会影响方面，鲁道夫则是在论述中提出了一些分析性或解释性的论断。例如，他将殖民地学院的出现这一美国高等教育的起源视为出于某种目的的有意设计，而不是偶然的事件或冲动的结果，并认为这是传统精英绅士坚决拒斥"先驱者偏见或拓荒者价值观"的结果。这种精英目的论的教育理想解释无疑赋予了美国高等教育的起源一种神圣色彩，而且给予了其起源与美国的国家起源不一样的源头，从而为其多样性、整合性叙事奠定了基础。又如，他在分析19世纪传统学院在生存和革新的拉扯中逐步转向新式学院时，认为杰克逊式民主的平等观念和行动是其中的关键，正是它们引发了根本性的社会变化和高等教育的内在变革，铸就了学院和大学的美国特性的基石，它们被刻在基因中并延续到现在。再如，在探讨美国式大学逐渐发展成熟的过程中，他将美国社会中各种力量对高等教育多元主体式的参与、融合和制衡机制作为美国大学发展的核心要素，并进行了生动的叙述。当然，基于美国及其高等教育优势特性的理解和揭示也不止上述三点，其散落在书中的诸多论断也需各位读者细细品味和甄别。

在对这两方面研究的体察当中，我们可以清晰地认识到，这两个方面实际上是紧密结合在一起的，二者互为释证：对美国高等教育中心地位的论证从社会史本身的研究当中获得了坚实的基础，而社会史研究也因为高等教育中心地位的揭示而再次获得或确认了宏大历史叙事的意义和价值。

但值得注意的是，鲁道夫并没有因上述探讨而丧失了历史批判的力量。在对美国学院腐朽没落状态的揭示，对其变革缓慢和保守方面的批评，以及对 20 世纪新型教授职业化和大学及学科科层化、组织化所带来的弊端的批判方面，他都保持了深刻的洞察力。在面对自由教育和专业教育的矛盾、数量和质量的矛盾、学院方式与大学模式的矛盾等各种张力时也保持了清醒的立场。

正是上述因素的共同作用，使得鲁道夫的著作成为美国高等教育史研究的经典著作之一。

在我们现有学科的专业建制和知识体系结构中，高等教育史是一个相对细分和新兴的领域，但近年来这一领域逐渐从学术视野的边缘移向了更为中心的位置。在现代社会中，大学不再仅仅被视为延续旧体制的途径或孤独的知识之光，而被视为社会的轴心机构之一，发挥着人才培养、科学研究和社会服务等各种功能。这些功能之所以能够存在并得到认可，其核心在于大学被确定为不断探究、发现、传播和捍卫真理的基本社会结构，体现了人类社会的整体利益和中心价值之一。高等教育的本质使命、最终目的和内在生命，大学和学者的自我形象的核心均立足于此。

译者序

但这一基本结构的确立和轴心地位的获得绝不是轻而易举的，也不是自然而然的，更不是不可撼动的，其中充满着学者志士的斗争、坚守、失败和牺牲，也随时能看到大学地位和真理价值得而复失的危险。

因此，从整体的高等教育历史，包括中外各国的学院大学史中进一步理解人类探究真理的历史，了解其在不同时空中有何不同历程和经验教训无疑更有助于找到高等教育发展和社会进步的内在机制，从而明白探究真理的曲折与不易，也期待人类社会和探究真理的事业能在教育历史的研究审察之中取得更大的进步。

王　晨

2023年8月15日初稿于安村

2023年11月23日定稿于英东楼

献 给

玛尔塔和莉萨

# 目 录

导言：重新发现鲁道夫 ......... *1*

前言 ......... *19*

第一章　殖民地学院 ......... *23*
第二章　革命的遗产 ......... *45*
第三章　学院运动 ......... *67*
第四章　宗教生活 ......... *93*
第五章　学院方式 ......... *113*
第六章　改革与反应 ......... *139*
第七章　课外活动 ......... *165*
第八章　学术与权力的平衡 ......... *185*
第九章　资助学院 ......... *207*
第十章　杰克逊式民主和学院 ......... *233*
第十一章　19世纪50年代的危机 ......... *253*

第十二章　新时代的黎明 ……… *273*

第十三章　大学的兴起 ……… *297*

第十四章　选修制原则 ……… *321*

第十五章　女子教育 ……… *343*

第十六章　大学运动的兴盛 ……… *367*

第十七章　进步主义与大学 ……… *395*

第十八章　美式足球运动的兴起 ……… *413*

第十九章　学术人 ……… *437*

第二十章　组织化的院校 ……… *461*

第二十一章　对革新的抗拒 ……… *485*

第二十二章　美国共识 ……… *507*

尾声 ……… *527*


参考文献 ……… *541*

参考文献续编 ……… *567*

索引 ……… *577*

# 导言：
# 重新发现鲁道夫[1]

不得见才更想念。自从 1986 年弗雷德里克·鲁道夫的《美国学院和大学史》(*The American College and University: A History*) 一书绝版以来，高等教育史家们便一直深受脱销之苦。在过去的四分之一世纪里，讲述美国大学遗产的课程莫不将鲁道夫此书视为核心。对于绝大多数主持教育史研讨班的教授而言，书的绝版意味着"坏运气"，他们会为下学期该预订何种教材感到恐慌。在这个"生

---

[1] 本文的缩写版曾以《追随鲁道夫的生命》("Life after Rudolph")为名，作为回顾弗雷德里克·鲁道夫的《美国学院和大学史》专论的内容之一发表于《高等教育评论》(*Review of Higher Education*，第 13 卷第 3 期，1990 年春，第 411—415 页)上。感谢《高等教育评论》主编杰克逊·纽厄尔（L. Jackson Newell）允许我将此文从专论中抽用于此，也感谢大卫·韦伯斯特（David Webster）允许我转述和回应他在专论文章中的观点。弗雷德里克·鲁道夫慷慨地提供了他的私人信件并花费宝贵时间回忆了其著作出版时的种种事项，我特别感谢他亲密无间的合作。

活中没有鲁道夫"的时期，每年夏天我都会去各地的大学书店"朝觐"，讨求并搬运二手书，以备研究生新生阅读。因此，佐治亚大学出版社重印这本经典著作无疑是件值得庆贺的事，这也使我们深切认识到以下两点：一是这本书已逐渐成为高等教育研究的中心，二是高等教育史的知识体系是从1962年《美国学院和大学史》首次出版时开始确立的。

但庆贺之意带来的误导则是，当前的读者会理所当然地认为名著之所以成为名著是早已注定的。当我看了三十年前的通信和商谈记录后，发现《美国学院和大学史》的情形并非如此。例如，我们不能忽视鲁道夫的研究申请曾被一家主流的研究基金会拒绝，也不能忽略同事们在1960年对他的尖锐批评，前者认为他对校际体育运动的关注不能被称为严肃的历史研究。尽管这本书一直享有好评，并且精装本和平装本都大卖，但鲁道夫自始至终都是一位谦逊的学术英雄，今时今日的他与在1958年从事该研究写作时的他一样谦卑。这些隐含在历史研究特定层面的线索，在一般的纪念文集中是看不到的：我们往往对历史学家如何开展工作知之甚少。除了柯蒂斯（L. P. Curtis）1970年的选集《历史学家的工作坊》（*The Historian's Workshop*）之外，很少有作品可供我们一窥历史学家的手艺。

## 背景：高等教育知识体系的形成

讽刺的是，这本成功的书起初并没有被视为一本书；当然，它最初也没打算成为一本教材。在1956年耶鲁大学出版社出版了鲁道夫研究威廉姆斯学院的学院理想的历史著作《马克·霍普金斯和小木屋》(*Mark Hopkins and the Log*)[1]之后,编辑们开始敦促他考虑为普通读者写一本介绍美国学院历史发展脉络的书。鲁道夫最初回复说,他缺乏写作这样一本高等教育"通"史所需的"宏观"背景。在关于美国高等教育史的研究计划被一家基金会拒绝后,他最终在1958—1959年因获得古根海姆学者奖而得到了对学院和大学背景进行研究的机会。当他在国会图书馆开展本书的相关研究时(时任马萨诸塞州参议员的约翰·F.肯尼迪[John F. Kennedy]为其安排了一间研究室),受哈佛教育研究生院院长弗朗西斯·凯佩尔(Francis Keppel)之邀,为研究生院开发并讲授了一门美国高等教育史课程。因此,计划中的背景性研究就变成了一系列的课程讲义。这一课程开设于1960—1961学年,主要面向修读哈佛教育学硕士项目(master of arts in teaching)的研究生。

恕我多言,再赘述一下众所周知的历史。《美国学院和大学史》于1962年由阿尔弗雷德·A.克诺普夫(Alfred A. Knopf)出版,

---

[1] 马克·霍普金斯1836—1872年任威廉姆斯学院校长,他坚持传统的学院教育方式,强调宗教虔诚和道德甚于强调理性,注重家长式和个别化的师生关系以及自我教育,从而成为传统学院教育理想的著名代表之一。威廉姆斯学院著名的毕业生,美国第20届总统詹姆斯·加菲尔德认为马克·霍普金斯代表了真正的教师的价值。他说:"给我一间小木屋,里面就放一条长凳,让马克·霍普金斯坐在一头,而我坐在另一头就行,而你可以拥有除他以外的所有大楼、设施和图书馆。"自此,小木屋和各自坐在长凳一头的师生意象就成为传统学院教育的典型符号。鲁道夫正是以此为名撰写了威廉姆斯学院在马克·霍普金斯任期内的院史。——译注

导言:重新发现鲁道夫

随后就得到各种学术期刊和全国性媒体的好评，后者包括《纽约时报》和诸如《星期六评论》《哈珀斯》《大西洋月刊》等综合性文化杂志。在过去的四分之一世纪里，这本书卖出了 5.5 万册。《美国学院和大学史》最初的成功使鲁道夫被当成了专家，高等教育界的领导者们也对他表示敬意——他们秉持的逻辑是，一个对学院和大学的过去有这么多了解的人，当然很适合解决当前的大学问题。因此，他收到了一些邀请，将他列为大学行政职位的候选人。而且，他的著作推动高等教育成为一个研究领域，以至于一些主要的研究型大学的教育研究生院开始讨论对他的教职任命。然而，鲁道夫既不认为自己是一名大学管理者，也不认为自己应该去教育研究生院担任教授。他同时拒绝了这两个选项，而是坚持自己最初的职业——他称之为"教师学者的生活"，而威廉姆斯学院使这种生活成为可能。

鲁道夫此书的出版恰逢高等教育研究热潮的兴起。经济学家霍华德·鲍恩（Howard Bowen），心理学家内维特·桑福德（Nevitt Sanford）和罗伯特·佩斯（C. Robert Pace），社会学家大卫·里斯曼（David Riesman）、马丁·特罗（Martin Trow）和伯顿·克拉克（Burton Clark）以及经济学家兼大学管理者克拉克·克尔（Clark Kerr）等知名学者和有学术影响力的人，撰写了关于美国学院和大学不同方面的时段性或普遍性的著作。毫不夸张地说，正是他们和他们的同事使得高等教育在 1960—1965 年真正成长为一个多学科、跨学科的学术研究领域。而对于与高等教育密切相关但又比较独特的教育史研究领域，20 世纪 60 年代早期也是一个充满希望的时期。阿默斯特学院的休·霍金斯（Hugh Hawkins）、约翰·霍普金斯大学的威尔逊·史密斯（Wilson Smith）、哥伦比亚大学的理查德·霍夫施塔特（Richard Hofstadter）和劳伦斯·克雷明（Lawrence Cremin），以及威斯康星大学的默尔·博罗曼（Merle Borrowman）等一流的"主流"历史学家将学院和大学视为美国社会史的组成部分，并长期保持密切关注。所有这一切都使鲁道夫和其他人相信，那些将历史和教育融合在一起的人能够在大学体系中占据一席之地。事实上，威尔逊·史密斯1961年发表在《哈佛教育评论》上的一篇文章——《美国教育的新历史学家：肖像解读》，也确实描绘了一个令人兴奋的进程。在学术期待和学术激励日益兴盛的气氛下，鲁道夫的工作帮助实现了这一进程。

## 贡献和特点

在仔细重读《美国学院和大学史》之后，我认为，鲁道夫对我们关于学院和大学的思考有以下四点意义深远的贡献。首先，在大胆强调高等教育史中的学生生活时，他开创性地为课外活动研究提供了一个分析框架，这个框架超越了他所描述的特定时期和特定案例。虽然他特别关注19世纪和20世纪早期的文学社团、福音派团体、辩论队、美食俱乐部和运动队，但是其研究的真正意义在于发现了一种边缘模式（the residual pattern）：这些为了学生或由学生创立、试图渗透进学生生活圈层的活动都处于正式的学习课程之外；即便一些成功的活动往往也会遭受官方的制裁或废除，但是，对此类"叛逆"活动的坚持最终会获得教师和行政部门的默许，甚至是正式批准。正是这种分析使得历史撰写从"简单描述"变成了一种有力的工具，历史学家及其他社会和行为学科的学者也得以用此进行后续研究。

与课外活动研究相关的第二点贡献是，鲁道夫决定用一章的篇幅来介绍校际体育运动。本书的第十八章《美式足球运动的兴起》将一项校园活动与美国的流行文化和组织化行为联系了起来，成为此类研究的典范。一个可能因次要或无聊而被忽视的主题，由于鲁道夫的深刻洞见和精彩演绎，转而成为正式话题，成就了生动活泼的著作。

第三点贡献则是，鲁道夫就20世纪60年代所涉及的一些主题为高等教育学者描绘了探索的前景。他的《尾声》将1960年前后的一些事件、报告和趋势融入了历史撰述中，但这一文献却未被充分重视。他引用了最新的联邦政府文件、基金会的研究和委员会的报告，这些报告涉及在大众化时代对高等教育质量和规模的权衡。他对1950—1960年的大学生的课外活动的强调，事实上提前多年预示了20世纪60年代末、70年代初大学管理者和大众媒体对学生骚乱的关注。

最后一个彰显鲁道夫此书突出地位的特征是其书后的参考文献。更准确的描述应该如其小标题所示，《美国高等教育史学史》。如前所述，这一部分所展现的洞见和学术勇气也未得到应有的激赏。鲁道夫敢于拒绝如下的简单观念，即教育史长期以来被认为是"老校友"和"职业教育家"的地盘。不仅如此，他还吸引人们重新关注这一丰富的学术遗产，而此前它已经被整整一代历史学家有意无意地忽略了。在此过程中,他除了温和地责备学者们的疏忽之外,还为高等教育的整体图景提供了一个综合的、周全的指引,以助"历史学家重回"美国学院和大学的研究中。

## 对鲁道夫的修正:19世纪的校园

当一部作品被推崇为经典时,誉之所至,谤亦随之。在重建此书撰写和出版之际的情节时,需要记住的是,鲁道夫对他所删略主题的敏锐感受。他在《前言》中直言不讳地指出,他并不寻求撰写一部权威的高等教育史,而是把注意力放在了如下问题上:"美国的学院和大学是如何以及为何成其所是的?这带来了什么样的后果?"即便如此,他还是警告读者:"大学本身也还没有积累足够的历史文献资料以支撑撰写多卷本的权威性著作。"

在鲁道夫的解释中,如果存在一个最需要修正的领域,那么这个领域应该就是对19世纪美国大学校园的描述。在20世纪70年代,一些历史学家,如大卫·波茨(David Potts)、休·霍金斯、詹姆斯·阿克斯特尔(James Axtell)、科林·伯克(Colin Burke)和大卫·奥尔门丁格(David Allmendinger),运用历史数据重新研究了20世纪的社会史和制度史,对"挣扎中的小学院"这种漫画式图景提出了质疑。对这一图景的典型描绘如下:学院由一个教派控制,让一群穷途末路的临时教师充任职员,被垂死的"古典"课程所束缚,并深陷于一群准备不足但又不情不愿的青少年学生中,而且他们的数量还在不断减少。关于这一主题新的拓展性研究指出了学院的多样性,在多样性这一状况下，地方主义、"推广主义"与教派主义共存，都成为学院发展的基础。最重要的是，随后一代的历史学家经过仔细观察，发现有证据表明，"停滞不前的学院"与"蓬勃发展的大学"的二分法，与其说澄清不如说混淆了19世纪后半叶美国高等教育的阶段性特征。基于理查德·霍夫施塔特和沃尔特·梅茨格（Walter Metzger）的努力，到1975年时，这些修正更新和充实了鲁道夫勾勒出来的高等教育图景。在关注美国公立学校系统的延续性和变革问题的教育史学家中曾爆发过一次恶毒的论战，史称"学校大辩论"（Great School Debate），与之相比，对高等教育史的修正的讨论相对温和与理性。有趣的是，20世纪70年代一些持修正主义观点的高等教育史学家认为鲁道夫高估了19世纪早期大学生的精英主义，这反而为重新解释时突破常规思路提供了一个新方向。

即便在庆祝《美国学院和大学史》再版之时，我们也不应该拒斥批评。大卫·韦伯斯特在1990年春季出版的《高等教育评论》中对鲁道夫的书进行了富有洞察力的回顾，其中亦包括对其局限性的质疑：该书强调的是传统校园；过分关注19世纪的学院，对"二战"之后的时期则相对忽视；对学生和课外活动的关注阻碍了对其他重大问题的研究；过于依赖院校史；忽视人口结构和统计数据。最后，鲁道夫的写作风格被描述为过度的逸事化和娱乐化。这些问题引人反思，并且基于学术论争的精神，它们也应该得到回应。

**鲁道夫对传统校园的强调：** 鲁道夫对田园诗般风景优美的寄宿制美国校园的喜爱符合大多数学生的期望，也满足了公众的情感诉求。亨利·塞德尔·坎比（Henry Seidel Canby）在其著作《母校：美国学院的哥特时代》(*Alma Mater: The Gothic Age of the American College*, 1936）中指出，在世纪之交，"年轻的学院，无论它们是'州立'的还是'私人捐设'的机构，都将自己的生活和抱负建立在老学院的模式之上，这些老学院通常位于东部，从最好的中学招收学生，并从最富有或最有教养的阶层获取资源"[1]。新兴的城市院校要想在大众和学生对"大学"的想象中获得"真实而确定"的认可，无疑面临一场艰苦的战斗。新建的芝加哥大学首任校长威廉·雷尼·哈珀（William Rainey Harper）的例子堪称典型，埃德温·斯洛森（Edwin Slosson，1909）和劳伦斯·维齐（Laurence Veysey，1965）都认为，哈珀痴迷于让位于城市中的芝加哥大学在"变新"的同时显得"更老"。历史学家艾伦·内文斯（Allan Nevins）的研究《州立大学与民主》（*The State Universities and Democracy*）进一步阐释了上述方式，他认为新的公立高等教育机构寻求在这一方式中获得大学校园的身份和合法性："这些新院校面临的更为艰巨的任务是创造一种氛围感、传统感和历史感。对于敏感的学生来说，这些可能会发挥重要的教育作用。这需要时间，需要对文化价值的持续关注，也需要校园景观和建筑的独特美感……这种精神上的优雅是州立大学无法迅速获得的，但它们一直在增益它。"[2]

---

[1] Henry Seidel Canby, *Alma Mater: The Gothic Age of the American College* (New York: Farrar and Rinehart, 1936), xi.

[2] Allan Nevins, *The State Universities and Democracy* (Urbana: University of Illinois Press, 1962), 82.

导言：重新发现鲁道夫

几十年后，这种竞争还在继续，纽约城市学院（City College of New York）的校长约翰·芬利（John H. Finley）在发起从1903年持续至1910年的长期募捐时就是以此来说服他的学生的。他说，他们位于市中心的走读学院可能有一天会"闪耀着真正的学院生活的光芒"。[1] 当德怀特·艾森豪威尔（Dwight Eisenhower）于1953年访问达特茅斯学院时，他惊呼道："这就是为什么我一直认为一所学院该是这个样子！"——这一有趣的观点可是来自一位刚刚担任过位于纽约的哥伦比亚大学校长的人。第一代大学生的移民父母与他的看法一模一样。以住在工业胜地新泽西州的菲利普·罗思（Philip Roth）一家为例，在20世纪40年代后期，他们被巴克内尔大学（Bucknell University）那田园般的校园所吸引，并坚持认为风景优美的校园很重要。[2] 如果鲁道夫对文理学院校园的迷恋是"错误的"，那么他就会有很多"同犯"。一个重要的历史背景是，现存的校园建筑中大约70%是1965年以后建造的，这意味着校园设计已经发生了很大的变化。[3] 危险在于，我们用来指责鲁道夫犯错的事实，并没有考虑到在1962年开始出现的被称为"新马斯克维特"（neo-Muskovite）的院校建筑风格，也忽视了当时寄宿制校园设计是以历史复兴主义的某些变体为特征的，而在鲁

---

[1] Marvin E. Gettleman, "John H. Finley at CCNY, 1903 to 1913," *History of Education Quarterly* ( Winter 1970 ), 427.

[2] Philip Roth, "Joe College: Memories of a Fifties Education," *Atlantic Monthly* ( December 1987 ), 41-61.

[3] S. Williams, "The Architecture of the Academy," *Change* ( March/April 1985 ), 14-30, 50-5.

道夫撰写本书时，这些恰恰是一种常态。

批评者指出，鲁道夫的研究几乎没有涉及工程学院、社区学院、师范学院、天主教学院和黑人学院，这是正确的。这样的处理与其说是忽视，不如说是出于聚焦的需要。正如上文亨利·塞德尔·坎比所指出的，即使是这些新的特定院校也是以老学院的形象来塑造自己的——或者试图将自己嫁接到大学模式中。另一个问题则有助于回答为什么鲁道夫很少讨论社区学院：当鲁道夫撰写本书之时，有没有关于美国社区学院的一流的通史性著作作为二手资料供他参考？我认为没有。社区学院作为普及性院校要到20世纪60年代才真正兴盛起来；事实上，即使在加州这样的大型公共高等教育系统中，"初级学院"（junior college）一词的使用仍然很普遍。因此，在他的研究结束之后，指责他没有很好地处理这样一个庞大的、尚未得到充分研究的主题，这样说公平吗？

**鲁道夫对19世纪学院的过度关注**：在鲁道夫撰写此书时，对19世纪的学院的研究还是比较前沿的。他对这一主题的探讨是更大研究计划的一个组成部分，目的是将美国高等教育的历史研究从对殖民地时期的关注中解放出来。这种主题概念的平衡和转换在今天可能被认为是理所当然的，但在20世纪50年代后期却并非如此。鲁道夫还指出，19世纪作为学院创立和建设的世纪尤为重要。

更为棘手的是，在鲁道夫的书出版很久之后，我们对"二战"后美国高等教育史的研究依然甚少。克里斯多弗·詹克斯（Christopher Jencks）和大卫·里斯曼的《学术革命》（*The Academic Revolution*，1968）抓住了20世纪美国高等教育的主要议题，但这部作品更像是历史社会学著作而不是社会史著作。大卫·莱文（David O. Levine）的《美国学院与志向文化》(*The American College and the Culture of Aspiration, 1915-1940*, 1986）以其独特的学术探索和卓越的学术成就而引人注目，作者试图确立一种综合性的历史叙述，广泛地描绘和阐释第一次世界大战后各类院校的发展和高等教育的各种问题。

**鲁道夫相对忽视"二战"之后的时期**：确切来说，这一批评指出了该书的局限性，但这并不能算作一个错误，所以这个批评也许过于严苛了。鲁道夫在《尾声》中对诸如经费、使命、扩张、奖学金和招生等在20世纪60年代很重要的关键主题都进行了清晰又极为凝练的评论。他对1947—1960年出版的主要的委员会报告和基金会研究进行了很好的总结，并强调"数量和质量"的平衡将会是未来几十年里的核心政策议题。他评论道："数量问题不仅仅关乎数量，也关乎目的。"理解鲁道夫1962年对"二战"后的时期的评论的一个好方法是，他撰写的《尾声》预示了克拉克·克尔在1963年的著作《大学之用》(*The Uses of the University*）中提出的观点。

**鲁道夫只关注学生和课外活动**：第九章《资助学院》的内容显然就是对这一批评的反驳。对于现代大学而言，鲁道夫的第二十章和第二十一章[1]——《学术人》和《组织化的院校》，分别明确地处理了学术自由、学科、学系和学术职业的出现，以及院校结构及其

---

1 原文如此，对应的应为第十九章和第二十章。——译注

治理发展等问题。与批评相反，这两章是劳伦斯·维齐《美国现代大学的崛起》(The Emergence of the American University)一书的前奏，该书直到 1965 年才出版。

**鲁道夫过于依赖院校史**：从事实的角度来讲，鲁道夫确实非常依赖院校史，并将其作为二手资料的来源。但这一批评具有误导性，因为这一说法抹煞了他对这些"家史"的精挑细选和巧妙运用。无疑，他很警惕院校史的局限性，在将它们作为具有批判性和解释性的"善史"上持谨慎态度。令我印象深刻的是，他阅读了几十本甚至数百本这样的著作，并仔细挑选情节和插图，然后融入自己的整体解读中。总而言之，他应该受到赞扬，因为他没有"轻信"在此类作品中占主流的经过净化的圣徒传记。就我个人而言，我很感激他能够爬梳剔抉、披沙拣金，从这些庞杂的二手资料中寻选出大量的好案例，从而使我不必通读这些"家史"。

在这一批评中，我还发现了另一个令人困惑的矛盾之处。即在指责鲁道夫过于依赖官方院校史的同时，却认为他忽视了大学的校长和管理者们。对于院校史，我的感受是，尽管它们通常出于老校友之手，但其提供的学生生活信息相对较少。这类著述往往有一个系统的概念化方案，而方案则是由校长和董事会确定的，院校史就是这样自上而下写定的。鲁道夫令人钦佩之处在于他在运用这些院校史材料的同时却没有被它们所左右，他应该因此得到赞扬而不是批评。

**鲁道夫的研究忽略了对人口结构和统计数据的分析**：有评论认为，鲁道夫没有将大学史与人口趋势和统计数据结合起来，而后两者对于社会史研究来说非常关键。虽说鲁道夫不是一位计量经济史家，但我还是想为他辩护一下：在某些重要的地方，他的解释确实是以统计数据为基础的。《尾声》就是一个很好的例子，他在此讨论了"二战"后美国高等教育的伟大政策承诺：

> 还有哪个国家能够通过学院和大学招生的统计数据来呈现教育机会的迅速普及化？1870年，美国高等教育机构共招收了5万多名青年男女，一百年后，仅纽约城市大学的招生人数就几乎是这个数字的4倍了。1870年，18—21岁的适龄人口中只有1.7%进入了学院和大学，到1970年，18—21岁的适龄人口中有一半进入了学院。1960年，约有350万青年男女进入高等教育机构，到1970年，这个数字将翻倍。1876年，美国有311所学院和大学，到1960年则有2026所。

鲁道夫还运用统计数据作为背景来回溯历史。在第十章《杰克逊式民主和学院》中，他分析了19世纪早期学院入学人数的下降，从定量角度讨论了学院课程吸引力低这一定性问题："统计数据显示，在新英格兰，学院中学生的实际数量和占人口的比例都在下降。"他继续说道：

> 1860年之前，美国有超过700所学院倒闭。何以至此呢？例如，在1850—1866年，55所天主教学院成立，其中25所在1866年被放弃。在坚持办学的学院里，情况也

好不到哪里去。1846年，在拥有50万人口的纽约市，两所学院总共招收了247名学生。1848年，在成立了二十多年的拉法耶特学院，出现了董事会成员多于学生的窘况。1853年，俄亥俄州同样有二十年办学史的丹尼森学院只毕业了65名学生。1859年，俄亥俄州22所学院的平均入学人数为85人。1860年，哈佛的毕业人数第一次达到100人。

可能有人会说，鲁道夫的统计数据此后已被"更好"的数据取代了。的确，当代的高等教育史研究，从像西摩·哈里斯（Seymour Harris）1972年为卡内基委员会编写的《高等教育统计概览》（*A Statistical Portrait of Higher Education*）或科林·伯克在历史统计学方面的重要研究《美国学院人口：对传统观点的检验》（*American Collegiate Populations: A Test of the Traditional View*）等此类著作中获益良多。伯克修正的统计数据为重新估量19世纪学院的脆弱性和死亡率提供了充分的证据，但在1962年时，鲁道夫可没有像哈里斯或伯克所写的这样的书可供参考。因此，这种情况与其说是鲁道夫的研究有所疏忽的表征，不如说是对学者们的后续研究（以及研究方法）所产出的优秀成果的赞扬。

**鲁道夫的写作风格是逸事化和有趣的**：诚然，鲁道夫必须承认自己是一位活泼有趣的作家。这应该得到感念而不是抱怨，因为他那令人耳目一新的散文化表达方式，是乔治·凯勒（George Keller）

导言：重新发现鲁道夫

所称的"书面语（Bibliospeak）——高等教育新语言"[1]的解药。大卫·韦伯斯特在 1990 年发表于《高等教育评论》的文章中指出："总体而言，鲁道夫的书是一本特别有趣的学术著作，他似乎根本没有办法抵抗迷人的逸事，即便（尤其是？）当事人行为古怪而且无助于阐明他所讨论的主题。"[2] 韦伯斯特的评论基于如下认识，即鲁道夫对 19 世纪学院生活的描述注重灾难和奇异事件——包括烧毁的学院、师生的不当行为，以及学生对导师的嘲笑，在鲁道夫讲述南卡罗来纳大学一位德国学者的逸事时，所有这些元素都得到了展现，这位学者在训斥行为不端的学生后感叹道："我的天啊！就为了 2000 美元。"

这种批评可能会将人引入"千人千品"（*de gustibus non est disputandum*）这句格言所说的状态中（这句格言疑是 1828 年《耶鲁报告》所支持的古典课程的遗迹）。然而，作者那独特的写作风格通常被认为是优秀作品的标志。显然，鲁道夫选择了饱含机智和讽刺的风格。此外，优秀的历史作品常常注重细节。例如，关于 19 世纪南卡罗来纳大学一位德国教授的逸事，确实恰当地说明了资深学者与他们的雇主院校和本科生之间的隔阂。在这段插曲中，鲁道夫表现出了对逸事的非凡运用能力。显然，当许多大学表现出了明显

---

1 George Keller, "Learning to Love Bibliospeak: The New Language of Higher Education," *Change*（January/February 1989）, 19.

2 David S. Webster, "Rudolph's *American College and University: A History*: An Appraisal a Generation after Publication," *Review of Higher Education* 13, no. 3（Spring 1990）: 398-411.

的地方组织文化和区域性观念却很少包含整体性理解时，接受欧陆大学的风格或实质无疑是非常困难的。冒着在自己的写作中成为逸事爱好者的风险，我也补充一个研究发现：早期的弗吉尼亚大学打算在它拟建的外国语言文化展馆中提供各个国家风味的菜肴，但该计划因为学生们坚决捍卫本地家常菜的地方风味而最终失败了。[1]对于鲁道夫的逸事描写，最好的试金石是它们是否服务了所阐释的主题。据我估计，鲁道夫的理由是，焚烧中的大楼说明了入学人数不足的初创学院的脆弱性和高死亡率。学院生活中随处可见的械斗、杀人和骚乱事件促使我们去分析，当年轻的学生们集中在一个近似于寄宿制校园的地方时会发生些什么。而且，公平地说，回顾鲁道夫对学生生活的描述，可以看出他对核心组织和重要活动的重视，无论是文学社团、辩论俱乐部、大学体育代表队还是基督教服务组织。从教师们的厌恶和沮丧中可以看出，在19世纪的学院里，"教授"的角色并没有完全确定，并且，就像现在一样，这种情况导致了教师们和董事会在各自的期望上的巨大差异。

## 从回顾到修订

鲁道夫、历史修正主义者、批评者和仰慕者都一致认为，现在是编撰一部新的美国高等教育史的时候了。第一，作为这个时代高

---

1 John R. Thelin and David H. Charlton, "Food for Thought: Dining Halls and the Collegiate Ideal," *William and Mary Magazine*（Summer 1987），28.

等教育史的参与者和观察者，我们需要一本囊括对1960年以来发生的各个重大事件的解释的综合性著作。第二，确实有必要对高等教育史研究中出色而零散的学术成果做一个全面的整合，这既是一种吸收消化，也是一种尊重和致敬。后者不仅包括研究"新"历史时期的成果，也包括在历史研究方法、旧主题的修正研究以及17世纪至今的历史研究问题、概念等领域的创新。它涉及性别、种族、民族、社会阶层以及美国生活和教育中多种多样的主题。两难的是，在过去的四分之一世纪里，这些以期刊文章、专题编著和专著的形式发表的作品，还没有等到一位智者或游吟诗人来把它们整合起来，成为完整的高等教育遗产的一部分。

这两个缺憾显然不能归咎于鲁道夫。相反，它们证明了他这本1962年出版的著作的生命力和吸引力。但这也点明了一个令人困惑的问题：为什么如今这代学者写不出属于自己的经典著作？接续鲁道夫的《美国学院和大学史》，描写美国20世纪80年代或90年代高等教育史的续集在哪里？不管弗雷德里克·鲁道夫1962年的著作有何种局限，我的观点是，我们今天的处境类似于中世纪学者与古代哲人的关系："一个侏儒站在巨人的肩膀上"——一位友好、谦逊的巨人。这个解释，与其说是作为结论，不如说是向20世纪90年代的读者发出的一个邀请：请重新发现鲁道夫。

约翰·塞林（John R. Thelin）
威廉玛丽学院
1990

# 前　言

一段时间以来，无论是普通读者还是专业的历史学家，他们了解南北战争中哪怕任何一次小冲突的机会都比了解美国教育史来得多。在某种程度上，本书的目的就是试图重建两者之间的平衡，尤其是增进对美国高等教育经验的理解。

尽管撰写一部广泛涉及高中或同等水平以上教育的权威的高等教育史可能是必要且有价值的，但我不打算这样做，因为它所需的学术探索是个人难以独自驾驭的，大学本身也还没有积累足够的历史文献资料以支撑撰写多卷本的权威性著作，因此，我只是试图提供现有条件下有可能得出的对历史的一些理解和体会。

任何一项研究计划都会因时间、空间和数目上的制约而难以满足现实的需求。正是因为认识到需要对著述内容进行压缩，甚至删略，所以我未曾想将此书写成一部美国精神生活史，也不打算以根本性的方式去回答如下的大问题，即正规的高等教育机构在创建和形成通俗与高雅的品位、知识和观念的过程中扮演了什么样的角色。美国社会中的学院和大学所扮演的创造性角色，是本书要论及的一点，但不是关注的焦点，这一议题引发了一系列激动人心的问题，但在现有的条件下，美国的学术研究所提供的回答未能尽如人意。尽管如此，我还是试着创作了此书，以期对如下问题给出一个明晰的答案："美国的学院和大学是如何以及为何成其所是的，这带来了什么样的后果？"当然，这个问题不是我们要回答的唯一的问题，但它是我们需要回答的首要问题。

约翰·西蒙·古根海姆纪念基金会的资助使我有幸于1958—1959年在国会图书馆进行了为期一年的研究。在教育促进基金会的资助下，我于1960年和1961年春季学期担任了哈佛大学历史与教育的客座讲师，这一经历有效推动了我的研究和手稿撰写。威廉姆斯学院的校长和董事们批准了我的学术休假，从而使我有可能离开威廉斯敦，与此同时，他们还从1900届校友基金中拨出了一笔款项，资助我聘用秘书助理。因为我的缺勤给我在威廉姆斯学院历史系的同事们的教学计划带来了各种调整和不便，在此我向他们致歉。学术的探索和研究如果没有友善的协助，那是不可能完成的。我的学术探索和研究无疑受惠于国会图书馆、哈佛大学怀德纳图书馆和威廉姆斯学院图书馆的馆员们。我在国会图书馆的那一年，威拉德·韦伯（Willard Webb）上校和伊芙琳·林肯（Evelyn Lincoln）夫人在提供研究室一事上给予我极大帮助。哈佛大学的伯纳德·贝林（Bernard Bailyn）教授、约翰·海伊·惠特尼基金会的查尔斯·凯勒（Charles R. Keller）博士和威廉斯敦的西德尼·罗斯（Sidney D. Ross）夫人读过书稿的不同版本，他们的意见使我获益良多。我的妻子兴致勃勃地倾听或阅读了本书的初稿以及后续的所有版本，这本书很大程度上归功于她。坎布里奇的伊丽莎白·基德尔（Elizabeth Kidder）女士帮我打印了初稿，威廉斯敦的贝茜·赖特（Bessie Wright）小姐打印了定稿。威廉姆斯学院的路德·曼斯菲尔德（Luther S. Mansfield）教授对本书进行了极为有益的批评性校阅。朱迪斯·希勒里（Judith Hillery）小姐在编辑事务方面为阿尔弗雷德·诺普夫提供了细致周到且高质量的指导。我非常感谢他们在成书过程中的各种帮助。

弗雷德里克·鲁道夫
威廉斯敦，马萨诸塞州
1961 年 9 月 30 日

# 第一章
# 殖民地学院

在美国独立战争前夕，英国在新大陆的殖民地以不同的方式支持了9所学院，这9所学院是依照宗主国的牛津、剑桥模式在殖民地发展起来的变体。殖民地是否需要这9所学院是另一个话题，就像此后几个世纪在美国建立的所有学院一样，是否需要永远都是一个有争议的问题。

学院的大量建立——哈佛学院、威廉玛丽学院、耶鲁学院、新泽西学院、国王学院、费城学院、罗得岛学院、皇后学院、达特茅斯学院——它们都创建于1770年之前，意味着虔诚和理性的神殿屹立在新大陆的荒野中，这并非偶然。令美利坚的青年享有这些不同寻常的教育机构，既不是出于固执、蛮勇，也不是因为所谓的先驱者精神。美国高等教育最初的创设与其说是出于偶然，不如说是出于某种目的；与其说是出于冲动，不如说是出于有意的设计。

美国的高等教育始于哈佛。正如《新英格兰最初的果实》(*New England's First Fruits*)一书的作者在 1643 年讲述的那样，在建立了庇护所、礼拜堂和政府体系之后，"接下来我们期盼并守护的事情之一是促进知识的发展并使其代代相传……"[1]然后，我们看到，似乎是理所当然的，哈佛诞生了。

但是如果没有牛津、剑桥培养出来的传统精英、绅士们的积极支持，哈佛是不可能创立的，这些绅士们"坚决拒绝向先驱者的偏见或拓荒者的价值观让步"[2]。到 1646 年为止，移民到新英格兰的剑桥人大约有 100 名，牛津人则为剑桥人的三分之一。他们中有些人是哈佛的创始者，有些人则是第一代哈佛学生的父辈。他们的目的很复杂，但其中一个重要目的是在美洲大陆再造古老英格兰的各种荣光。他们所做的是那些远离家乡的人经常做的事，当然也做了英国人经常做的事。如果对于一位 19 世纪的殖民地官员而言，穿着盛装在丛林里吃晚饭——像他在伦敦的俱乐部出席晚宴时一样——是世界上最自然的事情，那么对于早期马萨诸塞的英格兰人而言，为自己建立一所学院，尤其是在坎布里奇建立一所像他们所熟知的牛津一样的英格兰式学院，也会是一件很自然的事情。况且，当时的坎布里奇可还是清教神学和清教理想的孕育之地。

然后，哈佛这样就能诞生吗？显然并非如此，如果没有总议会（General Court）的积极支持，哈佛学院也成立不了。这一殖民

---

1 *New England's First Fruits*（London, 1643），p. 12.
2 Samuel Eliot Morison: *The Founding of Harvard College*（Cambridge, 1935），p. 5.

地的立法机构是马萨诸塞清教徒们依据伊丽莎白统治时期形成的干预性和责任制的管治传统，为履行治理职责而创立的重要治理方式。1636年10月28日，马萨诸塞总议会通过了建立哈佛学院的法案，而就在同一天，总议会还通过了其他事项，这一天的工作揭示了总议会在推动马萨诸塞殖民地发展时的一种状态：它因某位名为乔治·芒宁斯（George Munnings）的人失去一只眼睛而给予他5英镑的补助；它命令殖民地的城镇确定工资数额；它把一个岛屿让与查尔斯顿镇，条件是这个岛屿可以允许钓鱼。[1]一个对自己的权力和责任有如此广泛意识的立法机构无须敦促就会去创建一所学院。当时总议会决定将学院建在纽敦镇（Newtowne），这个地名自然很快就会被改为坎布里奇。露西·唐宁（Lucy Downing）在听说创建学院的计划后，写信给她的哥哥约翰·温思罗普（John Winthrop）："我相信一个学院是不会让任何一种卑微的生活进入这个园地的……"[2]清教牧师英克里斯·马瑟（Increase Mather）在1688年时以五十年后的"后见之明"指出："因此，第一次建立这样的学院真是一个勇敢而快乐的想法……"[3]两人都说得很对。

即便承认殖民地存在一批受过学院教育的绅士，即便承认总

---

[1] Samuel Eliot Morison: *The Founding of Harvard College*（Cambridge, 1935）, p. 168.

[2] Ibid., p. 171.

[3] Samuel Eliot Morison: *Harvard College in the Seventeenth Century*（Cambridge, 1936）, II, 536.

议会是一个怀有远大目标和强烈责任感的机构,哈佛学院创建的必然性仍然难以理解,但一个非常重要的事实是,哈佛学院的创建绝对是必要的。如果没有哈佛学院,清教徒的马萨诸塞就不可能建成。马萨诸塞的清教徒定居者无法作为英国人在英格兰重建世界,所以他们试图在新大陆直接重建它。这种使命感显然需要更强大的自信。但它并不缺乏谦逊和自豪感,正是这种自豪感敦促他们严于律己,并使自身变得强大。虽然他们每年可以从旧世界招募人员来增加人手,但清教徒认为他们肩负着一项需要全力以赴的使命。他们打算过最纯洁的生活,渴望全心全意侍奉上帝和同胞,他们承认对未来负有责任。他们绝不愿意让一时的心血来潮、难以把控的命运、偶然事件、优柔寡断、粗心无能等负面因素影响对未来的塑造。将来的国家需要有能力的统治者,教会需要有学问的神职人员,而社会本身也需要有教养的人。

清教徒很清楚,这些人才只能基于已有的材料来培养。此外,一个想要严肃生活的社会是不会随心所欲地培养其统治者的。一个基于《圣经》来表达其最深刻目的和意义的世界,是不能忽视对《圣经》解释者的训练的。一个希望自己的主张得到认真对待的群体,必须对世代相传的智慧,以及文学、科学和知识负起应有的责任。

因此,"英国清教主义对新英格兰和美国社会发展影响最深刻的两大原则不是宗教教义,而是教育理想:有学问的教士和有文化的人民"[1]。这一教育理想的核心就是发展哈佛学院,这所学院将培

---

[1] Morison: *Founding*, p. 45. 我对早期哈佛的理解非常倚重这一研究。

养中小学校长、牧师、官员和有文化的社会杰出人士——这些人的工作意味着野蛮与文明的分野。

哈佛对社会赋予的责任以及自身所肩负职责的高度自觉，在17世纪邓斯特（Dunster）校长向学校监事会介绍新成员时所作的发言中表露无遗："你应该关注增进所有知识，无论属神的还是属人的；应该根据他们不同的能力，关注每一位托付给你的或即将托付给你的学生的教育，尤其注意要使他们的行为举止高贵可敬、无可指摘。"[1] 17世纪70年代，一位毕业典礼的致辞者进一步阐明了哈佛学院的重要意义和深远影响，他说道："如果我们的父辈没有建立这所学院，那么统治阶层将会一直受困在技工、鞋匠和裁缝这样的职业中；……法律不会由参议院的决议来制定，我们也不会有权利、荣誉或值得维护的权威法令，而只会有全民公决、对低级激情的鼓动，以及革命的怒号……"[2] 这不是我们经常从那些殖民地学院创始人身上看到的狭隘的宗教目的式的声明。当然，宗教团体需要受过教育的神职人员，但它也需要拥有知识和学识的领袖，需要被领袖引导的追随者，需要秩序。为了这些目的，哈佛是绝对必要的。

在某种程度上，在哈佛之后建立的8所殖民地学院也展现了同样的目的。例如，类似的远大目标也体现在1693年建立的弗吉尼亚威廉玛丽学院的王室特许状中。新学院的目的是培养神职人员（在这里是指为皇家殖民地培养英国圣公会神职人员），但同时也为

---

1 Morison: *Seventeenth Century*, I, 19.
2 Morison: *Founding*, p. 250.

了确保"在良好的文化和礼仪中……虔诚地对年轻人实施教育"[1]。人们期望殖民地能从这些人中招募公仆。1724年,学院的一位支持者提出了一个大胆建议,认为威廉玛丽学院应该被正式认定为公务人员培训学校,并从每一年的毕业班中挑选、任命调查员、殖民地政府和郡县办事员。[2]他的正式提案没有被采纳,但弗吉尼亚学会了利用学院的人力资源和校友,其中包括托马斯·杰斐逊。

在建立知识圣殿的过程中,弗吉尼亚遇到了超乎寻常的困难,早在1619年,王室就为学院划拨了9000英亩土地,但是一场发生在1622年的印第安人对殖民者的大屠杀,杀害了很多学院计划的支持者——包括国王的枢密院顾问官乔治·索普(George Thorpe)先生,他是被派来启动学院建设的。弗吉尼亚议会在1660年的一次投票中决定建立一所学院,但实际上并没有建立,这既因为弗吉尼亚的人口集中度不够,也因为普遍缺乏使命感,而正是这两者助力了马萨诸塞高等教育的发展。即使国王在1693年已经同意颁发给弗吉尼亚一份学院特许状,但国王陛下的总检察长却给这件事蒙上了一层阴影,他对一所学院有助于拯救灵魂的说法不以为然。也许是因为在他脑子里有一场战争,所以他爆发了:"灵魂!你那该死的灵魂!多生产烟草!"弗吉尼亚建立了它的学院,但它也迎合了总检察长的要求。[3]

---

1 Albea Godbold: *The Church College of the Old South*（Durham, 1944）, p. 5.
2 Herbert Baxter Adams: *The College of William and Mary*（Washington, 1887）, p. 21.
3 Godbold: *The Church College of the Old South*, p. 4; Adams: *William and Mary*, pp. 11–15.

耶鲁和普林斯顿为殖民地的学院生活贡献了一个新的目标：继续进行教派争议，在宗教多样性的环境中寻求教派的生存。[1]康涅狄格州的联合学院（Collegiate School），即后来的耶鲁学院，在最初创建时遇到了一些困难。它当时受困于一个关键问题，即在1701年获得特许状之后到底应该将校址设在塞布鲁克（Saybrook）、基灵斯沃思（Killingsworth）、哈特福德（Hartford）、韦瑟斯菲尔德（Wethersfield）还是纽黑文（New Haven）。这类问题经常会困扰那些新建的学院，但可能没有一所学院会像耶鲁那样在其发展过程中搬迁那么多次，也没有任何一所学院会像它那样同时在三个地方办学。在1716年搬到纽黑文之前，联合学院一直在基灵斯沃思和塞布鲁克两地同时办学。此后，在哈佛理事会一位心生外向的委员的帮助下，联合学院开始接触伊莱休·耶鲁（Elihu Yale），一位生于波士顿的英国人，当时他生活在伦敦，和位于马德拉斯的东印度公司一起沉浸在"壮丽的东方掠夺"的日子里。[2]

纽黑文的学院董事们在回顾了联合学院在康涅狄格乡村十六年的漫游之后，向富有的耶鲁先生保证，情况确实在好转。董事们用了一个怀孕的隐喻向耶鲁先生推销自己：

> 我们学校的事务已经处于一种孕育的状态：在这次大会上有一位证人已经为此感受到了痛苦；但是我们刚刚

---

1 参见 Edwin Oviatt: *The Beginnings of Yale (1701-1726)*（New Haven, 1916）; Thomas Jefferson Wertenbaker: *Princeton 1746-1896*（Princeton, 1946）。

2 Oviatt: *Yale,* p. 291.

听到，在剧烈的阵痛威胁到婴儿的生命之后，神圣的天意充满慈祥地将婴儿带到了这个世界上，看，一个男孩出生了，我们都为他感到高兴。[1]

与此同时，哈佛理事会的科顿·马瑟（Cotton Mather）即使不能被称为学院的助产士，至少也在洗礼仪式上扮演了教父的角色。出于对哈佛在宗教事务上持自由倾向的愤怒，他写信给伊莱休·耶鲁，提醒他现在是时候"认真考虑我们作为管家应该管理的账目问题"了，并在完全没有得到纽黑文授权的情况下暗示"在纽黑文形成的东西可能会以耶鲁学院的名字命名"。马瑟补充说，就纪念性而言，耶鲁学院可能"确实比埃及金字塔还要好"。尽管耶鲁先生非常富有，但他还是通过在美洲市场大量卖出各种货物才最终凑出550多英镑，从而在美国的学院地图上安放了一个新名字。[2] 但是，在整个故事中，科顿·马瑟的角色非常奇怪，他渴望成为哈佛的校长，最终却得到了耶鲁校长的职位。马瑟与耶鲁的眉来眼去反映了清教正统观念在哈佛的衰落，在那里，良善的清教徒之间真诚的分歧铸就了一种宽容的精神；在那里，几十年之后，经济的繁荣使一些学生开始以绅士的生活方式代替圣人的生活方式；在那里，学院正从独断式神学的严密把控中脱离出来，进入一个更能接受神学和哲学多样性的世界。[3]

---

1 Oviatt: *Yale*, p. 344.

2 Ibid., pp. 347–8.

3 Richard Hofstadter and Walter P. Metzger: *The Development of Academic Freedom in the United States*（New York, 1955）, pp. 107 ff.

耶鲁不是哈佛的一个分支。事实上，在康涅狄格，即便没有耶鲁，即便没有一大批对哈佛不满的人的支持，也会出现一所类似的学院。尽管如此，耶鲁还是通过它的承诺为自己在阳光下争得了一席之地，正如哈佛所做的那样。耶鲁承诺成为一所安全的、健全的院校，在这里，先辈们的信念将会得到精心维护。通过向激励美国学院的众多目的中加入竞争意识和论争精神，耶鲁无疑为自己的未来开辟了非凡的可能性。如果说耶鲁的创立是因为哈佛，那么宗派争议和教派竞争将会导致何种结果就很难说了。

实际上，下一个（发生教派竞争的地方）是普林斯顿的新泽西学院。1746年，普林斯顿获得了特许状，这宣告了一个处于广泛分裂的长老会中的教派在中部殖民地成功建立了自己的学院。普林斯顿，作为一所此后声名日隆的学院，是18世纪宗教大觉醒的产物，宗教的复兴使美国殖民地各处充斥着前所未有的激情。通过强调宗教的转化皈依和个人的经验，新运动谴责了仅仅体现为信仰的和形式化的宗教，而后者已定型为教堂、社区和殖民地的特征。大觉醒是一场大众层面的运动：它不代表学有所成的神职人员，甚至也代表不了略有学识的神职人员，而是代表那些经历过灵魂震颤这种宗教体验的人们。它的结果之一就是将会众和教会分成了保守派和自由派、旧光派和新光派，分成了依然保有过去较为安宁的宗教行为的派系和对现今具有崭新热情的派系。普林斯顿是这种崭新热情的产物。新光派长老会希望借此获得一种尊重的基础，并驳斥下述指控，即认为他们敌视学问，他们的牧师是文盲。[1]

---

1 Wertenbaker: *Princeton, passim.*

普林斯顿并不是唯一一所作为大觉醒产物的殖民地学院。新英格兰的公理会也受到了这种新热情的影响，由于无法在哈佛或耶鲁取得进展，所以它们支持埃莱亚撒·惠洛克（Eleazar Wheelock）创办了达特茅斯学院。浸信会也不甘落后，于1765年在普罗维登斯建立了罗得岛学院。第二年，在新泽西的新布伦瑞克（New Brunswick），荷兰归正教会建立了皇后学院，宣告加入这一战场。[1]

然而，这些殖民地学院并没有成为单纯的宗教据点或宗教训练学校，在这些学校里，首领们可能会接受针对宗教战争的训练，而这场宗教战争卷入了加尔文宗、贵格会、浸信会和英国圣公会的多个分支教派。尽管在学院生活中注入了教派主义，但传统的远大目标依然占据上风。新泽西学院承诺不会对学生进行宗教测试，并且认为以教派之间竞争的方式吸引学生能确保自由。[2] 它还承诺，这将是一所培养政治家的学院，而不会是一所培养长老会神学家的神学院。当罗得岛学院在1764年获得特许状时，学院创始人在其中插入了一段与一百多年前哈佛学院成立之初一样远大而崇高的宣言："实施自由教育的院校对社会非常有益，通过培养

---

[1] 参见 Leon Burr Richardson: *History of Dartmouth College*（2 vols., Hanover, 1932）; Walter C. Bronson: *The History of Brown University 1764-1914*（Providence, 1914）; William H. S. Demarest: *A History of Rutgers College 1766-1924*（New Brunswick, 1924）; Beverly McAnear: "College Founding in the American Colonies, 1745-1775," *The Mississippi Valley Historical Review,* XLII（1955）, 24-44。

[2] Hofstadter and Metzger: *Development of Academic Freedom,* p.152.

掌握美德、知识和有益文化的新一代，从而为社会保留了一批以效用和声誉履行其人生职责的后继者……"[1]此外，在费城和纽约等繁荣的沿海城市，各种学校正在发展，它们准备用最宽泛、最世俗的词语来陈述其目的。费城学院的教务长威廉·史密斯（William Smith）曾说过："思考、写作和采取正确的行动……是自由教育的伟大目标。"[2]

1762年，乔治三世代表费城和纽约的学院向英格兰的捐助者呼吁时，也对北美大陆高等教育的发展目标和方向提出了各种建议：与从"世界各个不同部分"涌入的未经开化的人口所带来的各种不便做斗争。"……去防止全然的无知……去灌输……源于宗教、忠诚和对我们优秀宪法热爱的正义原则"；去传授各个方面的有用的知识；去培训教师，让他们到人民中去，到印第安人中去。[3]这些都是建立一所学院的理由。在一个由来自欧洲的诸多民族创建的社会中，一所学院可以培养出一种凝聚力，否则，社会可能会变得漫无目的和无序分化。一所学院能增长知识，与无知和野蛮做斗争。一所学院是对州的支持；它是忠诚的指导者、公民的指导者、良知和信仰的指导者。一所学院有其实用价值：它帮助人们学习他们必须要知晓的事物，以便管理世界的俗务；它也培养大批教师。

---

1 Bronson: *Brown*, p. I.
2 Edward Potts Cheyney: *History of the University of Pennsylvania 1740–1940*（Philadelphia, 1940）, p. 83.
3 John Howard Van Amringe, et al.: *A History of Columbia University 1754–1904*（New York, 1904）, p. 32；Cheyney: *Pennsylvania*, pp. 61-6.

学院就是这样的。所有这些都是学院的目的。

无论最古老还是最年轻的殖民地学院，都在不同程度上实现了这些目的。显然，在美国独立战争给它们的命运带来新的转折之前，有几所学院几乎无法体现自己的存在。无论从表现层面还是从组织和精神层面而言，统一性都不是殖民地学院的特点。正如学院与州以及教会之间的关系所表明的，多样性在此间占据了上风。例如，哈佛、威廉玛丽、耶鲁，既是州的产物，也是它们所服务的教会的产物。它们到底应该被认为是州立学院还是教会学院，这是一个语义学问题，可能最好的解决办法是称它们为州立-教会学院。

因此，各学院清楚地认识到，它们与州之间是一种分担义务和责任的关系。哈佛从诞生起就得到了总议会的支持；在殖民地时期之后的很长一段时间里，它也一直依赖这样的支持。在1652年和1653年，总议会向学院捐赠了2000英亩土地，并在第二年下令征收100英镑的税款以支持学院。[1] 但州的责任没有限于经济援助。在纳撒尼尔·伊顿（Nathaniel Eaton）任职期间，哈佛陷入了困境，以至于总议会在启动调查后迅速解雇了伊顿，并将学院关闭了一年。在完成这些工作之后，总议会在第二年履行了它对哈佛的义务，将查尔斯顿渡口的租金分配给了学院，这一收入以不同形式一直存续了二百年。[2] 1725年，哈佛理事会选举了一位杰出的公理会自由派教友担任校长，但他在总议会打听了一圈后，发现那里的保守

---

1 Morison: *Seventeenth Century*, I, 30-1.
2 Morison: *Founding*, pp. 228, 292 ff.

派对他极为反感,就拒绝了这一职位。1737年,总议会拨给马布尔黑德(Marblehead)教堂140英镑的奖金,作为其牧师爱德华·霍利奥克(Edward Holyoke)转任哈佛校长的补偿。[1]

在威廉玛丽学院,类似的与州紧密联系的模式也占据了上风。威廉斯堡殖民时期的主要街道——格洛斯特公爵街,从议会大厦这一端延伸到学院的那一端,这样的安排既方便又具有象征意义。就各种财政支持而言,弗吉尼亚对其学院的慷慨是无与伦比的。1693年,威廉玛丽学院获得的特许权利包括处置烟草税和"将殖民地的整个土地系统交到了学院土地办公室手中"。例如,乔治·华盛顿就是从该学院校长手中获得县测量员的委任书的。1693年,学院获得了毛皮出口的退税款项;1759年,它还享受了州对商贩所征的税款。[2]

在很长一段时间里,耶鲁饱受一个争吵不休的州立法机构的折磨,但最终它与州建立了牢固而有益的关系。它很早就发现,除了直接补贴外,州还可以提供其他帮助。1712年,这所濒临倒闭的联合学院的所有学生都得到了保证——只要入学他们就可以免除赋税和兵役。[3] 和哈佛一样,耶鲁在招募校长方面的成功使得校长人选(牧师)所在的教区获得了立法机构的拨款补偿。纽因顿在

---

1 Samuel Eliot Morison: *Three Centuries of Harvard 1636-1936* (Cambridge, 1936), pp. 77, 82-3.
2 Adams: *William and Mary*, p. 15. 参见 Sadie Bell: *The Church, the State, and Education in Virginia* (Philadelphia, 1930).
3 Oviatt: *Yale*, p. 288.

1726年、温德姆在1739年分别从立法机构得到了一笔款项，在后一个世纪里，出于其他目的，这笔款项被称为赡养费。在18世纪，耶鲁得到的一项独特的财政支持是"由州的武装船只运送到新伦敦的法国战利品的收益"[1]。这种亲密关系不见得一直是安全的，也不见得是一种祝福。1763年，一群反对耶鲁管理层的公民呼吁议会履行其家长式的责任，支持对学院管理层及其纪律观念不满的耶鲁大学生到法院起诉他们。议会对民众试图控制耶鲁理事会的民主呼声感到震惊，并且退缩了。虽然立法机构的决定加强了耶鲁的独立性，但州和学院之间的联系依然紧密牢固。[2]

然而，如果把殖民地学院称为后人所理解的州立机构，那将是一种误导。基于特许状的条款，州官员在监事会中有代表职位，从而对哈佛有一定的控制权。但在殖民地时期，耶鲁则是由一个完全由神职人员组成的委员会管理的。普林斯顿在1748年将新泽西州长及其政务委员会的四位成员增列为其董事会成员，这是为了避免当时宗教争议可能产生的后果，而不是承认与州具有重要联系的公开声明。[3] 事实上，无论是普林斯顿的学院，还是后来位于新布伦瑞克的作为其竞争对手的学院，都没有得到州的任何财政支持，这在很大程度上是因为教派主义的发展和宗教宽容意识的增强使得州意识到对学院的支持在政治上是危险的，而在哲学上则是无益的。

---

1 William Lathrop Kingsley, ed.: *Yale College: A Sketch of its History*（New York, 1879）, I, 57, 65, 192.

2 Ibid., 90-3.

3 Wertenbaker: *Princeton*, p. 27.

虽然受到大觉醒运动影响的各个学院可能都会谋求州的恩惠，但给予坎布里奇、威廉斯堡和纽黑文的资助是最为明确、规律、慷慨的。在这些地方发展起来的学院通常被认为是州立-教会学院的雏形。后来的学院，"在很大程度上，由于教派的敌对和压制"，不能像以前的学院那样，以类似的正义感和成功前景"安全地呼吁州政府的支持"。[1]

大觉醒运动的结果显然打破了在马萨诸塞、康涅狄格和弗吉尼亚等地发展起来的州立-教会学院的模式。大觉醒运动激发的竞争和多样性造就了各式各样的学院。在这些学院里，宗教联系的强度各不相同，而到殖民地时期结束时，多样性和宽容已经成为非常重要的价值观，以至于学院只要声称对宗教偶有兴趣，或只要承认松散的教派联系就可以建立了。就费城学院而言，它没有附属于任何宗教教派，尽管众所周知学院的首席管理者、教务长是圣公会教徒。国王学院的官方信仰也是英国圣公会，但学院的章程规定可以从4个相互竞争的新教教派中选举神职人员进入董事会，[2]可谓明智之举。这些安排与威廉玛丽学院的传统相距甚远。在那里，教授必须是圣公会教徒，而校长作为伦敦主教的代表，同时也是弗吉尼亚教会的领袖。

在殖民地时期的哈佛，随着世俗利益的增长，严格的清教徒管治逐渐让位于宽容的精神和更自由的教会政体。事实上，当绝对的

---

1 Hofstadter and Metzger: *Development of Academic Freedom*, p. 145.
2 Van Amringe: *Columbia*, pp. 16-17.

宗教一致性不可能实现时，一种互相宽容的生活理念在哈佛逐渐形成，这与早期清教团体的情况形成了鲜明的对比。1740年，哈佛对大觉醒运动产生了一定的兴趣，甚至有一段时间对其抱以同情，但它已在自己的道路上走得太远，沉浸在对学习和生活的兴奋和惊异之中，已难以陷入宗派争论。伟大的宗教复兴主义者乔治·怀特菲尔德（George Whitefield）在1744年访问新英格兰时，并没有收到坎布里奇的邀请，这是哈佛当局的一种姿态，而这种姿态在很早的时候就促成了"无神哈佛"这一名声。[1] 的确，无神论在校园里已经潜藏了一段时间，18世纪20年代，虔诚的学生为了自辩而成立的社团就是明证。但是，在1760年，当哈佛的教师允许圣公会学生去坎布里奇的基督教堂而不是去公理会会堂时，哈佛才触及了宗教无涉原则的极限。[2] 显然，哈佛的问题在于，它正在培养一种危险的自由精神，这种自由精神也许有助于发展理性，但无疑会损害真诚而圣洁的品格。

然而，说到真诚的品质，仍然可以指望耶鲁。当哈佛拒绝乔治·怀特菲尔德的时候，他在纽黑文引发的争议使耶鲁陷入了相当大的混乱之中。耶鲁官方在一段时间里曾反对过新复兴主义，但它的反对不像哈佛那样是基于只关注知识的冷漠态度，而是基于一种顽强的态度，这导致耶鲁当局在1744年驱逐了两位在假期与父母一起参加了复兴主义宗教活动的学生——耶鲁的管理人员说，他们

---

1　Morison: *Three Centuries*, pp. 84–9.
2　Ibid., pp. 61–2,88.

违反了上帝、殖民地和学院的法律。[1]（这个短语以后会以"为了上帝，为了国家，为了耶鲁"的形式呈现。）1748年，耶鲁要求所有职员和学生签署《威斯敏斯特信仰告白》，这一决定有助于耶鲁在当时的宗教争议中处于保守阵营。但是，多元化和宽容之风日益猛烈，到1765年，即使在耶鲁，年轻的圣公会教徒也可以根据自己的意愿自由地做礼拜了。[2]

殖民地学院以宗教为导向，但教会与学院之间的关系具有多样性。教派间的竞争鼓励了宽容，但它也是殖民地高等教育事业损失惨重的一个原因。毋庸置疑，普林斯顿的成立削弱了耶鲁的实力，18世纪中期的新泽西难以同时支持两所学院——位于普林斯顿的新泽西学院和位于新布伦瑞克的皇后学院。而纽约的国王学院发现，它的圣公会倾向是引发宗派反对的一个原因，但这些批评实际上导致的并不是在社区中被疏远的风险，也不是潜在的来自学生的敌意，而是学院被迫放弃了一大笔通过彩票筹集的款项。学院的董事会把彩票收入的一半交给了市政府，市政府主导修建了一座当时急需的新监狱和"一家符合条件的收容所，以接待那些可能感染了传染性疾病的人"。纽约高等教育的创立并没有完全遵循美式开端的正常路线，这一路线往往体现为以下三个特征，即困扰于教派主义，寻求一种公共性以及面临资金短缺；但同样确定的是，正

---

[1] Kingsley: *Yale*, I, 72；Ralph Henry Gabriel: *Religion and Learning at Yale: The Church of Christ in the College and University, 1757-1957*（New Haven, 1958）, pp. 16-17.

[2] Kingsley: *Yale*, II, 497.

如乔治三世在 1762 年明确指出的那样，纽约的未来确实需要高等教育。[1]

这些学院绝不是大众化的机构。它们受到贵族传统的影响，并为殖民地社会的贵族元素服务，而该社会越来越多地受到新世界环境的压力和影响。因为在北美殖民地，一种鼓励个人努力、抨击和敌视特权、不能也不会压制好人的环境正在形成。流动的动力冲破了传统秩序，劳动会带来回报，这一点在任何其他地方都还不曾有过。就此经常被提及的有两位人物，一位是只上过几年小学的本杰明·富兰克林（Benjamin Franklin），另一位是推动了近代历史上第一次伟大的宗教复兴的乔纳森·爱德华兹（Jonathan Edwards）。他们被认为是 18 世纪最具代表性的美国人，这绝非偶然。富兰克林是社会和经济方面的自力更生者的象征，而爱德华兹则是宗教方面的自力更生者的象征，一种强调转变、强调个人经验和表达的象征，而转变和个人的经验及其表达正是大觉醒运动的特征。

虽然殖民地学院通过其培养的公民和宗教领袖对这种环境产生了深刻影响，但它未能使自己成为密切影响人民生活的大众化机构。安妮·哈钦森（Anne Hutchinson）的一位追随者说："我宁愿听到这样一种没有任何学识、来自广泛运动的心灵之声，也不愿意听到你们那些饱学之士的声音，尽管他们可能更熟悉《圣经》……"[2]

---

1　Van Amringe: *Columbia*, p. 10.
2　Morison: *Founding*, p. 176.

一位也许有点自怜的哈佛毕业典礼致辞人在1677年观察到,"与虔诚的人相比,那些疯癫的无名之辈,在街角发表长篇大论的演讲者对民众的影响更大,因为他们充满了神圣精神的奇异天赋"[1]。

殖民地时期的学院运动不仅没能像宗教大觉醒运动那样广受民众欢迎,还必须与北美殖民地边疆的早期开拓运动展开竞争,因为边疆意味着获得丰富物质资源的极大可能性。在17世纪60年代,哈佛校长昌西(Chauncy)一想到他的移民同伴们在边疆或新商路忙着追求物质财富,就酸溜溜地抱怨道:"他们肥得流油并且极为踊跃地支持教育。"[2]到了18世纪20年代,学院招生开始反映出这一物质主义的某些结果,16岁的本杰明·富兰克林到处宣扬哈佛是一所富人学院这一观点,他在家庭报纸《新英格兰报》(*The New England Courant*)上指责有钱的父母将他们的儿子送到哈佛,"由于缺少合适的天才,他们在那里所学到的只不过是扮帅和进入房间时要轻手轻脚……"[3]

北美殖民地时期,并无事例暗示学院会成为一种典型的美国体制,也没有事例暗示它会随着时间的推移成为一种广受欢迎的美国体制。南卡罗来纳的一家报纸在1770年所持的立场是,对于南

---

1 Morison: *Seventeenth Century*, II, 433.
2 Ibid., I, 330.
3 Morison: *Three Centuries*, p. 61. 认为殖民地时期的哈佛和耶鲁是根据财富和社会地位对学生进行分类的错误观念在 Clifford K. Shipton: "Ye Mystery of Ye Ages Solved, or, How Placing Worked at Colonial Harvard & Yale," *Harvard Alumni Bulletin*, LVII(1954-5), 258-9, 262-3 中被扭转了过来。

第一章 殖民地学院

卡罗来纳而言，成立一所学院可能是最糟糕的事之一，这不是因为这份报纸敌视教育，而是因为如这篇社论作者所写的："知识将变得廉价而普通，而且每个人都将会让儿子接受教育。"[1]

然而，并不是每个男人都想让自己的儿子受教育。这些院校自己就会把人们拒之门外。学校的课程不适合有实践倾向的人。学费需要现金来支付，而许多中下阶层的人是没有这笔现金的。学校离家一般都很远。当新泽西学院于1746年开放时，它是威廉斯堡和纽黑文之间唯一的学院。绝大多数北美殖民地的农民——当时在北美殖民地的人绝大多数是农民——难以割舍他们的儿子，不愿失去他们的劳力以及对家庭的帮助。1704年，在纽约的韦斯特切斯特县（Westchester County），只有6个家庭能腾出足够的时间让他们的孩子学习读写之外的知识。[2]

在美国独立战争前夕，除了新英格兰，其他北美殖民地均未建立能提供初等教育的公共部门。[3]在纽约、费城和其他东部沿海城镇，由教派建立的慈善学校是实施初等教育的主要机构。教育的责任很大程度上落在父母身上，如果能在阅读、写作和算术方面给予孩子一点指导，他们就会觉得自己已经做得很好了，事

---

1 James Harold Easterby: *A History of the College of Charleston Founded 1770*（Charleston, 1935），p. 10.

2 James Truslow Adams: *Provincial Society 1690-1763*（New York, 1927），p. 131.

3 殖民地时期的教育参见：Samuel Eliot Morison: *The Intellectual Life of Colonial New England*（Ithaca, 1956），首次出版时为 *The Puritan Pronaos*（New York, 1935）；Bernard Bailyn: *Education in the Forming of American Society*（Chapel Hill, 1960）.

实也确实如此。当时有一些临时的巡回教师，会提供一些正规的培训，在南方，种植园主有时会雇用北方的学院毕业生或契约奴来指导他们的孩子，并经营种植园学校。但就大多数北美殖民者而言，在殖民地时期，他们的教育都是靠自己的。只有相对少数的北美殖民者接受过基础教育以上的正规教育。中学数量很少，私人教师和当地牧师是进入学院之前的教育的主要承担者。新英格兰也有公立中学，最好的要数波士顿拉丁语学校，它有3位毕业生在《独立宣言》上签过名。中部殖民地只有几所中学，而南部就更少了。

至于学院层次的教育，据估计，到1775年，"也许每1000名殖民地居民中会有1人……在某个时候上过学院"。许多上过学院的人都没有学完完整的课程。[1]在美国独立战争之前，哈佛人数最多的毕业班是1771届，有63名毕业生，这一人数在四十年后才再次达到。[2]在1776年，还在世的殖民地学院毕业生有3000名。[3]学院长期以来一直是社会的必需品，但它并没有成为人民的必需品。殖民地学院显然是政治领袖的摇篮，但并不是每个人都渴望成为领袖。学院持续进行着文化方面乃至学问方面的事务，但许多殖民地居民即使没有这些事务也能过得很好。对大多数北美殖民地居民而

22

---

[1] Evarts Boutell Greene: *The Revolutionary Generation 1763-1790*（New York, 1943）, p. 123.

[2] Morison: *Three Centuries*, p. 102.

[3] Walter Crosby Eells: *Baccalaureate Degrees Conferred by American Colleges in the 17th and 18th Centuries*（Washington, 1958）.

言，进学院学习是一件不必心急的事情。

人们经常指出，一些中下阶层的家庭把他们的儿子送到了殖民地学院。毫无疑问，的确有人这样做了，但更多的时候，这些家庭的子弟会留在家里务农，去西部，或者在没有接受过任何学院教育的情况下成为本杰明·富兰克林或帕特里克·亨利（Patrick Henry）。

# 第二章
# 革命的遗产

虽然殖民地学院的目的并不狭隘，但有时也有人指责其课程枯燥乏味，缺乏想象力，与时代不相称——这一在课程、方法和态度上的沉重包袱，几乎必然使学生和他的世界停滞不前。无论一门课程有多少优点，都不能避免类似的抱怨。

哈佛和其他殖民地学院的课程来源众多。如果学院只是宗教改革运动的产物，那么其重点可能会压倒性地放在神职人员的培养上，以至于所设课程很难用于其他目的。然而，殖民地学院也是文艺复兴的产物，因此学院也珍视古典学术中的人文理想。如果说拉丁语是宗教改革的语言，那么希腊语和古希腊语就是文艺复兴的结果，殖民地学院的课程必然要纳入这两种语言。在博学牧师这一宗教改革理想之侧，将伫立着绅士学者这一文艺复兴理想。当然，宗教改革和文艺复兴运动都只是间接影响了北美大陆，它们没能搅动北美森林的深处。哈佛的创始人试图在坎布里奇重建他们所熟知的英国老剑桥，而老剑桥是宗教改革和文艺复兴特性混合体的代表，这一结果是由16世纪早期发生在英格兰的以下事实共同促成的，一是新教改革，二是绅士阶层的出现及其教育需求，三是人文知识的首次出现。通过一套适当的课程体系，老剑桥培养出了神职人员、学者、乡绅、公务员、思想家和实干家、统治者和被统治者。

清教徒建立的剑桥大学伊曼纽尔学院是哈佛学院的榜样，牛津大学的女王学院是威廉玛丽学院的榜样。在很长时间里，除了极少数的例外，北美殖民地的学院都受到英格兰大学的显著影响。然而，如果北美殖民地学院的直系祖先是英格兰大学，那么它的血统则可追溯到古代。殖民地学院也被认为是希伯来先知学校的后裔。直到18世纪前四分之一世纪约翰·莱弗里特（John Leverett）校长掌校时，逐渐聚焦的世界观才导致哈佛的毕业生被称为"哈佛之子"。在此之前，人们一直强调古老的祖先，"哈佛之子"一直被称为"先知之子"。[1]虽然两者之间实际上可能没有什么重大区别，但更偏于地方性的称谓确实会导致古代遗产的效果被遮蔽。

然而，要掩盖或忽视英格兰大学所带来的影响则是完全不可能的，因为殖民地学院的课程将中世纪的艺术、科学与文艺复兴时期对文献、文学的研究兴趣很好地结合了起来。基本的科目是拉丁语——它是法律、教会和医学的语言，是将亚里士多德著作从希腊

---

[1] Samuel Eliot Morison: *Three Centuries of Harvard 1636-1936*（Cambridge, 1936），p. 60. 关于课程的建立见：Samuel Eliot Morison: *The Founding of Harvard College*（Cambridge, 1935），pp. 50-7。

语翻译过来的语言，而亚里士多德的著作是中世纪课程的主要内容；通过拉丁语，亚里士多德的三种哲学——自然哲学、道德哲学和形而上学——进入了中世纪的大学。与拉丁语并列的是希腊语，这是新人文主义和文艺复兴的语言；它将荷马和赫西奥德、希腊的抒情诗和田园诗，带入了人们的教育经历之中。

这两种语言和文学是如此重要，以至于在1745年之前，掌握这两门科目是通过殖民地学院入学申请的唯一要求。拉丁语是如此重要，以至于绝大多数教科书，包括希腊语和希伯来语的语法书，都用其写就。作为先知们的语言，希伯来语在殖民地学院比在英格兰大学得到了更广泛的使用，偶尔会有人认为希伯来语也是天使们的语言，然而希伯来语从来没有挑战过拉丁语和希腊语的主流地位。

这些古代语言在殖民地学院课程中持续发挥着作用，它们经常被教师和学生们作为工具，用来理解亚里士多德的三种哲学和中世纪的自由技艺课程[1]。因此，学习语言的目的并不仅限于它自身。语言是有生命的，运用它可以探索逻辑学、修辞学、伦理学、形而上学、天文学、物理学和数学。[2]

从某种程度而言，这些科目不仅是哈佛的基础课程，也是其他殖民地学院的基础课程。第一年的课程主要是拉丁语、希腊语、逻

---

[1] liberal arts、liberal education 为传统学院教育的核心术语，涉及古典学、教学科目、学院课程、教育理想和培养类型等，难以强行统一，因此在翻译中根据上下文分别译为自由技艺课程、自由教育科目、自由学科、自由教育、博雅教育等，不再一一说明。——译注

[2] Morison: *Founding*, pp. 12-17, 26；Morison: *Harvard College in the Seventeenth Century*（Cambridge, 1936），I,147, 186.

第二章 革命的遗产

辑学、希伯来语和修辞学。第二年继续学习逻辑学、希腊语和希伯来语,并开始学习自然哲学,这一科目在几个世纪后将会被称为物理学。到了第三年,在自然哲学之外又增加了实体哲学、形而上学和道德哲学,这是一个名副其实的学科大杂烩,日后的经济学、伦理学、政治科学和社会学均脱胎于此。第四年则复习拉丁语、希腊语、逻辑学和自然哲学。大四的时候会适当加入一些数学,这是大四唯一的新科目。在耶鲁,课程的顺序和难易程度会有差异,但课程的意图、重点和主题是一样的。[1]在任何地方,英格兰大学都是灵感和影响的源泉。

从海外引进的不只是课程,有效的宗教控制这一概念也是以剑桥伊曼纽尔学院的清教徒式管理为模式的。像其英格兰起源一样,住宿制使得每所殖民地学院都成为"家外之家"。学院的理念从其目的和客户的角度来看基本上是贵族式的,这反映了英格兰的经验。学院的四个年级的学生的称谓——新生(freshman)、二年级生(sophomore)、低年级老生(junior sophister)、高年级老生(senior sophister)——都来自英格兰。学院强调教学而不是研究,强调学生作为学习者而不是作为学者,强调秩序和纪律而不是知识——所有这一切也都源于英格兰大学的寄宿制学院模式。[2]

---

[1] Edwin Oviatt: *The Beginnings of Yale* ( *1701-1726* )( New Haven, 1916 ), p. 200 ; William Lathrop Kingsley, ed.: *Yale College: A Sketch of its History* ( New York, 1879 ), II, 496.

[2] W. H. Cowley: "European Influences upon American Higher Education," *Educational Record,* XX ( 1939 ), 168-71.

除了成为一所位于西欧之北美边疆的英格兰学院之外，哈佛还能成为什么？因为这是一所英格兰学院，所以它的职员包括一位管家、一位厨师、一位领班男仆以及必需的一班仆人，包括啤酒师、面包师、寝室管理员等。因为这是一所英格兰学院，所以会为厨房专门成立一个部门，并请校长夫人来管理，即便据称她曾端上了变质的鱼，提供的鲭鱼"没有清除内脏"，"匆忙制作的布丁里有羊粪"。因此，与英格兰大学一样，这些细致的行为规范与其说是清教徒式的，不如说是学院式的，在此弥漫的不是成人学术探究的自由精神而是小男孩寄宿学校的氛围。[1]

在某些方面，哈佛作为一所小型男校是如此成功，以至于英格兰一些最浪荡的花花公子会被送到这所位于大西洋彼岸、查尔斯河畔的教养院。他们的数量之多，足以让学院的一位支持者在1651年悲伤地抱怨道：

> 与英格兰相比，这确实是一个更能远离骄奢淫逸的诱惑的地方，然而，如果有人对此抱有期望，把他们最过分的孩子送到这里，试图让他们能更好地为上帝服务，试图让上帝的正义有时能顾怜他们……到最后，这所学院虔敬的管理者被迫驱逐了一些人，因为害怕他们会摧毁源泉……[2]

---

1 Morison: *Seventeenth Century*, I, 55 ; Harvard: *Founding*, pp. 37 ff., 232.
2 Morison: *Seventeenth Century*, I, 77–8.

第二章 革命的遗产

毫无疑问，理性的培养需要相应的纪律手段，鞭笞一直使用到1718年。在那一年，鞭笞被也许更人性化的拳打所取代，一个坏男孩被要求跪在他的导师脚下，导师持续地猛击他的耳朵。这一习俗在1755年被暂停，并于1767年从学院法规中被删除。这些做法的废弃，清楚地记录了当时西方世界人道主义精神的解放，但也可能意味着马萨诸塞的英格兰学院正在本土化。1718年，一位其儿子被校方鞭打的父亲抱怨道："我宁愿让我的儿子作为一个男人受虐待，（也不愿将他当作）……一头野兽。"[1]正是在这种抱怨中，我们听到了新世界的心声。

课程也将适应新的条件。它不再是原来的样子了。作为北美殖民地时期课程建设之光和灵感源泉，哈佛"是在文艺复兴的新知识被筛选进入旧经院主义课程之后，在新科学知识开始发酵之前建立的"[2]。因此，一种旨在培养神职人员和政治家的课程，一种以古代语言为基本工具、秉持源于古代真理的课程，当然会被一种不断兴起的经验主义，即一种敢于质疑旧真理并建立新真理的科学观点所稀释。

到1659年，在天文学领域，托勒密体系在哈佛已经消亡，哥白尼体系已牢固确立。在1672年，哈佛的学生和学者们已利用一架新的望远镜观察天空。17世纪晚期，在查尔斯·莫顿（Charles Morton）的指导下，哈佛的自然哲学采用了牛顿理论。但是，直到1727年霍利斯数学和自然哲学教授职位设立，以及1738年约翰·温思罗普被任命为该职位的教授，科学才在哈佛占据一席之

---

1 Morison: *Three Centuries*, p. 113.
2 Morison: *Founding*, p. 58.

地。温思罗普是哈佛第一位真正的科学家。他主持了美国第一个实验物理学实验室,并证明了地震是一种自然现象,他因后者惹恼了一些牧师,但也促进了学术知识和学术自由的发展,让人们能够从无知中抽身。1761年,他说服马萨诸塞总议会组织美国历史上第一次天文探险——前往纽芬兰观测金星凌日——时的高超技巧显示了他的领导才能。[1]

发展并调整到一种新语言,需要很长一段启动时间。直到1880年,美国学院里的大多数科学知识都是在自然哲学的名义下讲授的,科学设备被称为哲学仪器,实验室被称为哲学室。[2]但是,尽管亚里士多德的术语几乎一直被沿用到19世纪末,但它已无法阻挡牛顿科学的崛起。

耶鲁最初的两位导师,在被来自伦敦的一包书籍所激发和唤醒后,很快使他们的学生了解了洛克、牛顿和哥白尼的理论。[3] 1734年,耶鲁从欧洲进口了反射望远镜、显微镜和晴雨表,但这只是一个开端。五年后,传统课程受到了新哲学体系的影响,随着时间的流逝,分配给逻辑学和其他传统课程的时间减少了,而越来越多的人开始关注自然哲学、数学、测量和航海。对科学的热情激励了本杰明·富兰克林,他一直是实践教育和实用教育的支持者,并在1749年把一台电机送到了纽黑文。埃兹拉·斯泰尔斯(Ezra

---

[1] Morison: *Seventeenth Century*, I, 216 ff.; Morison: *Three Centuries*, pp. 79, 92-3. 参见 Theodore Hornberger: *Scientific Thought in the American Colleges, 1638-1800*（Austin, 1945）。

[2] Morison: *Founding*, p. 28.

[3] Oviatt: *Yale*, pp. 396-9.

第二章 革命的遗产

Stiles)——其时还是导师,后来成了耶鲁校长,利用这台电机进行了一次对新英格兰地区而言是开创性的电学实验。[1]

在耶鲁数学课程的发展过程中,我们可以清晰地感受到科学对传统课程的影响。在1726年,大四唯一新学的数学课程还只是些零星浅显的知识,而到1745年时,耶鲁已经将算术列为入学条件,从而结束了拉丁语和希腊语的独占地位。三年后,大二、大三年级也开始引入数学课程,而到1766年,大一也引入了数学课程。[2]

数学正在成为一门工具性科目,一种新的、具有生命的语言,"让大学生们有了探究的想法……(并鼓励)一种感觉,即发现迄今未知的事物是心灵的职责"。古老和垂死的语言是经院哲学的语言,是已知的语言。牛顿的经验主义是对启示基督教的挑战。归纳法是对演绎法的挑战。独立战争前夕,在各学院,自然科学和数学都受到了更多的关注。到1766年,8所殖民地学院中的6所设立了数学和自然哲学教授职位。启蒙运动的酝酿,以及英国不信圣公教者学园和苏格兰大学的出现,使得这些高等教育机构非常乐于接受世俗知识,并开始有效地推动对传统实践的改革。[3]

这种转变在三段论中表现得最为明显,三段论曾是中世纪大学的门面,也是殖民地学院的经院哲学课程的主要内容。辩论,作为进行讨论的一种手段,是殖民地学院非常典型的毕业训练,它往

---

1 Kingsley: *Yale,* I, 62, 66-7;II, 497;I, 78.
2 Ibid., II, 498.
3 Richard Hofstadter and Walter P. Metzger: *The Development of Academic Freedom in the United States*(New York, 1955), p. 197. 该著作对殖民地学院中科学的兴起与自由探究氛围发展之间关系的研究非常精彩, pp. 192-201。

往需要学习一整年。面对一篇论文，一篇关于普遍真理的陈述，两位学生，一位充当答辩者，一位充当提问者，运用他们的推理能力来确立论文的有效性。这种思维方式是典型经院式的，是对学生四年所学知识的检验。毕业典礼上的辩论不仅是毕业班学生对自己的展示，也是对他们所学真理的展示。[1]

这种经院哲学在殖民地学院的渗透有多深？它是如何完全主导课程的？它如何完全代表了当时盛行的思维方式？[2]毫无疑问，经院哲学家的方法在当时很流行。1693年，哈佛的学生们提出了这样一些伦理命题："谨慎是所有美德中最难的"，"宁愿遭受死亡也不愿犯下任何罪恶"。迟至1769年，演绎推理还在如下的命题中不断呈现："人类理性本身不足以解释真正的宗教是如何被引入并在世界上如此牢固地建立的"，"基督教需要神的启示"[3]。殖民地学院主要关注的是正确的行为。经院哲学对这种倾向也有贡献，毕竟，经院哲学是传统。

然而，经院哲学在独立革命前夕并不是最重要的传统。那时，它只是北美殖民地学院哲学观的一个组成部分，而且深陷困境。因为，尽管它有时可以为新思想和新知识腾出空间，但它的精神与笛卡尔、培根、牛顿、洛克和休谟所认同的精神是相反的，后者承认

---

1 参见 Morison: *Founding*, p. 24；Morison: *Seventeenth Century*, I, 279；Mary Lovett Smallwood: *An Historical Study of Examinations and Grading Systems in Early American Universities*（Cambridge, 1935），pp. 12-13。

2 James J. Walsh: *Education of the Founding Fathers of the Republic; Scholasticism in the Colonial Colleges; a Neglected Chapter in the History of American Education*（New York, 1935），这些讨论了更广泛的影响。莫里森对此书的异议见：*New England Quarterly*, VIII（1935），455-7。

3 Walsh: *Education of the Founding Fathers*, pp. 81, 85.

第二章 革命的遗产

实验和经验是知识的来源。经院哲学是思考、演绎和"应该"(ought)的哲学。一种新的精神正在主张一种经验哲学、一种实验证据的哲学和"是"(is)的哲学。

纽约和费城的新动向最能说明殖民地学院的趋势。1754年,国王学院的朋友们在纽约的报纸上宣布,国王学院的课程将注重测量、航海、地理、历史和自然哲学——或者说是"所有有利于舒适、便利和优雅生活的……和所有有助于真正幸福的……知识"。为了实现这些相当远大的抱负,他们曾尝试做出严肃的努力,虽然失败了,但敢于尝试远比失败重要。[1]

独立革命之前在新方向上取得重大进展的学院是由生于苏格兰的威廉·史密斯领导的费城学院。1753年,史密斯发表了一份关于在纽约建立一所新学院的建议,该建议颇有远见。虽然它没能成为国王学院的蓝图,但在费城,史密斯却因为对北美殖民的了解而被推荐给了一个由当地公民和绅士组成的负责建立一所新学院的事务委员会。在1753年的建议中,史密斯认为美国人需要付出特别的努力才能实现和平和经济繁荣,"形成一个清醒、善良、勤劳的公民群体,并遏制日益奢侈的进程"[2]。在1756年的费城,仰赖富

---

1 Louis Franklin Snow: *The College Curriculum in the United States* (New York, 1907), pp. 56–60.
2 William Smith: "A General Idea of the College of Mirania, with a sketch of the method of teaching Science and religion, in the several classes: and some account of its rise, establishment and buildings" (first published as a plan for a College in New-York in the Year 1753) in his *Discourses on Public Occasions in America* (2d. ed., London, 1762), pp. 41–2.

兰克林的祝福和他的董事会的支持，史密斯设立了一套三年制的学习课程，其中多达三分之一的时间被用于科学和实践研究。他没有被允许建立一所与传统古典学院并立的"机械艺术"学院，但可以在古典学院中强调英语、英语文学和其他工具性学科，这对于更广泛的人群来讲将会发挥比传统课程更广泛的作用。史密斯教务长的学习项目是美国第一个既不是源于中世纪传统，也不是为了服务于宗教目的的系统课程。[1]

从某种意义上说，美国革命已经开始了。毫无疑问，它在等待保罗·里维尔（Paul Revere）的出现。革命最初是在那些习惯于认为自己是美国人的头脑中产生的，这些人起初不自觉地、后来公开地称英国人为"他们"而不是"我们"。革命发生在美国人发现并强调殖民地的必要性、殖民地的愿望和目的与英格兰期待他们应该如何的差异之处。这种差异主要出现在政治和经济领域，但在高等教育方面也不鲜见。国王学院1754年的简章和费城学院1756年的课程可能不是这一惊醒世界的转变的第一枪，但它们在某种程度上还是表明了，英属北美殖民地开始响应美国的愿望，而非英国的需求。

借由美国革命，殖民地学院被卷入了世界大事之中，它们再也不是原来的样子了。北美最大的建筑，普林斯顿的拿骚厅成为在战争中损毁最严重的建筑之一。它在1776年12月被英国军队占领，在1777年1月遭到美国军队的攻打，在接下来的5个月里被大陆军

---

[1] Edward Potts Cheyney: *History of the University of Pennsylvania 1740-1940*（Philadelphia, 1940）, pp. 71-81.

第二章 革命的遗产

占领并肆意破坏，在 1777 年末被改建为一所军事医院，并最终在 1783 年作为议会大厦服务于大陆会议，以避免心怀不满的叛变士兵进行破坏——拿骚厅象征着战争对殖民地学院的实质性影响。[1]

在国王学院，第一个被"损毁"的不是一栋大楼，而是一位校长，迈尔斯·库珀（Myles Cooper），一位托利党人——在一所以国王命名的学院里，这是理所当然的。1775 年 5 月的一个晚上，当 1774 级的亚历山大·汉密尔顿（Alexander Hamilton）在海湾制服一群愤怒的暴民之时，库珀校长穿着单衣，越过后院的篱笆，躲到一艘英国单桅战船上逃回家了。耶鲁在当地市场上找不到足够的食物，于是在 1777 年把学生和导师都送到了内陆。在约克镇被围困期间，威廉玛丽学院除了被短暂关闭以安置美国和法国军队之外，一直坚持办学。尽管这些部队很友好，但学院里宏伟的克里斯托弗·雷恩大楼还是被法国人意外点着了。革命还带走了学院的英国捐赠基金、分配给学院的殖民地烟草税，以及长期作为重要收入来源的西部土地。除此之外，议会也从威廉斯堡搬到了里士满。[2]

---

1 Thomas Jefferson Wertenbaker: *Princeton 1746-1896*（Princeton, 1946），pp. 57-61,64-5.
2 John Howard Van Amringe, et al.: *A History of Columbia University 1754-1904*（New York, 1904），p. 48；Kingsley: *Yale*, I, 100-6；Herbert Baxter Adams: *The College of William and Mary*（Washington, 1887），pp. 29, 56-7. 参见 Morison: *Three Centuries*, pp. 148-53；William H. S. Demarest: *A History of Rutgers College 1766-1924*（New Brunswick, 1924），pp. 101-38；Cheyney: *Pennsylvania*, pp. 115-18。

革命破坏了建筑、生源、捐赠和声誉，但更根本的是对传统目的和传统课程的破坏。在开始时，这场战争可能是为了界定政治权威的边界，也可能是为了重新平衡母国和殖民地之间的经济关系。它可能成为一场独立运动，但在它结束之前，它也是一场民主运动：一篇雄浑的宣言对于美国人的影响意味深远，这一影响不是指塑造某种优越感——实际上，他们的存在经常被否定；而是让美国人意识到他能发展自身的任何一种独特能力，获得他所拥有的土地上的任何收成，所有人平等地对视，从而确信每个人在法律和上帝面前是平等的。

这股高涨的民主浪潮的精神席卷了所有学院，这让许多固守传统的人很是绝望。宾夕法尼亚迪金森学院（Dickinson College）校长、苏格兰人查尔斯·尼斯比特（Charles Nisbet）在抱怨新美国时，发出了特有的哀叹："这里的一切都处在一个固定的平面上……我们的绅士们都是第一代；他们很少有人住在他们父亲的房子里……在一个共和国里，唯一能被代表的公民实际上都是蛊惑民心的政客和乌合之众的煽动者，正是他们分享了所有的政府权力……与应该如何被更好地管理相比，美国人似乎更希望自己管理自己的事务……"[1] 尼斯比特校长可以借助一个看似荒谬的事实证明这一点，在 1779 年，将近 1000 名北纽约人签署了一份请愿书，要求在斯克内克塔迪（Schenectady）市建立一所学院。在过去，学院不是以这

---

[1] James Henry Morgan: *Dickinson College: The History of One Hundred and Fifty Years 1783-1933*（Carlisle, 1933），p. 66.

第二章 革命的遗产

种方式建立的，它们的名字也不会如此具有政治意义，当这所学院在 1795 年以联合学院（Union College）之名成立时，一位高贵的贵族，菲利普·斯凯勒（Philip Schuyler）将军——他是亚历山大·汉密尔顿的岳父，立即在给朋友的信中表达了他的怀疑："愿上帝保佑并珍惜这个旨在弘扬美德和增进人民福祉的机构！"[1]上天一定会宽容的，因为毫无疑问，人们正对高等教育产生前所未有的兴趣。

在人民的地位日益重要的背景下，各州的立法机构都与老院校和许多战后出现的新院校建立了新的关系。1782—1802 年，有 19 所延存至今的学院获得了特许状，这是过去一百五十年建立的学院数量的两倍多。教派竞争、国家忠诚、财富增长、人口增加都助长了这一风潮，这一风潮一直持续到 19 世纪，难以遏制。[2]美国学院也对中产阶级家庭产生了更广泛的吸引力，它被认为是出人头地的一条路径，而不仅仅是记录父辈背景的一种方式。

在独立战争和战后时期，各州在高等教育的活动中发挥了更加积极的作用。在 1776 年通过的北卡罗来纳革命宪法中有一条禁令，大意是"所有有用的知识都应在一所或多所大学中得到适当的鼓励和促进"[3]。不仅是北卡罗来纳州，佐治亚州、田纳西州和佛蒙特州都在 1800 年之前建立了州特许或州支持的院校。哥伦比亚大

---

1 Dixon Ryan Fox: *Union College: An Unfinished History* ( Schenectady, 1945 ) , p. 12.
2 关于创办学院的标准研究，见 Donald G. Tewksbury: *The Founding of American Colleges and Universities Before the Civil War: With Particular Reference to the Religious Influences Bearing Upon the College Movement* ( New York, 1932 )。
3 Kemp Plummer Battle: *History of the University of North Carolina* ( Raleigh, 1907–12 ) , I, 1–2.

学（前身为国王学院）、费城的宾夕法尼亚大学，以及达特茅斯学院暂时被州政府接管。哈佛、耶鲁和威廉玛丽都调整了章程，在它们的董事会中增加了州代表的名额。[1]

各州新教育活动兴起的一个基本原因是公众对教派教育的敌意。新哈佛的监事们旨在发挥"看门狗"的作用，监督一所自由主义神学有可能过于泛滥的学院。另一方面，耶鲁理事会的新成员，基于其传统，希望耶鲁不会让具有不同教派背景的年轻人感到不适。[2] 1779年，托马斯·杰斐逊试图在威廉玛丽学院之外创建一所州立大学，但他的努力失败了，部分原因是他的计划会将一所圣公会学院置于弗吉尼亚学校系统的顶端。[3] 本杰明·拉什（Benjamin Rush）在向宾夕法尼亚议会申请迪金森学院的特许状时，完美地顺应了公众的情绪：他在1783年提议学院采用长老会形式，董事会成员包括德国归正教会成员，并以约翰·迪金森（John Dickinson）之名命名，而他自己是一位贵格会教徒，时任宾夕法尼亚州最高执行委员会主席。[4]

宗教宽容和信仰无涉观念的扩大在一定程度上是宗教多样性和教派竞争的结果，美国人发现除了默许其存在之外，没有别的办法来容纳这种多样性。然而，对宗教的敌意也不容忽视。从英格兰、

---

1 Tewksbury: *The Founding of American Colleges,* p. 64.

2 Ibid., p. 143.

3 Philip Alexander Bruce: *History of the University of Virginia, 1819–1919*（New York, 1920-2），I, 71.

4 Morgan: *Dickinson,* pp. 12-14. 参见 Harry G. Good: *Benjamin Rush and his Services to American Education*（Berne, Indiana, 1918）.

第二章 革命的遗产

重商主义、皇家总督、王室代理人和强势的贵族手中解放出来，无疑令人欢欣，但这还不够。启蒙运动的曙光多次承诺把人从各种约束中解放出来，其中之一就是将人从宗教制度中解放出来。因此，在新美国已经有一批服膺当时在法国流行的哲学立场的听众了。

对于美国学院而言，独立战争让它们发现了法国。法国在约克镇帮助北美殖民地终结了与英国的殖民关系。而且人们天真地相信，法国在1789年接过了在美国点燃的火炬，开启了它自己的革命。法语教学早在1779年就出现了。[1] 1784年，纽约大学仿效法国模式，成为一所不教学、不授予学位的监管机构。[2] 1785年，汉普顿-西德尼学院发布了一项声明，同意在授予文学士学位时用法语科目代替希腊语科目。[3] 1793年，威廉玛丽学院将法语学分列为入学要求。1795年，威廉姆斯学院任命了一位巡回教师为学院的第一位法语教授。[4] 同一年，联合学院的校训没有选择来自希腊或罗马的隽永智慧，而是选择了一句法语来纪念战争时的兄弟情谊："Sous les lois de Minerve nous devenons tous frères"（在智慧女神的训导下，我们将成为兄弟）。[5]

---

1 Cowley: op. cit., 171–3.
2 Frank C. Abbott: *Government Policy and Higher Education: A Study of the Regents of the University of the State of New York, 1784–1949*（Ithaca, 1958）.
3 Alfred J. Morrison, ed.: *The College of Hampden-Sydney: Calendar of Board Minutes 1776–1876*（Richmond, 1912）, pp. 33, 35.
4 Charles Hart Handschin: *The Teaching of Modern Languages in the United States*（Washington, 1913）, p. 19.
5 Fox: *Union*, p. 13.

官方对法国影响的反应被大学生们深入法国哲学世界的巡游所超越。由于陶醉于独立的喜悦，意识到了作为自由公民的新尊严，许多美国人信奉自然神论，与无神论为伴，对宗教漠不关心。[1]在18世纪90年代，典型的哈佛学生都是无神论者。[2]几年后，威廉姆斯学院的学生模仿庆祝活动，嘲弄圣餐礼。在普林斯顿，信奉自然神论的大学生中的异教领袖带领他的追随者在当地长老会教堂中焚烧了《圣经》。[3]1802年，当塞缪尔·斯坦诺普·史密斯（Samuel Stanhope Smith）校长看到拿骚厅起火，怒斥道："这种进步是亵渎宗教的，也是邪恶的。"[4]一个管理委员会为了证实校长对纵火的怀疑，认为这场大火是由大学生中的雅各宾派异教徒引起的。但到了1807年，经历了长期吹捧的法国在新英格兰已经变得不受欢迎了，而法国大革命过激的恐怖行为使得南卡罗来纳大学的学生们在2月的一个晚上聚集在一起阅读汤姆·潘恩（Tom Paine）的作品，歌唱法国革命歌曲，在黑夜中嘶吼"革命万岁"[5]。1812年，一位富有想象力的普林斯顿学生在教堂的《圣经》上切了一个洞，然后整齐地插入了一副纸牌。[6]

迪金森学院校长尼斯比特写下的对他所处时代的激烈评语揭

---

1 参见 Howard Mumford Jones: *America and French Culture*（Chapel Hill, 1927）, esp. pp. 350–487。
2 Morison: *Three Centuries*, p. 185.
3 Wertenbaker: *Princeton*, pp. 134-7.
4 Ibid., p. 127.
5 Daniel Walker Hollis: *University of South Carolina*（Columbia, 1951-6）, I, 53.
6 Wertenbaker: *Princeton*, p. 156.

第二章 革命的遗产

示了旧秩序的忠实友人在面对新趋势时的情绪:"……自由探索的精神……几乎被导向了疯狂……热气球、人权、人民主权……无神论、索齐尼教义(Socinianism)……"尼斯比特在分析1800年杰斐逊的总统选举时哀叹:"美国的民主党人已经发现,为了基督教的利益应该选举一位对宗教漠不关心的总统,而不管人们是相信只有一位上帝,还是相信有二十位上帝,或者根本没有上帝。"他的建议是:"上帝赐予我们耐心来忍受他们的暴政。"[1]

杰斐逊的当选有多种解释。约翰·亚当斯(John Adams)认为这是一场帮助邪恶战胜善良的阴谋,它向许多人表明了联邦主义的政治和社会哲学,即在美国,政府不可能由富有的、出身良好的、有能力的人永远把持。这意味着没有任何政党能无视人民以及他们的支持。美国不再是等级秩序、各种限制、各种惩戒的支持者。未来显然属于那些自由奔放的民主人士,属于那些胆大自信的人。就像那些无拘无束的哈佛学生在1780年向塞缪尔·兰登(Samuel Langdon)校长请愿时所说:"作为一个天才和博学的人,我们尊敬你;作为一个虔诚的人,我们崇敬你;作为一个校长,我们鄙视你。"在学生们的要求下,兰登校长辞去了他的职务。[2]

当时,独立战争给美国学院留下的遗产是一种由法国自然神论、不守规矩的学生、州的管制,以及认为学院现今应该为新国家承担新职责这一普遍信念等组成的令人兴奋的混合物:学院必须

---

1 Morgan: *Dickinson*, pp. 68–9.
2 Morison: *Three Centuries*, p. 162.

要为那些证明自己的共和国培养出了公民的年轻人做好准备,也要为他们的有益生活做好准备。

课程也做出了相应的调整。科学的兴起引起了对中世纪课程的不满,它已经运行太长时间了,如今它不再是那种面对传统知识的绝对静止的工具。在美国,启蒙运动和独立战争对课程变革的影响很大。基于人的完美性这一概念,启蒙运动自然而然地将教育机构作为实现其目的的工具。一群使徒随时准备在新世界引领启蒙精神:其中包括詹姆斯·奥蒂斯(James Otis)、本杰明·富兰克林、托马斯·杰斐逊、托马斯·库珀(Thomas Cooper)、约瑟夫·普里斯特利(Joseph Priestley)、本杰明·拉什、托马斯·潘恩和理查德·普莱斯(Richard Price)。自然法、理性领域、自然领域占了上风,超自然的力量在衰退——虽然仍然活跃,仍然占统治地位,仍然令人尊敬,但正在衰退。[1]

革命开始后对旧理性的第一个重要挑战发生在威廉玛丽学院。托马斯·杰斐逊,作为州长和学院的理事会成员试图重组整个课程,希望能将它完全纳入未来的发展方向。在1779年的一系列立法提案中,他呼吁废除神学和东方语言的教授职位。杰斐逊说,学院必须把人们从迷信中解放出来,而不是给他们灌输迷信。他将设立一个"法律和警察教授"职位,也许称之为公共管理教授职位更好,因为这显然更适合为民主国家的职责岗位培养公务人员。他还

---

[1] 参见 Agatho Zimmer: *Changing Concepts of Higher Education in America Since 1700*(Washington, 1938), pp. 7-17 以及 R. Freeman Butts: *The College Charts Its Course*(New York, 1939), pp. 58 ff.

希望设立一个解剖学、医学和化学教授职位，以示对实用性的重视，而这将成为美国学院课程的新特征。杰斐逊所提的各点建议都将课程带入了实践和公共的范畴，如增设现代语言教授职位，将自然法和国际法纳入道德哲学教授的工作范围，将自然史纳入自然哲学教授的工作职责等。

立法机构并没有实施杰斐逊的计划，但作为杰斐逊学院的理事，他成功取消了该学院的两个神学教授职位，并将许多新科目加入到已有教授职位的工作职责中。虽然杰斐逊未能全面实施他的方案，但他迟早会有一所新的大学来试验这一计划。[1]

国王学院不仅更名为哥伦比亚大学，还采用了一套课程，帮助美国的年轻人获得各种能力，以满足这个有抱负的国家对他们的要求。1792年，哥伦比亚在启蒙运动的影响下设立了经济学、自然史和法语的教授职位。几年后，法语、美国史和宪政政府的课程被加入到了联合学院的传统课程体系中。北卡罗来纳大学在1795年的课程计划中开设了一门课程，该课程涵盖了化学、农业和机械艺术教授职位、文学教授职位和语言教授职位，包括了最被忽视但可能是所有语言中最有用的——英语。[2]

革命的结果之一是提出建立一所国立大学，一场听证会因此举行。它在制宪会议上得到了讨论，也成为大学毕业典礼致辞的主

---

[1] *Adams: William and Mary*, p. 39; *Roy J. Honeywell: The Educational Work of Thomas Jefferson (Cambridge, 1931)*, pp. 54–6.

[2] Snow: *The College Curriculum*, p. 93; Van Amringe: *Columbia*, p. 76; Fox: *Union*, p. 14; Battle: *North Carolina*, I, 93–5.

题。此外，它还得到了乔治·华盛顿的特别关注，他在 1790 年的第一次年度国情咨文和 1796 年的最后一次年度国情咨文中都提到了这一主题。这一问题得到了他所有继任者的关注和支持，直到安德鲁·杰克逊将这片土地带入新时代和新氛围。华盛顿期望国立大学能成为培养爱国公民和优秀公务人员的有用之地；他希望国立大学能帮美国培养出一群不受地方主义和派系主义偏见限制的人。这一想法有点天真：地方主义和教派主义将一直是国立大学的宿敌。国立大学的想法只是一个梦想——一个在美国历史上经常出现却不断与新的利益、新的信仰相左的梦想。[1]

  启蒙运动的精神、革命对美国教育解放的影响和时代氛围在 1799 年美国哲学学会（American Philosophical Society）所征集的论文中得到了最好的体现。这次论文征集的主题是"美国教育系统的最佳方案"，美国哲学学会还为此设立了一个奖项。这场竞赛吸引了费城的医生本杰明·拉什，诺厄·韦伯斯特（Noah Webster）——他早先整理的一些拼写书和一本词典，为美国英语做出了比任何宏伟计划所能做的都要大得多的贡献，杜邦·德·内穆尔（DuPont de Nemours）——一位特拉华州的面粉制造商和重农主义者，以及其他许多人参加。[2]

---

1 Edgar Bruce Wesley: *Proposed: The University of the United States* (Minneapolis, 1936), pp. 4–10; Walter C. Bronson: *The History of Brown University 1764–1914* (Providence, 1914), p. 68; Adams: *William and Mary*, p. 43.
2 Allen Oscar Hansen: *Liberalism and American Education in the Eighteenth Century* (New York, 1926), p. 105.

第二章 革命的遗产

这些方案大谈科学，大谈为民主公民身份做准备，大谈逃离过去。拉什建议设立特殊学校"教授遗忘的艺术"。[1]他不信任古代语言。"虽然希腊语和拉丁语是通向科学的唯一途径，但这样的教育将总是局限于少数人，"他指出，"只有通过普及知识，我们的国家才能保持共和政体。"他警告说，这些古老的语言既会阻碍国家的发展，也会妨碍政体的保持。拉什说："花四到五年学习两种死语言，是让我们放弃金矿，而转身沉溺于捉蝴蝶以自娱自乐。"[2]19世纪的美国人究竟是会花费他们的一生去开启金矿还是去追逐蝴蝶，这是一个只有未来才能回答的问题。

---

1 Allen Oscar Hansen: *Liberalism and American Education in the Eighteenth Century* (New York, 1926), p. 61.
2 Ibid., pp. 52-3.

# 第三章
# 学院运动

1795年1月,一个下着蒙蒙细雨的日子,一座名叫北卡罗来纳大学的空空荡荡的两层砖砌建筑开始向公众开放。迎接州长的是一幅难堪的景象:突兀的树桩、粗糙的木材、满是刮痕的黏土墙面和凛冽的寒风。他是被邀请来出席这次重要的开放活动的。他还受到了包括一位兼任校长的教授在内的全体教师的欢迎。一个月后,第一位入学申请者来敲门了。同一年,在遥远的北方,鲍登(Bowdoin)学院的创始人向任何愿意为他们建造一座四层大楼的承包商开出了给予缅因州一个城镇的所有土地的条件,但他们没有找到买家。[1]

1802年3月,普林斯顿的拿骚厅被大火焚毁。第二年,宾夕

---

[1] Kemp Plummer Battle: *History of the University of North Carolina* ( Raleigh, 1907-12 ), I, 63–5; Louis C. Hatch: *The History of Bowdoin College* ( Portland, 1927 ), p. 9.

法尼亚州卡莱尔的迪金森学院最早建立的一座大楼被烧毁。1806年，在佛蒙特州的伯灵顿（Burlington），丹尼尔·克拉克·桑德斯（Daniel Clarke Sanders）校长知道这所学院从1791年就开始创建时他难以抑制内心的热情：

> 学院大楼（他报告说）几乎是玻璃的。塔已经完工，而且穹顶也已经画上了画。风向标和避雷针都已安装好。这钟被证明是一口好钟。泥瓦匠正在工作，所有的烟囱应该会在毕业典礼前完工。[1]

1811年，约翰·布朗（John W. Browne）牧师对俄亥俄州新成立的迈阿密大学充满信心，他为了筹集资金和建立图书馆，开始了一次募捐旅行。他到白宫拜访了詹姆斯·麦迪逊（James Madison），结果一无所获，但他从一位肯塔基州参议员那里得到了一套5卷本的爱尔兰史；他在特拉华（Delaware）州募集了22美元，普林斯顿的校长给了他5美元，昆西的老约翰·亚当斯给予他温暖的鼓励，还有两本书和10美元。总之，他最后共募集了一马车的书和700美元。几周后，去布道的路上，布朗牧师在穿越小迈阿密河时不幸滑倒溺亡。[2]

---

1 Thomas Jefferson Wertenbaker: *Princeton 1746-1896*（Princeton, 1946），p. 126；James Henry Morgan: *Dickinson College: The History of One Hundred and Fifty Years 1783-1933*（Carlisle, 1933），p. 87；Julian Ira Lindsay: *Tradition Looks Forward: The University of Vermont: A History 1791-1904*（Burlington, 1954），pp. 63-4.
2 Walter Havighurst: *The Miami Years 1809-1959*（New York, 1958），pp. 11-20.

1818年，位于雅典的俄亥俄大学的第一座建筑被闪电击中；它还没有完工，多亏当时的倾盆大雨，它才没有被大火完全烧毁。1822年，鲍登学院的第一座建筑缅因厅也发生了火灾。这所缅因州的学院当时可是为了建设这座大楼而未能送出一个小镇的。在佛蒙特州的伯灵顿，1824年，一栋曾在1806年让桑德斯校长欣喜万分的建筑在大火中消失了。这所学院徘徊在倾覆的边缘，校长都快疯了。[1]

1826年，宾夕法尼亚州伊斯顿（Easton）镇的一群居民获得了建立一所学院的特许状。这所学院将被命名为拉法耶特（Lafayette）。他们去费城买了一所学园，希望把它搬到伊斯顿，然后将它称为学院。但他们没做成这事，而且在接下来的四年里，他们也没有举行过一次会议。在伊利诺伊州的大平原上，一所名叫伊利诺伊的学院于1829年成立，当时只有9名学生，没有一个人学过英语语法。七年后，其中3人从学院毕业。1830年，佐治亚大学一半的建筑被大火烧毁。[2]同样是在1830年，在印第安纳州的布卢明顿（Bloomington），安德鲁·怀利（Andrew Wylie）牧师前来担任印第安纳学院的校长。他事先写了一封信，建议为了学院的利益，应该对他的到来有所准备。因此，他由几位公民领袖护送到城里，在那里，市民们排成两行夹道欢迎他。在校长官邸还有热闹的

---

1 Thomas N. Hoover: *The History of Ohio University*（Athens, 1954），p. 33；Hatch: *Bowdoin*, p. 403；Lindsay: *Vermont*, pp. 122-4.
2 David Bishop Skillman: *The Biography of a College: Being the History of the First Century of the Life of Lafayette College*（Easton, 1932），I, 38-47；Charles Henry Rammelkamp: *Illinois College: A Centennial History 1829-1929*（New Haven, 1928），p. 40；E. Merton Coulter: *College Life in the Old South*（Athens, 1951），p. 99.

烟火庆祝活动，到了晚上，学院大楼被大大小小的蜡烛照得透亮。大楼没有被烧毁。[1]

1832年11月22日，5个年轻的长老会牧师跪在印第安纳州克劳福德维尔（Crawfordsville）附近树林里的新雪之上，祈求上帝保佑沃巴什学院（Wabash College）。六年后（正是在这一年，沃巴什学院被大火烧毁），佐治亚州的埃默里学院以尚未收到的利息作为抵押开办了。1841年10月的一天，马萨诸塞州威廉姆斯学院一半的宿舍都着火了。1842年，8名法国牧师，圣十字会的兄弟们，以骑马或徒步的方式进入印第安纳州北部，他们很少有人能说流利的英语，之所以来到这里，是因为他们的主教准许他们开办一所学院，即后来的圣母大学。1845年8月6日，密歇根大学举行了第一次毕业典礼，授予了11个学士学位。显然，这所学校正在运转之中，就在同一天，大学的董事们批准了准备建立一个大学墓地的规划。[2]

常见的情况是，一所学院建好了大楼，却没有学生，而有学生的，却往往没有大楼。如果大楼和学生都有了的话，那么也许它没有钱，或者没有教授；如果有教授，那就没有校长，如果有校长，那

---

[1] James Albert Woodburn: *History of Indiana University: 1820-1902*（Bloomington, 1940）, pp. 51-2.

[2] James I. Osborne and Theodore G. Gronert: *Wabash College: The First Hundred Years, 1832-1932*（Crawfordsville, 1932）, pp. 1-2, 45-7; Henry Morton Bullock: *A History of Emory University*（Nashville, 1936）, p. 69; Leverett Wilson Spring: *A History of Williams College*（Boston, 1917）, p. 165; Arthur J. Hope: *Notre Dame: One Hundred Years*（Notre Dame, 1943）, p. 35; Elizabeth M. Farrand: *History of the University of Michigan*（Ann Arbor, 1885）, p. 59.

就没有教授。在内战之前，创建失败的学院可能多达 700 所。[1] 然而，学院运动的支持者之一阿布萨隆·彼得斯（Absalom Peters）在 1851 年的评论无疑是正确的："我们的国家将成为一个大学之国。"[2] 与令人沮丧的记录相对应的则是 19 世纪美国学院的创建者们所拥有的不容忽视的非凡毅力。美国人在独立战争时有 9 所学院，而到内战时则大约有 250 所，其中 182 所幸存了下来。[3] 阿布萨隆·彼得斯所言非虚。几十年后，有人指出，英国通过 4 所大学将 2300 万人管理得很好，而拥有 300 万人口的俄亥俄州则有 37 所高等教育机构。[4]

迪金森学院董事会成员约翰·阿姆斯特朗（John Armstrong）将军应该被人们铭记，因为他以"先知般的智慧"对狂热的学院运动提出了警告。阿姆斯特朗说：为什么不在下面的县建立合适的学园，从而培养一定数量的学生进入已有的学院，随着时间的推移，也许我们会发现一个真正需要一所学院的地方，然后再去那里。[5] 但是，在内战前的几十年里，大多数参与学院运动的人都不这么想。美国早期教育史上有一条不成文的规律：在没有小学或中学的地

---

1 在一项对 16 个州院校死亡率的研究中，都振华（Donald G. Tewksbury）发现在内战前总共有 412 所院校消亡，幸存下来的只有 104 所。在其余的 18 个州，幸存的院校为 78 所，根据前面的比例，这 18 个州消亡的院校大概有 309 所。*The Founding of American Colleges and Universities Before the Civil War*（New York, 1932），p. 28.
2 Ibid., p. 1.
3 Ibid., p. 15.
4 Frederick A. P. Barnard: "Two Papers on Academic Degrees"（New York, 1880），p. 18.
5 Morgan: *Dickinson*, pp. 21-2.

方，你将会发现一所学院。还有另一种可能是这样的：给一位年轻人一所学园的校长职位，他会努力把它变成一所学院。例如，贾斯珀·亚当斯（Jasper Adams）刚到南卡罗来纳的查尔斯顿不久，就着手把自己担任校长的学园转变为学院。很快，他就获得了学士学位，但对贾斯珀·亚当斯来说，事情的进展还是太慢了。1826年，他去了纽约的日内瓦学院，在那里，他可以成为一所真正有抱负的学院的校长。他的行为深深刺激了查尔斯顿的董事们，以至于第二年亚当斯就回来了，他说服董事们相信，查尔斯顿会比日内瓦更早成为一所大学。[1]

19世纪学院的建立与运河开凿、棉花种植、农业开发和黄金开采一样，笼罩在同一种时代精神之中。这些活动，没有一项遵照完全合理的程序。所有人都被美国人对明天的信念所感动，毋庸置疑，这种信念是美国人打造更美好世界的一种能力。在学院建立的过程中，理性是无法与永远进步的浪漫主义信念相抗衡的。

纳什维尔大学的校长菲利普·林斯利（Philip Lindsley）是美国教育史上真正伟大的人物之一。他在1837年提出了一个非常重要的问题：美国人民是否能够维持一种与英格兰大学相媲美的制度，在这种制度下，大学的根基能汇集于一个中心并围绕着这个中心，然后为新建各种院校提供助力，这些院校将带来福祉，产生重大影响，并成为一个令人印象深刻的有机整体。他总结道，"我们

---

1 James Harold Easterby: *A History of the College of Charleston Founded 1770*（Charleston, 1935），pp. 77-8.

忙碌的、不安的、投机的和赚钱的人民"要求学院像美国人自己一样分散和具有流动性。[1]美国的一切都放大了人们的想象——风景、地理、与欧洲的距离、肥沃的土壤、无限丰富的自然资源,甚至是对民主实验之必要性的确信。也许,美国人想象不出一所完整的牛津或剑桥,但他可以想象出建立牛津或剑桥的数百种开头,并确信明天就可以开始付诸实践。俄亥俄的两所州立学院坐落在名为牛津和雅典的两个城镇并非偶然,因为新大陆正是从这两个地方接过了知识的火炬。美国将成为古希腊所承诺过的民主国家,而希腊在美国复兴的不仅是古典建筑的景观,它还将给几乎每一个州带来一个令人向往的雅典。甚至在阿肯色州也有一座。1795年,普林斯顿的董事们在向州议会请求援助时宣称:我们将使新泽西成为美国的雅典。[2]大约在同一时间,威廉姆斯学院的董事们,出于对哈佛能否独自胜任这项工作的担忧,向总议会提出,州对伯克(Berkshires)郡这所小型学院的援助将有助于马萨诸塞成为新世界的雅典。查尔斯顿学院一位热心支持者在1847年发出呼吁称:"让我们效仿高贵的波士顿人……让我们把查尔斯顿建设成为南方的雅典吧"(尽管佐治亚大学已经在佐治亚州的雅典确立了自己的主权)。[3]

1830年,印第安纳州的长老会要求每位教众捐25美分,以筹集一笔600美元的经费,用于为汉诺威学院提供一个神学教授职位。虽然只筹集了100美元,但学院还是继续办学了。事实上,

---

1 Tewksbury: *The Founding of American Colleges and Universities Before the Civil War*, p. 3.
2 Wertenbaker: *Princeton*, p. 120.
3 Easterby: *Charleston*, pp. 105–6.

该学院的校长为了寻求办学特许状，在印第安纳州议会面前否认了其他州的立法机构对其特许的学院的数量进行限制。事情的真相是，在各地，建立学院的运动已经失控，因此，对于汉诺威而言，如果印第安纳州控制学院的数量，那就是不公平的。最终他拿到了特许状。[1]

每隔一段时间就会有与密苏里大学校长约翰·莱思罗普（John H. Lathrop）所做类似的现实性评估，他在1841年承认"大学教学中常规课程的品位正以一种良好的方式在产生着……"他说："这让我们没有对结果产生不明智的急躁，也没有鄙视琐碎的时光……"像莱思罗普校长那样说话的人很少有人理会。1849年，加州制宪会议上一名热情的代表所说的更像是美国人的方式。"为什么我们要把儿子送到欧洲去完成教育？"这位加州的新子孙吹嘘道，"如果我们在这里有办法，我们就能获得必要的人才；只要提供足够的薪水，我们就能把牛津大学的校长请到这儿来。"几乎不可避免的是，当19世纪后期一所学院在洛杉矶创建时，学院简介封面上会出现如下声明：

西部高地地区的大学住宅

一个漂亮的地点，全县最好的水将通过管道输送到每家住户。肥沃的土壤，纯净的空气，一个教育中心，在本州

---

1 William Alfred Millis: *The History of Hanover College from 1827 to 1927*（Hanover, 1927）, pp. 20, 31.

没有比这更好的安家之处了。价位分别为250美元、300美元、500美元。所适用的条款。拜访或写信给……

西方大学校长[1]

面对这样的展示，就不必奇怪为何在美国高等教育史上很少有大学创始人能像托马斯·杰斐逊在其讲话中所说的那样节制、理性和正确了。杰斐逊在讲话中将弗吉尼亚大学当作他生命的目的："这是用了四十年来诞育和哺养的孩子，如果我能坐在它腿上看着它，我将平静而快乐地歌唱，我的主啊（nunc dimittis）。"[2]

建立学院的另一个原因是联邦制所带来的各州的竞争和地方性忠诚。1784年，年轻的德威特·克林顿（DeWitt Clinton）在去往普林斯顿的路上，成为入读重建的哥伦比亚学院（Columbia College）的第一位学生，仅仅是因为纽约市长唤起了他父亲对纽约州的忠诚感。1819年，有人为弗吉尼亚大学辩护时说，在过去的二十八年里，弗吉尼亚因为没有州立大学而让其他州获利1400万美元。1851年，明尼苏达州的一份报纸鼓励发展州立大学，声称为了建立一所与明尼苏达州相称的院校"不应该允许任何男女青年离开这片土地去接受教育"。这个观点回响在整个世纪，到了1894

---

1 Jonas Viles, et al.: *The University of Missouri: A Centennial History*（Columbia, 1939），p. 28；William Warren Ferrier: *Origin and Development of the University of California*（Berkeley, 1930），p. 8；Robert Glass Cleland: *The History of Occidental College, 1887-1937*（Los Angeles, 1937），p. 13.

2 Philip Alexander Bruce: *History of the University of Virginia, 1819-1919*（New York, 1920-2），I, 5.

第三章 学院运动

年,印第安纳大学的校长还惊恐地点出385名在州外学习的印第安纳儿女,向州议会乞求:

> 如果把钱给我们,让我们建立一个伟大的教育机构,印第安纳州不仅能节省50万美元(印第安纳人可将这笔钱用在其他任何地方)中的大部分,而且还能让其他州的子弟再花50多万美元。

一些州立法机构认为这一要求的论据令人信服。美国幅员辽阔,出行困难重重,这也鼓励了地方主义,增加了学院的数量。鲍登学院成立的一个重要原因是缅因州地区的人们不愿意长途跋涉到坎布里奇。[1]

美国成为学院之国的另一个原因是本土传教运动,该运动在1800年之后将其注意力集中到了西部。通常是耶鲁人负责在西部设立基督教的目标,但他们也得到了普林斯顿人的大力帮助。[2] 因为受到公理会和长老会的影响,所以许多西部社区很难基于自然的要求而西部化。印第安纳州最初的4所学院——文森斯(Vincennes)、汉诺威、印第安纳和沃巴什都是在1832年之前

---

[1] John Howard Van Amringe, et al.: *A History of Columbia University 1754-1904*(New York, 1904), p. 62; Bruce: *Virginia*, I, 232; James Gray: *The University of Minnesota 1851-1951*(Minneapolis, 1951), p. 17; Woodburn: *Indiana*, pp. 426-7; Hatch: *Bowdoin*, p. 1.

[2] William Lathrop Kingsley, ed.: *Yale College: A Sketch of its History*(New York, 1879), 1,412-4; Wertenbaker: *Princeton*, p. 114.

建立的，它们的发展并不是为了响应当地的任何期望或需要。它们的必要性是由一群长老会的本土传教士确立的，他们一想到西部边疆愚昧的生活状况，就辗转难眠。在1843年，东部的公理会和长老会教徒组织起来，资助成立了西部学院和神学教育促进协会（the Society for the Promotion of Collegiate and Theological Education at the West），这一组织非常成功，以至于像贺拉斯·曼（Horace Mann）这种坚定的一位论派信徒也不禁哀叹，伟大的西部不仅被黑鹰征服，也被约翰·加尔文（John Calvin）征服。[1]

如果说这些学院不是西部传教士们的事工，那么它们有时就是那些尚未决定定居西部的传教士的事工。在西部重建新英格兰城镇的过程经常重复。建立奥柏林（Oberlin）学院、卡尔顿（Carleton）学院、格林内尔（Grinnell）学院、科罗拉多（Colorado）学院、惠特曼（Whitman）学院、波莫纳（Pomona）学院等并不需要外界的敦促。这些学院是新英格兰人在西部移植的新英格兰式城镇的自然产物；按照清教传统，大学要散落在乡间。[2] 波莫纳学院是最后一批遵循清教传统建立的学院之一，它由南加州公理会于1888年建立。南加州公理会在学院创建的三年前就公开表示支持发展他

---

1 Tewksbury: *The Founding of American Colleges and Universities Before the Civil War*, pp. 10–14, 69; Osborne and Gronert: *Wabash*, pp. 60–1; Arthur G. Beach: *A Pioneer College: The Story of Marietta* (Marietta, 1935), pp. 66–7; Rammelkamp: *Illinois College*, pp. 17–20 ff., 90.

2 Robert Lincoln Kelly: *The American Colleges and the Social Order* (New York, 1940), p. 31; Robert Samuel Fletcher: *A History of Oberlin College from its Foundation through the Civil War* (Oberlin, 1943), I, 3 ff.; John Scholte Nollen: *Grinnel College* (Iowa City, 1953), pp. 3–40 ff.

第三章 学院运动

们所称的"新英格兰式学院"。在由威廉姆斯学院、科尔比（Colby）学院、达特茅斯学院、耶鲁和奥柏林学院的毕业生组成的董事会的帮助下，他们几乎不可能失败。[1]

在所有这些学院的建立过程中，最忙碌的机构无疑是宗教教派——有些教派承担的工作更多，有些教派起步稍晚，但很少有教派不参与。它们在一个国家雄心与民主抱负俱兴、地理隔绝和浪漫想象并存的环境中工作，一个州接一个州，把与自己对立的教派都变成了相互竞争的学院。随着人口向西迁移，各教派也向西迁移。每个州都成了战场。很少有像俄亥俄如此高产的州，那里的学院的存活率明显很高：富兰克林学院，长老会；西储学院，公理会；凯尼恩学院，美国圣公会；丹尼森学院，浸信会；奥柏林学院，公理会；玛丽埃塔学院，公理会；玛斯金姆学院，联合长老会；圣泽维尔学院，罗马天主教；俄亥俄卫斯理学院，卫理公会；尤宁山学院，卫理公会；鲍德温学院，卫理公会；维滕堡学院，路德宗；奥特拜因学院，联合兄弟会；海登堡学院，改革宗；乌尔班纳学院，斯韦登博格派；安提阿学院，基督派；海勒姆学院，使徒派。所有这些学院都是在1850年前建立的，但其中长老会学院不多，这是因为长老会已经建立了迈阿密和俄亥俄这两所州立学院，没有必要再多建学院了。[2]

在19世纪前几十年的第二次宗教觉醒和复兴主义时期，觉醒转向了自然神论和无神论以及教会期待着基督教在人类生活中占据主

---

1 Charles Burt Sumner: *The Story of Pomona College*（Boston, 1914）, pp. 4, 52–71.
2 Lucy Lilian Notestein: *Wooster of the Middle West*（New Haven, 1937）, pp. 6, 277–8.

导地位的新阶段。这一反宗教狂热运动的成功反而激起了教派的热望。作为殖民地晚期和共和国初期学院特征的宽容精神现在受到了教派野心的威胁。美国学院的理性前景现在受到一股虔诚洪流的威胁。在学院建立的新时代，最早和最坚定的支持者是新英格兰的公理会和中南部各州的长老会。这两个教派都受到了加尔文宗的冲击，后者对受过良好教育的神职人员这一信念投入了新的热情。其他加尔文教派——德国改革宗、荷兰改革宗和一位论派——在学院运动中也加入了他们。最后建立学院的教派自然是那些对学识渊博的牧师怀有敌意的教派，但即使是它们，尤其是卫理公会和浸信会，也投降了。不久以后，即使是那些自称与人民最亲近、最不需要学者们花哨的蒙昧主义学问的教派——使徒派、联合兄弟会、基督派和普世论者——也将放弃他们的敌意。贵格会教徒根本不需要神职人员，他们对学院运动的贡献相对较小。罗马天主教徒的需求和机会随着欧洲天主教国家移民的增多而增加，在随后的时代做出了巨大贡献。

教派主义比其他任何因素都更能解释以下情形，肯塔基州在1865年以前建立了11所学院，伊利诺伊州在1868年以前建立了21所，艾奥瓦州在1869年以前建立了13所。[1]一位阿默斯特学院的毕业生在解释阿默斯特学院的成立原因时指出，在清教徒的联邦中，非常需要"一所学院……向西不像威廉姆斯那么远，离柏拉图也不像坎布里奇那么远"[2]。由于对来自哈佛的一神论异端念念不忘，威

---

1 Jesse B. Sears: *Philanthropy in the History of American Higher Education*（Washington, 1922），p. 35.
2 Thomas Le Duc: *Piety and Intellect at Amherst College 1865-1912*（New York, 1946），p. 5.

廉姆斯学院的校长爱德华·多尔·格里芬（Edward Dorr Griffin）经常会在教堂里要求他的学生在祈祷中要念及波士顿人民，但这远不如在康涅狄格山谷建立一个正统的堡垒有效，这一堡垒无疑是阿默斯特。到了1861年，通过建立学院，教派的雄心覆盖了全国。

卫理公会教徒也在其中承担了他们的职责。一开始，他们对学院运动持敌对态度，这主要是因为他们觉得与那些通过体验而不是通过书本来理解上帝的牧师在一起更自在。导致他们改变主意的条件正如1832年印第安纳州卫理公会会议报告的主题所述：

> 当我们审视我国教化机构的状况时，我们发现它们中的大多数都在其他教派的手中，因此，我们的人民不愿意（我们认为这是正确的）把他们的儿子送到这些机构。因此，我们认为拥有一所由我们自己控制的院校是非常可取的。在这所院校中，我们可以排除所有我们认为危险的学说；虽然与此同时，我们不希望把它变成如此宗派主义的，甚至于是排他性的，或在最细微的程度上驱逐与我们不一样的其他教派信徒的孩子。[1]

这种说法充满了学院色彩。它加强了建立卫理公会学院进行竞争的必要性，确立了本教派对其教众的义务，并且沉溺于宣称其他教派比卫理公会教派更具有宗派主义色彩的宏伟幻想之中。这种自负是

---

1 William Warren Sweet: *Indiana Asbury-DePauw University, 1837–1937: A Hundred Years of Higher Education in the Middle West*（New York, 1937）, p. 26.

学院运动极为有力的正当理由，甚至可能是一种刺激。当然，每个教派都在实施这一策略。从根本上说，这是一种断言，它认为教派的学院能够强大到足以服务教会，也能够广泛到足以吸引其他教派的成员。这样的学院当然会因此而拥有许多学生，由此走向成功。

各地的卫理公会教徒和浸信会教徒得出了与1832年印第安纳卫理公会会议大致相同的结论。卫理公会教徒往往只看到了对手的成功，而忽视了他们的失败，他们有时会利用对手的失败搬进废弃的大楼。1831年，康涅狄格的卫斯理学院是在一所废弃的军事学院的空荡荡的大楼里成立的。1833年，两所苦苦支撑的宾夕法尼亚州的长老会学院——迪金森学院和阿勒格尼学院，因为欣然接受了卫理公会而幸存下来。伦道夫-梅肯（Randolph-Macon）学院出现在南方，麦肯德尔（McKendree）学院出现在伊利诺伊州，印第安纳阿斯伯里（Indiana Asbury）学院出现在印第安纳州。卫理公会的一个教育委员会在1856年的大会上感叹："在这片土地的许多地方，我们建立了一些不需要也无法维持的院校。"在1860年和1891年的大会上，人们也发出了同样的感慨。但答案与长老会汉诺威学院的校长的回答是一样的，他在面对19世纪30年代初期对印第安纳州学院数量进行限制时是这样回答的：每个人都在这么做。[1]

对于卫理公会教徒和浸信会教徒来说，建立学院显然是美国从根本上发展成为中产阶级社会这一漫长过程的一部分。作为信奉温

---

[1] Carl F. Price: *Wesleyan's First Century*（Middletown, 1932）, pp. 19 ff.; Sylvanus M. Duvall: *The Methodist Episcopal Church and Education up to 1869*（New York, 1928）, pp. 65-70, 72, 113-14.

顺谦卑和废除继承权的教会，卫理公会和浸信会的信仰起初在牧师和信徒没有受过教育的情况下还能延续下去。但是，在美国，层出不穷的新机会意味着没有一个教会能把自己当作一座永久的避难所，为那些始终温顺和持续被剥夺继承权之人提供庇护。美国人的生活不是以这种方式运作的，浸信会和卫理公会的教徒们发现，在社会中产阶层的上升过程中他们是非常缺乏竞争力的竞争者。随着这一发现，建立学院的必要性出现了，高等教育机构不仅满足了中产阶级生活的某些要求，而且还有助于为从贫困走向富裕的卫理公会教徒和浸信会教徒提供一种体面的光环。

长老会在建立学院方面的特殊才能使他们超越了所有的竞争对手。到内战前夕，他们通过多种控制形式管理着超过四分之一的学院，这些学院都一直存续到20世纪。长老会在建立学院方面的成功很大程度上归因于福音派复兴主义者的狂热，这为教派的办学热情提供了巨大的源泉。此外，组织严密的教会体系为办学和管理提供了财政和行政支持，加之苏格兰—爱尔兰长老会的移民时常涌入不断发展的西部，这些都是同样重要的保障。有时与长老会合作的是公理会，他们从1636年开始就在北美殖民地建立学院，但到了1860年，他们甚至落在了浸信会之后。[1]

美国学院被认为是一种社会投资。当然，在19世纪早期的几十年里，没有哪所学院的校长会因为向学生发出放飞自我的倡议

---

1 Tewksbury: *The Founding of American Colleges and Universities Before the Civil War*, pp. 62–129.

而感到内疚，就像 1940 年中西部一所大学的校长在问候新生时所说的那样："我希望你们能拥有一段完美的时光。我希望你们能学会了解别人。我希望你们能学会做一个美国人。"也许这种目的在 1800 年以前就已经出现了。在某种程度上，这只不过是伊丽莎白时代的年轻绅士们在牛津或剑桥所追求的东西的美国化而已。但这与鲍登学院的约瑟夫·麦基恩（Joseph McKeen）校长在 1802 年所表达的观点大相径庭：

> 我们应该永远记住，建立和捐助教化机构都是为了公共利益，而不是为了那些利用它们接受教育的人的私人利益。这并不是指他们能够以一种安逸或体面的方式度过一生，而是指他们的心智力量可以得到培养和提高，以造福社会。如果这是真的，那么人就不应该只为自己而活，我们可以有把握地断言，每一个在公共机构的帮助下获得过教育，从而使自己有能力发挥作用的人，都肩负着特殊的责任，即要将他的能力用于公共利益。[1]

麦基恩校长的观点不仅来自新英格兰清教学院的传统，也来自当时整个西方世界的传统。这种传统认为教育机构是社会的机构，学者既是社会的师傅，也是社会的仆人。麦基恩校长所代表的学院

---

[1] James E. Pollard: *History of the Ohio State University: The Story of its First Seventy-Five Years 1873–1948*（Columbus, 1952），p. 350；Hatch: *Bowdoin*, p. 19.

和19世纪早期美国所有其他学院都致力于满足社会需求，而不是个人的偏好和自我放纵。当学院校长们论及他们的学生时，脑中浮现的不是社会对年轻人的义务，而是年轻人对社会的义务。在将鲍登学院描述为一个公共机构时，麦基恩校长承认了私立教育机构的公共性质，就像任何一位19世纪早期的学院校长都会做的那样，他提醒学生们，他们有义务回馈他们的恩人，即回报社会对他们的投资。

学院应该以其优秀毕业生的工作生活来服务社会，这一观念并不新鲜。作为学院的目的，它永远不会消失。但发生变化的是，随着时代的发展，这一目的会被稀释到何种程度。在19世纪结束之前，它会经历一些备受敬重的时刻，但随着美国社会性质的改变，社会对学院的期望也发生了变化。当公众在民政事务中取代公职人员成为主要决定因素时，学院就会丧失某些目标感。当美国人失去了他们的社会意识，而代之以无所顾忌的个人主义时，要求学院培养麦基恩校长所设想的那种具有奉献精神的领袖的声音就减少了。随着时间的推移，学院将更加关注学生的期望而不是社会的期望，而上学院也将更接近于一种放纵的经历，而不是对义务的体验。然而，多年来，美国学院运动的一个根本目的，正是麦基恩校长在1802年所明确表达过的观念。

这种广泛的社会目的有着多种形式。它可能表现在社会控制的作用上，就像南卡罗来纳的情况一样。1801年创建南卡罗来纳学院的主要目的是成立一个机构，以帮助团结一个因沿海和内陆的对立而被严重撕裂的州，这种撕裂是革命时期的内部冲突遗留下来的苦痛和其他分裂倾向导致的。南卡罗来纳学院是为沿海低地地区的贵族设计的。他们打算利用学院来实施教育，以便使得皮埃蒙特大区多数派的领导人能变得更加保守，因为后者已经威胁到了贵族对州的控制。依据这一传统，在19世纪的晚些时候，北达科他大学的校长在土地改革时期清醒而负责地阐述了州的利益，并呼吁立法机构增加拨款以应对挑战："我们必须教育今天的年轻人，这样他们明天就不会成为疯狂的社会党人。"[1]

这种社会目的可能只不过是一种遴选识别意识，即在任何学院的校园都可以找到负责任的、有创造力的未来政治领袖。北卡罗来纳大学在1837年建议教堂山分校"与那些会成为我们未来管理者的人……建立持久的友谊和联系"[2]，但这并不是出于学校自我发展和事业成功的狭隘考虑。北卡罗来纳大学的一位校长表达了对这一目的的认识，他试图解释在内战前的年代里教堂山学位的意义：

> 大学文凭，除非是荣誉学位，一般不太能证明你的学识，但它很有价值。文凭拥有者在这个小小的世界里已经学到了很多东西，这使他比那些没有他幸运的邻人更有优势。他了解人性并学会了如何管理人。他学会了相当文雅的

---

[1] Daniel Walker Hollis: *University of South Carolina* (Columbia, 1951-6), I, 14 ff.; Louis G. Geiger: *University of the Northern Plains: A History of the University of North Dakota 1883-1958* (Grand Forks, 1958), p. 47.

[2] Luther L. Gobbel: *Church-State Relationships in Education in North Carolina Since 1776* (Durham, 1938), p. 42.

第三章 学院运动

举止。他能站在自己的立场思考和表达。在郡县会议上,他知道议事规则,也知道如何处理事务。他拥有自信并且意识到,谁有勇气夺取并紧紧地抓住果实,谁就能安全地保有它。他发现,他的邻人们对他期望很高,而他的自尊迫使他不能让他们失望,因为他的原则是"贵族自有其义务"。[1]

在这里,牛津大学毕业生的社会优势和社会义务被简化为北卡罗来纳的农村生活和郡县政府的要求。在这个不同的世界里,盛行的是相同的伟大传统。

社会目的也可以被定义为国家目的。对共和国的承诺成为美国学院的一项引领性义务。美国人民正在进行一场世界上从未出现过的自由政府实验,其性质和范围是未知的。美国学院愿意为这一使命服务。事实上,1828年的印第安纳学院的法人社团法案使得这所学院致力于以"美国"方式对年轻人施以教育。国家和学院将一起走向未来,就像俄亥俄浸信会教育协会在其1832年的丹尼森学院的工作报告中所明确表示的:

> 无论是过去还是现在,我们的目标都是建立一个有用的机构,满足需求,并精心策划提升一个快速发展的自由社会的福祉。在这样的社会里,良好的才智、勤奋和进取心肯定会迅速得到回报。

---

1 Battle: *North Carolina*, I, 781-2.

上述声明潜藏着对稳固的社会目标的某种危害，在1835年佐治亚奥格尔索普大学（Oglethorpe University）的特许状中我们也可以看到同样的情形，该特许状宣称"虔诚的培养和有用知识的扩散将极大地保护自由和增进自由民的富有程度"。因为在某种程度上，学院和国家都被如下观念所吸引："良好的才智、勤奋和进取心肯定会迅速得到回报"。他们对"繁荣"的追求达到了一种诺誓的程度——在这一追求下，他们就会面临一种危险，即用对个人成功的关注取代旧有的整体社会观。1868年，安德鲁·怀特（Andrew D. White）在康奈尔对他的学生们宣称："你们来到这里，将在目前已知的最伟大的时代里和最伟大的土地上以人的名义开启工作。"如今我们已经很难知晓这句话的确切含义了。对这句话到底是鼓励个人取得成就还是鼓励为公众服务的存疑，就像我们知道近七十年前麦基恩校长在鲍登学院对他的学生们所说的那些话一直难以完全实现一样。[1]

美国学院面临着一个问题，但原有的贵族式传统社会的目的从来没有想过要应对这个问题。美国的学院，尽管都起源于欧洲，但依然被期待民主化。莱曼·比彻（Lyman Beecher），作为自诩公众良知守护者群体的一员，在1836年宣称：

　　学院和学校……打破了专制政府为专制统治目的而

---

[1] Woodburn: *Indiana*, p. 32 ; G. Wallace Chessman: *Denison: The Story of an Ohio College*（Granville, 1957）, p. 58 ; Allen P. Tankersley: *College Life at Old Oglethorpe*（Athens, 1951）, p. 147 ; White 引自 Orrin Leslie Elliott: *Stanford University: The First Twenty-Five Years*（Stanford University, 1937）, p. 409。

第三章　学院运动

积聚起来的对知识和智力的垄断，将它们分散到人群之中，从而给这个国家中最卑微的家庭的孩子带来了充分而公平的机会……因而为国家提供了优秀的天才和所有人力的全部力量。

在1850年，一位即将成为密歇根大学校长的人对美国如此紧密地遵循比彻言论的精神感到震惊。他感慨道："我们让教育变得廉价了，我们把教育放到了每个人都触手可及的位置上。"[1]再过四分之一世纪，他的抱怨就有可能被理解为是对民主进步的喜报。

由于美国民主的发展与美国学院的发展是同步的，因此学院在将严谨的学问作为自己的根本利益之一时经历了一些困难。总的来说，美国人敬仰那些自学成才者、自力更生者及其经历，这些人没有接受正规的学校教育却能获得拥有职权、名望和财富的社会地位。在这种成功经历的影响下，学院很难将细密、严格的智力训练作为就读的正当理由，以此强调其必要性。最终，学院就会在一定程度上在其行为中融入反智主义的姿态。

学院的反智主义，其起源在本质上是民主的，必然会进入任何由卫理公会或浸信会建立的院校之中，这两个教派都不会完全承认培养受过教育的牧师的必要性。而在其他学院的建立上，虔诚在价值排序上也要比智性占据更高的位置，因此，在美国学院里，

---

[1] Tewksbury: *The Founding of American Colleges and Universities Before the Civil War*, pp. 6, 8.

智性目的必须要通过斗争才能获得认可。早在1837年，纳什维尔大学的校长菲利普·林斯利就曾总结道："马萨诸塞州可能是唯一一个继续向才华出众、学识渊博和正直的人自然而然地授予荣誉和给予职位的州。"在调查他所去的田纳西州的情况时，林斯利把新英格兰毕业典礼上的那些致敬学识的仪式与纳什维尔毕业典礼上的赛马和斗鸡进行了对比，并无奈地得出这样一个结论：美国的未来取决于纳什维尔，而不是坎布里奇。1869年，查尔斯·威廉·埃利奥特（Charles William Eliot）利用哈佛校长就职演说的机会表达了自己的困惑：在美国，白手起家的人能得到大众的赞赏，而哈佛出身的人却难以得到认可。"我们已经习惯了，"埃利奥特校长抱怨道，"当看到人们从农场或商店一跃而到法庭或讲坛，我们只能将信将疑地认为，普通人也可以安全地使用天才的千里神行靴。"[1]

在一个以自力更生者的形象来质疑学识的社会里，学院如要适应，注定要么涂上一层保护色，要么真的对学识漠不关心。到19世纪末，大众文化和虔敬的影响结合在一起，使美国学院达到了这样一种状态，即"不要把学识太当回事"成为其诸多宗旨之一。在19世纪末的耶鲁，我们甚至可以看到这样的评论："耶鲁校园的生活是如此充满活力和生机，以至于教授们……在内心深处，基本接受了这样一个事实，即思想、对真理的探索以及学术研究在他们

---

[1] LeRoy J. Halsey, ed.: *The Works of Philip Lindsley, D.D.*（Philadelphia, 1866），I, 426；*Addresses at the Inauguration of Charles William Eliot as President of Harvard College, Tuesday, October 19, 1869*（Cambridge, 1869），p. 39.

的活动中必定是次要的产物。"¹1903年,西奥多·罗斯福总统出席芝加哥大学法学院新大楼落成典礼时,在致辞中发出警告:"我们需要培养的不是天才,不是显赫人物,而是朴实、平凡、基本的美德……显赫人物和天才?是的,除非我们能在其他美德之外拥有他们。"1904年,哈佛大学的布里格斯(Briggs)院长宣称他偏爱"中等智力"。十五年后,耶鲁的院长给新生们的建议是:"一个人不应该把超过一半的时间花在他的学习上。"²

美国学院不可避免地要面对那些以自己的方式白手起家的人,在这个过程中它们发现了一个新目的。最终,学院日益有必要讨论和证明在优选个体的条件下,上学院比不上学院更能赚钱。在最初的几年里,这一观念并没有明确地成为学院的目的。但当毕业生发现学院教育作为个人投资远比作为社会投资更为重要时,这一观念的时代就来临了。这个时代是何时到来的?毫无疑问,在1878年之前,当伍斯特学院向俄亥俄州从事农场工作的人们保证"让儿子接受完整的教育比给他一个农场更好。这样一来,他一年挣的钱就会远远超过一个农场的产出,而且他还会有很大的影响力";在1871年以前,当一位哈佛学生对亨利·亚当斯(Henry Adams)说"哈佛学院的学位配得上我在芝加哥挣到的钱";甚至在1863年之前,当圣母大学的简介承认"在大学里待过几年,即便没有学到什

---

1 George Wilson Pierson: *Yale: College and University 1871-1937* ( New Haven, 1952-5 ), I, 269-70.
2 Thomas Wakefield Goodspeed: *A History of the University of Chicago Founded by John D. Rockefeller: The First Quarter Century* ( Chicago, 1916 ), p. 351; Le Baron Russell Briggs: *Routine and Ideals* ( Boston, 1904 ), p. 5; Pierson: *Yale*, II, 193.

么东西，但只要用绅士的尊严和得体的方式交谈和行动，就将会有利于高薪就业"[1]时：这个时代就已经到来了。

当然，财富和上学院之间一直存在着某种关联，但在一个财富和学院文凭都是统治贵族标志的世界里，这种关联要么是偶然的，要么就是必然的。作为职前教育机构，学院一直致力于服务那些有望在这个世界上取得最大成就的人。然而，在19世纪的美国，统治贵族的性质正在发生变化；正如托克维尔所预言的那样，一个原子主义的、流动的社会正在造就一个制造业的贵族阶层——起初，他们基本不了解正规的学院教育，但最终，他们可以自由地从那些认为上学院是一种社会跃迁的人那里获取知识。

在1817年阿勒格尼学院的成立仪式上，有人在奠基石上放了"一块普利茅斯岩的碎片，一块来自狄多神庙的石头，以及一块来自弗吉尔坟墓的石头"[2]。这些石块象征着19世纪美国学院广泛而古老的承诺，1868年，加州学院董事会主席曾热忱地表达过这一承诺：

> 因此，这就是我们的使命——使男人更有男子气概，使人类更有人性；扩充理性、智慧和信仰的话语，在所有存在的高峰上点燃真理的灯塔之火。[3]

---

[1] Morgan: *Dickinson*, p. 107；Notestein: *Wooster*, p. 290；Henry Adams: *The Education of Henry Adams*（Boston, 1918），pp. 305–6；Sebastian A. Erbacher: *Catholic Higher Education for Men in the United States 1850–1866*（Washington, 1931），p. 105.

[2] George P. Schmidt: *The Old Time College President*（New York, 1930），p. 97.

[3] Ferrier: *California*, p. 273.

第三章 学院运动

这一基本承诺有时被扭曲了。它可能被教派狂热所压倒,也可能会被人们的经济社会目标所侵蚀。但是,美国学院的多样性、自发性和活力是不可否认的,即便它们的记录往往令人沮丧,即便它们选择的目的往往陷入混乱或自相矛盾。

美国学院运动中的院校,尽其所知和所能,旨在成为民主社会的民主机构。它们必然会反映民主社会最好的一面和最坏的一面。1854年,美国军事学院的高昂士气和严明纪律给一位英国旅行家留下了深刻印象。他想了解原因,一位学员告诉他:"我们必须早起,因为我们有广阔的领土;我们必须砍伐森林,挖掘运河,在全国各地修建铁路。"[1]这位英国旅行家也许不会在每一所美国学院里都发现同样的纪律或士气,但都会发现同样的信念,那就是——我们有工作要做。他会找到一些积极性很高的学生,年轻的男人——后来还有年轻的女人,以及一些院校,这些院校知道这些年轻人在此的几年应该让他们做些什么。基于其教派和宗教取向,英国旅行家会发现美国学院有点像主日学校。他也会发现这是一所成功的学校,因为美国在某种程度上就是成功机会的代名词。也许最重要的是,他会发现,正是在这个地方,美国人被雄辩地置于一场考验之中,来证明他们对人类的无限信念,对进步的坚定信仰。

---

1 Sidney Forman: *West Point: A History of the United States Military Academy* (New York, 1950), p. 86.

## 第四章
## 宗教生活

安德鲁·怀特,康奈尔大学的首任校长,一位怀有真正的大学梦想的人,曾把美国高等教育史上前康奈尔大学时期称为"小型教派学院统治时期"[1]。从它位于卡尤加湖之上的有利位置来看,也许是这样的。

然而,在许多地方,宗教却可以在没有小宗派主义的情况下蓬勃发展。对于前康奈尔大学时期,一个不那么有冲击力但更准确的描述应该是"宗教取向的学院统治时期"。这一描述容许多样性,这是美国院校发展的基础。它所描述的多样性必然包括小型教派院校。普林斯顿也许是这类院校中最好的,但在南部和西部的潟湖或回水地带,还有几十所占地极小、无足轻重的长老会、浸信会和卫

---

[1] Walter P. Rogers: *Andrew D. White and the Modern University*(Ithaca, 1942), p. 82.

理公会的学院。其次，这也必然包括像阿默斯特和威廉姆斯这样的学院。在这些学院里，宗教比教派更重要，学院与教派之间的关系是非正式的，但宗教信仰很强烈。这一多样性还必须涵盖弗吉尼亚大学，在此，杰斐逊式反建制宗教的偏见与一些必要的姿态混杂在了一起，这些姿态可以避免给大学带来不贞信和反宗教的名声。[1]

那我们又该如何定位哈佛呢？早在1830年，约西亚·昆西（Josiah Quincy）校长就明确表示他不会让哈佛只从属于加尔文教派。那一年，昆西校长宣布，所有哈佛学生在星期天可以去他们父母或他们自己选择的任何教堂。至于哈佛教师中的宗教影响，批评家们可以从以下事实得出他们想要的结论：在1831年，哈佛教师由6位一位论派教徒、3位罗马天主教徒、1位加尔文派教徒、1位路德宗教徒、1位圣公会教徒、1位贵格会教徒和1位桑德曼派教徒组成。[2]

"宗教取向"的描述比"小型教派"更可取，原因之一在于怀特校长的用词并不符合学院当时的矛盾处境，尽管那一时期的大多数学院是由教派创立的，但他们也被特许状或公共舆论所约束，不能任意对教师和学生的信仰进行审查。19世纪的美国学院是无法靠狭隘的宗派主义体制来维持自身运转的，原因很简单，没有足够多的小教派信徒，即使有，也没有办法招到足够多的人进入小教派学院。19世

---

[1] Philip Alexander Bruce: *History of the University of Virginia, 1819-1919*（New York, 1920-2），III, 134-47.

[2] Samuel Eliot Morison: *Three Centuries of Harvard 1636-1936*（Cambridge, 1936），p. 257.

纪上半叶学院的高死亡率证明了人们对狭隘的宗派主义并不买账。

教派主义确实催生了学院时代的学院，它经常使得学院在保持其地方性的同时也安于贫困。在19世纪下半叶，组织化的教会无疑对普林斯顿、范德比尔特（Vanderbilt）和迈阿密大学等多元化大学的发展产生了破坏作用。然而，当奥瑞斯特斯·布朗森（Orestes Brownson）将当时大多数美国人的宗教信仰描述为"虚无主义"时，难道不是非常贴切的吗？每当一所州立院校被置于教派的支配性影响之下时，难道民众没有产生极大的厌恶吗？在所有创办学院的主要教派中，公理会是组织最松散、最不狭隘的教派，也正是它建立了最成功的院校，其中那些卓越的、健康的、受人尊敬的院校成功跨入了20世纪，这无疑打破了狭隘的宗派主义的形象：这些院校有耶鲁、达特茅斯、威廉姆斯、阿默斯特、奥柏林和西储。宗派主义者在当时许多学院领导拒绝认真对待的问题上用心用力，而且甚深甚勤。威廉姆斯学院的马克·霍普金斯（Mark Hopkins）曾在参与一次关于合宜的洗礼方式的争论时评论道："到目前为止，在我看来，它一直是个次要问题，我发现我很难理解它的重要性。"在"圣灵的更新"中，他说："水的用量并不重要。"[1]

当然，教派主义的动机给许多学院的宗教生活带来了力量和目的。这些动力性的目标一般包括：教派之间相互斗争、与罗马斗争、与公共教育理念斗争——可以是非常狭隘的，也可以是极为琐

---

[1] Frederick Rudolph: *Mark Hopkins and the Log: Williams College, 1836-1872*（New Haven, 1956），p. 94.

第四章 宗教生活

碎的，但他们可以用冠冕堂皇的理由去修饰和表达它。例如，使世界基督教化这一广泛而根本的人道主义愿望，或者是一种不懈的努力，即不断提醒年轻的大学生他们有超越自我朝向上帝和社会的义务。

在教派的相互争斗中，教派学院的表现可能是最丑陋、最愚蠢的。就连麦基恩校长——尽管1802年他在鲍登学院的就职演说高尚而鼓舞人心——也在言语之间鄙夷地暗示，公理会的鲍登学院可以为缅因州的卫理公会和浸信会教徒做很多事情，因为他们的牧师都是"既不理解自己所说的语言，也不理解自己所持立场的目不识丁的流浪汉"。在19世纪30年代的印第安纳州，卫理公会教徒不满长老会对印第安纳学院的控制，坚决要求权利平等，这场斗争持续了五十年。有一次，印第安纳州议会的一位长老会议员故意慢慢地从椅子上起身，其时间长到足以说完下面这句话："实际上，在美国，即使有院校给他们提供教授职位，也没有一个卫理公会教徒有足够的学识能担此任。"教派竞争导致一位来自佐治亚州的浸信会教徒在1836年提出了一个令人尴尬的问题："是否可以这样说：6000名长老会教徒在佐治亚的中途（Midway）镇建立了一所学院，而4万浸信会教徒则不能在佐治亚的华盛顿市建立一所学院？"然而，长老会教徒也陷入了尴尬的处境。1847年，当普林斯顿董事会中的长老会牧师发现在建的新教堂是十字形状时，他就在学院中掀起了一场骚乱。当时新教堂的墙刚建了三分之二，但普林斯顿太穷了，没能拆除这座建筑，而这座教皇式的建筑成了尴尬和愤怒的来源。在19世纪40年代，迈阿密大学成为两大长老会教派相互争夺的目标，当他们的争夺结束时，迈阿密大学也不再是俄亥俄州的顶尖大学了。[1]

许多院校在捐赠、招生以及内部运营等方面面临的竞争使得它们之间的教派斗争几乎没有价值，但最坚定的教派主义者依然执意如此。19世纪50年代，卫理公会从长老会手中夺取了俄亥俄大学的控制权，不到三年，卫理公会牧师占据了俄亥俄大学的所有教师职位。在伊利诺伊州，公理会和长老会围绕着伊利诺伊学院和诺克斯学院的控制权展开了斗争。公理会失败后，他们只做了一件事：建立了惠顿学院（Wheaton College）。在肯塔基州，长老会在争斗中失败，将特兰西瓦尼亚大学（Transylvania，它一度以展现了一位论派的新气象而闻名）交给了使徒派，但它们通过建立中心学院（Centre College）重返战场，可中心学院被使徒派建立的另一所学院再一次打败了。[2]

在19世纪初，教派学院的活动以海外传道运动的形式展现了新的动机，因此也就有了一股不可抗拒的新力量。海外传道运动最

---

1 Louis C. Hatch: *The History of Bowdoin College*（Portland, 1927）, p. 19；James Albert Woodburn: *History of Indiana University: 1820-1902*（Bloomington, 1940）, pp. 111-24；Albea Godbold: *The Church College of the Old South*（Durham, 1944）, p. 67；Thomas Jefferson Wertenbaker: *Princeton 1746-1896*（Princeton, 1946）, p. 239；Walter Havighurst: *The Miami Years 1809-1959*（New York, 1958）, p. 59.

2 Thomas N. Hoover: *The History of Ohio University*（Athens, 1954）, pp. 101 ff.；Donald G. Tewksbury: *The Founding of American Colleges and Universities Before the Civil War*（New York, 1932）, pp. 76-7. 关于早期的特兰西瓦尼亚，参见 N. H. Sonne: *Liberal Kentucky, 1780-1828*（New York, 1939）, pp. 46-77.

第四章 宗教生活

早的灵感来自威廉姆斯学院。1806年的一个夏日,5名威廉姆斯学院的大学生在一堆干草堆下躲避雷雨时,决定为替基督赢得异教徒这一使命献身。在两年的时间里,他们多次举行非正式会议,最后定名为"弟兄会"(Society of Brethren)。他们中的多人去了安多弗神学院,从而把弟兄会也带到了那里。到1810年,他们对创建公理会的传教机构——美国公理宗海外传道部(American Board of Commissioners for Foreign Missions)产生了影响。[1]

对传教士的需求催生了对学院的新需求。浸信会对高等教育日益浓厚的兴趣部分源于对海外传教的新热情。威廉姆斯学院1807届毕业生卢瑟·赖斯(Luther Rice)在前往印度为公理会传教的途中皈依了浸信会。1813年回到美国后,他在南方的多次旅行激发了他强烈的传教热情。在被这些经历唤醒之后,他帮助建立了5所学院,其中之一就是现在位于华盛顿的乔治·华盛顿大学。[2]在学院里,对海外传教的兴趣是由一系列学生组织维系的,其前身是由安多弗的弟兄会在1811年创立的"传教主题调查协会"(Society of Inquiry on the Subject of Missions)。到19世纪中叶,特别是在长老会、公理会和浸信会的学院,大约存在着100个学生传教社团,它们为美国学院的宗教生活注入了新的力量。[3]

在那些很少受到教派主义精神和教派争论影响的学院中,哈佛

---

[1] Clarence P. Shedd: *Two Centuries of Student Christian Movements: Their Origin and Intercollegiate Life* (New York, 1934), pp. 48-60.

[2] Godbold: *The Church College of the Old South*, pp. 18-19.

[3] Shedd: *Two Centuries of Student Chustian Movements*, pp. 61-102.

是一个代表，它在19世纪早期就脱离了正统的加尔文主义。1805年，哈佛选举了一位一位论派教徒担任霍利斯神学教授，次年，他们又选举了一位一位论派教徒担任校长。这些选举使正统的加尔文主义者将哈佛当成了敌人，他们随之建立了安多弗神学院，以作为正统观念的堡垒；他们帮助哈佛创造了一个适合科学、学问和宗教发展的环境——只要不涉及教派纷争即可。这些年里，加尔文主义者对哈佛的攻击使哈佛的入学人数及其收入显著下降。1843年，民主党人在州选举中获胜，并猛烈抨击哈佛是不贞信的温床。昆西校长没有被吓倒，他反驳说，加尔文主义者已经有了耶鲁学院、威廉姆斯学院、阿默斯特学院、鲍登学院、达特茅斯学院、明德学院（Middlebury College）、佛蒙特大学和安多弗神学院。然而，在学院时代，教派的胃口是很大的，当它们看到哈佛在没有教派这一伟大动力的支持下就能获得重大的理性觉醒，一定特别恼火。因为这是当时除了屈指可数的几所美国高等院校以外，几乎所有院校都要依赖的力量。[1]

这些学院，无论其教派主义的强度如何或其非宗派主义真诚与否，都形成了适合宗教的生活、关系、团体和习俗的组织，这些有助于将这一时期的美国学院定义为以宗教为导向的机构。一些学院加强并使教派关系正式化了。所有学院都坚持某种形式的强制性宗教服务，并鼓励建立大学生宗教社团。许多人定期资助福音派一年一度的学院祈祷季，绝大多数人非常倚重被称为复兴主义的那些积极活跃的宗教精神和宗教热情。这些宗教生活的组织结合了教师

---

1 Morison: *Three Centuries*, pp. 187–91, 220–1, 258–9.

第四章 宗教生活

们的宗教背景和校长的宗教领导作用，从而让人们能够清醒地认识到，在1800年之后或19世纪的前半叶，美国学院和哈佛是不能一概而论的。

在缅因州，教派之争如此盛行，以至于鲍登学院在1841年决定将自己定位为一所公理会学院，以便更有效地向该州的公理会人士募集资金。在这一决定的帮助下，一位教授筹集了7万美元的定期小额捐款。在宾夕法尼亚州，拉法耶特学院的董事决定将学院交给费城长老会管理，以换取每年1000美元的拨款。19世纪后期，赛勒斯·麦考密克（Cyrus McCormick）提出，如果田纳西州的塔斯库勒姆学院（Tusculum College）能向他保证学院的校长、两位教授和三分之二的董事会成员都由长老会教徒担任，他就愿意向这个小学院捐赠7000美元。对塔斯库勒姆来说，这个协议价值7000美元。[1]

然而，大多数院校试图保持非宗派主义的光环，不允许存在确定的教派关系。学院再也不能像以前那样让自己变得不受欢迎了。对于大多数美国人来说，教派之间吵闹不休令人厌烦，在很多时候，这不仅损害教派的声誉，也会连带损害宗教的名声。因此，教派联系的加强，可能对学院生活中宗教的发展无甚益处。

同样失败的可能是备受诟病的强制祷告和教堂礼拜制度。曾经有一个时期，强制性的早晚祷告和周日教堂礼拜是美国学院生活

---

[1] Hatch: *Bowdoin*, p. 112；David Bishop Skillman: *The Biography of a College: Being the History of the First Century of the Life of Lafayette College*（Easton, 1932），I, 192, 206-7；Allen E. Ragan: *A History of Tusculum College, 1794-1944*（Bristol, 1945），p. 87.

的基础。在很多院校，这一特征是美国高等教育的所有早期特征中持续时间最长的。然而，它们更多地是学院尊严的象征，是学院的宗教目的的一种证明，而不是宗教确信其真正有效的工具。

在19世纪后期的许多学院里，学生的宗教必修课和文学必修课一样重要。对于那些位于树林里的、中学水平的、小型的准学院层次的、其声誉一直是纯粹地方性的虔诚的教派院校，这种传统会持续更长时间。然而，无论强迫程度如何，这些虔诚者们从未想过是否能从那些年轻男女晨祷时睡眼惺忪的臭脸上看到校园里的新宗教体验。早晚的祈祷是例行公事——对大多数学生来说是令人厌烦的，他们敢在任何地方清晰地表明这一观点。

1842年，在伊利诺伊学院，三年级的托马斯·比彻（Thomas Beecher）——碰巧他还是校长的兄弟，因为"经常在教堂里行为不检，扰乱了对上帝的礼拜"而被停学。1857年，在佐治亚大学，当大家祈祷时，一名学生在教堂过道中跳舞，以表达他的厌恶。在19世纪50和60年代的威廉姆斯学院（当时该学院以在宗教方面的稳健而著称），强制祈祷时段的故意缺席、漠然、蔑视等特征正是通过以下各种行为——和女客眉来眼去，在赞美诗的扉页里写上淫秽的打油诗，在教堂的过道里吐痰等——表现出来的。[1]

19世纪下半叶，人们逐渐放弃强迫性宗教仪式，这显然是对19世纪上半叶逐渐形成的"强迫不起作用"这一普遍认识的回应。

---

[1] Charles Henry Rammelkamp: *Illinois College: A Centennial History 1829-1929*（New Haven, 1928）, p. 80 ; E. Merton Coulter: *College Life in the Old South*（Athens, 1951）, pp. 82-3 ; Rudolph: *Williams,* p. 126.

第四章 宗教生活

在寻找解释的过程中，一位学院教授注意到美国人对各种宗教形式表现出的不耐烦，以及他们对自发性宗教体验的偏好。[1]因此，他们怎么可能真诚地信奉强制性宗教呢？

一位祈祷仪式的支持者在19世纪50年代提出了补救措施，他的大部分建议被纳入到了各个学院的宗教生活中：唱赞美诗和运用响应式阅读，这样学生就会有事可做；简洁（的方式）、地毯和唱诗班；确定一个对晨祷者而言相对合宜的时间，从而使他们不必经受闹钟或喇叭催促的羞辱；在发现户外运动和大学体育盛行之后顺应形势取消晚祷；可能甚至是在教师带领下才可以参与教堂礼拜仪式。[2]在19世纪50年代，晚祷开始被取消，晨祷改在了更合适的时间进行。[3]在19世纪70年代，在耶鲁、布朗和达特茅斯等私立教派学院，每月第二个星期日的教会礼拜被废止了。[4]到1890年，大多数传统院校已经放弃了晚祷；学生们在运动场找到了新的出路，他们认为不应将运动场的精神与教堂的精神混在一起。各个院校都开始开展自愿教堂礼拜——1876年在约翰·霍普金斯大学，

---

1 F. D. Huntingdon: "Public Prayers in Colleges," *American Journal of Education*, IV（1857），23–36.

2 Ibid.

3 Morison: *Three Centuries*, p. 296；William Lathrop Kingsley, ed.: *Yale College: A Sketch of its History*（New York, 1879），II, 506–7；Walter C. Bronson: *The History of Brown University 1764–1914*（Providence, 1914), p. 231; Arthur G. Beach: *A Pioneer College: The Story of Marietta*（Marietta, 1935), p. 187; Carl F. Price: *Wesleyan's First Century*（Middletown, 1932), p. 113.

4 Kingsley: *Yale*, II, 506–7；Bronson: *Brown*, p. 414；Leon Burr Richardson: *History of Dartmouth College*（Hanover, 1932），II, 637.

19世纪90年代在芝加哥和斯坦福大学，州立大学的自愿教堂礼拜也日益兴起。[1] 威斯康星州在1868年废除了强制性的教堂礼拜，哈佛在1886年要求所有的宗教活动都基于自愿进行，五年后，哥伦比亚也采用了这一原则。[2]

在学院生活中，宗教真正有效的作用是复兴。复兴是一种由忏悔、表白、喜乐和泪水杂糅在一起的近乎无法解释的混合物，正是这种杂糅混合物使许多年轻的大学生走进了教堂，走入了侍奉。这一时期的大多数学院校长和学院教师都认为，如果在学院四年里没有出现一次令人振奋的复兴，那么他们会觉得自己——或者上帝——辜负了学院的这一届学生。

学生的兴趣也会被由神学导向、信奉导向或传教导向的各种宗教团体组成的网络引向宗教。哈佛最早的神学社团为其他院校的

---

1 John C. French: *A History of the University Founded by Johns Hopkins* (Baltimore, 1946), p. 324; Thomas Wakefield Goodspeed: *A History of the University of Chicago Founded by John D. Rockefeller: The First Quarter Century* (Chicago, 1916), pp. 194, 449–50; Orrin Leslie Elliott: *Stanford University: The First Twenty-Five Years* (Stanford University, 1937), p. 106; Elizabeth M. Farrand: *History of the University of Michigan* (Ann Arbor, 1885), p. 280; Allan Nevins: *Illinois* (New York, 1917), p. 205.

2 Merle Curti and Vernon Carstensen: *The University of Wisconsin: A History, 1848-1925* (Madison, 1949), I, 409; Morison: *Three Centuries,* pp. 366-7; Samuel Eliot Morison, ed.: *The Development of Harvard University since the Inauguration of President Eliot 1869-1929* (Cambridge, 1930), li-lviii; Richard Hofstadter and C. DeWitt Hardy: *The Development and Scope of Higher Education in the United States* (New York, 1952), p. 35. 对于耶鲁后来的决定（1926），参见George Wilson Pierson: *Yale: College and University 1871-1937* (New Haven, 1952-5), II, 84-103。

第四章 宗教生活

追随者们树立了榜样。在18世纪，该社团举办的会议经常讨论以下各种神学问题：

> 天堂里的幸福是不是进步性的？
> 婚前与爱人同床是不是通奸？
> 是否任何罪都是不可饶恕的？
> 真理是否存在标准？

在威廉姆斯，这些哈佛神学家的19世纪的后继者们开会讨论的则是诸如以下问题：圣公会教徒是不是虔诚的？基督徒是否应该将彼此告上法庭？[1]

从1797年到1861年，耶鲁学院的道德协会要求其成员按照《圣经》生活，去"压制邪恶，促进道德利益"，禁止亵渎行为、玩有赌注的游戏、打牌和购买烈酒。道德协会开会进行的都是忏悔和开除犯错成员这一类活动，比如1814年，该协会以向耶鲁校方举报相威胁，强迫一群赌博的学生放弃了他们的乐趣。即便在高尚绅士的行为准则难容告密者的情况下，这些来自纽黑文的年轻的道德家们仍可以为自己辩护说，他们是基督徒绅士，已准备好在哪里发现堕落，就在哪里承受它。他们在达特茅斯学院的同侪也做此想。1813年的记录显示，达特茅斯神学社团因为一名成员"酒后失态"而开除了他。记录还说，开除他是"出于强烈的责任感"。[2]

---

1 Shedd: *Two Centuries of Student Christian Movements*, p. 13；Rudolph: *Williams*, p. 126.
2 Ibid., pp. 25-31, 40.

宗教社团之间有着广泛的校际互动。1815年，鲍登的神学家们向各处的同事报告说："我们向你们保证，这是一个最悲惨的地方。"在此传统下，几年后，在奥柏林，一个年轻人因为贸然给一位女生写信而被他的一帮基督教同学鞭打了25下。[1] 布朗在写给耶鲁的报告中谈到了哈佛大学，他说："我们偶尔还是能高兴一下的，因为即使在哈佛，主耶稣还是有用心灵和真理敬拜他的人的。"然而，随着美国人放弃了他们对人类堕落的信仰，在19世纪上半叶一度繁荣的宗教社团消失了；或者说，它们被19世纪后期美国那更世俗、更热情的宗教形式——"基督教青年会"（the Young Men's Christian Association）吸纳了。

宗教生活的另一种形式是一年一度的学院祈祷日，它可能起源于1750年的耶鲁，当时在1月专门为大学生设立了一个祈祷日。到了下个世纪的早期，这个日子被愤世嫉俗的人称为"学院肃静日"，祈祷日通常在2月，那时没有课，因此年轻人的注意力就都可以集中到对自己灵魂的拯救上。[2] 到1815年，祈祷日在耶鲁、威廉姆斯、布朗和明德学院都固定了下来。在19世纪20年代，这一仪式似乎已经成为一些南方教派学院的习俗之一。它与长老会学院和公理会学院一起西进，并在19世纪后期在基督教青年会的管

---

1 Shedd: *Two Centuries of Student Christian Movements*, pp. 76-7；Robert Samuel Fletcher: *A History of Oberlin College from its Foundations through the Civil War*（Oberlin, 1943），I, 444-7.

2 Cornelius Howard Patton and Walter Taylor Field: *Eight O'Clock Chapel: A Study of New England College Life*（Boston, 1927），pp. 211-12.

第四章 宗教生活

理之下焕发了新的生机。¹

学院年度祈祷日对于已经皈依的人、教师中的宗教领袖以及神学社团的杰出青年来说，是一个充满期待和戏剧性的时刻。1840年，在威廉姆斯学院的祈祷日前夜，一名教师在布道时戏剧性地在中途停了下来，然后突然问："我要向之布道的人在哪里？他们在那边的房间里，他们不在这里。不过，他们今晚要听我的布道。"他们听说了这件事，到了早上，整个学院都陷入了宗教复兴的剧痛之中。²

没有一所学院能经受每年都来一次复兴。复兴可能是由祈祷日、一次戏剧性的和特别有效的布道或一位受欢迎的大学生突然死亡的悲剧而被激发出来。无论源于何处，它的表现形式都大同小异，不管是在哪个年代，哪个学院。在体验性的宗教中，最基本的个人反应是对罪的忏悔，并表达深刻的宗教体验和对信仰的确证。有一天，普林斯顿的一位大二学生在教堂里大声宣告：

> 主啊，我愿在你的恩典的帮助下，庄严地将我的一切永久地奉献给你……我把我自己和我所有的一切托付给你，把未来的一切不测都交在你的手中，愿你的意志行在

---

1 Shedd: *Two Centuries of Student Christian Movements*, pp. 82, 164-5；Godbold: *The Church College of the Old South*, p. 70；Fletcher: *Oberlin*, I, 211-12, and II, 757 ff.；Price: *Wesleyan*, p. 79；Rammelkamp: *Illinois College*, p. 289；Frank P. Brackett: *Granite and Sagebrush: Reminiscences of the First Fifty Years of Pomona College*（Los Angeles, 1944）, p. 74.

2 Rudolph: *Williams*, p. 98.

一切事上，而不仅仅是在我的事上，并得以实现。主啊，请用我作为你服务的工具。求你把我算在你的民中……[1]

1823年，在迪金森，一名年轻的学生被流行性斑疹伤寒夺去了生命。在他简朴的葬礼上，当迪金森的学生们抬起棺材时，男孩的父亲哭喊道："年轻人，轻点走，你们扛着一座圣灵的圣殿。"随后他转向一位牧师朋友，恳求道："亲爱的麦克，说点什么吧，愿上帝保佑他的朋友们。"牧师做出了回应，复兴即将来临。[2]

1834年，在俄亥俄州的玛丽埃塔，一名学生强烈反对在课堂上阅读弗吉尔和恺撒的异端著作，从而激发了一场复兴运动。1840年，丹尼森的一名学生报告说：

> 我们去教堂只是因为这是我们在单调的日常生活中的义务，"坐在烟囱后面的小可儿，……站起来请求我们为他祈祷！……过了一会儿，七八个貌似学院里粗野男孩的人，崩溃了，哭泣着，恳求我们为他们祈祷……（这一宗教季持续了好几天，然后有一天晚上）阿尔伯特·鲍德温用他美妙的男高音唱了起来："到黑暗的客西马尼花园去。"这首歌唱得时间很长。在第一节还没唱完的时候，我

---

1 Andrew Van Vranken Raymond, ed.: *Union University: Its History, Influence, Characteristics and Equipment*（New York, 1907）, I, 74.
2 James Henry Morgan: *Dickinson College: The History of One Hundred and Fifty Years 1783–1933*（Carlisle, 1933）, p. 213.

右边的学生无助地倒在了他的座位上,我左边的人一直撑到第二节,然后他也倒下了,歌继续唱着……[1]

1840年3月,威廉姆斯学院的公开忏悔活动是如此壮观,以至于马克·霍普金斯写信给他的母亲说:"我们有最大的理由赞美上帝,他到访了一个如此邪恶的地方……社区中那些品行无可指摘、地位很高的年轻人披露了出乎众人意料的一些事情。"1848年,大一新生詹姆斯·福特(James T. Ford)经历了一次深刻的体验,他去找威廉姆斯学院的校长,想把这件事告诉他。

他说(指霍普金斯写信给他的母亲)他长期以来一直试图让他的心更善,这样神就可以接受他了,但他突然发现,他永远不可能成功。如果上帝能像以前接受基督一样接受他,那么他确实应该被拯救,而上帝将拥有所有荣耀。他想他能像基督一样前行,把自己交给救世主,而且他相信他被接受了,然后,他得到了安宁。[2]

在19世纪50年代的阿默斯特学院,一位学生在日记中讲述了他的一位同学如何被宗教复兴活动所感动,并将所有会引发罪恶的物品——纸牌、欺负新生用的手杖和白兰地酒瓶从他的房间驱

---

1 Beach: *Marietta*, p. 106; G. Wallace Chessman: *Denison: The Story of an Ohio College* (Granville, 1957), pp. 81-2.
2 Rudolph: *Williams*, pp. 99-100.

逐出去的故事。他写道:"现在几乎每个房间都能听到祈祷的声音,而不是诅咒。"1852年,在伦道夫-梅肯,一名学生在日记中写道:"今晚,斯巴德(I. H. Spud)得到了上帝的宽恕,现在他坐在我身边,脸上流露着平静与荣耀。"1853年,大卫·科伊特·斯卡德(David Coit Scudder)走进他在威廉姆斯学院的房间,"一头倒在地板上,开始哭泣、呻吟、打滚,似乎非常痛苦"。他的室友认为,"就在那天晚上,斗争结束了"。但和其他许多年轻人的情况一样,斗争远没有结束。第二年,在给家人的信中,年轻的斯卡德这么写道:"形势使我非常痛苦。情况非常适合,我向你保证……我几乎恨不得今天就死去。"[1]

无论在什么地方复兴主义都是以这样的方式出现的,在内战之前,它是大多数美国学院的常客。很少有学院能像哈佛那样,被认为是"这样的一所学院:在这里,狂热的福音讲道被认为是一种糟糕的形式,地狱不会被提及,可敬的牧师不把学生当作撒旦的肢体,而是当作主和救世主的年轻弟兄"[2]。

复兴主义最后的辉煌之年是1858年,这一时期被经济萧条和奴隶制争论导致的强烈的不确定感主导,而宗教复兴运动也在这一年发现,它可以从美国的经济动荡和随着教皇信徒大量移居新大陆而出现的罗马主义幽灵中获得灵感。1858年,威廉姆斯学院、沃福

---

[1] Thomas Le Duc: *Piety and Intellect at Amherst College 1865-1912*（New York, 1946）, p. 33 ; Godbold: *The Church College of the Old South,* p. 131 ; Rudolph: *Williams,* p. 100.

[2] Morison: *Three Centuries,* pp. 244–5.

第四章 宗教生活

德学院、阿默斯特学院、北卡罗来纳大学、维克森林学院、三一学院、沃巴什学院、佐治亚大学和埃默里学院都发生了宗教复兴运动。毫无疑问,这一年的复兴运动甚至使得华尔街的银行家们在中午溜进教堂,也深刻影响了其他几十所学院。[1]

在内战之前,大多数福音教派都成功地创造了一种有利于复兴主义和宗教职业的氛围,这也是一个注重模范的学生行为的时期,这些学生会因为他们以往的表现而被招募为传教士。1823—1870年,阿默斯特至少每四年就会发起一次宗教复兴运动。其他地方也取得了类似的胜利,但是福音派宗教——它强调精神的强烈外溢和流露,强调个人经验的表露,而且其全面胜利的目标总是在路上——再也不会有像1858年那样的巅峰之年了。

从某些角度来看,也许它从未有过好年景。它向一个民族承诺了一个更美好的世界,但这个民族发现这世界已经非常慷慨和丰饶了。最后,福音派宗教对19世纪的美国几乎没有什么可说的。它最终的枯竭或许早已注定。在1914年的某一天,比利·森戴(Billy Sunday)在一群大学生观众面前举行宗教复兴活动,最后他用以

---

1 Rudolph: *Williams,* p. 124; David Duncan Wallace: *History of Wofford College* (Nashville, 1951), pp. 61-2; George R. Cutting: *Student Life at Amherst College* (Amherst, 1871), p. 200; Kemp Plummer Battle: *History of the University of North Carolina* (Raleigh, 1907-12), I, 691; Godbold: *The Church College of the Old South,* p. 142; Nora Campbell Chaffin: *Trinity College, 1839-1892: The Beginnings of Duke University* (Durham, 1950), p. 204; James I. Osborne and Theodore G. Gronert: *Wabash College: The First Hundred Years, 1832-1932* (Crawfordsville, 1932), p. 80; Coulter: *Georgia,* pp. 162-5; Henry Morton Bullock: *A History of Emory University* (Nashville,1936), p. 98.

下的语句作结:"哦,耶稣,这不是一群很好的人吗?你瞧不起过比你强的人吗?"[1]这群学生的聚集之处是宾夕法尼亚大学,而这些问题挑战的则是宗教权威。无论正确的答案是什么,这些问题本身就表明了这对于美国的福音派和复兴主义意味着什么。在学院时代,没有一个复兴主义者会对学生观众的基本美德如此积极乐观,如此加以奉承和肯定。任何了解19世纪上半叶福音主义的源泉的人,了解是什么激发了大学的欢笑和泪水、忏悔和表白的人都会知道,以往的老问题应该是这样的:"哦,上帝,这不是一个堕落的聚会吗?你曾瞧不起一群更可怜的人吗?"然而,显然老问题未能获得主导地位。

19世纪的美国有太多令人兴奋的事物了,也充满了太多未被理性充分思考的事物,以至于难以深入发掘其根源。19世纪的美国几乎不会要求年轻人拒斥这个世界的乐趣。最引人注目的证据几乎存在于每一位年轻大学生的传记中。他来到了这里上大学,而他的父亲却没有上过大学;他准备在社会上担任领导职位,而他回到农场的兄弟却不会。在这里,他熟悉伟大的人文主义传统,看着它在一个国家找到一条新路,并给世界做出一个榜样,不是在书卷中,而是在行动中——在这里,他将确证对人类的信念。谁能跟他讨论永恒的诅咒、人性的堕落和同胞的罪恶?当他和他的同学相聚在一起时,他将无法避免最不正统的想法。他甚至可以这样表达:"哦,耶稣,这不是一群很好的人吗?你瞧不起过比你强的人吗?"

---

1 John E. Kirkpatrick: *Academic Organization and Control* ( Yellow Springs, 1931 ), p. 106.

第四章 宗教生活

# 第五章
## 学院方式

因进军佐治亚州而被人铭记的威廉·特库姆塞·舍曼（William Tecumseh Sherman）是在南方开启他的职业生涯的。他当时担任一所军事学院的校长，这所军校即后来的路易斯安那州立大学。1860年，他在报道该院校成立时说："最迟钝的男孩有最慈爱的母亲，最恶毒的男孩在这里得到了所有圣人美德的照拂……当然，我承诺要做他们所有人的父亲。"1914年，一位普林斯顿校友试图定义普林斯顿精神，最终他认为，最贴切的是将普林斯顿描述为这样一个地方："在这里，每个人……都可以进入几十个从不锁门、永远供应充足香烟的房间。"1938年，一所大型的城市大学的学生辅导员在绝望中向他们的上级报告说：

> 我们的学生明显缺乏社交技能，即与人交往和相处的

能力。他们在社会群体中经常感到不自在，不能用辩论以外的方式与人交谈。我们的学生经常因经济困难、不成熟、笨拙的社交方式以及缺乏社会实践经验而感到沮丧……

所有这些言论都共同指向美国学院最古老的一个传统。这一传统是如此根本，如此包罗万象，以至于仅仅把它称为传统其实是低估了它的价值，因为在此涉及的是一种生活方式，即学院方式。[1]

学院方式是这样一种观念，即课程、图书馆、教师和学生不足以构成一所学院，它坚持用住宿制度总括上述事物。它表达了对乡村宁静生活的认同，倚重宿舍和食堂，也因此充满了家长式作风。这是每一所美国学院或一直拥有，或有意拒绝，或已经失去，或试图重获的一种生活方式。它是威廉·特库姆塞·舍曼要成为所有学生的父亲的承诺，也是普林斯顿舒适而充满烟草香气的宿舍；而在一所城市大学，它则是辅导员为不善社交的人提供的帮助。

就像其他从英格兰进口的东西一样，美国的学院生活方式从一开始就是新世界效仿英格兰学院生活方式的一种努力。如果第一批美国学院是由苏格兰人或者欧陆人建立的，那么也许一套课程体系、一个图书馆、一批教师和学生就已足够了。但是，美国人离自己的学院还有很长的路要走。因为英格兰模式在新世界的发展不仅

---

[1] Walter L. Fleming: *Louisiana State University 1860-1896*（Baton Rouge, 1936），p. 47；Varnum Lansing Collins: *Princeton*（New York, 1914），p. 368；S. Willis Rudy: *The College of the City of New York: A History, 1847-1947*（New York, 1949），p. 398.

是有意识地使学院制度适应美国的环境。起初，它只不过是为了应对人口分布稀疏的必然选择。如果不采用学院方式，那么就需要大量的城市——只有大量的城市才能提供足够数量的学生，才能提供阁楼和地下室作为来自四周乡村地区的大学生的居所。城市数量的匮乏、对英格兰模式的熟稔，自然将哈佛和其他殖民地学院的建立者引向学院方式。当费城和纽约的学院建立起来时，学院模式就不再是必须的了，因为那是在大城市。但此时，曾经的必要性成了一种传统，从那时起，美国学院的创建者要么坚持传统，要么笨拙地寻找新的依据。

对于这一传统的追随者而言，学院是"一个大家庭，在同一个屋檐下睡觉、吃饭、学习和做礼拜"。关于它的各种说法通常都是夸大其词，但它们逐渐成了学院里的主流说法，随着时间的推移，已很难将真实情形与学院师生员工编造的学院式神话区分开来。我们认同埃利奥特校长在1869年的断言："尽管人们对与学生有关的各种道德危机很熟悉，但在从孩童到成年的各个关键时期，没有什么地方能比一所好学院更安全的了。"不可否认，在学院密切的集体生活中，与同龄人的交往为学生提供了新的衡量自我的标准，不仅约束了离家后的放任，也有助于男子汉气概的养成。当然，慈祥的家长式作风、强调纪律和指导的基本原则，也是学院的应有之义。达特茅斯的史密斯校长在1873年给普林斯顿的麦科什（McCosh）校长的信中甚至提出了这样的证据：

认真的年轻人渴望真正的指导（他写道）。他们也欢

第五章 学院方式

迎适当的约束和强制制度。我们的一位学生一两年前在一些人的鼓动下从达特茅斯转到了康奈尔。过了一段时间，他回到了我们身边，并申请再次入学。"你怎么回来了？"我问。"哦，"他说，"我宁愿待在纪律严明的地方。"[1]

学院方式的拥护者们醉心于同侪之间的有益影响，欣喜于学院社区能发挥学习之外的教育功能这一优势。满意于课外活动、各式社会生活和全面的发展、宗教取向及其有益影响。到最后，17世纪英格兰学院的一些原则竟然成了19世纪美国学院持有低学术标准的遁词和鄙视理性价值的依据。毕竟，一所学院不可能包含一切。

耶鲁校长诺厄·波特（Noah Porter）一直认为自己对学院传统的延续和健康发展负有特殊责任，他在1870年的陈词如下：

> （学院方式）影响的有益和强大，会引发以下疑问，即他们在其中所受教育所带来的收益是否会超过他们所花的时间和金钱。尤其是那些学院里的懒汉，他们除了一些偶然或意外的收获之外，从其住宿生活中几乎没有得到什么好处……这些游手好闲的人在离开学院时有时会意识到男子气概和责任……对于许多一直忽视学院学习的

---

[1] Walter C. Bronson: *The History of Brown University 1764-1914*（Providence, 1914），p. 111；*Addresses at the Inauguration of Charles William Eliot as President of Harvard College, Tuesday, October 19, 1869*（Cambridge, 1869），p. 44；Leon Burr Richardson: *History of Dartmouth College*（Hanover, 1932），II, 546.

人来说，学院生活也并不全然都是损失。即使是那些沉沦到底的人，也会发现他们的下降会变缓。

若干年后，他的观点得到了韦尔斯利学院校长帕尔默（Alice Freeman Palmer）的支持，后者的说法很多人都有所了解："即便仅仅为了享受美好时光、追求浪漫以及社交生活，学院生活也提供了无与伦比的机会。"[1]

学院方式确实受到了批评，其中既有整体性批评，也有针对性批评。本杰明·拉什在为迪金森学院进行规划时，摒弃了住宿制，他认为这有点"僧侣式的无知"，并建议学生与当地家庭住在一起。1848年，纳什维尔大学校长菲利普·林斯利充满智慧地断言："可以确定的是，父母永远不要指望学院能带来任何神奇的道德再生或性格转变。"布朗大学富有想象力和影响力的校长弗朗西斯·韦兰（Francis Wayland）指出，英格兰模式的美国支持者甚至没有尽心实现他们的意图。因为在英格兰的学院，教师通常与学生一起用餐，学院建筑是完整的方庭四合院，只保留一个很容易守卫的出口。[2] 这些保障措施在美国学院并不盛行。大多数学院所需或所能负担的

---

[1] Noah Porter: *The American Colleges and the American Public* ( New Haven, 1870 ), pp. 177-8; Waitman Barbe: *Going to College: With the Opinions of Fifty Leading College Presidents and Educators* ( Cincinnati, 1899 ), p. 51.

[2] James Henry Morgan: *Dickinson College: The History of One Hundred and Fifty Years 1783-1933* ( Carlisle, 1933 ), p. 11; LeRoy J. Halsey, ed.: *The Works of Philip Lindsley, D.D.* ( Philadelphia, 1866 ), I, 567-8; Francis Wayland: *Thoughts on the Present Collegiate System in the United States* ( Boston, 1842 ), pp. 28-31.

只是一栋建筑，而一个封闭的方庭远远超过它们所能负担的限度。没有一所19世纪的学院能提供一个完善的公共休息室或餐厅，尤其是一个教师可以或愿意在那用餐的地方。

韦兰认为，美国人会发展出服务于美国目的的院校，故而拒绝接受牛津、剑桥的传统，认为它"完全不适合"，因为它原本是为了"教育中世纪的神职人员，并在全能的贵族体制的压力下做了一些妥协"。哥伦比亚大学校长弗雷德里克·巴纳德（Frederick A. P. Barnard）在1870年的一本小册子中附和了韦兰的观点，他坚持认为："在这个世界上，没有哪里比在一所美国学院的围墙内更能让人彻底摆脱一切有效的约束，无论是来自权威的直接的约束还是公众舆论的约束。"¹如果巴纳德是对的，那么就会有一些评论家确信，学院方式确实造就了一种不那么健康的约束。一位与早期几代访问者感受相同的法国观察人士，针对美国的情况说道："美国学生不能独来独往。他不是被鼓励去反思，而是不断地被指导。"²

即便如此，学院方式还是有其吸引力和魅力。哈佛大学的哲学家乔治·桑塔亚纳（George Santayana）在1892年访问纽黑文后，在返回剑桥时迫不得已报告道："（这些学生）就像船上的乘客或来自国外的乡村鄙夫，他们基于共同利益和共同情感形成的感觉压

---

1 Francis Wayland: *The Education Demanded by the People of the U. States*（Boston, 1855），p. 28；Frederick A. P. Barnard: *Analysis of Some Statistics of Collegiate Education*（New York, 1870），p. 28. 韦兰在布朗与学院方式的斗争，参见：Theodore R. Crane: "Francis Wayland and the Residential College," *Rhode Island History,* XIX（1960），65–78, 118–28。

2 W. J. Osburn: *Foreign Criticism of American Education*（Washington, 1922），p. 136.

倒了所有潜在的反感。他们生活在一种原始的兄弟情谊中,对每一个或好或坏的计划都有一种随时迸发的热情,以及一种具有感染力的幽默感。"[1]

学院方式充分发展的首要条件是适宜的环境。巴黎、博洛尼亚、布拉格、维也纳、帕多瓦、科隆——这些伟大的中世纪大学都是城市大学,但是建在乡村的英格兰大学铸就了美国人对乡村式学院的偏爱。1770年,反对将罗得岛学院建在普罗维登斯(Providence)——其时当地有400栋房子——的观点固执地认为"要想在文学追求中取得成就,相当程度的静修生活是必须的"。当这所学院的创建者们决定抓住普罗维登斯这个机会时,当时的观点可能会认为他们因此错失了一个建设选址的良机。当时缅因州有8座城镇争夺鲍登学院。北雅茅斯(North Yarmouth)为自己争取的说辞是,它"不像很多大型海港城镇那样,会经常受到放荡、奢侈、虚荣等各种恶习的诱惑"[2]。

在北卡罗来纳,对城镇作为大学所在地的反感是如此强烈,以至于1789年北卡罗来纳大学的特许状规定,它不能位于任何政府机构或法庭法院所在地的5英里范围以内。在佐治亚州,大学的董事们将学校尽可能地建在森林深处,远离文明社会。1801年,他们在佐治亚州西北部选了一个山峰,买了一片森林,并将它命名为雅

---

[1] George Wilson Pierson: *Yale: College and University 1871-1937*(New Haven, 1952-5), I, 7.

[2] Bronson: *Brown*, pp. 47, 50; Louis C. Hatch: *The History of Bowdoin College*(Portland, 1927), p. 2.

第五章 学院方式

典。同在佐治亚州的奥格尔索普建在了中途镇，离有诱惑的米利奇维尔村2英里远。1835年的奥格尔索普章程禁止在学院方圆1.5英里的范围内建立和经营任何商店，出售任何商品。1847年，田纳西州塔斯库勒姆学院的招生简章上刊登了一份令人安心的公告："它与格林维尔和里顿的距离合宜，既可以享受居于城镇的所有便利，又不至于受其诱惑和不良影响……"[1] 在威廉姆斯学院，马克·霍普金斯在1836年告诉一位听众，"美丽的风景"对塑造性格有重大影响。四十年后，一本颇受欢迎的美国大学指南支持了这一观点："如果耶鲁坐落在威廉斯敦，哈佛坐落在汉诺威，哥伦比亚坐落在伊萨卡，其学生的道德品质就会得到提升，其程度会和它们校址转换后自然风景的改善程度一样。"亨利·沃德·比彻（Henry Ward Beecher）在谈到阿默斯特的风景时曾说，只要在这里待上四年，就是一种博雅教育。[2]

那些建立在城市中的院校并不总是哀叹自己的命运。城市院校自有其热切的支持者。威廉玛丽学院没有建在乡村，它位于殖民地一个繁华的贸易和政治中心，和州议会大厦分立在大街的两端。

---

1 Kemp Plummer Battle: *History of the University of North Carolina*（Raleigh, 1907-12），I, 7；E. Merton Coulter: *College Life in the Old South*（Athens, 1951），p. 7；Allen P. Tankersley: *College Life at Old Oglethorpe*（Athens, 1951），p. 6；Allen E. Ragan: *A History of Tusculum College, 1794-1944*（Bristol, 1945），p. 49.

2 Frederick Rudolph: *Mark Hopkins and the Log: Williams College, 1836-1872*（New Haven, 1956），p. 17；Charles F. Thwing: *American Colleges: Their Students and Work*（New York, 1878），p. 48；Cornelius Howard Patton and Walter Taylor Field: *Eight O'Clock Chapel: A Study of New England College Life*（Boston, 1927），p. 26.

正如一位历史学家所说："早期的弗吉尼亚人不知道，教授和学生应该像老马和未经训练的小马驹一样被赶到牧场，像尼布甲尼撒王那样在草场上自由觅食。"[1]

一些美国学院选择遵循威廉玛丽学院的先例，但没有完全放弃学院方式的其他做法，如学生宿舍和关心学生福祉的驻舍教授。1830年，当纽约学院变成大学时，它的支持者们声明："隐居也许是诗歌的摇篮、浪漫的源泉，但它对于文学和真正的哲学而言并非如此。"本着同样的传统，弗雷德里克·巴纳德在1855年辩称："如果学习被认为是一种在露天街道上进行就会受到检控的娱乐活动，那么（支持乡村式学院的）理由可能会更有力……"到了1865年，当一所学院将旧金山选为所在地时，相关的理由发展为："乡村城镇的宗教影响更微弱……沉浸在一种更粗俗、更卑劣的堕落之中"。尽管承认城市有以下缺点，即存在一种"年轻人有时会在龙骨铺设好之前就让他们的船下水起航"的可能性，但太平洋学院的发言人依然声称，乡村学院的缺点更大："在乡间的各种恶习中存在某种粗俗，这使他们更加粗鲁残酷。"[2]

在回顾自己在达特茅斯的本科岁月和在耶鲁的研究生时光之后，北卡罗来纳州三一学院的校长认同了上述观点。他在1889年

---

1 Herbert Baxter Adams: *The College of William and Mary* (Washington, 1887), p. 23.
2 Theodore F. Jones, ed.: *New York University 1832-1932* (New York, 1933), p. 13; Frederick A. P. Barnard: *Letters on College Government, and the Evils Inseparable From the American College System in its Present Form* (New York, 1855), p. 99; William Warren Ferrier: *Origin and Development of the University of California* (Berkeley, 1930), pp. 163-5.

第五章 学院方式

评论道，汉诺威"淫乱和虚伪的程度是纽黑文的三倍"，基于这个信念，他帮助三一学院从一个村庄搬到了达勒姆，远离贫穷，靠近富裕地区，并在华盛顿·杜克（Washington Duke）的庇护下为学院取了一个新名字。[1]

随着19世纪的时光流转，美国的城市化程度日益加深，城市学院的发言人也变得更加大胆，他们气壮声高，几乎能组成一个合唱团。罗马天主教会成为积极创建学院的新主体，并主动遵循圣依纳爵的建议，在城市中建立学院，因为城中有为数众多且对高等教育有需求的信徒。天主教会以大量的新学院来回应他们的期望。[2]

站在美国最古老学院的阴影下，亨利·沃兹沃思·朗费罗（Henry Wadsworth Longfellow）问道："学者应该住在哪里？是在孤独中自处，还是在社会中？是在能听到大自然律动的乡村的青翠寂静之中，还是在能听到和感受到人心拨动的深灰色的城镇之中？"站在坎布里奇的布拉托街，他回答道："我替他回答，住在深灰色的镇上。"[3]小查尔斯·弗朗西斯·亚当斯（Charles Francis Adams, Jr.）望着哈佛失落已久的远乡余韵，欣然接受了这一遗憾，并在1906年问道："如果年轻人想要住在城市里，却让他在乡下甜蜜的隐逸之中长大，这是否明智？"[4]内华达州的州议

---

[1] Nora Campbell Chaffin: *Trinity College, 1839-1892: The Beginnings of Duke University*（Durham, 1950），p.482.

[2] David R. Dunigan: *A History of Boston College*（Milwaukee, 1947），p. viii.

[3] 引自 Frederick Paul Keppel: *Columbia*（New York, 1914），p. ix。

[4] Charles Francis Adams: *Three Phi Beta Kappa Addresses*（Boston, 1907），p. 112.

会找到了这个问题的答案，他们把州的大学建在里诺（Reno）的赌场和体育场之间。

但人们总是相信，只要学院坐落在群山之中或草原之上，校园生活就会更健康、更有道德、更能铸就品格。支持这一信念的是美国人民对农耕神话的迷恋，是对将土地视为美德之源和伟大的历史推动力这一世界观的迷恋。通过托马斯·杰斐逊，农耕神话被提升到了美国民主政治理论基石的层面，而它也有多种表现形式。一位美国文化史学者将1862年的宅地法视为农耕神话在政治中发挥作用的一个例证，弗雷德里克·杰克逊·特纳（Frederick Jackson Turner）的边疆理论是农耕神话在美国历史编纂学中的体现，而19世纪犁动则雨落的意念是该神话在气象学中的应用。[1] 乡村学院的传统——无论是存在于乡村学院自身之中，还是存在于城市模拟乡村学院的浪漫化努力之中——又强化了农耕神话。它成为一种广泛运用的手段，让经历了现代化、城市化、工业化的人们相信，他们的农业主题比城市主题更宏大，他们的公路问题比铁路问题更重要。乡村学院的传统满足了对怀旧的渴望，这既要求也促使学院管理者们把他们的精力和资源花在生活而非学习上，但无论它做了什么，乡村学院传统都已然证明了学院方式在美国高等教育史上具有巨大的力量和非凡的韧性。

乡村学院的首要条件就是宿舍，这也是城市学院经常使用的一种方式，是曾经的乡村学院在被城市吞没后的很长一段时间内仍

---

1 Henry Nash Smith: *Virgin Land*（Cambridge, 1950）.

第五章 学院方式

然保留的坚持。住宿安排通常很简陋，缺乏隐私，也不太舒适，但这些宿舍正是学院生活方式形成的基础和背景。

宿舍使得年轻人获得了一种共同的经历，它把他们从温暖安全的家庭怀抱中带走，安置在同一个屋檐下，在那里他们可以共享男孩成长为男人的经历。按照他们的说法，宿舍提供了一种可能性，使教师能对孩子们的健康福祉给予一种父母般的关心和督促。宿舍带来了休戚与共的体面感、仪式感和自尊感，这教会了学生何为责任。在宿舍里，年轻人能就深刻的话题深入交谈到深夜。复兴的火花也会在宿舍里迸发，在更聪慧的伙伴的影响下，一位年轻人可能从冷漠转为热络，从行为散漫转向目标坚定。所以，随着各种理由的出现，宿舍也开始遍地开花——因为这是传统，因为学生必须有住处，而最根本的理由则是人们确信宿舍的存在是合理的。

其实不管证据如何，他们都会这样做。因为在最艰苦的条件下，宿舍也拉近了年轻人的距离。那一时期的学院，对年轻人的学术要求甚少，因此他们几乎不费功夫。但宿舍也是一个令人情绪紧绷的地方，矛盾常常突然爆发。在这里，阴谋在平静的绝望中酝酿；在这里，事情可能始于少年意气，却往往以悲剧和不幸告终。宿舍助长了一种能激发沮丧、争吵和犯罪的气氛。1833年，在南卡罗来纳学院宿舍的一间休息室里，两个学生同时把手伸向了一盘鳟鱼，在随后的决斗中，只有一人存活了下来。在学院方式的受害者中，有死于决斗的迪金森学院的男生，有被枪杀的俄亥俄州迈阿密大学的学生，有被杀害的弗吉尼亚大学的教授，有被学生刺死的密西西比州奥克兰学院的校长，有被石头砸死的佐治亚大学的教授和校长，有被刺伤的伊利诺伊学院的学生，有被刺致死的密苏里大学和北卡罗来纳大学的学生。[1]这些学院生活的受害者们应该将他们的不幸归咎于宿舍，有些时候，正是监禁和耻辱的宿舍维持着学院生活方式。

宿舍聚集了一群又一群热切、活跃、健康的年轻人，他们既可能被煽动起来激烈地进行反叛，也可能被鼓动起来从事宗教的复兴。并不是每一所学院都经历过反叛，因为反叛需要一系列条件的激发。然而，总体而言，反叛往往表现为学生聚集罢课，抗议一些现实的或想象出来的错误，以退学相要挟，使学校陷入随之而来的在招生和财政方面的不确定性中。

学院通常能成功地控制住学生们，但每一次反叛都会给公众留下不良印象。校长阿什贝尔·格林（Ashbel Green）在谈到普林斯顿 1800—1830 年的六次反叛中的一次时表示："所有这些暴行的真正原因，除了对这所大学已有体系的固化的、不可调和的致命敌意之外，别无他由……（，）这是一个由勤奋学习、谨慎的道德行为和对宗教义务的合理关注共同组成的体系……"[2]格林校长近

---

1 Daniel Walker Hollis: *University of South Carolina*（Columbia, 1951-6），I, 92-3；Morgan: *Dickinson*, p. 297；Walter Havighurst: *The Miami Years 1809-1959*（New York, 1958），p. 53；Philip Alexander Bruce: *History of the University of Virginia, 1819-1919*（New York, 1920-2），II, 302-11；W. Storrs Lee: *God Bless Our Queer Old Dean*（New York, 1959），p. 62；Charles Henry Rammelkamp: *Illinois College: A Centennial History 1829-1929*（New Haven, 1928），p. 81；Jonas Viles, et al.: *The University of Missouri: A Centennial History*（Columbia, 1939），pp. 76-8；Battle: *North Carolina*, I, 690-2.

2 Thomas Jefferson Wertenbaker: *Princeton 1746-1896*（Princeton, 1946），p. 169.

乎承认，对精力充沛的年轻人来说，学院方式有时太难承受了。

普林斯顿并非孤例，1800—1875 年，迈阿密大学、阿默斯特、布朗、南卡罗来纳大学、威廉姆斯、乔治敦、北卡罗来纳大学、哈佛、耶鲁、达特茅斯、拉法耶特、鲍登、纽约城市学院、迪金森和迪堡的学生都至少有过一次反叛。[1]这些反叛表明，它们既未能提供合适的"成年礼"，也未能为相当正常的动物性能量和人类想象力提供令人满意的出口。它们还强调了在一个充满活力的民主社会中，要遵循贵族传统非常困难，甚至毫无可能。它们确证，至少在美国，宿舍在某种意义上是一个战术性错误，因为把学生集中在营房一样的宿舍里，实际上是为反叛提供了便利。

也有人反对将住宿制作为一种生活方式。1701 年，科顿·马瑟和英克里斯·马瑟坚定地向纽黑文学院的创建者建议，他们应该避免学院方式带来的花销和麻烦。马瑟家的意见得到了采纳，因为纽

---

1 Havighurst: *Miami*, pp. 93-6；George R. Cutting: *Student Life at Amherst College*（Amherst, 1871），pp. 95-6；Bronson: *Brown*, p. 153；Hollis: *South Carolina*, I, 62-3, 136-69, *passim*；Rudolph: *Williams*, pp. 217-21；Edward J. Power: *A History of Catholic Higher Education in the United States*（Milwaukee, 1958），p. 133；Battle: *North Carolina*, I, 201-15；Samuel Eliot Morison: *Three Centuries of Harvard 1636-1936*（Cambridge, 1936），p. 211；William Lathrop Kingsley, ed.: *Yale College: A Sketch of its History*（New York, 1879），I, 136-8；Richardson: *Dartmouth*, II, 489；David Bishop Skillman: *The Biography of a College: Being the History of the First Century of the Life of Lafayette College*（Easton, 1932），I, 344-6；Hatch: *Bowdoin*, pp. 132-48；Rudy: *C.C.N.Y.*, p. 106；Morgan: *Dickinson*, pp. 298-300；William Warren Sweet: *Indiana Asbury-DePauw University, 1837-1937: A Hundred Years of Higher Education in the Middle West*（New York, 1937），pp. 76-83.

黑文的居民已没有足够的钱去做其他的事情了，但当资金到位时，他们还是建起了一栋宿舍楼。玛拿西·卡特勒（Manasseh Cutler），一位品行良好的新英格兰人，他帮助建立了俄亥俄州和俄亥俄大学，在 1800 年时就表明了他对住宿制的反对意见，这一意见听起来非常像马瑟的传统立场："学院里面的那些卧室常常成为各种罪恶的温床和藏污纳垢之所。"[1]

对住宿制最直言不讳的批评来自布朗的弗朗西斯·韦兰和哥伦比亚的弗雷德里克·巴纳德。1842 年，韦兰将宿舍生活描述为"不自然的"。的确，据韦兰估计，学院生活的大部分弊端都可以归咎于宿舍。例如，不应对不同年龄段的学生运用相同的规则和条例；再如，导致了流行疾病的传播，导致学生疏于体育锻炼；许多年轻人还会在宿舍里接触到邪恶的学生头目们的恶习；宿舍还将大学与社会生活、外部世界隔离了开来；而图书馆也需要设施、设备的列支开销，学院因此难以有效履行其他责任。他的观点在 1855 年得到了巴纳德的回应。19 世纪 50 年代的密歇根大学在亨利·塔潘（Henry Tappan）的领导下，提出废弃住宿制。塔潘试图把密歇根从一所英格兰式的学院转变为一所德国式的大学，但没有成功。[2]

埃利奥特校长试图废除哈佛的住宿制，也没有成功；耶鲁则从

---

1 Edwin Oviatt: *The Beginnings of Yale* (*1701-1726*)（New Haven, 1916）, pp. 306-8 ; Thomas N. Hoover: *The History of Ohio University*（Athens, 1954）, pp. 15-16.

2 Wayland: *Thoughts on the Present Collegiate System* in the United States, pp. 112-31 ; Barnard: *Letters on College Government,* pp. 72-84 ; Elizabeth M. Farrand: *History of the University of Michigan*（Ann Arbor, 1885）, pp. 130, 143.

第五章 学院方式

未削弱过这一制度。芝加哥大学的第一任校长威廉·雷尼·哈珀是耶鲁的毕业生，他将住宿制引入了芝加哥大学，扩大了耶鲁的影响。芝加哥的示例极大地推动了大型城市大学宿舍建设的浪潮。1896—1915年，哥伦比亚、明尼苏达大学、康奈尔、伊利诺伊大学和密歇根大学第一次完全认可了住宿制的合理性。[1]

这场运动势不可挡。在普林斯顿，院长安德鲁·弗莱明·韦斯特（Andrew Fleming West）为研究生建造了一幢宿舍，从而在研究生层次确立了学院方式的价值。除了建宿舍，没有其他办法可以平息1870年罗切斯特大学的学生报纸上的争论：

> 似乎对于我们而言（报纸认为），我们大学最需要的就是宿舍，因为没有宿舍，我们就永远不能享受一种体面的令人愉快之物，这被含糊地称为"学院精神"。……没有宿舍……会剥夺我们所有的愉悦的交往和终身的友谊，而这些交往和友谊给学院生活增添了许多光辉，毕竟，这是学生们多年后唯一喜欢重温之事。[2]

除了传统和情感外，经济和社会变化也在住宿制的推行中起了积极作用。那些"更好的人"，那些在韦兰和巴纳德对宿舍的批

---

[1] W. H. Cowley: "European Influences upon American Higher Education," *Educational Record*, XX（1939），186-8.

[2] Jesse Leonard Rosenberger: *Rochester, the Making of a University*（Rochester, 1927），pp. 188-9.

评中被认为是可以为学生提供住房的优秀家庭,现在却不愿意再这样做了。在一个更富裕的美国,他们既不需要钱,也不希望招来通过照顾住客和寄宿生来赚钱这样的坏名声。头脑敏锐的房地产商和投资者们越来越认识到迎合大学生的住宿需求所带来的盈利可能。在设施不足的大学和学院社区,院校往往不愿意经营宿舍业务[1],然而,不管愿不愿意,宿舍依然为学院方式取得了又一次的胜利。

与宿舍相比,学院生活方式中的公共食堂就没有那么成功了。对风景的崇尚、对寄宿制的向往,以及对与世隔绝的喜爱要求学院完全为学生提供食宿。1771年,埃莱亚撒·惠洛克请一位波士顿的朋友为达特茅斯寻找一位"熟练、忠诚、谨慎、贤惠、健壮的厨师"。[2]惠洛克最终也没能找到这样的厨师,而从19世纪学院的公共食堂的历史来看,也许其他学院也没有找到。

1811年,南卡罗来纳学院的餐饮主管被他的学生主顾恶作剧了一下,他买来准备屠宰的一头老牛被赶进河里淹死了。大多数学生,虽然能够预见会出现长蛆的咸猪肉,或由前天的剩牛肉、烂土豆重新捣烂油炸制成的贫民窟早餐,但对此基本无能为力。他们所能做的最大努力,可能就是以奥古斯塔斯·托里(Augustus Torrey)式的优雅和幽默来接受他们的命运。奥古斯塔斯·托里是一名年轻的哈佛学生,他在1822年的日记中写道:"拿鹅当晚餐,据说是和我们的祖先一起移民到这个国家的(习俗)。"[3]

---

1 参见 Viles: *Missouri,* p. 136, 涉及一所大学的经验。
2 Richardson: *Dartmouth,* I, 108.
3 Hollis: *South Carolina,* I, 64-8, 90-1;Clarence P. Shedd: *Two Centuries of Student Christian Movements: Their Origin and Intercollegiate Life*(New York, 1934), p. 35.

由公共食堂激起的反叛使19世纪早期的学院充满了愤懑和怨恨,但这些反叛很少对食物的质量产生任何持久的影响。南卡罗来纳学院的校长库珀抱怨说:"学院每年都面临着被关于饮食的争论毁掉的危险。"[1]在校长和教授们的支持下,学院履行了家长的责任。但事实证明,在大多数情况下,为"妈妈的味道"提供替代品显然是一项无法完成的任务。许多学院干脆就放弃了,要么把学生交给当地的餐厅,要么把学校的食堂租给一些勇敢的企业家。

然而,学院公共食堂运动并没有消亡。在内战结束后的几十年里,当高昂的成本和招生的雄心迫使学院背负起控制食宿费用的新责任之时,这一运动获得了新生。例如,在19世纪60年代,前些年已经放弃了食堂的耶鲁、哈佛和威廉姆斯都开始专门为贫困学生开设公共用餐空间。[2]在此强调的对阶级和经济差别的关注可能并不是学院方式最核心的传统,但新的食堂本身肯定符合这一传统。在美国高等教育史上,学院食堂所能达到的最高成就可能出现在1847年的拉法耶特学院。在那里,助理主管哈里森·伍德哈尔·克罗斯比(Harrison Woodhull Crosby)面对堆积如山的西红柿,首次尝试了密封罐头。[3]

无论是在学院管制的正式秩序中,还是小型学院师生的非正式关系中,家长制也许是实现学院方式的各种目的的最佳途径。很

---

1 Alfred J. Morrison, ed.: *The College of Hampden-Sydney: Calendar of Board Minutes 1776-1876* ( Richardson, 1912 ) , p. 25n.
2 Kingsley: *Yale*, I, 297-306 ; Pierson: *Yale*, I, 29 ; Morison: *Three Centuries*, pp. 313, 332 ; Rudolph: *Williams*, p. 230.
3 Skillman: *Lafayette*, I, 179-80.

少有院校会像伊利法莱特·诺特（Eliphalet Nott）担任校长时期的联合学院那样将家长制运用到如下程度，他将教师家庭安置在学院宿舍，结果之一就是学生们时时处处都得彬彬有礼，以至于在一段时间里联合学院成了生活的展室。[1]

1792年，迪金森学院的尼斯比特校长在写给学生父母的信中解释了学院家长制的作用：

> 当孩子远离家庭，暴露在各种危险之中的时候，父母就禁不住会焦虑，但是在教育中，为了获得某种程度的益处，就必须要承担一定程度的风险，当他采用了最好的方式提升孩子的理解力、维护孩子的道德感时，每一位好家长以及每一位好老师都应该感到满意。您的儿子很好，不过我们有几位同学患了感冒，感到咽痛。

基于这一传统，布朗的校长阿萨·梅瑟（Asa Messer）在1812年写给一位母亲的信中说道："我审查了这个案子，但我没有发现亨利对赌博上瘾……"他还在给一位父亲的信中说道："我已经要求您的儿子不要在我不知情的情况下再订立任何其他债务合同，因为我发现他还没有注意到金钱的价值。"[2]

普林斯顿的格林校长试图打造一个每次邀请8名本科生到府

---

[1] Andrew Van Vranken Raymond, ed.: *Union University: Its History, Influence, Characteristics and Equipment*（New York, 1907）, 1,144-6.

[2] Morgan: *Dickinson*, p. 116；Bronson: *Brown*, pp. 197-9.

第五章 学院方式

共进晚餐的传统，但他的结论是，学院方式并不能真正有效地与自然堕落相竞争。"我发现它对敦化品行几乎没有作用"，这是他基于晚餐实验得出的论断。然而，家长式作风也会对学生产生有益的影响。正如达特茅斯的一名年轻人所透露的："我喜欢听洛德博士祈祷……我喜欢听他说'愿上帝保佑这些年轻人，保佑他们每一个人'，因为这样我就能安心度过这一天了。"你只要看到学生西德尼·拉尼尔（Sidney Lanier）在佐治亚州奥格尔索普的树林里漫步，吹着笛子，和詹姆斯·伍德罗（James Woodrow）教授长时间进行交谈，就会知道师生关系可能是学院生活中最重要的因素之一。[1]

然而，许多学院所采用的纪律惩戒系统，既没有达到它自己的目的，也未能服务于更大的目的。因为尽管纪律是家长制的应有之义，但严格的、专制的、父权式的家庭在美国生活中是不会有什么前途的，而对学院来说，坚持这种家长式的惩戒就是在违逆历史潮流。当未婚的教授和导师住在宿舍里充当间谍、警察和法官时，他们可能会以自己的方式帮助维持严格的、细微的，甚至是琐碎的法律、法规，但他们做不到让自己像父母那样受到大学生们的尊敬和喜爱。

毫无疑问，19世纪20年代波特兰一家报纸刊登的一系列信件——指责鲍登学院的教师"将14岁的男孩们置于焦虑和恐惧中，几乎把他们逼疯"——是夸大其词，但是强调纪律的"道德败坏"派显然在任何地方都没有成功过。埃莱亚撒·惠洛克曾提及

---

[1] Wertenbaker: *Princeton*, p. 155；Richardson: *Dartmouth*；II, 440-1；Tankersley: *Oglethorpe*, p. 44.

他的一名印第安人学生:"我费了老大劲才把他身上所有的印第安人特性给清除出去,但毕竟有时还是会出现一点。"在绝大多数早期学院的纪律规定中,他们只不过是用"男孩"代替了"印第安人"。不管政策如何,学院中的这一问题不容忽视,尤其是在美国这一正在发展的社会中。1855 年,戴维森学院的一位教授对此做了很好的阐述:

*105*

> 在家里被纵容、被宠爱、不受管控,在预科学校却被允许践踏所有的法律,不管是世俗的还是神圣的,……(美国学生)来到了大学,但往往心智散漫、心灵空虚、缺乏教养,与此同时却抱有对个人尊严的极度珍视与对合法权威和有益克制的极度轻蔑。那如何才能控制他呢?

这确实是一个问题:如何控制学生?[1]

佐治亚的摩西·瓦德尔(Moses Waddel)校长会用望远镜扫视雅典的边界,搜寻那些违反学院规定出城的学生。迈阿密的毕晓普(Bishop)校长在教堂里祈祷时会睁开一只眼,以便为任何可能出现的违规的紧急情况做好准备。学生们认为,普林斯顿的麦克莱恩校长是穿着衣服睡觉的,这样一来,每当有可能出现麻烦时,他就可以马上提着灯笼冲出官邸。达特茅斯的洛德(Lord)校长

---

[1] Hatch: *Bowdoin*, p. 73; Richardson: *Dartmouth*, I, 31; Albea Godbold: *The Church College of the Old South*(Durham, 1944), p. 117.

会在小教堂里找个位置坐下，一边背诵《圣经》里的章节，一边透过他那深绿色的眼镜扫视整个教堂，以便发现各种不端行为。[1]

在南方，这一情况因严格的新英格兰学院法典而变得更加复杂了——这部法典在美国各地都有使用，它似乎源自1745年的耶鲁法典——它实际上寻求的是废弃南方的生活方式，而南方的学生都知道，那些惩罚手段原来都是用在奴隶身上的。[2]这一法典在各地都很难执行，特别是因为其中的规定几乎等于全面禁止享受生活。

我们不能奢望靠开会就能解决纪律问题，尽管达特茅斯学院的教师在1832—1833学年开了68次会。1851年，在北卡罗来纳大学，有282起违纪案件被呈送到教师面前，而当时大学共有学生230名。1841年，乔治·琼金（George Junkin）在就职迈阿密大学校长的演说中提到"每一所好学校都是君主政体"，这一观点听起来完美无缺，但这一政策实施起来却难以奏效。[3]

在缺乏任何有组织的娱乐方式和日益民主的社会中，严格的纪律主义者们试图使大学生不受生活癖好乃至任何爱好的影响，这种努力注定会失败。持杰斐逊主义立场的南卡罗纳学院校长托马斯·库珀在他与清教主义的学院法典斗争失败之后总结道："共和

---

1 Coulter: *Georgia*, p. 86；George P. Schmidt: *The Old Time College President*（New York, 1930），p. 92；Wertenbaker: *Princeton*, p. 244；Richardson: *Dartmouth*, II, 472.

2 Hollis: *South Carolina*, I, 52–62；Coulter: *Georgia*, p. 65.

3 Richardson: *Dartmouth*, II, 461；Battle: *North Carolina*, I, 627；Havighurst: *Miami*, p. 83.

主义是好的，但'男孩和女孩的权利'是疯狂的民主制的产物。"他的一位教授，弗朗西斯·利伯（Francis Lieber），是一位移民，也是一名政治经济学家，他不允许自己对纪律的厌恶妨碍自己尽职尽责，但是感到沮丧是必然的。有一次，他在追一个偷了火鸡的学生时绊了一下，跌倒在一堆砖头上。他站起来，揉了揉自己的小腿，有人听到他惊呼："我的天啊！就为了2000美元。"[1]

然而，一种比较宽松的观点正在形成之中，在19世纪中叶之前，许多主要的院校已经放弃了作为其基本特点的严格的纪律和宽泛的法典。哈佛校长贾里德·斯帕克斯（Jared Sparks）在同事面前总结了新的感受，并发泄了他的愤怒："哦，先生们，由着这些男孩子去吧！"显然，当时的情况是他们拒绝了清教主义的人性观，不认为堕落是一种自然状态，也不愿把学院仅仅当作是感化院或惩戒所。蒂莫西·德怀特（Timothy Dwight）在耶鲁引领着此种观点，1745年的严苛法规在他19世纪后期的校长任期内被一种可被称为"像对待绅士一样对待他们"的立场所取代，或者更简单地说，把他们当作人而不是魔鬼的仆从来对待。[2]

在19世纪早期的美国出现这样的发展并不令人感到意外，因此，新政策顺理成章地被如下诸多学院教师和校长们采纳——佛蒙特的詹姆斯·马什（James Marsh），联合学院的伊利法莱特·诺特，汉密尔顿的西蒙·诺斯，布朗的弗朗西斯·韦兰，威廉姆斯的马克·霍普金斯。所有这些绅士都引入了更民主、更宽松的纪律体系。

1  Hollis: *South Carolina*, I, 89, 189.
2  Morison: *Three Centuries*, p. 281；Kingsley: *Yale*, I, 119, 125-6.

第五章 学院方式

他们都尽可能地保留教师的权威，以挫败对传统的"堕落"观念挥之不去的依恋。与前人相比，所有人都收效甚佳。[1]

1854年，联合学院的诺特校长阐述了这种新方法的心理学原理：

> 很少有人会诉诸恐惧原则。我们呼吁的是效仿……道德和宗教教育、荣誉感以及对知识的热爱是我们首先要依赖的，而最重要的是教会年轻人让自己处于内在原则的统治下，而不是受制于外在的恐惧和约束。[2]

现在，学生的良知在一种自由而不是权威的气氛中发展起来。美国人曾一度相信人性本恶，如今却开始相信人性本善。

学院方式为美国大学的许多非智力目的奠定了哲学和历史基础。它所珍视的各种价值无疑会抑制理性（因此也是大学）的潜能，而这些潜能实际上有着更为传统的基础。尤其是耶鲁，它就很难将自己打造成一所大学，因为它过于依赖学院方式。这常常导致过度的家长式作风——手把手一勺一勺地喂养，会不必要地延长青春期。学院方式会形成这样的一种观念，即一所学院可以是一所感化

---

1 [James Marsh]: *An Exposition of the System of Instruction and Discipline Pursued in the University of Vermont* ( Burlington[?], 1829 ), pp. 25-8; Raymond: *Union*, I, 157-65; Charles Elmer Allison: *A Historical Sketch of Hamilton College, Clinton, New York* ( Yonkers, 1889 ), pp. 32-3; Bronson: *Brown*, p. 247; Rudolph: *Williams*, pp. 57-60.

2 Raymond: *Union*, I, 159.

院，一所道德苏生的学校。它的寄宿制倾向是美国大学未能形成学生跨校流动和转学传统的原因。它说明了这样一个事实，即任何一所美国高等教育院校都不可能仅仅是一个学习的机构。

但是，在其最佳状态下，学院方式证明了耶鲁波特校长的观点的合理性，他喜欢说：

> 让任何一个善于思考的人想一想……商业上的诡计，政客们的欺骗，报纸上的黑话，时尚中的粗俗，通俗书籍上的哗众取宠，使布道坛蒙羞和亵渎宗教的浅薄和伪善，他就有理由感到欣喜，因为有这样一个社区，它在相当长的一段时间内留住了许多最易受影响、最有前途的年轻人，并向他们传授更好的品位、更高的目标，尤其是教导他们鄙视一切智力和道德上的虚伪。[1]

这一观点说明，当处于最佳状态时，学院方式无疑可以本真地维系下去。

---

1　Noah Porter: *The American Colleges and the American Public*, p. 182.

# 第六章
# 改革与反应

什么是美国学院？战争、入学人数的下降、整个知识领域的动荡、社会和经济的动态性变化以及许多其他发展常常使美国学院陷入自我反省的境地，并迫使它进入一个时刻，甚至是一个时代，一个进行批判性的自我评估和重新定义的时代。

造成定义更迭的根本原因在于美国生活的活力。当所有事物都在增长、变化和发酵时，美国学院也不能置身事外。在19世纪的前几十年里，美国正从共和党和联邦党转向民主党和辉格党。它在收费公路已经够用的地方修建运河，不久之后，它又会放弃运河，转而修建铁路。各州都在抛弃旧的宪法，制定更符合时代要求的新宪法。一个急于走向未来的国家需要学院跟上它的步伐。因此，美国学院将与政党、州宪法和经济机构一起面临同样的挑战。它们将被要求通过效用测试。它们必须回答这样一个问题：它们能否满足一个对过去几乎毫无兴趣的民族的需要，它们对今日的兴趣也只限于它们能给明日带来何种益处。

美国人还发起了两场规模庞大、意义重大的运动，这两场运动在随后的许多年里不断地发酵和变化，成了时代的象征。美国国民性的确立意味着巨大的国家利益，其目标是确保美国白头鹰能啸叫着进入20世纪。据说，美国人在独立战争中赢得了独立，但直到1812年第二次独立战争才证明了自己的独立。这次战争在军事和海上的冒险之旅对民族精神的发展起到了极大的促进作用。在1815年之后的几年里，美国人摆出一种夸张的自信姿态，这种自信很可能是建立在一种不安全感之上的；但是，这一表象的背后燃烧着对某种认同感的真诚渴望，对理解作为美国人之意义的渴望。在19世纪20年代早期，詹姆斯·费尼莫尔·库珀（James Fenimore Cooper）正在他对边疆生活的研究中描绘美国人的性格，约翰·昆西·亚当斯（John Quincy Adams）也在为美国的外交政策奠定基础，而亨利·克莱（Henry Clay）则在努力拼凑出以宏伟的"美国系统"为名的美国国内政策。在这种情况下，自然会出现一些基于海外经验的对学院的评论，以期回答以下问题：在教育事务上，新的国家怎样摆脱旧世界的体系和习惯？美国学院应该如何，将要如何？

使人们重新关注美国学院角色的另一场运动是民主运动，它留下了诸多印记。绅士学者们应该是更新过的中世纪系统课程、官方鼓励的宗教氛围和精心设计的学院方式共同培养的结果。可以想见，大量研习过古希腊和古罗马的人士成了精英的后备力量，为新生的美国提供了一大批优秀人才，他们作为开国元勋发挥了重要作用。但现在的问题是,绅士学者是否可以在荒野中建立城市,探索西部未知的区域,并满足开发广袤而富饶的大陆过程中的初步需要。在这些年里,对一位美国人来说,没有什么比他的劳动更重要的了,因为他可以用劳动改变一个大陆——或者改变大陆中相当大的一部分——并在此过程中改变自己的生活境遇。古希腊和古罗马是否能有效地指导这种劳动?古代智慧是否能解决开辟新大陆所带来的种种问题?这些都是学院评论者们一直在问的问题。美国学院有多美国化?其民主程度如何?准备好开启激动人心的征服自然的进程了吗?准备好享受征服带来的精神上的愉悦了吗?你愿意加入伟大的美国冒险进程吗?你为知识的传播做了哪些准备?你又为知识的增进做了哪些准备?

改革的冲击既涉及知识的传播,也涉及知识的进步。这一方面要求学院更为普及,另一方面则要求学院更加理性。学院的批评者们发现,学院既没有做好为人民服务的准备,也缺乏寻求卓越的更高标准和追寻更高深学问的意愿。19世纪20年代,四位尽心尽力的改革者分别出现在哈佛、阿默斯特、北方的佛蒙特大学和南方的纳什维尔大学。托马斯·杰斐逊悉心指导下的弗吉尼亚大学以及纽约城市大学也不甘其后。这些新院校承诺构建高等教育的美国定义,此时,国家的目的和认同已通过约翰·昆西·亚当斯在外交学领域、亨利·克莱在经济学领域、詹姆斯·费尼莫尔·库珀在文学领域的工作以各种方式建立起来了。

然而,改革引发的不满并不仅仅存在于这几所院校,也不只针对这几位校长。革命时期曾有的温和改革现在日益频繁。1796—1806年,普林斯顿招收了一些特殊的理科生,他们虽然没有获得学士学位，但被授予了课程高级专修证书，而这些课程几乎不用学习拉丁语和希腊语。普林斯顿的实验没能延续下去，但在1802年，联合学院以相当大的热情推行了这个做法。非全日制课程项目允许学生学习他们想学的内容，甚至鼓励用法语代替希腊语，这成为这所位于斯克内克塔迪的新学院的特色之一。1816年，宾夕法尼亚大学的董事们组建了一所由四位教师组成的"物理科学和农村经济学院"。[1]

19世纪20年代的不满酿成了一场运动。当拉法耶特学院的创建者在1824年寻求赞助时，他们承诺会将现代语言纳入课程体系。他们很好地把握了大众的心理：如果他们未能在两年内抛弃古典著作，一些有识之士就会将他们的行为描述为"对科学知识的贡献只剩下青蛙的呱呱叫了"。在俄亥俄州，自19世纪20—30年代，公众就不断向俄亥俄大学施加压力，要求学校将课程重点从传统转向对当代生活更有意义和更有用处的内容。

与之竞争的州立院校迈阿密大学对公众批评的反应更为迅速。1825年，迈阿密开设了一门名为"英语科学"的课程，在这门课程中，现代语言、应用数学和政治经济学取代了古典学科。和采用类似课程的其他院校一样，迈阿密的新课程提供的也是高级专修证书，而不是学士学位证书。起初，课程改革并不是想全面推翻文学

---

[1] Thomas Jefferson Wertenbaker: *Princeton 1746-1896* (Princeton, 1946), p. 123; Andrew Van Vranken Raymond, ed.: *Union University: Its History, Influence, Characteristics and Equipment* (New York, 1907), I, 85; Edward Potts Cheyney: *History of the University of Pennsylvania 1740-1940* (Philadelphia, 1940), p. 205.

士学位，但它主张学院应该为非学位候选人的年轻人们提供机会。迈阿密项目的公告宣称："文学和科学知识不再是少数专业人士的专有财产……它将成为人类大家庭的共同财产。"迈阿密试图让它的课程和受众都更民主化。它计划提供一门普遍实用性课程，并将其纳入学院课程体系，该体系此前一般只对学术性课程开放。与此同时，迈阿密还将年轻的农场男孩带入到受过教育之人的社会层次，他们被新学科吸引，并将接受文学和科学方面的训练，而长期以来这些训练与职业阶层的联系极为有限。[1]

1825年，位于纽约州日内瓦市的霍巴特学院（Hobart College）也启动了类似的项目。到1828年，联合学院的诺特校长完善了学院的大众课程，并将其固定为一套平行课程，从而使现代语言、数学和科学等学科获得了学院的正式认可，拥有了学术的尊严。诺特校长"把他们当作绅士对待"的有效的纪律政策和完善的平行学习课程，使联合学院成了一所领先的美式院校。到1829年，它的入学人数在美国学院中排名第三，到1839年时排名第二，仅次于耶鲁。即使这一成就不被绝大多数美国学院认可，但它对学生的强大吸引力无疑促成了其他院校逐渐采用其平行课程的理念。[2]

---

1 David Bishop Skillman: *The Biography of a College: Being the History of the First Century of the Life of Lafayette College*（Easton, 1932），I, 25, 29, 35-6；Thomas N.Hoover: *The History of Ohio University*（Athens, 1954），p. 43；Walter Havighurst: *The Miami Years 1809-1959*（New York, 1958），pp. 44-5.
2 Raymond: *Union*, I, 156. 美国学院课程标准的历史研究，见 R. Freeman Butts: *The College Charts Its Course*（New York, 1939）以及 Louis Franklin Snow: *The College Curriculum in the United States*（New York, 1907）.

第六章 改革与反应

*115* 　　开发一门与古典课程对等或几乎对等的平行课程需要时间。一个没有古典科目的项目不可能在一夜之间立足，在18世纪20—30年代，它肯定做不到这一点。佛蒙特大学的詹姆斯·马什是古典课程最直言不讳的批评者之一，尽管如此，他依然坚定地捍卫古典著作对"所有有教养的人"的价值，认为其是"所有将其劳动和研究投入人类最高利益的人都应该拥有的绝对必需物"。但随着弗吉尼亚的汉普顿-西德尼学院在1828年，纽约的哥伦比亚大学在1830年，康涅狄格的卫斯理学院在1831年分别引入文学科学课程，显然，为古典课程寻找替代课程的行动不再局限于像迈阿密这样的西部院校或像联合学院一样的实验性院校。<sup>1</sup>

　　然而，大多数院校都没有开发平行学习课程。削弱古典项目有两种方式：一种是提供一套大众化、完全忽略古典课程的平行课程，另一种是通过减少分配给古典科目的时间以及用新科目替换古典科目小课的方式稀释古典课程。那些正在试行平行课程的院校也许是因为敢于冒险而孤注一掷，但其余的绝大多数院校虽然屈从于改革之风，一般只限于规定（因此被证明为合法的学院课程）
*116* 学习现代语言，以及增加对数学和科学等新知识分支的关注。但无

---

1 [James Marsh]: *An Exposition of the System of Instruction and Discipline Pursued in the University of Vermont*（Burlington [?], 1829）, p. 5 ; Alfred J. Morrison: *The College of Hampden-Sydney: Calendar of Board Minutes 1776–1876*（Richmond, 1912）, p. 98 ; Edwin C. Broome: *A Historical and Critical Discussion of College Admission Requirements*（New York, 1903）, pp. 75 ff. ; Snow: *The College Curriculum,* p. 108 ; Butts: *The College Charts Its Course,* pp. 134–40.

论哪种情况,大学都在适应新的目标以及新的社会和经济现实。

在19世纪20年代的学术史上,曾有四位留下重要印记的改革者,他们分别是:纳什维尔大学的菲利普·林斯利、哈佛大学的乔治·蒂克纳(George Ticknor)、佛蒙特大学的詹姆斯·马什和阿默斯特学院的雅各布·阿博特(Jacob Abbott)。1824年,38岁的林斯利在纳什维尔开始了他的职业生涯,他是四人中最年长的;雅各布·阿博特则是最年轻的,1824年21岁的他被任命为阿默斯特学院的数学和自然哲学教授。四人都毕业于传统学院——一位是普林斯顿,一位是鲍登学院,两位是达特茅斯学院。在这四人中,只有哈佛的乔治·蒂克纳不是牧师,他是一名律师,也是美国大学里第一位受过专业训练的现代语言学教授。除了相对年轻和毕业于传统学院之外,这四人的共同点就是都有意愿对学院的学习课程体系进行根本性的改革。虽然改革最终取得的成就并没有完全实现他们最初的宏愿,但四人都是积极的先驱,他们的努力使美国的高等教育更接近人民,更能达到某种程度的智性卓越。同时进行这两项计划,对于这四位校长中的任何一位而言,都可能引发重重危机,但是也许对于处在田纳西边疆的菲利普·林斯利尤甚——作为典型的美国人,他拥有最远大的雄心。

林斯利1804年毕业于普林斯顿,1816年成为本校的古典语言学教授。作为一个具有远见的自由派长老会教徒,他在普林斯顿的氛围中是一名失意的改革拥护者。1824年,他接受了纳什维尔大学给予的挑战,服务于美国内陆的广袤地区。在纳什维尔,他试图推进一个项目,以实现他在1825年就职演说中提出的一项规划:

117

第六章 改革与反应

"农夫、技工、工人、商人、水手、士兵……必须接受教育。"[1]他取得了一定的成功。

他不满足于仅为农民和技工做贡献,还设想在纳什维尔建立一所伟大的大学,一所模仿德意志模式而不是英格兰模式的大学,一所采用教授制而不是住宿制的大学,一所充满变革和学术精神的大学:"我们可以开创这项事业,让子孙后代来完成它。因为基于事物的本性,完满是永远不可能的。它一定会持续生长、进步、扩大、积累,直到时间的尽头。欧洲没有一所大学是完满的——即使是大学内的一个学系。"[2]

在所有的美国大学校长中,林斯利以鼓舞人心的想象力见长。他关于美国学院或大学是什么和应该是什么的观念,对卓越智性的追求,对宗派主义的拒斥(他将此看作是一所伟大院校的安全基石),对广泛的实践教育需求的认可,以及对人文主义传统的热爱,都让他显得如此与众不同。尽管前路渺茫,他仍在田纳西州为建立一所伟大的大学进行了不懈的甚至是英勇的斗争。讽刺的是,到最后,他不仅要与教派学院的野心抗衡,还要与他试图服务的民主派的无知的反对立场做斗争。在1824年林斯利刚去纳什维尔时,方圆200英里内没有一所学院,而到1848年时已经有30所,其中有9所位于纳什维尔方圆50英里之内。面对一群严阵以待的宗派主义分子,林斯利无能为力。或许他的伟大不在于他的成就,而在于他的梦想和愿景。他将

---

[1] LeRoy J. Halsey, ed.: *The Works of Philip Lindsley, D.D.*(Philadelphia, 1866), I, 81. 参见 Wertenbaker: *Princeton,* pp. 162-4, 175。

[2] Halsey, ed.: *The Works of Philip Lindsley, D.D.*, I, 406.

梦想和愿景传递给了纳什维尔大学的毕业生们,并通过他们将林斯利传统传遍了整个西南地区。其他多所学院邀请他担任管理职务,这件事本身正是一种有力的证据,它不仅证明了反对旧课程的广泛性,而且也证明了林斯利本人作为旧秩序的批评者所获得的声望。

哈佛自己挑选的改革操盘手是乔治·蒂克纳,他1807年毕业于达特茅斯,试图全面深入学习古典学的愿望使得他在1815年与另一位学者爱德华·埃弗里特(Edward Everett)一起成为首批抱着从事高深学术工作的目的进入德国大学的美国人。在哥廷根学习期间,哈佛就给他提供了一个新设立的法语、西班牙语和文学史密斯教授职位。在两年多的学习之后,他回到哈佛,并于1819年担任该职位。蒂克纳和埃弗里特负责将哈佛介绍给世界并与德国的学术方式对接,但这并不意味着哈佛会因此寻求改变自己的身份。蒂克纳对德国的学术标准、教师—学者的自由以及作为德国大学复兴特征的强大学术兴趣的印象非常深刻,所以他迫不及待地想看到建立在德国方式之上的哈佛模式。但是,要把马萨诸塞州的一所英格兰学院改造成一所德国大学可不是一件小事。起初,除了哈佛理事会里一些颇有远见的人士之外,蒂克纳找不到其他支持者。[1]

然而,1823年一场灾难性的大学生反叛却为改革创造了契机。这场反叛异常混乱,导致了1823届70名学生中的43人在毕业典礼前夕被开除。显然,哈佛出了一些问题,尽管教师们和理事会不

---

[1] Samuel Eliot Morison: *Three Centuries of Harvard 1636–1936* (Cambridge, 1936), pp. 230–1; Butts: *The College Charts Its Course,* pp. 100–2; Richard J. Storr: *The Beginnings of Graduate Education in America* (Chicago, 1953), pp. 16–22.

第六章 改革与反应

愿意像蒂克纳那样走那么远，但当改革派和保守派的斗争结束后，哈佛学系第一次尝试按能力对学生进行分组，并开设选修课程。

最后，只有蒂克纳所在的学系严格遵循了新规定的精神，这些规定旨在促进哈佛的学术和学习氛围。然而，蒂克纳的观点是有预见性的，即便他没能一手设计出一个宏大的改革计划，也为哈佛指明了道路，他对哈佛课程的评价打破了坎布里奇的平静。如果他的观点被广泛采纳，哈佛不仅能推动知识的进步，也能促进知识的传播。但结果却是，即使就少数几项被通过的改革而言，其内在的潜力也从未被完全发挥。

蒂克纳发表的一系列批评广泛地涵盖了哈佛的各种处事方式，这些方式已经成为传统，并深刻地形塑了美国学院的生活。他质疑为什么一年要有二十多个星期的休假。为什么学生不是按照知识和能力的水平，而是按照他们进入哈佛的日期或姓名首字母顺序进行分类？"好像，"蒂克纳补充道，"一个年轻人的天赋和性格取决于他名字碰巧起头的那个字母。"哈佛为什么要忽略这样一个事实：美国正在走向一个制造业和金融业会为那些受过哈佛教育的人才创造大量就业机会的未来？为什么学校要坚持一种过时的、显然不可行的纪律处罚和惩戒制度？为什么美国军事学院在考试的严肃性和有效性、假期的安排和对实践教育的关注等方面会优于哈佛呢？为什么教师要把全部时间用于枯燥的背诵检查，并以此来判断课堂上的年轻人是否已经阅读过当天的作业呢？[1]

---

1 George Ticknor: *Remarks on Changes Lately Proposed or Adopted, in Harvard College* (Boston, 1825), *passim*.

蒂克纳的问题触及了美国学术习俗的核心。无论聚焦于哪一点，他都有理由对美国大学体系的浅薄感到震惊，这种浅薄是由假期、纪律、背诵和不分等级等制度助长起来的。"在这个国家里，"他问道，"谁能够通过提供给他的这些方法使自己成为一个优秀的希腊语学者？谁能被全面地教授拉丁语的读、写和说？不，他在我们的学院里学到的都是如何通过学业的技巧，从而使他能够安全而直接地在他所在的学系里显得卓越……"[1] 蒂克纳的尖锐问题贯彻着德国大学的精神，但是哈佛还没有准备好进行巨大的变革，这一变革要等到将近半个世纪后由埃利奥特校长开启。

当约西亚·昆西在1829年担任哈佛校长时，他谨慎但明确地恳请校方考虑改变课程设置。他保守但富有同情心的观点帮助两位哈佛教授在1831年建起一所古典学高级研究院，为美国古典学培养了师资。这个新项目需要进行比学士学位更深入的工作和至少五年的学习。由于缺乏奖学金经费，它很快就被裁撤了。这是一所大学的种子，一所有能力和愿望增进和传播知识的机构的种子，只不过时机还没有成熟。蒂克纳坚持推行了一个选修制项目，并将自己系的语言课程根据学生的能力划分为不同的层级，他的继任者亨利·沃兹沃思·朗费罗将这些改革坚持了下来。但是在哈佛的其他院系，除了少数几个例外，我们还得耐心等待根本性变革的发生。[2]

---

1 George Ticknor: *Remarks on Changes Lately Proposed or Adopted, in Harvard College*（Boston, 1825）, p. 45.
2 Snow: *The College Curriculum*, p. 163; Storr: *The Beginnings of Graduate Education*, pp. 24–8.

詹姆斯·马什1817年从达特茅斯毕业,比乔治·蒂克纳晚了十年。1826年,他成为佛蒙特大学的校长,在那里开创了一个课程改革的时代,并通过向越来越多的美国读者普及塞缪尔·泰勒·柯勒律治的著作而成为一位注重学术的校长。马什应该是美国所有大学校长中唯一一位先验论者。[1]在成为校长后不久,他向佛蒙特大学的教师们宣读了一篇论文,在其中建议将学院划分为四个系,那些不求学位的学生,如果愿意,可以只在一个系里学习。在解释自己的提议时,他说:"显然,对于一个人来说,最好的做法是做好某一部分事情,而不是在肯定会失败的情形下尝试所有事情。"[2]马什说,让我们帮助那些想要得到帮助的人,不要拒绝帮助那些不能参加学士学位项目的人。对于不会去学习希腊语和拉丁语的学生,我们应该免除他们希腊语和拉丁语的入学要求。让我们废除把学生分成四个班逐年进阶学习的做法。我们只要有学生、学习科目和评定标准,就可以根据学生的才能和意愿来推动他们攻读学士学位或获得证书。让我们放弃对教科书和背诵的愚蠢依赖,把课堂变成一个进行广泛讨论和探寻的场所。

我们不知道佛蒙特大学将这一明显背离常规的实践维持了多久。马什最终辞职了,宗教和哲学上的争论,以及一位大学校长在履行职责时所遇到的诸多问题,都令他气馁。但毫无疑问,甚至在

---

1 James Torrey: *The Remains of the Rev. James Marsh, D.D., Late President and Professor of Moral and Intellectual Philosophy, in the University of Vermont; with a Memoir of His Life* ( Boston, 1843 ), pp. 77–85.

2 [James Marsh]: *An Exposition of the System of Instruction and Discipline Pursued in the University of Vermont*, p. 3.

辞职之前，马什就已经知道他对佛蒙特大学的规划需要有学术抱负的师生，以及昂贵的图书馆和科学设备来支撑，而这正是当时的美国所缺乏的。然而，他的建议和他们在佛蒙特的实验表明马什是一位具有远见卓识的大学校长。因此，他可以当之无愧地与乔治·蒂克纳一起作为课程改革的先驱发表咨询意见，而弗朗西斯·韦兰，作为随后的布朗大学的改革者，承认他受过马什的启发也就不足为奇了。[1]

在阿默斯特学院，改革运动的领导权落在了年轻的雅各布·阿博特领导下的一个教师委员会手里。雅各布·阿博特1820年毕业于鲍登学院，当时是阿默斯特学院的数学和自然哲学教授。1828年，阿博特因创立波士顿弗农山女子学校而声名远扬，这是一所女子先锋学校。他也是著名的对话式儿童系列故事书《罗洛书》的作者。

1827年，阿默斯特学院发布了两份报告，第一份是对现行课程不足之处的调查，第二份则是一系列的改进建议。第一份报告呼应了蒂克纳在1825年发表的哈佛改革小册子中所表达的观点，及时回应了公众对美国学院的不满："抱怨是……其他的一切都在发展，而我们的学院却停滞不前；或者，即便不是完全停滞不前，也存在在快速进步的进程中被远远甩在后面的危险。"从某种意义上说，阿默斯特学院的教师们展现了一种进步的思想方式，对改革和变化的狂热崇拜使古典课程失去了效力，而基于狂热崇拜提出的抱怨则

---

[1] Julian Ira Lindsay: *Tradition Looks Forward: The University of Vermont: A History 1791-1904*（Burlington, 1954）, pp. 129, 139-40.

获得了广泛认同。报告接着探讨了一些被忽视的学习内容的效用，如美国史和美国政府相关内容对培养公民的作用，以及法语和西班牙语对于商人的作用。报告承认，传统课程让学生"没有任何实质性优势"。事实上，对于古典文学，阿默斯特学院的教师们准备宣称："在一个普遍进步的时代，在一个像我们这样年轻、自由、繁荣的国度，如此顽固地坚持旧世纪的规范形式是荒谬的。"报告对美国学院未能提供教育科学方面的指导表示遗憾。[1]

　　阿博特及其委员会在提交给阿默斯特学院理事会的第二份报告里提出了具体建议。阿默斯特学院的教师们要求建立一个平行项目，这样阿默斯特学院的学生就可以学习从1826年规定的古典项目中无法学到的科目，这些科目包括：法语、西班牙语、德语和意大利语；英国文学；农业化学、工程、建筑、实验与应用物理学；美国政治和宗教史（以清教时期的为重点）；美国宪法；以及科学知识的新领域。在平行的学习课程中，这些科目将替换拉丁语和希腊语，后者将被完全取消，但像道德和理性哲学、修辞学和演说术等传统科目则将继续保留。[2]

　　显然，阿默斯特学院的理事们对这些提议所涉的广度有些不知所措，但他们同意印发报告，并承诺一旦资金到位，他们将很乐意尝试平行课程，甚至愿意设立教育部门对师资进行适当的培训。虽然一直没有足够的资金来启动整个计划，但在1827年在此方向上采取

---

1 *The Substance of Two Reports of the Faculty of Amherst College, to the Board of Trustees, With the Doings of the Board Thereon*（Amherst, 1827）, pp. 5-6, 7 ff.
2 Ibid., pp. 9-21.

了一些措施，不过，这些措施在1829年就被废止了。雅各布·阿博特在阿默斯特的先驱梦想的迅速破灭，应该归因于实验的探索性和局部性，归因于这位法语教授未能维护大学课堂的纪律，归因于教师们暗地里的质疑，归因于学生可选的现代语言和科学课程数量的不足，而这些学生们知道哪些科目依然享有盛誉。[1]

林斯利、蒂克纳、马什和阿博特都是高尚的梦想家，但最终都成了悲壮的先知。因为他们所进行的都是温和的改革，而他们更宏大的计划等待着下一代人去实现。国家发展得比学院快。几个世纪的学术传统，通过严格规定的学习课程、古典主义导向、英格兰学院方式的影响，被注入美国学院的发展之中，使美国学院得以满足超出绝大多数人期望的需要和意愿，这显然并不是在19世纪20年代和30年代就能达成的成就。但这一代人，也即林斯利、蒂克纳、马什和阿博特们要做的是指出问题所在并提出解决办法。

由于学院改革者们面对的这些院校有着植根于传统的目标和各种习惯，所以他们未能如弗吉尼亚大学和纽约城市大学的创建者那般幸运。因为肩负着创办新大学的责任，这两所院校的创建者们更需向当下负责，而无须过于关注传统。

在弗吉尼亚州，政府在1818年任命了一个委员会来为州立大学制订计划。1824年，最终的课程方案是由大学理事会确定的。从根本上说，尽管一所大学的发展必然需要各方的共同努力，但弗吉尼亚大学的创始人是启蒙运动的传道者托马斯·杰斐逊，他使弗吉

---

[1] Claude M. Fuess: *Amherst: The Story of a New England College* (Boston, 1935), pp. 98–101.

尼亚大学本身成了一座丰碑。他用天才般的智慧指导了1818年的委员会，1824年，他的规划被理事会采纳。由托马斯·杰斐逊构想的弗吉尼亚大学，把对实用新学科和大众的关注与大学的理性取向结合了起来。杰斐逊将使他的大学既能传播知识，也能推进知识的发展。作为一位能将蒙蒂塞洛（Monticello）打造成一片乐土的天才，他运用聪明才智设计了一个独特的教学方案。[1]

大学被分为八大学院：古典语言学院、现代语言学院、数学学院、自然哲学学院、自然史学院、解剖与医学学院、道德哲学学院以及法学院。每个学院都是独立运作的，一开始只有一位教授，但可以招募扩充员工，并划分出不同的系。在杰斐逊为大学提供的"建筑方案"中，每个学院都被安置在一个特定的位置。在学科有知识增长的需要且资金充足的情况下，每一所学院都可以无限地扩张。[2]

每位学生都可以在他所选的学院里自由选修。弗吉尼亚大学理事会1824年通过的一项制度是美国高等教育史上，实际上也是美国自由史上最自由的规定之一："每位学生都应当自由地加入他所选择的学院，没有什么可以凌驾于他的选择之上。"在弗吉尼亚大学，每位学生都是一个自由的主体。他不是大一、大二、大三或大四的学生，他就是一位学生，可以根据他的倾向自由地学习，可以在他感兴趣的学院自由地选修。

---

[1] 参见 Philip Alexander Bruce: *History of the University of Virginia, 1819-1919* ( New York, 1920-2 ), I; 以及 Roy J. Honeywell: *The Educational Work of Thomas Jefferson* ( Cambridge, 1931 )。

[2] Bruce: *Virginia*, I, 322 ff.

这所大学不授予学位，每一所学院都颁发自己的文凭，以示对学生学习成果的认定，如果学生获得了8张文凭，那么他就相当于大学毕业。作为一个有着广泛求知欲和强调实践的人，杰斐逊认识到这个国家需要培育应用学科，只是因为缺乏资金，他才没能开设商学院、制造学院和外交学院。[1]

但大学难以长期坚持这一方案。到1831年，它放弃了不授学位的制度，授予获得5所学院文凭的学生文学硕士学位，这些学院涵盖的内容在任何地方都可以组成一套标准的古典课程：古典语言、数学、自然哲学、化学和道德哲学。两年后，现代语言学院也加入了可授予文学硕士学位的行列之中，该学院的工作要求掌握两门现代语言。虽然对弗吉尼亚大学的教育质量是否真的达到了文学硕士水平而不仅仅是文学士水平尚且存疑，但这所大学的意图显然是值得尊敬的，即便多少有点野心勃勃。杰斐逊相信弗吉尼亚大学的教学将会达到最高水准，在他去世后，弗吉尼亚决定授予此类学习成果以学位，而大学当局选择授予文学硕士学位而不是文学士学位也就可以理解了。[2]

弗吉尼亚大学的经验与正常的美国模式截然不同。这所院校不授予学士学位，毕业典礼被称为"公共日"，在托马斯·杰斐逊设计的价值超过25万美金的建筑里办学，提供内容广泛的选修课程，并将自己定位为一所研究生层次的院校——这是杰斐逊式想象力造就的一个丰功伟绩。弗吉尼亚大学学院系统的最大优点是它避

---

1 Bruce: *Virginia*, 324-30.
2 Ibid., II, 140; III, 28-41,61-4.

免了浅薄和强迫性，这两者最终败坏了古典课程，而且导致选修体系中的很大一部分课程变得很水。杰斐逊的弗吉尼亚实验影响并不广泛，也许是因为这个计划太新奇了，而且耗资甚巨。然而，依然有很多人对弗吉尼亚计划感兴趣，哈佛的蒂克纳和布朗的韦兰都访问过夏洛茨维尔（Charlottesville），菲利普·林斯利在公开演讲中也时时引用弗吉尼亚计划和杰斐逊的典故。毫无疑问，所有北方的改革家都知道夏洛茨维尔发生的事情。选修制原则最终在美国确立了自己的地位，但正是因为科学的兴起对旧学科带来了冲击，选修制才得以盛行。选修制原则在 20 世纪美国的确立与作为弗吉尼亚大学基本原则的杰斐逊哲学几乎没有什么关系。但在 19 世纪 60 年代和 70 年代，当创建大学和将学院转型为大学成为美国的风尚时，弗吉尼亚大学又被重新提起。尤其是在美国南部和西部，以及在康奈尔大学和麻省理工学院，杰斐逊计划被认为是一种促进选修制的手段，这也是科学的重要性日益上升所带来的呼唤。然而，早期的弗吉尼亚大学在其所处的时代以其独特的方式在一定程度上启迪了灵感，也部分地回答了林斯利、蒂克纳、马什和阿博特所提出的问题。[1]

---

1 Bruce: *Virginia*, Ill, 244-55; Honeywell: *The Educational Work of Thomas Jefferson*, pp. 130-3; Halsey, ed.: *The Works of Philip Lindsley, D.D.*, I, 135-6, 142, 216-17, 297, 387, 417; Daniel Walker Hollis: *University of South Carolina*（Columbia, 1951-6）, II, 16, 27; Clarence Ray Aurner: *History of Education in Iowa*（Iowa City, 1916）, IV, 28; James F. Hopkins: *The University of Kentucky: Origins and Early Years*（Lexington, 1951）, pp. 78-9; Walter P. Rogers: *Andrew D. White and the Modern University*（Ithaca, 1942）, pp. 14, 51.

在对这个国家尚未完全明了的大学整体情况进行了最彻底的公开讨论之后，创立于1832年的纽约城市大学试图给出另一种答案。1830年秋天，一群知识分子精英聚集到纽约，试图为一类新型的美国高等教育机构奠定基础。[1]

当伦敦大学作为一所实用型院校在1828年取得成功之后，实践性大学课程的支持者们意识到，对于满足一个急剧扩张中的国家对亟需科目的培训要求而言，这所新大学可能提供了一种解决方案。1828年，安德鲁·杰克逊的当选让许多社会精英感到不安，他们被迫提议，大学应该以多元的教育计划来满足日益崛起的民众。未来大学的支持者们对知识的增进也很感兴趣，他们觉得需要建立标准更严格的职业学院。在德国大学的学术性基础和英格兰悠闲的学院性秩序之间，他们更倾向于德国。[2]

1830年10月，杰出人士在纽约市政厅举行了一次盛况空前的聚会，他们计划建立一所院校来实现上述种种抱负。这些人包括阿尔伯特·加勒廷（Albert Gallatin）、本杰明·西利曼（Benjamin Silliman）、西奥多·德怀特·伍尔西（Theodore Dwight Woolsey）、弗朗西斯·利伯、詹姆斯·马什和贾里德·斯帕克斯。经过他们的深思熟虑和不懈努力，纽约城市大学于1832年成立，并

---

[1] *Journal of the Proceedings of a Convention of Literary and Scientific Gentlemen, Held in the Common Council Chamber of the City of New York, October 1830* ( New York, 1831 ). 参见 Storr: *The Beginnings of Graduate Education*, pp. 33-43; Theodore F. Jones, ed.: *New York University 1832-1932* ( New York, 1933 ), pp. 6-35。

[2] Jones: *New York University*, p. 35.

开设了两套平行课程，一套是古典传统课程，另一套是新的英语——科学模式课程。该校还于1835年建立了研究生项目，可授予文学硕士学位。

但总体而言，上述努力失之鲁莽，所以注定会失败。当一位致辞者在大学的成立仪式上提及古典学习课程是为那些"他们的爱好可能会比那些从事实践研究的人获得……更崇高的造诣"的年轻人准备的，他无意中揭露了大学面临的一个困难。这一认为实用课程不如古典课程的官方公告，显然无益于增进实用课程的魅力，并毋庸置疑地抑制了大学本身的发展。如果实用型专业的受众还没有准备好接纳它们，那么许多年轻人要么不上大学，要么即使上了大学，也会走上迂腐的古典学习之路。

这所大学的创始人中聚集了一批杰出的教师，但在他们看来，要使19世纪30年代的一所美国大学致力于增进知识，仅仅有愿望是远远不够的。校长更愿意把可用的资金分配给大楼建设项目，何况也没有足够的学生来学校就读，以激励大学的学术抱负。此外，在当时的美国，没有任何工作要求应聘者拥有硕士学位。这所大学虽然没有在1837年的金融危机中倒下，却在次年解雇了7位教授。这样一来，它就变成了一所普通的美国学院。

任何一所改革的学院，任何一位改革先驱，无论是弗吉尼亚大学还是纽约城市大学都没能取得胜利。它们确实威胁到了旧秩序，但这些威胁都被一一化解了。改革者们偃旗息鼓，在将近五十年的时间里，美国学院都未能获得美国人民的同情和理解。当时占据主导地位的秩序状态是停滞不前而非充满活力。美国学院充斥着自我满足感，当然也有变化，但这种变化是不情愿的，几乎是难以察觉的。这是一种修修补补的细微变化，比如，在这里增加一小时的植物学，在那里增加一个学期的德语，总是以必修课的标准要求新课程，或者只允许在很小的范围内进行选修，以此来保持旧课程的主导地位。学年没有延长，学科范围也没有缩小。相反，一切都变得越来越浅薄，越来越像对基础材料的日常背诵，越来越致命，越来越沉闷。

巴兹尔·霍尔（Basil Hall），一位游历北美的颇有造诣的英国旅行家，热情地报告了1827年和1828年他在纽黑文游历时的发现。当然，他在那里看到的是耶鲁。他说，让他印象极为深刻的是"看到了这么多好的古老习俗和正统观念被尽可能……有力地保持着"[1]。在杰里迈亚·戴（Jeremiah Day）校长的指导下，耶鲁的活力是毋庸置疑的。1828年，戴校长代表耶鲁教师发表的一份报告成了捍卫旧秩序的经典声明。那一年，教师呈交理事会的报告和理事会呈送给教师的答复报告所展现出的对美国古典课程的维护是如此坚决而彻底，以至于直到下一代才会有另一批改革者敢于发起对旧课程的抨击。

1828年《耶鲁报告》将一所伟大的美国学院放在了历史的情景中来衡量它的重要性。而普林斯顿也已经准备好同耶鲁一起加入维护旧课程的行列，同新课程的颠覆性倾向做斗争，同选择和选修的原则做斗争。这两所院校当时正逐渐成为全国性学院，比地方性的哈佛大学更具影响力。在哈佛，一位论派的教义和对福音传教活

---

1 引自 Storr: *The Beginnings of Graduate Education*, pp. 29-30。

动的远离造就了一种自我满足的孤立气氛。通过把热情的年轻毕业生送到蛮荒的西部和南部建立大学，通过把牧师培养成大学校长，耶鲁和普林斯顿以一种与弗吉尼亚大学相异的方式站上了决定美国大学未来的位置。1828年的报告阐释了他们的理由。1849年，伯洛伊特学院（Beloit College）在第一份招生简章上保证其课程"完全按照耶鲁的计划制订"。

尽管报告中没有原创性观点，但该报告以《与自由教育课程相关的原创性论文》（"Original Papers in Relation to a Course of Liberal Education"）为题于1829年发表在本杰明·西利曼的《美国科学与艺术杂志》（*The American Journal of Science and Arts*）上，因此得到了广泛的传播。[1] 它所传达的思想与古典课程本身一样古老。它秉持亚里士多德学派的学习心理学观点。早在杰里迈亚·戴成为耶鲁校长之前，它所宣扬的价值观就已经出现在数以百计的校长就职演说和毕业典礼演说中了。1810年，哥伦比亚学院的董事会一个委员会发布的一份报告就已经提出了同样的学习理论和学院目标。《耶鲁报告》的重要性在于它为反向的运动赋予了力量；它被当作福音，没过多久就被大学校长、大学教师和管理人员到处引用、转述，甚至以讹传讹。

耶鲁教师选择与改革派正面交锋。很明显，在哈佛和其他各地

---

[1] "Original Papers in Relation to a Course of Liberal Education," *The American Journal of Science and Arts*, XV（1829），297-351. 也分为以下两份报告出版：*Reports on the Course of Instruction in Yale College; by a Committee of the Corporation and the Academical Faculty*（New Haven, 1828）。本研究使用的是 *The Journal of Science*。

不满的嘟囔声中,在夏洛茨维尔戏剧性的新征程之下,他们和理事会采取了行动。1827年9月,耶鲁发起了一场调查,探讨是否应该用"其他知识"代替"死亡的语言"。在纽黑文的讨论最后变成了对美国高等教育性质的全面探讨。耶鲁的教授们拒绝了他们所听到的"来自其他地方的建议……我们的学院必须建立新的模式;它们未能适应时代的精神和需求;它们很快就会被遗弃,除非它们能更好地适应这个国家的商业特征"[1]。然后,耶鲁的教授将学院目标定义为为更高级的教育奠定基础,并详细解释了实现这一目标的最佳方式。

当然,最根本的是知道自己想做什么,因此,教授们重述了古代的学习心理学,这种理论将心灵视为一个容器,当作一块潜能丰富、有待训练的肌肉。"在智性的文化中要知悉两个要点,即心智的功能和训练,增进它的力量,用知识培育它。"[2] 通过传统科目能够最完美地实现这两点,因为这些是最适宜作为训练工具也最能够塑造平衡心智的学科。数学把心智塑造成推理的工具。古典著作通过将心智趋向品位而有助于达到平衡。在回答为什么"不允许每位学生选择最符合他的爱好、最适合他的特殊才能、与他想从事的职业最密切相关的学科"这个问题时,耶鲁人已经有了现成的答案。对于那些被弗吉尼亚大学和佛蒙特大学正在进行的对古老习俗的干预所诱惑的批评者们,他们警告说:"我们规定的课程只包含那

---

[1] "Original Papers in Relation to a Course of Liberal Education," *The American Journal of Science and Arts,* XV(1829), 300.
[2] Ibid.

第六章 改革与反应

些应该被每一位想要接受全面教育的人理解的科目。"[1]

对于蒂克纳们、林斯利们以及其他被大学的创新和改革激励的人，他们直接宣称："我们至少希望这所学院可以避免因试图对……（德国大学）进行可笑的模仿而蒙羞，尽管我们没有必需的资源来实现这一目标。"[2] 现代语言的支持者则被提醒："法语和德语是学习的科目，也将继续作为学习的科目，但它们是作为一项成就而不是作为一种必要的习得性知识（被学习）。"[3] 面对学院应该如何提供实用教育以满足那些"注定要成为商人、生产者或农学家的人"，耶鲁不为所动，既不考量也不担忧。事实上，耶鲁认识到了未受教育的民众在社会和政治上的地位会提高，但仍然认为这些人更需要的是古典课程，而不是实用课程。教授们在报告中问道："由美国的丰饶造就的拥有财富和影响力的新人应该是接受过优越教育之人，拥有宽广和自由观念之人，拥有坚实和优雅素养之人。这将使他们变得更为卓越，而不仅仅是拥有财产；这将使他们不会在囤积财宝或无意义的挥霍中浪费自己的生命；这将使他们能够运用自己的学识回报社会，从而有尊严地进入更富智慧的层次。以这种方式运用财富对他们自己而言是最光荣的，对他们的国家也是最有利的。这难道不可取吗？"[4] 一些公立小学免费运动

---

1 "Original Papers in Relation to a Course of Liberal Education," *The American Journal of Science and Arts*, XV（1829），312.
2 Ibid., 315.
3 Ibid., 333.
4 Ibid., 323-4.

的倡导者提出学校可被用于驯服大众,耶鲁现在则提出可以运用古典课程和学院来驯服百万富翁。

尽管《耶鲁报告》的序言保证说"变化有时可能会带来好处",但它显然并不是面向未来的。[1]报告甚至辩称使用教科书和背诵比让学生进入图书馆更好,因为学生在那里只能阅读资料或相互矛盾的权威说法:"这些陈述的多样性会让学生为自己的答案不够准确而困惑。"[2]对于耶鲁的教师而言,美国学院将继续服务于其根本性的贵族目的。"年轻的商人只能在记账室、技工只能在车间、农民只能在田头接受培训。"另一方面,"劳工阶级"将由"受过高等教育的人",即大学生们,告诉他们所需要的知识。这些受过训练的均衡发展的领导者,心智完善而强大,通过了所学课程的测试和检验,这些课程不仅经受住了时间的考验,而且相当实用,并且能适应变革。[3]耶鲁1828年的课程显然与哈佛1636年的课程不一样。在无数从事学术职业的大学人的生活中,一门又一门学科已经证明了它们的效用。事实上,"在过去的这个世纪,这个国家的变化并不比学院的变化更大"[4]。

《耶鲁报告》是对人文主义传统的伟大宣讲,对于将美国学院从过度的宗教倾向中解放出来发挥了重要作用。然而,与此同时,

---

1 "Original Papers in Relation to a Course of Liberal Education," *The American Journal of Science and Arts*, XV(1829), 299.
2 Ibid., 304.
3 Ibid., 310.
4 Ibid., 340.

第六章 改革与反应

这份报告也为那些希望学院保持原样的人提供了有力的防御武器。¹ 社会制度的惯性、人类常有的懒惰，都会为耶鲁的教授及其门徒提供潜在支持。他们得到了拥有强烈宗教信仰的人的支持，后者对改革家的如下建议感到不安，即学院培养学生应该满足现世而不是来世的需要。对虔诚的教徒来说，对理性事务的过度关注似乎总是会威胁到真正的信仰。一些教团很乐于看到耶鲁顶住了教育大众化、实用化的压力，因为这将导致大众解放。而这些人——那些信奉宗教者、虔诚的教徒、享有特权的人——也正是那些管理着学院的人，他们也知道美国学院都是小本经营，即便是打造最好的古典课程，其花费也是最少的。

这一报告在各地引起了反响。在它之后，美国学院的课程几乎保持原状，直到内战之后才有所改变。在它之后，达特茅斯校长洛德敢于宣布，学院教育不适合那些计划"从事商业、机械或农业操作"的人。² 在它之后，成千上万的老师会把成千上万个无聊的日子送给成千上万的学生。在它之后，田纳西州塔斯库勒姆学院的简章听起来和耶鲁大学并无二致，唯一的区别是地理位置的不同。

---

1 关于《耶鲁报告》激发了有利于理性目的发展的氛围的讨论，参见 Ralph Henry Gabriel: *Religion and Learning at Yale: The Church of Christ in the College and University, 1757–1957* (New Haven, 1958), pp. 98–108.
2 Leon Burr Richardson: *History of Dartmouth College* (Hanover, 1932), I, 389.

# 第七章
# 课外活动

尽管1828年《耶鲁报告》广为流传,但美国学院已不能止步不前了。在日益失望的公众眼里,美国学院继续把自己标榜为一种教义的集合体、一套传统的学习课程,以及虔诚和纪律的可敬的结合。然而,在学院内部,正在发生着一场看不见的革命。对美国学院来说,如果不能自上而下地进行改革,那就有可能被自下而上地重新定义。如果杰斐逊、林斯利、蒂克纳和马什等人不能对它进行严肃的改造,那么,就由一群未留下姓名的大学生来改变这一切。

管理者所构想的学院可能会为了享受虔诚带来的利益而忽视理性。它可能是严守纪律的王国,为来世的愿景而放弃现世的欢愉,醉心于灵魂而忽视了肉体。美国学院可能而且确实做到了这些,但其意义远不止于此。最终,它成了虔诚与理性争夺统治权的战场;它变成了一座竞技场,大学生在此为社会人和现实存在的人树立丰碑，而不是为人的灵魂铭刻记忆。他们成功地在课程之外建立了一系列课外活动，并培养出一代又一代后辈。他们将不会把课外活动视为课程，他们不相信美国学院有服务于学生活动之外的其他目的；而为了更好地实现这个目的，学院建立了各种机制、组织和机构。到 19 世纪 70 年代，美国学院终于在自 19 世纪 20 年代以来一直实施的课程中增加了一项重要的内容：课外活动。

比起锤炼心智，学生团体或许对改变行为举止和强化身体力量更感兴趣。但无论如何，他们都会在理性与虔诚之中坚定地选择前者。第一类在美国学院里公开开展活动的知识性社团是人们常称的辩论俱乐部或文学社团。作为启蒙运动的产物，这些社团最早于 1753 年出现在耶鲁，不久后又出现在普林斯顿和哈佛。耶鲁的本科生建立了两个社团相互竞争的传统，在纽黑文，这两个社团分别被命名为利诺尼亚社团（Linonian）和团结兄弟会（Brothers in Unity）。在普林斯顿，辩论俱乐部被称为美国辉格党协会和克里索斯协会。哈佛的俱乐部最终被 1770 美国协会（American Institute of 1770）合并。为了培育多样性，哈佛并没有为课外辩论和文学兴趣建立两个竞争性俱乐部。[1] 而在其他地方，几乎每所学院都有两个辩论俱乐部，它们的名字通常会唤起人们对希腊的回忆：德摩斯梯尼派、博爱派、狄奥诺提派、雅典派、亚历山大里亚派、爱辩者、

---

[1] Henry Davidson Sheldon: *The History and Pedagogy of American Student Societies*（New York, 1901）, p. 93; William Lathrop Kingsley, ed.: *Yale College: A Sketch of its History*（New York, 1879）, I, 78, 95, 307-23; Thomas Jefferson Wertenbaker: *Princeton 1746-1896*（Princeton, 1946）, pp. 201, 206; Samuel Eliot Morison: *Three Centuries of Harvard 1636-1936*（Cambridge, 1936）, pp. 138-41.

爱数者、爱言者、爱艺者、爱民者、爱法者。[1]

当时殖民地具有热衷政治辩论的普遍氛围，以及长久不衰的参政兴趣。在辩论俱乐部里，学生们可以直接探讨当下激动人心的政治议题，这些议题也是他们的长辈们在党派媒体上、乡村酒馆里或乡村商店的食品柜前讨论的焦点。中世纪的辩论传统作为一种毕业典礼活动已经衰落，但在辩论社团中重获新生，课程中的演说练习和修辞训练因此焕发了新的活力。而启蒙运动对理智的信念、对理性的执着，促成了文学社团的发展，使其成为大学生生活的独特表达。

在学院里，没有什么比文学社团的活动更能充分体现理性的了。尽管官方宣称课堂教学有助于心智的训练和培养，但实际上它更擅长塑造品格，否定而非强化智性。另一方面，文学社团忠于理性，它通过争论、辩论和文学练习给学院的学术生活注入了巨大的活力，从而与普通课堂形成了鲜明的对比。在普通课堂，背诵课文被视为锻炼智力的终极方式。

在美国学院里，那些未受基督教熏染、没有流于傲慢和庸俗的智性活动几乎不被赞许。达特茅斯学院的洛德校长在1828年表达了一种独特的观点："心智的培养经常会削弱道德的敏感性，从而

---

[1] 关于文学社团活动的研究，可参见 George R. Cutting: *Student Life at Amherst College*（Amherst, 1871）, pp. 13-37; James I. Osborne and Theodore G. Gronert: *Wabash College: The First Hundred Years, 1832-1932*（Crawfordsville, 1932）, pp. 102-16; E. Merton Coulter: *College Life in the Old South*（Athens, 1951）, pp. 103-33; Walter Havighurst: *The Miami Years 1809-1959*（New York, 1958）, pp. 73-89; Frederick Clayton Waite: *Western Reserve University: The Hudson Era*（Cleveland, 1943）, pp. 228-50。

第七章 课外活动

诱发对自省能力和各种成就的骄傲之情……这些……都是冒犯上帝的做作。"十年后，戴维森学院的校长警告说："如果去掉宗教的限制和约束，才能和智性的成就就无法阻挡令人类堕落的恶魔。"在阿默斯特学院，希曼·汉弗莱（Heman Humphrey）校长说出了如下这段话："不信教的人……仅仅是哲学家和学者。"他的一位教师则坚持认为"祈祷得好就是学习好"。[1]

对理性的敌意出现在1852年南卡罗来纳州沃福德学院的奠基仪式上，当时该校的首任校长说："我们不相信单纯的理性训练产生的能力。"同一年，在北方，威廉姆斯学院的马克·霍普金斯说："我们乐于见到年轻人学得好，但当看到他们认真地、切实地探寻上帝把他们置于这个世界上的目的，并献身来实现他的意志时，那学得好不好就一点也不重要了。"1868年，在北卡罗来纳州的三一学院，校长在日记中写道："一所没有宗教的学院是对社会的诅咒。"四年后，在阿默斯特学院，斯特恩斯（Stearns）校长简洁地表明"品格……比智性重要得多"。丹尼森学院的塔尔博特（Talbot）校长警告说："在学院里，我们倾向于夸大理性的重要性。"[2]

---

1 Leon Burr Richardson: *History of Dartmouth College*（Hanover, 1932）, I, 390; Albea Godbold: *The Church College of the Old South*（Durham, 1944）, p. 52; Thomas Le Duc: *Piety and Intellect at Amherst College 1865-1912*（New York, 1946）, p. 22.

2 David Duncan Wallace: *History of Wofford College*（Nashville, 1951）, p. 45; Frederick Rudolph: *Mark Hopkins and the Log: Williams College, 1836-1872*（New Haven, 1956）, p. 57; Nora Campbell Chaffin: *Trinity College, 1839-1892: The Beginnings of Duke University*（Durham, 1950）, p. 297; Le Duc: *Amherst*, p. 26; G. Wallace Chessman: *Denison: The Story of an Ohio College*（Granville, 1957）, p. 137.

一个显而易见的事实是，对美国学院的智性生活的发扬，不太可能起源于教师或董事会，也不太可能出现在课程中。一方面，学院的生活方式和学院的宗教取向会削弱智性目的扩散的可能性；另一方面，课程本身在学生大四这一年终结于道德和理性哲学，该课程通常由校长讲授，引领学生走上虔诚之路而不是理性之路。[1]

美国学院已经发展出一套成熟的方法，用于把男孩培养成男人。不懈的复兴、无供暖的宿舍、低薪的教授都为帮助学院实现其主要目标做出了微薄贡献，但是，校长肩上的责任最为重大。他为高年级学生开设的课程几乎全是关于道德和理性哲学的知识。培育成熟心智、锤炼健全人格的努力被灌注到一系列的科目之中，这些科目被认为是形成真正品格的基础。这门从18世纪的英格兰和苏格兰大学移植而来的道德和理性哲学课程，包含了如何调和人类新近解放的理性、自然法与传统神学、基督教律法的关系这一棘手问题。

在一个对心理学和人类体质的复杂性几乎一无所知的时代，解决这个问题所采用的曲折方法有些不可思议。然而，不出所料，这些自称学院哲学家的努力带来了如下结果，即当把人类的理性应用于自然和人的意识时，只是简单地重申了古老的真理。它发现宗教信仰和基督教伦理不仅建立在上帝的圣言之上，而且也建立在人类理性对自然的验证之上。这种安慰人心的基督教信息被伪装成哲

---

[1] 本章探讨道德哲学课程、文学社团活动、兄弟会和早期学院体育的部分主要来自我的 *Mark Hopkins and the Log*（New Haven, 1956），我非常感谢耶鲁出版社同意将该书的内容用于本章。

第七章 课外活动

学,成为美国学院最后一年要学习的主要内容。[1]

先入为主的神学观点与福音目的相结合,剥夺了进行任何严肃的哲学研究的可能性。一名学生将这门课程描述为拥抱"人的统一性和上帝对他的主权",他一点也没有夸张。威廉姆斯学院的马克·霍普金斯的声誉部分源自他对大四学生的教导,他曾在一次校友聚会上谈论过这门课程。"我们首先选择身体强壮的人,并努力为身体的每个器官和组织赋予一个观念",他阐述了这条系统性的道路,这条道路将带领大四学生穿过心智能力、信仰基础、逻辑和情感的小路,到达最终的目的地——上帝的道德统治。[2]尽管这门课程始终被视为哲学,但它在目的和实践上都是宗教正统观念和个人观点的混合物。马克·霍普金斯、联合学院的伊利法莱特·诺特和布朗的弗朗西斯·韦兰等许多学院校长都因为教授一门致力于宣扬基督教教义的课程而赢得了不信奉教条主义的名声。

另一方面,宣扬教义并不是文学社团的目的。相反,它们尊重理性,培养智慧,并对已形成观念的东西进行审视和讨论。在普林斯顿,人们讨论的问题包括:"所有人都应该享有思想自由吗?……剧院会有损公共道德吗?……哪个更能让女性摆脱独身,财富还是美貌?……人类的才能在西半球退化了吗?"[3]总而言之,时事热

---

1 参见 George P. Schmidt: *The Old Time College President*（New York, 1930）以及 Wilson Smith: *Professors and Public Ethics: Studies of Northern Moral Philosophers before the Civil War*（Ithaca, 1956）。

2 Mark Hopkins: *An Address, Delivered before the Society of Alumni of Williams College, at the Celebration of the Semicentennial Anniversary*（Boston, 1843）, p. 31.

3 Wertenbaker: *Princeton*, p. 205.

点、人民命运、国家制度都能成为年轻人的辩题。

在毕业典礼上，学生们展示了自己的才华，此外，在大多数学院，他们还会请一位杰出的甚至是有争议的演讲者来校园发表演讲。在19世纪50年代，最受欢迎的文学社团毕业典礼演讲者是鲁弗斯·乔特（Rufus Choate）、拉尔夫·沃尔多·爱默生（Ralph Waldo Emerson）、亨利·沃德·比彻、埃德温·惠普尔（Edwin P. Whipple）和温德尔·菲利普斯（Wendell Phillips）——他们都是害怕争议的学院避之不及的人。他们出现在许多美国学院的文学社团的展会上，迎合了大学生们以思考的姿态面对世界的热切愿望。乔治·威廉·柯蒂斯（George William Curtis）1856年的著名演讲《美国学者对政治和时代的责任》是卫斯理学院文学社团的毕业典礼献词。[1]拉尔夫·沃尔多·爱默生在威廉姆斯学院做过三次演讲，每次都有赖于学生自发的支持，因为校方不许学生使用学院的场地接待这位来自康科德的具有颠覆性的，或者说很杰出的哲学家。

文学社团通常负责创办大学的文学杂志，这是大学里另一类智性团体。它们经常出版美国知名人士向它们发表过的演说。迈阿密大学的两个文学社团之间的竞争导致其中一个社团在1830年委托一位才华横溢但当时还不知名的艺术家为该校校长制作了一尊半身像，这位艺术家当时刚刚为辛辛那提的一家博物馆创造了一套蜡像。因此，这位日后大放异彩的海勒姆·鲍尔斯（Hiram Powers）

---

1 Carl F. Price: *Wesleyan's First Century*（Middletown, 1932）, p. 182.

接到了由学院文学社团提供的他生平第一份半身像创作委托。[1]

在它们的图书馆里，文学社团明确表明了它们所服务的目的与学院有多么不同。与充斥着宗教内容的大学图书馆相比，文学社团的图书馆不仅有更可观的藏书量，也涉猎更加广泛的主题，这为理性的发展提供了一片沃土。在 1835 年，北卡罗来纳大学的文学社团收藏了 6000 卷书，是该州质量最好的藏书。到 1840 年，鲍登的文学社团拥有 5000—6000 卷书，布朗有 3000 卷，威廉姆斯有 10000 卷。无论如何比较，这些图书馆都优于学院图书馆。[2]文学社团会为学生购买小说以及历史、政治和科学等方面的著作。对于美国学院的文学社团、社团图书馆和学生杂志来说，英国文学和美国小说是最受欢迎的。在玛丽埃塔为学生季刊撰写关于当前政治问题研究的年轻人们，沉迷于为《耶鲁文学》(*Yale Lit*) 撰写精致信件的准艾迪生们或准斯蒂尔们，在 1845 年的威廉姆斯为学生自然历史博物馆制作 40 种本地鸟类标本的年轻人们，在各个院校进入文学社团的图书馆阅读狄更斯、萨克雷、斯科特、霍桑、梅尔维尔和爱默生的年轻学生们——他们知道，改革美国学院的方法不止一种。

1 Havighurst: *Miami*, pp. 76-8.
2 Kemp Plummer Battle: *History of the University of North Carolina* ( Raleigh, 1902-12 ), I, 410; Sheldon: *The History ... of American Student Societies*, p. 131. 参见 Daniel Walker Hollis: *University of South Carolina* ( Columbia, 1951-6 ), I, 230-54; Coulter: *Georgia*, p. 132; Kingsley: *Yale*, I, 188-9; David Bishop Skillman: *The Biography of a College: Being the History of the First Century of the Life of Lafayette College* ( Easton, 1932 ), I, 68-9; Jonas Viles, et al.: *The University of Missouri: A Centennial History* ( Columbia, 1939 ), p. 44; Louis Shores: *Origins of the American College Library 1638-1800* ( Nashville, 1934 ), pp. 224 ff.。

在某种意义上,文学社团及其图书馆、俱乐部、期刊和组织弥补了课程中对科学、英国文学、历史、音乐和艺术方面的忽视——这种广泛发展的课外活动是学生对古典课程的回应。[1]它给心智生活带来了威望,也有助于解放美国大学生的才智。这是对1828年《耶鲁报告》的回应,而且这个回应非常有力,因此,到了世纪末,耶鲁自己也开始真正关注课程和课外活动到底哪一个更基础,哪一个更重要。

另一方面,学生们决心重新定义美国学院。他们的目的是把焦点从来世转换到现世。他们的方式是发起希腊字母兄弟会运动。从19世纪20年代后期和30年代在联合学院和汉密尔顿学院成立母会开始到1840年,希腊字母兄弟会被引入到新英格兰和纽约的绝大多数学院。从1825年卡帕阿尔法联盟成立至1847年西塔德尔塔西(Theta Delta Chi)协会成立之间,还有4个全国性的兄弟会在新英格兰和纽约诞生:西格玛佛爱(Sigma Phi)、德尔塔佛爱(Delta Phi)、西普西(Chi Psi)和普西厄普西隆(Psi Upsilon)。它们初创于乡村,随后搬迁至城市,在那里,毕业之后进入法学院或医学院的协会成员经常需要成立新的分会。

成立于1832年的汉密尔顿学院的阿尔法德尔塔佛爱(Alpha Delta Phi)兄弟会,在十年内资助了阿默斯特、鲍登、布朗、哥伦比亚、哈佛、耶鲁、西储和迈阿密建立各自学校的首个兄弟会分

---

[1] 参见 Sheldon: *The History ... of American Student Societies;* James Bruce and J. Vincent Forrestal: *College Journalism* (Princeton, 1914), p. 3; Kingsley: *Yale*, I, 338–60。

第七章 课外活动

会。1839年在迈阿密成立的贝塔西塔派(Beta Theta Pi)协会在1850年前将希腊字母社团(Greek-letter society)引入了密歇根、普林斯顿、沃巴什、华盛顿、杰斐逊和肯塔基中心学院。1837—1842年,佛蒙特大学、卫斯理和达特茅斯分别成立了本地的兄弟会。[1]几乎所有美国学院都受到了这场运动的影响,它充分体现了19世纪学院本科生的进取心和主动性。[2]大多数学院校长还没弄清楚发生了什么,就发现他们的本科生已经将一种他们既没有邀请也没有鼓励的社会体系引入了美国学院社区。

1845年,阿默斯特学院的校长问威廉姆斯学院的校长:"在我们的学院里取缔这些社团可行吗?"在那十年里,北卡罗来纳大学、拉法耶特、鲍登、密歇根大学、普林斯顿、布朗、达特茅斯、迈阿密和迪金森都在问着同样的问题。尽管如此,兄弟会依然发展迅速。

在引入兄弟会之后的几十年里,各个院校的文学社团都在衰落。在东部,到1870年,文学社团已经失去了往日的风光。在那时,

---

1 关于兄弟会的统计数据,参见 Baird's Manual of American College Fraternities ( Menasha, Wisconsin; 1940 )。
2 参见 Morison: *Three Centuries,* pp. 203, 310; Havighurst: *Miami,* pp. 90-101; Farrand: *Michigan,* pp. 74-82; Morgan: *Dickinson,* pp. 419-26; Woodburn: *Indiana,* pp. 155-9; Van Amringe: *Columbia,* p. 121; Bullock: *Emory,* pp. 130 ff.; Wertenbaker: *Princeton,* pp. 280-2, 323-4; Bronson: *Brown,* pp. 241-2, 348; Fuess: *Amherst,* pp. 118 ff.; Hatch: *Bowdoin,* pp. 311, 314 ff.; Skillman: *Lafayette,* I, 226, 294-9; Battle: *North Carolina,* I, 476, 621; Nevins: *Illinois,* pp. 128-31; Bruce: *Virginia,* III, 166-70; Chessman: *Denison,* pp. 172-7; Rudy: *C.C.N.Y.,* p. 77; Demarest: *Rutgers,* pp. 342 ff.; Price: *Wesleyan,* pp. 244-57; Waite: *Western Reserve,* pp. 251-79。

许多人已经完全放弃了。在晚一些引入兄弟会的院校，文学社团衰落得也晚一点，但几乎所有院校的模式都是一样的。文学社团的衰落并不是因为兄弟会撼动了它们的目标，而是因为兄弟会创造了更高水平的忠诚，并在文学社团的选举中展现了新的政治复杂性。此外，学院也开始自觉地分担某些社团的使命：建立范围更广的藏书，每周不止一次开放图书馆，在英国文学方面进行颇有建树的研究，将历史学作为一个研究领域，扩充了科学学科领域。[1]

兄弟会成立之初，它们很自然地模仿文学社团，把文学练习作为其功能之一，但这不是它们的立身之本。当一个兄弟会成立后，文学练习不过是其例行之事而已。希腊字母兄弟会及其对应的社交俱乐部旨在填补情感和社交方面的空白，而不是课程方面的空白。一位研究卡帕阿尔法的历史学家总结道："斐陶斐荣誉学会的氛围非常学术化，激发了对新的更亲密关系的想象，……不满足的人渴望的是同类灵魂的陪伴。"另一个早期的兄弟会在1836年制定入会标准时，一位年轻人建议说最简单的方法是问这样一个问题："你愿意让你的妹妹嫁给他吗？"兄弟会和社会俱乐部运动的精神以及由此而来的目的，可能只是隐含在这些支离破碎的叙述中，但它

---

[1] Kingsley: *Yale,* I, 320–3; Wertenbaker: *Princeton*, p. 329; Woodburn: *Indiana*, p. 316; George Franklin Smythe: *Kenyon College: Its First Century* ( New Haven, 1924 ), p. 245; Richardson: *Dartmouth*, II, 495; Chessman: *Denison*, p. 155; Bronson: *Brown*, p. 349; Cutting: *Amherst*, p. 29; Price: *Wesleyan*, p. 42; Joseph D. Ibbotson and S. N. D. North: *Documentary History of Hamilton College* ( Clinton, 1922 ), p. 249; Sheldon: *The History…of American Student Societies*, pp. 133 ff.

第七章 课外活动

也很显而易见：我们是所有野蛮人之中的希腊人。[1]

希腊字母兄弟会的目的是把校园里最文雅的年轻人聚集在一起，组成小团体，以填补离开家庭和家乡社区后留下的真空，但它们也有更深层的目的。兄弟会提供了一个摆脱单调、沉闷和压抑的学院式管制的地方，这种管制从黎明前的祈祷开始，到天黑后祈祷完成之时才结束。兄弟会让人得以从漫长的冬天和内向的大学世界中逃离，从缺乏隐私的宿舍中逃离。兄弟会将各种各样的消遣方式——喝酒、抽烟、打牌、唱歌和搭讪制度化了，但它们没有引入这些消遣方式，这些方式早在兄弟会成立之前就存在了。兄弟会给这些传统的消遣手段披上了兄弟情谊的外衣，为一支雪茄、一杯酒、一位姑娘、一首歌赋予了新的意义。随着时间的推移，目的和表现之间的界限早已模糊。

除了这些希腊的派头之外，它们还参考了共济会的内容。借助共济会惯例和术语的揭露（这一揭露是反共济会运动的产物，该运动在1826年后成为东部政治活动的主要议题），兄弟会把很多共济会精神纳入它们的运动中。贝塔西塔派协会的仪式是模仿共济会的，卡帕阿尔法或西普西各分会所在的房屋和共济会各分会的房屋一样可长期为协会成员提供食宿。

在美国兄弟会运动的历史上，有两件发生在威廉姆斯学院的事值得一提：一件发生在1834年，当时发起了一场反秘密社团运动；另一件发生在1840年的宗教复兴期间。福音派复兴主义者的忏悔仪式被认为有损兄弟间的忠诚。年轻的希腊人被迫做出选择，是服

---

1 Rudolph: *Williams*, p. 103.

从于可能撼动兄弟情谊的福音诫命，还是坚持兄弟会彼此忠诚的信条。最终，他们决定什么也不说，这挫败了原本有望取得巨大成功的宗教复兴活动。

福音派宗教难以应对兄弟会运动，政治自由主义精神最终也无法驯服反秘密团体的人，它们在 1834 年 11 月坚定地反对排他和保密。它们所组成的"社交兄弟会"的章程宣称，它敌视"所有没有建立在自由原则基础上的联合体和会社"。1838 年，一份修订的章程宣布，基于一种受惠于启蒙运动的精神："我们不会给予不同年级的成员任何人为的优势，而是在追求荣誉和卓越的赛跑中把所有人放在平等的起点上。"这些观点得到了各个院校的同学们的响应：1847 年，来自联合学院、阿默斯特、汉密尔顿和威廉姆斯的类似组织加入了进来；1858 年，一个更大的团体决定称自己为"德尔塔厄普西隆"(Delta Upsilon)。反秘密社团运动在其历史上曾被称为"社交兄弟会""反秘密协会""平等兄弟会""奥登斯"，以及最后的"德尔塔厄普西隆"。这一运动在其早期曾为民主价值观而英勇斗争过，但它与福音派宗教一样，在应对希腊字母兄弟会兴起的情形方面一样力不从心。[1]

尽管马克·霍普金斯同意阿默斯特校长汉弗莱的观点，认为学院当局应该联合起来废除兄弟会，但这无济于事。"这些影响是邪恶的，"霍普金斯宣称，"它们制造阶级和派系，把人们置于一种与他人相关的虚假和错误的社会位置中，由此产生的情感疏离和情意

---

1　Rudolph: *Williams*, p. 108; Wiliam F. Galpin: *Delta Upsilon: One Hundred Years, 1834-1934*（New York, 1934）是兄弟会历史的典范之作。

需求都不利于正确的道德和宗教状态。"反秘密组织在一段时间内发展壮大，但这也一样无济于事。反对兄弟会显然是徒劳的，[1]因为批评者们并未真正理解兄弟会运动到底触动了什么。他们没有意识到，兄弟会提议用世俗的能力取代属灵的恩典，并以此作为社会名望的准绳；用社会地位取代基督教的地位；用在现世取得成功所必需的态度和技能取代那些被认为适合于来世幸福的态度和技能。从本质上讲，兄弟会运动是在将新的社会价值观制度化。这种新的价值观来源于现世成功人士的特征和属性，这种制度化是以牺牲各种基督教美德——如谦逊、平等——为代价的，这些美德长期以来一直是学院要培养的目标。[2]

与宗教之友们在1840年复兴前景破灭时所认为的相反，兄弟会运动如此强烈反宗教的原因既不是出于秘密主义也不是出于神秘主义。基督教价值的衰落是由兄弟会运动对以下世俗价值观的推崇促成的，如良善的友谊、漂亮的外表、华丽的服饰、良好的家庭和可观的收入等。马克·霍普金斯对兄弟会很不满，但他确实也承认"这里的一些社团的目的之一是培养礼仪，到目前为止，它们已经有所成就"。这种对礼仪的关注是这场运动的重要基础，因为说到底，优雅的举止是在现世而不是在来世成功的必要条件。[3]

但是，只要美国学院仍然受到福音派正统教义的影响，只要宗教取向保有其持久性和忠贞度，这些学院就会继续偏爱信奉基

---

1 Rudolph: *Williams*, p. 110.
2 Ibid., p. 113; Le Duc: *Amherst*, p. 123.
3 Rudolph: *Williams*, p. 115.

督教的兄弟会，而不是各种各样的希腊兄弟会。但无论如何，也不管其意图如何，美国学院都无法很有说服力地反对世俗成功的属性和价值。兄弟会是美国学院本科生对那些希望学院保持原样的管理者们的又一次回应。德尔塔佛爱协会的联合学院母会成立还不到三年，耶鲁的教师们就发表了代表1828年时情的报告。美国的年轻人已经非常清楚，激动人心的改变正在发生，他们注视着周围的世界，认为在文雅的绅士面前，虔诚的基督徒几乎没有胜算。

也许学生们不愿意在基督教和成功之间做出取舍。许多学院校长在讲授道德和理性哲学的课程时，极力将物质上的成功归因于基督徒生活。威廉姆斯的马克·霍普金斯是这种福音的早期倡导者；20世纪初，天普大学的拉塞尔·康韦尔（Russell Conwell）再次提及了这一主题。一个逐渐显著的事实是，在一个日益以成功为导向的社会里，基督教伦理的生存空间被不断压缩，纯粹的虔诚越来越难以实践，那些不能为年轻人在现世的成功提供帮助的院校逐渐难以为继。因此，兄弟会是走向成功的学校，是培养年轻人成为普通人而不是天使的机构。

美国大学生并不满足于解放心智，而是想让心智在崇尚理性的组织中自由驰骋。他不满足于崇拜礼节，而是将一个由兄弟会和社交俱乐部组成的广泛体系奉为现世的成功之道；他还发现了肌肉的力量，并为此建立了各种组织；他的外貌和身体状况被赋予了新的意义。人，这一上帝的形象变得好胜、喧闹、肌肉发达、身材迷人。上帝的形象变成了绅士的形象——快乐、有魅力、讨人喜欢、身体

第七章 课外活动

匀称、相貌堂堂，他显然变成了兄弟会成员的候选人。

有组织的体育运动的发展并不是突然兴起的。起初，敌意和漠视阻碍了运动的发展。例如，在1787年的普林斯顿，教师们禁止普林斯顿的学生参加激烈的曲棍球运动，理由是它"本身是低级的，不适合绅士和学者，而且参加运动对健康会有很大的危害"。在19世纪20年代早期的伦斯勒理工学院，一份官方声明宣称："像跑步、跳跃、攀登、格斗之类的运动，都会有损一位科学家的仪态所应有的尊严。"[1]

对于美国大学生的身体状况问题，学院官方一直不做反应，直到三个德国难民从欧洲引入了户外体育场运动。1826年，查尔斯·福伦（Charles T. Follen）在哈佛的食堂里举行了学院体操运动的揭幕仪式。不久之后，他就在户外架设了体操器材，并带领整个学院进行了一次越野慢跑。这在美国还是开天辟地头一遭。1826—1828年，户外运动场出现在耶鲁、阿默斯特、威廉姆斯、布朗、鲍登和达特茅斯。在普罗维登斯，布朗新当选的校长弗朗西斯·韦兰和他的学生们一起在新的布朗体育场荡秋千和吊双杠。尽管如此，这种早期的体操运动是不成熟的。秋千、双杠和吊环很快就年久失修了。[2]

---

1 Wertenbaker: *Princeton*, p. 138; Sheldon: *The History ... of American Student Societies*, p. 147; Palmer Chamberlain Ricketts: *History of Rensselaer Polytechnic Institute 1824-1914*（3d. ed.; New York, 1934），pp. 44-5.
2 参见 Fred E. Leonard: *Pioneers of Modern Physical Training*（New York, 1915）以及 *A Guide to the History of Physical Education*（3d. ed.; Philadelphia, 1947）。

清教徒的伦理反对那种在户外运动场展现出来的轻浮和嬉闹。其著作被许多学院当作道德哲学课程的阅读材料的18世纪英国神学家威廉·佩利（William Paley）认为，如果年轻人渴望做些什么，那么应该让他们打理花园。鲍登学院、凯尼恩学院、汉密尔顿学院、玛丽埃塔学院、威廉姆斯学院和许多天主教学院都是这样做的，而且比19世纪20年代的体操运动更成功。[1]

在充满梦想和野心的美国，户外运动场上那些毫无成效的体育锻炼似乎也是无所谓的琐碎小事。19世纪早期的大多数大学生都来自农场，他们从小被训练去工作而不是去玩耍。年轻人不用提醒也知道，美国人评价他们的邻居是看他们是否勤奋，而不是看他们享受生活的能力。有多少父亲会像1831年阿尔万·海德（Alvan Hyde）给在威廉姆斯就读的儿子的信中所写的那样："我希望今年夏天你不要被人看到手里拿着球杆。"[2]

直到1848年另一波德国移民浪潮再次将体育场运动带入美国，美国大学生才得以将精力投入到他应得的体育活动中：保龄球、拳击、弹珠、曲棍球、跳舞、打猎、游泳、散步、滑冰、钓鱼、摔跤、狐鹅棋、竞走，以及早期的自由版美式足球和棒球。他全身心地投入到所有世俗的享乐中去，这些享乐在大学里不被认可，却在兄弟

---

1 Hatch: *Bowdoin*, p. 342; Smythe: *Kenyon*, p. 83; Ibbotson and North: *Hamilton*, p. 214; Arthur G. Beach: *A Pioneer College: The Story of Marietta*, p. 112; Rudolph: *Williams*, pp. 168–70; Sebastian A. Erbacher: *Catholic Higher Education for Men in the United States 1850–1866*（Washington, 1931）, p. 110.

2 Rudolph: *Williams*, p. 158.

第七章 课外活动

会中生根发芽。

然而，当19世纪40年代后期和50年代的德国新移民带来体育运动俱乐部（Turnvereine）时，他们发现美国大学生准备效仿他们。到1853年，在美国的城市中至少有60个德国体操俱乐部，到这十年结束时，美国学院深深地卷入了新的健身运动中。学生们经常自己建造体育馆，从校方那里骗取部分经费支持，或者在有意愿的校友中宣传他们的期望。在普林斯顿，学生提供一半的体育馆费用。俄亥俄州迈阿密的学生体操协会租下了谷仓，还从辛辛那提雇了个德国杂技教练来教他们体操。到了1860年，弗吉尼亚大学、哈佛、耶鲁、阿默斯特、威廉姆斯、鲍登和奥柏林都开放了新的体育馆。[1]

到了19世纪60年代，学院自己承担起了体育职责。在这一点上，阿默斯特学院起到了带头作用。1860年，阿默斯特学院成立了卫生和体育教学部，负责本科生的健康。为了不让人们误解校方开展此项工作的目的，新体育馆在显著位置标了一句格言："保持自己的纯洁：身体是圣灵的圣殿。"这是美国学院的典型做法，它试图将旧的公共事业嫁接到学生新的热情上。阿默斯特校方乐意接受新的体操运动，而且几乎所有其他美国学院都开始效仿，但这并不意味着这些学院默许了学生的新价值观。这句话的真正意思是，他

---

1 Fred E. Leonard: *Pioneers of Modern Physical Training,* pp. 268 ff.; Wertenbaker: *Princeton,* pp. 277-8; Havighurst: *Miami,* p. 111; Bruce: *Virginia,* III, 150-3; Fuess: *Amherst,* p. 158; Rudolph: *Williams,* pp. 159-61; Robert Samuel Fletcher: *A History of Oberlin College from its Foundation through the Civil War*（Oberlin, 1943）, II, 824-6.

们希望所有这些对肌肉的热情都能被引到好的目的上。[1]与此同时，学生们再一次把学校当局远远甩在了身后。在弗吉尼亚大学，一名学生观察到，"体育馆里有一些非常机械、非常公事公办的东西，锻炼不再是一种乐趣，而是一种劳动。能够成就一所伟大的大学，以及成就一个伟大国家里朝气蓬勃的青年的体育运动在哪里？我们的板球比赛在哪里？我们的划船俱乐部在哪里？"[2]

耶鲁在1843年，哈佛在1844年，曾试图用赛艇来化解学生的上述抱怨。1852年，在温尼佩索基湖，举办了美国高等教育史上第一场校际竞赛，即哈佛和耶鲁之间的划船比赛。然而，能满足美国大学生对刺激、竞争和身体发展之需的运动是棒球。1859年7月1日，在马萨诸塞州的皮茨菲尔德，阿默斯特和威廉姆斯进行了第一场校际棒球比赛。十年之内，棒球运动在全国遍地开花，并对学院提出了各种要求，这预示着一个新时代即将到来。[3]

不久之后，在达特茅斯，一位学生的父亲为了抗议体育运动的增加而让他的儿子退了学。1870年，马萨诸塞州农学院在一场体育比赛中战胜了哈佛，这让人们备感兴奋，因为正如当时所指出的那样，它赋予了"农学院真正的大学地位"，在此之后，州议会增加了

---

1 参见 Leonard: *Pioneers of Modern Physical Training*, pp. 89 ff.; Le Duc: *Amherst*, pp. 128-34; Edward Hitchcock: *The Results of Anthropometry: As Derived from the Measurements of the Students in Amherst College* ( Amherst, 1892 ), pp. 3-5。

2 Bruce: *Virginia*, III, 154.

3 Sheldon: *The History...of American Student Societies*, pp. 192-231; Morison: *Three Centuries*, p. 314; Kingsley: *Yale*, II, 274-364; Fuess: *Amherst*, pp. 197-8; Rudolph: *Williams*, p. 164.

第七章 课外活动

对它的拨款。1875年，在锡拉丘兹（Syracuse），雪城大学的校长伊拉斯塔斯·黑文（Erastus O. Haven）含蓄地对新规定表示了拒斥："纽约市的卫理公会、长老会和浸信会牧师也可能会挑选一位船员，在哈德逊河上举行划船比赛，以展示他们的英勇。"[1]

黑文校长未能理解的是，大学生的价值观既不同于牧师，也不同于学院长期以来所推崇的那一套。对美国大学生来说，体育场、划船俱乐部、棒球队（不久之后还有田径队、美式足球队、板球队）都是充分享受生活的必要条件。它们是灌注了学生自己的世俗成功价值观的组织，在这些组织中，学生阐明了其人生观和学院所赋予的观念之间的本质区别。

在课外活动中，大学生阐述了对人的心智、人格和身体的看法，涉及了个体的方方面面，而这些是学院在专注于拯救灵魂这一单一兴趣取向中所忽视的。在课外活动的组织体系中，各地的大学生都表示他们可能更喜欢在锤炼心智、人格、肉体三者上具有同样挑战性的任务。当他们从学院毕业时，19世纪20年代改革家们所做的重塑学院的努力对他们的影响微乎其微。总的来说，学校的课程仍然是不可撼动的，强制性的教堂礼拜刚刚开始被废除，但在课外活动方面，学生们已将"怪物"引入校园。现在，驯服它将与拖延已久的课程改革一样，成为一项必要的工作。

---

[1] Richardson: *Dartmouth*, II, 566; Alfred C. True: *A History of Agricultural Education in the United States, 1785-1925*（Washington, 1929）, p. 149; Walter P. Rogers: *Andrew D. White and the Modern University*（Ithaca, 1942）, p. 190.

# 第八章
# 学术与权力的平衡

　　课外活动的活力证明，大学生已成功地在学院生活中占据了重要位置，成为美国学院权力结构中非常重要的组成部分。他们能够这样做，部分原因是美国社会倾向于支持年轻人，无论他们致力于什么，在实施中总是会出现一个有意识的自由放任政策，即使表面上不批准，也会在管理中默许这些学生深入探索课外活动的世界。兄弟会和有组织的体育活动尤其让许多学院管理人员感到不安，但他们几乎都学会了放手。

　　尽管校方并未打算给学生留下权力的真空地带，但在坚持学习固定的古典课程方面，校方却只能被迫如此行事。因为古典课程以及所有与之相关的事务是学院正式培养计划的主要内容，精力充沛的年轻人已被激发去寻找更好的手段来实现他们的目标、价值观和兴趣，这使得他们不愿拘泥于校方愿意或能够提供的内容。这些年轻人所开展的课外活动——智性社团、根深蒂固的社会体系、有组织的体育运动网络——将成为他们力量的源泉。通过课外活动，大学生在美国学院里获得了举足轻重的地位。通过文学社团、期刊和其他俱乐部来对抗古典课程，通过兄弟会来对抗学院方式，通过树立一个比虔诚的基督徒更有吸引力的体育英雄的形象等方式，学生们成功地剥夺了学院教授的某种威望，压缩了他们的职权范围，尽管这并非是有意为之。

然而，学院时代在许多方面都是教授的时代，正如它也是其他单纯而又有些许浪漫的人物的时代一样——汽船船长、北方小贩、南方参议员。学院时代是大学教授乔治·布莱特曼（George Blaetterman）的时代，他是弗吉尼亚大学一位德裔现代语言教授，曾被他的学生施以石刑。1840年，他因一周内两次殴打妻子而被弗吉尼亚大学解雇了，并一度在公路上流浪。这也是他困惑的继任者，匈牙利流浪者查尔斯·克莱策（Charles Kraitser）的时代，他也被解雇了。克莱策说，他那强势的妻子经常在晚上把他赶出家门："理事会……都是一些难以取悦的绅士。他们把布莱特曼博士赶出去是因为他鞭打了他的妻子，他们把我赶出去是因为我被我的妻子鞭打了。他们到底想要什么？"[1]

美国学院真正想要和需要的是像阿尔菲厄斯·斯普林·帕卡德（Alpheus Spring Packard）这样的人，他在鲍登快乐地教了六十五年书，并在那里赢得了学生心目中"理想的基督教绅士"这一声誉；

---

[1] Philip Alexander Bruce: *History of the University of Virginia, 1819-1919*（New York, 1920-2），II, 159-62.

需要的是像朱利安·斯特蒂文特（Julian Sturtevant）这样的人，他于 1829 年被任命为伊利诺伊学院的第一位教师，并于 1885 年退休，任期长达五十六年。[1] 美国学院需要并尊敬像弗莱彻·马什（Fletcher O. Marsh）教授这样的人，他在 1866 年的某天搬运了整整一天的肥料，试图以此使丹尼森学院的场地变得更美观；还有像达特茅斯学院的约翰·史密斯（John Smith）这样的人，他的任命使他成为"英语、拉丁语、希腊语、迦勒底语等语言以及他有时间学习的其他语言的教授"。美国学院想要或需要的是一个像福特汉姆（Fordham）的威廉·斯塔克·墨菲（William Stack Murphy）神父一样的人，他在 19 世纪 40 年代边用他的剃刀刮胡子边听他的学生练习演说，然后突然抬脚离去，去管理各个班级的课堂，这被认为是一个成功而有趣的教学奇迹。[2]

　　学院只能在那些杰出教授身上找到基督徒的冲动、慈祥的家长式作风，以及实现良好的意图所需的道德上的正直。首先，教授很少是学者。1824 年，托马斯·杰斐逊招募了一批教师，其中包括 4 名英国人和 1 名德国人，他招募教师的理由是他们学识渊博，而不是虔诚。这招致了新闻界的敌意，因为新闻界更感兴趣的是他们是

---

1 Louis C. Hatch: *The History of Bowdoin College*（Portland, 1927）, p. 50; Charles Henry Rammelkamp: *Illinois College: A Centennial History 1829-1929*（New Haven, 1928）, *passim*.

2 G. Wallace Chessman: *Denison: The Story of an Ohio College*（Granville, 1957）, p. 111; Leon Burr Richardson: *History of Dartmouth College*（Hanover, 1932）, I, 175-6; Thomas Gaffney Taaffe: *A History of St. John's College, Fordham, N.Y.*（New York, 1891）, pp. 76-8.

第八章 学术与权力的平衡

不是美国人，而不是他们有没有学问。一份康涅狄格州报纸愤怒地评论道："杰斐逊先生还不如说他的客栈和宿舍不应该用美国的砖建造。"费城的一份报纸指责道："这是美国人民迄今为止受到过的最大的侮辱（之一）。"[1]

马克·霍普金斯是一位比较典型的传统教授。他在美国教育史上获得的地位并不源于其渊博的学识，而是"超出学识的领域"——在这个更高贵之地，灵魂，尤其是年轻人的灵魂，会被道德真理所感动。霍普金斯曾经对他的一位同事说："你读书，但我不读书，事实上，我从未读过任何书。"与他同时代的伟大校长、联合学院的诺特，曾经对他的一位教师——一位希腊语教授说："我不像你那样关心希腊语，也不像你那样关心通常被作为教育手段的书籍。"即便如此，霍普金斯和诺特都完全有能力成为那个时代最具代表性的教授和学院校长。他们所需要的是一个信仰的宝库，一种持久的确信，一个能将他们对神的统治的信心传递给他人的能力，而这些他们都很擅长。[2]

学院时代招募的教授都是那些相信"通过促进自由教育来服务知识和真理事业"的人，他们服务于宗教事业。[3] 许多教授原本希望成为活跃的牧师，但由于健康原因，他们转而从事要求不那么

---

1 Bruce: *Virginia*, II, 1–2, 35.

2 Frederick Rudolph: *Mark Hopkins and the Log: Williams College, 1836–1872*（New Haven, 1956）, p. 77; Andrew Van Vranken Raymond, ed.: *Union University: Its History, Influence, Characteristics and Equipment*（New York, 1907）, I, 176.

3 Andrew Fleming West: *The Changing Conception of "The Faculty" in American Universities*（San Francisco, 1906[?]）, p. 3.

高的教学工作。爱德华·威格尔沃思（Edward Wigglesworth），哈佛第一位霍利斯神学教授，因耳聋而无法去教区任职。当阿尔伯特·迈凯亚·希普（Albert Micajah Shipp）的声音越来越虚弱，难以胜任教区的工作之后，就被选为了沃福德学院的教授。[1]即便一个学院的教授职位从来不是闲职，但有时它也会被当作一种疗养。

旧时的学院教授通常是牧师，或者至少受过一些神学训练。1795—1884年，联合学院的130名教师中，有55名是牧师。1828—1862年，达特茅斯学院三分之二的教授接受过神学培训。查尔斯顿学院的第一批教师的多样性十分显著，但在宗教方面却相当均衡：1名圣公会主教，1名胡格诺派牧师，还有1名天主教神父。1841年，拉法耶特的教师全部由神职人员组成，1868年，在普林斯顿的10名教师中，有7名是长老会牧师。[2]

招募的教授中也有一些是已准备好在心理上（如果不是身体上）自我放逐的男性。只要牧师还是社区中最受尊敬的人物，牧师-教师和教师就不会脱离美国的主流生活。但是，即使在学院时代，牧师在公众心目中的地位也已被乡绅、成功的律师-政治家和

---

1 Samuel Eliot Morison: *Three Centuries of Harvard 1636-1936*（Cambridge, 1936），p. 67; David Duncan Wallace: *History of Wofford College*（Nashville, 1951），p. 66.

2 Raymond: *Union*, I, 398; Richardson: *Dartmouth*, II, 457; James Harold Easterby: *A History of the College of Charleston Founded* 1770（Charleston, 1935），p. 19; David Bishop Skillman: *The Biography of a College: Being the History of the First Century of the Life of Lafayette College*（Easton, 1932），I, 147; Thomas Jefferson Wertenbaker: *Princeton 1746-1896*（Princeton, 1946），p. 287.

第八章 学术与权力的平衡

大人物所超越。教授必然不会完全参与美国生活,当热血的美国人寻求成功的机会时,他会袖手旁观。

这种与世界的分离——是对美国生活中进取、开拓、自我追求等品质的排斥——不仅不会使教授们受到学生的欢迎,还越来越招致学生的父亲和学院董事会的反感。但此时的情况还没有发展到像1888年那样的地步,其时弗朗西斯·巴顿(Francis L. Patton)在他就任普林斯顿校长的就职演说中毫不避讳地宣称:"学院的管理是一门生意,董事们就是合伙人,而教授们是销售人员,学生们就是顾客。"[1] 然而,学院时代的教授们已经走上了这条路,从肩负着最终责任的教导者,变成了那些日益主导学院董事会的江湖人物们的雇员。这种发展在19世纪中叶之后开始加速,因为此前学院董事会为了成为校友的情感中心和权威中心,几乎只在校友中招募教师,但如今它们已放宽了标准。随着时间的推移,这种变化促使董事会将自己视为学院道德的捍卫者,而将教授们视为入侵者。董事会会因为管理者太忙而容忍教授们参与课程和学院的管理,但不允许教授们忘记,院校本身的界定和公众形象是归董事们决定的事务。

学院教师的另一个群体——导师(tutor),经常会受到恶意的攻击,当然,这种攻击不会来自董事会。导师是刚从学院毕业的年轻人,也许无事可做,暂时不太可能谋得教职但又想走这条路,仅仅想在进入神学院或正式从事某项职业之前短期地挣上几美元。导

---

1 Wertenbaker: *Princeton*, p. 9.

师是廉价的劳动力，尽管他的年龄与学生们相差无几，但他不仅被要求在课堂上指导学生，而且还被要求"温而厉，友而恭，并能区分无害的恶作剧和真正的对权威的蔑视"[1]。

教授和导师之间主要的差别在于他们的教学任务。在大多数院校里，教授讲授科目课程——拉丁语、希腊语、自然哲学或数学，而导师则负责一个班级——例如1826届、1827届、1828届或1829届班级。他可能在学生入学时就被分配到一个班级，如果他待在学校的时间足够长，那他就会将班级一直带到毕业。在此期间，他可能会教一些学院还未能聘得教授的科目，也可能会讲授有教授主持的科目课程的基础知识。这会给学院省下一大笔钱，但同时也会对本科生的纪律、士气和对课程的重视程度产生影响。

很少有导师能长期履职并获得足够的工作经验，他们最多知道如何躲避不领情的学生扔进窗户的石头或扔到宿舍门口的酒瓶，但此种经验也并不总是能提供足够的保护。在19世纪20年代的北卡罗来纳大学，生活的智慧要求导师的房间应该使用木制百叶窗加固。而导师们有时会表现得自暴自弃也就不奇怪了，像1827年南卡罗来纳的两位失望的导师，就因为酗酒而被开除了。[2] 在这些虐待学生和缺乏指导经验的记录之外，也有光辉的案例，那就是亨利·弗林特（Henry Flynt）。他是哈佛1693届的文学士，在哈佛不求升职，

---

1 Wertenbaker: *Princeton,* pp. 190-1.
2 Kemp Plummer Battle: *History of the University of North Carolina* ( Raleigh, 1902-12 ), I, 275; Daniel Walker Hollis: *University of South Carolina* ( Columbia, 1951-6 ), I, 79.

第八章 学术与权力的平衡

当了五十五年的导师。对于弗林特这样在学校里待了很长时间的导师来说，学生毕业时给导师送银制器具作为感谢的习俗尤其会受到挑战。有一年，学生给弗林特送了一个雕刻精美的银夜壶。

当一位导师展示出令人喜欢的品质时，结果可能会像 1833 年一封向一位即将离开北卡罗来纳大学的导师宣读的信中所说的那样令人感动：

> 我们即将与他告别，他是如此光荣地带领我们度过了大二，他为我们未来的卓越奠定了基础，他很好地将学者之美和绅士之雅连接在了一起……现在，带着该词自然流露出的深厚情感，我们满怀深情地对您说一声"再见"。以全班同学的名义，"再见"。[1]

导师制度本身也将适时地迎来一个美好的告别，在 20 世纪它会作为学院精神的一个方面在英格兰和美国得到重现，而这种回归主要得益于哈佛的哈克尼斯住宿系统。

1767 年，哈佛对导师的工作给予了相当大的尊重，它让导师们讲授一门科目而不是教导一个班级。1830 年，耶鲁也据此实行。随着这一变化被更广泛地接受，一些导师开始转变为学者或有职业抱负的讲师。但这一发展直到 19 世纪的最后二十五年才逐渐普及开来。那时"（教授和导师的）旧的二分法……转换为讲师、

---

[1] Samuel Eliot Morison: *Harvard College in the Seventeenth Century*（Cambridge, 1936），II, 525; Battle: *North Carolina*, I, 349-50.

助理教授、副教授和教授的等级制度"。以此种方式,导师的角色被重构了,变得能够服务于一个即将出现大量组织人的社会的需求。[1]传统的导师根本不是一个组织人——他只是个过路者,然而,当他转变为一名讲师,并受邀参加一场等级制的竞争性比赛时,他发现学院已经变成一个科层体系,就像他在伯利恒钢铁公司、国家城市公司或标准石油公司的同学一样,他得在晋升的阶梯上一步步地往上爬。也许有一天他会成为一位教授。

但学院时代没有此类阶梯,虽然许多导师成了教授,但他们担任导师的时期并不被视为是成为教授的学徒期。在美国学院的权力结构中,没有比导师地位更低的人了,导师是一位放弃了他的学生权利而成为仆人、间谍的年轻人。他通常被学生轻视,被教授剥削或忽视,他也许是解决学院财政资源不足的一个办法。所以,即便有一些美好的例外,导师制也依然是美国学院显得如此沉闷的原因之一。

如果一所学院的图景不是那么单调,人们往往将其归功于校长。他的职位被认为是创造美国高等教育独特经验的条件,他实施创造的方式是引领历史学家得出以下不无夸张的结论:"校长肯定是学生遇到的最大的单一教育力量。……校长……在大多数院校有着支配性的影响……是学院生活中最强大的单一力量。"美国学院首席执行官的特权和功能在其草创之时当然是相当粗疏的,但即

---

1 Samuel Eliot Morison: *The Founding of Harvard College* ( Cambridge, 1935 ), pp. 137 ff.; George Wilson Pierson: *Yale: College and University 1871-1937* ( New Haven, 1952-5 ), I, 142-3.

第八章 学术与权力的平衡

使是在一开始，就与教师和董事会的关系而言，校长就已经踏上了一条将会在 20 世纪得到如下描述的道路："他已经成为一位纯粹的管理者，一所伟大工厂的业务经理，一位经常出现在州议会的说客，一位到处漫游的资金募集人，一位受到女子俱乐部、扶轮社和贸易协会欢迎的演讲者，一位身着华贵礼服在校际活动场合和毕业典礼上闪耀光芒的显要，一位长期不在大学校园里的缺席者。"[1]因此，的确，从学生的角度来看，他不再是一位拥有巨大教育力量或带来重大教育影响的人。

可以肯定的是，校长的工作标准一直很高，令人筋疲力尽。1771 年 11 月，埃莱亚撒·惠洛克对汉诺威即将到来的冬天充满了渴望，并希望这能让他得到足够的休息，允许他"有空闲时间吞下……他的唾沫"。但是旧时的校长和 19 世纪末的校长相比，最大的区别在于前者长住在校园里，他可能会教导大四年级的每一位学生，很可能经常会去学生的房间看望他们，知道大部分学生的名字。由于这些原因，他在大学生的生活中具有影响力和权威性，这是他的继任者永远无法做到的。[2]

校长也许在学生中失去了权威，但他对全体教师的权力却增强了。这种增强几乎在邓斯特就任早期哈佛的校长时就开始了。在殖民地学院时期，校长的力量部分来自他和其他教师之间普遍存在的巨大距离，这些教师几乎全是导师。"哈佛在成立八十五年，耶

---

1 George P. Schmidt: *The Old Time College President*（New York, 1930）, pp. 11, 42; Fred Lewis Pattee: *Tradition and Jazz*（New York, 1925）, p. 132.
2 Richardson: *Dartmouth*, I, 109.

鲁在成立五十多年，普林斯顿在成立二十多年后，才各自有了第一位教授，还要经过许多年，正规教授的数量才超过了临时导师的数量。"在早期的学院里，只有校长才有资格作为成熟的有学问的人站在董事会面前。当他聘请一些教授来协助他教学时，校长就自然地位于"那些归属于教师们的声望、骄傲和权力"的中心。校长可以领导或支配学院教师。他甚至可能与大学教师分享自己的权威，但随着时间的推移，他也逐渐不再是大学教师的领导者，而是大学董事会的代理人和发言人。[1]

事情并非总是如此。事实上，哈佛创始人的意图本是延续英格兰大学由驻院教师控制的传统。对英格兰实践方式的第一次妥协是因为以下事实，即一群学者不可能不经由一个人召集就能在马萨诸塞的森林里集合起来。哈佛必须成立，但它不能仅仅就是循例发展，因为殖民地没有足够的资源和学者来严格依循英格兰的模式。在哈佛，这些官方创始人在制度化的基础上组成了一个监事会；在威廉玛丽学院，则形成了理事会。因此，在这两所院校中都发展出了两种组织：基于英格兰实践传统的教师团体，以及代表创始人的外部世俗团体。

1697年以前，哈佛一直保持着教师对理事会的控制权，仅有三位非教师曾被任命为理事会成员。但到了1716年，非校内人士对理事会的控制明显加强了；这一原则于1778年确立，并一直维持至今。理事会中的成员不再从教师中选择了，部分原因在于，哈佛理事会委员已经成为一个具有威望和影响力的职位，是通往哈佛校

---

[1] Richard Hofstadter and Walter P. Metzger: *The Development of Academic Freedom in the United States*（New York, 1955）, pp. 124-5.

第八章 学术与权力的平衡

长的垫脚石，因此得到校外神职人员的青睐。到1778年，神职人员以外的校外人士也有资格入选哈佛理事会了。[1]

在威廉玛丽，根据1693年的特许状，校长是平等的驻院教师团体中的首席教师，而理事会正是由这些驻院教师组成的。1755年，在教师与外来监事们的一次争执中，校长并没有站在教师这边，而是与监事会站在了一起。当这一行为的最终结果在规章制度和实践程序中被记录下来之后，威廉玛丽的校长也就成了监事会的代理人，教师的权威和权力因此受到极大的限制。[2]

耶鲁创立了一种管理委员会模式，即设置一个单独的由外部成员组成的委员会，这一模式后来成为标准的美国实践方式。1701年，耶鲁将"权宜之计升格为原则"，在其章程中简单地规定由10名神职人员组成理事会。从此以后，美国大学的常规程序都将遵循耶鲁的先例。校外人士控制权的发展帮助校长从平等者中的首席、发言人或教师的领导者转变为另一种完全不同的角色——手握重权的董事会的代理人。[3]

---

1 Richard Hofstadter and Walter P. Metzger: *The Development of Academic Freedom in the United States*（New York, 1955）, pp. 126-30; John E. Kirkpatrick: *The Rise of Non-Resident Government in Harvard University and How Harvard is Governed*（Ann Arbor, 1925）, pp. 12-27 ff.; John E. Kirkpatrick: *Academic Organization and Control*（Yellow Springs, 1931）, pp. xiv-xix; Morison: *Three Centuries*, pp. 160-1, 212-13, 233, 359.
2 Kirkpatrick: *Academic Organization and Control*, pp. 52-8; Hofstadter and Metzger: *The Development of Academic Freedom*, pp. 130-4.
3 Kirkpatrick: *American Organization and Control*, p. xvii; Hofstadter and Metzger: *The Development of Academic Freedom*, pp.135-9.

1848年，哈佛历史学家塞缪尔·埃利奥特（Samuel Eliot）在提到1824年哈佛教师试图重获失去已久的学术权威的一次失败的努力时写道："那些几乎只关注教学和训练年轻人的绅士们，通常不具备获得管理和人事经验的条件，而这些，至少可以说，对于一个大型文化教育机构的外部管理而言是非常必要的。教学的安排必须适应时代，适应周围的世界，也要适应学院内部的情况。在这种情形下，从事活跃的生活事务管理的人可能比文人更有判断力。"[1]

埃利奥特的言论不仅是对外部控制权理论的经典陈述，它们也是"教师管理"这一英格兰驻院教学院士组织传统的墓志铭。他们把学院描绘成象牙塔，是教育家们的隐居之所，但忙碌的实践者无法解决全部的教育问题。他们描绘了将美国学院的校长塑造为手握重权的人物的环境，纵然他并不总是能很好地运用这种权力，但这种权力只能属于他，这是其职位的特性决定的。因为，即使忙碌的董事们并不完全信任教授，他们也没有时间或兴趣自己承担一切。在这种情况下，在董事们的同意下，权力很自然地流向了校长。然而，旧时的学院校长还不是一位十足的大忙人，对他的老师和学生来说，也还不至于完全是一位陌生人。旧时的学院校长虽然很忙，但节奏是舒缓的。他是一位筹款人，但他也有时间以学院方式履行他作为父亲的责任。

1923年，厄普顿·辛克莱（Upton Sinclair）以其特有的直率评论道："学院校长把他的时间都花在往返于财神和上帝的奔波

---

[1] Samuel A. Eliot: *A Sketch of the History of Harvard College and of its Present State* (Boston, 1848), p. 49.

第八章 学术与权力的平衡

途中了。"[1]实际上，辛克莱的描述用在传统校长身上比用在20世纪的校长身上更贴切，对于后者，更贴切的描述可能是他只是为了财神奔忙。印第安纳汉诺威学院的校长约翰·芬利·克罗（John Finley Crowe）的经历在19世纪数以百计的学院校长中堪称典型。对他们来说，筹集款项是比教育引领更必要的工作，而且这是一项很耗人但收效甚微的工作。

1830—1831年的冬天，克罗校长从印第安纳州东行，在费城开始了他的筹款活动。尽管他在费城受到了热情款待，但有人告诉他，现在是一年中的艰难时期，那些慈善的商人没有办法开展太多的业务，也许他应该在春天再来，同时还建议他去普林斯顿。在普林斯顿，他也受到了热烈欢迎——事实上，在任何地方都是如此。在普林斯顿，他收获了几封介绍信，把他介绍给在纽约的善心人士。在纽约，他遇到了和在费城一样的情形，有人建议他去奥尔巴尼（Albany）看看，那里的商人不从事西部贸易，因此，他们的善心将不会受到季节的制约。此时他不得不借钱去奥尔巴尼。在奥尔巴尼，他发现州议会正在开会，于是有人告诉他，在这种情况下，这时不是在奥尔巴尼筹款的好时机。也许他应该去特洛伊和兰辛堡试试，然后再回到奥尔巴尼。到了特洛伊，他发现当地正进行宗教复兴活动——牧师对他说，他没有时间把信徒的注意力转移到另一件事情上。这一点让约翰·芬利·克罗非常无奈。他不顾一切，悄悄地在会众中活动，并在特洛伊取得了一些进展，然后，在哈德逊，一场暴风

---

1 Upton Sinclair: *The Goose-Step, a Study of American Education*（Pasaaena, 1923）, p. 386.

雪将他困在此地一个星期，随后是哈德逊山谷的其他城镇，最后甚至又回到纽约和费城。最终他带着 3000 美元和 100 本书回到了汉诺威。[1]

校长的慈父责任无疑是沉重而耗时的，但与其他加诸其身的要求相比，回报也是巨大的。罗切斯特大学的校长马丁·布鲁尔·安德森（Martin Brewer Anderson）在 1868 年这样描述他的此项职责："经由我手的每一个班级，或多或少都有一些因任性、坏习惯或遗传倾向而濒临毁灭的年轻人。这些年轻人必须得到监管，要容忍他们，如果可能的话，拯救他们，让他们重新回到世界中，回到他们家人的身边……这项工作必须主要由校长来完成……如果能私密而巧妙地提出责备、建议和告诫，就有可能对人的举止和性格产生很大影响，校长一定要注意这点。"[2] 这些学院方式的义务由校长承担，而绝大多数校长都是神职人员，如果有教区的话，这些神职人员也会对教区会众履行这些责任。内战前，12 位学院校长中有 11 位是神职人员。有一位学生发现，不是神职人员的校长不超过 26 人。第一位是 1708—1724 在任的哈佛校长约翰·莱弗里特，他虽然受训成为牧师，但最终为了法律放弃了神职；另一位是 1779 年达特茅斯的约翰·惠洛克（John Wheelock）；再下一位是 1829 年任哈佛校长的约西亚·昆西。[3]

---

1 William Alfred Millis: *The History of Hanover College from 1827 to 1927* (Hanover, 1927), pp. 21–8.
2 Jesse Leonard Rosenberger: *Rochester, the Making of a University* (Rochester, 1927), p. 196.
3 Schmidt: *The Old Time College President,* p. 184.

第八章 学术与权力的平衡

哥伦比亚、威廉玛丽和南卡罗来纳大学比大多数其他学院更能接受非神职人员担任校长，但在几乎所有院校，神职人员出身的校长都占了上风。布朗、汉密尔顿和普林斯顿直到进入20世纪时都没有经历过非神职人员的管理。1811年，佐治亚大学选举了一位牧师担任校长，并在接下来的一百年里一直保持着这一传统。密歇根大学晚近时期的一位活跃而高效的校长詹姆斯·B. 安吉尔（James B. Angell）在1895年评价学院时代时说："几乎任何能够在布道的讲坛前保持好形象，并能依据课本讲授理性和道德哲学的牧师，都能胜任校长。"[1]

安吉尔校长低估了旧时大学校长的责任感和积极性。他们可能没有解决诸如著名人物安吉尔所解决的那些问题，但他们能够真诚地奉献和付出，朱利安·斯特蒂文特在1844年就曾揭示过这一点。当时他正在为是否接受伊利诺伊学院校长一职而苦恼。"愿主赐我智慧，"他在给朋友的信中写道，"如果我被置于这所学院的负责人的位置，愿他会向（我）倾注他的灵，直到我能完全胜任这一神圣的、肩负重任的工作——变得明智、坚定、谦卑，用虔敬的神圣影

---

[1] John Howard Van Amringe, et al.: *A History of Columbia University 1754-1904*（New York, 1904）, pp. 21, 25, 82, 97, 123; Herbert Baxter Adams: *The College of William and Mary*（Washington, 1887）, p. 18; Hollis: *South Carolina*, I, 77-88, 143, 148; Walter C. Bronson: *The History of Brown University 1764-1914*（Providence, 1914）, p. 469; Charles Elmer Allison: *A Historical Sketch of Hamilton College, Clinton, New York*（Yonkers, 1889）, p. 425; Thomas Jefferson Wertenbaker: *Princeton 1746-1896*（Princeton, 1946）, p. 389; E. Merton Coulter: *College Life in the Old South*（Athens, 1951）, p. 20; James Burrill Angell: *Selected Addresses*（New York, 1912）, p. 118.

响庇佑这所学院，将一代又一代的学生引向基督。我怎么可能会觉得做够了这些事呢？……请为我祈祷……"[1]

显然，并不是所有的传统学院校长都很称职。他们都会犯普通人常犯的错误。1773年，塞缪尔·洛克（Samuel Locke）牧师在向理事会承认他对校长官邸女佣的状况负有责任之后，明智地辞去了哈佛学院校长一职。但有些校长却不懂得适时辞职：伊利法莱特·诺特把他在联合学院的任期延长到六十二年，这所学院后来因此受累。有些校长非常小气。北达科他大学早期的校长威廉·布莱克本（William M. Blackburn）牧师曾在董事会面前抱怨莫特夫人，一位女牧师兼英语教师，经常故意在他祷告之前就开始吃东西。莫特夫人反驳说食物在祈祷前后都一样差劲。董事会明智地解雇了他们两人。[2]

然而，总的来说，这个费力不讨好的任务之所以能被较好地完成，是因为神职人员不知疲倦地以坚定而谦卑的态度工作，而这一点现在已经被遗忘了。普林斯顿校长阿什贝尔·格林在1814年5月5日的日记中写道："今天早上，老师告诫了四名学生并开除了两名学生……我举行了高年级学生的文学考试，给两个被开除学生的父母写了信。全体教师晚上开会，有人朝一位导师的门上开了一枪。我应该非常感谢上帝今天对我的支持。"[3] 不止一位校

---

1　Rammelkamp: *Illinois College*, p. 139.
2　Morison: *Three Centuries,* p. 100; Raymond: *Union*, I, 314 ff.; Louis G. Geiger: *University of the Northern Plains: A History of the University of North Dakota（1883-1958）*(Grand Forks, 1958), p. 45.
3　Wertenbaker: *Princeton*, p. 157.

第八章 学术与权力的平衡

长赞同弗朗西斯·韦兰的观点。韦兰从布朗校长任上退休后,听到学院的钟声召唤全体师生参加新学年的开学典礼之后评论道:"谁也想象不出,此时此刻,当我听到钟声响起,是近二十九年来第一次感到一种难以言喻的解脱和自由。这不再是召唤我去履职的钟声了。"[1]

毫无疑问,韦兰如释重负的一个根源是他认识到,作为一位有着超常远见和改革热情的校长,他不再需要应对董事会对他的质询:"学院如何才能由一些人引向繁荣,这些优秀的人,除了教育什么都懂。第一个设计出这个国家现行学院管理模式的人给我们造成的伤害比美国独立战争时的叛徒贝内迪克特·阿诺德还大。"[2]

正如哈佛和耶鲁的经历所表明的那样,美国学院管理模式的产生有其必然性。当美国学院的管理重要到需从教育工作者手中分离出来,并如韦兰所建议的那样交给专业管理者,而这些管理者对教育的看法往往受到他们对自己大学住校时往昔时光的怀旧式回忆影响时,那么他们就不可能会有背信弃义的可能了。

但如果学院管理团体的成员所持的倾向或所受的训练不适合处理教育事务,那他们如何在董事会、理事会、管理委员会中任职?他们是否可以妥善处理美国学院的事务?正如韦兰在另一个场合所指出的,有些董事是学院的门面:他们在专业或政治上的成就赢得了一定的尊重,他们在董事会的存在会被整个社会理解为对这所

---

[1] Bronson: *Brown,* p. 302.
[2] To James Marsh, 1829, 引自 Julian Ira Lindsay: *Tradition Looks Forward: The University of Vermont: A History 1791–1904* ( Burlington, 1954 ), p. 140。

院校的认可。人们希望富有的男性给这所学院带来财务稳健的声誉，要么直接捐钱，要么为学校从其他富人那里筹集资金时提供建议或协助。[1]

总的来说，稳健、保守的富人会在学院管理团体中占主导地位，他们是中上阶层的栋梁，他们的职责允许他们承担社会责任，而他们的权威也能确保学院忠实于他们所在阶层的利益和意见。尽管神职人员一开始在各种大学团体组织中占据优势，但在日益世俗化的美国，他们的地位受到了严重挑战。第一个没有牧师的学院管理委员会无疑是费城学院的创建委员会。密歇根大学1837年成立的第一个董事会也没有教士，在最初的十五年里，董事会里牧师的人数不超过四分之一。即使是像威廉姆斯这样的地方，也从来没有过神职人员占多数的情况。在最初的十二人董事会中，只有四人是牧师，在1836—1872年则一直保持着类似的比例。哈佛大学则在1851年废除了要求理事会聘用神职人员的章程条款。[2]

可能是由于学院的财务压力以及不佳的公众形象，人们越来越喜欢商业人士和专业人士，而不是神职人员。由于大多数学院（州立大学除外）的管理委员会都具有自我延续性，一旦人们的天平倾向商人，教士代表就只能靠章程中的规定来维持自身在委员会中

---

1 Francis Wayland: *Thoughts on the Present Collegiate System in the United States* (Boston, 1842), pp. 53–5.

2 参见 Theodore F. Jones, ed.: *New York University 1832–1932* (New York, 1933), p. 5; Schmidt: *The Old Time College President,* p. 35; Elizabeth M. Farrand: *History of the University of Michigan* (Ann Arbor, 1885), pp. 60–2; Rudolph: *Williams,* pp. 91, 131; Morison: *Three Centuries,* pp. 289, 293.

第八章 学术与权力的平衡

的数量和比例。内战结束后，当大学校友确立了自己的地位，并获得了管理委员会的正式代表席位时，他们新获权力的第一批受害者就是神职人员。正是排除神职人员的运动，使得约翰·霍普金斯在1867年选择12名巴尔的摩公民建立他的大学时挑选了7名商人、4名律师和1名医生。[1]

大多数学院的管理委员会都是自我延续的，因此，在这一团体范围内，老龄化可能比较明显。1883年，当埃利奥特校长还在忙于改革哈佛的时候，他虽然准备承认"这些上了年纪的人可能是校友的杰出代表"，但他也确信"与那些更年轻的人相比，这些老年人对大学生活的个人回忆对于他们履行大学立法者职责的帮助更少"[2]。

那种在学院时代成为董事的人，以及在19世纪末在委员会中占据主导地位的人（州立大学不在此例），正是埃利奥特校长在二十五年后面对一所州立大学的听众时所描述的那类人。他说，在挑选董事方面，捐赠的学院可以"免受……来自政治、商业或阶级的影响"，外界因素有时会影响公立院校的选择。他继续说，它们也不受"农夫或工会主义者组成的此类阶级的影响"。捐赠的院校用何人来代替上述人员呢？"受过高等教育，有公德心的商业或专业人士，一个在自己的事业上取得成功的人……"这样的人也许有能

---

1 Richardson: *Dartmouth*, II, 69; John C. French: *A History of the University Founded by John Hopkins*（Baltimore, 1946）, p. 21.
2 Webster Schultz Stover: *Alumni Stimulation by the American College President*（New York, 1930）, pp. 20–1.

力施加阶级影响，但对埃利奥特校长来说，这种影响并不危险。因为这些人所代表的阶级以及他们的观点在大学理事会这一权力工具中越来越受欢迎，也越来越占据主导地位。[1]

董事会的权力不是无限的，其大部分权力必然被委托给了校长，还有很大一部分权力实际上归属学生。无论何时，大学管理委员会都能感受到来自校友、潜在客户和潜在捐赠者的不断变化的影响。许多基本的教育事务实际上是留给教师的，但通过保留对预算、优先事项和规划的控制权，学院管理委员会也保有了对学院权力结构的有效控制。

在学院时代，各种影响显然发挥着作用，这使得一位20世纪的学院教授能够毫不畏惧地断言："教师是雇员，董事们是雇主，校长是工厂的管理者。"[2] 在此发展框架下，19世纪的美国学院达到了一种力量的平衡，当然，这个平衡中还应包括另一个因素——顾客。与顾客不同，学生们并不总是对的，他们所拥有的权力性质并不要求他们如此。然而，在美国的校园里，董事、校长、教授和学生之间正在形成各种关系，这些关系定义了责任、声望和权力。正是在这些充满潜在斗争可能性的各种因素中，他们为和平奠基。

---

1 Charles W. Eliot: *University Administration* (Boston, 1908), pp. 2-3. 对新一代大学董事的翔实研究，见 Hubert P. Beck: *Men Who Control Our Universities* (New York, 1947)。

2 Kirtley Mather 引自 Chessman: *Denison,* p. 283。

第八章 学术与权力的平衡

# 第九章
# 资助学院

1812年战争期间，美国军队征用佛蒙特大学唯一的建筑作为兵营。学校不得不暂停授课，等待和平到来。由于这次征用，大学收到了一张5600美元的政府支票。[1]美国学院经常会从类似的不幸中受益，也常常在开办之初就濒临破产。佛蒙特大学因学校关闭而创收，但1812年的战争并没有解决美国学院的财政问题。山姆大叔并不会为战争和不幸支付账单，那这账单会由谁来支付呢？

一定不是学生。从一开始，美国学院就披上了一层为了公共目的的外衣，肩负着对过去、现在和未来的责任。人们期望学院给予

---

1 本章的早期版本见："Who Paid the Bills? An Inquiry into the Nature of Nineteenth-Century College Finance" in *Harvard Educational Review*, XXXI（1961），144-57; Julian Ira Lindsay: *Tradition Looks Forward: The University of Vermont: A History 1791-1904*（Burlington, 1954），p. 109。

的要多于它所得到的——不仅要多于从社会中得到的,而且要多于从特定的年轻人手中得到的,这些年轻人正被培养参与社会的各项工作。学院不应成为一个享有狭隘特权的机构。社会的发展需要所有饱学之士的支持,当然,一个有钱的孩子总是要比一个穷孩子更容易上大学,但是坚韧、雄心和才能却是不可或缺的。

因此,美国学院无论是在帮助有志贫困青年还是在接受富裕老者的帮助上都体现了基督教的慈善精神。尽管殖民地时期的经济无法支持在牛津和剑桥创办学院时那种规模的慈善事业,但个人的慈善行为仍然存在于英格兰传统中,因此,殖民地学院自然会将其作为自己的生存之道。起初,英国本身是重要的慈善事业的唯一可靠来源。英国人约翰·哈佛(John Harvard)和伊莱休·耶鲁,虽然不是以其名字命名的学院的创始人,却是新英格兰学院教育第一批实质性的私人捐助者。第一笔捐赠给美国学院的奖学金来自基督徒安妮·摩森(Anne Mowlson)女士的善举,她的娘家姓氏是拉德克利夫(Radcliffe)。

尽管殖民地生活穷困,但新大陆并未抛弃来自英格兰的支持学院的传统。这一传统必须通过其他方式加以补充完善,但它也受到基督教各教派所培养的看管意识的激励。从这种"看管"的概念中产生了许多资助,这些资助维持了美国学院,直到它与美国机遇所带来的巨大财富相结合,而这点使得在19世纪下半叶出现了一批迅速发展的院校,每一所(就像牛津和剑桥经常发生的那样)都是一位单一捐赠人的杰作:瓦萨学院、史密斯学院、约翰·霍普金斯大学、斯坦福大学、芝加哥大学和韦尔斯利(Wellesley)

学院。[1]

18世纪的英语词典编纂者塞缪尔·约翰逊（Samuel Johnson）将赞助人定义为"通常是傲慢地支持别人，并被回馈以奉承的卑鄙之人"。这个世界肯定有过这样的人，但他们在学院时代并不是主流。伊莱姆·巴尼（Eliam E. Barney）是早期赞助人中的典范。他是内战后丹尼森学院的赞助人，他强迫自己和家人过"最严格的个人经济生活"，以便能为此捐更多的钱。[2]

波士顿商人阿莫斯·劳伦斯（Amos Lawrence）是典型的战前捐助者，他随身在皮夹里带着一张纸，上面潦草地写着："如果一个人得到了整个世界却失去了自己的灵魂，这对他有什么好处？"1828年1月，劳伦斯在他的账簿中写道："我的财产赋予我许多责任，而这些责任只有我的造物主才能知道。愿这些责任永远铭刻在我的心中。"这种责任感使阿莫斯·劳伦斯成为威廉姆斯学院在1875年之前的主要个人捐助者，也使他的兄弟阿博特·劳伦斯（Abbott Lawrence）为哈佛捐赠了一所科学学院，他的儿子阿莫斯·亚当斯（Amos Adams）成为位于威斯康星阿普尔顿的劳伦

---

1 Samuel Eliot Morison: *The Founding of Harvard College*（Cambridge, 1935）, pp. 89, 210 ff., and *Three Centuries of Harvard 1636–1936*（Cambridge, 1936）, p. 12; Walter C. Bronson: *The History of Brown University 1764–1914*（Providence, 1914）, pp. 38–9; Edward Potts Cheyney: *History of the University of Pennsylvania 1740–1940*（Philadelphia, 1940）, pp. 61 ff.; Jesse B. Sears: *Philanthropy in the History of American Higher Education*（Washington, 1922）, pp. 1–9, 67–72. 亦可参见 Beverly McAnear: "The Raising of Funds by the Colonial Colleges," *Mississippi Valley Historical Review,* XXXVIII（1952）, 591–612。

2 G. Wallace Chessman: *Denison: The Story of an Ohio College*（Granville, 1957）, p. 97.

斯学院（Lawrence College）的创始人。在阿默斯特，来自康涅狄格山谷的纽扣制造商塞缪尔·威利斯顿（Samuel Williston）是一位好管家；康涅狄格州的卫斯理大学的好管家是波士顿的鱼商艾萨克·里奇（Isaac Rich）；而在宾夕法尼亚州的拉法耶特学院，则是无烟煤矿的经营者阿里欧·帕迪（Ario Pardee）。[1]

并不是每一所学院都能幸运地找到一位长期资助者，因为巨额财富刚刚出现，其中许多被用于比高等教育更受欢迎的用途。1836年，约翰·洛厄尔（John Lowell）用25万美元创立了洛厄尔学院；1848年，约翰·雅各布·阿斯特（John Jacob Astor）捐赠40万美元为纽约市建立了一座图书馆；1857年，彼得·库珀（Peter Cooper）为库珀研究所的建立捐献了30万美元。资助建立机构的慈善活动体现了对在实践中教育大众这一问题的关注。受欢迎的洛厄尔讲座、伟大的公共图书馆，以及库珀研究所强调的实践教育，都是对社会控制的明智投资。

拥有财富的人感觉到了经济和社会的激荡，婴儿潮劳工运动和大众民主发展就是明证。这种激荡鼓励建立一种完全有利于美国人的个人事业的氛围气候。花在机械上的1美元能激发一种自我提升感和成就感，从这个角度来看，这比花在经典著作上的1美元有更迅速、更直接的回报，是更好的投资。其结果就是当时几乎很少

---

[1] Frederick Rudolph: *Mark Hopkins and the Log: Williams College, 1836–1872* (New Haven, 1956), pp. 175-88; Claude M. Fuess: *Amherst: The Story of a New England College* (Boston, 1935), p. 130; Carl F. Price: *Wesleyan's First Century* (Middletown, 1932), p. 56; David Bishop Skillman: *The Biography of a College: Being the History of the First Century of the Life of Lafayette College* (Easton, 1932), I, 265 ff.

有捐赠流向学院，它们中的大部分流向了更大众的学术机构或更实用的教育事业。

那些接受捐赠的学院可以依赖的是那些对参与管理工作和铭刻自我印记抱有渴望的富人。当然，捐赠也导致纯洁的基督教慈善的形象不止一次被奉承和自负玷污。例如，1783年，罗得岛学院校长曼宁为了一位富人后代的捐赠而发表了如下言论："剑桥学院很幸运地吸引了一位霍利斯（Hollis）家族的学生的注意；纽黑文有耶鲁，新罕布什尔有达特茅斯。……我们应该为对卢埃林学院（Llewelin College）的赞助感到同样的幸福。卢埃林学院的名字写起来很好看，听起来也很悦耳。"十二年后，罗得岛学院的另一位校长在写给南方的一位朋友的信中说："理事会在上次会议上通过了一项决议，如果有人在下次毕业典礼之前向学院捐赠6000美元，他就有权冠名。你那里难道没有什么显赫的富翁对此有意向吗？"不到十年，价格就降到了5000美元。一年后，尼古拉斯·布朗（Nicholas Brown）接受了这个提议——最终，他捐赠了16万美元。在其他院校，詹姆斯·鲍登（James Bowdoin）、威廉·丹尼森（William Denison）、亨利·罗格斯（Henry Rutgers）和威廉·卡尔顿（William Carleton）都曾遇到过类似情形。[1]

然而，一所学院只能出售或冠名一次。而且，无论是通过奉承，还是仅仅通过虔诚的基督徒的呼吁，都不能创造出富裕的捐赠者，

---

[1] Bronson: *Brown*, pp. 78, 144, 155-7; Louis C. Hatch: *The History of Bowdoin College*（Portland, 1927）, p. 4; Chessman: *Denison*, p. 55; William H. S. Demarest: *A History of Rutgers College 1766-1924*（New Brunswick, 1924）, p. 274; Delavan L. Leonard: *The History of Carleton College*（Chicago, 1904）, p. 178.

因为他们不是靠这些致富的。阿默斯特学院至少两次试图引入冠名者，但是没有人出价。¹在捐赠人排着队为自己修建纪念性建筑之前还需要很长一段时间：这一时刻一直要到19世纪后期才会到来，那是美国建筑史上一个特别低迷的时期。

在美国独立战争之前，所有美国学院里只有6个捐赠的教授职位，其中4个在哈佛。²美国学院很大一部分的捐赠来自工业革命的成就，来自极具开发潜力的美洲大陆带来的非凡回报，也来自一种看管意识的贡献，这种意识鼓励人们以一种公共责任感来持有和看待私人财富。当巨量的捐赠和大量的富人可遇不可求时，学院就有必要转向其他资金来源了。

一种显而易见的方法就是直接转向民众寻求小额的认捐，这种方法的另一个优点是强调了学院的公共性和大众性取向。在殖民地时期的美国，玉米比现金多，这种认捐资助学院的方式可能会带来更多的农产品而不是金钱。1769年，新泽西学院的代理人在佐治亚收集了价值大约1000英镑的捐赠，其中大部分是农产品，学院迅速租了一艘船去取。当一所学院诞生伊始或处于危亡之际，通常会采用这种认捐的方法：它允许求诸地方自豪感或某些特殊利益——也许是宗派主义——而且它有力地宣扬了这一观点：支持高等教育是一种公众责任，无关个人财富的多寡。³

---

1 Fuess: *Amherst*, pp. 50, 78–9.
2 Sears: *Philanthropy*, p. 30.
3 Ibid., pp. 15–16; Thomas Jefferson Wertenbaker: *Princeton 1746–1896* ( Princeton, 1946 ), p. 53.

出现在新英格兰、俄亥俄、伊利诺伊和肯塔基等地的学院的认捐名单上的很少是富人。他们中的大多数人都是虔诚的农民，对他们来说，一所学院也许没有直接的价值，但学院的观念却具有超越一切的重要性。这些认捐者常常无法兑现他们的承诺：一个寒冷的春天，一场7月的霜冻，一次蝗灾，都可能使情况发生变化。

许多学院的第一栋建筑都是以认捐、有时是捐工的方式建造的，例如，普林斯顿拿骚厅和安多弗神学院布尔芬奇（Bulfinch）楼的改建。它们能够证明董事会正在带领着师生们不断前进。但是，如果一所学院运营正常或者能够维系，而且能获得当地的一些支持，那么认捐就没有太大意义了。公众的认捐并不意味着学院明年必然能开学。

许多美国人基于想象力、丰富的资源和客观必要性这三方面的因素而成了万事随遇而做的人，这也是学院理财的特点。学院有时也依赖年金，比如佛蒙特康科德的阿扎赖亚·威廉姆斯（Azariah Williams）在1839年与佛蒙特大学达成协议，将他的土地作价2.5万美元转让给大学，而大学每年付给他年金直到他去世。19世纪20年代的新英格兰有大量的"凯尼恩工业圈子"，这是当地为俄亥俄凯尼恩学院工作的缝纫会。[1]

成立于1815年的美国教育学会（American Education Society）为许多学院提供了帮助，该协会旨在解决"美国居民的悲惨处境，

---

[1] Lindsay: *Vermont*, p. 169; George Franklin Smythe: *Kenyon College: Its First Century*（New Haven, 1924）, p. 65.

他们中的大部分要么缺乏有效的宗教教育，要么暴露在无知之人的热情和误导之下"。美国教育协会的解决办法是在公理会教堂募捐筹资，并帮助有前途的牧师候选人进入合适的学院。到1830年，大约四分之一进入学院的牧师是由美国教育协会或由浸信会、长老会或荷兰改革宗创立的类似组织资助的。在1845—1854年，阿默斯特学院的受益者人数占学生总数的比例为17%—31%。[1]

这些牧师常常雇用需付薪的代理人，虽然他们绝不是20世纪发展起来的那种专业的筹款人，但他们是那个时代能给予的最佳替代品——有献身精神的神职人员，他们愿意从募捐收入中抽取一定比例佣金作为他们努力游说的报酬。

那时罗马天主教组织的捐赠极为稀少，在1866年之前，只有得克萨斯州的圣玛丽学院（St. Mary's College）得到了捐赠，但有一种资助来源是其他美国学院所没有的，即来自维也纳、慕尼黑和里昂等欧洲城市的传教团体，这些团体准备迎合美国新教信徒的教育需求。由于还没有富有的会众资源，天主教学院也设计了一些方法来利用更普通的资源。例如，在波士顿学院成立之初，它的支持者在波士顿音乐厅举办了一次为期四周的展览会，在那里，一桌桌的家庭自制物品、游戏和吉尔摩乐队的演出帮助他们在1866年的10月净赚了3万多美元。[2]

---

1 Sears: *Philanthropy*, pp. 47–9, 74.
2 Sebastian A. Erbacher: *Catholic Higher Education for Men in the United States 1850–1866*（Washington, 1931），p. 74; David R. Dunigan: *A History of Boston College*（Milwaukee, 1947），pp. 91–5; Arthur J. Hope: *Notre Dame: One Hundred Years*（Notre Dame, 1943），p. 108.

像联合学院那样的幸运儿只是凤毛麟角。1854年，联合学院的校长伊利法莱特·诺特给它带来了60万美元的财富，这得益于他发明的精巧炉子和高妙的投资手段。其他学院的校长很少能把他们的想象力和绝望转化为学院基金，联合学院则是美国内战前最富有的学院。拉法耶特和玛丽埃塔在19世纪30年代快速致富热潮的影响下，试图从桑葚和蚕丝中得到学院基金，但都没有成功。依据这一传统，在19世纪末的波莫纳学院，校长赛勒斯·格兰迪森·鲍德温（Cyrus Grandison Baldwin）希望能为他的学院一劳永逸地解决财政问题，他试图利用山洪为克莱蒙特（Claremont）提供光和电，从而能让波莫纳获得永久收益，但他也没有成功。[1]

由于认识到国内慈善事业的发展程度与高等教育的需求不匹配，州政府决定介入这一事业，补上这一缺口。州政府提供的至关重要的支持常常会被以下因素所阻碍：一种是美国人对自力更生、独自打拼这一浪漫观点的迷恋，另一种则是由引入并使用"公立"和"私立"这样的术语来描述各类院校所带来的困扰，因为社会本身尚未完成对这些术语的定义。决定谁为美国学院买单的一大障碍是私人捐赠独立学院的神话。这个神话早先并没有得到宣扬，直到这些学院发现它们不再需要依赖公共资金，因此从某种意义上说，它们确实变成了私立。

---

1 Andrew Van Vranken Raymond, ed.: *Union University: Its History, Influence, Characteristics and Equipment* (New York, 1907), I, 221-44; Arthur G. Beach: *A Pioneer College: The Story of Marietta* (Marietta, 1935), p. 64; Skillman: *Lafayette* I, 128-9; Charles Burt Sumner: *The Story of Pomona College* (Boston, 1914), pp. 138-9.

第九章 资助学院

1873年，哈佛校长埃利奥特在反对建立由税收支持的国立大学的演讲中提出："我们的祖先非常理解如下原则，即要使一个民族自由自立，就必须让他们自己照顾自己，即便他们不像某些超级力量那样把自己照顾得那么好。"如果埃利奥特先生的祖先们真的很好地理解了这一原则，就不会有哈佛以及校长办公室供他发表上述言论了。在1789年以前，马萨诸塞总议会曾一百多次拨款给哈佛，哈佛显然没有能力照顾好自己。[1]事实上，如果没有州政府的支持，哈佛、耶鲁和哥伦比亚都不可能在殖民地时期存活下来。[2] 1814—1823年，马萨诸塞州每年给哈佛10万美元，这10万美元对哈佛的重要性不言而喻。而鲍登和威廉姆斯，基于一项法案分别获得了3万美元，州的援助为这两家学院在此期间的偿付能力提供了担保。[3]

　　在殖民地时期和建国初期，最受欢迎的州政府援助形式是许可经营彩票和赠予土地。殖民地时期所有新英格兰地区的学院都接受过州政府以授权经营彩票的形式给予的资助。普林斯顿获准在新泽西州、宾夕法尼亚州和康涅狄格州这三个州经营彩票。纽约、宾夕法尼亚、弗吉尼亚和南卡罗来纳的学院在建立初期也都经营过彩票。在没有任何重要收入来源的情况下，各州只能给予经营彩票的许可。但土地往往是由它们支配的，马萨诸塞州喜欢慷缅因州城镇之慨；1785年，佛蒙特州将本州西北部一个镇的一半分给了相

---

1　埃利奥特的评论见 *Boston Daily Advertiser* for August 9, 1873。
2　Sears: *Philanthropy*, pp. 25-16.
3　Morison: *Three Centuries*, pp. 213-14; Rudolph: *Williams*, p. 193.

邻的新罕布什尔州的达特茅斯学院。[1]

并非每所学院都需要州政府的援助，但哥伦比亚收到的这14万美元无疑保障了它的生存，在19世纪末之前由宾夕法尼亚政府投入的28.7万[2]美元对于宾夕法尼亚大学而言也是雪中送炭。来自州政府的贷款显然使南方许多新的教派学院在19世纪40年代和50年代幸存了下来。[3]州的拨款对纽约的一些院校的命运也有类似的影响，比如纽约市立大学、汉密尔顿学院和日内瓦学院。当然，在诺特试验他的发明和进行投资时，也是州政府给予的38.5万美元拨款以及授权经营彩票的收入为联合学院做了担保。[4]在迪金森学院，1783—1832年，宾夕法尼亚议会经常以紧急拨款的形式为其提供支持，这对学院的维系至关重要。[5]

---

1 Morison: *Three Centuries*, p. 173; William Lathrop Kingsley, ed.: *Yale College: A Sketch of its History* (New York, 1879), I, 77, 192; Bronson: *Brown*, pp. 37, 144; Leon Burr Richardson: *History of Dartmouth College* (Hanover, 1932), I, 216-17, 227-8; Wertenbaker: *Princeton*, pp. 32-4; Demarest: *Rutgers*, pp. 263 ff.; John Howard Van Amringe, et al.: *A History of Columbia University 1754-1904* (New York, 1879), pp. 3-7; Joseph D. Ibbotson and S. N. D. North: *Documentary History of Hamilton College* (Clinton, 1922), pp. 17-18, 163-6; Raymond: *Union*, I, 140, 148; Cheyney: *Pennsylvania*, pp. 60-1; Alfred J. Morrison, ed.: *The College of Hampden-Sydney: Calendar of Board Minutes 1776-1876* (Richmond, 1912), p. 23; James Harold Easterby: *A History of the College of Charleston Founded 1770* (Charleston, 1935), p. 19.
2 关于政府对特定机构资助的统计数据，见 Frank W. Blackmar: *The History of Federal and State Aid to Higher Education in the United States* (Washington, 1890)。
3 Luther L. Gobbel: *Church-State Relationships in Education in North Carolina Since 1776* (Durham, 1938), pp. 32-4.
4 Blackmar: *The History of Federal and State Aid*, pp. 140-1.
5 James Henry Morgan: *Dickinson College: The History of One Hundred and Fifty Years 1783-1933* (Carlisle, 1933), pp. 125-30.

在威廉姆斯学院成立之后的九十年里，州政府资助是不可或缺的。如果没有总议会在1793—1823年总计5万美元的资助，威廉姆斯有可能撑不过早期这五十年，这笔钱相当于学院自身在同时期能够通过认捐、遗赠、州授权彩票经营等各种方式所获资源的总和。后来，在1859—1868年，州政府资助的总额达到了10万美元，马克·霍普金斯本人在提到1868年的7.5万美元拨款时深怀感激："但对于一份来自州政府的意外礼物……我不知道学院如何才能受之无愧。"[1]

来自州的礼物，无论是意料之中还是意料之外的，都不会永远持续下去。毕竟，它们是为了承认学院法人的公共性而给予的。但随着数百所小型学院的成立，州政府无论是在经济上还是在情感上都无法支持所有的学院。教派主义甚至在殖民地时期结束之前就切断了州的一些支持。在1820年之后的时间里，学院中的宗派滋生，以及许多院校从州外吸纳学生的趋势削弱了州和学院的合作关系，从而强调了学院的私立性质而不是公立性质。"学院的建立也迫使政府必须给予它非常慷慨和昂贵的赞助。"这就是纽约董事会在1811年时看待州对高等教育支持责任的方式。[2]然而，到了1825年，在邻近的马萨诸塞州，也就是第一个建立州资助传统的州，却在授予位于阿默斯特一所新学院的特许状中宣布："本特许状的授予绝不应被视为政府方面今后向学院提供金钱援助的任何保证。"[3]那些更容易与宗教派别联系在一起而不是与州联系在一起的院校，也越

---

1 Rudolph: *Williams*, pp. 190-200.
2 Ibbotson and North: *Hamilton*, p. 105.
3 Fuess: *Amherst*, p. 73.

来越难以成为公众支持的对象。在全国范围内招生的趋势进一步破坏了旧有的合作关系，例如，哈佛校长的年薪就是由马萨诸塞州总议会拨款支付的。

此外，内战之后，各州为它们的拨款找到了更受欢迎的教育出口，即州立大学和联邦资助的农工学院。马萨诸塞州最后一次资助哈佛是在1823年，在1890年之前它又向麻省理工学院投入了20万美元，在1865—1890年为麻省州立学院的发展提供了60万美元。[1]在确立或加强它们对这些院校的义务时，州立法机构更倾向于支持更具大众化性质的高等教育而不是拥有宗教倾向和坚持古典课程的传统学院。

大多数州放弃了对所谓私立学院的公共援助，但这种变化并非一蹴而就，需要等到人们能够普遍认可和理解以下观念，即美国学院最终还应该被视为私立机构。[2]尽管珍视法人的独立权利，但学院本身并不认为其私立性质与向州政府申请财政救济相

---

1 Blackmar: *The History of Federal and State Aid,* pp. 98–100.
2 关于学院在内战前成功地收到援助的进一步证据，参见 Price: *Wesleyan*, p. 56; Kingsley: *Yale*, I, 192; Fuess: *Amherst*, p. 132; Easterby: *Charleston*, p. 116; Elsie Garland Hobson: *Educational Legislation and Administration in the State of New York from 1777 to 1850* (Chicago, 1918), pp. 151-2 (for Fordham); Jesse Leonard Rosenberger: *Rochester: the Making of a University* (Rochester, 1927), p. 1,28; Skillman: *Lafayette*, I, 88; Sylvanus N. Duvall: *The Methodist Episcopal Church and Education up to 1869* (New York, 1928), p. 87 (for Dickinson, Allegheny, Baltimore Female College, Iowa City College); Theodore F. Jones, ed.: *New York University 1832-1932* (New York, 1933), pp. 47, 63; Alfred Williams Anthony: *Bates College and its Background* (Philadelphia, 1936), p. 106。

第九章 资助学院

冲突。[1]有时，随着不合常规情况的增加，它们会取得成功。1893—1921年，新罕布什尔州为达特茅斯学院增加了20万美元的经费（达特茅斯学院曾经赢得了一场确认其独立地位的著名诉讼），直到1926年，州议会仍在支持佛蒙特州、纽约州、新泽西州、宾夕法尼亚州和马里兰州的"私立"学院。[2]

内战结束后，各学院在校友和一群特别慷慨的百万富翁捐助者那里找到了新的筹资途径。直到那时，他们才准备承认，他们向州议会提交的无效申请书已经表明公众支持的日子结束了，私立学院出现了。基于这一认识，州政府资助的记忆被逐步消除，而一个神话被创造了出来。不久之后，学院校长们就都会像埃利奥特校长一样措辞，他们将成为坚定的个人主义的代言人，宣扬独立和不受州政府支持的美德。在公共服务领域的伙伴关系，曾经是学院的重要组成部分，也是政府责任的固有部分，现在却被遮蔽或完全被遗忘了。

最终，美国学院的支持者们会被要求增加捐助额，以避免私人捐助的独立学院不得不向政府寻求支持的糟糕情况。随着时间推移，私立学院的神话将会埋葬它诚实可敬的过去，在那时，它是一个在最艰难的日子里依靠州政府负责任的援助才维持下来的造物。当然，对于成百上千的学院来说，州能提供的最有实质意义的支持就是免税，这是一种价值无法估量的间接补贴。当然，任何"如果

---

[1] William Storrs Lee: *Father Went to College: The Story of Middlebury*（New York, 1936），p. 117; Demarest: *Rutgers*, pp. 324ff.; Morrison: *Hampden-Sydney*, pp. 108ff., 136.

[2] Richardson: *Dartmouth*, II, 686–8; Lester William Bartlett: *State Control of Private Incorporated Institutions of Higher Education*（New York, 1926），p. 3.

赞成对投资于教育机构的财产不收税……必然会增加对其他财产的税收,这……(相当于)投票通过征收一项税收来支持教育"[1]。直接资助并不普遍——它甚至不像私人捐赠那样普遍,但在大多数情况下,它显然是决定一所大学能否生存下去的重要因素之一。

各州政府未能慷慨地资助激增的教派学院和那些具有全国性野心的院校,这导致许多学院投入了一些比养蚕或利用山洪发电更轻率的金融项目。在众多项目里,没有什么能与流布甚广、令人绝望的兜售"终身奖学金"相比肩。因为私人慈善事业或公共资助无法覆盖不可尽数、相互竞争的小型学院,这种奖学金才应运而生。为了筹集资金建造大楼或增加捐赠基金,许多学院授权他们的代理人以固定的价格——一般是500美元左右——兜售一份供上学院使用的终身奖学金,购买者有资格为一人终身免除该学院的学费。

北卡罗来纳学院是较早,可能是第一所采用这种方法的高校,那时是1789年。但这一方式的鼎盛时期是在1835—1860年,那时终身奖学金成为许多教派院校能抓住的最后一根稻草。在这一时期,该奖学金计划被坎伯兰、拉法耶特、卫斯理、纽约大学、迪金森、安提阿、汉普顿-西德尼、沃福德、凯尼恩、德堡、俄亥俄大学、俄亥俄卫斯理、奥格尔索普、奥柏林、哥伦比亚、佛蒙特、埃默里、丹尼森、杰尼斯、汉诺威、印第安纳大学,以及其他几十所处境艰难的小型学院的董事会所认可。对于学院而言,终身奖学金计划是一个特别有吸引力的想法,因为它承诺解决以下基本问题:给予学院

---

[1] Blackmar: *The History of Federal and State Aid*, p. 25.

迫切所需的资金，以避免学院被关闭；为学院提供立马就能入学的学生，以证明学院还在开门办学。[1]

当然，就像美国人在进入19世纪时所经历的许多快速致富的计划一样，终身奖学金解决不了问题。麦肯德尔学院就是一个典型案例：通过出售奖学金所筹集的每1美元，它都要贴补1.02美元。迪金森学院在1851年采用了该计划，到1855年学院因此亏损3000美元：通过出售奖学金筹集的资金用完了，而学院里则全都是不用交学费的学生。[2]

---

[1] Kemp Plummer Battle: *History of the University of North Carolina*（Raleigh, 1907-12）, I, 7; Winstead Paine Bone: *A History of Cumberland University 1842-1935*（Lebanon, Tennessee, 1935）, p. 88; Skillman: *Lafayette*, I, 215; Duvall: *The Methodist Episcopal Church and Education*, p. 88; Jones: *New York University*, p. 17; Morgan: *Dickinson*, pp. 300-10; Morrison: *Hampden-Sydney*, pp. 133, 135, 146, 156; David Duncan Wallace: *History of Wofford College*（Nashville, 1951）, p. 50; Smythe: *Kenyon*, p. 152; William Warren Sweet: *Indiana Asbury-DePauw University, 1837-1937: A Hundred Years of Higher Education in the Middle West*（New York, 1937）, pp. 55, 111; Thomas N. Hoover: *The History of Ohio University*（Athens, 1954）, pp. 97-8; Allen P. Tankersley: *College Life at Old Oglethorpe*（Athens, 1951）, p. 28; Robert Samuel Fletcher: *A History of Oberlin College from its Foundation through the Civil War*（Oberlin, 1943）, I, 498; Van Amringe: *Columbia*, pp. 100 ff.; Lindsay: *Vermont*, p. 174; Henry Morton Bullock: *A History of Emory University*（Nashville, 1936）, p. 69; Chessman: *Denison*, p. 92; William Freeman Galpin: *Syracuse University: The Pioneer Days*（Syracuse, 1952）, p. 9; William Alfred Millis: *The History of Hanover College from 1827 to 1927*（Hanover, 1927）, pp. 60-1; James Albert Woodburn: *History of Indiana University: 1820-1902*（Bloomington, 1940）, pp. 244-5.

[2] Duvall: *The Methodist Episcopal Church and Education*, p. 114; Morgan: *Dickinson*, pp. 300-10.

拉法耶特学院的经历证明了这个计划的疯狂。拉法耶特学院在1850—1854年发起了一次筹款活动，其背后的想法是将筹集的资金用于支付教师的工资。学生需要支付暖气费、住宿费和类似的服务费用，但他们不需要支付学费。这一计划的美妙之处非常明显：它似乎是一种既能支付教师工资又能吸引学生的方式。如果成功，拉法耶特将既可以永久为教师提供薪水，又能兑现"免学费"的诺言。拉法耶特的筹款团队最终获得了10.1万美元的捐款，但其中至少6.7万美元从未进入原定的教师工资基金中。其中，3.1万美元从来没有收到过，1.4万美元被用于偿还旧债，3000美元给了代理人，2000美元被用于学院大楼的重大修缮，6000美元被用于建设新大楼，5000美元被用于支付当季的工资，6000美元被用于其他当前的开支。只剩下三分之一不到的承诺数额被用于捐赠基金的投资。[1]

其他院校的经历也同样令人沮丧。不仅筹集到的资金被浪费了，而且现在大量免学费的学生敲开了大学的大门，进一步消耗着有限的资源。德堡的情况变得非常糟糕，以至于为了废除早期出售的终身奖学金，学院于1873年干脆采用了免学费的普遍政策，并以单收杂费取而代之。1907年，丹尼森仍然有88个终身奖学金名额留存，到1910年，学院开始回购这些奖学金名额。[2]

对于每所学院而言，可以充分利用甚至压榨的都是教师。教授们比州政府更可靠，比终身奖学金项目更不受经济学基本规律的制约，教授们变成了慈善家。

---

1 Skillman: *Lafayette*, I, 200–14.
2 Sweet: *DePauw*, pp. 127–8; Chessman: *Denison*, p. 213.

从本质上讲，一种职业正在美国大学校园里诞生，这种职业既不被期许也不被允许去享受或渴求物质上的快乐和较高的生活水平，而上述目的正是其他美国人的生活目标。偶尔会有院校透露教授们的高薪水：在19世纪前十年的南卡罗来纳学院和19世纪20年代的弗吉尼亚是1500美元；在哈佛，19世纪30年代是2000美元，19世纪60年代则是4000美元。但是，绝大多数美国学院教授所熟悉的工资水平是这样的：1805年的达特茅斯是600美元，1815年的佐治亚大学是600美元，1825年的鲍登学院是700美元，1835年的威廉姆斯学院是700美元，1845年的沃巴什学院是600美元，1855年的埃默里是775美元，1865年的丹尼森学院是600美元。[1]

似乎给教授们开出低工资还不够，他们还想出了各种其他方法，要么根本不给他们工资，要么给他们的工资远远低于职位所承诺的。还有一种方法是一直拖欠工资，但同时又不断承诺会全额支付。这些手段在19世纪30年代的奥格尔索普和汉密尔顿、19世纪40年代的伊利诺伊学院和德堡，以及在19世纪50年代的沃福

---

[1] Daniel Walker Hollis: *University of South Carolina* ( Columbia, 1951-6 ), I, 30; Philip Alexander Bruce: *History of the University of Virginia, 1819-1919* ( New York, 1920-2 ), II, 182-3; Morison: *Three Centuries*, p. 460; Richardson: *Dartmouth*, II, 236; E. Merton Coulter: *College Life in the Old South* ( Athens, 1951 ), p. 21; Hatch: *Bowdoin*, pp. 212-16; Rudolph: *Williams*, p. 11; James I. Osborne and Theodore G. Gronert: *Wabash College: The First Hundred Years, 1832-1932* ( Crawfordsville, 1932 ), p. 69; Bullock: *Emory*, pp. 84, 91; Chessman: *Denison*, pp. 96, 99. 在当时为数不多的几所天主教学院里，牧师和宗教团体成员无偿为学院提供了大量服务。

德都被使用过。¹ 很明显，这不是一个讨人喜欢的政策。它容易被看穿，甚至显得卑劣。1845年，在伊利诺伊学院，校长和他的家人，在没有工资的情况下，以加入糖浆的面包屑和水充饥。²

让一所学院免于破产的最好方法是等待一位教授去世或辞职，然后将他的教学职责分配给其他留下来的人。1860年，拉法耶特就使用这一方法帮助学院暂时削减了1000美元的年度赤字。还有一种方法是分享利润，尽管没有人诚实地称它为分享赤字——但它确实是分享赤字。通常，在这种情况下，教师们只能在平等的基础上简单地分配在完成所有其他支出之后剩下的经费。这样的政策至少是透明的，三一学院、塔斯库勒姆学院、迪金森学院和伊利诺伊学院都尝试过这一方法。³

直接减薪也是一种常见方法。1855年，印第安纳州汉诺威学院的教授们被告知，尽管他们的合同规定的工资为800美元，但他们那一年只得到了335美元。有一年，凯尼恩学院为了平衡预算，拒绝让教师们享有"牧养一头牛"的传统特权。其他各种方法也变得日益精巧。宾夕法尼亚的阿勒格尼学院在1844年关闭了一年，这

---

1 Tankersley: *Oglethorpe*, p. 22; Ibbotson and North: *Hamilton*, pp. 234–5; Charles Henry Rammelkamp: *Illinois College: A Centennial History 1829–1929* (New Haven, 1928), p. 141; Sweet: *DePauw*, p. 56; Wallace: *Wofford*, p. 63.
2 Rammelkamp: *Illinois College*, p. 141.
3 Skillman: *Lafayette*, I, 238; Nora Campbell Chaffin: *Trinity College, 1839–1892: The Beginnings of Duke University* (Durham, 1950), p. 182; Allen E. Ragan: *A History of Tusculum College, 1794–1944* (Bristol, 1945), pp. 64, 81; Morgan: *Dickinson*, pp. 319 ff.; Rammelkamp: *Illinois College*, p. 261.

第九章 资助学院

样教授们就可以出去筹钱了。伊利诺伊州的麦肯德尔学院于同一年关闭,并于1846年重新开放,该学院偶尔还会用从邻近农民那里乞讨来的农产品来支付教授的工资。[1]

在1838年和1858年,威廉姆斯学院的教师获得任命之后须用被任命者的朋友的慈善捐赠来支付其学院薪水的不足部分。1835—1852年,威廉姆斯学院的化学课都是由一位有自己固定收入的富有之人讲授的,他把他象征性的工资都花在了实验室的设备上。1835年,亨利·罗杰斯(Henry D. Rogers)被任命为宾夕法尼亚大学第一任地质学和矿物学教授,以此作为对他所提供的无偿服务的回馈。阿马萨·沃克(Amasa Walker)以同样的条件加入了奥柏林学院,担任政治经济学教授。1853年,在达特茅斯,一位富有之人获得了自然哲学教授职位,部分原因是他要求的工资很少,甚至不要工资。我们无法确定学院在多大程度上依赖这种有外部收入的教授,但有自己的固定收入显然已成为哈佛和耶鲁学术生活的一个方面,也许在许多学院里,管理部门指望那些不依赖薪水维持生活的教授们能一直保持身心健康,寿命悠长。[2]

为了压榨学院教授,管理部门发展出了一套自己的理论。很明显,教授们有一种被剥削的意愿,一种基督教的牺牲意识,这种意识使得他们愿意在基督教的学习祭坛上殉道。他们常常认为,工资

---

[1] Millis: *Hanover*, p. 66; Smythe: *Kenyon*, p. 215; Duvall: *The Methodist Episcopal Church and Education*, p. 110.
[2] Rudolph: *Williams*, p. 53; Cheyney: *Pennsylvania*, p. 225; Fletcher: *Oberlin*, I, 489-90; Richardson: *Dartmouth*, II, 506.

不足是一个社会用以调和各种价值观的方式，或者他们认为，在现世短暂的生命历程中，不足的工资已然足够生活了。不然，没有其他任何理由可以解释印第安纳大学那些缺薪少资的教授们的行为，他们在1848年愉快地分担了数学领域一个空缺职位的职责，并请求董事会将节省下来的资金用于购买书籍和科学设备。[1]

埃利奥特校长把教授的低工资宣扬成了一种国家美德。在他1869年的就职演说中，有这样几句安慰人心的话：

> 在这个忙于赚钱的国家里，学者的贫穷具有不可估量的价值。它保持了美德和荣誉的真正标准。拯救教会的是贫穷的修士，而不是主教。贫穷的学者和恪尽职守的布道者一起捍卫着现代社会，以对抗其自身的物质繁荣。奢侈和学问是现代社会这张床上的两位异梦者。[2]

教授无疑会有各种各样的精神收获，但值得怀疑的是，有多少教授愿意接受这个物质主义社会以坚守良知之名安抚他们安贫乐道。

随着时间推移，各色人等的利益都会与教授的贫困相关。为了所有相关人士的利益，教授就应该是穷人，这一理论成为艾奥瓦州议会一份委员会报告的基础，该报告在1874年建议大幅减薪："那些从事教育工作的人，要想成功，必须对自己的职业充满热爱，这

---

[1] Woodburn: *Indiana*, p. 175.
[2] *Addresses at the Inauguration of Charles William Eliot as President of Harvard College* (Cambridge, 1869), p. 48.

样他们才会满足于比普通工作更少的报酬。"一位知道自己从州议会获得给教师加薪的机会渺茫的大学校长可能会反过来安抚他的教师,就像一位校长在1876年所做的那样:"教师的薪水很低,而且与其他行业的相应职位相比,将会一直很低。"[1]

"真正的教授,"1883年的《纽约时报》写道,"除了热爱知识之外,没有一位是出于其他原因献身于知识的。"1908年,埃利奥特校长为这一学术真理加上了一个推论:"这是一个永远无法通过金钱的诱惑来实施招募的职业。"《国家》与《新共和》,在后来的日子里,即20世纪30年代,很轻易就证明了社会的每个阶层(现在包括左派)都与教授的低工资利益相关。《国家》杂志说:"把教授作为一个群体推入高工资阶层……你会创建一个强大的、根深蒂固的大学既得利益状态……有钱的教授往往都是社会名流。"《新共和》说,低工资能将教授们从"金钱的价值标准"中解放出来,我们对此感到高兴。[2]

即便如此,每个人都知道教师的薪水低得可怜,即使是隐忍的基督徒教授有时也不得不抱怨。在美国高等教育史上满眼可见抱怨不休的教授们要求适度加薪的请愿书。在这个国家的文学记述中,

---

[1] Clarence Ray Aurner: *History of Education in Iowa*(Iowa City, 1914-16), IV, 48; Woodburn: *Indiana*, p. 322.

[2] Walter P. Rogers: *Andrew D. White and the Modern University*(Ithaca, 1942), p. 147; Charles W. Eliot: *University Administration*(Boston, 1908) p. 98. The 1930 *Nation* and 1929 *New Republic*, 引自 Claude Charleton Bowman: *The College Professor in America: An Analysis of Articles Published in the General Magazines, 1890-1938*(Philadelphia, 1938), p. 54。

公众经常对教授的困境表示同情。学院校史中记录了许多教授，他们从一个学院转到另一个学院，只为寻求经济上的保障。1864年，玛丽埃塔学院的一位数学教授请了一年假，用他自己的话来说，仅仅是希望能"在家里做……比我去教学更好"。玛丽埃塔的董事会显然能从他清苦的教学生活中获益，因此拒绝了这一要求。他辞了职，进入石油行业，赚了一大笔钱，这些钱后来使得他有能力接下康奈尔大学的教授职位。[1]

这种低报酬和压榨的模式是必要的吗？如果学院要继续经营下去，那么是的，它们必须依靠其教师来维持生存。因此，选择就变得很简单了，学院可以花钱请教授授课，也可以花钱请学生入学。它们选择后者是因为这是保障入学率以证明学院还存在的唯一办法。弗朗西斯·韦兰，布朗的改革派校长，在1842年这样描述学院的选择：

> 我怀疑是否有学校能吸引到相当数量的学生……它是否收取学杂费，而这是按照其他专业人员一般标准支付给行政人员所必需的费用。……除非我们提供大大低于成本的学院课程，前提是我们不完全放弃它，不然是吸引不到人们来学习学院课程的……如果学院的学生人数增加，额外的收入将用于建造教学楼、雇用其他教授或降低学费，而不是用于增加现有教师的工资。

---

[1] Arthur G. Beach: *A Pioneer College: The Story of Marietta*（Marietta, 1935），p. 170.

绝望中，他问道："难道自由教育不能举荐推销自己吗？这样那些想要得到它的人也就愿意为它付费了。"[1]

韦兰自己也知道，只要这所美国学院坚持已有的严格的古典课程，他的答案必然是响亮的"不"。在课程改革之前，如果学院要招收学生，就必须为之付账。例如，田纳西州的坎伯兰学院在1842—1876年招收了800名牧师候选人，但没有一人交纳学费。学生没有支付的这四五万美元将由谁来承担呢？是坎伯兰学院的教职员工，是他们的妻子和孩子。在印第安纳州的汉诺威，学校为了提高入学率，不断地努力降低学生所支付费用的比例。1821年，布朗的财务记录显示，校友和学生拖欠的学费和管理费将近6000美元。在达特茅斯学院早期，埃莱亚撒·惠洛克"毫不费力就获得了足够的生源，只要他不向他们收取任何学院服务费用就行"。他的继任者采取了类似的政策。[2]

学院之所以决定给学生补贴而不是给教授发工资，有两个原因：一是希望在一个将古典课程优势视为贵族体制符号的社会中给自己塑造一个更为民主的形象；二是必须让数量几乎无限的学院通过竞争来吸引数量相当有限的、能够负担得起并希望好好利用古典课程的学生。因此，1827年，普林斯顿为了吸引学生，也为了消除其"富人学院"的名声，同时降低了学费和教师工资。在耶

---

1 Francis Wayland: *Thoughts on the Present Collegiate System in the United States* (Boston, 1842), pp. 15–17, 26.
2 Bone: *Cumberland*, p. 264; Millis: *Hanover*, p. 120; Bronson: *Brown*, p. 176; Richardson: *Dartmouth*, I, 118.

鲁，校长杰里迈亚·戴担心学生的道德观念和宗教立场过多地倾向于特权阶层，于是在大约 1830 年开始鼓励增加慈善资金或奖学金。为了洗脱富裕和势利的名声，哈佛也在 1852 年发起了一场奖学金的筹款运动。很少有学院能幸免于"富人院校"的名声，为了克服这个问题，他们找来贫困的男孩，说服他们接受免费入学。[1]

抛开学院的市场性质不谈，学费的减免和奖学金的增加也是学院数量不断增加所导致的。随着学院数量的增加，它们对学生的优惠也越来越多。学费保持低位，而教育成本则在上升，隐藏的差额就由教师们承担了。内战结束后，所有这些趋势都将加速发展，甚至到了夸张的程度。那时，州立大学、赠地学院、技术学院和传统学院都将在学生市场上展开竞争。

这种剥削和压榨教师的模式对于美国学院和美国整体生活而言影响深远。它使得富有的捐赠者忽略了对教师工资的捐赠，与此同时，却放纵其在学校建筑中实现自我纪念的意愿，并通过捐赠奖学金以满足他对贫穷而有前途的男孩的浪漫主义喜爱。薪酬过低剥夺了教授这一发展中的职业的尊严，并助长了董事会对教师聘用的偏见。这使得康奈尔董事会的执行委员会在听说一个未婚教授的年薪仅能支付其食宿费用时还抱怨说这薪水太高了。它鼓励由年收入 10 万美元的男性组成的董事会夸大自己在教育事务上的能力，而不是改变自己的观念，遵从教师的意愿，为其教学能力支付 2500 美元的年薪。它使一大批美国知识分子脱离了美国生活的主流。

---

1 Wertenbaker: *Princeton*, p. 178; Kingsley: *Yale*, I, 142; Morison: *Three Centuries*, p. 295.

第九章 资助学院

对教师的剥削甚至可能在某种程度上剥夺了教授们追求卓越成就的意志和愿望，而这在美国经验中是非常重要的。有可能存在一门要求所有学生都必须学习的课程和一项激励教授付出努力的固定的低工资政策吗？"这个体系，"弗朗西斯·韦兰说，"已经……把所有普通的激励都转换成为专业努力。"[1]必须承认，这个体系也拯救了学院，当它们坚持《耶鲁报告》所持的理念时，就意味着已经没有其他方式可以拯救它们了。

---

[1] Wayland: *Thoughts on the Present Collegiate System*, p. 27.

# 第十章
# 杰克逊式民主和学院

1828年《耶鲁报告》所表达的对美国学院性质的看法和立场产生了广泛影响，但同年发生的另一件事的影响更为深远。1828年，安德鲁·杰克逊当选为美国总统。杰克逊没有和纽黑文的教授们发生过争执，而且，这位没有受过教育的孤儿和战士可能也没有在美国高等教育问题上发表过意见。然而，杰克逊象征着并深化了美国生活中的一些倾向，这些倾向最终会导致《耶鲁报告》或美国学院本身的失败。

1833年，当哈佛选择授予杰克逊荣誉学位时，约翰·昆西·亚当斯为此向昆西校长爆发了。他说，他像许多其他人一样，"不想亲眼看到（哈佛）……因把她最高的文学荣誉授予一个野蛮人而蒙羞。"[1]

---

1 Charles Francis Adams, ed.: *Memoirs of John Quincy Adams, Comprising Portions of His Diary From 1795 to 1848*（Philadelphia, 1874-7），VIII, 546.

此举震惊了哈佛，以至于在此后将近四十年的时间里它都没有再向其他美国总统致敬过。作为第一位平民总统，杰克逊象征着美国社会在那些年里发生的根本变化。被《耶鲁报告》定义的美国学院正在努力解决一个问题，即在一个坚持民主的时代，如何维持一种起源于特权的机构。

杰克逊运动既是劳工团体对现行秩序的抗议，也是美国资本主义解放的一个重要时刻。在这两种情绪下，杰克逊主义对特权怀有根本的敌意。东部的工人要求享有自己劳动成果中更大的份额，要求更短的工作周时，以享受自由带来的各种好处，那些遭受费城美国银行垄断特权排挤的纽约或肯塔基的银行家们基本上不反对这一要求。如果不涉及其他，杰克逊式民主就是一场针对特权、针对人为的或偶然的优势的战争。当然，不止这些，它超越了杰斐逊的平均地权论，认识到发展制造业是美国人的利益所在；它超越了杰斐逊的自耕农理论，创造了一个包括了有产者和劳动者在内的更复杂的阶级结构。它如此强调杰斐逊对人民的信仰，以至于他提出的其他好观点，例如对贵族制人才的谨慎依赖，对人类能力的局限的明智认识等，都在对人民的狂热拥抱中被抛弃了。

在扩大男性普选权的氛围中，在对物质和道德必然进步的无限信仰中，杰克逊派获得了压倒性的优势。当他们胜利时，几乎每个人要么是杰克逊派，要么听起来像杰克逊派。每个人都是为了人民，每个人都反对垄断，每个人都认为普通人身上有着美国经验的最好表达——或者说是普通人铸就了美国经验。在上帝面前人人平等，在他人面前人人平等，在杰克逊主义指导下，美国人选择让自己的家庭井然有序。让安德鲁·杰克逊登上白宫和哈佛毕业典礼讲台的是平等的理念，这是当时的规则。

学院派敏锐意识到了杰克逊派的意图，但他们窘迫的经济状况难以让学院适应其传统和目的。尽管他们更看重虔诚而非才智，更看重品格而非学识，但学院从来不会与无知为伍，也不认为这是人民公仆应有的品质。另一方面，即便杰克逊派不持上述观点，他们也会坚持认为公职工作不会太复杂，几乎所有人都能胜任，这几乎就不把无知看作是一种障碍了。学院曾经被认为要为美国民主提供受过教育的领导者，这一信念在杰克逊时期受到了一系列粗暴的冲击，当杰克逊的反对派让一位来自边远地区的名叫戴维·克罗克特（Davy Crockett）的国会众议员作为自己的象征时，学院就变得孤立无援了。美国人越来越相信，除非一所院校能够平等地服务于所有人，否则它就没有服务好美国，而免除学费、增加奖学金、无薪或低薪的教授，这些在一定程度上都是对这一观念的回应。

在学院里，虔诚的教徒们未能成功地维持他们特有的平等氛围，以此对抗希腊字母兄弟会和社交俱乐部的猛攻。他们在反对排他性和特权方面没有取得任何进展，因为这种排他性和特权正在兄弟会中寻求体制上的支持。学院里的学生可能过于平等了——同样的课程，同样的科目，同样的被称为寝室的小隔间，同样的祈祷，同样的教授，一切都是一样的。在当时的情况下，杰克逊精神在很多时候都显得几乎无处不在，但很明显，这遭到了学院里的年轻人的明确抵抗，他们更喜欢俱乐部生活的特权和在上帝面前人人保密的平等，他们在杰克逊派所反对的排他性中找到了灵感。

第十章 杰克逊式民主和学院

学院里虔诚而保守的领导者们发现自己被难以应付的环境包围着：当他们呼吁平等时，这平等不是杰克逊式的；当他们为不平等辩护时，这辩护也不是希腊兄弟会式的。1839年，在马萨诸塞州总议会的一次布道中（那时，杰克逊主义的主要倾向已经成为美国生活中的永久事实），威廉姆斯的马克·霍普金斯揭示了各种事件带来的困境。霍普金斯说："只有当人们在上帝面前接受平等的审判时，他们才是平等的；而对于目前情形下人们之间无可避免的不平等……没有什么能调和。但是，需要明白的是，他们所处的环境是上帝分配给他们的，他最清楚他们需要什么样的考验。"[1]对于杰克逊派来说，这无法让他们感到满意，因为对他们来说，在任何情况下人与人之间都是平等的。对希腊兄弟会的年轻成员来说，这也不能让他们感到满意，因为对他们而言，不平等与其说是生活中不可避免的状况，不如说是心理健康的绝对必要条件。而对于那些从外部盯着兄弟会的年轻人，他们也一点都不满意；因为，他们很难相信，或者根本不可能相信自己的境遇是由上帝而不是由希腊兄弟会分配的。霍普金斯代表了学院的领导层，他们发现自己已经与人民越来越疏远了。也许这种疏远程度并不比以往更深，但现在不同的是，人民变得更重要了。学院的宗教取向必然会使它们与以人为本的杰克逊派发生争执。根据培养卓越领袖的传统，学院所珍视的价值观在杰克逊派的价值排序里可不会太靠前。

　　此外，在处理昂贵的学院方式所带来的问题时，学院显现出了

---

[1] Frederick Rudolph: *Mark Hopkins and the Log: Williams College, 1836-1972*（New Haven, 1956），p. 184.

自己的笨拙。在更秩序化的前杰克逊派时期，学院可能会为他们直白地称为"慈善学生"的就读者留出资金，但是杰克逊主义的情绪不会容忍带有劣等意味的仁慈。坚持使用"慈善资金"一词无益于拉近学院和人民之间的情感。杰克逊精神胜利的一个指标是最终放弃"慈善学生"这个词并代之以"奖学金学生"，这一替换没有任何实际意义上的变化，但相比贫困，奖学金更多意味着"具有卓越的学术资格"。这种术语的替换在南北战争之前很少发生，当时的学院还在摸索着适应日益高涨的民主浪潮。

1827年，耶鲁为了解决食宿昂贵的问题，开设了两个食堂，其中一个比公共食堂便宜20%，以方便和吸引贫困学生。普林斯顿在1831年，布朗在1832年都采用了同样的解决方案，即分设高级食堂和低级食堂、富家子弟食堂和穷人子弟食堂。这一方法没能解决问题：它没有给学院带来任何"人民"的增长。为了吸引它们急需的学生，为了消除"富人院校"的名声，学院可能采取了许多措施，但提出以次级版本的学院方式吸引贫困学生的计划却显得格外笨拙。[1]

毫无疑问，学院特别容易受到"富人学院"这一称号的影响。在普林斯顿，南方种植园贵族富有的年轻后代正在塑造校园里的生活方式；在哈佛，则是来自波士顿的年轻人。1829年，在印第安纳州，大众媒体指责教授们诱导学生从英语转向拉丁语，印证了印第

---

[1] William Lathrop Kingsley, ed.: *Yale College: A Sketch of its History* (New York, 1879), I, 302; Thomas Jefferson Wertenbaker: *Princeton 1746-1896* (Princeton, 1946), p. 193; Walter C. Bronson: *The History of Brown University 1764-1914* (Providence, 1914), p. 249.

安纳学院的贵族倾向。在创建于1832年的纽约城市大学,我们可以从其首届学生的姓氏中,发现他们都来自当时纽约的显贵家庭:克罗斯比、范·阿伦、沃德、科伊特、麦克莱、海德、苏伊丹、艾奇逊、道奇、贝尔纳普、温赖特、利文斯顿和佩尔。希望纽约的新大学能"驯服"人民的老杰斐逊主义者阿尔伯特·加勒廷在这张年轻贵族名单上找不到任何欢欣鼓舞之处。[1]

在佐治亚州,位于雅典的大学引发了一位公民的质疑:"从金钱的角度来看,用人民的钱去支持一群懒惰的教授,对人民有什么好处?"1825年,肯塔基州州长谴责了该州支持特兰西瓦尼亚的传统,这种传统帮助特兰西瓦尼亚成为西部文化的一个亮点:"州政府为了富人的利益,为了排斥穷人而挥霍金钱;……唯一的结果是增加财富的贵族性,助长了优越知识地位的优势。"在南卡罗来纳州和密苏里州,人们也不允许忽视如下事实,那就是大学生大多来自富裕的县。[2]

学院并不像自己宣称的那般同情贫困子弟。它们对一种能帮助贫困孩子在机会更多的行业——比如工程、商业、制造业、商船、运河、铁路等——从事更好工作的教育能有多大的兴趣呢?它们对

---

[1] James Albert Woodburn: *History of Indiana University, 1820-1902*(Bloomington, 1940), pp. 73-4; Henry M. MacCracken, et al.: *New York University*(Boston, 1901), pp. 76-8.

[2] E. Merton Coulter: *College Life in the Old South*(Athens, 1951), p. 175; James F. Hopkins: *The University of Kentucky: Origins and Early Years*(Lexington, 1951), p. 33; Jonas Viles, et al.: *The University of Missouri: A Centennial History*(Columbia, 1939), pp. 20, 39 ff.; Daniel Walker Hollis: *University of South Carolina*(Columbia, 1951-6), I, 263.

知道自己不想当律师、牧师或医生，连成为教师都是一种奢望的贫困孩子会有多大的兴趣呢？事实上，学院内部普遍存在着对穷人接受教育的敌意。1847年，纽约城市学院被提议成立，但遭到了反对，因为它"准确无误地显示了在罗马共和国衰亡之前平均地权主义的传播……贫困阶级的……决心是向社区中积极的、勤劳的（如果你愿意，也可以说是富裕的）那部分居民征税，从而为前者的儿子提供学院教育的费用……"[1]毕竟，是否每个美国人都需要学院教育并不是由穷人或王子来决定的。因此，在学院里，藩篱益增；而在外界看来，对特权的排斥或嫉妒会在一段时间内占上风。

然而，在杰克逊式氛围下，各学院被要求进行某种形式的改进。它们这样做的部分原因是受到1819年达特茅斯学院案的鼓舞。这个案件是美国最高法院史和美国学院史上的一个里程碑。尽管该案涉及政治、神学和宪法问题，但究其根本，问题在于应该由约翰·惠洛克（达特茅斯创始人埃莱亚撒·惠洛克的儿子）校长为代表的惠洛克王朝来负责管理这所学院，还是应该由校外的董事会来进行实际的控制。[2]

1815年，惠洛克准备将达特茅斯学院的权力争议问题公开化，因此，在他的邀请下，新罕布什尔州议会投票同意调查学院事务，学院的特许状最初就是由州议会授予的。被激怒的董事会立即免去

---

1 S. Willis Rudy: *The College of the City of New York: A History, 1847—1947* (New York, 1949), pp. 19-20.
2 Leon Burr Richardson: *History of Dartmouth College* (Hanover, 1932), I, 287-346. 此书对这一案例有较详细的描述。

了惠洛克的校长、教授和董事的职务，解除了他与学院的全部关系。他被解职为他赢得了社会中非特权阶层的普遍同情，不久之后，该州的共和党人迅速站到了惠洛克一边，这显然并不是基于对学院管理问题的深刻立场，而是纯粹出于政治机会主义。共和党正是因为学院议题而赢得了1816年的选举。

在新任共和党州长的就职演说中，他提及了达特茅斯学院的问题，指责在其自我存续的小型管理委员会中隐藏的是贵族气息而不是民主原则。当年6月，州长批准了州议会通过的一项法律，将达特茅斯学院更名为达特茅斯大学，并以多种方式将该学院置于州政府更有效的控制之下。很明显，在随后发生的惠洛克和董事们之间的争论中，双方都不关心州政府控制这一议题。但从另一角度来看，这个问题明显引起了州长的兴趣，因为正是它为共和党赢得了选举。

在1816年的毕业典礼会议上，达特茅斯的董事们为了保住他们的控制权，决定诉诸法院。第二年，当董事们和州政府准备将他们的案件提交至新罕布什尔州高等法院之时，在汉诺威同时存在着两所院校——董事们的达特茅斯学院和惠洛克的达特茅斯大学。在法庭辩论时，争论的焦点显然是达特茅斯学院到底是公法人还是私法人。1817年11月6日，法院裁定达特茅斯确实是公法人，其董事是对人民负责的公职人员，因此应接受州议会管制。法院驳回了法人特许状是合同的观点；它找不到任何先例，而且这种观点将会使公共机构脱离公共控制。

1818年3月10日，华盛顿的最高法院审理了此案。丹尼尔·韦伯斯特（Daniel Webster），达特茅斯学院1801届毕业生，当时还是一位不甚知名的律师，在长达5个小时的时间里为董事会的立场辩护。据说，当辩论接近尾声时，他落泪了。首席大法官马歇尔先生俯身倾听了每一个字，当丹尼尔·韦伯斯特进行最终陈述时，他自己也泪流满面：

> 先生，这是我的案子。这不仅是那所不起眼的学院的案子，也是这片土地上每一所学院的案子。更进一步，这是我国每一个慈善机构的案子……是每个拥有财产并可能被剥夺的人的案子——因为它的问题在于，我们的州立法机构是否被允许将不是它们自己的东西占为己有，让它转换原有的用途，将其运用到它们自己的目标或目的上，这样看待它们的自由裁量权合适吗？先生，您可能会毁了这个小学校……但如果您这么做了……你必然会一个接一个地熄灭所有伟大的科学之光，它们在一个多世纪以来，把光辉洒在了这片大地上！先生，正如我说过的，这是一所小学院，但仍然有人深深地热爱它……[1]

1819年2月2日，最高法院以5票比1票做出了裁决，其中一人缺席。首席大法官约翰·马歇尔代表最高法院撰写了裁决书。最高法院推翻了新罕布什尔州高等法院的裁定。首席大法官说，达特茅斯学院既不是民事机构，也不是公共机构，它的财产也不是公共

---

[1] Leon Burr Richardson: *History of Dartmouth College*（Hanover, 1932），I, 337.

财产。达特茅斯学院确实是一所以造福公众为宗旨的私立慈善机构，但它并不是一所受公众控制的公共机构。因此，达特茅斯学院的特许状是一份合同，新罕布什尔州1816年的法律用州的意志代替了董事们的意志，从而违反了这份合同。

达特茅斯学院案的裁决是美国法律体系的一个里程碑，因为它通过保护私人机构不受立法机构的干预而成了"私有财产的堡垒"。它是对不断变化的美国法人的定义和理解的一种表达。它成为美国法律体系的一部分，马歇尔首席大法官和他的继任者利用它来保护私有财产不受大众激情的影响。

对于美国高等教育来说，达特茅斯学院案的裁决使私立和公立院校之间的区别变得更加清晰了，而在半个世纪以前，这种区别还不存在，也没有必要存在。[1]最高法院表示，达特茅斯学院虽然是为公共目的服务，但本质上是私人慈善事业的产物。因此，它是一个私人机构，不受州控制，而是受董事会控制，董事会负责管理众多善人们的金钱和善意。

这一决定也给了最高法院一个偶然的机会，为美国的学术组织的美国原则背书，即学术组织的控制权不在教师手里，而是在外部董事会手里。[2]这一决定开启了大量创立教派学院的时代，因为

---

[1] 1960年，约翰·梅纳德·霍夫曼在哈佛大学历史172课程上撰写的论文"The Background of the Dartmouth College Case: An Essay in American Educational History,"帮助我理解了新兴的"私立"学院的概念。

[2] John E. Kirkpatrick: *Academic Organization and Control* ( Yellow Springs, 1931 ), p. xix.

它明确表明学院法人与授予其特许状的州之间并不必然存在排他性或垄断性关系，一旦学院被允许成立，它就不再受州的控制了。[1] 每一所新学院现在都确信自己有生存的权利，即便这不是那种能让学院在竞争中幸存下来的生存权，但仍有助于释放学院的活力。由此，一个大量创立学院的时代被开启，达特茅斯学院案使得美国学院能够参与到杰克逊时代的竞争进取精神中来。

对于强烈呼吁由州来支持和控制院校的人来说，这一决定令其沮丧。因为州立大学现在已不能在已有院校的基础上进行重组，就像新罕布什尔已经尝试过的那样，缅因州的尝试也将会以失败告终。它们也不敢指望能得到公众的大力支持，因为现在已经涌现了一批规模较小、苦苦挣扎的学院，每一所都有自己的追随者，每一所都把饥渴的目光投向公共财政。达特茅斯学院案的判决，通过鼓励建立学院和减少公众对高等教育的支持，可能在接下来的半个世纪里阻碍州立大学的发展。[2]

也许最重要的是，这一判决让美国学院摆脱了大众偏见和激情的控制；它确保了人民与学院的距离，但在杰克逊运动前夕，它也使学院脱离了那些既不了解学院也不了解其问题的外行人的控制。这一决定能让各学院自由地规划自己的未来，而不受州的命令或来自人民的政治压力的影响。它容忍美国式竞争可能产生的所有无能、多样性和最终成就。基于这样的尊重，它容许学院自己承

---

[1] Donald G. Tewksbury: *The Founding of American Colleges and Universities Before the Civil War* (New York, 1932), pp. 64 ff.

[2] Ibid., p. 151.

第十章 杰克逊式民主和学院

担后果并从自己的决定中获益。它对杰克逊派极端分子设置了一道障碍，但同时又允许学院沉浸在杰克逊式的进取、竞争和充满机会的氛围中。在这种氛围中，竞争取代了垄断，机会取代了特权。

但是，这一判决在消除了学院受到民众干预的可能性的同时，也在很大程度上消除了杰克逊式民主的情绪和利益可能带来的直接财政援助。杰克逊运动的高潮可能正对应着立法机构对学院慷慨程度的历史低谷。杰克逊党人并不反对强有力的州政府，但他们确实反对把人民的钱用于特权机构。随着此类机构的日益增加，对其进行财政支持的现实难度也强化了这种反对意见。当拉法耶特学院于 1826 年成立时，特许状中关于由四名州官员担任董事会成员的条款被宾夕法尼亚州参议院否决了，从而消除了人们对州资金可能会流入学院的怀疑。在纽约政界对公共学校进行热烈讨论的很长一段时间里，州政府却没有给予学院任何补助。1834 年，密苏里州议会两院在给国会的备忘录里提出允许州政府将大学资金用于支持公共学校。[1]

1842 年后，佐治亚州立法机构停止支持州立大学。1845 年，弗吉尼亚州的一份报纸对州向位于夏洛茨维尔的大学的拨款政策提出质疑："每年拨给大学的 1.5 万美元，如果用于伟大的教育事业，难道不比用于指导 100 到 150 名有能力凭借自身资源完成学业的

---

[1] David Bishop Skillman: *The Biography of a College: Being the History of the First Century of the Life of Lafayette College*（Easton, 1932），I, 30; Blackmar: *The History of Federal and State Aid to Higher Education in the United States*（Washington, 1890），pp. 131-48; Viles: *Missouri*, p. 15.

年轻人更有利可图吗？"这暗示了杰克逊派所关注的重点，当各州在 1837 年分配或分享其在美国财政部盈余中的份额时，他们绝大多数都忽视了学院，而是将资金用于公共学校、新道路和银行坏账等大众性项目。[1]

在那个民主目标和国家信心不断膨胀的时代，特许建立的学院受到了杰克逊派的恰当限制。19 世纪 30 年代，立法机构的登记记录展现了对学院的潜在权力和特权地位的担忧，立法机构谨慎地限制了学院可能持有的财产数量。这种限制并不新鲜，但在这一时期却尤其广泛，因为当时普遍存在着对法人化文化机构的怀疑。1838 年，戴维森学院的特许状中所设定的限制财产的规定在十五年后剥夺了它获得 5 万美元遗赠的机会。[2]

达特茅斯学院案的结果是，许多州特许建立的学院决定为自己保留更改、废除或更新特许状的权力。这样的条款出现在西储、拉法耶特、德堡、纽约城市大学、塔夫茨和西北大学的特许状中。但是，最能体现杰克逊式民主以特许状的方式影响学院的例子是 1834 年沃巴什学院在其特许状中加入了一项条款，规定任何捐款 10 美元的人都有权投票选举校董会董事。这项规定实行了十年，但印第安

---

1 Coulter: *Georgia,* pp. 187-90; Philip Alexander Bruce: *History of the University of Virginia, 1819-1919*（New York, 1920-2）, III, 9-10; Edward G. Bourne: *The History of the Surplus Revenue of 1837*（New York, 1885）, pp. 122-3.

2 Luther L. Gobbel: *Church-State Relationships in Education in North Carolina Since 1776*（Durham, 1938）, p. 35; Charles Henry Rammclkamp: *Illinois College: A Centennial History 1829-1929*（New Haven, 1928）, p. 67; Albea Godbold: *The Church College of the Old South*（Durham, 1944）, pp. 12-13.

纳州的民主党人完全被东部的富裕和慷慨所压制，因为后者能够在投票中不断战胜印第安纳州的人民。¹

对学院的普遍怀疑——实际上是普遍的误解——挫败了纳什维尔大学校长菲利普·林斯利的梦想和努力。林斯利是一位杰出的杰斐逊派人士，而他与田纳西州人民在高等教育问题上的分歧，充分说明了杰斐逊派与杰克逊派之间的区别。林斯利在他1825年的就职演说中宣称："我断言……每一位个体，如果想要超过仅从事事务型工作的劳力者的层次，就应该努力接受自由教育。"²然而，到了1829年，他充分意识到，敦促所有人接受教育以充分发挥其潜能的说法，没能获得田纳西州人民的认可。望着教育贫瘠的田纳西州，他尖锐地指出："在大众中如此受欢迎和吸引人的平等制度，可以通过两种方式运作，以获得同样的成功……学院和大学，因为对卓越的暗示，其发展可能会被憎恶它的人阻止；而每一所小型乡村学校则可能会因为其所具有的学院式名称和法律属性而深受尊重。"³正如林斯利所言，大众民主对美国高等教育的影响将是深远的，因为民主习惯于混淆卓越和特权，误解数量和质量。

林斯利在1829年的毕业演讲中心怀失望和沮丧，但没有感到

---

1 Lester William Bartlett: *State Control of Private Incorporated Institutions of Higher Education* ( New York, 1926 ), pp. 27-8; Skillman: *Lafayette*, I, 35; William Warren Sweet: *Indiana Asbury-DePauw University, 1837-1937: A Hundred Years of Higher Education in the Middle West* ( New York, 1937 ), p. 37; James I. Osborne and Theodore G. Gronert: *Wabash College: The First Hundred Years, 1832-1932* ( Crawfordsville, 1932 ), p. 26.
2 LeRoy J. Halsey, ed.: *The Works of Philip Lindsley, D.D.* ( Philadelphia, 1866 ), I, 81.
3 Ibid., 213-14.

绝望。作为一名坚定的杰斐逊主义者，他相信民众政府和大众教育，但他也知道那些他认为最需要受教育的人并不想接受教育。他一定时常扪心自问：我能劝导人们放弃教育是贵族特权这一观念吗？他在1829年毕业典礼上的尝试是对美国前途的一种诠释，他拒绝接受欧洲的阶级和特权观念，并指责高等教育的反对者们对这些观念的庇护。他主张不要用欧洲人的方式来谈论富人和穷人，而是正视现实的美国经验——即邀请人们在一个开放的流动社会中取得成就。[1]

林斯利发现，向田纳西人介绍欧洲和美国在阶级划分上的差异是明智的。这表明，从欧洲传入的阶级意识可能可以解释美国民众对学院的敌意。当然，基于他们对公共学校和一般法人法的支持，杰克逊派致力于使美国社会变得比以往更具流动性。然而，林斯利的经历是具有启发性的。除非美国人民完全相信他们的社会就像林斯利所说的那样是流动的，除非他们充分确信他们的习俗和制度支持高度的流动性，不然他们将会继续以怀疑和轻蔑的眼光看待学院。

希望学院作为社会、经济和政治的上升通道来为人民服务的这一愿望还未被人民自己以实质性的方式分享。1825年，乔治·蒂克纳通过观察，得出一个颇具普遍性的结论："此时此刻，在我们国家，几乎没有一位父亲不期待给予他的孩子比他自己曾能获得的更好的教育，这是他们最主要的关切和最殷切的希望。"[2] 但这一

---

1 LeRoy J. Halsey, ed.: *The Works of Philip Lindsley, D.D.* (Philadelphia, 1866), 209-77.
2 George Ticknor: *Remarks on Changes Lately Proposed or Adopted in Harvard College* (Boston, 1825), p. 3.

观察结果并不能转化为学院入学人数的增加,因为公共初等学校已经为绝大多数美国青年提供了比他们的父辈更好的教育。在公共学校之外还有私立中学,这些中学在作为学院预备学校的同时,也教授被许多学院所忽视的实用性和普及性科目。

1830年,在俄亥俄州,菲兰德·蔡斯(Philander Chase)准备把一所后来成为凯尼恩学院的院校转变成"人民学院":"教育穷人的孩子让他们成为学校教师,……教育穷人的孩子,凭他们的智慧和功绩,爬上富人一直占据的位置;登上我们的布道坛,坐在我们的参议院,坐在我们正义的宝座上;以最好的方式保卫我们国家的自由。"[1]蔡斯所说的无疑是梦想。首先,穷人的孩子必须养成上公共学校的习惯,然后,必须建立民主制度,为他们上学院做好准备。安德鲁·杰克逊本人也有蔡斯主教的想法,他在1837年谈到美国军事学院时说:"军校是为了那些穷死的革命家后代而建立的。"[2]杰克逊的言论是对历史的曲解,但与林斯利、蒂克纳、蔡斯,甚至1828年《耶鲁报告》一样,他们相信美国的教育会是社会和经济流动的重要途径。然而,到目前为止,还没有人要求高等教育以任何规模化的形式履行这一职能。

为了适应杰克逊式的氛围,学院做出了一些调整:放弃在毕业典礼上公开给学生排名的传统;1831年,俄亥俄大学出于为新公

---

1 George Franklin Smythe: *Kenyon College: Its First Century*(New Haven, 1924),pp. 42-3.
2 Sidney Forman: *West Point: A History of the United States Military Academy*(New York, 1950),p. 50.

共学校培养教师的目的而接受非全日制课程和无学位学生；1838年，拉法耶特学院建立了实验性学院，为新公立学校系统培训教师；在沃巴什，1834年的学院法赋予学生向校长和董事会提出诉求的权利；1835年，伊利诺伊学院的一位教师计划通过在礼拜堂公开宣读分数来激励向学，但由于学生们的反对，该计划被放弃了。[1]

  但这些零散的、短暂的课程和学科规则的调整并没有真正触及学院的根本问题。体力劳动制度是在学院运动中发展起来的一种典型的杰克逊式冒险，理论上，它可以让学院实现自我资助，并使学生获得实践技能，甚至还能增强其身体素质。让年轻人通过从事一些买卖来支付自己的大学费用的想法，是受到了欧洲的费伦伯格（Fellenburg）和裴斯泰洛齐（Pestalozzi）的启发。这一制度曾被几十所学院引入，但当它在1837年的经济大恐慌中被普遍废除时，所有人都拍手称快。[2]由学院经营的农场常常赔钱；学生们装病以逃避职责；机械车间设备不足；在玛丽埃塔和俄亥俄大学，学生们

---

1 Thomas N. Hoover: *The History of Ohio University*（Athens, 1954）, pp. 64-5; Skillman: *Lafayette*, I, 118; Osborne and Gronert: *Wabash*, p. 34; Rammelkamp: *Illinois College*, p. 80.

2 参见 Godbold: *The Church College of the Old South*, pp. 13-15, 23-5, 38-9, 56, 59; William Alfred Millis: *The History of Hanover College from 1827 to 1927*（Hanover, 1927）, pp. 145-7; G. Wallace Chessman: *Denison: The Story of an Ohio College*（Granville, 1957）, p. 61; Woodburn: *Indiana*, pp. 107-8; Rammelkamp: *Illinois College*, pp. 61-3; Skillman: *Lafayette*, I, 3, 55; William Storrs Lee: *Father Went to College: The Story of Middlebury*（New York, 1936）, pp. 115-16; Robert Samuel Fletcher: *A History of Oberlin College from its Foundation through the Civil War*（Oberlin, 1943）, I, 117 ff., II, 634-64; Hoover: *Ohio University*, p. 53; Arthur G. Beach: *A Pioneer College: The Story of Marietta*（Marietta, 1935）, p. 50.

制作了大量木桶，在市场上却无人问津。拉法耶特的校长在他的学院里调查了这个体系的遗留部分，发现就连它所试图吸引的社会和经济阶层也对其十分反感。"我不得不相信，"他说，"所有从事体力劳动的阶层都反对把体力劳动引入学院。即便是和他们一起来运作，也会使这个机构不受欢迎。"工人们根本没有被学院这种笨拙的努力所吸引，它们试图借用自己的传统价值观来美化工人的劳动。此外，肯塔基州中心学院的学生们把学院的两个农场分别贴上了"做少点"和"再做少点"的标签，所以也很难说他们真的尊重劳动。[1]

事实上，学院的所作所为很少有助于弥合它们与人民之间的鸿沟。韦兰在1850年曾说，我们需要做出选择，到底是让课程泛泛地吸引所有阶层，还是稳定地吸引特定阶层。学院选择了后者，但到了19世纪50年代，它们开始意识到其后果。统计数据显示，在新英格兰，学院中学生的实际数量和占人口的比例都在下降。而令人担忧的是，这样的事情不止发生在新英格兰。[2]

1860年之前，美国有超过700所学院倒闭。何以至此呢？例如，在1850—1866年，55所天主教学院成立，其中25所在1866年被放弃。在坚持办学的学院里，情况也好不到哪里去。1846年，在拥有50万人口的纽约市，两所学院总共招收了247名学生。1848年，

---

1 Skillman: *Lafayette*, I, 127-8; Osborne and Gronert: *Wabash*, p. 33.
2 Francis Wayland: *Report to the Corporation of Brown University, on Changes in the System of Collegiate Education, Read March 28, 1850*（Providence, 1850）, pp. 21-34; Frederick A. P. Barnard: *Analysis of Some Statistics of Collegiate Education; A Paper Read Before the Trustees of Columbia College, New York, January 3, 1870, by the President of the College*（New York, 1870）.

在成立了二十多年的拉法耶特学院，出现了董事会成员多于学生的窘况。1853年，俄亥俄州同样有二十年办学史的丹尼森学院只毕业了65名学生。1859年，俄亥俄州22所学院的平均入学人数为85人。1860年，哈佛的毕业人数第一次达到100人。[1]

学院面临的问题很复杂，它们要面对人民的呼声，在伊利诺伊州议会就曾出现过这样的呼声。1835年，一位对特许建立一所新学院持异见者在议会的发言赢得了热烈的掌声："（我）出生于荆棘丛林之中，摇晃于猪槽之内，但（我的）天才……从来没有被学院的有害气氛所束缚。"此外，学院还不得不面对可能更具威胁性的事态发展。1851年，即将成为密歇根大学校长的亨利·塔潘的说法引起了学院的注意。塔潘说："我们国家的商业精神，以及此前开辟的许多致富之路，使人们对学习产生了深深的厌恶，这不利于教育。无论是制造商、商人还是淘金者，都不会停下他们的事业去取得智力上的成就。在获得知识的同时，他们正在失去赚钱的机会。"[2]

到1850年，高涨的民主浪潮要么以伊利诺伊州的煽动家的敌意，要么以大量没有接受过大学教育却获得了物质成功人士的冷漠

---

1 Tewksbury: *The Founding of American Colleges and Universities Before the Civil War*, p. 28; Sebastian A. Erbacher: *Catholic Higher Education for Men in the United States 1850-1886* (Washington, 1931), p. 116; Rudy: *C.C.N.Y.*, p. 11; Skillman: *Lafayette*, I, 190-1; Chessman: *Denison*, pp. 32-6; James E. Pollard: *History of the Ohio State University: The Story of its First Seventy-Five Years 1873-1948* (Columbus, 1952), p. 1; Samuel Eliot Morison: *Three Centuries of Harvard 1636-1936* (Cambridge, 1936), pp. 415-16.

2 Rammelkamp: *Illinois College,* p. 65; Henry P. Tappan: *University Education* (New York, 1851), p. 64.

展现了其对学院的态度。1850年，布朗的弗朗西斯·韦兰考察了学院的情形之后，总结了半个世纪的美国学院史，然后提出了一个在接下来的半个世纪里会得到回答的问题："我们生产了一种商品，但对它的需求正在消失。我们以低于成本的价格出售它，不足的部分由慈善捐赠来补足。我们把它拱手相送，需求却仍然在减少。难道现在不是该问问，我们能否提供一种至少让其需求能给我们带来更多收益的商品吗？"[1]

---

1 Wayland: op. cit., p. 34.

# 第十一章
# 19世纪50年代的危机

美国学院直到南北战争之后才找到了民主浪潮所提问题的答案。在此之前，它未能有效地解决质量、标准和卓越的问题。美国高等教育能否为人民服务是一个问题，它是否能够服务于知识则是另一回事。

传统的学院愿意为这两者服务，但依其要求，人们只能从学院获得它认为对人民有益的东西，而且知识不能妨碍学院对品格的追求。人民和知识都会在南北战争后的美国找到新的盟友。随着一个不断扩张、充满活力的工业社会开始将自己变为一个充满力量的巨人，新的制度将会被开发出来，以便更好地满足社会的要求。19世纪上半叶的学院是一个相对简单的农业社会的产物，这个社会有着固定的生活方式和古老的确定性。它会幸存下来，部分是因为其充当了实现阶级或宗教目的一种工具。然而，在接下来的一百年里，传统学院将发生巨大的变化，它将发现身边出现了越来越多的新机构，这些机构正在有效地解决与知识和大众目的有关的种种问题，在美国高等教育的前二百二十五年里，对这些问题的回答都是模棱两可、摇摆不定的。但很快，这些问题将在19世纪50年代得到明确的解答。当时，抱怨的声音越来越强烈，科学领域不断拓展并取得了新的重大胜利，在弗朗西斯·韦兰的领导下，布朗采取的措施为1828年《耶鲁报告》的批评者们提供了新的凝聚力。

自然科学和物理科学的成熟对学院产生了深远影响，虽然科学作为古典课程的伟大破坏者的形象将不得不等到内战后才能树立，但19世纪上半叶发生的事情表明，动摇学院传统信念的非科学莫属。

1727年，哈佛任命了一位数学和自然哲学教授，这是对古典课程的第一次突破。到1792年，植物学被纳入哥伦比亚的课程体系之中。三年后，普林斯顿的约翰·麦克莱恩（John MacLean）成为美国学院史上第一位化学教授。到19世纪中期，所谓的新学科——数学、自然哲学、植物学和化学，再加上动物学、地质学和矿物学——已悄然成为大多数学院的固定课程。尽管伴随它们而来的还有法语、德语、历史和英国文学等课程，但后者并没有得到过多的关注。有时，它们会以某种方式被打包成某类选修课程。在达特茅斯，它们被安排在大多数学生离校的冬季学期，在新英格兰地区的学校里讲授。[1]

---

1 Palmer Chamberlain Ricketts: *History of Rensselaer Polytechnic Institute 1824–1914*（3d. ed.; New York, 1934），p. 1; Thomas Jefferson Wertenbaker: *Princeton 1746-1896*（Princeton, 1946），p. 124; Leon Burr Richardson: *History of Dartmouth College*（Hanover, 1932），II, 434.

新兴的科学学科当时还没有得到应有的尊重,但多亏了一群好奇又好学的先驱者,科学在美国普及开来,而且很快就被认为有着古代研究所缺乏的广泛的实用主义取向。先驱者们对科学的推进和普及,与美洲大陆的富饶相结合,使科学成为开发美洲内陆巨大的自然财富的工具。即使是最墨守成规的学院保守派也无法拒绝科学的渗透。

本杰明·西利曼对培养美国人对科学的兴趣起了重要作用。他是耶鲁1796届毕业生,1802年被耶鲁任命为化学和自然史教授,当时他甚至还没有见过化学实验,更不用说亲自操作了。在为担任教授做准备的过程中,西利曼在费城的宾夕法尼亚大学和其他地方学习了两年,并在普林斯顿的约翰·麦克莱恩实验室第一次看到了化学实验。1804年,西利曼在耶鲁开设了他的第一门课程,之后他去了欧洲,除了购买科学设备和书籍,还在爱丁堡和伦敦进一步学习深造。1813年,他为耶鲁收集了闻名美国的矿物收藏,也因此得以首次在美国学院开设矿物学和地质学的图解课。1818年,他创办了《美国科学与艺术杂志》。这是一份学术性杂志,为有抱负的美国科学家的研究和猜想提供了发表、交流的平台。[1]

西利曼吸引了很多怀有科学激情和雄心的年轻人,因为对科学的普及,他在大学之外也声名鹊起。1839年到1840年的冬天,他被推选为洛厄尔研究所系列讲座开幕式的演讲者,通过那场演讲,

---

[1] William Lathrop Kingsley, ed.: *Yale College: A Sketch of its History* (New York, 1879), I, 115-18; Russell H. Chittenden: *History of the Sheffield Scientific School of Yale University 1846-1922* (New Haven, 1928), I, 26-30.

第十一章 19世纪50年代的危机

他成功地让波士顿和剑桥强烈意识到了科学的价值和意义。西利曼从 1802 年到 1853 年在耶鲁任教，他的儿子本杰明和他的女婿詹姆斯·德怀特·达纳（James Dwight Dana）担任他的助手，本杰明是一位杰出的化学家，而达纳则是一位矿物学研究的先驱。西利曼一家使耶鲁成了美国科学研究的龙头，他们可以在"1828 年报告"的发源地完成工作，这无疑为他们的工作增添了受人尊敬的气氛。1804 年，西利曼的讲座结束后不久，年轻人开始来到纽黑文学习化学，然后走出去，成为其他院校的先锋教授。再后来，1837 年，詹姆斯·德怀特·达纳的矿物学教科书的出版为美国学院的矿物学教学开辟了道路。

同样，由阿莫斯·伊顿（Amos Eaton）领导的一批先驱植物学家，在西利曼指导下，开始了收集、描述、分类和推广植物学研究的任务。伊顿在 1817 年出版了一本颇具开创性的植物学手册，作为巡回讲师，他唤起了无数美国年轻人对科学的兴趣。其中一位是爱德华·希区柯克（Edward Hitchcock），他后来成为阿默斯特学院化学和自然史教授，并于 1833 年帮助马萨诸塞州完成了美国第一个州域地质调查；另一位是埃比尼泽·埃蒙斯（Ebenezer Emmons），他后来成为威廉姆斯的自然史教授，也是纽约州和北卡罗来纳州地质学研究的先驱。著名的南方植物学家约翰·托里（John Torrey），其父亲是格林威治村的一名狱卒，被认为是在伊顿因欠债服刑期间受到了伊顿的影响。阿萨·格雷（Asa Gray），那一时期最杰出的植物学家，也是因为伊顿的著作而走向科学的。1842 年，格雷被任命为哈佛的费希尔自然史教授。1859 年，他成为查尔斯·达尔文赠送《物种起源》预印本的三位科学家之一,其作为科学家的地位也就此得到学界认可。[1]

在古老的学院里,具有献身精神的人在不断探索科学。在普林斯顿,约瑟夫·亨利(Joseph Henry)以电为实验对象,对物理世界进行探索,并于1846年辞职,成为华盛顿史密森尼学会的首任秘书和主任,并把史密森尼学会打造成了一个建立在科学知识传播基础上的教育机构。威廉·巴顿·罗杰斯(William Barton Rogers)也先后在威廉玛丽学院和弗吉尼亚建立了他在地质学和物理学方面的国际声望。[2]

这些年来,科学的普及助长了美国青年固有的热情和雄心。毫无疑问,民族主义情绪的深化也强化了这种热情,这种民族主义情绪在19世纪40年代表现为天命的话语修辞。同样对科学感兴趣的还有具有强烈宗教信仰的人,他们试图让这种科学热情有益于宗教。阿尔伯特·霍普金斯(Albert Hopkins)帮助他的兄弟马克指导威廉姆斯学院的宗教生活。1834年,他在欧洲购买了一些仪器;1838年,他指导建立了美国第一个永久性天文台。这个天文台服务于科学研究,但这并不是它的全部目的——正如阿尔伯特·霍普金斯在1838年的奉献活动中所揭示的那样。他宣称,人们对现实的崇拜正使其失去道德立场。教育本身正被一种盛行的观念所颠覆,这种观念认为教育的目的是磨砺智力,增强智性的力量,并为"行

---

[1] 参见 Ethel M. McAllister: *Amos Eaton: Scientist and Educator, 1776–1842*(Philadelphia, 1941)。

[2] Wertenbaker: *Princeton*, p. 220: Philip Alexander Bruce: *History of the University of Virginia, 1819–1919*(New York, 1920–2), II, 166-7.

第十一章 19世纪50年代的危机

动,行动,行动"做准备。他承认,为了抵消这些影响,他认为威廉姆斯学院最需要的是一座天文台。在那里,学生们可以把他们的思想提升到"那个深不可测的涌泉和存在的创造者,他构成了所有的事件以及所有的偶然,是非物质王国的生动象征"[1]。

美国学院的宗教倾向提供了一种氛围,在这种氛围中,早期的科学得以顺利发展,因为正统派没有必要控制或限制科学。总的来说,早期的科学家都是有宗教信仰的人,他们可以从事对自然世界的研究,而不必牵涉到他们根深蒂固的超自然信仰。福音派认为,科学是展示上帝之奇妙的有效工具,因此,科学进入美国学院时不是作为一门职业课程,而是作为宗教的侍女。早在1788年,普林斯顿的沃尔特·明托(Walter Minto)教授就认识到了科学对课程的影响,并对此表示欢迎:"自然哲学……以一种令人满意的方式引导我们认识全能、全智、全善的上帝,他创造、保存和统治着宇宙,这正是宗教的侍女。事实上,我认为一位研究科学分支的学生一直是在致力于奉献。"[2] 在整个学院时代,这一观点得到了学院校长和先驱科学家们的响应,他们以此建立了美国学院科学的结构。

在这一时期,学院各自创建起自然科学博物馆和矿物学陈列室。有时,这些学院仿佛在进行一场关于岩石、蝴蝶和植物收集的竞赛。在1805年的普林斯顿,因从纽约一位法国收藏家手中购得一件高级自然历史藏品而唤起的热情,丝毫不亚于日后美式足球比

---

1 Frederick Rudolph: *Mark Hopkins and the Log: Williams College, 1836-1872* (New Haven, 1956), p. 137.
2 Wertenbaker: *Princeton*, p. 95.

赛在耶鲁所唤起的热情。1838年,密歇根大学董事会批准的第一次采购就是一批多达4000种的矿物藏品。斑马、熊和各种各样的动物标本不时地进入教堂的布道台或钟楼,此间反映出的收藏热情,正是早期科学运动的一个侧面。[1]

课外活动也受到科学浪潮的影响。1817年,威廉姆斯出现了一个存在时间不长的矿物学社团,它显然是对阿莫斯·伊顿一系列讲座的回应。从1818年到1827年,布朗成立了一个由本科生组成的科学社团。其他的则出现在阿默斯特、拉法耶特、卫斯理、葛底斯堡学院、联合学院、纳什维尔大学和迈阿密等院校。这些社团不一而足,但它们很少能与建于1835年的威廉姆斯自然历史学会比肩。同年,该学会向新斯科舍(Nova Scotia)省派出了第一支美国大学科学考察队,并在19世纪50年代建立了自己的博物馆。1851年(感谢一位威廉姆斯传教士的建议),它成为美国第一家拥有亚述浅浮雕样品的美国博物馆。[2]

威廉姆斯学会的经历显然揭示了大学生对科学感兴趣的本质,在对科学的虔诚之外,各地大学生还在找寻其他目的。为了弥补校

---

[1] Wertenbaker: *Princeton*, p. 125; Elizabeth M. Farrand: *History of the University of Michigan*(Ann Arbor, 1885), p. 30.

[2] Rudolph: *Williams*, pp. 144–55; Claude M. Fuess: *Amherst: The Story of a New England College*(Boston, 1935), p. 113; David Bishop Skillman: *The Biography of a College: Being the History of the First Century of the Life of Lafayette College*(Easton, 1932), II, 177; Carl F. Price: *Wesleyan's First Century*(Middletown, 1932), p. 43; Walter C. Bronson: *The History of Brown University 1764–1914*(Providence, 1914), p. 181.

方对科学的忽视,协会在1835—1871年对新斯科舍、佛罗里达、格陵兰、南美洲和洪都拉斯进行了考察,收集了非凡的自然史藏品,举办了大量会议,会上他们讨论了诸如飞行器、染料、丝绸制造、棉花的栽培和生产以及自流井原理等问题。学生们在社团会议上报告了煤层、捕鲸业、油井和铁矿石等研究内容。这些年轻的威廉姆斯科学家在他们的博物馆前门上方竖立了一只巨大的美国鹰铜像,象征着他们把实践意识运用到科学探索中去的冒险精神。威廉姆斯的年轻人切身体验并充分实践了一种民族精神,这种精神将辽阔的美洲大陆看作是一片无垠的广阔天地,他们可以在科学所创造的生活中自由翱翔、深入探索,并塑造自己的事业。

美国学院的批评家和观察家注意到,有两所教育机构以其自身的成功证明了上述精神。其中一所是位于西点的美国军事学院,另一所是位于特洛伊的伦斯勒理工学院,它们对应用科学做出了无与伦比的贡献。

美国国会在1802年创立的军事学院,实际上是美国第一所技术学院。在首任督学乔纳森·威廉姆斯(Jonathan Williams)的影响下,西点军校在1802—1812年成立了一个校内的"军事与哲学学会",以官方方案所不允许的方式培育了军事科学。这个课外组织建立了"美国最丰富的技术书籍收藏"。它出版与军事主题相关的著作,并成功地将西点军校转变为国家科学研究中心。在它的支持下,所有科学都聚焦于军事目的,分析三角学的研究被引入美国,大量军校学员具备了用科学方法解决军事问题的意识和能力。

西点军校的课程设置在最后一年纳入了道德哲学,但在许多细节上，它有着惊人的创新。例如，从一开始，法语就是必修科目，因为它在科学研究中大有用处。高等数学、化学、制图和土木工程是这门课程的核心。学员们根据能力被分成不同的小组进行教学，他们的教科书是欧洲最先进的著作，通常由授课教师从法语翻译而来。[1]

但并不是每个学员都能在这种制度下茁壮成长，埃德加·爱伦·坡（Edgar Allan Poe）就是其中之一。1830—1831年在就读西点军校期间，他写了一首十四行诗：

> 科学！以艺术迎接旧时代的女儿，
> 她用那双凝视的眼睛改变了一切！
> 为什么你要这样掠夺诗人的心，
> 秃鹰！它的翅膀是暗淡的现实！

另一位则是艺术家詹姆斯·麦克尼尔·惠斯勒（James McNeill Whistler），他对自己在军事学院的日子做出了简洁的评论："如果硅是一种气体，我就会成为一名少将。"[2]

在哈德逊河上游的特洛伊，最后一位伟大的赞助人斯蒂芬·范·伦斯勒（Stephen Van Rensselaer）于1824年捐款建立了一所技术学院，在阿莫斯·伊顿和富兰克林·格林（B. Franklin Greene）的领导下，这所学院后来成为美国应用科学中心。虽然内

---

[1] Sidney Forman: *West Point: A History of the United States Military Academy*（New York, 1950）, pp. 23-60, 85.

[2] Ibid., pp. 74, 86.

战后，伦斯勒理工学院的发展不及那些资金更充足的院校，但在学院时代，它不断提醒人们，美国需要铁路建设者、桥梁建设者和各种各样的建设者，即便传统院校不培养他们，这所位于特洛伊的院校也将担起这一职责。1824年，在一封引人注目的、与四年后的《耶鲁报告》的精神和目标格格不入的信中，范·伦斯勒将自己的目标描述为培训教师，让他们能够进入地区学校，在那里指导"农民和技工的子女……将实验化学、哲学和自然史应用于农业、家庭经济、艺术和制造"。范·伦斯勒显然预料到了美国赠地学院的合理性。因为在1824年的信中，他明确表示，他的理念是"传播一种非常有用的知识，并将其应用于生活"[1]。

在资深教授阿莫斯·伊顿（1824—1842）的指导下，一家早期被命名为伦斯勒研究所的机构成功地将新方法和新科目纳入了一门美国研究课程之中。学院的学生通过教学、讲课和演示实验来学习。对他们来说，教学开始于对所学科目的实际应用，之后是学习所需的科学原理。因此，在进入实验室进行实验之前，他们一定要先参观漂白厂、制革厂或磨石厂。

在伦斯勒，户外成了重要的教学场所，测量、工程、标本收集、巡回讲习班和园艺都是户外课程的组成部分。在伊顿指导下，伦斯勒研究所成为美国第一个提供系统田野研究的学术机构；1824年，建立了第一间化学和物理学实验室，用于指导学生；1835年，开设了全美首门工程课程，授予了全美第一个工程学位。在1830年，学

---

[1] Ricketts: *R.P.I.*, pp. 9—12, 27, 43—5, 58—9.

院为学生提供了一组可选的实地考察活动：以植物学和地质学研究为目的，考察队从纽约乘蒸汽船沿运河到伊利湖、康涅狄格河谷或宾夕法尼亚州卡本代尔的煤田。这些实地考察活动是传统学院类似探险活动的先声。

在富兰克林·格林的领导下，学院在1849年和1850年进行了重组。法国科学学校在技术教育方面取得的进步也被纳入新项目。课程从一年延长到三年或三年以上。在自然科学和土木工程方面增设了完善的课程。同时，研究所也开始重视化学和物理基础研究。1850年，其他传统院校纷纷开始效仿土木工程的新项目，这成为美国学院在未来半个世纪中进行根本变革的方向。[1]

与此同时，在哈佛和耶鲁，科学已经建立了重要的新滩头阵地。在耶鲁，基于本杰明·西利曼的建议，在征得了教师们的同意后，理事会在1846年授权创立了两个新的教授职位，一个是"农业化学和动植物生理学"教授职位，另一个是"应用于艺术的化学及同类科学"教授职位。同年，哈佛计划建立一个文理研究生院。最终，这些改革成就了谢菲尔德科学学院和劳伦斯科学学院。[2]

1847年，在坎布里奇，哈佛教授们提出发展科学教育的方案，并以此从阿博特·劳伦斯那里募集到了5万美元用于发展科学教育，但原本打算建立的文理研究生院最后变成了一个授予理学士学位的本科科学项目。就连劳伦斯原本抱有的学院要注重工程学的期望，也被路易斯·阿加西（Louis Agassiz）的权威

---

1 Ricketts: *R.P.I.*, pp. 92–109.
2 Kingsley: *Yale*, I, 150–2; Chittenden: *Yale*, I, 38–71.

和强势浇灭了，后者是瑞士的著名科学家，于 1845 年来到美国。他用无穷的精力和渊博的知识推动了科学在哈佛的发展，就像西利曼早先在耶鲁所做的那样。在他的领导下，劳伦斯学院培育了自然科学，尤其是阿加西特别感兴趣的比较动物学，而不是工程学。[1]

1847 年，在纽黑文，小本杰明·西利曼和约翰·诺顿（John P. Norton）建立了一个应用化学学院，作为新成立的哲学和艺术系的一部分。1852 年，他们增加了土木工程的教学；1854 年，这个系重组为耶鲁科学学院。1860 年，约瑟夫·谢菲尔德（Joseph Sheffield）捐赠了 10 万美元，该学院变成了谢菲尔德科学学院。

1851 年，哈佛颁发了第一个理学士学位，解决了该给科学专业的学生颁发什么学位的问题。1852 年，耶鲁通过设立哲学学士学位解决了这个问题。这两所古老的院校要确保文学士学位不受侵犯，并保护它不被稀释。在耶鲁和哈佛，这些学位的授予标准都低于文学士学位；学习的时间是三年，而不是常规的四年。在这两所学校里，理科生都被认为是二等公民，他们因无知而无视唯一有价值的学位，因此只能设立新的学位俯就他们。例如，在耶鲁，谢菲尔德的学生就不准和普通学术型学生一起坐在教堂里。

科学学院的设想自有其生命力。1851 年，达特茅斯学院收到了一笔 5 万美元的遗产，用来支持一个独立的科学系。在 19 世纪 50 年代，提供理学士或哲学学士学位的科学系的各种变体的做法，

---

1 Samuel Eliot Morison: *Three Centuries of Harvard 1636-1936*（Cambridge, 1936），p. 279.

开始在罗切斯特大学、丹尼森、密歇根大学、伊利诺伊学院、北卡罗来纳大学、纽约大学、艾奥瓦州立大学和密苏里大学等院校出现。[1]1860—1870年，至少有另外25所院校开设了科学系。同样重要的是，在19世纪50年代，两位可能对塑造美国高等教育的未来做出最大贡献的人在新的科学学院开始了他们的教学生涯：一位是重塑哈佛的校长查尔斯·威廉·埃利奥特，他于1854年进入劳伦斯科学学院任教；一位是后来成为约翰·霍普金斯大学首任校长的丹尼尔·科伊特·吉尔曼（Daniel Coit Gilman），他于1857年进入耶鲁的科学学院任职。[2]

尽管科学的时代尚未到来，但理学士和哲学学士学位的出现以及科学系的创办肇始于哈佛和耶鲁，其他院校紧随其后，这一切都表明美国学院即将发现与美国社会建立密切联系的方式。

在19世纪50年代，许多关于早期研究生教育的探索都难逃失败的命运。1852年，在密歇根大学，亨利·菲利普·塔潘向董事会

---

[1] Richardson: *Dartmouth*, I, 422-7; Jesse Leonard Rosenberger: *Rochester, the Making of a University* (Rochester, 1927), pp. 44-5, 79-80; G. Wallace Chessman: *Denison: The Story of an Ohio College* (Granville, 1957), p. 56; Burke A. Hinsdale: *History of the University of Michigan* (Ann Arbor, 1906), p. 44; Charles Henry Rammelkamp: *Illinois College: A Centennial History 1829-1929* (New Haven, 1928), pp. 168-9; Kemp Plummer Battle: *History of the University of North Carolina* (Raleigh, 1907-12), I, 642-4; Theodore F. Jones, ed.: *New York University 1832-1932* (New York, 1933), p. 81; Clarence Ray Aurner: *History of Education in Iowa* (Iowa City, 1914-16), IV, 11-12, 22; Jonas Viles, et al.: *The University of Missouri: A Centennial History* (Columbia, 1939), pp. 91, 97.

[2] Walter P. Rogers: *Andrew D. White and the Modern University* (Ithaca, 1942), pp. 11, 113.

展示了想要创建一所伟大的美国大学的雄心。德国大学的学术理想给塔潘留下了深刻印象，他提议让密歇根大学成为密歇根州生活的中心。它将坚持一所真正的大学该持有的对知识的信仰，但也会回应大众的需要。它将把毕业生送到该州的公立学校，从而完善密歇根的整个教育体系。塔潘不是纯粹职业主义的支持者，他在去密歇根之前就明确表示，真正的大学将是"对过度的商业精神、蛊惑家的欺骗与自私的强大反作用"，这两者在当时的美国社会中极为盛行。他说，一所美国大学将向具有怀疑精神的公众展示什么是真正的学术："我们将不再对学术教育和实践教育进行明确区分，因为我们可以看到，一切真正的教育都是实际的，没有教育的实践是没有价值的；这样一来，就会拥有尊严和优雅，以及一种关于学问和学者的不可抗拒的魅力。"[1]

然而，塔潘在密歇根推行他的大学理想时遇到了困难，毕竟，19 世纪 50 年代的密歇根对于践行一所德国式大学这一理念来说显得有点稚拙。他聘请了一些学者，其中包括安德鲁·怀特和查尔斯·肯德尔·亚当斯（Charles Kendall Adams）。在董事会支持下，密歇根大学于 1858 年开设了可获得文学硕士和理学硕士学位的课程。然而，人们的反响并不热烈，塔潘越来越多地受到大众的辱骂。他日耳曼式的自傲惹恼了密歇根。他在晚饭时喝酒的习惯受到了嘲笑——一家报纸把他描述为"我们所见过的最异化的变态美国佬"。

---

[1] Richard J. Storr: *The Beginnings of Graduate Education in America*（Chicago, 1953）, pp. 64-81; Farrand: *Michigan*, pp. 90-5; Henry P. Tappan: *University Education*（New York, 1851）, pp. 65-6, 69.

1863年，亨利·塔潘被密歇根大学解除了校长一职。他是反智主义和执着于实践的大众偏见的受害者，也是他自己关于美国大学的青涩之梦的受害者。[1]

如果19世纪50年代的密歇根不能支持一所真正的大学，那纽约市也一样不能建立一所新学院或改造一所旧学院。从1852年开始，哥伦比亚的教师们一直在努力解决一个问题，即如何把自己对美国学院需要先进知识这一认识转化为一些可行的项目。他们决定从1857年开始，提供一个可授予文学硕士学位的项目，但反响平平。因为，虽然教授们感到国家需要鼓励纯粹的学术，但还没有现实证据表明任何美国教授都需要文学硕士学位。此外，哥伦比亚提供的项目还不够丰富。它不得不继续等待时机。[2]

1855—1857年，在纽约建立一所伟大的新大学的努力把一群人聚集了起来，他们中有在密歇根过得不舒心的亨利·塔潘，有在大学里失意的科学家、学者，有纽约市长，还有像威廉·阿斯特（William Astor）和彼得·库珀这样的潜在捐助者。在决定纽约大学命运的讨论中，亨利·塔潘给威廉·阿斯特写信说："现在，在我思考这个问题时，难道我不应该对自己说这样一句话：'这个家族的使命将会多么崇高啊！'"但让所有潜在团体关注同一个项目、服务同一个需求、共创同一个未来是不可能的。正如威廉·阿斯特和彼得·库珀捐赠的最终结果所揭示的那样，慈善家们尤其没有准

---

1 R. Freeman Butts: *The College Charts Its Course* (New York, 1939), pp. 150-5; Storr: *The Beginnings of Graduate Education*, pp. 112-17.

2 Ibid., pp. 94-111.

备好将一所真正的大学视为一个有价值的项目。传统学院改革的失败或建立一所新美国大学的失败,使得持续不断的敌对声音日益壮大为抗议性的大合唱。[1]

一名年轻的普林斯顿学生抱怨说,他和他的朋友们所接受的教育"大概就像用尽一生占领一个堡垒一样,或如同斯图本男爵在落基山脉的隘口和峡谷中与黑脚印第安人作战的军事战术"。纽约市教育委员会在1847年要求为纽约市提供一所不完全致力于满足古老职业需求的学院。1850年,马萨诸塞州总议会的一个委员会呼吁哈佛改革其课程,以培养"更好的农民、技工或商人"。[2]

纽约大学的教授约翰·威廉·德雷珀(John William Draper)向旧秩序提出了重大而有力的挑战。在解释纽约大学为何未能成为一所大众机构时,他认为:"用这个商业社会能够理解的语言来说,……我们一直在努力销售无销路的产品……在这个急于发财的现实社会里,我们没有得到任何同情……但很少有美国年轻人……想要穿过美丽的蜿蜒小径去探寻知识的源泉。实用的部分必须带头,并承担起责任来,而装饰性的部分则必须跟随。"然后,德雷珀警告说:"仅仅是文学上的敏锐,对于高深的科学素养来说,正变得毫无助益。过去五十年来文明的巨大进步归功于什么?文学还

---

[1] R. Freeman Butts: *The College Charts Its Course* (New York, 1939), pp. 82–93.
[2] Wertenbaker: *Princeton*, pp. 235–6; S. Willis Rudy: *The College of the City of New York: A History, 1847–1947* (New York, 1949), p. 13; Morison: *Three Centuries*, p. 287.

是科学？这两者中，哪一个正在塑造世界的思想？"[1]

在马萨诸塞州的康科德，亨利·大卫·梭罗（Henry David Thoreau）准备发表他对哈佛学院的评价。他抱怨的是传统学院的学习心理和方法，他说，学生们"不应该游戏人生，或者只是学习。尽管社会支持他们玩这种昂贵的游戏，但这自始至终都是圈养的生活。如果不投入生活实践，年轻人要怎样才能更好地学习、生活呢？我想这对他们心智的训练价值会和数学一样高"。他问道："一位用自己挖掘并冶炼的矿石打造了一把折刀并为此尽可能多地阅读必要资料的男孩和一位在研究所参加冶金学课程，然后同时从他父亲那收到一把铅笔刀的男孩相比，到底谁会进步更大？哪一个更有可能割伤他的手指？"谈及自己在哈佛的经历，梭罗只能说："让我惊讶的是，我离开学院时被告知我学的是航海！唉，要是我能在港口转一圈，我就会知道得更多了。"[2] 在佐治亚州，1857年的一份报纸宣称："我们现在生活在一个不同的时代，一个实用的时代，一个州立大学不会也不能满足州需求的时代。时代需要实干的人，需要土木工程师来管理公路、铁路、矿山、科学化的农业等。"1858年，加州公共教育督学问道："我们大多数传统学院的毕业生适合从事什么有用的职业？"[3]

---

1 John William Draper: *The Indebtedness of the City of New York to Its University: An Address to the Alumni of the University of the City of New York at their Twenty-First Anniversary, 28th June,* 1853（New York, 1853）, pp. 20-4.
2 Henry D. Thoreau: *Walden: or, Life in the Woods*（Boston, 1854）, pp. 56-7.
3 E. Merton Coulter: *College Life in the Old South*（Athens, 1951）, p. 201; William Warren Ferrier: *Origin and Development of the University of California*（Berkeley, 1930）, p. 34.

布朗的弗朗西斯·韦兰汇总了这些声音，并成为其代言人。他敏锐地批评了传统学院此前一个世纪的发展，早在1840年，他就提醒各学院，它们倾向于收买学生，而不是提供学生愿意购买的课程，这是荒谬的。1849年，由于无法在布朗董事会取得领导地位，他灰心丧气，辞去了校长一职。此后他同意，如果董事会承诺会面对那些布朗和其他绝大多数美国学院所忽视的紧迫问题，那他会重新考虑校长之职。而这些问题之所以被忽视，部分原因在于传统学院躲在1828年《耶鲁报告》之下不思进取。[1]

1850年，韦兰提出了一份具有同等影响力的报告。[2]它打破了许多传统院校的平静，并激励了像亨利·塔潘和约翰·德雷珀这样的改革者。它把美国学院拉到公众面前，并给了它们猛烈一击。他指出，这些学院正变得越来越浅薄。由于要努力在旧框架内容纳新科目，所以科目和课程的数量会大量增加，结果之一就是大学培养出来的人最终一无所长。"西点军校这一所学院，"他指责道，"在铁路建设方面所做的贡献比我们所有的……学院加起来还要多。"[3]韦兰认为，处在一个由有着各种开发可能性的丰饶大陆，新科学技术的发展，以及致力于实现经济和社会独立的自力更生、雄心勃勃、崇尚民主的人民所共同定义的环境里，学习传统课程毫无意义。他问道："弗吉尔、贺拉斯、荷马和德摩斯梯尼，再加上一点数学和自

---

1 Bronson: *Brown*, pp. 259-62.

2 Francis Wayland: *Report to the Corporation of Brown University on Changes in the System of Collegiate Education, Read March 28, 1850*（Providence, 1850）.

3 Ibid., p. 18.

然哲学,对开发这片大陆不可估量的资源能做些什么呢?"[1]

他呼吁开设一门"有利于所有阶层"的课程,特别是针对正在崛起的中产阶级,他呼吁"学院教学体系的……彻底改变",并提出如下改革:结束固定的四年制课程,从而给学生提供一定限度的自由,自己对自己的学习负责;一种根据课程的实用性分配时间的新的课程核算体系;一个完全自由的课程选修体系;一种能让学生完整地、不受干扰地学完一门学科的体系。[2]在这个框架下,韦兰向布朗理事会提议提供一个应用科学、农业、法律和教学方面的新项目。整个报告直截了当,毫不教条,论点严肃有节制,而且建议非常灵活。在考虑项目的学习时间从两年到六年不等的可能性时,它是在以大学的方式看待问题。然而,韦兰报告的主要目的是使美国学院与当时经济和社会的主要发展方向保持一致。

韦兰的计划立即得到了各学院改革派的欢迎,不仅如此,它还得到了罗得岛州总议会和普罗维登斯机械与制造商协会的赞扬。布朗理事会表示,他们将尽快筹集12.5万美元,以便将这些建议付诸实施。[3]1851年,伟大的实验开始了。因为韦兰的动机既在于一种根深蒂固的民主信仰,也在于对布朗经济需求的深切认识,所以他选择了一个四年制的文学硕士学位和一个略低一些的文学士学位,另外,他还在某些特别学科设置三年制的哲学学士学位。

---

[1] Francis Wayland: *Report to the Corporation of Brown University on Changes in the System of Collegiate Education, Read March 28, 1850*（Providence, 1850）.pp. 12–13.
[2] Ibid., pp. 50–2.
[3] Bronson: *Brown*, pp. 275 ff.

在上述努力下，入学人数增加了，但依然没有达到韦兰的预期，因为这所大学无法提供足够多的课程来实现真正的专业化。教师们很难使以往僵化的学科体系适应新的灵活课程。所以，新秩序只是将一批学术水平较低的学生吸引到了布朗。[1] 到 1856 年，教师和理事会都开始反抗，韦兰的校长职位在那一年被巴纳斯·西尔斯（Barnas Sears）取代，后者明确表示，他准备让布朗回到过去的安全道路上。他抱怨道："当我们成为一所为不幸的人授予学位而不是培养杰出阶层人士的院校时，我们显然处于危险之中。"他的观点赢得了很多支持者。在南卡罗来纳学院，校长詹姆斯·桑韦尔（James H. Thornwell）自豪地宣称："当其他人受制于大众压力时……就让培养学者而不是工兵、矿工、药剂师、医生或农民成为我们的目标吧。"在俄亥俄州的玛丽埃塔，校长伊斯雷尔·沃德·安德鲁斯（Israel Ward Andrews）对改革者冷嘲热讽："让我们放弃代数、天文学和修辞学吧，并探讨一块肉合适的大小，以便能够顺利吞下而不至于有因噎住而导致死亡的风险。用生理学代替语法，用生理学代替算术，用生理学代替一切课……"对弗朗西斯·韦兰们来说，他们的日子还没有到来，但詹姆斯·桑韦尔和伊斯雷尔·沃德·安德鲁斯的日子已经快到头了。[2]

---

1 Bronson: *Brown,* pp. 282–300.
2 Ibid., p. 322; Daniel Walker Hollis: *University of South Carolina*（Columbia, 1951–6）, I, iv; Arthur B. Beach: *A Pioneer College: The Story of Marietta*（Marietta, 1935）, p. 86.

# 第十二章
# 新时代的黎明

1867年的一天,拉尔夫·沃尔多·爱默生在他的日记中写下了一段话,预测南北战争之后几年里的高等教育将与学院时代完全不同。"那些关于大学改革的论文有些是尖锐的,但也不乏一些温和的声音,"爱默生说,"但它们对观察者的主要价值是表明以往花岗岩般坚硬的旧俗正在产生裂缝,一个新时代即将到来。"[1] 即将到来的新时代,将会把旧时学院抛在身后,它可能转变为名门绅士的保留地,或者是教派主义抵抗的阵地。但无论如何,它再也不会和以前一样了。

内战后的几年里,美国学院面临着重新定义自身的契机。一方面,改革者们屡败屡战;另一方面,新院校和新方法现在似乎以最

---

[1] 引自 Walter P. Rogers: *Andrew D. White and the Modern University* ( Ithaca, 1942 ), p. 4。

明确的声音宣布，传统学院已经到了必须要做出决定的时刻了，是继续充当延续过往的工具，还是成为开启未来的钥匙，以满足一个不断扩大和发展的工业国家的迫切需要。

内战在很多方面阐明了美国实验的范围和前景，它扫除了南方种植园贵族的伪装和所有支撑它的梦想。内战不仅摧毁了南方的农耕方式，也同样加速了主流的独立自耕农走向终结的过程。内战使东部和中西部地区形成了一个强大的资源联盟，包括自然资源、人力资源、工业资源和金融资源。在新英格兰，战争时期建造的工厂城镇、不断扩张的铁路网、新的财富以及建在山上俯瞰城镇的姜饼屋，都在塑造着未来的模样。内战征服了地理空间，把成千上万的美国人从乡村中解放出来。它表明，铁路为市场创造了巨大的机遇，人口的增长也为市场创造了巨大的需求。

正如林肯总统所设想的那样，内战也证明了大众政府的灵活性和持久性：它证明了民主政府可以在最严峻的考验中凝聚意志、智慧和力量来获胜。它开启了人民至上的时代。大众民主的有效性和可信度曾使汉密尔顿和杰斐逊产生分歧，也曾使安德鲁·杰克逊的敌人感到不安，但林肯很好地回答了这个问题。

内战同样打消了对美国能否存在下去的任何怀疑；它消除了怀有敌意的欧洲人对美国的所有猜疑或挥之不去的怨望，他们认为美国最终会四分五裂，成为软弱、卑下的共和国的一堆拼凑物。内战所预示的美国国家力量的前景，在战争期间美国外交大臣查尔斯·弗朗西斯·亚当斯（Charles Francis Adams）对英国外交部的外交胜利中得到了承认。它也在克利夫兰的炼油厂、匹兹堡的炼铁炉、芝加哥的大铁路中心和畜牧场中得到了预示。它也展示了人类的雄心壮志和世界上已知的自然资源最显著有效的结合，正是这种结合支撑和背书了美国的国家力量。

在一个被内战重塑的世界里，美国学院发现它已无法继续无视长久以来避而不谈的问题。1871 年，詹姆斯·安吉尔在其密歇根大学校长就职演说中指出："公众的思想现在处于一种可塑的、易受影响的状态，每一所充满活力的学院，不，每一个有能力的工人，都可能帮助其塑造关于教育的决定。"[1] 正是这一可塑性强、易受影响状况的普遍存在——很大程度上是由于美国在各个方面都进入了一个新时代，激发了这一句可能是美国教育史上最广为人知的格言。

1871 年，在一次校友宴会上，一位教授抱怨威廉姆斯学院落后于时代，当时相对不知名的共和党政客詹姆斯·加菲尔德（James A. Garfield）站出来为自己所熟知的学院辩护，并说出了这样的话："理想的学院是马克·霍普金斯在圆木的一头，而学生在另一头。"[2] 加菲尔德的这番话是在为传统学院辩护。那是一所不起眼的小学院，在那里，人们通过教学来塑造具有良好品格的年轻人而非学识渊博的学者。加菲尔德的本意一定不是为传统学院撰写墓志铭，但他确实在无意间这样做了，因为从此以后，他所唤起的理想将在日益不利的条件下与一大堆新理想竞争，而后者更符合内战所创造和揭示

---

1 James Burrill Angell: *Selected Addresses*（New York, 1912），p. 7.
2 Frederick Rudolph: *Mark Hopkins and the Log: Williams College, 1836–1872*（New Haven, 1956），pp. 225–31.

的美国。在这几十年里,美国的教育工作者、教育捐赠者和政府否定了 1828 年《耶鲁报告》。

战前开始的科技教育运动催生了新的、更受欢迎的学院和研究所。1861—1865 年,马修·瓦萨(Matthew Vassar)和约翰·霍华德·雷蒙德(John Howard Raymond)在波基普西(Poughkeepsie)创建了一所女子学院。这不是美国第一所女子学院,也不是第一所招收女生的学院,但它是第一所让全世界注意到长期被忽视的女性高等教育的学院。瓦萨学院确立了美国妇女的高等教育权利,这是当时美国最大、最弱势的少数群体。在另一个层面上,1862 年的《莫里尔法案》将联邦政府资助交由每个州的政府处理,以构建一个全新的、具有大众和实践取向的赠地学院网络,到 1955 年,赠地学院招收的大学生超过总数的 20%。长期被忽视的州立大学现在开始显现出越来越受欢迎和越来越有效用的前景。1867 年,约翰·霍普金斯用他在巴尔的摩和俄亥俄铁路公司的股票作为抵押,建立了约翰·霍普金斯大学,这将成为美国第一次支持纯学术的实质性努力。两年后,查尔斯·威廉·埃利奥特当选哈佛校长。在他的领导下,美国学院的古典课程受到强力冲击,轰然倒塌,哈佛的下一代人不得不转向通识教育,以弥补这一缺憾。

但这些活跃的运动并没有踏足荒凉的、被遗弃的南方。战争造成了废墟、死亡和贫困,南方的学院因为适龄年轻人的死亡和贫穷而被洗劫了。就像南方本身一样,它们只能坚持,坚持一个从未存在的旧南方的浪漫梦想,或者坚持到联邦再次出现的那一天。

然而,在美国的其他地方,战后的岁月孕育了新的院校和领导者：康奈尔的安德鲁·怀特、瓦萨学院的约翰·霍华德·雷蒙德、麻省理工学院的威廉·巴特拉姆·罗杰斯（William Bartram Rogers）、霍普金斯的丹尼尔·科伊特·吉尔曼。这些人以及埃利奥特和安吉尔在战后抓住了美国高等教育发展的先机，就像约翰·洛克菲勒在石油领域、安德鲁·卡内基在钢铁领域、华盛顿·杜克在烟草领域所做的一样。他们以不同的方式回应了社会的需求和要求，当时的社会正经历着物质财富的增加、生活水平的提高、工业化和城市化的发展。他们回应了社会和经济所释放出来的新的流动性，回应了强调个体差异和个性化需求的更民主的心理学的涌现，也回应了一种承认妇女，农民，技工和伟大的、有抱负的中产阶级的品格培养和学习权利的更民主的哲学。他们认识到，一个新社会需要新的方向指引、凝聚力和控制功能。

对于处在改革浪潮中的新领导人和新院校来说，旧方式和传统课程过于狭隘、初级或肤浅。德国大学自由教学、自由学习和自由研究的理念没有得到充分贯彻。对技术和实践的重视不够。这些学院太教派主义、太不民主了，它们的心理学不无缺陷，它们的哲学亦乏善可陈。

没有一位改革家或一所学院，知道或者确实想知道如何处理这些问题。随着时间流逝，改革不断推进，人们用六个新定义来取代旧定义。到了20世纪初，在大量教育基金会的资助和其他必要的支持下，人们几乎疯狂地建立学院和大学的校园新秩序。因为旧的统一性、旧的同一性已被彻底摧毁了，而最重要的问题是确定用什么来填补旧秩序消失之后留下的空缺。

第十二章 新时代的黎明

246　　毫无疑问，破坏旧有统一性的基础运动是科学的持续崛起。早在战前，科学就已侵入哈佛、耶鲁、达特茅斯和其他院校旧有的特许制度中。一所院校于 1861 年获得了马萨诸塞总议会的特许状，并由州拨给位于后湾的土地，于 1865 年开学。它日后将为工程和其他应用科学领域制定标准，它的名字是麻省理工学院。到 1897 年，学院招收了 1200 名学生，这充分证明了美国可以维持运作一所独立的基础和应用科学学院。在那里，年轻人可以不受任何限制地自由追求科学，也许还可以加上精深的、饶有兴味的人文学科的研究。[1]

　　1874 年，普林斯顿开始在拿骚厅旁边建立一个工程系。在宾夕法尼亚州的伯利恒（Bethlehem），阿萨·帕克（Asa Packer）提供资源创建了里海大学，这是一所科学技术学院，位于宾夕法尼亚州东部工业复合体的中心，该复合体包含工厂、矿山和铸造厂。当阿里欧·帕迪在 1866 年提供 10 万美元给拉法耶特学院时，这所学院正在痛苦而漫无边际地寻找其目标和稳定的发展前景，这笔捐款使得这所小型学院能率先建立一个大规模的科学项目。在科学取向的吸引下，学院在 1872 年一届就招了 115 名学生，而在之前七年，全学院所有学生在校人数也才不过如此。在那个时刻，即使是哈佛和耶鲁，也难免陷入青黄不接的窘境。"这些学院主要培养律师和业余爱好者"，这是康奈尔大学的安德鲁·怀特的评论。两者他都不需

---

1 Samuel C. Prescott: *When M.I.T. was "Boston Tech": 1861-1916*（Cambridge, 1954）, pp. 29-166.

要，他在 1870 年想要的是一名植物学家，而强大的哈佛和伟大的耶鲁都无法推荐自己的学生。[1]

然而，用不了多久，科学探究的精神就会一步步取代所有古老的根基。1877 年，在阿默斯特学院，一位老教授惊恐地发现，在德国接受教育的生物学和地质学哲学博士本杰明·爱默生（Benjamin K. Emerson）教授让"他的大三学生花四到五周的时间解剖和研究蛤蜊，然后……（要求）每个学生都要写一篇关于这个主题的论文"。阿默斯特以前可不做这些无意义的工作，很快，爱默生教授就被剥夺了讲授生物学的权利，课转交给了一位能保护学生安全的教授，这位教授根据校长的命令来教授生物学，即"作为一个绝对独立的、有灵的造物主绝对依赖性的产物"。1885 年，克拉伦斯·赫里克（Clarence L. Herrick）编辑出版了重要的《丹尼森大学科学实验室公报》（*Bulletin of the Scientific Laboratories of Denison University*）。1890 年，布朗的动物学教授赫尔曼·邦珀斯（Herman C. Bumpus）以一种极具象征意义的姿态将"老旧的自然史传统中的填充海象和填充长颈鹿随便扔在一边，然后让学生们坐在了解剖台上"[2]。

---

[1] Thomas Jefferson Wertenbaker: *Princeton 1746–1896*（Princeton, 1946）, pp. 307-8; Catherine Drinker Bowen: *A History of Lehigh University*（Bethlehem, 1924）, *passim;* David Bishop Skillman: *The Biography of a College: Being the History of the First Century of Lafayette College*（Easton, 1932）, I, 280 ff., 350; Rogers: *Cornell,* p. 159.

[2] Thomas Le Duc: *Piety and Intellect at Amherst College 1865–1912*（New York, 1946）, pp. 83–6; Donald Fleming: *Science and Technology in Providence 1760–1914: An Essay in the History of Brown University in the Metropolitan Community*（Providence, 1952）, p. 48.

诚然，科学在任何地方都会成为改革的工具，那么更具美国特色的推动力则是赠地学院，它是1862年制定的《莫里尔联邦土地赠予法》的产物。《莫里尔法案》的背景是半个多世纪以来磕磕绊绊的努力以及在农业教育方面有所建树的承诺。1800年以前，哥伦比亚承诺要从事农业化学方面的工作，在接下来的五十年里，它时不时地做一些努力，试图与农业社会实际的需要建立重要联系，尽管这些努力大都以失败告终。[1]

到19世纪50年代，美国的工业潜力就像过去的农业一样明显，人们越来越意识到，新时代需要新培训和新教育。然而，建立农业和机械培训计划所需的某种制度基础以及对专业知识的深切尊重依然付之阙如。普通的农民和技工既没有意识到他们的世界正在变化，也没有感受到需要接受工作以外的任何培训，但在地方和区域的农业协会以及教育改革者心中，确实存在如下信念：时代的变化需要对美国农民和技工的能力进行新的审视。耶鲁的西利曼家族和哈佛的阿加西在发展农业科学这一概念上做了一些努力。事实上，在赠地学院运动顺利开展之前，这一领域最重要的工作都是在耶鲁的西利曼家族领导下完成的，但哈佛和耶鲁的成就无法推而广之。

---

1 参见 Edward Danforth Eddy, Jr.: *Colleges for Our Land and Time: The Land-Grant Idea in American Education* (New York, 1957), pp. 1-22; Alfred C. True: *A History of Agricultural Education in the United States, 1785-1925* (Washington, 1929), pp. 9-43; Whitney Shepardson: *Agricultural Education in the United States* (New York, 1929)。

纽约州哈瓦那的人民学院是一次备受争议的冒险，它在 1853 年获得特许状，于 1858 年开学，尽管该学院在内战之前没有取得实质性的发展，但媒体对它进行了广泛宣传，认为它是探索大众技术教育发展方向的一次很好的尝试。与此同时，在农业协会和教育改革者推动下，19 世纪 50 年代成立了一些初级院校，这实际上是赠地学院运动的先声。纽约州立农学院成立于 1853 年，1860 年开学。在宾州，1854 年农民学园获得特许状，1861 年开始授予科学农业学士学位，第二年更名为宾夕法尼亚农学院，在 1862 年，它得到了州政府 10 万美元的资助。类似的努力虽然并不总是有效，但在马里兰州、马萨诸塞州、佐治亚州、肯塔基州和弗吉尼亚州，令人激动的改变都开始出现了。在西部——这个国家伟大的农业中心，人们对科学农业的想法没有足够的兴趣，因此只建立了一所院校——1857 年在东兰辛建立的密歇根州立农学院。[1]

所有这些活动都与贫农和工人协会的观点无关，都是中产阶级改革者的作品，他们准备提出一些关于大众技术教育应该是什么的理论和意识形态方面的观念。类似的改革意图被纳入了 1862 年的赠地学院法案中，即便这不是理论和意识形态方面的成就，也算是佛蒙特州国会众议员贾斯廷·史密斯·莫里尔（Justin Smith Morrill）的立法成就。

---

[1] 参见 Earle D. Ross: *Democracy's College: The Land-Grant Movement in the Formative Stage*（Ames, 1942）, pp. 14-45; Wayland Fuller Dunaway: *History of the Pennsylvania State College*（Pennsylvania State College, 1946）, pp. 1-30; Madison Kuhn: *Michigan State: The First Hundred Years*（East Lansing, 1955）, pp. 1-70。

早在1848年，莫里尔就建议美国学院应该"砍掉一部分几个世纪前作为欧洲学术标志的研究，并用那些不那么古老而更有实用价值的研究填补空缺——如果它是空缺的话"。到1857年，也就是莫里尔首次提出他的法案的那一年，他已经清楚认识到传统院校显然不太可能有任何重大改变，因此，他在他的法案中纳入了关于技术教育的主要改革理念，明确指出其目的是"促进工业阶层的自由和实用教育的发展，以实现其生活目标和职业追求"[1]。

然而，他的法案显然也有其他用途，它为处置公共土地提供了一种普遍而明智的方法。它承诺帮助发展科学农业，以有效应对日益严重的土壤耗竭和浪费问题。在某种程度上，它可能会成功地让卑微的民众享受到高等教育的红利，改善其处境。一些人希望该法案能帮助那些不太受自然眷顾的州更好地利用它们的资源，另一些人则希望美国能够与高效的欧洲农业竞争，后者在这方面已经很先进了。当然，各州的共和党政客也认为，无论如何，该法案不会损害共和党在农民中的事业。[2]

该法案直到莫里尔1862年重新提交时才成为法律，当时南方已经退出联邦，林肯已接替布坎南担任总统，正是布坎南否决了该法案的早期版本。南方人提出了合宪性问题，一位来自弗吉尼亚州的参议员指责莫里尔的提议是"为了贿赂各州而抢劫财政部的违宪行为"。另一些人则不愿提高北方工匠和劳工阶级的地位，而且他们对绝大多数辛勤工作的南方白人农民的贵族责任感还未延伸

---

1 Eddy: *Colleges for Our Land and Time*, p. 27; Ross: *Democracy's College*, p. 47.
2 Eddy: *Colleges for Our Land and Time*, pp. 27–30.

到教育上。北方和西部民众对各类高等教育的敌意也需要克服。一位来自明尼苏达州的参议员坚持说:"我们需要朴实的农民,我们需要朴实的技工。"[1]

该法案于1862年7月通过,而在两个月前林肯已批准了创建农业行政部门的法案。与同年的宅地法相结合,这些重要的立法在独立自耕农流离失所的前夕给予了他们政治上的认可——他们是当时典型的美国人。但在关于该法案的辩论中,很少涉及教育问题。莫里尔曾一度提出这样的论点,即赠地学院将"诱使农民子弟在老宅基地周围定居和聚集"。艾奥瓦州(该州独立于国会中的运动)正在努力建立一所州立农学院,州立法机构听到的学院倡议者的说法是,农业教育将使有能力的年轻人待在农场,并有机会在从事农场职业的同时得到人们的尊敬。一位支持艾奥瓦学院的发言人敦促道:"我们想要……(我们的年轻人)能够站在这里,能够在全国性的场合上与这一时代最优秀的法律人士讨论平等问题……提出我们的要求,倡导我们的原则,捍卫我们的利益。"[2]

在华盛顿、艾奥瓦州和其他地方的争论中,有一种观点认为,赠地学院运动在某种程度上既要归功于那些正在摧毁美国社会的农业取向的力量,也要归功于那些试图将过去的农耕神话永久化的情结。在一定程度上,赠地学院法案是拯救农场或农民的一种努力,是将农民固定在其农场上的一种努力,即便他已将目光投向堪萨斯

---

1 Eddy: *Colleges for Our Land and Time*, pp. 31–2.
2 Rogers: *Cornell*, p. 122; Earle D. Ross: *A History of the Iowa State College of Agriculture and Mechanic Arts* (Ames, 1942), pp. 19–20.

第十二章 新时代的黎明

城。因此,《莫里尔法案》的通过在某种意义上是美国人民保留农耕哲学的一种浪漫主义努力,尽管他们已经走在了不仅通向堪萨斯城,还通向纽约、克利夫兰、芝加哥、圣路易斯和旧金山等现代大城市的道路上。¹

1872年,密苏里大学农学院院长公开揭示了在迫使美国生活发生根本性调整的过程中,赠地学院运动卷入的程度有多深。"我们将讲授带来高产的科学,"他说,"我们的学院应该成为一股鲜活的、不断壮大的力量,让农场繁荣幸福,让它们能够与城市竞争,争夺这片土地上最优秀的人才。"但是,在1862年国会辩论中更受关注的则是该法案是否损害了各州的权利,它是否偏袒某些部门,西部各州是否会因为用自己的土地去资助东部学院而蒙受损失。尽管该法案在参众两院以很大优势轻松通过,但它并没有得到公众的重视,而且西部也有不满的声音。《纽约论坛报》在总结国会的立法成就时,完全没有提及《莫里尔法案》。²

但法案本身为每个州的至少一所学院提供了支持,"在不影响学习其他科学或古典学科的情况下,这些学院的主要目标是教授与农业和机械技艺相关的分支学科知识"。根据1860年的分配方案,联邦按照每个州每位议员3万英亩土地的标准赠予公共土地或土

---

1 参见 Kuhn: *Michigan State*, p. 2; W. H. Glover: *The College of Agriculture of the University of Wisconsin: A History*（Madison, 1952）, p. 28; Andrew D. White: *Address on Agricultural Education, Delivered before the N. Y. State Agricultural Society, at Albany, February 10, 1869*（Albany, 1869）, p. 47。

2 Jonas Viles, et al.: *The University of Missouri: A Centennial History*（Columbia, 1939）p. 298; Ross: *Democracy's College*, pp. 46-7.

地券。这一特殊规定的结果是将1743万英亩公共土地的销售收入转交给了新学院。每英亩土地的平均收益是1.65美元，最低的是罗得岛州，为0.41美元，纽约最高，为6.73美元。每英亩土地收益的差异与土地的质量关系不大，而主要与各州处理该事务的财务和行政人员的素质有关。基于售地收益建立的基金的10%可以用于购买一个学院的建设用地或实验性农场，基金的其余部分则必须作为投资回报率为5%的永久性捐赠基金进行运作。[1]

到1961年，有69所美国学院得到了这项立法以及随后相关立法的支持。由于该法案没有规定具体的管理方式，也由于当时农业和机械教育的概念还没有得到精准定义，新学院的建立就有了令人惊诧的各种安排。4个州——密歇根州、宾夕法尼亚州、马里兰州和艾奥瓦州——在之前特许建立的农学院之上创建了农工学院（正如后来所闻名的）。包括威斯康星、明尼苏达、北卡罗来纳和密苏里在内的许多州，都把赠地基金收益拨给了已有的州立大学，但它们同时也把责任交给了州立大学，即找到如何为农业和工业利益服务的方法。包括俄克拉何马州、得克萨斯州、南达科他州和华盛顿州在内的许多州则建立了全新的学院，这些学院今后将与已有的州立大学争夺公共资金。

各州进行了各种形式的探索。4个州——俄亥俄州、加利福尼亚州、阿肯色州和西弗吉尼亚州——建立了新的州立大学，并增设了农工类课程。另外6个州安排已有的私立学院提供这种新的大众

---

[1] Ross: *Democracy's College*, pp. 46-7; True: *A History of Agricultural Education*, pp. 95-119.

第十二章 新时代的黎明

教育。在康涅狄格州，耶鲁的谢菲尔德科学学院成了赠地学院，在罗得岛州是布朗；在新罕布什尔州是达特茅斯，在新泽西州则是罗格斯，在肯塔基州则是教派创立的特兰西瓦尼亚学院，在俄勒冈州则是科瓦利斯卫理公会学院。特拉华州通过赠地使奄奄一息的特拉华学院得以复兴，并进一步壮大为一所州立大学。马萨诸塞州用部分捐赠基金成立了一所新的农业学院，并将一部分捐赠给了麻省理工学院。印第安纳州和纽约州都结合另外的独立捐赠建立了一所新学院：印第安纳州是结合约翰·普渡（John Purdue）的10万美元捐赠，建立了普渡大学；纽约州则是结合埃兹拉·康奈尔（Ezra Cornell）的50万美元建立了康奈尔大学。

此时，每个州都将有自己的赠地基金，其中17个州将有两个赠地基金。1890年通过的第二《莫里尔法案》规定了为赠地学院提供常规年度拨款，但同时也规定对于那些因种族偏见拒绝录取少数族裔学生的学院，在建立隔离但平等的措施前不得给予拨款。[1]

几乎所有地方的传统学院都在争先恐后地争取联邦政府的资助，这表明经济状况不稳定的传统学院，在意识形态上也出现了接受联邦政府支持的意愿。[2]然而，事情很快变得明朗起来，传统院

---

1 Ross: *Democracy's College,* pp. 73–6.

2 Ibid., pp. 68–85; Edward Potts Cheyney: *History of the University of Pennsylvania 1740–1940*（Philadelphia, 1940）, p. 254; William Murray Hepburn and Louis Martin Sears: *Purdue University: Fifty Years of Progress*（Indianapolis, 1925）, p. 27; Dunaway: *Pennsylvania State,* p.48; Glover: *Wisconsin,* p. 28; James E. Pollard: *History of the Ohio State University: The Story of its First Seventy-Five Years 1873–1948*（Columbus, 1952）, pp. 4–11.

校的主张将被忽视。到1872年，当国会讨论是否增加联邦对赠地学院的捐赠时，普林斯顿校长麦科什作为教派利益的代表游说反对这一提案，哈佛的埃利奥特校长则作为高标准大学的代言人公开反对联邦的捐赠基金。[1]

在1872年及以后的几年里，在反对联邦政府对赠地学院进一步资助一事上，那些传统学院对于联邦提供的教育资助表达了放任主义的态度。州政府已经对传统学院失去了兴趣，现在联邦政府的慷慨日益转向支持新的院校。所有被政府冷落的传统学院都提出了独立、自立的私立学院原则。这些原则的提出与铁路公司公共土地使用丑闻的曝光同时发生，这助长了人们对联邦政府行为的不信任。像麦科什和埃利奥特这样的人竟然会沉浸于美国学术史上最糟糕的时期之一，这一方面是因为他们准备在原则上拒绝向新学院提供对过去许多传统学院的生存而言至关重要的支持，另一方面也因为他们对新大众学院既反对又蔑视。这从普林斯顿校长对位于罗格斯的赠地学院的称呼中就可见一斑，他将其称为那所"由几个荷兰人管理，位于新布伦瑞克的优秀学院"。[2]

如何将赠地资金转入受赠学院诚然是一个难题，同样地，"一所满足农民和技工所需的学院应该是什么样子"这个问题也很难回答。例如，农村儿童没有中学可上，受过训练的自然科学教师和农业教师也很少，甚至实际上连农业科学都没有。此外，美国仍然有大量不需要技术就可以开发的土地，而且其产出远远超过需求。

---

1 Ross: *Democracy's College*, pp. 173–4.
2 Ibid.

第十二章 新时代的黎明

谁需要去学院学习如何成为一个农民？技工也面临同样的问题。[1]

为赠地学院寻找理论基础的过程引发了古典主义者和平民主义者之间的争论，前者希望为新学科找到空间，而后者只提供实用的技术教育。[2]新学院到底该培养科学家还是提升技师和工人的素养？没有人知道确切的答案。伊利诺伊州早期的农业改革家乔纳森·鲍德温·特纳（Jonathan Baldwin Turner）在1853年曾说："工业阶层……需要，也应该有同样的能力去理解他们所追求的真正的哲学、科学和艺术……以及有效地应用现有知识并扩大其领域，这是专业阶层在他们的追求中长期享有的。"[3]

十年后，当第一个赠地基金开始运作时，美国农业署长艾萨克·牛顿（Isaac Newton）表示，这些新学院可能真的不会有什么不同。"这些学院不仅仅是农学院，"他说，"我们的农民子弟比其他人更有雄心壮志，只给予与农民有关的教育是不会让他们满意的。教育的目的是教人们观察和思考……所有的追求……可以有共同的教学课程。"另一方面，费城的一份农业报纸在基金运行一年后评论道："我们没有把农业专业的学生引向实验室、化学和哲学仪器，而是给了他一双笨重又整洁的皮靴和一条灯芯绒裤子，并教他如何装肥料。"[4]

1870年，时任俄亥俄州州长的拉瑟福德·海斯（Rutherford B.

---

1 True: *A History of Agricultural Education*, pp. 110–11.
2 Ross: *Democracy's College*, pp. 88 ff.
3 引自 Norman Foerster: *The American State University*（Chapel Hill, 1937），pp. 24–5。
4 引自 William Warren Ferrier: *Origin and Development of the University of California*（Berkeley, 1930），pp. 62–3; Ross: *Democracy's College*, pp. 90–7。

Hayes)将筹备中的俄亥俄州农工学院视为一次让工业阶层具备技术能力的冒险。然而,四年后,俄亥俄州立大学的第一任校长爱德华·奥顿(Edward Orton)在就职演说中承诺,该校将坚持"把人培养成人,而不是培养他胜任某一特定职业的能力"。1871 年,在密苏里大学,一位校董提出了类似的观点,他警告说:"不应该对实践教育抱有太多期望,因为主要目的是培养学生的社会素质和心理素质。""这很好,"一位州农业委员会委员反驳道,"但他们要怎么对付猪霍乱呢?"[1]

这种意见分歧所造成的困境永远不会完全得到解决,但每所院校都找到了自己的解决方案。例如,俄亥俄州立大学倾向于支持基础科学和经典研究,其成效足以撼动俄亥俄州的许多老牌大学。1870 年,伊利诺伊工业大学的 200 名学生中,只有 20 人修读拉丁语。现在,大学教育的定义变得非常灵活,以至于没有人再学习希腊语。然而,十五年后,当这所院校从伊利诺伊工业大学更名为伊利诺伊大学时,以往的所有怀疑又都被重新唤起。一家乡村报纸不无嘲讽地提出,显然是时候把大学的校训从"学习和劳作"改为"薰衣草和白百合"了;另一份则讥讽为"哥们工厂"[2]。从总体上看,

---

[1] Pollard: *Ohio State*, pp. 16–35; Viles: *Missouri*, p. 300. 参见 Julius Terrass Willard: *History of the Kansas State College of Agriculture and Applied Science*(New York, 1940), pp. 56 ff.; Hepburn and Sears: *Purdue*, pp. 61–2 ff.; James Gray: *The University of Minnesota 1851–1951*(Minneapolis, 1951), p. 44; James F. Hopkins: *"The University of Kentucky: Origins and Early Years*(Lexington, 1951), p. 76; Dunaway: *Pennsylvania State*, pp. 60, 118; Ross: *Iowa State*, p. 117; William H. Powers, ed.: *A History of South Dakota State College*(Brookings, 1931), pp. 23–34。

[2] Pollard: *Ohio State*, p. 94; Allan Nevins: *Illinois*(New York, 1917), pp.64, 121.

第十二章 新时代的黎明

赠地学院的趋势是尊奉实用、忽视传统。所谓的文化和古典研究被忽视了，艾奥瓦州立大学在其课程中几乎取消了所有在定位上不够职业化、过于注重纯科学的课程。

即使在更重视技术学习的时候，也很难让农民和他们的儿子相信农业教育是有意义的。工程学至少是在发展一套原则和概念的过程中，一旦新学院决定在工程学定义的范围内确立其技工培养的目标，农工硕士学位就有了相对坚实的基础。但是代表农业的"农"字，则引起了一些麻烦。[1] 直到 1873 年，佛蒙特大学还没有学生申请农学课程。在新罕布什尔州，有一位北方人则不以为然："从这里到落日之地的所有农学院都不能把新罕布什尔的石山变成伊甸园。"1879 年，伊利诺伊大学只有 22 名农业专业的学生。在 1880 年前，威斯康星大学只毕业了一名农业专业的学生。当俄亥俄州立大学在 1878 年为农民开设冬季课程时，只招收到了 7 名学生。1884 年，在南卡罗来纳大学，在 122 名攻读学位的学生中只有 7 人在农学系注册。[2]

这些统计数字反映了农民对专家的不信任，他们依赖经验，将其作为最好的老师，同时这也反映了一个明显的事实，即大量土地在无须进行精细的科学栽培条件下依然能种植作物。此外，去上大学的农

---

1 参见 Walter L. Fleming: *Louisiana State University 1860-1896*（Baton Rouge, 1936），pp. 472-3 ff.; Ross: *Iowa State,* pp. 282-7。

2 Ross: *Democracy's College,* p. 155; Philip M. Marston, ed.: *History of the University of New Hampshire 1866-1941*（Durham, 1941），p. 92; Julian Ira Lindsay: *Tradition Looks Forward: The University of Vermont: A History 1791-1904*（Burlington, 1954），p. 236; Rogers: *Cornell,* p. 120; Pollard: *Ohio State,* pp. 41-2; Daniel Walker Hollis: *University of South Carolina*（Columbia, 1951-6），II, 115.

村孩子更有可能受到普通美国人志向抱负的吸引。农民的儿子不需要特别敏锐的洞察力就能意识到，在美国主流看法中，杰斐逊所说的"上帝的选民"已经变成了"乡下人"和"乡巴佬"。为什么要成为一个更好的乡下人呢？上了大学的农家男孩很可能是要去城市，而对于城市来说，工程学课程也许有用武之地，但农业课程却大概率没有。在美国，机会已经从土地转移到了工厂；赠地学院把农业和机械结合起来，把过去和未来这两种生活方式结合起来。对成功的狂热，对更高物质标准的追求，都不利于务农，因此也不利于农业教育。

农村孩子通过上大学逃离农场的倾向，引起了父亲心中深深的痛苦；它给早期学院带来了巨大阻力，而这种痛苦在农民自助组织格兰奇（the Grange）中得到了有组织的表达。威斯康星大学的董事们认为他们在1883年看到了一线希望："如果没有农村生活中不断增加的肌肉力量和纯净的头脑，纽约和波士顿都无法保持其在商业和专业方面的优势。"但是，威斯康星州的农民却不会轻易相信这套说辞了。一位评论家断言道："离家在外，职业和商业生活的魅力和诱惑"使农场的孩子们"从过去对小牛、小马驹、小羊羔、种植庄稼、收割、晒干草……愿意辛辛苦苦磨出茧子的热爱和热情中彻底脱离了出来……"[1]

---

[1] Rogers: *Cornell*, pp. 122–3; Merle Curti and Vernon Carstensen: *The University of Wisconsin: A History, 1848–1925*（Madison, 1949）, I, 464; Glover: *Wisconsin*, pp. 49–100. 参见 Kuhn: *Michigan State*, p. 119; Hepburn and Sears: *Purdue*, p. 90; Lindsay: *Vermont*, p. 254; John Hugh Reynolds and David Yancey Thomas: *History of the University of Arkansas*（Fayetteville, 1910）, p. 137; Walter Stemmons: *Connecticut Agricultural College—A History*（Storrs, 1931）, p. 56; Ross: *Iowa State*,

第十二章 新时代的黎明

然而，还不止如此。这些赠地学院在既没有指导也不了解欧洲的先例和发展的情况下，就进入了农业教学领域。早期应用农业专业的教师很可能是没有任何实际经验的自然科学家。在达特茅斯，一位农业教授让他的 2 英亩土豆和 20 蒲式耳甜菜冻死在地里。密苏里大学第一位农业教授是植物学家乔治·斯沃洛（George C. Swallow），他的专长是葡萄种植，爱好是园艺。在他看来，他的使命就是美化密苏里州的农场。在密苏里大学的招生简章中，他引入了这样的警句："谁有整洁的草坪和美丽的景观，他就可以更好地工作，睡得也更好。"如果这就是大学里的农业教育，农民们对此表示怀疑也就无可厚非了。所以，当务之急是让农民相信科学不是不切实际的同义词。1879 年，南卡罗来纳州一位议员的判断很典型："(我从未见过)一个能写一篇好文章或做一场精彩农业演讲的人，能生产出足够的玉米来让自己和一头短尾骡子活到 3 月的第一天。"[1]

学院为扩招做出了很多努力，也有一定效果，但 1892 年阿肯色大学提出给生产出最优质的 5 磅黄油的农业专业学生 25 美元奖励的这一努力显然没有奏效。更有效的无疑是几乎完全放弃招生标准。在农村没有高中的情况下，学院只是说："来吧，我们尽力而

---

（接上页）pp. 93 ff.; Ferrier: *California*, pp. 355-8; Dunaway: *Pennsylvania State*, pp. 95 ff.; Marston: *New Hampshire*, pp. 74-5 ff.; Hopkins: *Kentucky*, p. 112; Philip R. V. Curoe: *Educational Attitudes and Policies of Organized Labor in the United States* (New York, 1926), pp. 94-5。

1 Rogers: *Cornell*, p. 116; Ross: *Democracy's College*, pp. 96 ff.; Marston: *New Hampshire*, pp. 45-6; Viles: *Missouri*, pp. 159-60; Ferrier: *California*, pp. 369-72; Hollis: *South Carolina*, II, 91.

为。"例如，1877年，俄亥俄州立大学取消了代数的入学要求，立即招收了20名新学生。1885年，阿肯色州州议会下令该州的赠地学院降低已经低得令人难以置信的录取标准。1888年，南达科他州立学院的考生被要求在八年级之后接受一年的预科学习。直到1914年，位于斯托尔斯的康涅狄格农学院才将课程限定为面向高中毕业生。当然，这些标准随着时间的推移而改善，但在关于赠地学院的观念中，有一个根深蒂固的看法是：学院教育是以公费方式提供给每个人的。与这种流行的民主理想相比，卓越的标准显然会处于不利的地位。[1]

最后，让美国农民信服农业教育并打消格兰奇敌意的是，科学农业被证实能带来更高的作物产量、更多的收入、享受更好物质生活的机会——通俗点说，一个经常使用蒙哥马利·沃德百货公司或西尔斯·罗巴克百货公司商品目录的机会。最重要的是，在自然科学家对种子、牲畜和化学品开展实验、努力探索之后，他们开始有一些值得向农民展示和宣传的东西了。同样重要的是1887年的《哈奇法案》，该法案为建立农业实验站提供了联邦资金，实验站很快就成为非常受欢迎且卓有成效的方式，为学院赢得了农民的

---

[1] Reynolds and Thomas: *Arkansas*, p. 273; Ross: *Democracy's College*, p. 114; Pollard: *Ohio State*, p. 39; Reynolds and Thomas: *Arkansas*, p. 131; Powers: *South Dakota State*, p. 18; Stemmons: *Connecticut*, pp. 141-3. 参见 William H. S. Demarest: *A History of Rutgers College 1776-1924* ( New Brunswick, 1924 ) , p. 412; Enoch Albert Bryan: *Historical Sketch of the State College of Washington 1890-1925* ( Spokane, 1928 ) , pp. 138ff.; Roy Gittinger: *The University of Oklahoma 1892-1942* ( Norman, 1942 ) , p. 11。

第十二章 新时代的黎明

支持。因为这些实验站将科学用于解决具体的农业问题，帮助向持怀疑态度的农民证明科学可以成为农业的朋友。康奈尔大学的利伯蒂·海德·贝利（Liberty Hyde Bailey）教授研究并解决了一位州议会议员的葡萄园里的黑腐病问题，这位议员后来成为州议会议长，为康奈尔大学获得永久性的农业教育资助提供了至关重要的帮助。在密歇根州，罗伯特·卡茨（Robert C. Kedzie）教授通过揭露一家出售含砷壁纸的公司发起了反对有害煤油的运动，并争取对小麦重新分级，这一重新分级对密歇根州的农业极为重要，从而证明了州立学院的作用。在得克萨斯州，棉花农业和化肥方面的问题都被州立学院攻克了；在华盛顿，教授们转而研究鲑鱼和鲑鱼繁殖。当联邦政府在1890年开始为赠地学院提供年度拨款时，局面已经变得相当明朗；很快，州立法机构也开始充分发挥自己的作用。[1]

最终，应用农业科学的发展、实验站、农民的称赞、联邦和州财政援助等因素相互促进，共同把赠地学院发展成一场重要的教育运动。到1890年，学院认为是时候向农民传授一些专业知识了，而农民也欣然接受，因此，在26个州，校外的农民讲习所让学院真正走入农民之中。与此同时，在实验室、实验农场和模范奶牛场，科学农业的专业化正在创建有关畜牧业、兽医学、农学、园艺学、植物

---

1 Ross: *Democracy's College*, pp. 136–51; Malcolm Carron: *The Contract Colleges of Cornell University: A Co-operative Educational Enterprise*（Ithaca, 1958）, pp. 52–3; Kuhn: *Michigan State*, pp. 107 ff.; George Sessions Perry: *The Story of Texas A and M*（New York, 1951）, pp. 146, 222; Bryan: *Washington State*, p. 332.

病理学、农业植物学、农业化学和农场管理等课程。这与1828年杰里迈亚·戴和耶鲁全体教师在经典声明中的课程安排大相径庭。[1]

差异还不止于此。例如，1874年，艾奥瓦州立法机构指责阿多奈贾·韦尔奇（Adonijah S. Welch）校长贵族式的势利，因为他没有邀请学院的校工参加校长晚宴。在俄勒冈州有一位教师，他的教授职位同时承担了演讲、普通法、生理学和机械制图等课程的职责。在南达科他，一位同时讲授德语、簿记、书法、正字法、政治经济学、美国宪法和文明史等课程的教授，还为农民讲习所讲授农场账目，并管理男生宿舍，以及担任一家大学生寄宿俱乐部的管家。当一所赠地学院试图求助于国外经验时，它可能会像艾奥瓦州立大学的玛丽·韦尔奇（Mary B. Welch）一样进入伦敦女仆学校。在那里，她被误认为是一个接受培训的仆人，但她学到了足够的知识，从而为学院建立家政专业和家政科学奠定了基础。[2]

1884年，在康涅狄格农学院的毕业典礼上，学生们分别发表了"灌溉与排水"和"牛马脚蹄及其疾病"[3]的演讲。这一切都不像旧时的古典学院。弗朗西斯·韦兰终于得到了回应。职业和技术教育已经成为美国高等教育的一项合法职能，而且无论在哪里，进入学院学习的想法都被从阶级和古典传统的束缚中解放了出来，这些传统长期以来一直定义着美国学院生活。

---

1 Ross: *Democracy's College,* pp. 164-6; Willard: *Kansas State,* p. 32; Powers: *South Dakota State,* pp. 83-99; Hepburn and Sears: *Purdue,* p. 90; Glover: *Wisconsin,* pp. 89, 149-59; Kuhn: *Michigan State,* pp. 138 ff.
2 Ross: *Iowa State,* pp. 97, 152; Ross: *Democracy's College,* p. 109.
3 Stemmons: *Connecticut,* p. 48.

第十二章 新时代的黎明

# 第十三章
# 大学的兴起

　　南北战争后,美国的高等教育被多种创新力量所改变,但毫无疑问,最能代表美国社会和知识生活的根本发展的莫过于赠地学院运动。"州立学院"将会像众多以农业美国为特征的机构一样,给人一种质朴和诚实之感。全州博览会、独立日野餐、教会团契、周六晚进城……这些都不能像"州立学院"那样能唤起对有益身心的乡村价值的欣赏——整洁、吃苦耐劳、诚实的年轻男女,决心在一个美好世界过着美好生活,州立学院能拓宽他们的视野,完善他们的常识。

　　在"州立学院",美国人会创建一些机构,部分是为了维持过去以农业为主的社会。显然,随着科学农业的完善,学院越来越多地与大农场主、田间工厂对话,但在人们的想象中,州立学院仍然代表着独立的美国农民——他们是克雷夫科尔(Crèvecoeur)和杰斐逊所称的自力更生的自耕农的化身，还有他那同样敬畏上帝、勤奋工作的妻子。"州立学院"也成了机会的同义词，这也是美国本身的同义词。这是一个离开农场的邀请，呼唤他们加入到日益兴盛的去往城市的运动中，获得建造桥梁、开采土地的技术能力，去赢得对自然的最终控制权。因为赠地学院本身不仅包含着对农场浪漫主义式的尊重，也包含着对工厂和城市务实的尊重。因此，它实现了民主社会的符号价值，也许没有其他机构能做到这一点。"我是一个农民的孩子，"一个年轻人在给位于东兰辛的密歇根州立农学院的信中写道，"麦子一种完，我就可以自由地去上学了。"[1]

自耕农和自力更生的人是同一个美国神话的两个版本：美国神话是自力更生的自由人在平等的环境中获得自尊和安全的神话。赠地学院兼顾了这两方面：它养活了自耕农，解放了想要进城谋生的农家男孩。在这个过程中，它既保持了对实践的关注，也不拒斥理论。它少有地实现了理论与实践的完美结合；在美国，它成了应用科学的圣殿，本质上使美国人尊重当下实用性的传统制度化了。最后，赠地学院在其理论基础中融入了杰克逊式的特质；它成了更高层次的公共学校，成为促进美国经济和社会流动的强大力量之一，并使联邦和州政府坚定地支持高等教育。在赠地院校中，美国人民首次实现了高等教育大众化。

康奈尔，这一帮助赠地学院理念赢得尊重的院校，其本身并不全然是赠地学院。康奈尔的建校理念中不仅包含了赠地理念中的实

---

[1] Madison Kuhn: *Michigan State: The First Hundred Years* (East Lansing, 1955), p. 23.

用职业主义思想，而且还包含了新大学运动中的科学、技术和学术精神。在康奈尔大学，这两种观念的代表人物分别是其伟大的捐赠者埃兹拉·康奈尔和第一任校长安德鲁·怀特。康奈尔将他那句名言的精神传递给了这所新院校："我将建立一所任何人能够从中为任何学习研究找到指导的机构。"在与康奈尔大学相遇的两年前，怀有伟大抱负和宏伟想象的怀特就曾写下豪言壮语："我的主要目标是帮助创立和建设一所有价值的美国大学……（我的决定）不是一时心血来潮的结果，它是我多年来思考的结果，也是一直以来为我们所热爱的祖国谋求更好发展的结果。"[1]

康奈尔和怀特于1864年在纽约州参议院相遇，怀特当时是最年轻的参议员和教育委员会主席，康奈尔则白手起家，一路奋斗至西联汇款最大的股东，并担任农业委员会主席。1865年，纽约州议会授予康奈尔大学特许状，将纽约州在1862年获得的联邦土地赠给康奈尔大学，而埃兹拉·康奈尔也慷慨解囊，捐赠了50万美元，这证明了大学以康奈尔名字命名的合理性，也赋予了他掌握新院校建设主导权的合法性。[2]

康奈尔选择怀特来主持和发展这个新机构，或许无意中为大学增加了一个他自己原本没想到的维度。埃兹拉·康奈尔将他的大学大体定义为一所贸易学校，但怀特说服他相信，这所大学应该培养怀特后来所说的"工业大军中的上尉"。因此，康奈尔大学也被

---

[1] Walter P. Rogers: *Andrew D. White and the Modern University*（Ithaca, 1942），pp. 47, 51-2, 54.
[2] Ibid., pp. 46-9, 62, 112.

注入了这一新的学术精神,并投身于培育职业学科和开设应用科学课程,这些无疑都是赠地理念的应有之义。[1]

当这所新大学于1869年成立时,怀特和康奈尔显然已经创造了一些能引发大学生市场关注的事物。不久,恐慌和恐惧就笼罩了许多老院校,对它们来说,康奈尔大学成了魔鬼的化身。另一方面,无论是赠地学院,还是新建或复兴的州立大学,都将在康奈尔看到对全新教育的成功实验。几十年过去了,康奈尔成了新的教学分配制度的领航者、代言人和某种实验室。在1869年的建校日,虽然只有一栋建筑完工,但怀特已经聚集了17位驻校教授和6位非驻校教授。此外,除了接收400名学生,他还体验了一种对于当时的美国高校来说令人难以置信的奢侈,即拒绝了50位入学申请者,这些年轻人在入学测试中认为"伦敦在英格兰西部,勒阿弗尔在法国南部,葡萄牙是西班牙的首都,婆罗洲是普鲁士的首都,印度是非洲的一部分,埃及是俄罗斯的一个省……"[2]

怀特在建校典礼上宣读的原则声明中充溢着创新精神,这种精神使新生的康奈尔大学朝气蓬勃。他说:在康奈尔,实用和自由的学习将是统一的;管理是非宗派的;这所大学将努力使自己成为纽约州教育体系的巅峰;所有的课程都同等重要,康奈尔大学不会有二流学生;科学研究将得到适当鼓励。尽管这些创新与传统学

---

[1] 参见 Report of the Committee on Organization, Presented to the Trustees of the Cornell University, October 21st, 1866 (Albany, 1867), pp. 3-4,18-24。

[2] Rogers: Cornell, p. 65; Account of the Proceedings at the Inauguration October 7th 1868 (Ithaca, 1869), p. 17.

院的实践明显背离,但这也表明康奈尔大学正在与传统美国学院开战。怀特还是回到了最古老的学院式目的,并以此作为他最终的原则,即在最完满的意义上发展个体,并为个体在社会中发挥作用做好准备。[1]

毫无疑问,这些原则得到了良好的反馈。1871年,康奈尔大学的第三届新生人数超过250人,是美国高等教育史上迄今为止人数最多的新生班级。这所大学的招生总数比纽约任何其他3所学院加起来都要多。怀特承认,"我整个灵魂都被裹入了这一事业"。当他发现康奈尔将兴趣转向极为耗时的铁路开发时,他变得非常气愤和恼怒,因此写信警告康奈尔,反对它在建设一所伟大的大学时将时间浪费在铁路事业上。[2]

在康奈尔大学成功的背后,当然也不乏怀疑者和诋毁者的身影。1873年,康奈尔大学同时面临因贬低古典研究而遭受攻击和因忽视农业和机械研究而受到调查,这是意料之中的。但是,这所新大学很快就用自己的方式征得了公众的认可。在1875年和1876年,康奈尔大学在纽约举行的校际学术竞赛和在哈德逊河举行的校际赛艇比赛中都取得了胜利,引起了广泛关注。[3]这所新大学无疑得到了回报。

在康奈尔大学,学习的平等化、古典科目的衰落,以及课程的自由选修,显然是赠地理念的职业主义的一种功能,但是,将旧学

---

1 *Account of the Proceedings*..., pp. 6-9, 15.
2 Rogers: *Cornell*, pp. 94, 168-71.
3 Ibid., pp. 173-4, 235.

第十三章 大学的兴起

院的高度控制和固化的氛围转化为"一种普遍而自由的探究精神"以匹配一所服务于学术的大学，无疑也是一种必要的发展。[1]

另一所新成立的院校，位于巴尔的摩的约翰·霍普金斯大学，提议将学术理想置于首位，但履行这一承诺绝非易事。约翰·霍普金斯大学注册于1867年，霍普金斯的遗嘱则在1874年得到了执行。在1874—1876年建设大学时，董事们规划并创造了一所新的美国院校，但他们在何为伟大的美国大学这一问题上并未达成一致。[2] 耶鲁在1861年授予了美国高等教育史上第一个哲学博士学位，通过将研究生教育与本科教育区别开来，它正在缓慢地向大学的状态迈进。同样缓慢前进的哈佛，选择将研究生和本科生的教学结合在一起，强调学习的统一性。康奈尔和密歇根试图将实践和理论结合起来，以此将农村男孩吸引到它们的教室、将学者吸引到它们的学院中来。霍普金斯大学的董事们访问了其他大学，他们通过调查和咨询得出结论，按照德国模式发展一所伟大的研究型大学的时机已经成熟。这一结论得到了密歇根大学校长安吉尔的支持，他认为，无论他们做什么，都应该更加新颖和与众不同。[3]

正如先驱性院校经常出现的情况一样，新事业的成功在很大

---

[1] Rogers: *Cornell*, p. 101. 参见 Waterman Thomas Hewett: *Cornell University: A History*（New York, 1905），I。

[2] 参见 Hugh Hawkins: *Pioneer: A History of the Johns Hopkins University, 1874–1889*（Ithaca, 1960），pp. 3–13; John C. French: *A History of the University Founded by Johns Hopkins*（Baltimore, 1946），p.1。

[3] Richard J. Storr: *The Beginnings of Graduate Education in America*（Chicago, 1953），pp. 129–34; French: *Johns Hopkins*, pp. 23–5; Hawkins: *Johns Hopkins*, pp. 14–20.

程度上归功于第一任校长。1874年4月,耶鲁大学的毕业生丹尼尔·科伊特·吉尔曼试图将加州大学打造成一所受人尊敬和负责任的大学,但过程并不令人愉快。他给他的耶鲁校友、康奈尔的校长安德鲁·怀特写信,表露了他有意成为正在巴尔的摩筹划的新院校的校长。然而,有一个问题是,他与那里没有什么交集。但好在他也不需要人脉交集,因为当董事们向埃利奥特、波特、安吉尔和怀特征求推荐人选时,他们都推荐了吉尔曼。[1]

最终,在战后重组谢菲尔德科学学院时曾发挥重要作用的吉尔曼准备接受这项任务。到1876年,新学校成立时,他已经引进了一位弗吉尼亚大学的著名希腊语学者,以及一位来自威廉姆斯的前途光明的化学家,他们都拥有德国博士学位。在伦斯勒理工学院,他找到了一位备受尊敬的年轻物理学家,并从英国引进了一位著名的退休数学家和一位前途光明的生物学家,后者是赫胥黎的学生。

教师队伍中还增加了一位为所有专业方向本科生讲授拉丁语和希腊语的教师。约翰·霍普金斯从一开始就设有本科生院,这是研究生的必要来源,也是面向巴尔的摩人民必要的公关姿态。如果巴尔的摩和俄亥俄铁路公司赚的所有钱都用于培养精英学者,他们肯定颇有微词。何况,即便没有因为缺乏本科课程而引发的当地居民的敌意,这所新院校的问题也已经够多了。已经有人提出,饱受战争蹂躏的旧邦联各州需要的是一所能够立即解决当地问题的学

---

[1] Hawkins: *Johns Hopkins*, pp. 14-15; 以及博士论文手稿,标题相同(1958),约翰·霍普金斯大学, p. 145.

第十三章 大学的兴起

院。此外，还有人问，所有这些对自然科学的强调除了是对上帝的拒绝之外，还意味着什么？[1]

毫无疑问，巴尔的摩的约翰·霍普金斯大学是不同的，它所讲述的语言，所呼吸的精神被人们期盼已久，但此前从未在美国实现过。这种差异在伊拉·雷姆森（Ira Remsen）的经历中得到了体现。伊拉·雷姆森是一位拥有德国哲学博士学位的年轻化学家，他在获得威廉姆斯学院教职时曾询问是否可以提供一间小房间作为私人实验室。他被告知："请记住，这是一所学院，而不是一所技术学校。"于是，雷姆森申请了约翰·霍普金斯大学化学专业的教职，那里的探索精神和专业氛围在其后的日子里激励他在化学领域取得了突出成就。[2]

人们也期待学生能够有所不同。他们不顾两个文学社团的传统，只成立了一个，来彰显自己的不同流俗。1884年，一个名叫伍德罗·威尔逊（Woodrow Wilson）的研究生把这个社团改造成了所谓的霍普金斯下议院。此外，甚至就连约翰·霍普金斯大学的董事会成员也是不一样的。有一个人非常反对将任何正式的体育项目纳入大学，他甚至提议做一场题为"体力是导致早衰的原因"的讲座。[3]

然而，最显著的不同是，约翰·霍普金斯大学走上了一条以教师为中心的发展道路。弗吉尼亚大学虽然也在其规划和招聘中表

---

1 Hawkins: *Johns Hopkins*（MS. copy），pp. 38-62; French: *Johns Hopkins,* pp. 34-9, 64 ff., 82.

2 Hawkins: *Johns Hopkins*（MS. copy），p. 274

3 French: *Johns Hopkins,* p. 265; Hawkins: *Johns Hopkins*（MS. copy），p. 28.

现出了对教师超乎寻常的关注，但核心仍是托马斯·杰斐逊的民主哲学。然而，巴尔的摩这所院校认为，教师的需求及其工作是其宗旨的核心，因此吉尔曼坚持只为教师招收那些准备充分、能够给教师带来挑战和有益刺激的学生。没有什么比这更远离旧学院的精神了，因为在旧学院，是教师们在理论上忙于刺激学生。结果就是，约翰·霍普金斯大学发展完善了设立受人尊敬的大学教师这一职业所必需的设施、精神和薪水。也许没有一所美国大学能在这方面走得像约翰·霍普金斯大学那样远，但它所揭示的精神必然会被所有注重学术发展的大学吸收。[1]

美国的学院传统无法在不损害学院方式的情况下从德国大学精神中找到新灵感。吉尔曼和哈佛校长埃利奥特之间通信频繁，但他们从未谈及学院的教学方法等问题，也未提到"学生事务的管理，包括教育和个人指导"。这些都与新定位无关，与大学精神无关，与德国主义无关，而正是这些德国新精神在校园边缘建立了德国风格的啤酒屋，也导致雪城大学指定了一批精心挑选的中学作为体育活动场所，并使得哈佛在1886年时沉溺于自愿上课制度，以至于当一位父亲发现他的儿子在哈瓦那时，大学还毫不知情。[2]

吉尔曼和约翰·霍普金斯成为培养这种新精神的领导者。吉尔

---

1 French: *Johns Hopkins*, p. 32.

2 Willis Rudy: "Eliot and Gilman: The History of an Academic Friendship," *Teachers College Record,* LIV（1953）, 312; William Freeman Galpin: *Syracuse University: The Pioneer Days*（Syracuse, 1952）, pp. 40-1; Samuel Eliot Morison: *Three Centuries of Harvard 1636-1936*（Cambridge, 1936）, pp. 368-9.

曼是发展中的学者社区与外部世界沟通的大使。"大学,"他曾说,"是为社区提供服务的,而这个社区是最精纯的统计学家也无法测量的……"他指出,这些服务是"知识的获取、保存、提炼和传播"。换句话说,这所新大学在知识中、在智慧的世界中找到了它的宗旨。而且,它无须抱有歉意,因为真理就是它的试金石。[1]"真相一旦被发现就不会消亡,"吉尔曼继续说道,"……但是,覆盖在上面的附着物被清除了。大学是编辑、解释、翻译和重申前人的文学和科学成就的机构。它们对错误的揭露偶尔会受到欢迎,但更多的时候会遭到反对。尽管如此,这一过程仍在继续,赞扬或责备都不能干扰。"[2]

吉尔曼也向持怀疑态度的听众解释了基础科学研究的效用。"如果你坚持,"他说,"采取功利主义的观点,问我格莱舍先生确定前900万个数字中缺失的3个最小因数有什么好处……我只能说我不知道。如果你再追问我,我就不得不说,我相信没有人知道;但你我都知道,每个愿意不辞辛劳地进行探究的人都可能知道,数学的进步是所有精确知识进步的基础和条件。"对于那些仍对吉尔曼的主张持怀疑态度的人,他如数家珍地列举了应用数学带来的当代奇迹:蒸汽机车、电报、电话、摄影和电灯。"这些奇妙的发明,"他断言,"是大学学习研究的直接成果。"[3]

基于自1804年道尔顿原子理论的宣布和德国李比希化学实验

---

1 Daniel Coit Gilman: *The Benefits Which Society Derives from Universities*(Baltimore, 1885), pp. 15–16.
2 Ibid., pp. 18–19.
3 Ibid., pp. 31,33.

室建立以来化学知识的快速发展和广泛应用，吉尔曼指出，物质进步所依赖的基础研究都是在实验室里完成的，这些实验室"不是工业体系的产物，也不是商业公司，更不是私人企业，而是由大学创立的机构。激发实验室创立者和领导者动机的不是获取财富，而是对基本法则的探索和确定"。[1]

约翰·霍普金斯大学致力于对真理永无止境的探索。事实上，传统学院在宗教启示和人文主义传统中汲取它所需要的一切真理，正因如此，吉尔曼所提出的关于研究和探索的哲学就是为了迫使美国高等教育对其目的进行一次重大调整。例如，任何传统学院的教授都不可能说出像一位约翰·霍普金斯大学教授在1885年所说的话："未知领域是无限大于已知领域的，因此，如果说我们对于未来几个世纪的整个世界都没能做出改变，这也没有什么好惊奇和害怕的……电话、电报和电灯，对于这个世界将要看到的一切而言，不过是孩子的游戏罢了。"[2]

这是一个敞开胸怀拥抱科学的观点，是对未知领域一层一层展开探索以及将已知领域的知识应用于人类利益的极度尊崇，所有这一切与一位旧时代的教授在1858年的警告相去甚远——"一旦告诉我如何利用机器正在提供以及将继续充分提供给人类的各种闲暇，我就可以告诉你人类这个种族的命运将会如何"，也与一位来自一所新英格兰学院的自然哲学教授在1838年的观察相去甚

---

[1] Daniel Coit Gilman: *The Benefits Which Society Derives from Universities* (Baltimore, 1885), p. 37.

[2] Ibid., p. 36.

远——"我毫不怀疑,科学是有用的,但为时不久知识就会更迭消亡,所以当我想把自己的时间和精力投入其中的时候,常常会感到灰心气馁。"[1]

巴尔的摩的新大学用对科学真理的探索代替了对宗教真理的接受,用寻求对现世的理解来代替为来世生活做准备。约翰·霍普金斯大学将人类理性提升到了它在美国此前从未达到的高度。它释放了学术的能量,并将其与寻求改善人类处境和谋求物质进步的国家动力相结合。它为自己设定了宏大而永无止境的任务,随着时间推移,约翰·霍普金斯大学的精神将渗透到这片土地的每个角落。

霍普金斯精神流播的地方之一是州立大学。它们并没有完全吸纳霍普金斯精神,然而,州立大学最终成为全国科学和学术研究精神的宝库。

美国的州立大学至少是三次运动的产物。从1785年成立的佐治亚大学开始,州立大学最早是在独立战争胜利以及为理性时代和发展中的民族主义寻找制度表达的努力的激发下产生的。然而,州立大学的蓬勃发展是宪法通过后西进运动的结果,也是给每一个新州两个城镇的联邦土地,以此作为对建立"知识学校"的支持这一政府行为的结果。另一方面,直到南北战争之后,许多州才选择将其大学捐赠基金用于支持大学,也是到那时,各州才逐渐认识到这

---

[1] Frederick Rudolph: *Mark Hopkins and the Log: Williams College,1836-1872*, pp. 35, 95.

些院校是潜在的大众性和实用性机构的基石。

在宪法通过后不久建立的州立大学主要集中在南方那些殖民地学院还没有生根的州，在北方，老院校以其模棱两可的公私性质抑制了州立大学理念的发展。另一个州立大学群体是以联邦赠地模式发展起来的，该模式在政府与俄亥俄公司1787年签订的合同中首次出现，后者当时汇集了一群来自新英格兰的投机者和定居者。[1]

合同中有一项条款，授予该公司两个城镇的土地以发展一所大学，这是来自马萨诸塞州的一位名为玛拿西·卡特勒的牧师进行游说的结果，他认为这样的大学捐赠基金是吸引来自新英格兰的移民的必要条件。这是政府第一次为高等教育提供赠地，即便它本质上并不是联邦政府有意为支持大学而创立的政策。毕竟，赠地条款的最初目的不是发展教育，而是进一步出售土地。然而，雅典的俄亥俄大学正是从这种鼓励土地出售的尝试中诞生的。俄亥俄州的第二次大规模土地出售，为学院捐助基金提供了类似条款，使得位于牛津的迈阿密大学于1809年获得了特许状。因此，俄亥俄大学和迈阿密大学是赠地州立大学的原型。这些早期的赠予开创了先例，为每个州提供两个城镇单位，超过4.6万英亩的公共土地，以支持一所"知识学校"的创建。[2]但得克萨斯州、缅因州和西弗吉尼亚

---

1 Richard G. Axt: *The Federal Government and Financing Higher Education* (New York, 1952), pp. 24–8; Andrew Ten Brook: *American State Universities, Their Origin and Progress* (Cincinnati, 1875), pp. 58–74; Merle Curti and Vernon Carstensen: *The University of Wisconsin: A History, 1848–1925* (Madison, 1949), I, 3–34.

2 Thomas N. Hoover: *The History of Ohio University* (Athens, 1954), pp. 1–11; Walter Havighurst: *The Miami Years 1809–1959* (New York, 1958), pp. 13–14.

州这3个州没有得到联邦政府的慷慨援助，因为联邦政府从来没有拥有过这些州的公共土地，当然也没有资格分配它们。到内战前夕，大约有十几所大学是由这些拨款建立的，但作为学术机构，它们几乎与给它们制造了很多麻烦的教派学院没有区别。

战后，在密歇根大学以及随后的明尼苏达大学和威斯康星大学的领导下，州立大学都拥有了自己的身份地位。[1] 在某种程度上，他们在战前的南方已经做到了这一点，根据一位历史学家的说法，"在旧南方的每一个州，州立大学在塑造和影响人民性格方面比任何其他机构都做得更多"[2]。毫无疑问，在南方比州立大学更根本的是普遍存在的奴隶制度，但南北战争前的南方州立大学确实确立了智性和文化方面的标准，也造就了政治领袖，让庄园贵族子弟经历了社会化的过程。在某种程度上，它们的功用可与19世纪上半叶北方殖民地学院相媲美：既是传统知识标准的承载者，也是装饰性文化的中心，同时还是占人口极少数的政治和社会领导者的培优学校。

然而，在内战之后的时期，美国州立大学显然既不会由作为州立大学运动首要发源地的南方来定义，也不会由被传统殖民地院校阻碍其发展的东北部来定义。美国州立大学将会由伟大的中西部和西部来定义，那里的边疆民主和边疆物质主义将有助于支持一种实践取向的大众化院校。西部能在这场运动中发挥引领作用，部分原

---

1 参见 Elizabeth M. Farrand: *History of the University of Michigan* ( Ann Arbor, 1885 ) ; James Gray: *The University of Minnesota 1851-1951* ( Minneapolis, 1951 ) ; Curti and Carstensen: *Wisconsin*, I。

2 Albea Godbold: *The Church College of the Old South* ( Durham, 1944 ) , pp. 169-70.

因在于西部各州人口的迅速移入和快速增长。而在密歇根、明尼苏达、威斯康星以及其他一些州，小型教派学院受制于其微薄的捐赠和落后的课程，既不能满足日益增长的人口的教育需求，也不能满足他们的实践偏好。于是，这些州按照欧洲模式确立了统一的以州立大学为旗舰的州立免费教育概念及其体系。[1]

除了应对数量问题，中西部和西部的大学也做好了面向实际需求并体现在战后高等教育中的思想准备。1872年，加州大学董事会的一位成员说："大学主要建立在自由共和政府的基本原则之上，即州有义务为公民提供履行其义务的手段：如果州规定了公民需要理性，那么提供培养理性的手段就是州的职责。"[2]这个理论基础当然完全是杰斐逊式的，事实上，州立大学的确正在恢复旧的杰斐逊立场，这一立场在19世纪早些时候受到教派学院、达特茅斯学院案以及哈佛、耶鲁和哥伦比亚等老牌私立院校影响的侵蚀。

杰斐逊立场之所以能够从州立大学的有效性中找到新动力并得以体现，部分原因在于哈佛的埃利奥特校长在1873年全国教育协会的一次会议上所采取的抵抗姿态。当时，他有点鲁莽地攻击了一下州资助高等教育这一概念："马萨诸塞州民众对每个人都得为别人的孩子支付高等教育费用的正当性持怀疑态度。技工、铁匠、

---

[1] Vernon Rosco Carstensen: "The History of the State University of Iowa: The Collegiate Department from the Beginning to 1878," *University of Iowa Studies in the Social Sciences, Abstracts in History III*, X（1938）, 95.

[2] William Warren Ferrier: *Origin and Development of the University of California*（Berkeley, 1930）, p. 322.

织布工说：'我为什么要为律师的儿子、牧师的儿子支付职业教育的费用？社区没有给我们儿子提供锻炉或者织机。'"[1]哈佛校长这一立足于杰克逊式民主的煽动性言论，目的是颠覆杰斐逊式的州教育理念，这种场面并不特别吸引人。但它的灵感来自于这样一种认识，即州立大学理念最终会在美国流行起来，而且也意识到传统学院不再有代表美国高等教育的权利和力量，也无法再排他性地指导美国高等教育的命运，设置其标准，或者垄断其外部资源。

从某种意义上说，埃利奥特校长最大的对手是密歇根大学校长詹姆斯·安吉尔，他很乐于在美国公众面前充当州立大学的代言人。安吉尔认为，高等教育不是一种奢侈品，而是人人都应该享有的必需品。他不会像埃利奥特校长那样会自然而然地认为铁匠的儿子注定要成为一名铁匠。安吉尔校长认为，所有人都应该得到充分发展其才能和性格的机会。他在1879年的一次演讲中坚称："我们需要所有的才智，需要我们所能拥有的所有训练有素的人才。"州立大学是对抗财富贵族的堡垒：它是民主社会不可阻挡和必要的表现，这也是基督教平等的实践。[2]

对于这些令人敬畏的论点，西部有抱负的中产阶级深以为然。如果哈佛的埃利奥特能让乡村铁匠反对州立高等教育，那安吉尔也能让乡村店主反对哈佛。他说，他无法想象，还有"什么东西比一个把高等教育的无价恩惠限定在富人身上的制度更可恶，更违背我

---

1 引自 Philip R. V. Curoe: *Educational Attitudes and Policies of Organized Labor in the United States* (New York, 1926), p. 81。

2 James Burrill Angell: *Selected Addresses* (New York, 1912), pp. 42–56.

们的天性，对知识和人民都更具灾难性、更不共和、更不民主、更不像基督教的了"¹。

州立大学的崛起是一个危险的过程。在南方，南北战争之前最强大的大学，现在大都因战争、贫穷或政治因素倒下了。另一些院校则在处理原始赠地款项时因管理不善而导致的捐赠基金的损失。它们对州议会资助的依赖使它们经受了政治上的种种沧桑磨难。各教派则认为它们不信神或亲近其他教派。路易斯安那州立大学的校长在1873年评论道："公众舆论要求（我们）在某种程度上以一种普遍方式拥有宗教，但禁止以任何一种特殊方式拥有它。"²

人们对传统学院的不信任非常强烈，所以州立大学想要延续学院传统，同时提供古典和科学课程的做法常常被解释为是对贵族影响的屈服。当伊利诺伊大学开设古典课程时，一家报纸问道："为什么这些精明的委员们不开设钩针编织、刺绣和竖琴课程？"³然而，州立大学在这种屈尊俯就和老学院的公然攻击中幸存了下来，在人

---

1 James Burrill Angell: *Selected Addresses*（New York, 1912），p. 49.
2 Walter L. Fleming: *Louisiana State University 1860–1896*（Baton Rouge, 1936），p. 245; Godbold: *The Church College of the Old South*, p. 148; Louis G. Geiger: *University of the Northern Plains: A History of the University of North Dakota 1883–1958*（Grand Forks, 1958），p. 51; Henry D. Sheldon: *History of University of Oregon*（Portland, 1940），p. 63; E. Merton Coulter: *College Life in the Old South*（Athens, 1951），pp. 152–8; Philip Alexander Bruce: *History of the University of Virginia, 1819–1919*（New York, 1920–2），I, 289; Farrand: *Michigan*, p. 140; Henry Morton Bullock: *A History of Emory University*（Nashville, 1936），pp. 219–20; Daniel Walker Hollis: *University of South Carolina*（Columbia, 1951–6），II, 85; Curti and Carstensen: *Wisconsin*, I, 88ff.
3 Allan Nevins: *Illinois*（New York, 1917），p. 50.

第十三章 大学的兴起

民的怀疑中幸存了下来。随着时间推移，就像它们在19世纪末和20世纪初所表现的那样，它们将杰斐逊派对卓越和知识的强调与杰克逊派对数量和实践的强调结合了起来，从而成就了一种典型的美国院校，前者演变成为约翰·霍普金斯大学的特殊承诺，后者则演变成为赠地学院的特殊承诺。

与此同时，州立大学面临的第一个任务是在免费公立小学和公立大学之间建立一座桥梁。在内战之前，除了在东北部的大城市中心，免费的中等教育还没有发展起来。私人注册的学园是最常见的学校，虽然它有作为学院预科学校的功能，却不是接受公共资助和控制的机构。因此，在战后时期，有抱负的州立大学开始设法将有志青年从公共学校升入公立大学。

将学生引向学院专业的传统手段是建立一个附属的或整合在一起的预科部，它能在学生年少的心中种下种子，使他们日后免受竞争院校的奉承和劝诱。1870年，全国只有5个州的学院没有预科。这5个州都在东北部，4个在学园运动很兴盛的新英格兰。这5个州的私立高等教育理念也非常强大，以至于1862年的赠地基金被纳入了现有的私立院校中。除了新罕布什尔州、马萨诸塞州、罗得岛州、康涅狄格州和新泽西州以外，在全国其他地方，学院预科教育一体化模式已经建立。事实上，在这5个州之外，只有12所学院没有开设预科部，而其中一些学院是最近才废除这种做法的。[1]

---

[1] Joseph Lindsey Henderson: *Admission to College by Certificate* (New York, 1912), pp. 24-8.

有些学院发现预科应尽早设立。坚持建立既不需要智性也不需要证明智性的学院时,学院管理委员会往往选择放弃入学要求或者无条件招收学生,让他从适合自己的起点开始接受教育。其结果是,一所学院可能要在运营长达八年之后才能迎来它的毕业班级,同时,它也成为当地的古典中学和学园。[1]

除了密歇根大学,所有州立大学起初都采用了私立学院模式。因此,密歇根需要一套招生录取体系。它需要一个预科部或一套入学考试制度,后者对于没有预科部的新英格兰和中大西洋地区的学院而言是惯例,抑或密歇根需要确立一套属于自己的体系。1870年9月,执行校长亨利·弗里兹(Henry S. Frieze)采取了一种旨在提升大学在教育方面的领导地位的解决办法,而在过去,大学在这方面只断断续续地提过一些零星的建议。[2]

为了使大学在州内扮演教育领导者的角色,也为了使基础教育学校和大学之间建立正式有效的联系,密歇根大学从1870年开始招收由大学认证的某些密歇根公立学校的学生,获得认证的学校即被视为有能力提供良好的预科教育。这一制度释放了巨大能量,

---

[1] John Howard Van Amringe, et al.: *A History of Columbia University 1754–1904* (New York, 1904), p. 39; Charles Henry Rammelkamp: *Illinois College: A Centennial History 1829–1929* (New Haven, 1928), pp. 56–7; James Albert Woodburn: *History of Indiana University: 1820–1902* (Bloomington, 1940); Charles Burt Sumner: *The Story of Pomona College* (Boston, 1914), p. 99; Kemp Plummer Battle: *History of the University of North Carolina* (Raleigh, 1907–12), I, 65.

[2] Henderson: *Admission to College by Certificate*, pp. 42–4, 49.

因为它不仅使大学摆脱了预科教育的束缚,从而可以自由地朝着真正的大学的方向发展,而且还推动了该州的学校扩大职能,全面设置大学预科教育科目。这是在美国中西部掀起高中运动的一种手段,也是州立大学培育学术抱负的一种手段[1]。因此,这是一种大众化和民主化的方式,它推动了一个包括公共学校和大学在内的公共教育体系的重大发展;它也有助于提升美国大学的学术水平和培养标准,因为它赋予了大学自设目标和领导学校达到更高层次的自主权。

在中西部地区,公共学校没有必要变成高中,因为到1870年,大多数公立学校的学生已经年满16岁。很明显,公立学校系统已经准备好把适龄学生送入大学,即使他们还没有准备好上大学。从本质上讲,密歇根大学和其他紧随其后的州立大学需要做的是将松散的、广泛的、未明确分化的公立小学和中学重新组合成明显分化的小学和高中。它们成功地做到了这一点,并始终以提高州立大学的学术标准和学习要求为目标,从而成为一所真正的大学并带领高中达到更高水准。

大学追求德国模式的雄心壮志有助于激发高中认证运动并推动其随后的发展,1871年明尼苏达大学的一份稍嫌激进的声明就揭示了这一点。当时,明尼苏达大学试图尽快将其预科和学院层级的工作转给高中,并最终将大学的工作聚焦在科学、文学和艺术的专业学习和研究生教育上。

---

[1] Henderson: *Admission to College by Certificate*, p. 51.

到1872年，密歇根州、明尼苏达州、艾奥瓦州和威斯康星州的州立大学与高中一起制定了认证系统。次年，印第安纳州和伊利诺伊州也开始采用认证系统；1874年，俄亥俄州紧随其后。在1890年以前，所有这些州，以及得克萨斯州、密苏里州和加利福尼亚州都采用了相对完善和稳定的认证体系。1900年以前，共有42所州立大学和赠地学院以及至少150所私立院校采用了某种形式的认证或授权系统。当然，这一系统在创建公立高中以作为学院预科机构方面起到了显著作用。这一系统非常成功，以至于许多秉承耶稣会传统的天主教学院，为了应对这种高中—州立大学模式的竞争压力，放弃了旧有的七年制大学课程，并呈现出更强的美国特色。[1]

到1890年，中西部主要的州立大学几乎完全依赖于高中提供的生源。在东部，高中运动也取得了类似进展。东部的高中运动在很大程度上既受到城市化进程的影响，也受到哈佛、麻省理工、哥伦比亚和康奈尔等此类院校的影响，这些院校的学生或多或少都已经摆脱了传统古典课程的束缚。到1895年，美国各学院和大学录取的学生中，40%是大学预科部的毕业生，而这是一个行将消亡的机构；17%为私立预科学校的毕业生；而毕业于公立

---

[1] Henderson: *Admission to College by Certificate*, pp. 52–82; Edwin C. Broome: *A Historical and Critical Discussion of College Admission Requirements* (New York, 1903), pp. 116ff.; Raphael N. Hamilton: *The Story of Marquette University: An Object Lesson in the Development of Catholic Higher Education* (Milwaukee, 1953), pp. 53 ff.

高中的学生已经达到41%，公立高中正使美国大学成为一个民主机构。[1]

公立高中不仅为更多的美国年轻人提供了上大学的机会，而且也为发展中的州立大学和那些学会了如何利用这一新生源的老牌传统学院提供了大量生源储备。高中比其他任何类似机构都更贴近人民，因此必然是为人民服务的，它对所谓的新学科——现代语言和科学——也更友好。不久之后，大学和学院开始接受拉丁语、希腊语和算术等传统高难度学科之外的学科作为入学学分科目。[2]

扩大入学所需科目一部分是为了将以前学院水平的工作下放到预科学校，在这一方向上，哈佛是领导者；但也有一部分的目的是让一些热门学科，如美国历史、自然地理、自然哲学、生理学、英语和现代语言等能获得大学入学学分，在这一方向上，高中和州立大学是领导者。例如，到1910年，加州大学认可30个不同学科的学分可用于入学。在天平的另一端是久经考验的普林斯顿和耶鲁，在放宽标准的情况下，它们也只承认13门学科。介于两者之间的是哈佛，认可的学科有22个。这些入学科目与高中之间的关系可以从1909年一些美国大学的高中学生比例中看出端倪：普林斯顿，22%；耶鲁，35%；哈佛，53%；麻省理工学院，71%；威斯康星

---

1 Curti and Carstensen: *Wisconsin*, I, 476–98, II, 233–66; George Wilson Pierson: *Yale: College and University* 1871–1937（New Haven, 1952–5）, I, 403ff., II, 475–504; Henderson: *Admission to College by Certificate*, pp. 139, 147; Henry M. MacCracken, et al.: *New York University*（Boston, 1901）, p. 5.

2 Henderson: *Admission to College by Certificate*, pp. 89–90.

大学，92%；明尼苏达大学，95%。[1]

因此，在内战结束后的几十年里，美国人转向州立大学及其附属机构，即公立高中，将其作为一种实现教育普及化和民主化的机构。这些教育早先一度只服务于英国绅士，而民主化则是将其从特定的宗教社会目的和团体的专属领域扩大到一般民众。为了实现这一目标，巴尔的摩的约翰·霍普金斯大学的理想中还加入了深刻的公共服务意识和承诺，尽管这种承诺很难完全实现。州立大学也有敌人，但没有人会否认它对于美国和美国高等教育的意义。事实上，在1898年，美国国务卿、负责动员的战争助理部长、参议院外交关系委员会主席等都毕业于同一所大学——密歇根大学。[2]

---

[1] Henderson: *Admission to College by Certificate*, p. 147; Pierson: *Yale*, I, 392, 662
[2] Kent Sagendorph: *Michigan: The Story of the University*（New York, 1948），p. 187.

# 第十四章
# 选修制原则

邦克山战役后几天，一位哈佛本科生在他的日记中写道："虽然被置于战争带来的种种恐怖之中，但我在哈佛图书馆忙得连听都没听到……直到它结束。"[1] 一百五十年后，抱怨学生态度冷漠的教授们得到了圣母大学的伟大教练克努特·罗克尼（Knute Rockne）的建议："让你的课程像美式足球一样有趣。"[2] 显然，自邦克山战役到 20 世纪 20 年代南本德的美式足球大战之间的这段时间里，在美国学院中隐约可见所谓"动机问题"的演进脉络。

内战前，一位学院里的年轻人很可能会将在某个传统职业中出类拔萃作为自己的动力。然而，在入学时，他并没有感受到现行学术

---

[1] 引自 Louis Shores: *Origins of the American College Library 1638-1800*（Nashville, 1934）, p. 215。

[2] 引自 James Wechsler: *Revolt on the Campus*（New York, 1935）, p.43。

标准的重大压力。南卡罗来纳大学的弗朗西斯·利伯认为，对于回答说犹太人的宗教是伊斯兰教的学生，唯一的办法就是立即开除他。从某个角度来看，利伯当然是对的。[1]但没有哪所学校会因为学术原因而让学生退学，也没有哪所学校会对学生提出真正具有挑战性的智性要求。因此，学生明确的职业意向，加上学校对学术要求的相对漠视，有助于维持一种足够稳定的申请及就业氛围。大学生相当一部分过剩的理性能量被课外活动吸收了。

另一方面，在内战爆发后的那些年里，学院里因专心学习而不闻窗外事的年轻人似乎越来越少。学生淡漠于学业的证据之一是19世纪60和70年代出现的对各种奖品、奖章和奖项的极大关注，这意味着学习热情还需要通过外在刺激来激发。鲍登学院上一次设立学术奖是在1795年，而从1868年开始，它开始大量设立奖项。在19世纪40年代时还未能让学生对奖励感兴趣的布朗，在19世纪70年代发布了一项大规模的奖励计划。1871年，威廉姆斯的一位校友为获得最多奖项的学生另设了一个奖项。在佐治亚州的埃默里大学，"奖章时代"于1876年开幕。1871年，哈佛的教师们正在讨论随机突击考试的好处，它被当成诱使学生取得稳定的优异成绩的手段。在所有地方，更多注意力被放在了作为学术刺激手段的各种分段、评级和评分方案上。[2]

---

1 Daniel Walker Hollis: *University of South Carolina* (Columbia, 1951-6), I, 189.
2 Louis C. Hatch: *The History of Bowdoin College* (Portland, 1927), pp. 238-40; Walter C. Bronson: *The History of Brown University 1764-1914* (Providence, 1914), pp. 218-19, 402-3; Frederick Rudolph: *Mark Hopkins and the Log:*

大学生自身学习动机不足，这在美国大学校园里当然不是什么新鲜事，但这样的学生数量极其庞大。这个国家比以往任何时候都要富裕，从某种意义上说，学院迎来了第一批有能力浪费自己的时间和父辈的金钱的学生。此外，他们的职业定位比前几代人更不确定。也许在家族企业或者至少某个企业里有一份工作在等着他们，而对这些工作来说，学习课程本身并不能像传教、法律和医学等行业一直所做的那样，做到与其精确匹配，为其做充分准备。

对很多年轻人来说，重要的不是所学的课程，而是包括交友、社会发展、兄弟会、良好的体育精神和运动队等在内的校园环境。商业世界是一个与人打交道的世界，还有什么比课堂之外的大学生活更适合进行这种演练的呢？一个人在俱乐部、操场这些地方所展示出的人品必然会有很大参考价值。几十年过去了，去学院学习对许多人来说成了一种社会习惯，一种通过不断提升的生活标准来维持的习惯，一种被上学院的人比不上学院的人能赚更多钱的现实证明和鼓励的习惯，而钱几乎在任何地方都是社会跃迁的工具。在所有这些事情当中，教室并不是特别重要。

这个问题也不仅仅局限于东海岸那些久负盛名的老牌学院。到 19 世纪 20 世纪之交，在耶鲁，在毕业典礼致辞的学生代表可以不是高年级学生社团的成员。在哈佛，一项研究表明，本科生平均

---

（接上页）*Williams College, 1836-1872*（New Haven, 1956），p. 233; Henry Morton Bullock: *A History of Emory University*（Nashville, 1936），p. 197; Mary Lovett Smallwood: *An Historical Study of Examinations and Grading Systems in Early American Universities*（Cambridge, 1935），p. 28.

第十四章 选修制原则

每周学习 13 个小时，这一平均数在很大程度上是由那些还没学会偷懒的新生贡献的。但即使是在中西部的州立大学，也出现了动机问题。1906 年，密歇根大学的一位教师坦承："不知道自己为何上大学的学生的相对数量正在增加。"第二年，威斯康星大学的查尔斯·范·海斯（Charles R. Van Hise）校长哀叹出现了大量"没有很严肃的目的"的男女学生。[1] 但这也不能全怪学生，学院和大学在很大程度上也难辞其咎。它们努力使学术在学生生活中发挥更重要的作用，这不仅与美国文化中至关重要的反智情绪背道而驰，也与一些最强大的学院传统背道而驰。它们决定在既定课程框架内为新课程寻找空间，这不仅剥夺了课外活动的某些活力，而且还给新旧课程都贴上了强迫必修的标签。在这种环境下，动机问题必然会发展成如下问题：相当一部分大学生会从目的明确、以职业为导向、雄心勃勃的年轻人转变成为（甚至可以说纵容他们成为）某种程度上漫无目的的年轻人，他们对于从事什么职业概念模糊，因为对这些职业的真正准备工作是发生在课堂之外的。

　　内战后最具创造性也最具破坏性的教育发展之一是课程选修制，它既助长了动机问题，但又使其不至于变得更糟，从而扮演了一个矛盾的角色。

---

[1] George Wilson Pierson: *Yale: College and University 1871-1937*（New Haven, 1952-5）, I, 240-1; Clarence F. Birdseye: *Individual Training in Our Colleges*（New York, 1907）, p. 175; Burke A. Hinsdale: *History of the University of Michigan*（Ann Arbor, 1906）, p. 156; Thomas Woody: *A History of Women's Education in the United States*（New York, 1929）, II, 297.

第一位享有全国性声誉的哈佛校长查尔斯·威廉·埃利奥特是选修制的学术代言人，他将其作为学院改革的工具。埃利奥特是哈佛1853届毕业生，曾以导师身份完成了其教学的学徒生涯，后来又在劳伦斯科学学院担任数学和化学助理教授。1863年，续聘失败后，他接受了麻省理工学院的一个职位。1869年，在决心已定的理事会迫使怀有敌意的监事会重新考虑最初的反对投票之后，哈佛得以邀请他担任校长。埃利奥特在《大西洋月刊》上发表了两篇文章，阐述他所谓的"新教育"，明确支持学院改革，而这也就是理事会支持而监事会反对他的原因。[1]

他在任哈佛校长的四十年里给哈佛带来了显著转变。上任后不久，在一次医学系会议上，埃利奥特表明了将带领哈佛走向何方。"为什么？"一位医生问道，"这所学校的教师八十年来一直在管理自己的事务，而且做得很好，而现在却在三四个月内提议改变我们所有的办学模式？"埃利奥特立刻开口了："我可以很轻松地回答……（这位医生）的问题，因为来了一位新校长。"[2] 在埃利奥特领导下，哈佛成了一所真正的大学，最终在艺术和科学领域，其研究生教育的实力甚至超过了约翰·霍普金斯大学。在法学院朗德尔（Langdell）和埃姆斯（Ames）的帮助下，他率先建立了法学教育的新标准。在医学方面，他树立了医学教育的榜样，深刻改变了美

---

[1] Samuel Eliot Morison: *Three Centuries of Harvard 1636-1936*（Cambridge, 1936）, pp. 324-6.

[2] 引自 Cornelius Howard Pattern and Walter Taylor Field: *Eight O'Clock Chapel: A Study of New England College Life*（Boston, 1927）, p. 72。

国的医学教育。他使哈佛从地方性院校一跃成为全国性院校。他利用职务之便，在提高中等教育标准方面确立了自己的领导地位。但是他最获认可的功绩是发起了一场用宽泛的选修课程取代固定的传统古典课程的运动。

埃利奥特曾在《大西洋月刊》的文章中明确表示了他对选修制的忠诚，但在他的就职典礼上，监事们显然还没有准备好面对如下事实：这个他们原来不想聘任的人即将带领哈佛进入一个改革时代。[1]负责监督埃利奥特在任期间是否履行了参与各种仪式的责任的哈佛监事会主席约翰·克利福德（John H. Clifford），既任性地对埃利奥特提出无端警告，又在谈及"进入这些礼堂来完成固定课程学习的长长的队伍"时做出了美国高等教育史上最阴郁的预言。埃利奥特并不会轻易退缩，他很快发表了一场演说，重申对选修制的忠诚。在发言一开始，他就大胆地提出他完全接受如下观点："这所大学不承认文学和科学之间存在真正的对立，也不同意在数学或古典文学、科学或形而上学之间进行有偏向的选择。"他说："我们会拥有所有这些科目，并且是最好的。"对于那些担心古典学科受到冲击的人，他做出了如下保证："美国最好的教育机构需要用几代人的时间才能发展得足够繁盛以经受进一步地修枝精简。"虽然选修制会增加课程，但不会减损任何东西。[2]

---

[1] Charles W. Eliot: "The New Education. Its Organization," *Atlantic Monthly*, XXIII（1869），203-20, 358-67.

[2] *Addresses at the Inauguration of Charles William Eliot as President of Harvard College, Tuesday, October 19, 1869*（Cambridge, 1869），pp. 19-20, 29-30.

随后，他对作为必修课程制度最坚实基础之一的传统官能心理学进行了正面抨击。"在教育中，"他说，"不同心智的个体特征没有得到充分重视。"（"此外，"）他继续说，"19或20岁的年轻人应该知道自己最喜欢什么，最适合做什么……当一个年轻人展现出自己独特的品位和能力时，应该让他虔诚地表示接纳，感谢上帝，并鼓起勇气。从此以后，他就知道如何快乐、热情地工作，而且如果上帝愿意，他就能成为有用的人，并获得成功。"[1]

埃利奥特对个体差异心理学的坚持使得他提出了以选修制原则来解决学生动机问题的设想。"选修课制度，"他说，"促进了学术，因为它使自然偏好和天赋才能能够自由发挥，使人们对选定的工作有可能产生热情，使教授和一群被迫从事令人厌烦的工作的活泼学生得以解放……而且，他们用多样而生动的小班教学来代替大班额平行班的重复教学，从而扩大了教学范围。"然后，好像是为了进一步拉大他和保守的监事会之间的距离，也好像是为了向约翰·克利福德强调哈佛已经有了一位新校长，他平静地再次强调："因此，学院建议继续努力，建立、完善和推广选修制。"[2]

埃利奥特为选修制提供的理论基础是自觉性、必要性、原则和偏好的混合物。虽然埃利奥特对官能心理学的排斥在实验心理学先驱的研究中找到了一些支持，但他所表达的对自助和自我的承诺则不需要学术证据就能引起美国人在观念上的共鸣。因为研究个体差

---

[1] *Addresses at the Inauguration of Charles William Eliot as President of Harvard College, Tuesday, October 19, 1869* (Cambridge, 1869), pp. 39-40.

[2] Ibid., pp. 41-2.

异的心理学认识到个体在根本上的重要性,这样做只不过是从心理学角度阐述了美国人已经通过经验获得的信念。杰斐逊、杰克逊、林肯已经在民主信仰层面表达过这个信念了,而埃利奥特现在所说的则是该信念在高等教育中的操作性原则。

埃利奥特需要这样一个原则,以便让自然和物理科学的活力在哈佛获得实质性释放。他需要用这个原则将哈佛从本质上狭隘的新英格兰地区性院校转变为一所全国性院校,这所全国性院校不仅拥有来自全国各地的生源,而且其贡献也是全国性的。要实现这两点,哈佛必须能够自由地深入发展其研究部门,并自由地鼓励学术研究和知识学习。选修制满足了所有这些目的,虽然它可能在某个地方体现为美国对个人自由信仰的自然应用,而在另一个地方则体现为新心理学的表达。埃利奥特在哈佛真正确立了一种制度,这种制度将科学和其他新学科与旧学科平等对待,将一种全新的探究精神和学术精神带入了大学生活,并将哈佛本身再次带领至美国生活的领导地位。

在埃利奥特领导下,哈佛逐步放弃了必修课程,扩大了选修范围。1872年,对毕业班学生的所有科目要求都被废除了。1879年,所有大三学生的科目要求也被废除了。1884年,大二学生获得解放,1885年,大一学生的科目要求被大幅降低。到1894年,哈佛大学一年级的必修课程只有修辞学和现代语言了。到1897年,哈佛大学的必修课程已经缩减为只为大一新生开设一年修辞学。[1]在

---

1 R. Freeman Butts: *The College Charts Its Course*(New York, *1939*), pp. 175ff., 231-50.

这四十年里，选修制原则逐渐渗透到哈佛生活的方方面面，教师人数从60人增加到600人，捐赠资金则从200万美元增加到2000万美元。

这些统计数据记录了选修制原则是如何帮助埃利奥特实现其蓝图的，但哈佛和埃利奥特不可能不经过一番激烈斗争就放弃过去。哈佛再一次成了美国高等教育的"坏男孩"。许多人将1805年看作是哈佛历史上最黑暗的日子，因为在那一年，霍利斯神学教授职位落入了一位论派手里。这一胜利带来的后果现在就近在眼前，一位新的一位论派校长似乎决心要把旧体制的一切残余都撕成碎片。"如果在1886年以前的任何时候，也许是在1890年以前，……（埃利奥特校长的）政策被提交给哈佛校友公投，它们肯定会被推翻。"1885—1886年，他的工作岌岌可危，监事们想让他离开，8所新英格兰学院的校长哀切恳求理事会不要让埃利奥特放弃将希腊语作为入学条件。然而，哈佛校长获得了胜利，后来在哈佛，对此有一个不太友好的总结："与其他任何人相比，埃利奥特先生都要对这个世纪针对美国青年最大的教育犯罪担负更多责任——因为他剥夺了他们的古典遗产。"[1]

不管是好是坏，美国青年早已脱离了古典传统；正如弗朗西斯·韦兰反复指出的那样，青年人不仅要摆脱古典学科，而且要彻底摆脱学院理念。埃利奥特先生不可能通过控制美国生活来破坏或保存古典学科，但他推动了选修制的普及，从而以此方式赋予了美

---

1 Morison: *Three Centuries*, pp. 358–61, 389–90.

国学院新的生命力。事实上，当时的美国学院远离社会，已极大地威胁到了美国高等教育的整体结构。

埃利奥特校长任下的哈佛之争并不仅限于一地一校，其他院校在很早以前就已经参与到这一斗争当中了。韦兰自己在1854年时就表达了对选修制的支持，当时他问道："难道上帝在肉体中显现自己，以一个木匠儿子的形式来创建一个知识贵族，然后让剩余的数以百万计的人每日辛劳，从而剥夺他们每一次提升灵性的机会？"但是，传统学院的支持者们不会轻易被说服，他们继续选择抱残守缺。1885年，鲍登学院的一位董事看着选修课表，突然爆发："这并不是均衡，而是怪兽。"1892年，查尔斯顿学院的校长亨利·谢泼德（Henry E. Shepherd）在入学人数下降到不足30人时，依然自豪地向学院董事会报告："查尔斯顿学院是这个国家为数不多、充满活力地保留了历史悠久的学院课程的几所机构之一……（，）古老的课程，在训练每项官能匀称而和谐地发展上是非常令人钦佩的。"五年后，查尔斯顿学院屈服于选修制原则；两年后，为了应对入学人数的增加，学校不得不新建了一栋宿舍。[1]

波士顿学院则选择了一条看似更容易的道路来增加招生。对它来说，较低的学术标准似乎比放弃四个世纪以来的必修课程更合适。鉴于波士顿学院的低标准，哈佛拒绝接受其毕业生申请哈佛研究生院和专业学院。波士顿和哈佛此前一直不和，但此次争议被

---

[1] Francis Wayland: *The Education Demanded by the People of the U. States*（Boston, 1855）, p. 6; Hatch: *Bowdoin*, p. 185; James Harold Easterby: *A History of the College of Charleston Founded 1770*（Charleston, 1935）, pp. 164, 168-77.

公之于众，而且，在此之前，埃利奥特已经在发表于《大西洋月刊》的一篇文章中非常愤怒地控诉了耶稣会教育的整个传统，他的判词如下："这是一种对神圣智慧毫不犹豫的信仰……（一个有四百年历史的课程）可以证明（它）……因为任何人类的智慧都不可能设计出这样的必修课程，如果一个家庭有 8 岁和 18 岁的两个孩子，他们甚至可以同时去修读。非要说这些必修课有任何令人满意的基础的话，那大概只能是上天的直接启示了。"天主教学院在课程安排上比任何其他院校的群体都更僵化，但在 1887 年之后，在圣路易斯大学领导下，大多数天主教学院逐渐转向了其他院校都已采用的平行课程和有限选修模式。圣母大学校长托马斯·沃尔什（Thomas Walsh）神父以最简单的方式阐述了这个问题："除非学院的管理者们……承认学生和他们的父母在决定学习何种课程上有一定权利，不然他们将会被认为根本不理解什么会对现实世界有利。"[1]

即使没有埃利奥特，关于选修制课程的争论也可能会爆发。毕竟，当 1900 年沃巴什学院陷入关于选修制原则的激烈斗争时，埃利奥特并不在场。在布林莫尔，当凯莉·托马斯（Carey Thomas）校长讽刺选修制原则可能导致的一些极端情况时，他也不在场。托

---

[1] David R. Dunigan: *A History of Boston College*（Milwaukee, 1947）, pp. 168-77; Edward J. Power: *A History of Catholic Higher Education in the United States*（Milwaukee, 1958）, pp. 47, 55, 82, 84; Arthur J. Hope: *Notre Dame: One Hundred Years*（Notre Dame, 1943）, p. 198; Thomas Gaffney Taaffe: *A History of St. John's College, Fordham, N. Y.*（New York, 1891）, pp. 105-12 ff.

马斯女士说："在许多学院，一个人想要学习的一切都与学士学位息息相关——……（包括）在体育馆里爬扶梯（为什么不走楼梯？）（和）在水箱里游泳（为什么不是晨起沐浴？）。"[1]然而，当选修制斗争变得明朗和激烈时，埃利奥特的身影就冲在前方。其中一个例子就是与詹姆斯·麦科什校长的著名论战，这位苏格兰神学家当时正尽其所能为拿骚厅注入新的活力。

于1868年开始担任普林斯顿校长的麦科什成了反对选修制的代言人，这一反对立场因哈佛改革而日益高扬。[2]1885年2月，19世纪俱乐部安排了麦科什和埃利奥特在考特兰·帕尔默（Courtlandt Palmer）的纽约住所阐释各自的观点和立场。麦科什的观点是对选修制原则所涉利害关系的客观评论。通过对哈佛课程的考察，他驳斥了选修有助于学习的说法："在哈佛有20门……可供选修的业余课程。我不认为这是学术上的进步。"此外，麦科什还问道："近来，坎布里奇的青年们有没有产出伟大的诗歌、伟大的科学发现、伟大的历史和哲学著作？"他自己回答道："我注意到，文学杂志现在已经把驻地设在了纽约，而不是波士顿。"对于所有关于选修制被典型的美国自由精神所激励的言论，麦科什也不以为然："自由是这个新航程的口号……这是为了吸引民众。"基于此，

---

1 James I. Osborne and Theodore G. Gronert: *Wabash College: The First Hundred Years, 1832-1932*（Crawfordsville, 1932）, pp. 232ff.; Woody: *A History of Women's Education,* II, 220.

2 Thomas Jefferson Wertenbaker: *Princeton 1746-1896*（Princeton, 1946）, pp. 293,304-7.

麦科什支持一种基本的必修课程,要求必须参与课堂学习,实施强制性宗教教育,实行严格的纪律监督以及一定程度的专业化。[1]

麦科什将传统的官能心理学作为他的理论基础,当麦科什继续谈下去的时候,就好像杰里迈亚·戴走进了讨论的房间:"教育本质上是心智的训练……心智的力量是纷繁而多样的:感觉、记忆、幻想、判断、推理、良知、情感、意志;数学的、形而上学的、机械的、诗意的、散文的……所有这些都应该加以培育。"在对官能心理学的强烈认同之外,麦科什还加上了对学生的根本性怀疑,埃利奥特则没有这种怀疑。麦科什打心底里认为,如果有机会,学生们肯定会选择简单的方式,去猎鸭而不是去上课,去狂欢而不是深入思考道德问题,因此,他确信,他们在被控制中的获益要比在自由中的获益更多。[2]

他既没有被人也没有被院校的名头吓到,哈佛和埃利奥特也不例外。因为这些摇摇欲坠的信仰不仅是麦科什坚守的,也是奢逸阶层所坚守的,而后者正是在这种信仰的基础上成长起来的。麦科什的观点隐含着一种对知识统一性的信念,这一信念既坚持认为统一性依然可能达成,也坚持认为一所学院可以在一系列精选课程中传授这种统一性的精要。外显的能力是对官能心理学的一种承诺,是确信在这个世界上要想获得能力、追求卓越,就必须对一组有待发展的心理官能进行严格训练。同样清晰的是,作为一名优秀的加尔

---

[1] James McCosh: *The New Departure in College Education: Being a Reply to President Eliot's Defence of it in New York, Feb. 24, 1885* (New York, 1885), pp. 4,12, 22.

[2] Ibid., pp. 8-9.

第十四章 选修制原则

文派教徒，麦科什对不受约束的自由持怀疑态度，也不确定人是否真正知道什么对自己有益，他倾向于相信有些人比其他人更值得赋予权威，应该由他们帮助其他人决定什么是最好的。他对科学的认可极为勉强，他不确定世界会因为走得更快更远而必然变得更好。他不受权力的影响和支配，除非是神权。他喜欢那种家长式的氛围，喜欢学院里的家庭氛围，喜欢由教师和年轻人组成的团体为了基督教的美好目标去研究上帝赐予的古老真理。

麦科什的很多信念和基本承诺都很难适应埃利奥特的试金石：他对科学的坚定信仰；他对自由的坚持，正是这种坚持才使得19世纪的自由主义通过选修制原则应用到了学术事业中；他相信学习知识的氛围会由此生发，而麦科什则认为学习知识的氛围必须通过纪律以及对宗教气氛的悉心培育才能实现。时代趋势显然支持埃利奥特，但这两种立场都被真诚地持有，并得到了有力的论证。

就埃利奥特在哈佛和安德鲁·怀特在康奈尔所进行的改革而言，后者遭到的反对少一些，因为几乎所有院校都需要考虑课程设置的问题。许多传统学院出于信仰而坚持传统的理论基础，但在许多学院，比如丹尼森，"这个问题既是一个学术问题，也是一个财务问题"[1]。对于采用选修制的项目来说，为了其有效性，需要立即在师资、实验室和图书馆等方面进行花费高昂的扩充，而当许多较

---

[1] G. Wallace Chessman: *Denison: The Story of an Ohio College* (Granville, 1957), p. 135.

小的院校被迫与更受欢迎的蓬勃发展的州立院校竞争时,往往耽溺于大学的虚荣,很少能头脑清醒地确定自己院校的定位和角色应该是什么。选修课导致的理性无政府状态能够在大学所鼓励的深度学习和学术精神中获得些许补偿,但在小型学院,世俗主义和选修制的混合常常意味着破旧之余却无法立新。[1]

有些学院可以以意识形态为由抵制选修制原则来对抗公众,而有些难以负担选修制扩张所需资源的学院,则至少能坦然平静地坚持自己的信念。当然,它们也有意识地将自己与一场推广美国学院经验的运动区分开来。许多这样的小型院校,如汉密尔顿和威廉姆斯,在一段时间内成为广为人知的保守阶层的私人保留地,或者像伍斯特和霍巴特(Hobart)那样,成为狭隘的教派利益的领地。

选修制原则被那些急需生源的学院所推崇,这些学院固然有足够资源支持必要的课程发展,但也受益于实验心理学对原有官能心理学日益猛烈的冲击。英国的弗朗西斯·高尔顿(Francis Galton)爵士和美国的詹姆斯·麦基恩·卡特尔(James McKeen Cattell)在人类差异方面开展的重要研究工作在很大程度上将美国教育从一种建立在人类相似性这一基本假设基础上的课程模式中解放出来。新心理学早在1887年就从约翰·霍普金斯大学的一

---

[1] Thomas Le Duc: *Piety and Intellect at Amherst College 1865–1912* (New York, 1946), pp. 89ff.; Chessman: *Denison,* pp. 120–4; George Matthew Dutcher: *An Historical and Critical Survey of the Curriculum of Wesleyan University and Related Subjects* (Middletown, 1948), *passim.*

本期刊中发现了一篇文章，这篇文章为弗朗西斯·韦兰在1854年提出的质疑提供了科学依据。当时他问道："在和数学无关的事务中，数学家能比其他人做出更好的推理吗？……语言学家或古典文学的学生会比其他人更有可能成为诗人或艺术家吗？……"在没有任何心理学理论支持的情况下，韦兰预先提出了后来的教育实践的一个基本立场，他总结道："通常我们会发现，只要存在着对某种追求的明确的热爱，就会投入那些最终会带来成功的智性努力。"[1]

韦兰的经验和约翰·杜威（John Dewey）在约翰·霍普金斯大学实验室里所学到的东西现在已经成了真理，到19世纪90年代，即便在中西部小型教派院校的校园里，新心理学也已有一席之地。1890年，德堡的校长说："旧教育把美德归于科目，新教育把美德归于过程。如果美德主要体现在过程而非学科中，那么，在适当范围内，以及在合理建议下，对科目的选择应该在很大程度上取决于学生的品位以及未来可能从事的职业。"三年后，伊利诺伊学院的校长评论道，在他看来，"选修制的目的与其说是允许学生选择那些与其未来工作相关的知识分支，倒不如说允许其选择自己感兴趣的知识，从而使其心智保持最大的活力"[2]。

---

[1] Agatho Zimmer: *Changing Concepts of Higher Education in America Since* 1700（Washington, 1938）, pp. 43-4; Wayland: *The Education Demanded by the People*, pp. 8-9,11.

[2] William Warren Sweet: *Indiana Asbury-DePauw University, 1837-1937: A Hundred Years of Higher Education in the Middle West*（New York, 1937）, pp. 153-4; Charles Henry Rammelkamp: *Illinois College: A Centennial History 1829-1929*（New Haven, 1928）, pp. 383-4.

古典课程显然无法认可这种说法背后的心理学理论，特别是当选修制原则普遍被视为自由的一种功能时。一位学院校长对选修制的描述是"学生的自由、老师的自由、学科的自由"。选修制的进程是渐进的，但步履坚定。1895年的一项调查显示，只有一年修辞学必修课的哈佛与只有一年体育和卫生必修课的康奈尔是最彻底地实行选修制的院校。罗格斯大学的文学士项目有24门必修课，是选修课最少的院校，紧随其后的是威廉姆斯、汉密尔顿和联合学院。传统课程的捍卫者指望耶鲁、普林斯顿以及新英格兰和纽约的小型学院能发挥领导作用。尽管哥伦比亚、斯坦福、威廉玛丽学院，以及一些州立大学都在进行选修制改革，但很少有院校愿意走得像康奈尔和哈佛那样远。1901年，一项对97所具有代表性的院校的调查发现，34所院校提供的课程中有70%是选修课，12所院校提供的课程中，选修课的比例从50%到70%不等，有51所或超过一半的院校，其课程中选修课的比例低于50%。[1]

毫无疑问，由于中西部和西部的大型州立大学对公共服务和知识学习的承诺，比起其他类型的院校，它们对选修制原则更友好。其次是大型的私立捐赠大学，这些大学既有足够的资金，又胸怀着更宏大的全国性院校这一目标，因此认为选修制对打造一个充满活力的学习机构的精神至关重要。女子学院也许是边缘化的，它们倾向于将传统必修课程与一定程度的选修相结合，以形成适合女性学

---

[1] Sweet: *DePauw*, p. 154; Albert Perry Brigham: *Present Status of the Elective System in American Colleges* ( New York, 1897 ), p. 361; Butts: *The College Charts Its Course*, pp. 231-42.

习的科目。在所有大学中,选修课最少的是南方的州立大学、新英格兰地区及各地的小型学院,前者是因为处于贫困之中,而后者则是被历史传统以及社会、经济和宗教的利益所困,因为对它们来说,遵循历史是有益的选择。[1]

  选修制以不同形式和不同力度出现在各个地方,其强弱有时取决于院校的财政状况,有时取决于与伊萨卡或坎布里奇在观念上的差距。基于它们各自在殖民地时期的传统,是哈佛而不是耶鲁或普林斯顿引领了这场运动,以解放传统院校,并在其中营造了一种具有感染力的尊重学习的氛围。但最后,耶鲁和普林斯顿以中庸的方式找到了一条既不失传统又接纳革新的中间道路。

  耶鲁在面对这一运动时感受到了阵痛,在某种程度上,它更愿意把这些新趋势整齐地锁在一个叫作谢菲尔德科学学院的柜子里,但选修制原则和它所呼唤的新发展并不是用于科学研究的骷髅。它们有血有肉,并且正在给一度贫血、几乎死气沉沉的美国学院注入新的活力。1876年,耶鲁对必修课程略有放宽。1883年,在校长诺厄·波特的反对下,耶鲁教师投票决定允许大部分大三和大四的学生免修必修课程。事情带来了连锁反应。1893年,选修制扩大到了大二年级。1901年,耶鲁免除了对高年级学生的课程要求。然而,在耶鲁,有一个显著不同,即免除课程要求并不意味着选择自由——此时,这种选择自由在哈佛风头正盛。在耶鲁,自由是受到修课顺序、课程层级、学生分组以及对课程集中和分布的要求等条

---

[1] Butts: *The College Charts Its Course*, p. 242.

件的约束的。耶鲁采取了一种中间立场,试图为在旧价值和新机遇之间寻求某种调和提供可靠的方向。[1]

随着时间推移,在耶鲁和其他地方,选修制将出现各种创新——包括选修制本身的扩展或旨在修补瑕疵的补救性措施。在20世纪,许多有特色的课程发展都或多或少地从选修制原则中汲取了最初的灵感:集中与分布、主修与辅修、分组学习、导师制和导修制、荣誉课程与自主学习、阅读时段、研讨班、实地考察、通识教育,以及综合考试。但选修制原则的拓展对美国教育的意义,比任何一份相关课程发展的清单都要深远。[2] 1908年,埃利奥特校长(他显然有权利对选修制加以评价)说道:"选修系统的最大影响是,它使学术成为可能,不仅在本科生中,而且在研究生和学院教师中也是如此。"他的判断无疑是正确的。传统的必修课程学习的是基础学科中的一门课程,它不仅使学生和教师囿于最浅表的知识,而且也让各所学院在令人忧虑的肤浅水平上向下看齐。选修制允许教授们专注于自己的兴趣,也允许学生尽情地追随教授;它鼓励知识的积累,并欢迎学生进入知识学科的世界。这些学科曾经因为错误的信念而遭到封禁,这种信念认为古人知道一切值得知道的事物。[3]

选修制原则见证了科学的兴起和知识领域的显著扩张:它清

---

[1] Pierson: *Yale*, I, 72, 80-5, 185, 258-66.
[2] Butts: *The College Charts Its Course*, pp. 408-26.
[3] Charles W. Eliot: *University Administration* (Boston, 1908), p. 150; Morison: *Three Centuries*, pp. 341-8.

楚地表明，任何人都不可能凭一己之力穷尽知识世界。选修制原则把个体置于教育宇宙的中心，并大胆断言，在教育中，所有人不必再接受同样的知识。选修制度，通过兴趣的自由发挥激发出巨大的动力，使课程从或潜在或公开的淡漠和敌视的消极影响中解放出来，而且促成了随之而来的两个变化：一是学业标准根据最有兴趣和更有能力的学生的表现来确定，而不再迁就成绩差的学生；二是密歇根大学的一位教授在1880年指出的一种趋势，他说："教授和学生不再是敌人，而是朋友。"[1]

选修制原则是建立知识系科和扩大学术兴趣领域的工具，因此它也是使学院成为大学的工具。最终，它还是推进大学教育世俗化和民主化的工具，以使美国大学与它所置身的社会建立起一种至关重要的伙伴关系。它通过嫁接德国大学的理想重构了美国的英式学院，并在此过程中创造出了美国大学。[2]

凡事有得必有失。选修制原则虽然针对的是肤浅的知识和教学，但它也可能催生很多实质意义不大的短期课程。有时，它可能导致一个"随意、不合逻辑、对年轻人学习意愿的期望设定过高，而对主帐篷外许多有吸引力的杂耍则估算过低"的系统。[3]通过鼓励学科平等的观念，并使不认真学习的学生也有可能轻松找到一份工作，这肯定能在很大程度上解决美国学院和大学里的动机问题。

---

1 引自 Walter P. Rogers: *Andrew D. White and the Modern University* ( Ithaca, 1942 ), p. 102。
2 Butts: *The College Charts Its Course*, pp. 172, 193.
3 Morison: *Three Centuries*, p. 387.

几百年来，美国人都将熟悉经典视为受教育的证明，选修制的初衷并非引导人们脱离这种历史经验，但它却充当了促成这种脱离的一个工具。它成了培根和卢梭哲学后裔的一种手段，如今他们占据了主流并掌握着主动权，他们几乎抹掉了高等教育中的人文主义内容，取而代之的是对现实力量和人的平等的过度关注。但是，既然以下结论是毋庸置疑的，即选修制原则——无论是在哈佛还是在康奈尔，阿默斯特还是德堡，范德比尔特还是加州——使得美国学院和大学进入到了美国生活的主流，那么，这就说明它确实是非常必要的，也是美国高等教育长期迫切所需的。

# 第十五章
# 女子教育

考虑到美国的生活条件，大学课堂必然有一天会出现女性的身影，会因抱负远大的美国女性而增光添彩，但这需要时间。1783年，耶鲁对12岁的露辛达·富特（Lucinda Foote）进行了测试，发现她"完全符合耶鲁大学一年级新生的录取条件，除了性别"[1]。但是门依然没有打开，甚至连考试都是一种残酷的玩笑。很难想象，一位12岁的女孩，在青春期的边缘，接受了纽黑文杰出神学家的测试，证明了自己在智力和学习上与康涅狄格州最聪明的年轻人相比毫无二致，之后却被遗弃在命运之中，得不到耶鲁教师的鼓励、保护和指导，被排斥在激励、灵感以及与同龄人一起面对探究和虔诚

---

[1] Thomas Woody: *A History of Women's Education in the United States* (New York, 1929), II, 137.

生活的挑战之外，这会是什么样的一幅场景。殖民地时期对女性的看法只是认为她们智力低下——仅仅因为是女性，所以她们没有能力拥有伟大的思想。她们的才能不值得加以训练。她们的位置是在家里，男人在此间为她们安排了一些能发挥作用的职责。[1]

时代会改变。革命之后，启蒙运动、理性主义以及毋庸置疑的现实必要性，将美国人民从许多传统信仰和实践中解放了出来。事实上，女性的解放和地位的重构从未停歇。在美国，女性不仅受益于与男性平等地参加艰苦工作——这是开疆拓边对她们提出的要求，也受益于与男人相比在人数比例上的稀缺，在一个开拓性社会里，男性的数量自然会更多。

在美国独立战争之后的一段时间，费城的内科医生本杰明·拉什不遗余力地推动确立获得美国国籍的相关规定。这个国家的文化还不太清晰明确，以至于任何人都无法确定或权威地说出什么是"非美国"。但拉什准备通过鼓励院校的发展来加快这一天的到来，这些院校将培养他所认同的国民性。他支持建立国立大学的想法，认为这有助于塑造可定义的民族文化；他支持迪金森学院，将其视为使宾夕法尼亚的德国人美国化的一种方式。拉什对妇女的美国化未发表过多的言论，因为在当时看来，女性在某些方面早已经美国化了。

拉什在1787年指出，美国女性的确与众不同，因此美国人不应该草率地用欧洲人的眼光来看待她们。例如，美国女性结婚更早：可能因为她们人数稀少，或者因为物质条件允许，抑或因为美国有

---

[1] Thomas Woody: *A History of Women's Education in the United States* (New York, 1929), I, 88-123.

太多工作需要做,所以一条不成文的法律坚持要求女性应该尽早地生养孩子。无论如何,美国妇女结婚很早,因此,她们接受教育的时间并不长。另一个核心因素则是当时美国的致富机会,能使物质丰裕的机会太多了,因此男人们仅靠自己难以完全利用这些机会,他们需要妻子们的帮助,而且她们也知道如何帮助丈夫创造财富,只要简单地运用头脑即可。

欧洲人的妻子并不知道这种必要性,因为机会不等人。一个既不会读书也不会写字记账的无知的欧洲妻子,很适合陪伴这样一位丈夫,他在星期天最远也就是去村里的教堂了。但这是美国,一片充满机会的土地。机会带来的另一个结果就是父亲在家里的普遍缺位,而且是日复一日或年复一年。对财富的追求将会把父亲带去小镇,带去大海,带去森林,或带去所耕种农田最远的边界,在他不在的时候,母亲必须亲自教育孩子。

此外,美国妇女拥有世界上任何其他国家的妇女都没有的责任:她的儿子可以自由地积极参与政府事务,因此她有义务帮助培育可靠、负责的未来公民,培养他们的职责感和男子气概。拉什说,还有另一个因素也对美国女性的教育提出了不同要求:即当时美国没有一个庞大的固定的仆人阶层,事实上,在一个开放的流动社会里也不可能有这样的阶层。因此,在美国妇女的教育中需要强调家庭教育。拉什说:"在对妇女的教育中,我们有责任使装饰性的成就屈从于生活原则和现实知识。"[1]

---

1 Thomas Woody: *A History of Women's Education in the United States* ( New York, 1929 ), I, 302-3.

在公共学校和公立中学，以及在许多专门为女孩建立的学校中，美国女性都被认为是能够接受教育的——但限于某一程度，学院就是这一程度的上限。学院在当时也遭到大多数美国人的抗拒，因为在南北战争之前，即使对大多数美国年轻男性来说，学院似乎也不是一个非常理想的去处。在这种背景下，似乎没有什么理由说服年轻女性从公立中学毕业后继续学习更多的希腊语、拉丁语和数学，因为毕竟上帝要她们尽快结婚并成为母亲。

然而，美国女性并不这么认为，她们中有足够多的人，也许是陶醉于边疆的平等传统，并受到民主氛围的鼓舞，准备争取一种在许多男人看来似乎是妇女要成为一个男人的权利。1847年，安托瓦内特·布朗（Antoinette Brown）要求并获得了成为纽约南巴特勒牧师的权利。四年后，阿梅莉亚·布卢默（Amelia Bloomer）夫人出现在人们面前，她穿上宽松的服装，旨在将女性从让人步履蹒跚的裙子中解放出来，使她们能够跟上男性的步伐。1895年，露西·斯通（Lucy Stone）嫁给了亨利·布莱克韦尔（Henry P. Blackwell）博士，并成功地将"服从"一词从婚礼誓词中删除了。1860年，伊丽莎白·卡迪·斯坦顿（Elizabeth Cady Stanton）和卢克丽茨娅·莫特（Lucretia Mott）忙于推动离婚法律自由化运动，从而使妇女更容易摆脱浪子、酒鬼和其他形形色色的坏丈夫。在这种气氛下，女性高等教育运动势不可挡。

女性高等教育运动借鉴了教育解放的传统，这种传统至少可以追溯到1749年宾夕法尼亚州伯利恒的摩拉维亚人所建立的学校，以及在波士顿、费城和新罕布什尔州的伊普斯维奇等地建立的其他早期学校,这些学校各自都发挥了令人敬佩的重要作用。另外,像 1821 年艾玛·威拉德(Emma Willard)在特洛伊,1828 年凯瑟琳·比彻(Catherine Beecher)在哈特福德,1836 年玛丽·莱昂(Mary Lyon)在南哈德利建立的女子神学院,也为女性教育树立了先锋榜样。女性高等教育运动是女子神学院向上的延伸。许多中学,受到本杰明·拉什所提条件的推动,开始转向男女同校教育,或者本身就是作为男女同校教育机构成立的。男女同校大学运动是男女同校中学思想的向上延伸。[1]

为妇女争取大学教育运动与 19 世纪上半叶的许多人道主义运动同根同源。这是一个人和事物都在不断进步的世界,人类个性的神圣感和社会中个体的内在权利成为基本真理,在这样一个世界里,女性接受高等教育这一议题与监狱改革、盲人教育、精神病患的照料、儿童权利保护以及解放奴隶等事业一起受到了人们的关注。

1837 年,俄亥俄州奥柏林学院招收了 4 名女性新生,开启了男女同校高等教育。学院不仅为女学生提供传统的文学士学位课程,而且还提供特殊的女性课程,完成这些课程后,就会获得相关文凭。[2] 奥柏林一名年轻男子断言:"女性应该接受教育,因为我们选择文明而不是野蛮。"[3] 然而,在南北战争之前,只有不到 6 所美国

---

1 Thomas Woody: *A History of Women's Education in the United States*(New York, 1929), I, 301.
2 Robert Samuel Fletcher: *A History of Oberlin College from its Foundation through the Civil War*(Oberlin, 1943), I, 290–315, 373–85.
3 Ibid., 383.

学院实行男女同校。理论上推崇平等但实际上保持隔离的院校在某种程度上更受欢迎。但是，即便是隔离的女子学院运动也是断断续续的，不受人关注。女子大学教育的第一个实验是位于梅肯的佐治亚女子学院，它1836年获得特许状，于1839年开办。[1]

虽然这些开创性的努力没有得到推广，但在1851年，一位名为凯瑟琳·比彻的女性高等教育支持者发出了警告："在我们的土地上，那些雄心勃勃地被冠以学院名字的女性教育机构，到目前为止，还没有一所能拥有它该有的主要优势特征。它们只是高中而已。"在比彻小姐推动下，美国妇女教育协会于1852年成立，目的是为女性大学运动提供方向和标准。19世纪50年代，有十多所女子学院成立，其中最接近优秀男校标准的是埃尔迈拉女子学院（Elmira Female College），它于1859年授出了其第一个学位。19世纪50年代的这些学院基本上只在当地产生影响，因此，虽然它们是开拓者，但实际上领导这一运动的是此后的一批院校（男女同校也是如此）。[2]

男女同校的失败以及隔离的女子学院在1860年之前的发展迟滞，应该与其他在战前受阻的教育改革——如选修制、技术教育、研究生教育、大众实践学习等——放在同一个背景下来看待。当然，一些特殊的环境和因素会阻碍女性高等教育运动，但与其他滞后的改革一样，这一运动将受到大学董事会思想僵化的掣肘，那些控制

---

1 Woody: *A History of Women's Education,* II, 161.
2 Ibid., II, 144-8; W. Charles Barber: *Elmira College: The First Hundred Years* (New York, 1955), pp. 52 ff.

美国高等教育的人无法超越传统的学习课程进行思考。学院资金的根本性短缺，以及对具有阶级和宗派意识的学院的普遍怀疑，都会使运动面临困难。此外，女性高等教育也有自身的特殊困境。在这些问题解决之前，送女性去学院的想法将继续被视为一种对美国家庭具有颠覆性的观念，很可能只有比较激进的社会成员才会接受。

事实上，当时的人们很难理解，为什么优秀的家庭、教会的栋梁之才、那些在过去没有任何愚蠢行为的人要把自己的女儿送进女子学院。也许只是因为他有一位非常聪明独特的小女儿，她的拉丁语比当地中学的任何男孩都要好，中学校长也愿意为某所新女子学院的基督教氛围做担保。也许只是一位年轻女孩被改革中的某些教育弊病击中——其实只要有一个冲击就已经足够了——因此她坚定了在城市的一所新高中当老师的想法。既然如此，她就很有可能会尝试申请女子学院师范系。而对于富裕家庭来说，如果年轻女性想要在余生里成为一个富贵闲人，那么她们或许应该去学习钢琴和声乐文化。偶尔会有一个送女儿们去学院的父亲说，他非常想念她们，但因为她们是上帝伟大仁慈的化身，他觉得有必要让她们接受最好的基督教教育。偶尔会有一个女孩子总是像男孩子一样去思考和行事，倒不是说她很喜欢男孩子，而是说无论是赛跑还是爬树，她通常都比男孩子强，甚至有人听到她说，她认为妇女应该有投票权。

因此，女子学院和举步维艰的男女同校学院聚集了一批先驱者，这些年轻女性发现自己来到了女性以前从未触及的领域。战后，她们的数量明显增加，终于在20世纪成为一股洪流，到1960年，一个州的最高法院命令一位离婚的父亲需要为与母亲生活在一起的女儿支付生活费和高等教育费用。在不出一百年的时间里，一种原来被认为愚蠢至极的行为将演变成为法律的必然要求。

两类院校在妇女教育发展过程中发挥了作用：赠地学院和实行男女同校的州立大学；还有3所新的女子学院，它们也为提高女子高等教育的标准和声誉做出了巨大贡献。1855年的艾奥瓦大学、1863年的威斯康星大学先后向女性敞开了大门，随后是印第安纳、密苏里、密歇根和加利福尼亚。[1]毫无疑问，西部院校愿意接受男女同校的部分原因在于西部的生活现实，在那里，在农场的日常工作中，男女是平等的。西部女性也不例外，她既不娇生惯养，也不柔弱造作，甚至不像女人该有的样子，但她凭借自己的能力赢得了男人的尊重，因为她勇于承担责任、努力工作。

因此，当州立大学从战前狭隘的阶层立场转向发展大型的大众化院校时，很自然地会将女性考虑在内。因为州立大学的扩张在很大程度上归功于它们成功地将公共学校、高中和大学结合了起来。通过帮助贯通的初等和中等学校进行扩张以获得有效的高中地位，大学强化了长期实行男女同校教育的公立学校体系。作为州立教育

---

1 Merle Curti and Vernon Carstensen: *The University of Wisconsin: A History, 1848-1925* (Madison, 1949), I, 193-4; James Albert Woodburn: *History of Indiana University: 1820-1902* (Bloomington, 1940), p. 287; Jonas Viles, et al.: *The University of Missouri: A Centennial History* (Columbia, 1939), p. 131; Elizabeth M. Farrand: *History of the University of Michigan* (Ann Arbor, 1885), p. 201; William Warren Ferrier: *Origin and Development of the University of California* (Berkeley, 1930), p. 332.

阶梯的最后一级，西部的州立大学既没有立场也没有意愿去否定为州内年轻女性提供高等教育这一伟大成就。[1]

在东部，情况略有不同。在那里，私立学校和私立学院早已确立了一套模式。独立的男校将学生输送到男子学院，而私立学院和大学无法领导发展有效的州立公共教育体系。资金充足而有影响力的新英格兰和大西洋中部各州缺乏州立大学，因此在东部缺乏建立协调一致的州立教育系统的动力，而在西部，这一系统对发展高中教育和男女同校教育意义重大。各地的赠地学院起初在使男女同校教育合理化方面遇到了一些困难，因为它们很难将"农业"和"机械"与男女同校联系在一起。此外，在新英格兰，赠地基金绝大多数附属于成立已久的男子学院。以上这些制度因素阻碍了女性高等教育理念在东部的迅速崛起。此外，像霍利奥克山学院和艾玛·威拉德在特洛伊的学校这些较好的女子学校不愿意承担学院水平的工作，这也导致女子学院失去了一个天然力量来源的支持。

除了这些障碍之外，还有各种社会和智性方面的固有观念，这些观念认为妇女最应处于的位置是家里，而待在家里至多只需要中学或学园层级的训练就够了。东部社会已经达到了这样一种境界：它可以把女人看作是既不如男人而又超越男人的群体。东部经济可以支持一定程度的骑士精神，有财力宠爱女性，为她们提供爱尔兰女仆，纵容她们迷恋于衣服和珠宝，换句话说，为她们提供了一个

---

[1] 参见 Curti and Carstensen: *Wisconsin,* I, 369–87; Burke A. Hinsdale: *History of the University of Michigan*（Ann Arbor, 1906）, pp. 130–8。

第十五章 女子教育

316 女性世界。女性所处的地位当然不能等同于男人,但是男人可以以崇拜奢侈的方式拜倒在她脚下。在南方,浪漫的骑士精神已经将南方女性转化成了地区文化的象征符号,具有较高教育质量的女子学院或学校在战前就已经在南方社会中具有一定地位了。但现在,就像几乎所有其他事情一样,贫困阻碍了教育的发展。而南方要么停滞不前,要么反而倒退了。

然而,西部并不是唯一日益重视女性教育的地区。战争本身在很大程度上促使美国妇女走出家庭,使她们置身于需要技能、品格和责任的环境中,而以前这些环境通常只向男人开放。她成功地应对了战时的挑战,这不仅让许多批评她的人偃旗息鼓,也鼓舞了美国女性本身,让她看到了长期以来被"男人的世界"所否定的杰出成就,以及有用而有趣的生活。

在东部,对女性高等教育的怀疑,甚至是敌视,在康奈尔(东部第一所在高等教育层面开展男女同校教育的院校)男女同校这一成功案例的冲击下,在瓦萨、史密斯和韦尔斯利等一系列高层次女子学院相继开办的影响下土崩瓦解了。[1] 埃兹拉·康奈尔致力于一项帮助所有人都能按其意愿接受教育的计划,其逻辑必然要求女性能被这所新大学录取。当一位捐助者为康奈尔捐建了一栋女子宿舍时,事情就这样定了。1872年,女性在康奈尔大学获得了平等的投票权。即便如此,埃兹拉·康奈尔在第二年开始建宿舍时还是非常谨慎,他在地基中塞入了一份备忘录,以备在未来如果男女同校

---

1 Waterman Thomas Hewett: *Cornell University: A History* (New York, 1905), I, 255-66.

教育失败了，可以向后人解释为什么要这么做。在做出自己的决定之前，安德鲁·怀特周游全国，一处接一处地考察了男女同校教育实验，每到一处，他必问的一个问题是，男女同校教育是否培养了"意志坚强"的女人和"没有男子气概"的男人。[1]

与此同时，马修·瓦萨在1860年的声明也支援了女性高等教育事业。瓦萨是一名来自纽约州波基普西的啤酒酿造师，他打算建立一所女子学院。[2]这一声明本身就引起了对整个女性高等教育问题的大量讨论，并帮助瓦萨获得了大约100万美元的捐款。而对约翰·霍华德·雷蒙德而言，他的任务是让波基普西的新学院最终成为一所建立在传统男子学院模式之上的女子学院。

整个世界都需要能证明女性值得接受大学教育的证据，但如果只向女大学生提供一套专门针对女性需求的课程——例如，家政管理或家政科学，如何以家政为职业，解决针线活中的挑战性问题，把家打造成美丽的港湾，通过园艺和室内装饰获得男人的垂青，等等，这些显然不是理想的证据。这类课程可能对一般的美国男性很有吸引力，而且实际上，在不久之后，家政经济学和家政科学就成了赠地学院和州立大学独特的女性课程专业。但瓦萨、史密斯和韦尔斯利的早期规划者们决定给年轻女士们提供的课程大部分都是

---

1 Andrew D. White: *Report Submitted to the Trustees of Cornell University in Behalf of a Majority of the Committee on Mr. Sage's Proposal to Endow a College for Women*（Ithaca, 1872）.
2 James Monroe Taylor: *Before Vassar Opened: A Contribution to the History of the Higher Education of Women in America*（Boston, 1914）; James Monroe Taylor and Elizabeth Hazelton Haight: *Vassar*（New York, 1915）.

男子学院的标准教学内容，其目的就是证明女性能够学习一门严肃的课程。所有院校都引入了一些基于女性特性和灵感的学习课程，并设置了一些重点内容，但东部新建的女子学院课程发展的主线还是来自战前的传统古典课程，因为这些课程长期以来在耶鲁、普林斯顿、阿默斯特和威廉姆斯等院校得以完善，运行良好。

如果说瓦萨最早的项目定位有些模糊，还允许设置一些甚至在男子学院都不太可能出现的科目，那么毫无疑问，史密斯学院和韦尔斯利学院提供的课程"几乎与最好的男子学院相同"。这两所同时成立于1875年的新学院在瓦萨学院成功的基础上，找到了一条争取公众支持女子大学教育的道路。的确，尽管马修·瓦萨在1860年宣布他计划建立一所类似于男子学院的女子学院的声明引起了广泛评论，但到了1870年，当索菲娅·史密斯（Sophia Smith）的遗嘱公布时，女子高等教育显然已不是什么新鲜事了，而是成了一种现实。[1]索菲娅·史密斯决定为位于北安普顿的一所女子学院提供大约50万美元，这一决定是由约翰·莫顿·格林（John Morton Greene）促成的。他是阿默斯特学院的毕业生，也是马萨诸塞州哈特菲尔德索菲娅·史密斯教堂的牧师。索菲娅·史密斯双耳失聪，生活简朴，终身未嫁。1861年，在60多岁时，她从一位节俭的单身汉兄弟那里继承了一大笔遗产，这位兄弟是一位成功的投机商，索菲娅·史密斯为此向格林牧师寻求安慰和指引。格林试图以自己的母校阿默斯特学院以及南哈德利女子学校来引起史密斯小姐的兴

---

1 Woody: *A History of Women's Education*, II, 148, 182.

趣，但都没有成功。他见证了她前前后后立的五份遗嘱，最后一份为北安普顿的女子学院提供资金的遗嘱立于1870年，也即史密斯小姐去世的那一年。这一时期，霍利奥克山学院错失了两次捐赠机会，第二次是亨利·福尔·杜兰特（Henry Fowle Durant），他是学院的董事之一，在他女儿于1870年去世后，他决定将自己的财产和余生用于建设韦尔斯利女子学院。[1]

在这些发展的影响下，女性高等教育运动变得势不可挡。尽管它在19世纪并没有流行起来，而且在公众看来，学院培养年轻女性不如培养年轻男性重要，但这一斗争仍取得了诸多胜利。早在1872年，威斯康星大学理事会就宣称："在19世纪如日中天的盛景中，我们已经不能再忽视女性高等教育的需求了……任何能使她变得更聪明、更好的，她都应该学习，任何她可以用来增进自己或他人幸福的知识，她都可以正当地获取。"[2] 越来越多的院校认同这一观点。1888年，一所依循约翰·霍普金斯大学精神的院校在费城郊区成立了，不久，布林莫尔学院就开始颁发高级学位。[3] 1888年，南哈德利的学校决定升格为一所学院。[4]

到19世纪末，一批天主教女子学校，包括位于曼哈顿维尔

---

[1] Florence Converse: *Wellesley College: A Chronicle of the Years 1875-1938* (Wellesley, 1939); Alice Payne Hackett: *Wellesley: Part of the American Story* (New York, 1949).

[2] Woody: *A History of Women's Education*, II, 242.

[3] Cornelia Lynde Meigs: *What Makes a College? A History of Bryn Mawr* (New York, 1956); Edith Finch: *Carey Thomas of Bryn Mawr* (New York, 1947).

[4] Arthur C. Cole: *A Hundred Years of Mount Holyoke College: The Evolution of An Educational Ideal* (New Haven, 1940), pp. 180-204 ff.

第十五章 女子教育

（Manhattanville）的圣心学校，开始升格为学院。而在1900年，华盛顿三一学院成为第一所不是由中学升格而来，而是直接开办的天主教女子学院。[1]

在男女同校教育和隔离的女子学院之间也达成了一种妥协，即发展出了一种被称为"合办学院"的隔离女子学院。早在1874年，哈佛就表示愿意让女性参加考试，只要她们通过考试就可以获得证书，不论此前在哪里接受的教育。这些显然只是象征性的安抚，女性依然未被允许进入哈佛课堂，但他们确实说，实际上，"这是一个很好的进展。我们必须承认，即使你们是女性，你们也可以通过我们的考试"。1879年，在伊丽莎白·加里·阿加西（Elizabeth Gary Agassiz）的指导和领导下，一群哈佛教授开始在校外为女性开设课程。这些课程是在"大学妇女教学协会"赞助下开设的，它们构成了众所周知的哈佛附属课程。1893年，附属课程获得了拉德克利夫学院全盘的认可和吸纳，当时该学院正在发展成为一种由习俗、传统、恐惧和困惑组成的奇怪混合体，而到20世纪中叶，外界依然将哈佛看作是一所男子学院。[2]

类似的情况也发生在纽约，纽约的哥伦比亚大学成立了巴纳德学院。[3] 即便由男子学院给予女子学院生命这一隐喻使人感到困惑，但亚当确实是在夏娃之先，依此而言，拉德克利夫可以被认为是哈

---

1 Sister Mary Mariella Bowler: *A History of Catholic Colleges for Women in the United States of America* (Washington, 1933), pp. 18-21, 28,101-14.
2 Samuel Eliot Morison: *Three Centuries of Harvard 1636-1936* (Cambridge, 1936), pp. 391-3; Woody: *A History of Women's Education,* II, 304-20.
3 Marian Churchill White: *A History of Barnard College* (New York, 1954).

佛的肋骨，而巴纳德则是哥伦比亚的肋骨——以此类推，索菲·纽科姆（Sophie Newcomb）是杜兰的肋骨，彭布罗克（Pembroke）是布朗的肋骨，杰克逊（Jackson）是塔夫茨的肋骨，弗洛拉·斯通·马瑟（Flora Stone Mather）是西储的肋骨。

但是，无论是合办教育还是隔离的教育都不会成为主流，因为尽管这两个运动都确立了女性接受高等教育的权利，甚至以多种方式证明了女性可以接受与男性同等水平的教育，但能代表美国女性高等教育的典型院校依然是男女同校的学院或大学。事实上，除了在新英格兰地区和一些大西洋中部的州，男女同校的学院或大学也正在成为美国男性接受高等教育的典型院校。

正如它在许多其他领域所做的一样，康奈尔在建立美国男女同校教育方面发挥了重要作用。作为赠地学院和州立大学的典型发展模式，它的地位给它所做的一切都蒙上了一个耀眼的光环。出色的行政管理和充足的财政资源使得康奈尔大学能够向其他院校展示，它是如何建成这一也许稍嫌杂糅却极具美国特色的高等教育机构的。在这一机构里，知识的进步和传播能够形成微妙的平衡，理论和实践都能够服务于整个社会，而人类的灵感和物质力量都能够为了美国梦的实现而得以释放。康奈尔大学实行男女同校的决定给东部其他老牌院校再一次带来了巨大冲击，因为当康奈尔还没有招收女生的时候就已经创下美国高等教育史上一届学生入学人数最多的纪录。那时候，这些传统院校就已经感到担忧了。[1]

---

1 Walter P. Rogers: *Andrew D. White and the Modern University*（Ithaca, 1942）, pp. 84–9.

第十五章 女子教育

1871年，在阿默斯特学院，预见到男女同校发展趋势的学生们勇敢地公开表示，如果董事会决定招收女性，他们可以接受，但会怀念男校的亲密和友谊。阿默斯特学院并没有屈服于男女同校的这些争论。尽管在1883年阿默斯特学院设立了一项只颁给男学生的奖学金，而当男女之别的围墙最终被粉碎时，这一奖学金就像阿默斯特学院的男性亲密关系和友谊传统一样依然被保留了下来，并未受到影响。在威廉姆斯，自1872年往后的若干年里，校友们提出了男女同校教育的问题，但即使有约翰·巴斯科姆（John Bascom）和大卫·达德利·菲尔德（David Dudley Field）的帮助——前者随后很快成了威斯康星大学校长，后者则是著名的法律改革家，男女同校教育依然无法获胜，旧秩序依旧占据上风。1872年，拉法耶特也举行了一场关于该议题的听证会，改革同样失败了，尽管女学生无法通过旧的终身奖学金入学这一论点确实很有说服力。[1]

　　对于新英格兰地区的院校，无论直升入学的成本会增加多少，都很少有人愿意放弃他们保持传统的权利。然而，卫斯理学院本着卫理公会神学院男女同校的传统精神，于1872年实行了男女同校教育，并一直将该政策延续至1909年——这一年，卫斯理学院决定放弃教派附属关系，这也意味着回归到男女分校的新英格兰学院传统。明德在1883年开始实行男女同校，当时它再也不能逃避这

---

[1] Woody: *A History of Women's Education*, II, 267; Frederick Rudolph: *Mark Hopkins and the Log: Williams College, 1836-1872*（New Haven, 1956），p. 231; David Bishop Skillman: *The Biography of a College: Being the History of the First Century of the Life of Lafayette College*（Easton, 1932），I, 353.

个问题了,即它欠佛蒙特州的女儿们一个离家近的教育机会。[1]

但是在西部,男女同校教育的力量则强势得多。1872年,美国有97所主要的男女同校学院和大学——"主要"的含义是指这些院校展现出了明显的男女同校趋势,也招收了绝大多数男女同校的学生。在这97所学院和大学中,有67所位于西部,17所位于南部,8所位于大西洋中部各州,5所位于新英格兰地区。到1880年,超过30%的美国大学招收女生,在接下来的二十年里,有71%的美国大学实行了男女同校教育。在中部各州,男女同校教育取代历史悠久的男校的方式颇具戏剧性。1894年,在俄亥俄州以外的所有中西部地区,只剩下了3所男校:威斯康星州伯洛伊特学院、印第安纳州的沃巴什学院以及伊利诺伊学院。1895年,伯洛伊特做出了历史性转变,伊利诺伊学院则是在1903年做出了改变,最后只剩沃巴什学院来维持中西部男子学院这一几乎独一无二的现象。[2]

男女同校帮助挽救了当时许多小型教派男子学院,使它们免于被中西部和西部的州立院校挤垮。许多老牌院校从19世纪50年代的萧条中复苏,入学率也得以提高,但这一入学率,尤其是1870年后的入学率,反映了这些院校推行男女同校教育的力度。抵制男

---

1 Carl F. Price: *Wesleyan's First Century*(Middletown, 1932), pp. 50–1, 172; William Storrs Lee: *Father Went to College: The Story of Middlebury*(New York, 1936), p. 165.

2 Woody: *A History of Women's Education*, II, 252; Rogers: *Cornell*, p. 89; James I. Osborne and Theodore G. Gronert: *Wabash College: The First Hundred Years, 1832–1932*(Crawfordsville, 1932), p. 424.

第十五章 女子教育

女同校运动的沃巴什，1899年招收的学生比1872年少了100名，而其他实行男女同校教育的院校则在有条不紊地发展。沃巴什拒绝实行男女同校教育，其复苏就只能推迟到下个世纪，直到作为生源的高中毕业生数量有所增加。[1]

密歇根大学本科生院系的招生数据揭示了文理学院男女同校的意义：1870年，1名女生，429名男生；到1898年，这个数字变成了588名女生和745名男生。事实上，女性入学率的快速增长意味着在1898年密歇根大学当年授予的文学士和哲学学士学位中有53%是女性获得的。对于所有男女同校的大学来说，从1875年到1900年，男学生增长了3倍，而女学生则增长了6倍。在西北大学，女学生的入学威胁到了学校男女同校的性质，因此学校增设了工程学课程，以增加日益减少的男性力量。在斯坦福，1892年，女学生的比例为25%，1895年为33%，1899年为40%。最后，为了防止院校特征发生不必要的变化，学校采取了限制措施。[2]

男女同校院校中女生比例的增加，无疑是由一系列因素造成的。高中毕业的女性比男性多，虽然上大学的男性明显比女性多，但女性比例正接近某种程度的平等。另一方面，技术学校基本上都是男性学校。

因此，这些发展引发的一个趋势是，认为文理专业和课程本质

---

1 Osborne and Gronert: *Wabash*, pp. 211, 221-4 ff.
2 Hinsdale: *Michigan*, pp. 134-6; Rogers: *Cornell*, p. 89; Woody: *A History of Women's Education*, II, 317-18; Orrin Leslie Elliott: *Stanford University: The First Twenty-Five Years*（Stanford, 1937）, pp. 132-6.

上更适合女性的想法日益流行。男女同校有助于将课程和科目划分为两个部分：一个是有用的、充满活力的、男性化的，另一个则是装饰性的、业余的、女性化的。在男女同校的教育氛围中，所有古老的自由教育科目，所有人类历史和现实中最高贵的遗产，都被视为属于后者。

尽管男女同校教育当时挽救了许多男子学院，但同样真实的是，一些男子文理学院，如耶鲁、普林斯顿、阿默斯特以及一些合办院校，如哈佛和哥伦比亚，试图通过使其远离娇弱化、女性化、腐朽化的影响来保存美国西方文明的自由遗产。在男女同校盛行的地方，这些不良影响已经日益显现。在西方传统模式中，女生当然也能够得到很好的教育，但在美国，这种传统培养模式有被女性垄断的危险。甚至在男校，语言学科、人文学科、历史学科的学习都被蔑称为"文化课程"，但在以往没有被女性垄断的时候，对这些学科的捍卫、培育以及增进难道就更容易吗？[1]

专为女性服务的学院与专为男性服务的学院一样，都经历了许多相同的困难和运动。它们在财务上遇到了困难：一位捐助者只花了5000美元就得以给亚拉巴马州玛丽·夏普学院（Mary Sharp College）冠名。在内战刚结束的几年里，女子学院沉溺于对女性设施的过度扩张，与男子学院运动早期的情况如出一辙。直到19世纪末，它们还依赖预科部门来培养潜在的学生，或者依赖直升学校

---

[1] 关于"文化课程"的早期观点，参见 Clarence F. Birdseye: *Individual Training in Our Colleges*（New York, 1907），pp. 193-5, 405。亦可参见 Elliott: *Stanford*, p. 476; Rogers: *Cornell*, pp. 215-16。

第十五章 女子教育

这一特殊安排。它们变得深深地信奉学院生活方式，认为这一套传统和措施能够使年轻女性远离生活的危险和诱惑。它们乐于投身于美国高等教育科学化的新方向，也乐于发展选修课。[1]

当然，它们之间也存在差异。应该如何称呼一位一年级女生？当然不能叫"新生"！埃尔迈拉选择了"布鲁图弥茜娅"（protomathian），罗格斯则选择了"娜薇安"（novian），但最终还是"新生"获胜了。在非男女同校的女子学院的校名中是否应该使用"女子"一词来做区分，这个问题得由职业女权主义者来决定。"你所谓的女子是指什么？……一头母驴？"马修·瓦萨学院的萨拉·黑尔（Sarah Hale）就是如此发问的。不久，波基普西的这所学院的名字中就没有了"女子"这个词。但名字的改变并不能掩盖一些实质性差异。公众认为，大学女生在智性生活的压力下会日渐消瘦，因此女子学院从一开始就非常重视女性的健康、卫生和生理。它们和男女同校的学院一样，都认识到教书是获得解放的美国妇女有可能从事的职业，因此非常重视教师培训项目。康奈尔大学、布林莫尔学院和瓦萨学院率先开设了社会工作课程。[2]当然，随着时间推移，男女同校成为美国高等教育典型模式的趋势将消除许多起初看起来非常重要的差异。

尽管如此，无论是在隔离的院校，还是在合办的院校，或是在男女同校的院校，女性都实现了接受大学教育的权利。这些院校消除了

---

[1] Mabel Newcomer: *A Century of Higher Education for American Women* (New York, 1959), pp. 21-3, 25, 81.

[2] Ibid., pp. 20, 28, 53, 99.

像约翰·托德（John Todd）牧师这样的人的恐惧，他曾反对说："难道我们必须要把教育强加在我们的女儿身上吗？难道为了让她们变得'理性'，就要使她们变得弱小、紧张，使她们整个的尘世生活都处于生与死的斗争之中吗？"它们还遭受了奥柏林学院早期的一位批评家的正面抨击，他坚持说："这种性别融合是不可行的。如果你住在一个炸药库里，你很快就会被炸飞。"女子学院部分解决了一位女大学生在和她父亲对话中所展现出来的问题。在对话中，那位女儿自豪地向父亲报告："我代数得了 100 分，拉丁语得了 96 分，希腊语 90 分，精神哲学 88.5 分，历史 95 分。你对我的学习成绩不满意吗？"她的父亲回答说："是的，的确如此。如果你丈夫碰巧懂得一些家务、缝纫和烹饪方面的知识，我相信你们的婚姻生活将会非常幸福。"[1]

当然，女性高等教育理念并非取得了全盘胜利。晚至 1895 年，弗吉尼亚大学的教师们还宣称，经过深思熟虑，他们还是认为在学习压力下，女生通常在身体上会失去女性特征。而在范德比尔特，一名学生指出："没有一个男人愿意在晚上回到家的时候发现妻子在试验制造人造黄油的新工艺，或者在天文台里扫视天空，寻找彗星。"对一位早期到访韦尔斯利学院的外国访客所提问题的回答确实有些模棱两可："这一切都很好，但是……这是如何影响她们（结婚）的机会的？"[2] 安德鲁·怀特曾报道过俄亥俄州男女同校教育，

---

[1] Woody: *A History of Women's Education*, II, 52, 155; Robert Samuel Fletcher: *A History of Oberlin College from its Foundation through the Civil War*（Oberlin, 1943），I, 377.

[2] Philip Alexander Bruce: *History of the University of Virginia, 1819-1919*（New York, 1920-2），IV, 63-9; Edwin Mims: *History of Vanderbilt University*（Nashville, 1946），pp. 130-1; Woody: *A History of Women's Education*, II, 152.

他说:"没有哪所大学能像奥柏林和安提阿这样,有这么多勇敢、果断、坚毅的年轻人加入我们的队伍。"但长期以来,人们一直怀疑,男女同校教育剥夺了女性某些无边的魅力和温柔,也剥夺了男性的严厉和粗犷,而保卫社会需要这些品质。[1]

《旧金山观察家报》在1892年提到的问题有可能得到完全解决吗? "当长着翅膀的小神从窗户进来的时候,"该报写道,"学习就飞出去了。"当然,这还仅仅是冰山一角。正如康奈尔副校长威廉·拉塞尔(William C. Russell)在1879年坦承的那样:"当我听说一位女学生把一个年轻男子叫进房间,关上门,亲吻他时,我就会感到痛苦,这种痛苦已经折磨我好几个月了。"当19世纪90年代的斯坦福大学在体育比赛中输给加州大学时,有人认为是太多的"女王心态"导致缺乏艰苦的体育训练。女孩们也有她们的烦恼,有一个故事讲的是,在世纪之交,一位拉德克利夫学院的年轻学生,她接受的教育成为她在当地一所学校教书的通行证,"在学校里,她被迫鞭打那些大块头男孩,因为正是他们的耐受力使她能够如此行事"。在巴纳德,至少有过一位年轻女孩站在哥伦比亚图书馆巨大的橡木大门面前,手足无措,直到富有骑士精神的男生帮助她打开了这扇沉重的大门。[2]

---

1 White: *Report...on Mr. Sage's Proposal to Endow a College for Women*, p. 22. 相关例子参见: Daniel Walker Hollis: *University of South Carolina* (Columbia, 1951–6), II, 170 以及 Woody: *A History of Women's Education*, II, 274–77, 301。

2 Woody: *A History of Women's Education*, II, 272; Rogers: *Cornell*, p. 228; Elliott: *Stanford*, pp. 132–6, 178–9; LeBaron Russell Briggs: *Routine and Ideals* (Boston, 1904), p. 139; Annie Nathan Meyer: *Barnard Beginnings* (Boston, 1935), p. 21.

但女性高等教育运动终究等来了成功的回馈。奥柏林发现，男女同校有助于促进餐桌礼仪和晚宴交谈。堪萨斯报道说没有听到过什么"丑闻的呜咽"。艾奥瓦将男女同校描述为"是对每一种美德的激发"。安提阿坚信年轻男子会因此变得更有男子气概，密歇根则准备将男女同校教育与婚姻联系起来。俄亥俄州立大学校长在1897年总结道："这种相互和平等的训练让年轻女性不再傻笑，让年轻男性不再粗鲁。"[1]

哈佛的布里格斯院长在1904年韦尔斯利学院毕业典礼演讲中指出，女性高等教育运动可能确实会造成严重的"理性激荡和摩擦的危险，因为在今后的日常生活职责中，在作为妻子和母亲的生活中，能有助于她的理性发挥作用的机会太少了"。但另一方面，女性高等教育运动已经实现了伦道夫-梅肯学院的董事们在1891年为自己树立的理想："建立……一所学院……在那里，我们的女儿可以获得能力充分发展的尊严和力量，以及最高文学文化的魅力，而同时又不会失去女性的最高荣耀——她的温柔和优雅。"[2]

---

[1] Woody: *A History of Women's Education*, II, 296-303; James E. Pollard: *History of the Ohio State University: The Story of its First Seventy-Five Years 1873-1948*（Columbus, 1952）, p. 149.

[2] Briggs: *Routine and Ideals*, p. 101; Woody: *A History of Women's Education*, II, 150.

# 第十六章
# 大学运动的兴盛

1871年,密歇根大学校长詹姆斯·安吉尔以一种与时代相称的乐观主义精神审视着学院世界,并总结道:"在学院生活空前活跃的今天,不能稳步前进的院校自然会落后。"[1]那些沉睡的小型学院,踌躇不前的大学,喜欢安于现状的人——即使没有听到这发自美国高等教育重要的新代言人之一的行动召唤,也会看到越来越多的证据表明,这的确是一个前所未有的激荡和变革的时代,以及可能如安吉尔校长所言,这也是一个进步的时代。

詹姆斯·麦科什在普林斯顿激励着踌躇不前的董事会,查尔斯·威廉·埃利奥特在坎布里奇征服着不情不愿的董事会。在伊萨卡和巴尔的摩,美国高等教育的新起点正在规划中。赠地学院如

---

[1] James Burrill Angell: *Selected Addresses* (New York, 1912), p. 27.

雨后春笋般涌现，州立大学也开始扮演新角色。充满活力的变化比比皆是，新院校和新运动的影响显著而迅速地扩大，各院校积极效仿取得成功的竞争对手，因此，在短短的十三年之后，纽约哥伦比亚学院的一位机敏而有洞察力的教授约翰·伯吉斯（John W. Burgess）得出了如下结论："我承认，我无法预测学院的最终定位会在哪里，它既无法成为大学，也不会成为体育场所。我看不出它们存在的理由。维持它们在很大程度上是在浪费资金，进入学院就读在很大程度上也是在浪费时间。现在就是如此。"[1]

这位哥伦比亚的教授把美国学院两百五十年的历史抛到一边，宣布这些学院要么成为大学，要么保留其高级中学的定位，这已经是口中留德了。每所院校都知道自己必须有所行动，甚至在必要时捍卫自己静止不前的权利。然而，没有一所院校能够确定大学到底意味着什么。埃利奥特校长可能会宣称"大学不能建立在宗派基础上"，这在德国和剑桥无疑是正确的，但在一切皆有可能的美国，谁又能说得准呢？[2]我们又该如何面对来自自称宾夕法尼亚大学的费城学院的亨利·维塔克（Henry Vethake）教授发出的警告呢？他曾指出，德国大学在很大程度上是由准备从事以下三类职业的学生支撑起来的，即教师、公务员和外交官，而这三类职业在美国甚至都不存在。对这位教授的回应无疑是，当美国需要专业教师、专业公务员和专业

---

[1] John W. Burgess: *The American University: When Shall it Be? Where Shall it Be? What Shall it Be?* (Boston, 1884), p. 5.

[2] George Wilson Pierson: *Yale: College and University 1871-1937* (New Haven, 1952-5), I, 61.

外交官的时候,这一时刻就会到来,而这些需求是学院无法满足的。很好,那么,大学就是一个为以前并不存在但以后将会出现的职业机会培养专业人士的地方。这一说法能获得公众的支持吗?[1]

随着时间流逝,困惑越来越多,这不仅是因为学院把它们信笺的抬头改成了"大学",还因为对大学的目的、功能或地位的定义依旧缺失。在弗吉尼亚,大学的理念建立在广泛的课程和院系基础上,学生可以在其中深入学习,并且拥有传统院校所没有的自由。另一方面,约翰·霍普金斯大学逐渐形成的定位是,一所真正的大学应该是研究生取向的,它的基础在于文理研究生院,其校园生活围绕的是知识的增进。在坎布里奇,埃利奥特校长有意通过消除或至少削弱本科生和研究生之间、学院生活和学术研究之间的界限,从而推动哈佛向大学的定位迈进。对埃利奥特来说,大学理念本质上是一种精神,如果一所院校有这种精神,那么它就具备了大学的资质。然而,在对学院方式有着某种归属感的纽黑文,尽管大学的理念优势很明显,但仍未能得以实践,耶鲁的教师们不愿意采用埃利奥特校长重塑哈佛学院整体面貌的精神来污染耶鲁学院。在伊萨卡,大学似乎被定义为一个可以学习和研究任何知识的地方,一个物理化学、希腊语、桥梁建造、牛的疾病和军事训练都同等重要的地方。[2]

---

1 Richard J. Storr: *The Beginnings of Graduate Education in America*(Chicago, 1953), p. 79.

2 参见 Pierson: *Yale,* I, 44–5; Daniel Walker Hollis: *University of South Carolina* (Columbia, 1951–6), II, 10–11; Samuel Eliot Morison: *Three Centuries of Harvard 1636–1936*(Cambridge, 1936), p. 326.

第十六章 大学运动的兴盛

各种主题的多样性给 19 世纪末至 20 世纪初的美国大学理念带来了百花齐放的局面，但它们不会明确回答美国大学是什么这个问题。因为就像美国的人民、美国的地理、美国的教会、美国的经济制度一样，美国大学也展现出了一种明显的多样性和不愿意被归类的意愿，这种多样性展现了各大学在财富、领导力、公共影响力以及区域需求等方面的差异。

然而，即便没有出现名义上的美国大学，就像没有出现美国教育体系一样，也总有一天会出现具有大学地位和成就的机构。在马萨诸塞州的伍斯特，斯坦利·霍尔（G. Stanley Hall）试图模仿约翰·霍普金斯大学模式建立克拉克大学。在西部，州立大学用一整套本科学系和课程体系取代了传统的文学士学位课程，这套体系也包括将职业科目专业化。在哈佛启发下，各地的小学院引入了选修课，为成为大学做准备。纽约大学采用了三种传统的学院式举措，这为它赢得了急需的支持：第一是与纽约长老会社区结成了联盟；第二是放弃了不收学费的做法（在纽约较富裕的家庭中，这种做法给学校带来了"穷人学院"的名声）；第三是搬到了纽约上城，从而有可能建立一所校园并为学院生活方式赋予其他乐趣。然后，在确保不失去自身学院特征的基础上，纽约大学成功地启动了一个充满活力的职业性研究生项目，并顺势成为一所大学。[1]

---

1 W. Carson Ryan: *Studies in Early Graduate Education: The Johns Hopkins, Clark University, The University of Chicago*（New York, 1939）, pp. 47–90; Wallace W. Atwood: *The First Fifty Years: An Administrative Report*（Worcester, 1937）, pp. 1–10; Theodore F. Jones, ed.: *New York University 1832–1932*（New York, 1933）, pp. 137–50.

然而，对大多数美国人来说，西部州立大学塑造出来的形象可能最接近美国大学的形象。密苏里大学校长约翰·海勒姆·莱思罗普在 1864 年说："美国大学的理念是有一所居于中心的哲学学院……周围围绕着一批专业学院，不仅包括法学院、医学院和神学院，还有从事教师教育的师范学院，以及农业和实用技艺学院。"[1]

到 1872 年，大学是各种迥然不同的功能的集合这一观点已经得到广泛认同，丹尼尔·科伊特·吉尔曼在他就职加州大学校长的演说中提出了他的大学概念，即大学就是足够大，大到足以涵盖今后可能发生在一所美国大学屋檐下的一切："我们负责在（这里）建设的是一所大学，不是一所高中，不是一所学院，也不是一所科学院或一所工业学校。它们的一些功能可能会包含在大学中或在大学中得到发展，但大学的意义远超上述机构及其功能的任何一种或它们的总和。大学这一称谓是所有用于指称知识增进和传播机构的术语中最具综合性的一个，一系列机构被组织起来推动各种技艺和科学的发展，并将年轻人培养成承担各种学术职责的学者。"[2] 在吉尔曼的定义中，埋藏着一粒种子，这粒种子将生根发芽，并使得一家伟大的慈善基金会的负责人对下一世纪产生如下展望："从深奥的佛教教义阐述到连锁杂货店管理，……（美国大学）为那些好

---

[1] Jonas Viles, et al.: *The University of Missouri: A Centennial History*（Columbia, 1939）, p. 108.

[2] Daniel C. Gilman: *The Building of the University: An Inaugural Address Delivered at Oakland, Nov. 7th, 1872*（San Francisco, 1872）, p. 6.

奇的美国年轻人提供服务。"¹也许没有人能比他更准确地定义美国大学了。

相比英国或法国模式，美国的大学运动受德国模式的影响更多，其结果是，大学不像在英格兰那样纯粹是一个对教学机构或学院的教育结果实施考核的机构，它也不像在法国那样意味着是一个监督和规范整个教学体系的行政机构。但另一方面，美国大学也并不是对德国大学的机械模仿，后者是一批培养年轻人从事学术职业的学院的集合。正如耶鲁校长阿瑟·特文宁·哈德利（Arthur Twining Hadley）喜欢指出的那样，美国大学包罗万象，但又不单单是一个教学机构或考试机构；对于州立院校而言，它是一个监督和管理机构；或者与培养从事学术职业的年轻人相对应，是准备培养从事非学术职业的年轻人的机构。²然而，由于德国的榜样地位是如此稳固，因此在几乎所有美国大学的创建过程中，对文理研究生院的重视，对由学者和学生群体推动纯粹知识前沿发展这一理念都深植在其基因里。

学院时代与大学时代的差距随处可见。也许这一差距在约翰·霍普金斯大学一位推崇传统学术的教授——巴兹尔·吉尔德斯利夫（Basil Gildersleeve）1893年的评论中展现得最为清晰。他认为，从巴尔的摩、纽约、伍斯特、芝加哥、纽黑文、坎布里奇、安娜堡和麦迪逊的研究生院中日益涌现的年轻学者对于美国的发展意

---

1 Henry S. Pritchett of the Carnegie Foundation in Howard J. Savage, et al.: *American College Athletics* ( New York, 1929 ), p. x.
2 Walton C. John: *Graduate Study in Universities and Colleges in the United States* ( Washington, 1935 ), p. 35.

义重大。他据此回忆起自己年轻时如何远赴德国为自己的教授职位做准备，因为在当时的美国，不仅无法进行相应准备，而且还会因为对专业教育的必要性进行辩护而遭到嘲笑和荒谬的指责。[1]

现在，一切都改变了。当詹姆斯·德怀特·达纳1856年在耶鲁提出以下问题时，这一改变就已经萌发了："为什么不能在这里有一所美国大学？"他想要的答案可能暂时还未出现，但在1860年，耶鲁决定在其哲学和艺术研究生系为学有所成之人提供哲学博士学位。1861年，耶鲁大学授予了三个博士学位，这是美国历史上首次授予哲学博士学位。到约翰·霍普金斯大学开始致力于发展哲学博士教育的1876年，这一由耶鲁开创的先例被25所大学所效仿，它们在1876年总共授出了44个哲学博士学位。这些学位所代表的教育水平和培养质量也许还参差不齐，其中一些哲学博士被一些院校聘为教师，以便为自己的招生简章增光添彩，但这些学位意味着，一种在文学士学位层次之上的严肃学习的概念正在被广泛确立，随着约翰·霍普金斯大学成立，研究生学习的组织被推广到各个院校。[2]

1880年，哥伦比亚创建了一所政治和社会科学高级学院；第二年，密歇根大学也建立了类似机构；耶鲁在1882年正式开办研究生教育。1889年，在伍斯特和华盛顿，仿效约翰·霍普金斯大学，分别建立了克拉克大学和天主教大学。1890年，伟大的老牌大学哈

---

[1] John C. French: *A History of the University Founded by Johns Hopkins*（Baltimore, 1946），p. 275.

[2] Storr: *The Beginnings of Graduate Education*, pp. 57-8; John: *Graduate Study*, p. 19.

第十六章 大学运动的兴盛

佛和伟大的新办大学芝加哥都建立了文理研究生院。在19世纪90年代，像密歇根、威斯康星、内布拉斯加和堪萨斯这样的州立大学都有意愿效仿跟随并筹集到了相应资金。在南方，则是范德比尔特引领了南方智性生活的复兴。[1]

1902年，埃利奥特校长在回顾大学发展上述历程时指出："哈佛大学研究生院……并没有发展壮大，直到约翰·霍普金斯大学迫使我们的教师把力量投入到研究生机构的发展中。哈佛是这样，这片土地上的其他大学也是这样，它们都渴望创建一所高级文理学院。"到1900年，霍普金斯"美国头号博士工厂"的地位可能已经被哈佛取代，但到了1926年，也就是霍普金斯大学成立五十年后，在它1400名研究生毕业生中就有1000名进入了美国各个学院和大学担任教师。有24所大学拥有10名或更多的霍普金斯大学研究生，这证明了这所位于巴尔的摩的院校在建立和传播大学理念方面所发挥的作用。[2]但是，由一所院校长期保持核心的支配地位或不断取得重大成就的时代已经一去不复返了。因为约翰·霍普金斯大

---

[1] John Howard Van Amringe, et al.: *A History of Columbia University 1754-1904* (New York, 1904), pp. 220-60; Byrne Joseph Horton: *The Graduate School* (*its Origin and Administrative Development*) (New York, 1940), pp. 73-7; Elizabeth M. Farrand: *History of the University of Michigan* (Ann Arbor, 1885), p. 270; Burke A. Hinsdale: *History of the University of Michigan* (Ann Arbor, 1906), p. 85; Samuel Eliot Morison: *The Development of Harvard University Since the Inauguration of President Eliot 1869-1929* (Cambridge, 1930), pp. 451-62; Merle Curti and Vernon Carstensen: *The University of Wisconsin: A History, 1848-1925* (Madison, 1949), I, 630 ff.; Edwin Mims: *History of Vanderbilt University* (Nashville, 1946), p. 150.

[2] French: *Johns Hopkins*, pp. 86, 204-5; Morison: *Three Centuries*, p. 336.

学在办学精神和招生方式方面都做了很好的榜样，所以它的研究生奖学金制度也传播了开来。

在约翰·霍普金斯大学证明奖学金对发展大学运动的重要性之前，利用奖学金来吸引研究生的做法在美国早已为人所知。事实上，在1731年，当时的爱尔兰德里学院的牧师院长，即后来的乔治·伯克利（George Berkeley）主教，将他在罗得岛新港的农场转让给了耶鲁，并约定以农场的收益作为奖学金，支持已获文学士学位的人在获得文学硕士学位之前的这段时间里继续学习希腊语和拉丁语，文学硕士这个学位当时通常授予所有毕业已三年且没有入狱记录的大学生。1822—1848年，耶鲁一直在投入和累积着资金，后来这些经费都被用于研究生奖学金。[1]

美国院校使用奖学金来激励深造的观念受到了19世纪50年代相当流行的《在英格兰大学的五年》（Five Years in an English University）一书的鼓励。这是一位在剑桥读书的年轻美国人的自传，他对奖学金在激励他赴英国大学深造方面所起的推动作用印象深刻。然而，在19世纪50年代，大学运动还没兴盛起来，虽然宾夕法尼亚大学的教授们萌生了建立奖学金的想法，但是一位同事提出的"钱从哪里来？"这一问题让他们感到棘手。这位同事还补充道："美国的研究生，无论如何，在他们开始学习之前都会询问，现金是否已经入账。"[2]

---

[1] William Lathrop Kingsley, ed.: *Yale College: A Sketch of its History*（New York, 1879）, I, 57-62; Storr: *The Beginnings of Graduate Education*, pp. 32-3.

[2] Storr: *The Beginnings of Graduate Education*, pp. 60-1, 65-6, 172; Charles Astor Bristed: *Five Years in an English University*（New York, 1852）; Storr: op. cit., p. 80.

在 19 世纪 70 年代早期，许多院校——如普林斯顿、哥伦比亚和哈佛——实行的惯例是资助本校有前途的研究生去海外学习，但随着约翰·霍普金斯大学系统性地建立和实施面向世界各地优秀学生的资助政策以扩充其研究生院，这一惯例就被废止了。[1] 霍普金斯大学最初决定提供 500 美元奖学金，这个数额反映出董事会对进入研究生教育领域这一冒险的前景没有太大把握，但在另一方面也显示了他们在为霍普金斯大学的教授争取更优质生源这件事上的决心。他们的决心得到了回报，毫无疑问"约翰·霍普金斯大学首批 21 名研究生……是一群比以往在美国任何地方为了学习而汇集起来的群体都要出色的大学毕业生"。他们之中有率先在美国开展历史学术研究的赫伯特·巴克斯特·亚当斯（Herbert Baxter Adams），有将新知识和新历史带到密歇根大学的亨利·C. 亚当斯（Henry C. Adams），有成为伍德罗·威尔逊战时驻英国大使的沃尔特·海因斯·佩奇（Walter Hines Page），还有将成为哈佛大学杰出哲学家的约西亚·罗伊斯（Josiah Royce）。约翰·霍普金斯大学早期的成功部分要归功于它的奖学金计划，这一做法后来成为美国每一所主要大学在创建过程中的特色元素。[2]

除了文理研究生院及其附属的奖学金项目之外，另一个对实

---

1 Thomas Jefferson Wertenbaker: *Princeton 1746-1896* ( Princeton, 1946 )，pp. 301-2; Van Amringe: *Columbia,* pp. 142, 221; French: *Johns Hopkins,* pp. 39-41; Hugh Hawkins: *Pioneer: A History of the Johns Hopkins University, 1874-1889* ( Ithaca, 1960 )，pp. 79-90, 120-2.

2 Hawkins: *Johns Hopkins,* p. 83.

现大学地位至关重要的因素则是对职业精神的重视以及将专业学院纳入大学结构之中的做法。1855年，弗雷德里克·巴纳德在其以亚拉巴马大学校长身份准备的一份报告中以极其自负而笃定的口吻写道，一个手艺人的社会及其独特的学徒系统是美国生活中一个永恒的特征，因此，职业主义永远不可能通过正式的教育机构打乱其自身结构和机制。"只要时光流转，"他写道，"农民就将会在田间诞生，制作者就将会在店里诞生，商人就将会在账房里诞生，土木工程师就将会在科学的实际运作中诞生。"[1]

内战后，赠地学院和技术学院的出现，对有序综合的技术性知识需求的迅速增加，以及当今复杂的工业社会对顶尖专家的需要，共同推动了职业精神的释放，这是许多成长中的大学不仅无法抗拒而且还试图抓住的机会。为了生存，许多原本没有机会成为大学的小型学院被迫在本科项目中引入了药物化学、工程英语、机械制图、图书馆学、教育史和教育哲学等课程。在州立大学，一个本科项目可能仅仅基于某一类课程或针对某一类机构。男女同校教育通过帮助大多数美国学院转为教师培训机构而加速了这种职业化趋势；到19世纪末，美国学院和大学培养的教师数量超过了所有其他职业人才培养的数量。[2] 职业化甚至进入了耶鲁这样的院校，这足以证明对职业的重视程度。1899年，耶鲁允许文学士学位候选人在他们

---

1 Walter P. Rogers: *Andrew D. White and the Modern University*（Ithaca, 1942），p. 108.
2 Bailey B. Burritt: *Professional Distribution of College and University Graduates*（Washington, 1912），p. 77.

的项目中增加法律和医学课程，这一运动一直持续到耶鲁开始设立法律、医学、神学、艺术和音乐等本科专业为止。[1]

美国大学运动的作用之一是模糊了"专业"和"职业"之间长期存在的内涵上的差别。人们倾向于把"专业"一词保留给那些需要一些正式学习和指导的职业。这样的结果是，只存在三种专业：神学、法律和医学，也许还有第四种——军事。所有其他职业的专业性都相对不足，是那种可以"在工作中"学习的职业。农民、商人和制造业者从事的是职业。神学院、法学院和医学院毕业生从事的是专业。长期以来，大学教授这一职业一直处于模糊的"中间地带"，这一职业没有必要进行专门准备，但许多从业者在职前都进行了学习并被认证为职业教士。然而，大学运动展现了对校园之外不断变化的世界的尊重，它认识到工程和其他许多应用科学都需要进行严格的专业培训；在追求学术和学习知识的过程中，该运动创造了学院和大学教师这一职业；它接受了一种民主观点，即过去无学识要求的职业可以而且应该成为有学识门槛的职业。

在承担提供正规专业教育的责任时，大学揭示了美国高等教育对民众生活的广泛影响。早期学院改革者未能使学院与国家的经济生活建立起任何重要的联系。现在，平等的趋势和工业社会的不断扩张使得在工作中学习和在大学中学习不再有任何区别：在美国，所有职业都是值得尊敬的，因此，大学应该把自己作为为所有拥有正式知识体系的职业提供相关教学和培训的机构。因此，大学越来

---

1 Pierson: *Yale*, I, 213, 222-9.

越来越多地取代了旧职业体系中的学徒制,并为正在走向专业化道路的各种职业带来平等。

与专业和职业之间界限模糊相伴随的是,古老的学院(college)和专业学院(school)之间的区分也变得模糊了,前者被认为是专业前的教育,而后者,即那些独立或附属的神学院、法学院和医学院,则被认为是专业教育。[1] 选修制原则被纳入本科教育阶段所有的课程和项目时,最有说服力的理由是它们有助于职业生涯的准备。一位除了希腊语和拉丁语几乎什么都不学的哈佛学生很可能成为古典学教师,当然,那些专注于物理和化学的年轻人也有望将他们学到的知识应用到实践中去。

从某种意义上说,这种专业培训精神并非新生事物,因为在传统学院里,学生主要由面向三个学识性专业的年轻人组成。古典课程和这些专业之间的实践关系是1828年耶鲁教师争论的焦点之一。然而,现在出现的情况是,新兴职业的数量井喷式增长,因此与此相关的正规学习和教学就成为可能,是有用的和必需的。杰克逊

---

[1] 参见 Roland H. Bainton: *Yale and the Ministry* (New York, 1957); Henry K. Rowe: *History of Andover Theological Seminary* (Newton, 1933); George H. Williams, ed.: *The Harvard Divinity School* (Cambridge, 1954); Frederick C. Hicks: *Yale Law School: from the founders to Button, 1845-1869* (New Haven, 1936); Alfred Zantzinger Reed: *Training for the Public Profession of the Law* (New York, 1915); Willard Hurst: *The Growth of American Law* (Boston, 1950); Henry B. Shafer: *The American Medical Profession, 1783 to 1850* (New York, 1936); William Frederick Norwood: *Medical Education in the United States before the Civil War* (Philadelphia, 1944); Abraham Flexner: *Medical Education in the United States and Canada* (New York, 1910); Francis R. Packard: *History of Medicine in the United States* (2 vols., New York, 1931)。

第十六章 大学运动的兴盛

派所强调的观点很清楚，即所有职业都是平等的，所有的职业都应在大学里有平等的机会。现在，学院需要在它们的大学阶段迎接潜在的商人、记者、制造业者、化学家、教师、发明家、艺术家、音乐家、营养师、药剂师、科学化的农民和工程师，并为他们提供与法学、神学和医学学生一样的服务。[1]

大学运动并没有把专业精神带入美国高等教育生活。毕竟，即便不涉及其将古典课程作为一种普遍适用的基础教育这一理念，传统学院实施的还是专业之前的教育。此外，许多学院，特别是城市里的学院，都已经与神学院、法学院或医学院形成了联盟。早在1750年之前，哈佛和耶鲁就已经出现了神学教授职位。托马斯·杰斐逊在威廉玛丽学院设立了第一个法律教授职位，1765年，费城学院出现了第一个医学教授职位。虽然高水准的专业学院将是大学运动的结果之一，但在学院时代，附属或整合的神学院、医学院和法学院已经开始取代更古老的学徒制，并将专业培训引入了校园。然而，即便大学运动没有为美国高等教育引入聚焦专业的元素，它

---

[1] Arthur C. Weatherhead: *The History of Collegiate Education in Architecture in the United States*（Los Angeles, 1941）; Thomas Thornton Read: *The Development of Mineral Industry Education in the United States*（New York, 1941）; Charles Riborg Mann: *A Study of Engineering Education*（New York, 1918）; De Forest O'Dell: *The History of Journalism Education in the United States*（New York, 1935）; Jessie M. Pangburn: *The Evolution of the American Teachers College*（New York, 1932）; Robert A. Gordon and James E. Howell: *Higher Education for Business*（New York, 1959）; Frank C. Pierson, et al.: *The Education of American Businessmen*（New York 1959）; Melvin T. Copeland: *And Mark an Era: The Story of the Harvard Business School*（Boston, 1958）.

也在很大程度上引发了对认识和培育新职业的兴趣,这些兴趣可不是古典学问可以催生的。[1]

因此,新职业不像旧专业那样受人尊敬。旧专业主义的特点是对自由学科的重视,而判断这些自由学科的学习价值的方式则是看它在何种程度上将人自身作为中心主题。与此不同,新专业主义研究事物,它不太关心人的最终角色和最终责任等问题,而是关心如何以更优方式实现一些直接和有限的目标。因此,在旧专业和新职业之间存在着一种差别,一种真正的差别,这种差别曾经通过区别专业和职业的方式得以明确。蓬勃发展的美国大学把原来的职业转变成了专业,旧有的区别则在这个过程中逐渐消失了。

因此,正如这一特点所表现的,美国大学成了专业学院的集合体。在法学方面,各个专业学院取代了法律教育学徒制,医学将责任置于医学教育之上,神学则被降格放置在单独的角落里,而教育则被开辟为一个先进的研究领域,并在一所又一所的院校中响应着特定时空的必然需求。大学在合适的时机创立所需的专业学院,无论是工商管理学院、林业学院、新闻学院、兽医学院、社会工作学院还是俄罗斯研究学院。[2]

---

1 Robert L. Kelly: *Theological Education in America*(New York, 1924). 有关早期职业教育的实用简史可参见 Nicholas Murray Butler, ed.: *Monographs on Education in the United States*(2 vols., Albany, 1900)。

2 关于典型的经验,参见 Curti and Carstensen: *Wisconsin*, II; Morison: *Harvard University Since the Inauguration of President Eliot;* Waterman Thomas Hewitt: *Cornell University: A History*(New York, 1905), II。在迈纳(Dwight C. Miner)总编辑领导下,哥伦比亚大学出版了一系列关于二级学院的著作,即 *The Bicentennial History of Columbia University*(1954-7)。

第十六章 大学运动的兴盛

发展中的大学表现出对扩张的欲望、对功绩的贪婪以及对发展的热望，这是它们最基本的特征之一。因为人们对美国大学是什么或可能是什么没有一致的看法，所以大学的建设者们不会给自己设置理论或哲学上的界限。唯一能阻止他们的步伐的只有资金不足，但在一个建设和竞争的时代，百万富翁们可以提供充足的资金和资源，所以这根本不成问题。

即使一所大学无法聘任到所需的教师，也不必沮丧：它可以借用教师。康奈尔的安德鲁·怀特创立了这种做法，他为伊萨卡请来了以下教授：詹姆斯·拉塞尔·洛厄尔（James Russell Lowell）、路易斯·阿加西、乔治·威廉·柯蒂斯以及其他人。对于约翰·霍普金斯大学，丹尼尔·科伊特·吉尔曼短期借用了西蒙·纽科姆（Simon Newcomb）、威廉·詹姆斯（William James）、西德尼·拉尼尔和布莱斯（Bryce）勋爵。在斯坦福大学，大卫·斯塔尔·乔丹（David Starr Jordan）请来了天才的美国前总统本杰明·哈里森。[1]

另一个增长方式是联盟的概念，它将各个半自治的机构聚集在一个核心机构周围，这有可能使一所旧学院成为一所新大学。罗得岛设计学院与布朗大学结盟，造纸化学研究所与劳伦斯学院结盟，加州药学院与加州大学结盟，纽约的大部分神学院与哥伦比亚大学结盟。增扩大学目标的手段还包括暑期班和校外课程。位于纽约市的城市学院发明了一种方法，用以充分利用大学正常教学之

---

[1] Rogers: *Cornell*, pp. 71, 155-6; French: *Johns Hopkins*, pp. 88-92; Orrin Leslie Elliott: *Stanford University: The First Twenty-Five Years*（Stanford University, 1937）, p. 114.

外的各种时间：1909年，它首次开设了一门可获得学士学位的夜校课程。[1]

但是，这些举措还远未充分体现美国新大学的精神。1875年，安德鲁·利普斯科姆（Andrew Lipscomb）在范德比尔特大学建校典礼的演说中进一步强调了这一新精神，这所大学是南方卫理公会教育的新顶点。它远离狭隘的宗派主义，对理性抱以信任的态度，并与所有会使那些卫理公会教派小学院变得狭隘和无知的倾向做斗争，这一切都体现在这所大学创办时的倡议里："大学必须认识到真正的思想的每一个部分，人类知识的每一个分支，文化的每一种模式……大学中最重要的是对各种观点的宽容……它必须以开放的态度对待所有真理，必须以一种学者品性把人们聚集在一起。"[2]

在社会方面，大学运动也创造出了自己的精神；虽然学院传统有足够的说服力和力量来维持和扩展兄弟会运动，但现在在美国大学周围出现了像杜波依斯·埃杰顿（DuBois Egerton）夫人位于巴尔的摩西麦迪逊街132号的著名寄宿公寓那样的机构。埃杰顿夫人的寄宿公寓有宏伟的南方样式和优雅风格，古老的银器，精致的家具，美味的食物，还有20位付费的客人——约翰·霍普金斯大学的

---

[1] Daniel Sammis Sanford, Jr.: *Inter-Institutional Agreements in Higher Education*（New York, 1934）, pp. 18-19; Watson Dickerman: *The Historical Development of the Summer Session in the United States*（Chicago, 1948）; Louis E. Reber: *University Extension in the United States*（Washington, 1914）; S. Willis Rudy: *The College of the City of New York: A History, 1847-1947*（New York, 1949）, p. 315.

[2] Mims: *Vanderbilt*, pp. 63-4.

第十六章 大学运动的兴盛

教师和学生们。在 19 世纪 70 和 80 年代，他们在此创建了一个非常尊贵的沙龙，像斯坦利·霍尔、西德尼·拉尼尔、詹姆斯·拉塞尔·洛厄尔和威廉·詹姆斯这些我们耳熟能详的人都是此间常客。[1]

在新大学精神的普及过程中，也不乏一些小插曲。比如，1884年，阿肯色大学的校长公开指责一些具有破坏性大学意识的教师从弗吉尼亚大学引入了两种对阿肯色大学最具伤害性的习惯：学术上的高标准和教师对学生课外行为的忽视。1892年，在印第安纳大学，一位真正具有大学精神的教授建议，教授们应该每年一次给已完成学业的学生颁发文凭，而那些没有完成学业的学生则不被授予文凭，"而不管他们在学校里居住了多长时间"。他说，让学院的学位成为"能力证书"，而不是"居住证书"。[2]

最能展现大学精神的是它们运用科学和世俗主义的方式，这些方式将大学从宗教束缚中解放出来，而宗教取向曾是旧学院的基础。它们承认好奇心的价值，将理性神圣化并将其作为大学发展的动力。这种精神反过来会被大学毕业生带入学院，但它最完美的表达是在大学里。

尽管在整个19世纪，大多数美国学院和大学在招聘教师时都会将虔诚看得重于理性，但没有哪所大学能长期将过时的神学成功地置于科学之上。新大学的校长们更倾向于走上吉尔曼校长所指的

---

1 French: *Hopkins*, pp. 77–8.
2 John Hugh Reynolds and David Yancey Thomas: *History of the University of Arkansas* (Fayetteville, 1910), p. 125; James Albert Woodburn: *History of Indiana University: 1820–1902* (Bloomington, 1940), p. 410.

道路。某天，吉尔曼与约翰·霍普金斯大学的一群学生谈论说，如果他们买一尊查尔斯·达尔文的半身像，他没有意见，但在达尔文周围再放一些不那么有争议的科学家的塑像，可能会更谨慎些。普林斯顿能容纳詹姆斯·麦科什校长，他是最信服进化论的美国人之一，而后他的继任者，巴顿校长，是一位长老会牧师，在为普林斯顿的客栈争取放置售卖啤酒和红酒的权利时声称自己已经准备好"对抗整个长老会了"。[1] 反动势力在范德比尔特取得了一定胜利，但大学里的气氛已日益世俗化和理性化，日益充满了由进化论概念开启的对整个真理世界进行探索的兴奋。

这一时期，伟大的学术领袖——埃利奥特、怀特和吉尔曼——本身就是进化论者，科学家们，无论老少，都毫不犹豫地接受了达尔文主义。在美国，所有一直在削弱牧师影响力和贵族传统的力量都对这种新取向表示欢迎。1881年，在密歇根州立大学，33名大四学生中有26人承认相信进化论。[2]

虽然达尔文和他的理论对道德确定性和神圣权威的整体结构的影响会让很多大学感到不安，但也有很多人在努力调和科学和宗教。他们要么忽略科学研究和天启之间的不相容，要么寻求让这两种利益彼此保持分立的方法。这些做法也许可以避免冲突，但实现和解的决心是如此强烈，以至于据说一位访客曾在纽黑文的诺厄·波特办公室的门上发现了如下告示："周二11点30分，波特教

---

1 Mims: *Vanderbilt*, pp. 27–8, 64, 102; Varnum Lansing Collins: *Princeton* (New York, 1914), p. 223; Wertenbaker: *Princeton*, pp. 311–13, 374–5.
2 Madison Kuhn: *Michigan State: The First Hundred Years* (East Lansing, 1955), p. 91.

授将协调科学和宗教。"[1]学院里关于达尔文主义的冲突与其说是进化论是否正确的问题，不如说是新旧体制到底谁会占上风的问题，是选择虔诚还是理性的问题，是权威建立在启示真理之上还是建立在科学证据之上的问题。

新精神的另一个表现是，在学生评价中，学业成绩和不良记录两者被区别开来。1869年，哈佛在学业和行为之间做出了明确区分，此后只根据学业成绩对学生进行排名。至于品格，不再被纳入对学生的评价之中。很显然，学生们都是平等的，而评价时最重要的是在课堂上的智性表现，而不是在宿舍或乡村酒馆里的模范行为。[2]对学识的认同意味着大学不再在教堂里表达其目的，不再需要校长给大四学生开设道德和理性哲学课程。这门课现在分成了六门课程分

---

1 Charles Elmer Allison: *A Historical Sketch of Hamilton College, Clinton, New York* (Yonkers, 1889), pp. 35-8; Hawkins: *Johns Hopkins*, p. 72; Pierson: *Yale*, I, 57; Richard Hofstadter and Walter P. Metzger: *The Development of Academic Freedom in the United States* (New York, 1955), pp. 320-66. 参见 David Duncan Wallace: *History of Wofford College* (Nashville, 1951), p. 57; Allen P. Tankersley: *College Life at Old Oglethorpe* (Athens, 1951), pp. 67-82; Henry Morton Bullock: *A History of Emory University* (Nashville, 1936), p. 142; G. Wallace Chessman: *Denison: The Story of an Ohio College* (Granville, 1957), pp.144-6; Louis G. Geiger: *University of the Northern Plains: A History of the University of North Dakota 1883-1958* (Grand Forks, 1958), p. 72; Lucy Lilian Notestein: *Wooster of the Middle West* (New Haven, 1937), pp. 184-6; Charles Henry Rammelkamp: *Illinois College: A Centennial History 1829-1929* (New Haven, 1928), p. 386; Ralph Henry Gabriel: *Religion and Learning at Yale: The Church of Christ in the College and University, 1757-1957* (New Haven, 1958), pp. 152-86。

2 Mary Lovett Smallwood: *An Historical Study of Examinations and Grading Systems in Early American Universities* (Cambridge, 1935), p. 74。

散在整个课程体系之中，科学实验室和图书馆开始使小教堂黯然失色，前者对新体制而言是必不可少的，就像小教堂之于旧体制。

与此同时，各种类型的美国大学都在蓬勃发展，一所所州立大学被充满活力且具有大学意识的校长们带到了一个新的起点，开始踏上成为真正大学的征程。在密歇根，这项工作由詹姆斯·安吉尔完成，在明尼苏达是由威廉·福威尔（William Watts Folwell）和赛勒斯·诺思拉普（Cyrus Northrup）完成，在威斯康星则是由查尔斯·范·海斯完成，在加州大学由本杰明·惠勒（Benjamin Ide Wheeler）完成，在佐治亚由沃尔特·希尔（Walter B. Hill）完成。19世纪90年代末，俄亥俄州立大学在詹姆斯·坎菲尔德（James H. Canfield）校长的领导下进入了大学行列。在南方，自1893年开始，在范德比尔特大学校长詹姆斯·柯克兰（James H. Kirkland）的领导下发起了南方大学运动，涉及杜兰大学、杜克大学和埃默里大学。1885年，麦科什校长开始了引领普林斯顿迈向大学地位的光辉征程。在哥伦比亚，成长为大学的推动力是由弗雷德里克·巴纳德和塞思·洛（Seth Low）提供的，到1904年建立了11所二级学院，管理着14所联盟学院和学校。威廉·佩珀（William Pepper）和查尔斯·哈里森（Charles C. Harrison）则在宾夕法尼亚大学引领着它的发展。[1]

---

[1] Farrand: *Michigan*, pp. 217 ff.; James Gray: *The University of Minnesota 1851-1951*（Minneapolis, 1951）, pp. 39, 83 ff., 122-36; Curti and Carstensen: *Wisconsin*, II, pp. 87-8 ff.; Robert Sibley: *The Romance of the University of California*（San Francisco, 1928）, pp. 39 ff.; Robert Preston Brooks: *The University of Georgia Under Sixteen Administrations 1785-1955*（Athens, 1956）, p. 111; James E. Pollard: *History of the Ohio State University: The Story of its First Seventy-Five Years 1873—*

但是，这一时期，在塑造美国高等教育的前景和期望方面，最重要的事件是芝加哥大学的成立。这是美国历史上最能够凝聚时代精神的事件之一。它所涉及的人物本身就值得大书特书：1888年，正忙于做好事的约翰·洛克菲勒得出结论，他应该在芝加哥建立一所新学院，但他一直等待着他所在的浸信会教派对他的召唤。芝加哥浸信会联合神学院的秘书托马斯·古德斯皮德（Thomas W. Goodspeed）试图利用自己的影响力让洛克菲勒决定将学院设在芝加哥，而罗切斯特神学院的奥古斯塔斯·斯特朗（Augustus H. Strong）则试图让洛克菲勒决定将学院设在纽约。弗雷德里克·盖茨（Frederick T. Gates）牧师是美国浸信会教育协会的秘书，正是他支撑着全国范围内那些规模小、资金不足的小型浸信会学院。还有威廉·雷尼·哈珀，他是年轻的浸信会信徒，也是希伯来学者，1888年，他在32岁的时候承担了耶鲁的三个教授席位，是大学里最具传奇色彩的人之一。[1]

在1890年到1892年的两年里，芝加哥大学逐渐成形，在此过程中，人们观察到一种通常与工业巨头相关的活动。哈珀拉拢了芝加哥的百万富翁们与洛克菲勒这个外来者进行友好竞争，尽管他们所有人的捐赠加在一起也不可能超过约翰·洛克菲勒的数额。

---

（接上页）*1948*（Columbus, 1952），pp. 140-3; Mims: *Vanderbilt*, pp. 13-98; Wertenbaker: *Princeton*, pp. 339-73; Van Amringe: *Columbia*, pp. 199-306; Edward Potts Cheyney: *History of the University of Pennsylvania 1740-1940*（Philadelphia, 1940），pp. 257-332 ff.

1　Thomas Wakefield Goodspeed: *A History of the University of Chicago Founded by John D. Rockefeller: The First Quarter Century*（Chicago, 1916），pp. 1-44.

他们形成了一个非正式协议,约定到1916年,芝加哥将提供价值800万美元的土地和建筑,而洛克菲勒将提供价值3500万美元的捐赠。当然,洛克菲勒在一开始并没有任何地产方面的考虑,但随着哈珀计划的发展,他开始注意到芝加哥一个又一个街区的房地产。当哈珀在1891年末招聘了他的第一批教师时,他就开始需要更多的钱了。他让盖茨——他当时是洛克菲勒在芝加哥慈善事业的首席顾问——再向洛克菲勒争取200万美元。洛克菲勒在收到盖茨发来的电报后回答说:"这真让人惊喜。"但很快,他就在最初的60万美元的基础上又追加了100万美元,这60万原来是他为自己的芝加哥冒险所设定的限额。90天之后,芝加哥人也追加了100万美元。[1]

这些追加的数百万美元消除了东部某些人的疑虑,他们认定没有足够资金的芝加哥大学将会永远停留在规划阶段,而且毫无疑问,当哈珀去东部招聘教师时,他们阻挠和延宕了他的事业。但这也刺激了哈珀的雄心,他想要更多——更多的美元,更多的教授,更多的大楼,而芝加哥正在发生大事的消息传遍了全国。

申请教授职位的人来自全国各地,哈珀得以痛快地对美国大学教师进行了史上最大规模的检阅。当他最终完成招聘时,这支队伍里有8位前学院或神学院校长,包括韦尔斯利学院的艾丽斯·弗里曼·帕尔默;他从耶鲁聘来了5位教授;他突然造访了被分歧撕裂的克拉克大学,并带走了大多数学术人员,包括研究员、讲师和

---

1 Goodspeed: *Chicago*, pp. 178-88, 273-96.

15位教授。哈珀到达伍斯特的那天，16位生物系的师生正在进行研究工作，其中12位后来跟着他到了芝加哥。威斯康星大学的校长则喜之不尽地接受了地质系主任的职位。哈珀的招聘工作完成得非常好，最终，他用聘用80位教师的预算在第一年就聘用了120位教师。难怪盖茨在给洛克菲勒的信中会如此说道："它每个月的成长都会给我们带来惊喜……站在它面前，我饱含敬畏。上帝以一种最奇妙的方式参与其中。这是一个奇迹。"[1]

这个奇迹于1892年10月1日向公众开放。前一天晚上，哈珀对一位同事说："我不知道明天那里是否会有学生！"其实他根本不必担心。芝加哥大学的学生们来自33个州和15个国家和地区：328名本科生，210名研究生，204名神学院学生。他们看到的是一所新型的美国大学，该大学将一年12个月分成四个学期，并邀请学生参加至少三个学期或附加的第四个学期。该大学还将传统的大学四年制分为两个时间相等的部分：第一个部分被称为初级学院或学术学院，其理念是学院式和预备性的；第二个部分被称为高级学院或大学学院，其理念是高深性或学术性的。这所大学的主修和辅修制度还允许学生深入学习一门学科，与此同时可在另一门学科上投入较少的时间。[2]

这是芝加哥大学的高光时刻。在其中一间宿舍里，一位富有想

---

[1] Goodspeed: *Chicago*, pp. 195-217; Ryan: *Studies in Early Graduate Education*, pp. 62-3; Goodspeed: *Chicago*, pp. 180-1.

[2] Ibid., pp. 190-4, 242, 264; *University of Chicago: Official Bulletin No. I*（Chicago, 1891）, pp. 7-8, 11-12, 15-16.

象力的学生建议:"任何想要建立一种传统的人都应该以书面形式提出,在桌子上公示两周后,进行投票,如果以三分之二的多数通过,那就可以建立这种传统。"

哈珀本人也深感满意,因为在连续性学期制的影响下,"每年毕业一次的整个习俗"已经消失了。面对本科生对餐厅条件的抱怨,他只是简单地将其管理移交给了学生团体。[1] 1866 年,在康奈尔大学,安德鲁·怀特发布了一项政策——"在一所学术机构中,用于传授真理的能力和力量要比用于发现真理的更有必要",这显然是对学院传统的尊重。但现在,不到三十年后,强大的大学理念使得哈珀可以大胆宣布:"在这个机构里,我们提议把研究工作放在首位,把教学工作放在第二位。"在芝加哥,晋升取决于发表。所有人都被要求牢记,在芝加哥建造的不是一所学院,而是一所模范的美国大学。[2]

到 1906 年,尽管威廉·雷尼·哈珀对捐赠和增长有着贪婪的欲望,尽管洛克菲勒不愿承担最终的巨额赤字,但洛克菲勒还是会说:"这是我一生中做过的最好的投资。"实际上,洛克菲勒已经被自己的这项事业征服了。如今,一座新的伟大的大学理念纪念碑宣告了美国时代的来临。[3]

相比之下,在西海岸,一所曾被寄予厚望的新机构,最终却被

---

[1] Goodspeed: *Chicago*, pp. 144–5, 255, 266.

[2] *Report of the Committee on Organization, Presented to the Trustees of the Cornell University. October 21st, 1886*, p. 18; Ryan: *Studies in Early Graduate Education*, p. 126.

[3] Goodspeed: *Chicago*, pp. 273–96, 397–8.

第十六章 大学运动的兴盛

证明是一场令人失望的灾难。早年的斯坦福和初创时的芝加哥大学之间的对比极为强烈鲜明。洛克菲勒作为一名捐助者是不干涉的典范；而利兰·斯坦福（Leland Stanford）在提及斯坦福时会将其称为"我的大学"。在他死后，斯坦福夫人认为自己是大学的主人。事实上，在放弃专有控制权之前，她一直是大学的主人。对斯坦福的财务安排是草率的，斯坦福先生的去世、1893 年的金融恐慌、他靠从南太平洋铁路公司的一个子公司借钱生活的习惯，以及政府起诉要求追偿价值 1500 万美元的财产，都令继任者手足无措。[1]

丧失了事业的动力（唯一的儿子早逝）是令人感伤的，在政府败诉之后，斯坦福夫人开始建造一栋又一栋建筑，而不再考虑任何其他需求，甚至拒绝允许任何人从别处筹集资金，因为这是她为儿子建立的纪念碑。斯坦福第一任校长是大卫·斯塔尔·乔丹（David Starr Jordan），与哈珀不同，他不是一个有自由精神的人，而以谄媚和宿命论的态度对待工作。在 1911 年，他曾建议教职员工去其他地方就职。[2] 几年前，当一位教师看到同事们憔悴、紧张的面孔和最新的斯坦福夫人纪念碑时说："一个花费 2.5 万美元的新石制入口将取代旧的狮身人面像……可惜的是，人们不能用砂岩石片养活他们的家人，但这里最不缺的似乎就是它了。"[3]

芝加哥和加利福尼亚这些截然不同的经历证明，美国现在已经足够富有，足以支持一个人的成就和另一个人的愚蠢。但这两所

---

1 Elliott: *Stanford*, pp. 3–154, *passim*.
2 Ibid., pp. 251–308.
3 Ibid., p. 298.

院校的意义远不止于此：它们提醒人们，不一样的捐助者、不一样的捐助者顾问、不一样的校长会带来多大的差别；它们提醒人们，这片土地上的大学精神还不是特别稳固，但正如斯坦福的经历所表明的，每个以建立大学为目标的人都有可能如愿。芝加哥大学的创建经历提醒人们，在学院时代难以支撑人们进入学院学习的物质条件，现在却能支持美国高等教育进行全新的冒险。它提醒人们，美国人民正处于有能力调动庞大的物质和人力资源创造美国大学的伟大进程之中，正如芝加哥所证明的那样，它们将成为拥有非凡力量和影响的机构。

# 第十七章
# 进步主义与大学

当美国大学理念的支持者们在几十年里拥有或得到的只有梦想、期望和挫折时,他们只能通过不断阐释"美国大学应该是什么"来满足自己的幻想。这些答案是如此多样,以至于唯一能超越它的只有历史本身的丰富性。因为在美国,大学理念是一种远比学院理念复杂的结构,它因财政资源的支持而生根,而当各种机构,世俗的和教派的、公共的和私立的都支持它时,它就会开花结果。

学院毕竟是一个简单得多的事物,它更容易被精确或生动地定义。学院是站在一根圆木两端的教授和学生,男人和男孩。无论有些人多么喜欢它,学院本身就是小院校。学院是校长的影子。"学院又回来了!"大学生们在寒假结束后会这样大声喊着,这就把"学院"这个词定义为他们自己了。从本质上讲,这些定义都是一样的:它们的灵感都来自英格兰学院的经验。

另一方面，对美国大学理念的界定则要难得多。1906年，杰出的自由派牧师、当时有影响力的宗教期刊《展望》(Outlook)的编辑莱曼·阿博特（Lyman Abbott）对美国大学理念的意义做出了一个相对较好的解释。阿博特认为，理解美国大学最好的方法是将其与英国和德国的原型进行对比。他总结说，英国大学的核心是文化，即绅士贵族的培养。德国大学的生命不在于文化，而是在于学术、学识和学者的培养。在他看来，美国大学——阿博特视新成立的芝加哥大学为其象征，既不强调文化也不强调学术，而是强调服务，强调如何培养美国年轻人投入积极的服务生活。

但阿博特认为这种差异是相对的。就最为重要的学术而言，他认为，英国大学将学术"视为个人自我发展的手段和措施"，德国大学将"学术自身作为目的"，美国大学则将学术"视为服务的工具"，被处理各类事务的活跃人士所用。从上可见，阿博特并未明确定义美国大学，而是描述了不同国家的文化特征和差异，这很可能是因为在写下这些内容时，他更多关注到的是美国大学的服务理念，而不是其他内在的样貌特点。[1]

毫无疑问，美国大学的服务理念部分源于它的兴盛时期，因为美国大学是在美西战争到第一次世界大战之间确立其重要的大众地位的，当时这片土地上充塞着一种被称为进步主义的精神。这一精神是中产阶级责任感的一次重要显现，也是试图重置美国社会问题和前景的一种意愿。进步主义精神和大学理念的同时传播，自然

---

[1] Lyman Abbott: "William Rainey Harper," *Outlook*, LXXXII (1906), 110–11.

会为两者增添更多服务性色彩。从某种意义上说，这两个运动都主张社会稳定和机会平等，而它们现在都受到来自下层的工会主义、社会主义以及来自上层的财富和权力过度集中的挑战；两者都服膺于物质和道德必将进步的观念，并且认为未来不仅会更丰饶而且也会更美好。

进步主义体现在各种形象和场景中，它是时任纽约警察局长的西奥多·罗斯福，身穿黑色斗篷在午夜出发，去搜寻罪犯和坏警察；它是林肯·斯蒂芬斯（Lincoln Steffens）发现了市政管理中民主的崩溃并将其描述为"城市的耻辱"；它是罗伯特·拉·福莱特（Robert La Follette）与威斯康星州木材利益集团所做的斗争，也是在其他地方，优秀的进步主义者与其他特权利益集团所做的斗争：铁路、公共事业利益集团、糖业托拉斯、农机托拉斯，甚至自行车托拉斯。进步主义是认识到美国不再是一个以小农场和乡村商店为主要特征的国家，并为回应这一变化所付出的巨大努力——努力应对贫民窟，努力应对政治机器，努力应对移民、垄断和道德标准的下降，这些弊端在有毒玩具、虚假广告、受污染的肉食和有毒的药物中都有所体现。进步主义是良知在一个本质纯朴的农业共和国经过城市化和工业化之后，社会条件恶化下的一种表达——我们姑且称之为中产阶级的良知。

进步主义以更高程度的民主来应对民主的失败：党内意向初选、澳大利亚式投票、无记名投票、自发式投票和全民公投、聘用城市经理，以及最后到来的妇女投票权。以更大的进步来鼓励进步：对董事们进行驯服和管理，对铁路进行约束和规范，对工作条件开始进行立法管理。解决之道既不是工会主义也不是国家社会主义。进步主义以一种典型的美国式乐观和希望来应对种种社会问题，这种乐观和希望是建立在几个世纪以来的物质和道德成就之上的；它避免了极端主义，并呼吁善良的美国人怀着一种新的良好公民意识和新的民主社会责任感来为进步事业服务。

在经历了长达数十年的随心所欲、原子式的个人主义（这是19世纪美国的特征）之后，一场以服务作为试金石的运动的出现对高等教育具有相当重要的意义。在进步主义要求它们履行古老的服务义务之前，美国的学院缺乏活力，缺乏与社会的密切联系，而这种联系正是哈佛与清教徒之间关系的特征，或者说，是任何殖民地学院与资助它们的殖民地社会之间关系的特征。在19世纪的学院里，服务是一种理想，它为自我实现而战，而这正是美国经验所鼓励的。学院恳求他们的年轻人把自己奉献给上帝，但越来越少的人照此行事。最后，学院无法令人信服地或成功地反对"事业成功"，除非受到某种慈善意识的约束或受到某种罕见的比例意识的修正，否则所谓的事业成功，很可能与服务南辕北辙。

进步时期的美国大学不仅运用了其古老的服务宗旨，而且忠诚度很高，甚至与19世纪为保持这一宗旨不至于枯萎时的状况相当。迟至1825年，乔治·蒂克纳才将哈佛学院称为"我们最古老的、伟大的公立学校"，从而认识到哈佛作为公共意志工具的义务。埃利奥特校长在就职演说中虽然也谈到了将个体差异心理学和选修制原则结合，为美国学院的学生创立课程权利宪章，但并没有将美国大学界定为一所年轻人可以基于兴趣去追求某些有用职业的成功学校。他说，这所大学将向社会承诺"学习、诗歌和虔诚的丰厚回报……它（将）培养公众责任感"。换句话说，哈佛不会忘记服务。[1]

在进步时代前夕，密歇根校长安吉尔认为19世纪50年代的学院与一般民众隔绝甚深，在很大程度上，学院的公众形象一直是"无害但无用的隐士之家"，学院对小学或中学的兴趣不浓，对国家生活的影响也很微小。安吉尔说，所有这一切都与公共服务理念形成了鲜明反差，而这一理念如今在伟大的大学中极为活跃，并因此将大学带入了美国经验的主流之中。[2]

就重要性和影响的广泛性而言，安吉尔无疑是正确的，但他没有认识到传统学院在公共服务上至少发挥了三个方面的作用。毕竟，无论社会是否需要，它们都在很大程度上为社会提供了相当一部分神职人员、律师和医生。这些学院是宗教复兴主义的可靠源泉，而且尽管与社会有一定距离，它们仍然深入参与了新英格兰禁酒运动和中西部反奴隶制运动。在南北战争前的南方，州立大学"在培养南方领导力的过程中发挥了核心作用。这种作用是基础性和根本性的——这不在于它直接接触到的人，而在于它通过其学生所施加的影响"。一项1798—1868年北卡罗来纳大学的记录将会证明，校长安吉尔认为公共服务是新大学独有的理念这一观点是站不住脚的。北卡罗来纳大学在上述时期为该州培养了13名州长和5名参

---

[1] George Ticknor: *Remarks on Changes Lately Proposed or Adopted in Harvard College* (Boston, 1825), pp. 3–4; *Addresses at the Inauguration of Charles William Eliot as President of Harvard College, Tuesday, October 19, 1869* (Cambridge, 1869), pp. 64–5.

[2] James Burrill Angell: "The Old College and the New University" (1899) in *Selected Addresses* (New York, 1912), p. 150.

第十七章 进步主义与大学

议员，为南方其他州培养了 7 名州长和 3 名参议员。它有 41 名毕业生进入美国众议院，而自 1815 年之后，超过三分之二的时间里，北卡罗来纳州议会两院的发言人都是这所大学的毕业生。在 19 世纪 50 年代，查尔斯顿学院的教师们在建立自然历史协会、南卡罗来纳历史协会和卡罗来纳艺术协会中发挥了重要作用。[1]

然而，安吉尔的观点也有其合理性。在负责建立公立中小学教育核心体系的过程中，在废除古典课程并代之以一种更大众化和更有用的课程的过程中，战后西部的州立大学在各州生活中发挥了核心作用。至于赠地院校，创建它们的法律明确要求它们履行服务的职责，尽管其履职过程并不顺利。此外，在复杂的工业社会中，新大学与人民建立了联系，这给大学提供了服务机会，而在早先简单的农业环境中，这种机会并不存在。

时间本身也站在新大学一边，这些大学掌管着过去，它们在各州建立州历史学会和历史期刊方面几乎都发挥了重要作用。约翰·霍普金斯大学的年轻博士们在赫伯特·巴克斯特·亚当斯的研讨会上接受训练，对伊利诺伊州、北达科他州和俄勒冈州的历史展开深入研究，就好像他们在研究某些古代公国长达千年的历史一样。在艾奥瓦州，有教授揭露了假的避雷针；在堪萨斯州，一位教授制订了根除草原土拨鼠的计划；在康奈尔大学，安德鲁·怀特聘

---

[1] E. Merton Coulter: *College Life in the Old South*（Athens, 1951），p. xi; Kemp Plummer Battle: *History of the University of North Carolina*（Raleigh, 1907-12），I, 783; James Harold Easterby: *A History of the College of Charleston Founded 1770*（Charleston, 1935），p. 128.

请了一位经验丰富的外交官讲授"美国外交和领事制度"课程；约翰·霍普金斯大学虽然是一所私立大学，但通过海洋实验室、土壤和天气调查，以及医学院在解决公共卫生问题方面的服务，与州建立了牢固的联系。弗吉尼亚大学在为州提供各种服务之外，还为其增设了林业系。[1]

几乎所有州立大学都成了主要的教师培训机构，为公立学校制定了标准。农学院提供的农业服务有效地赢得了公众支持：在"一战"前，伊利诺伊大学每年会收到超过10万封寻求农业信息和建议的来信。大型院校的工程系在制造商业和机械设备、解决工业问题方面发挥着作用。1894年，在全国制砖厂商协会年度会议上，协会对没有任何一所美国大学或学院设立课程或建立设施开展陶瓷研究表示遗憾。不久之后，俄亥俄州立大学就建立了陶瓷学项目。历史系和政治经济系仿效约翰·霍普金斯大学的模式，聘用其毕业生承担发展善治政府理念的责任。[2]

---

[1] Allan Nevins: *Illinois*（New York, 1917）, pp. 323-46; Louis G. Geiger: *University of the Northern Plains: A History of the University of North Dakota 1883-1958*（Grand Forks, 1958）, p. 222; Henry D. Sheldon: *History of University of Oregon*（Portland, 1940）, p. 103; Earle D. Ross: *A History of the Iowa State College of Agriculture and Mechanic Arts*（Ames, 1942）, p. 165; Julius Terrass Willard: *History of the Kansas State College of Agriculture and Applied Science*（New York, 1940）, p. 163; Walter P. Rogers: *Andrew D. White and the Modern University*（Ithaca, 1942）, p. 130; John C. French: *A History of the University Founded by Johns Hopkins*（Baltimore, 1946）, pp. 227-33; Philip Alexander Bruce: *History of the University of Virginia, 1819-1919*（New York, 1920-2）, V, 61.

[2] Nevins: *Illinois,* pp. 323-46; Rogers: *Cornell,* p. 12; Hugh Hawkins: *Pioneer: A History of the Johns Hopkins University, 1874-1889*（Ithaca, 1960）, pp. 55-6,169-86.

第十七章 进步主义与大学

尽管这些服务的动力未必都是进步主义精神，但即使是那些看似最世俗的赚钱方式也可以被解释为是为更美好的世界这一目标服务的进步主义事业。

基督教青年会的校园宪章在诸多方面体现了大学生的进步主义情怀和高校服务职责理念的发展。1907年，基督教青年会阿默斯特分会本科生会长布鲁斯·巴顿（Bruce Barton）表露了一种进步主义的情怀。"不论是谁，"巴顿说，"只要他相信上帝总是站在正义一边，相信阿默斯特学院是世界上最伟大的学院，相信他的同学们行的都是正直之事，我们就都欢迎他成为会员。"当然，是试图让自己的伙伴行正直之事，这与西奥多·罗斯福的"公平交易"有着相同的性质。1902年，芝加哥大学正是以同样的情怀来培养年轻人积极从事公共服务职业的；同年，伍德罗·威尔逊在普林斯顿大学发表了题为"为国家服务的普林斯顿"的就职演说。正是在这种精神之下，查尔斯·范·海斯校长使得威斯康星大学成为进步主义的展示台，因为在威斯康星，大学和州之间的联盟如此稳固，以至于大学管理人员不仅制定并实施了规范理事会的立法，还为各个新的管理委员会聘用工作人员，以期成为本州的智库。[1]

这一大学服务项目被称为"威斯康星理念"，它建立在这样一

---

[1] Thomas Le Duc: *Piety and Intellect at Amherst College 1865-1912*（New York, 1946）, p. 141; Thomas Wakefield Goodspeed: *A History of the University of Chicago Founded by John D. Rockefeller: The First Quarter Century*（Chicago, 1916）, pp. 323-4; Varnum Lansing Collins: *Princeton*（New York, 1914）, p. 270; Merle Curti and Vernon Carstensen: *The University of Wisconsin: A History, 1848-1925*（Madison, 1949）, II, 3-122.

种信念之上,即使用学识才智来解决现代社会问题,有助于使民主更有效地运作。"威斯康星理念"敌视金钱价值,充满道德正义感,将人民的大学置于为人民服务的位置,力图保护人民免受贪婪、特权以及巨大财富带来的权力腐败之害,从而使大学成为广大人民的教师、顾问和伙伴。其他州立大学在不同程度上也表现出了同样的精神,但威斯康星最为深入、集中地体现了进步主义精神和服务的理念。[1]

到了1908年,埃利奥特校长将威斯康星称为领先的州立大学。它之所以能获得这样的地位,是因为它成功地在其理论基础中融合了两种看似奇怪,甚至相互矛盾的进步主义思潮:一是在处理州事务时极为依赖专业知识,二是通过发展大众化的非技术讲座将大学带到人民面前。后一种发展被称为扩展课程,它既不是威斯康星大学特有的,也不是进步派特有的,但在进步主义时期,它在威斯康星有着异常旺盛的生命力,并为其他院校树立了榜样。后来,扩展课程范围进一步扩大,增加了技术课程。从19世纪90年代开始,在哥伦比亚、威斯康星,在芝加哥、布朗、印第安纳和伊利诺伊,扩展课程运动在某种程度上成了一种公共关系的姿态,努力将大学的影响扩大到学校周边以外的社区,从而提升了大学的受欢迎程度。

为了发挥更大效用,大学又探索出短期课程讲座的形式,这些课程降低了知识难度,内容浅显,由大学著名教授在州内人口集中的中心城市进行讲授。在20世纪第一个十年,大学扩展运动被认

---

1 Ibid.; Charles McCarthy: *The Wisconsin Idea* (New York, 1912).

为是帮助州立院校获得立法机构更大财政支持的一种有效方式，显然，扩展运动非常符合进步主义的目标和用途。威斯康星大学里那些知道铁路该如何监管，银行该如何重组，森林、河流和矿床该如何避免过度开采的专家们，走入了人民之中去给人民授课，这充分反映了进步主义的特点。[1]

此外，"如何做"课程也在加速发展，这些课程虽然不涉及如何使美国民主制度更加民主化，却让许多美国人感受到，大学正在帮助自己成为一个更有效率的农民或工人。威斯康星大学的一位支持者大胆地宣称："奶牛是威斯康星州高等教育的众多副产品之一，因为这所大学拯救了乳制品行业，使其变得高效。"[2] 1914年国会通过的《史密斯-利弗法案》（Smith-Lever Act）揭示了扩展理念的成功及其为进步主义服务的程度，该法案在联邦政府与赠地学院的扩展服务之间建立了一种持久联系。

在这些大众教育活动的另一端，则是进步主义为训练有素的专家提供了机会，这些专家的存在本身就否定了杰克逊的论点，即政府可以而且应该非常精简，以便任何具有一般能力的公民都可以履行其职责。进步主义将管理和监管确立为政府职能之一，并将专家和专业的观念渗透到政府角色这一并不复杂的概念中。在此过程中，进步主义者自然而然地转向大学，因为在大学教师中有他们所

---

1 参见 Curti and Carstensen: *Wisconsin*, I, 711-39, II, 549-94; Alfred C. True: *A History of Agricultural Extension Work in the United States* (Washington, 1928).
2 Frederic C. Howe: *Wisconsin: An Experiment in Democracy* (New York, 1912), p. 175.

需的专家,而且随着时间推移,大学还可以建立新的课程和院系来培养必要的专家。在美国内战后的几十年里曾为美国农场和工厂提供非传统性服务的大学,现在发现自己需要为政府输送在政治经济学、社会学和公共管理等领域知识渊博、训练有素的人才。[1]

基于扩展运动和专家治理的实施,进步主义和大学揭示了自身与托马斯·杰斐逊而不是安德鲁·杰克逊之间更紧密的联系。1915年,耶鲁校长哈德利提出,对一门规定的自由学科进行测试是"出于一种公众动机,而不是私人……(动机),它必须成为其入学申请中的核心条件"[2]。同年,哈佛的查尔斯·霍默·哈斯金斯(Charles Homer Haskins)教授解释了社会研究和社会科学背后的基本原理,这些学科当时增设了大量课程。"它们是……实践性的,"哈斯金斯教授说,"但不是狭义上的谋生,而是广义上的为生活做准备。"[3]

正如他的声明所示,社会研究是为政治进步派和教育进步派服务的,敏锐地意识到了人与社会的关系。西奥多·罗斯福和伍德罗·威尔逊通过监管、告诫和专业性为上一代人所实现的目标,约翰·杜威及其追随者将在学校教室里为孩子们实现。但他们都相信

---

[1] Frederic C. Howe: *Wisconsin: An Experiment in Democracy* (New York, 1912), pp. 25–50, 133–91.

[2] George Wilson Pierson: *Yale: College and University 1871–1937* (New Haven, 1952–5), I, 250.

[3] *The American College: A Series of Papers Setting Forth the Program, Achievements, Present Status, and Probable Future of the American College*, 由克劳福德(William H. Crawford)撰写导言(New York, 1915), p. 45。

如下观点：在美国民主这一问题上，没有什么是不能通过更高程度的民主化来解决的。由于某种奇怪的命运，作为一种重要的政治信仰，这种观念在第一次世界大战中消失了，但作为一种教育信仰，它在未来几十年里将展现出最为旺盛蓬勃的生机。[1]

能体现哈佛进步精神的是某些在1905—1915年成长起来的俱乐部：哈佛男子争取妇女选举权联盟、单一税俱乐部、社会政治俱乐部、外交俱乐部。在其他院校，这一时期成立了许多"善治政府俱乐部""公民俱乐部"和"社会学俱乐部"。一个校际公民联盟培育了学院中的政府事业，市政管理课程出现在学院课程的目录中。1911年，弗吉尼亚大学的本科生将公民俱乐部的注意力引向了弗吉尼亚州内陆山地人们的精神和道德生活。[2]

进步主义在学院中，尤其是在城市院校里的典型表现是学院里的"安居之家"，这个机构使年轻男女能够将学院旧有的基督教宗旨与应对城市中美国梦破灭的新努力结合起来。[3]学院和大学里以帮助穷苦大众度过艰难生活为目的的安置工作，开始于19世纪60年代的英格兰，牛津和剑桥的年轻人都曾投入这项工

---

1 参见 Lawrence A. Cremin: *The Transformation of the School: Progressivism in American Education, 1876-1957* (New York, 1961)。

2 Samuel Eliot Morison: *Three Centuries of Harvard, 1636-1936* (Cambridge, 1936), pp. 435-7; Burke A. Hinsdale: *History of the University of Michigan* (Ann Arbor, 1906), p. 129; George Franklin Smythe: *Kenyon College: Its First Century* (New Haven, 1924), p.279; Geiger: *North Dakota*, p. 138; Le Duc: *Amherst*, p. 143; Bruce: *Virginia*, V, 279-80.

3 Caroline Williamson Montgomery: *Bibliography of College, Social[,] University and Church Settlements* (Chicago, 1905), pp. 18-102.

作。在美国，1887年史密斯学院的一批本科生首次讨论了学院的安置工作，并于1889年在纽约利文顿街95号开设了学院的安居所。

这些生活和工作在贫苦犹太人和天主教徒街区的女性居民——她们都是瓦萨学院、史密斯学院和韦尔斯利学院的毕业生——给街区带来了微妙的新教影响。[1]在1890年，她们提出，"我们希望……利文顿街的下一代可能不仅比他们的父辈更富有、更聪明，而且更高尚。"至于这样做的动力，这些年轻的毕业生解释说："学院安居所的目的是让这一（学院女生）阶层与其他阶层拉近关系，学院女生们已经收获良多，并且乐于和已经准备好奉献自己最好的东西，而后者则处于贫穷、无知和退化之中，但又极为渴望改变。"[2]在利文顿街，年轻的女毕业生们提供每人10美分的公共洗浴服务，从而展现了善待邻人的良好示范，她们还成立了一些俱乐部，如鼓励储蓄的小额公共基金，鼓励周日演唱赞美诗的"好种子协会"等。[3]

纽约的学院安居所是安置运动最早设立的机构之一，很快，费城和波士顿的女大学生以及各地的男女大学生们都纷纷效仿。在芝加哥，三个安居所分别由来自密歇根大学、西北大学和芝加哥大学的学生运营。巴特勒学院的学生探讨如何解决印第安纳波利斯的贫民窟问题；威斯康星大学的学生在密尔沃基社区中进行社会活动；

---

1 Caroline Williamson Montgomery: *Bibliography of College*, pp. 5–10.
2 *The College Settlements Association*（New York, 1890）, pp. 4–5.
3 Ibid., pp. 2–5.

第十七章 进步主义与大学

在坎布里奇，哈佛的师生们向住在公寓里的人们传授合作理念哲学。¹ 到 1895 年，学院安居所开展了一系列展示进步精神的活动：教授们的科学主题讲座、施药所、饮食咨询、图书馆、英语课、煤炭合作社、美国历史研究和公民俱乐部。²

从芝加哥大学学生在畜牧区建立的安居所信条中，我们看到了学院安居所与州和市的进步主义改革者所实施的更广泛的社会活动计划之间的密切关系。这一安居所是在一位芝加哥大学政治经济学教授和赫尔之家的简·亚当斯（Jane Addams）的帮助下建立的。（"我们信奉，"）该信条说，"为了全体人民的利益而自我牺牲……我们想成为好公民……（我们想让芝加哥成为这样一个地方）：政府纯洁，官员诚实，区域内的每个角落都适合培养最优秀的人才，他们将统治芝加哥。"³

在进步主义发展过程中贯穿着对爱和兄弟情谊的呼唤。克利夫兰实业家汤姆·约翰逊（Tom Johnson）决定捐出自己的财富，投身于善行；托莱多的塞缪尔·琼斯（Samuel M. Jones）努力以黄金法则为基础管理他的城市。认为城市政治机器的出现不是民主制的结果，而是民主衰落的原因；公众以及进步主义的伟大倡导者——拉·福莱特、罗斯福和威尔逊——头脑中对于托拉斯好坏之

---

1　Montgomery: *Bibliography of College ... Settlements*, pp. 18-102.

2　*College Settlement News*, I（1895），*passim*.

3　Montgomery: *Bibliography of College ... Settlements*, p. 37. 参见 Ralph Henry Gabriel: *Religion and Learning at Yale: The Church of Christ in the College and University, 1757—1957*（New Haven, 1958）。

区别的困惑；认为铁路运价、住房条件、血汗工厂和政治腐败等问题本质上只能在善恶冲突中得到解决：所有这些都是进步主义所特有的道德主义特征。尽管有其吸引人之处，但在处理现代城市问题上，它的有效性在许多方面还不如由来自瓦萨和史密斯的年轻女士在利文顿街经营的每人10美分的公共澡堂。

在大学校园里，进步运动给大学生活留下了三个方面的印记，这也成为许多美国高等教育机构的特征：学生会、荣誉制度和高级荣誉社团。形式多样的学生会长期以来一直是美国学院的一个组成部分。内战前，学生会的构成单位是班级。班级负责组织登山探险活动，向学院当局请愿要求减少课程作业的阅读量，承担学院教室的维护职责，而且经常对学院福祉和声誉抱有浓厚兴趣，尽管有时这种兴趣是被误导的。1828年，阿默斯特学院尝试将较轻的纪律案件移交给学生法庭，但没有成功，弗吉尼亚大学也经历了类似的失败。

然而，在内战之后，各个院校开始将一些纪律和管理责任从教师和行政部门转移给学生。这种对学生责任更正式的承认可能是对学生体育运动突然大规模发展的一种回应，许多院校倾向于采取将他们的学生当作成年人来对待的态度，而那些拥有博士学位和注重学术的新教授们，也不愿意与纪律管理、课外活动这些琐事打交道。然而，在进步主义氛围的影响下，学生委员会、兄弟会委员会以及其他学生自治组织的变体在20世纪头十年开始变得普遍。培育高校学生自治是进步主义的一个典型功能，全国自治委员会是推动校园内学生自治的一个组织，它将学生自治看作是鼓励民主公民责任的一种方式。因此，学生会与市政管理和城市社会学课程一起进驻学院，成了美国高等教育积极跟随美国生活潮流变化的证据。[1]

虽然荣誉制度不是进步主义时期的产物，但这种对绅士准则的渴求在 1900—1915 年最为旺盛，当时进步主义正处于鼎盛时期。[2] 在内战前的南方学院，非正式的荣誉守则规定，违规者的去留由他们的同学决定，尽管弗吉尼亚大学在 1842 年形成了一个传统，即要求学生在试卷上签名，承诺他在考试时没有接受任何帮助。[3]

在南方学院实行的某些绅士准则对于一个培养贵族式自命不凡的社会而言并无不妥，而这一体系直到 19 世纪 90 年代 17 所学院实行荣誉准则时才出现了重大变化，到进步主义时期 76 所学院加入这一运动时才取得实质性进展。虽然当时的荣誉制度与对道德的强调是一致的，但在南方以外，这场运动主要出现在同类型的小

---

[1] Frances E. Falvey: *Student Participation in College Administration* ( New York, 1952 ), pp. 41–4; Henry Davidson Sheldon: *The History and Pedagogy of American Student Societies* ( New York, 1901 ), pp. 148–51, 257–65; George R. Cutting: *Student Life at Amherst College* ( Amherst, 1871 ), p. 73; Claude M. Fuess: *Amherst: The Story of a New England College* ( Boston, 1935 ), pp. 220–2; Robert Sibley: *The Romance of the University of California* ( San Francisco, 1928 ), p. 39; Louis R. Wilson: *The University of North Carolina, 1900–1930: The Making of a Modern University* ( Chapel Hill, 1957 ), p. 153; William Warren Ferrier: *Origin and Development of the University of California* ( Berkeley, 1930 ), pp. 452–6; G. Wallace Chessman: *Denison: The Story of an Ohio College* ( Granville, 1957 ), p. 330.

[2] Bird T. Baldwin: *Present Status of the Honor System in Colleges and Universities* ( Washington, 1915 ).

[3] Daniel Walker Hollis: *University of South Carolina* ( Columbia, 1951–6 ), I, 89–90, II, 123–4; Battle: *North Carolina*, I, 563, 568–9; David Duncan Wallace: *History of Wofford College* ( Nashville, 1951 ), p. 63; Bruce: *Virginia*, III, 52–61.

型院校中，如伯洛伊特、哈弗福德、卫斯理、威廉姆斯、普林斯顿和霍巴特。在这里，校方可以按照绅士传统对待学生，并期待他们了解其中深意。另一方面，像哈佛、纽约大学、耶鲁、芝加哥和威斯康星这些正在努力成为服务所有阶层的全国性院校的机构，却拒绝了这一展现进步主义倾向的特殊机会，从而避免了陷入自以为是和男性荣誉之中。[1]

但是，当大多数院校难以确定该如何理解绅士准则时，它们能做的就是每年选出最具无私精神、服务精神和荣誉精神的青年男女。高级荣誉社团运动正是脱胎于此，该运动于19世纪90年代至20世纪的头十年里在美国学院和大学中确立了自己的地位。[2]

在某种程度上，高级荣誉社团试图解决校园规模扩大所带来的种种问题，这些问题可能与入学率的迅猛增长以及选修制原则对学院团结的负面影响有关，但它们所做的最有效的事情是将那些最能代表如下进步主义价值观的青年男女集中起来：荣誉、品格、某

---

1 Baldwin: *Present Status of the Honor System,* pp. 8, 24-6.
2 Henry Morton Bullock: *A History of Emory University*（Nashville, 1936）, p. 372; John Howard Van Amringe, et al.: *A History of Columbia University 1754-1904*（New York, 1904）, pp. 182-3; Edwin Mims: *History of Vanderbilt University*（Nashville, 1946）, p. 267; Nevins: *Illinois,* p. 252; James Henry Morgan: *Dickinson College: The History of One Hundred and Fifty Years 1783-1933*（Carlisle, 1933）, p. 426; Leon Burr Richardson: *History of Dartmouth College*（Hanover, 1932）, II, 644, 732; Walter C. Bronson: *The History of Brown University 1764-1914*（Providence, 1914）, p. 484; David Bishop Skillman: *The Biography of a College: Being the History of the First Century of the Life of Lafayette College*（Easton, 1932）, II, 142; Ross: *Iowa State,* p. 248; Pierson: *Yale,* I, 236.

种与天真相近的完美、行胜于思的倾向、一种可以塑造优秀童子军或校园里的基督教青年会优秀成员的人生观。正如布鲁斯·巴顿在1907年所说：欢迎任何相信上帝总是站在正义一边、相信阿默斯特学院是世界上最伟大的学院、相信他的同学们行的是正直之事的人成为会员。

# 第十八章
## 美式足球运动的兴起

类似足球的运动出现于 10 世纪的英格兰，最早是在城镇之间进行的一项踢头盖骨或牛膀胱的活动。1869 年，普林斯顿和罗格斯之间的比赛就沿用了这一传统形式，它是美式足球运动的肇始。在接下来的十年里，由哈佛和耶鲁引领，传统足球式或脚踢型的玩法逐渐转变为现代橄榄球的跑动型玩法。因此，美式足球是英式橄榄球运动文化适应的产物。[1]

---

1 David Riesman and Reuel Denney: "Football in America: A Study in Culture Diffusion," *American Quarterly*, III（1951）, 309-25; Thomas Jefferson Wertenbaker: *Princeton 1746-1896*（Princeton, 1946）, pp. 325-6; William H. S. Demarest: *A History of Rutgers College 1766-1924*（New Brunswick, 1924）, pp. 428-30; Parke H. Davis: *Football: The American Intercollegiate Game*（New York, 1911）, pp. 44-50; Morris Allison Bealle: *The History of Football at Harvard, 1874-1948*（Washington, 1948）, pp. 17, 26-8. 参见 Allison Danzig: *The History of American Football*（Englewood Cliffs, 1956）。

这一运动起初并不流行，但之后却发展迅猛。在1873年，美式足球在很多人眼中还是一项荒唐的运动，康奈尔校长安德鲁·怀特就曾给予一个经典评论。当时来自密歇根大学的30名球员想在克利夫兰安排一场比赛，他们因此向怀特校长提出了请求，怀特校长发电报回复道："我不会允许30个大男人跨越400英里只是为了挑逗一包空气。"[1]但随着时间推移，康奈尔也像其他大学一样，全身心地投入到了这项运动之中。在不到二十年的时间里，这项运动蔚然成风，即便雪城大学上一个赛季的美式足球教练转投康奈尔成为下一个赛季的队长，也不会令人感到意外。[2]

很少有运动能如此风靡学院和大学。1881年，在不到十年前还被康奈尔唾弃的密歇根大学前往东部，在不到一周的时间内与哈佛、耶鲁和普林斯顿进行了比赛。几年后，俄亥俄州迈阿密大学一位年轻的单身校长要求他的教授们为球队效力——在那个时候，无所谓参赛资格一说。1889年，位于塞瓦尼（Sewanee）的南方大学（University of the South）连续六天将球队派往外地进行客场比赛。而即使是像位于斯托尔斯的康涅狄格农学院这样普通低调、很少出头的院校，也在19世纪90年代把原先一项要求年轻人每周三次从学院农场捡石头的体育训练项目变成了捡球。[3]

1 Kent Sagendorph: *Michigan: The Story of the University*（New York, 1948），p. 150.
2 William Freeman Galpin: *Syracuse University: The Pioneer Days*（Syracuse, 1952），p. 170.
3 Amos Alonzo Stagg: *Touchdown!*（New York, 1927），p. 70; Walter Havighurst: *The Miami Years 1809-1959*（New York, 1958），pp. 148-51; Walter Stemmons: *Connecticut Agricultural College—A History*（Storrs, 1931），p. 83.

事实上，这一被广泛接受的运动，使得各个学院自1636年哈佛成立以来第一次开始认识到校际关系的存在。那些从不认为应该就课程议题进行协商的院校现在开始寻求规范他们之间体育运动关系的方法，由此推动，19世纪90年代早期一些中西部的学院达成了一项协议，即在每场比赛中上场的职业球员不能超过两名。[1]人们普遍认为有必要对此进行监管，因为在许多人看来，这项运动在业余环境中引入了本不属于它的体育专业精神。19世纪90年代的某一年，俄勒冈大学美式足球队在与3所不同的学院连续进行的三次比赛中发现，他们的对手是同一拨年轻人。

然而，这一运动激励了一种好胜心，在本科生和研究生的心目中，这一好胜心超越了所有传统道德观念。高年级学生可能会邀请新生队的后卫和他同住一室，却想不起来让他分担费用。一位学生可能会和一位体育明星打赌，而且显然，他会输。而当他赢钱的时候，这些钱也可能直接交给他的父亲或兄弟。球员深知自己的价值，他不惮于在比赛开始前把洗衣账单交给球队经理，上面写着："我付不起钱了。要不你付钱，要不我就不踢了。"对美式足球运动进行监管的努力显然难以跟上它发展的速度。[2]

但这项运动仍然非常成功。1893年，耶鲁和普林斯顿之间一年一度的感恩节比赛在纽约举行，纽约人几乎为之疯狂。酒店住宿爆

---

1 Allan Nevins: *Illinois* (New York, 1917), p. 202.
2 参见 Galpin: *Syracuse,* p. 169; Charles Henry Rammelkamp: *Illinois College: A Centennial History 1829-1929* (New Haven, 1928), p. 391; Clarence F. Birdseye: *Individual Training in Our Colleges* (New York, 1907), pp. 160-2。

第十八章 美式足球运动的兴起

满。蓝白相间的耶鲁条幅挂在了第五大道上的范德比尔特大厦和惠特尼大厦上。斯隆家族、亚历山大家族和斯克里布纳家族展示了老拿骚的风采。牧师们缩短了他们的感恩节礼拜时间,以便能及时观看比赛。显然,美式足球的时代已经到来。[1]

该运动继续加速发展,直到1905年,运动的日益粗野及职业化使其成为进步时期的一个典型事件。那一年,被毒猪肉、政治机器和托拉斯等肮脏勾当激怒的美国公众将其正义感投射到了美式足球上。1905年一年里就有18名美国人在踢球时死亡。在哈佛大学,整个赛季只有两场比赛没有出现脑震荡。在费城宾大对阵斯沃斯莫尔的比赛中,鲍勃·马克斯韦尔,一位杰出的斯沃斯莫尔球员,整个身体遭到了严重撞击。一张显示他摇摇晃晃地走下球场、满脸血污的新闻照片引起了轰动。正是这张照片引发了美国总统的行动。西奥多·罗斯福在白宫怒吼道,如果各学院不清理美式足球,那他将会颁布行政命令来废除它。他还以当时特有的一种道德主义口吻补充道:"粗野和卑劣的行为应该立刻受到惩罚,就像惩罚玩牌时作弊的人一样。"[2]

1905年10月9日,哈佛、耶鲁和普林斯顿的教练和体育主管在白宫与西奥多·罗斯福共进午餐。席间,他要求他们负起责任来,让"比赛在一个彻底干净的基础上进行"[3]。作为进步运动的领袖,

---

1 Stagg: *Touchdown!*, pp. 150-3; Wertenbaker: *Princeton*, p. 357.
2 Wertenbaker: *Princeton*, pp. 253-4; Riesman and Denney: "Football in America," p. 319; Calvin M. Woodward: *Opinions of Educators on the Value and Total Influence of Inter-Collegiate and Inter-Scholastic American Football as Played in 1903-1909* ( St. Louis, 1910 ), p. 17.
3 Elting E. Morison, ed.: *The Letters of Theodore Roosevelt* ( Cambridge, 1952 ), V, 46.

他习惯于向美国大公司的经理们发出同样的命令。美式足球人响应了总统的要求，他们发起了一场管治和净化运动。1906年，他们在比赛中引入了前传球，削弱了蛮力在运动中的作用。一些院校——尤其是哥伦比亚、加利福尼亚大学和斯坦福——在接下来的十年里都没有再碰过美式足球，而其他院校，包括西北大学和联合学院在内，则将比赛暂停了一年。[1]但美式足球并没有死。

作为在美国年轻绅士中第一个取得进展的身体接触运动，它满足了一整套的价值观，这套价值观在西奥多·罗斯福支持下被称为"奋斗的人生"。当埃利奥特校长试图在哈佛废除美式足球时，罗斯福展现了他的某种活力："我认为哈佛如果采取这种愚蠢的做法，那将是一种幼稚的行为。"[2] 1907年，在一次面向哈佛的讲话中，这位在两年前将大棒带进常春藤联盟的人现在却说："我断然不愿看到哈佛或其他学院的男士们失去活力，变得娇弱，只要这项运动是艰苦的，那我可能至少不会反对它。"[3]西奥多·罗斯福和他同时代的大多数人不会反对任何艰苦的事情。如果生命远离活力或感受不到危险，他们就会感到乏味。但他们强调公平，这就是对美式足球的全部要求——这应该是一项对所有球员都公平的活动。

---

1 Dwight C. Miner, ed.: *A History of Columbia College on Morningside* (New York, 1954), p. 207; Orrin Leslie Elliott: *Stanford University: The First Twenty-Five Years* (Stanford, 1937), pp. 232–3; Dixon Ryan Fox: *Union College: An Unfinished History* (Schenectady, 1945), pp. 35–6; Howard J. Savage, et al.: *American College Athletics* (New York, 1929), p. 25.
2 Morison, ed.: *The Letters of Theodore Roosevelt*, V, 172.
3 Bealle: *The History of Football at Harvard*, p. 9.

美式足球也很好地实现了美国学院的传统目的并激励了美国民众。1901年，一位高等教育观察者发现，美式足球运动不仅对因物质丰裕导致的身体柔弱是一剂解药，对美国生活中日益增长的复杂化、机械化和标准化也是一剂解药。[1] 美式足球，尤其是早期的美式足球，总是会美化个体；它展示的不是机器的奇迹，而是人类的体魄、才智和想象力的奇迹。我们只需听听这位来自沃巴什的富有想象力的年轻球员的故事就懂了，他在1891年创造了有史以来最伟大的防守之一。下半场中段时分，普渡和沃巴什的比分为44∶0。沃巴什这位年轻球员在场边没有给出信号的情况下，抓起球，快速冲出了球场。人们再也找不到他的人和另外一个可用的球了，而这一场比赛的官方比分就定格在了44∶0。这是对顽强的个人主义的致敬。[2]

美式足球运动在学院里的兴起也是应对美国校园里日益增长的阶层分化的一种民主解决方案。1906年，耶鲁校长哈德利在一篇文章中指出，美式足球已经"控制了学生群体的情绪，它使阶层差别变得不那么重要了"，而且使"学生们以老派的民主方式聚集在一起"[3]。与此同时，尽管哈佛球队的队长往往不会由叫库欣、卡博特、阿普尔顿或布鲁克斯这样的球员担任，但是来自耶鲁的墨菲确

---

1 Henry Davidson Sheldon: *The History and Pedagogy of American Student Societies* (New York, 1901), pp. 251-2.
2 James I. Osborne and Theodore G. Gronert: *Wabash College: The First Hundred Years, 1832-1932* (Crawfordsville, 1932), p. 262.
3 Arthur Twining Hadley: "Wealth and Democracy in American Colleges," *Harper's*, CXIII (1906), 452.

实在1895年沃尔特·坎普的全美明星队中获得了一个位置，而戴利也在1900年被选为了哈佛队的队长。1904年，宾夕法尼亚大学的皮耶卡斯基入选了全美明星队。在学院里，美式足球推动了社会跃迁。[1]最终，美式足球使宾夕法尼亚煤田里整整一代年轻人能够离开他们的父辈曾经工作过的煤矿。

此外，美式足球并不与许多其他学院式价值观相冲突。威廉姆斯校长哈里·加菲尔德（Harry Garfield）在1908年曾说："在这里，就像在其他美国学院里一样，存在着一种重大危险，那就是学院不同于体育院校这一基本理念正在受到威胁。"[2]但各院校美式足球的支持者们总是迅速指出，传统学院的基本理念实际上通过美式足球得到了实现。教练阿莫斯·阿隆索·斯塔格（Amos Alonzo Stagg）坚持认为，在大学校际运动兴起之前，美国学院的主要运动一直是饮酒作乐。[3]他可能还会补充说，美式足球似乎可以减少骚乱、暴动和欺凌事件的发生。一位学院校长，也是一位美式足球爱好者，坚持认为没有什么比身体的"彻底疲劳"更能促进纯粹的生活和纯粹的思考的了。[4]在很多方面，美式足球显然比教师纪律委员会或强制性晨间礼拜更有效。

美式足球也有助于恢复由于入学人数增加和选修制的发展而

---

1 Riesman and Denney: "Football in America," pp. 309, 322–5.
2 W. Carson Ryan, Jr.: *The Literature of American School and College Athletics* (New York, 1929), p. 130.
3 Stagg: *Touchdown!*, p. 20.
4 Louis G. Geiger: *University of the Northern Plains: A History of the University of North Dakota 1883–1958* (Grand Forks, 1958), pp. 238–9.

被打破的传统的学院式团结：每个人虽然不上同样的课程，但至少他们有机会为同一支球队加油。1902年，耶鲁一个教师委员会指出，美式足球运动展现了传统福音主义无私的理想。委员会说："这项运动带给我们非常强烈和普遍的印象是，运动员是为耶鲁在工作，而学生是为自己在工作。"在威斯康星也出现了类似观点。甚至古老的清教徒对工作的尊重也在美式足球中找到了立足之地。哥伦比亚学院的院长认为："很少有人是为了娱乐而玩美式足球。"在世纪之交的斯坦福，一位教练评论道："你们这些家伙要知道，这个游戏并不好玩，这是一项艰苦的工作。"就这样，美式足球这项新运动成了实现传统的工具。[1]

然而，如果美式足球能服务于传统，那它无疑也能以更好的方式服务当下。美式足球的兴起与军事精神的发展是同步的，这种精神表现为两种形式：一种是给标准石油公司这一类机构带来成功的军事化发展方式，另一种则是在加勒比海和太平洋上插上美国国旗、美国海军在世界各地炫耀式航行等一系列帝国主义式好战的冒险精神。人们很难判断，下面列出的这些品质是否与约翰·洛克菲勒收购竞争对手的一家石油公司或海军上将杜威（Dewey）在马尼拉湾的军事行动有关："勇敢、冷静、镇定、快速领悟、足智多谋、有自知之明和自立自强。"[2] 实际上，这是一位学院校长在19世

---

[1] George Wilson Pierson: *Yale: College and University 1871–1937*（New Haven, 1952–5），I, 240; Merle Curti and Vernon Carstensen: *The University of Wisconsin: A History, 1848–1925*（Madison, 1949），II, 534; Frederick Paul Keppel: *Columbia*（New York, 1914），p. 163; Elliott: *Stanford*, p. 226.

[2] Sheldon: *The History ... of American Student Societies*, p. 250.

纪90年代描述理想的美式足球运动员时的用词。

人们普遍认识到了美式足球与更大的国家利益之间的关系，一些人将球场视为战场，另一些人则将其视为针对商业职场的培训项目。哈佛埃利奥特校长就是从这两个角度来看待美式足球运动的。1904年，他抱怨说，哈佛的球场已经变成一个指导年轻人"不计手段地操纵交易或赢得战斗"的地方。他还表示，希望哈佛人敬佩的不是美式足球运动中"鲁莽的、缺乏目标的勇气"，而应该是"弱者坚持自己目标和事业"的勇气。[1]在加州大学，校长本杰明·艾德·惠勒非常喜欢一个对运动的军事性比喻："两道坚固的、像城墙一样的人墙被创造出来了，一道是防御，另一道是进攻。在进攻方身后的是一个弹射器，通过进攻方城墙上的一个垛口发射一枚由四五个人组成的导弹，这些人围成一圈，携带着美式足球，以最大的初始速度寻找攻击对方城墙上最薄弱的地方。"[2]1910年，斯坦福校长乔丹夸赞已经被美式足球取代的橄榄球运动："橄榄球比赛时不是穿着盔甲，而是穿着棉质齐膝马裤。"[3]但此时恰好是美国历史上一个对弱者和马裤都不利的时期。运用达尔文主义分析社会问题的风尚导致很少有人同情弱者。对于美国人到底喜欢穿着马裤玩橄榄球还是喜欢穿上盔甲玩美式足球这个问题，当斯坦福自己在四年后重返美式足球界时，答案就不言自明了。

---

1 Woodward: *Opinions of Educators on ... Football*, pp. 12–13.
2 Benjamin Ide Wheeler: *The Abundant Life*（Berkeley, 1926）, pp. 113–15.
3 Woodward: *Opinions on Educators on ... Football*, p. 27.

哈佛哲学家威廉·詹姆斯在1910年发表的一篇著名文章《战争的道德等价物》("The Moral Equivalent of War")中，没有将美式足球运动视为他要寻找的等价物。相反，他提出了一个和平时期全国性征兵的宏大计划。在这个计划中，不必诉诸战争就能培养出英勇、"蔑视柔弱、放弃个人利益、服从命令"等军事美德。这位哈佛哲学家显然没有考虑到美式足球运动在将军事美德制度化方面所能发挥的作用。[1]

但他可能没看到1896年秋天在费城上演的能让人回忆起十字军东征的一幕：在医院的一间病房里，就在比赛开始前的几分钟，伟大的拉法耶特学院足球队队长得了急性阑尾炎，躺在床上，在身穿球服的队友包围下，他给了他们临场前最后一分钟的指示和鼓励，然后他们像圣殿骑士团一样来到了富兰克林球场，在那里以6∶4击败了敌人（对手是宾夕法尼亚大学）。战斗结束了，他们回到他们高贵的领袖床边，一起唱起了赞美诗。即便美式足球不能在所有地方都成为道德的等价物，但至少那天在费城它肯定是以此面目出现的。[2]

一旦一项赛事获得了校友和管理层的支持，它就会一直发展下去。因为，接受一项运动，意味着必须赢得比赛。美国人不愿接受失败，他们已经发展出一套行之有效的成功伦理。在美式足球运动中，这一伦理体现在"巧妙的战术和严重犯规之间几乎看不到界线"

---

[1] William James: *Memories and Studies* ( New York, 1917 ), pp. 267–96.
[2] David Bishop Skillman: *The Biography of a College: Being the History of the First Century of the Life of Lafayette College* ( Easton, 1932 ), II, 115.

之中，体现在为了寻求最终的全面胜利而带来的各种过度的热情、过度的招募和过度的训练之中。[1]

这条看不到的界线当然不是美式足球所特有的。在美国的生活中，在基督徒和高尚的绅士之间，在高尚和卑劣的商人之间，在进步主义者所谓的好托拉斯和坏托拉斯之间，都几乎看不到界线，成功和道德之间的界线也极为模糊。毕竟，在1905年，公理会年度会议未能就约翰·洛克菲勒的钱是否被玷污一事达成一致。美式足球（事实上，还有此后不久兴起的大学校际辩论赛）为美国学院和大学带来了意想不到的"收获"，它让美国年轻人意识到他们可以从曾经是小商小贩的父辈身上学到什么东西。一位评论家望着赛场，总结道："那些在学校和学院生活中以这种方式训练出来的人可能会成为未来的领袖，但这些领袖将会深谙逃税、操纵法庭和欺瞒法律的艺术。"[2]

在美国学院和大学中，有组织的体育运动发展出一种"学生—校友"管理模式，因为教师几乎与体育运动无关。对于课外活动，旧时的学院教授所形成的是一种旁观传统，而如今，拥有博士学位的新教授们在这方面则表现出一种刻意的冷漠。因此，当体育的体系对于学生管理而言变得过于庞大和复杂时，当需要花费大量时间和经费来招募、训练、培养和照顾体育英雄时，总而言之，当一切都需要更有效或更微妙的沟通时，校友们抓住了学生们难以抓住而

---

1 Samuel Eliot Morison: *Three Centuries of Harvard 1636-1936*（Cambridge, 1936），p. 406.

2 Birdseye: *Individual Training*, p. 162.

教授们不屑于抓住的机会。后来,当许多教授意识到发生了什么时,已经太晚了。[1]

尽管校际美式足球运动即使没有校友和行政部门支持也有可能站稳脚跟,但它的发展肯定不会那么迅猛。在美国大学校园里,当一件事能够得到行政部门和校友的支持时,那么它就会更顺风顺水地实现。那些在院校竞争传统中成长起来的老校友们——这种竞争的根源是如今日渐式微的教派狂热,而且以往基本只能寄托在招生竞争上——现在将美式足球作为一个宣示他们对母校忠诚的新出口;而那些在本科时就熟悉这项运动的年轻校友则全身心地沉迷其中,不能自拔。1890年,一位年轻的大学毕业生在一家全国性杂志上说:"你可能不记得索普赖特有没有在毕业典礼上致过辞,但你永远不会忘记他在美式足球比赛中的辉煌表现。"[2] 鲍登学院的一位校友在1903年看到母校被缅因大学16∶0击败时所发出的哀叹以各种各样的方式多次在美国校园里回响:"在我的一生中,缅因大学都会是一个横亘在我心中的笑话……我们今天被打败了,因为我们没有牲口——牲口,先生。……老鲍登一定要打开大门,招些——招些牲口,先生。"[3]

在19世纪90年代,校友们逐渐获得了对学院和大学体育运动的支配权。也许很少有校友团体能像达特茅斯那样大胆,他们以

---

1 Stagg: *Touchdown!*, pp. 36–7; Savage: *American College Athletics*, pp. 23–4; Sheldon: *The History ... of American Student Societies*, pp. 245–9.
2 Sanborn Gove Tenney: "Athletics at Williams," *Outing*, XVII(1890), 142–9.
3 Louis C. Hatch: *The History of Bowdoin College*(Portland, 1927), p. 242.

建一个球场为筹码,交换对体育运动的控制权。他们顺利得到了这项权力,因为在各个院校,都有同样的权力真空需要填补,而且似乎也只有校友愿意和能够填补这一空白。[1]一开始,就像在哈佛一样,教师们尝试建立一个师生联合委员会,随后又试图引入校友的力量,形成一个师生、校友组成的联合委员会对体育运动进行控制或监管。教师们通常是被一些过度之事鼓动起来的。以哈佛大学为例,在1882年有28场比赛,其中19场是客场比赛。到1890年,在哈佛,每一项运动都有自己的研究生咨询委员会。理论上来讲,这些委员会展现了哈佛对体育运动事务的重视,但它们也不可避免地代表了校友们的获胜意愿。1893年,一名付薪的研究生体育经理被聘请来负责整个体育项目。之后,这一职位被广泛复制,不仅将校友在体育事务中的权力制度化了,还为学院和大学管理增加了一个重要的新维度,也带来了新的问题。[2]

新闻媒体对美式足球运动发展所起的作用无疑是深远的,因为美式足球运动的兴起和每日新闻中体育版面的发展几乎是同步的。[3]美国高校第一次成了大众新闻的来源,这一事实极大地增强了高校管理层发展美式足球的动力。各种体育运动实际上都是为学院和大学的公共关系服务的。1879年,伊利诺伊学院的学生希望教授批准一次超期的棒球旅行时强调了这次旅行将为学校带来的宣

---

1 Leon Burr Richardson: *History of Dartmouth College* (Hanover, 1932), II, 724.
2 Morison: *Three Centuries,* pp. 410–11.
3 Frank Luther Mott: *American Journalism: A History of Newspapers in the United States through 250 Years 1690 to 1940* (New York, 1941), pp. 443, 578.

传红利。根据校长安德鲁·怀特的命令，康奈尔大学于1882年持有的一张针对"康奈尔海军"的票据被撤销，并"计入广告费用"。1895年，加州大学田径队组织了一次东部巡回赛，取得了一连串伟大的胜利，从而被公认为是一项重大的公关成就。19世纪90年代，圣母大学有意识地将校际体育运动发展成一个招生渠道。赠地学院和州立大学发现，在说服不情不愿的立法者给予公共经费资助时，体育比赛胜利的效果奇佳。[1]

然而，在所有体育运动中，美式足球成了最主要的宣传工具，因为无论在校内还是校外，它都是激发热情最多、引发兴趣最广的运动，它把那些上不了学院但又想支持学院球队的人纳入了学院和大学支持者阵营。如果说在校内，美式足球是作为一种提升社会地位的工具来为民主服务的，那么它在校外则是通过成为一种重要的大众娱乐项目来为民主服务的。早在1878年，普林斯顿校长麦科什就在写给肯塔基州一位校友的信中说道："如果您能让学院得到……路易斯维尔当地报纸的关注……那您就帮了我们大忙了。我们必须坚持不懈地努力，从您所在的地区招收到学生……布兰

---

[1] Rammelkamp: *Illinois College,* p. 281; Walter P. Rogers: *Andrew D. White and the Modern University* (Ithaca, 1942), p. 192; William Warren Ferrier: *Origin and Development of the University of California* (Berkeley, 1930), p. 624; Arthur J. Hope: *Notre Dame: One Hundred Years* (Notre Dame, 1943), pp. 279, 300; James Albert Woodburn: *History of Indiana University: 1820–1902* (Bloomington, 1940), p. 448; Daniel Walker Hollis: *University of South Carolina* (Columbia, 1951–6), II, 229–30; Earle D. Ross: *A History of the Iowa State College of Agriculture and Mechanic Arts* (Ames, 1942), p. 217.

德·巴拉德先生是我们学院美式足球队的队长,他曾带领球队击败了哈佛和耶鲁,从而为我们赢得了极大声誉。"[1]到1900年,美式足球和公共关系之间的联系已经十分紧密,几乎各个院校都认为这是开展该运动的主要理由之一。[2]

在一些院校,作为公共关系的美式足球和作为商业活动的美式足球之间并没有什么界限。显然,美式足球的宣传性质和商业性质使其在某种程度上成了一项不是为了球员而是为了观众的运动。原来大学生还能享受上场玩美式足球的乐趣,但当1915年匹兹堡大学为了刺激美式足球比赛的上座率,引进了在球员背后喷涂上巨大数字号码的做法后,这种机会就再也没有了。这一做法很快就被广泛效仿。[3]匹兹堡大学在1915年的这一姿态在某种程度上是不幸的象征,因为这意味着这一运动已经脱离了球员教练的掌控,而成为付费观众和体育协会财务主管的游戏。从来没有人想要给希腊语班级的学生编号,也没有人关心那里发生了什么。

美国学院和大学终于发现了能吸引所有人的兴趣的东西。现在,每一所注重名誉的院校都选择了自己的代表色,它被用来披

---

1 Wertenbaker: *Princeton*, p. 315.
2 参见 Woodward: *Opinions of Educators on...Football*, p. 25; Elliott: *Stanford*, p. 192; Nora Campbell Chaffin: *Trinity College 1839–1892: The Beginnings of Duke University*(Durham, 1950), pp. 443-4; Allen E. Ragan: *A History of Tusculum College, 1794–1944*(Bristol, 1945), pp. 94-5; Birdseye: *Individual Training*, pp. 159-60; Skillman: *Lafayette*, II, 69, 147; Savage: *American College Athletics*, pp. 265-90。
3 Riesman and Denney: "Football in America," p. 231.

第十八章 美式足球运动的兴起

挂观众，并被运动员用来裹在自己强健的身体上。普林斯顿选择了橙色，威廉姆斯学院和阿默斯特学院都选择了紫色。达特茅斯学院的年轻编辑们的想法令人大跌眼镜，他们在1867年毫无征兆地突然宣布"达特茅斯选择绿色"。纽约城市学院的学生们的悔恨和恼怒则令人不解，当他们发现所有颜色即将被选完时，便选择了淡紫色——这一选择只是为了让卫斯理学院难受，因为卫斯理学院坚持认为自己有优先选择权。[1]

大多数学院的颜色是在校际棒球运动早期阶段挑选的，但校际美式足球运动带来了横幅、歌曲、海报和其他一些类似于狂欢节的展示方式，从而使公众能通过一种特定颜色来识别伟大的学府。从用一种颜色来识别一所院校跨越到用一支球队来识别它并非难事，用不了多久，很多美国人就会觉得美国学院或大学的目的就是培养一支球队了。

当然，这一发展也带来了一些后果。尽管对这些运动充满热情，感到兴奋，但真正得到有益的身体锻炼的大学生可能比以前少了。在以往，乡村学院的学生从他们的宿舍到教室有时需要步行1英里。1904年，加州大学的一位学生抱怨道："现在我们的学校规模更大，人数更多，而参加体育运动的却只是少数几支精挑细选的球队，而最需要身体发展的其他学生却在露天看台上弯腰驼背地站着……"也许这一切都是无法避免的，因为事实是，在1897年，哈

---

[1] Richardson: *Dartmouth*, II, 562; S. Willis Rudy: *The College of the City of New York: A History, 1841-1947* (New York, 1949), pp. 104-5.

佛大学的卫生系证明只有21%的哈佛本科生具备参加美式足球这项校际血战的条件。到1902年，校友们开始对观看足球比赛使普林斯顿人成为"代理运动员"的趋势表示担忧。[1]

一些寻求强健体魄的人试图在体育馆里寻找答案，但体操运动的衰落趋势已难以阻挡，因为和他们的前辈一样，美国大学生的兴趣在于寻找新鲜的空气和阳光，他们认为健身房又脏又臭，而且只适合那些需要矫正身体或对竞争缺乏正确认识的年轻人。与戴盔披甲的血战不同的田径、手球和网球等运动成了合适的锻炼项目，但最有效的解决办法是发展大学生校内体育运动，这很快得到了学院和大学体育部门和主任们的支持。

学生们的动机很简单：他们想要一些锻炼，想要一些乐趣。许多院校的体育部门，他们则开始考虑将校内联赛作为校队的陪练球队，并从中招募球员。[2]校内运动无疑提高了学生参加体育运动的比例，但它也在大学体育运动中引入了一种奇怪而麻烦的双重标准：一种是为广大学生提供业余乐趣的标准；而另一种则是为专业运动员提供的近乎职业的标准和纯粹的艰苦训练，作为交换，这些学生被提升到一个超越以前任何本科生类型的地位，包括旧南方学院里的学生演说家。

为了提升美式足球的观赏性，各学院和大学开启了一个体育场和运动场的建设时代，并于20世纪20年代达到顶峰。1923年，

---

1 Ferrier: *California*, p. 457; Sheldon: *The History ... of American Student Societies*, pp. 253-4; Wertenbaker: *Princeton*, p. 357.

2 Savage: *American College Athletics*, pp. 29-32.

第十八章 美式足球运动的兴起

密歇根大学建成了一座能举行美式足球赛的风雨操场；在洛杉矶和帕萨迪纳（Pasadena），私人企业建立的"竞技场"（Coliseum）和"玫瑰碗"（Rose Bowl）能够容纳庞大的人群。从1902年出现第一届玫瑰碗比赛到20世纪20年代出现人潮汹涌的壮观场面，几乎就在眨眼之间。1902年，斯坦福大学和密歇根大学在帕萨迪纳的比赛被誉为绰号"快点"的菲尔丁·约斯特（Fielding "Hurry Up" Yost）胜利皇冠上的宝石之一，当时是他在密歇根大学执教的第二年。1896年，约斯特曾效力于匹兹堡的阿勒格尼运动俱乐部、拉法耶特学院和他的家乡弗吉尼亚大学的球队；在1900年去密歇根之前，他曾在俄亥俄卫斯理大学、内布拉斯加大学和斯坦福大学担任过教练。在1901年的赛季中，密歇根队在对手得分为0的场次中总共得分550分。1902年的元旦，在帕萨迪纳，密歇根队表现强劲，在下半场中段以49比0领先对手，斯坦福队的教练挥着手让自己精疲力竭的球队离开了赛场。美式足球当仁不让地风靡密歇根，而大学每年的一个主要问题就是如何扩大观赛空间。到1927年，在安娜堡，8.7万人可以舒适地观看美式足球比赛；到1948年，这所大学已经拥有了价值400万美元的体育设施，全部由来自美式足球的收入支付。[1]

　　从某种意义上来说，是大学校际美式足球运动创造出了球迷，然后球迷又成为喂养美式足球的养分。在20世纪20年代，各院校均是如此。1926年，芝加哥有11万人观看了陆军学院和海军学院

---

1　Sagendorph: *Michigan*, pp. 206-14, 292.

的比赛，打破了历史纪录；1928年，耶鲁大学体育协会的总收入为111.9万美元，净利润为34.85万美元。[1] 类似的数据给美国高等教育史带来的意义是难以估量的，但是它们展现了美国公众对大学美式足球所投入的巨大情感和经济投资。幸运的是，在某种意义上，"美式足球已经变成了公共财产"，这是大学教室从未拥有过的性质和地位。[2]

美式足球也让两名"新演员"成了校园中闪亮的明星：美式足球英雄和美式足球教练。棒球和划船运动没能像美式足球那样给年轻的运动英雄和项目教练带来广泛而显赫的声望，这些年轻人的头部常常会受到永久性伤害，而教练们的脑袋则永远处于风险之中。美式足球英雄是由运动本身所体现的价值观造就的，但毫无疑问，他也受到了美国文化中非智或反智特性的哺育。在某种程度上，他被认为是美国各种冲突的完美象征，这些冲突是诸多神经质的国民性的表现：包括讲良心和想要赢之间的冲突，受内心指引的自由传统与组织、社会的要求和责任之间的冲突，以及思想和行动之间的冲突。

埃利奥特校长在其1892—1893年的报告中恳切地说：

像哈佛和耶鲁这样的院校在体育运动上靡费巨资是

---

[1] Christian Gauss: "Will the Football Bubble Burst?", *Saturday Evening Post*, CCVIII (1935), No. 11, 12-13, 45-8; Stagg: *Touchdown!*, opp. p. 342; Savage: *American College Athletics*, p. 87.
[2] Pierson: *Yale*, II, 128.

极其不恰当的，这些学校是在几代人的自省、节俭和公共精神的帮助下辛苦建立起来的，它们显然并不缺乏身体和道德上的勇气，而且总是把精神置于感官之上。对于这些大学而言，用于智性目标上的花费永远不会嫌多，也一直捉襟见肘，那么，在体育运动上的巨额花费就会显得多么愚蠢和有害啊！¹

但如果埃利奥特校长言辞中肯，那么小西奥多·罗斯福在1905年的一个星期六参加完哈佛大学新生比赛后给父亲的一封信中也所言不虚："我穿着印有数字的黑色护甲，感觉自己好强大。周六的比赛是一场艰难的比赛，我知道这是必然的。我伤得不重，只是被撞了一下，有淤青。我摔断了鼻子。"²

同样真实的是，1908年，在教练阿隆索·斯塔格建议下，芝加哥大学在校园的一座塔上安装了一个报时钟，在每晚10：05敲响，为芝加哥大学的运动员报时。"为什么我们自己的运动员不能拥有美妙的晚间钟声呢，"斯塔格教练问道，"让它甜美的节奏成为他们睡前听到的最后声响，向他们诉说对大学的爱、忠诚和牺牲，以及对明天的希望、激励和努力？"³美式足球英雄就是基于这样的事实而诞生的。

---

1 Sheldon: *The History...of American Student Societies*, p. 238.
2 Morison, ed.: *The Letters of Theodore Roosevelt*, V, 94.
3 Thomas Wakefield Goodspeed: *A History of the University of Chicago Founded by John D. Rockefeller: The First Quarter Century* ( Chicago, 1916 ), p. 346.

早期美式足球教练基本上都是刚毕业的年轻人,他们都是踢而优则教。哈佛、耶鲁和普林斯顿很早就确立了一种模式,即在赛季期间,聘请往届球队队长担任只支付劳务费用的临时教练。在其他院校设置专门的美式足球教练职位之后的很长一段时间内,它们还坚持这一惯例。一般来说,接受过职业训练并拥有大学生美式足球比赛经验的前运动员不会被质疑其专业性。但是,无疑,哈佛大学在1903年的经历促使其果断做出了长期聘用职业教练的决定,当时"至少有39位毕业生被请来在整个赛季的不同时段担任教练,在与耶鲁大学比赛之前的那个周二,场地里有10位教练"。[1]

然而,即便职业教练是必然的产物,他也绝不仅仅是获胜的工具:他具有使体育运动相关部门和系科在美国大学中获得平等地位的功能。这一功能最早发生在前美式足球时代的阿默斯特学院,当时(小)爱德华·希区柯克在该学院获得了一个学术职位。1892年,当芝加哥大学的斯塔格教练获得了教授级别的终身职位时,该功能得到了显著彰显和极大发展。[2] 教练成了美国大学校园里一种奇怪的现象——一个能够成功地要求从自己所带来的劳动所得中分一杯羹的人。美式足球通常是一所院校里唯一能带来收益的活动,支撑着教练的薪资,它远远超过教授的薪资。当然,教练们也承担着一种旧式教授的职能,而那些新的哲学博士们则很少有时间承担这种职能:这些教练中不乏提倡干净生活和高尚思想的人,

---

1 Bealle: *The History of Football at Harvard*, pp. 380–404.
2 Ibid., p. 384; Stagg: *Touchdown!*, p. 147; Goodspeed: *Chicago*, p. 378.

第十八章 美式足球运动的兴起

这些人代替了以往的教授，为学生提供道德指导。

但职业性教练工作也让胜利与教练们的个人利益紧密联系在了一起。这种利益是如此重要，它与校友的情绪关系又是如此密切，以至于随着时间推移，这一运动最终脱离了学生的掌控，变成了教练们为了得到工作保障而进行的竞争。

但是，把运动员和个人命运以及运动乐趣都置于胜利这一需要之下的倾向，并不完全是教练造成的。校友们也想要胜利，也期待胜利；公众被激发出一种热情，这种有点野蛮血腥的热情天然地具有报复性；那些本可以保护教练不受校友和公众影响的教授们现在几乎无权监管体育运动，而且他们也不愿意帮助教练们获得终身职位。因此，华盛顿一位教练会拿着2英寸粗的绳子赶着年轻人迅速进入运动状态；20世纪20年代，加州大学的安迪·史密斯教练逝世后，他的骨灰被撒在纪念球场的场地里，这些也就可以理解了。[1]

出于所谓的体面，妇女一开始不被允许参加体育赛事，但她们将校际美式足球运动视为妇女解放的一种表现。1885年，女士们第一次出现在在纽黑文举行的耶鲁和普林斯顿比赛的赛场上，从那时起，女子足球进入了社会视野。在那一年之前，女子美式足球比赛一直在纽约的马球场举行。地点的改变意味着社会氛围的变化，女士们再也不用担心进入赛场会有损自己的名誉。[2] 然而，事情的发

---

1 Enoch Albert Bryan: *Historical Sketch of the State College of Washington 1890-1925*（Spokane, 1928）, pp. 282–3; Robert Sibley: *The Romance of the University of California*（San Francisco, 1928）, opp. p. 31.

2 Stagg: *Touchdown!*, p. 191.

展并未就此止步。

校际棒球比赛并没有在贤淑的女士中引发类似热情。此后不久，女士们在美式足球比赛中的滑稽动作，她们的喝彩欢呼，她们对球队毫无保留的赞赏，将成为几乎和比赛本身一样有趣的事情。她们到底在喊叫什么？或许从未有人像斯坦利·霍尔那样以科学的方式微妙地看待过这个问题，这位心理学家、克拉克大学校长在1900年说道："荣耀是胜利的回报，勇敢的人因它而得到公平……如果它只是冲突的结果，那它就不会显得伟大。虽然人类女性不像许多其他生物物种那样对胜利洋洋得意或青睐胜利者，但军事技能对弱势性别有一种奇怪的魅力，从生物学角度来看，这也许是基于它展示了保护和防卫的力量。而力量……在性吸引方面扮演了重大角色。"[1]

就这样，女孩们涌向了角斗士们搏斗的竞技场——但这也成了各学院校友之间开玩笑辱骂的说辞。1907年，在华盛顿一次内阁会议上就发生了此类事情。当时，毕业于威廉姆斯的内政部长，面向哈佛毕业的美国总统，挖苦嘲笑哈佛在赛季中的糟糕表现。因此，当内政部长建议哈佛应该取消与耶鲁的比赛，然后去与瓦萨女子学院球队打一场时，西奥多·罗斯福总统只能以"在如此痛苦的情况下，我表现出了应有的尊严"来应对这一建议。[2]

---

[1] G. Stanley Hall: "Student Customs," *Proceedings of the American Antiquarian Society,* XIV New Series（1900），119.

[2] Morison, ed.: *The Letters of Theodore Roosevelt,* V, 853.

第十八章 美式足球运动的兴起

# 第十九章
## 学术人

在美国教育神话中,旧式学院的教授被认为是标志性人物。他可能有着不同的特点——或可爱或可憎,或专横或宽容,或严厉或顽皮,或高大或矮小,或瘦弱或肥胖,或年轻或年长,但有一点是肯定的,他是个标志性人物。他是学生捉弄的对象,而且如果某天早上他在教室里发现一头牛,他就会想方设法把这场灾难转化为可为其所用的好事。他可能因为把温泉关战役带入课堂的那次特别演讲而在几代大学生中声名鹊起。那顶帽子,就是他一年戴了十二个月的那顶,虽然很小很旧,而且显得古怪,但造就了他标志性的人物形象。

然而,这位作为标志性人物的旧式学院的教授,与其说是他那个时代的产物,不如说是出于后人的想象。这些后人想从自己的时代中解脱出来,回到一种对旧时美好时光的想象之中。在美国学院和大学成为复杂的组织机构的情况下，面对学者的兴起，旧式学院的教授被证明有其存在的绝对必要性。他意味着院校史的人格化，而现在的学院和大学及其历史则正在被非人化；他的继任者是专门化的象征，而他则是普遍化的象征；他是鲜活的、老派的，但多才多艺；他关心你，也关心整个世界。对于他，我们不能说：

> 他坐在这里，
> 喋喋不休，
> 诉说着过时的真理；
> 无视春光，
> 仇视青春。
>
> 他坐在这里，
> 干干巴巴，
> 整天不停地讲演；
> 木然而清醒，
> 人和工资一样微薄。[1]

在美国人的认识中，旧式学院的教授与山民、自耕农、乡村店主、乡村铁匠等是类似的，传统上属于无组织群体这一序列。对于这一

---

[1] Maurice Kelly, "Professeur," *American Mercury*, VIII（1926），引自 Claude Charleton Bowman: *The College Professor in America: An Analysis of Articles Published in the General Magazines, 1890–1938*（Philadelphia, 1938），p. 20。

独立的群体,诚实的面孔是其唯一的徽章,宽松皱巴的旧套装是其唯一的制服。

但现在大学处于强势地位,甚至会将其价值观渗透到传统学院的生活之中。现在取代旧式学院教授的是拥有哲学博士学位这一徽章的有组织人员群体,即哲学博士——这是学术上受人尊敬的标签,是专业能力的标志,是对某种标准一致性的保证。这种标准涉及学术训练、学术经历以及对德国式科学化学术的理想、规则和习惯的理解和把握。直到1884年,哈佛189名教师中只有19人拥有博士学位;密歇根88名教师中,只有6人拥有博士学位。[1] 这一比例直观地反映了供给上的短缺。到了19世纪90年代,约翰·霍普金斯大学和新成立的文理研究生院都进入了高速发展时期,此时,拥有博士学位的教师的比例开始超过他们那些未能获得充分训练的同事。从1888年到1895年,博士学位获得者逐渐成了布朗大学教师的主体。在这一时期,布朗任命了大量拥有哲学博士学位的年轻人,这些年轻人来自霍普金斯、克拉克、耶鲁、芝加哥、哈佛、布朗本校,以及弗莱堡大学、斯特拉斯堡大学和维尔茨堡大学。在小小的伊利诺伊学院,从1900年到1903年,整个教师队伍都更新了。当所有更迭完成之后,学院就掌握在大学培养的哲学博士手中了。1904年,纽约城市学院宣布,从今以后,所有教授都必须拥有哲学博士学位;八年后,对讲师也提出了同样的要求。1905年,伊利诺

---

[1] W. H. Cowley: "European Influences upon American Higher Education," *Educational Record*, XX(1939), 183.

伊大学考虑到自己的声誉，宣布未来的教授职位只接受那些受过严格哲学博士训练的人。[1]

教师队伍博士化的努力在学院和大学中日益普遍。当然，那些更好的院校——那些拥有声望以及资金支付博士们所要求的更高价码的院校——首先成了所谓的博士主导型院校，但随着时间推移，庞大而复杂的美国大学体系将加速培养出各类哲学博士以供美国教育所需。然而，即便如此，一些资源较少和声誉较差的院校还是会通过贩卖荣誉博士学位来掩盖自己和他人的尴尬。事实上，这种习俗也会被普林斯顿和达特茅斯这些更好的大学和学院滥用。荣誉博士头衔在19世纪70年代和80年代的兴起，无疑证明了整个社会对"博士"头衔极为旺盛的需求。这是一种对拥有某种身份徽章的渴望，因为这种身份徽章表明某人是这个组织缴纳过会费的正式成员。另一方面，荣誉博士的衰落反证了真正的博士的胜利，事实上，足以使名誉博士名声扫地的力量已经积聚起来。联邦教育局、学术团体和各种专业组织联合起来谴责虚假的哲学博士学位。荣誉博士学位的鼎盛时期是1890年，共授出了39个。到1910年，显然是受到进步主义氛围的影响，当年授予的数量减少到2个。[2]

---

1 Walter C. Bronson: *The History of Brown University 1764-1914*（Providence, 1914），p. 431; Charles Henry Rammelkamp: *Illinois College: A Centennial History 1829-1929*（New Haven, 1928），p. 432; S. Willis Rudy: *The College of the City of New York: A History, 1847-1947*（New York, 1949），pp. 285-6; Allan Nevins: *Illinois*（New York, 1917），p. 241.

2 Stephen Edward Epler: *Honorary Degrees: A Survey of Their Use and Abuse*（Washington, 1943），pp. 59-67.

但是，当虚假的学位无法承受学者的新力量时，对真实学位以及它给学术界带来负面影响的批评也同样被忽视了。1903年，来自哈佛的哲学家威廉·詹姆斯将哲学博士学位比喻为章鱼，"纯粹是一种广告宣传方法，一种将尘土扬进公众眼里的方式"，"一种怪异的趋势"，"一种高级官僚的毛病"，"用来装饰学院和大学招生简章的一个骗局、一个廉价花哨的小玩意儿、一种诡计"。他质疑这个学位能否作为教学质量的保证，尤其对哈佛不断提高学位标准的趋势感到遗憾，哈佛将此作为与其他大学进行一种无谓竞争的手段。他对这种学术势利新样态所展现的力量感到失望，因为它会将不那么出色的学生逼向失败，而且他担心他在哲学博士要求中看到的过度组织化的倾向会损害自由的精神。[1]

在19世纪80年代和90年代，学术机构忙于建立以地位、成就为标准划分的阶梯结构，并在学界产生了一种前所未有的竞争性动力。创建一种教授等级制度并不是学位曾有的功能：首先，知识的极大增殖扩大了人类理解的各种特定领域，以前一个人就足以承担的工作现在需要两个或三个人才能进行；其次，在一些院校，不断增加的本科生和研究生入学人数，使得曾经一位讲师就能承担的教学工作，现在需要成排的教师。学院和大学里发生的这些情形并不是教育界独有的，它在美国人的生活中随处可见，尤其是在商业领域，显著的增长和扩张很自然地带来了新的职业模式。

把大学教师分为需要不断升级的讲师和不同级别的教授，不

---

1 William James: "The Ph.D. Octopus," *Harvard Monthly*, XXXVI(1903), 1–9.

应该被简单地理解为是大学行政官员的某种邪恶阴谋,只为将粗俗的成功动机渗透进平静的、远离现实的知识世界。学术等级制度是对院校自身扩张和知识本身增长的一种反应,它是一种有意识且必要的努力,以便有效和高效地处理在缺乏组织和秩序的情况下无法解决的各种问题。然而,也许没有必要像哈珀校长在1891年所做的那样走得那么远。当时,他为崭露头角的年轻学者建立了可能是最复杂的层级系统和晋升体系。

他在芝加哥大学设立的学术等级制度从最基础的开始,这是五种不同类型的聘期为一年的职位。最底层的是研究员(fellow),他用六分之一的时间为大学服务;在其之上但属于同一等级的分别是助教(reader)、教习(lecturer)、教谕(docent)和助理(assistant)。在此之上则是聘期为两年的协理(associates)、聘期为三年的讲师(instructors),以及聘期为四年的助理教授(assistant professors)。再往上则是分为三个层级的长期聘用人员:副教授(associate professors)、教授(professors)和首席教授(head professors)。[1]显然,这一体系比其他任何大学的学术等级制度都更充分地考虑到了美国大学中的各种细分,无论是好的还是坏的。

在等级制度的设置中还加入了系科化概念,这一概念是知识

---

[1] Thomas Wakefield Goodspeed: *A History of the University of Chicago Founded by John D. Rockefeller: The First Quarter Century* (Chicago, 1916), p. 138; James E. Pollard: *History of the Ohio State University: The Story of its First Seventy-Five Years 1873–1948* (Columbus, 1952), p. 102; Bronson: *Brown*, p. 428; Rudy: *C.C.N.Y.*, pp. 233 ff.; Daniel Walker Hollis: *University of South Carolina* (Columbia, 1951–6), II, 218; G. Wallace Chessman: *Denison: The Story of an Ohio College* (Granville, 1957), pp. 271–2.

分化的象征，它在传统学院从未出现过。那时候，一位教授自身的知识和兴趣就足以支撑他教授多门课程了。像威廉姆斯的约翰·巴斯科姆这样未经学术训练的教授既可以教修辞学、撰写美学和政治经济学著作，也可以讲授英国文学和社会学课程。[1]但是，现在传统的统整性已经消失了，对科学真理的狂热追求正在为知识带来新的巨大贡献，而专门化正在导致学科领域的分裂。

仅从规模角度考虑，系科化也是必需的。例如，一些正式的权威力量共同要求建立生物学家的分层制度，因为他们需要在一些正式认可的组织结构中谋求自己的利益。但仅仅有一个生物系是不够的，因为这样的一个系既不能充分反映知识的分化，也不能支撑随之而来的争夺注意力、资金和准入机会的竞争。系科化不仅是一种将数量庞大的学术专家组织到大学管理架构中的方法，也是一种发展，只不过这种发展也释放了竞争、巴结、对公共关系的关注、对学生的争夺、偏狭和嫉妒等种种不良表现，这些表现使得大学和学院看起来与其他组织没有什么区别。

因此，1893年4月，芝加哥大学生物系无可避免地进行了一次改组。一个生物系被分成了5个新学系：动物学、植物学、解剖学、神经学和生理学，[2]这意味着有5个新的系主任职位，5个新的小型学术等级制度，5个新的与知识、抱负和兴趣相关的竞争性领域。然而，事实上，除此之外很难找到其他方法来发展学术，并确保

---

1 Frederick Rudolph: *Mark Hopkins and the Log: Williams College, 1836-1872*（New Haven, 1956）, p. 54.
2 Goodspeed: *Chicago*, p. 322.

第十九章 学术人

知识的增长。这种系科的增加随处可见，所用的方法既有增设，也有分立。现代语系变成了德语系和罗曼语系。历史和政治经济系变成了历史系和政治经济系，历史系又变成了欧洲历史系和美国历史系。政治经济系变成了政治科学系、经济学系和社会学系。[1]

　　导致系科化的原因是专门化，这种专门化有它自己的关注重点和价值体系，这是旧时的学院所不具备的。旧式教授被专家所取代，昔日最出色的教授的标志是具有普世观念和对普遍知识的掌握，现在也被对自身专业兴趣的不断追寻和改进所取代。新的分化制度的批评者会哀叹："最令人悲伤同时也最具启发意义的景象之一，是一位学院教授挖出了尼安德特人的上颌骨和下犬齿。我们看到了成长和石化之间的强烈对比，而尼安德特人代表着成长……"另一些人则会得出这样的结论：学院和大学里不会再有伟大的教师，而只有专家和学习如何成为专家的年轻人。一位观察者称他们为"迟钝的博士"，借教授之口指出"我们大学研讨班的桌子……被一群僧侣包围着，他们在毫无生气地胡乱翻抄着一堆堆匆忙涂写的书籍卡，念诵着'特温茨教授和公认的权威们说……'"[2] 正如这位独特

---

1 参见 Burton Dorr Myers: *History of Indiana University 1902-1937*（Bloomington, 1952）, pp. 486-7, 499; John Hugh Reynolds and David Yancey Thomas: *History of the University of Arkansas*（Fayetteville, 1910）, p. 153; Nevins: *Illinois*, p. 145; Merle Curti and Vernon Carstensen: *The University of Wisconsin: A History, 1848-1925*（Madison, 1949）, II, 328-34 ff.。

2 Simeon Strunsky: "The Shame of Health," *Harper's*, CXLV（1922）. 引自 Bowman: *The College Professor in America*, p. 21; H. W. Whicker, "Doctors of Dullness," *North American Review*, CXV（1929）。引自 Bowman, p. 22。

的观察者所暗示的，在专业化制度下，兴趣狭隘和近亲繁殖可能会给组织带来某些重大危害，例如，缺乏原创性、过度顺从权威、责任分散等。在某种程度上，专业和组织成了主角，因此，这些危害成了学术生活的特征。

普林斯顿大学的安德鲁·弗莱明·韦斯特院长极为担心和警惕这些危害，尽管他负责的是研究生教育。韦斯特院长在1905年警告说："我们的许多学者似乎都是某些封建领地里的奴仆，而不是知识共和国中的自由民。"韦斯特对专门化本身并没有敌意，他反对的是人们对琐碎研究的过度关注，是人们对那些过度关注琐碎研究的人的重要性的夸大。他提到"我最近读到的证据清楚无误地表明……虐待动物的行为对女生的心理冲击程度要比男生高出30%—50%。难道一个人在大学里进行更高级的研究就是为了知道这些？"韦斯特院长显然是传统之士，虽然陷入了科学精神的氛围之中，但他不愿屈服于科学精神或者说不愿意屈服于科学精神的荒谬之处。他坚持全人的理念，坚持认为只有在信仰之上的价值才能获得确认。他只是试图提醒学术界，在许多方面，在某些重要方面，他们与现实脱节了，而现实几乎意味着一切。"一个人要成为什么样的学者，就其影响力的持久价值而言，"韦斯特院长说，"与其说最终取决于他所知的或他所说的，不如说最终取决于他所信的和他所爱的。"[1]

---

[1] Andrew Fleming West: *The Changing Conception of "The Faculty" in American Universities*（San Francisco, 1906[?]），pp. 7, 9, 14.

第十九章 学术人

这一切也许都是真的，但大学是一个正在建立自身的理论基础、道德观和一系列特质的组织，它的规模已经能够掩盖自己的无能，并善于对一些最严重的错误讳莫如深。换句话说，它形成了一些组织的权利和特权。没有人能确定这一切会在哪里结束，但到了 1923 年，厄普顿·辛克莱在一份声明中极为罕见地同时抨击了上流文化、商业和学术专业化。辛克莱首先针对波士顿一家百货公司员工的境遇展开了批评，他说道："波士顿大百货商店中的奴隶们（哈佛拥有这家百货商店的 2500 股股票）被要求忍受低工资和长时间的工作，然后被宣判死于结核病——因为在你们产生的财富之上，一些饱学之士正在为人类全面地研究'乔叟作品中丰富的动词'。……那些在伯利恒、米德维尔和伊利诺伊钢铁公司炽热的白色熔炉前一天工作 12 个小时的工人们，振作起来，重新拿起你们的铁锹——正是你们使人类有可能获得关于'罗曼语书信体小说的起源'的确切知识……"[1]

确实，学术发表已经成为新学术人的核心利益。每一本书，每一篇文章，都是被钉在晋升路上的标记。这种德国式学术风格影响深远，甚至于在体育研究协会 1909 年的年度会议上，教练和体育主管们也开始研读起研究论文来。[2] 1909 年报道的一次谈话很好地揭示了大学的重点从教学转向了研究。"不久前，"一位教育领

---

1 Upton Sinclair: *The Goose-Step, a Study of American Education*（Pasadena, 1923），pp. 90-1.
2 Dudley Allen Sargent: *The History of the Administration of Intercollegiate Athletics in the United States*（New York, 1910），p. 1.

域的观察者说,"我找机会问一位学院院长,谁是他所在的学院最好的老师,他说出了某位讲师的名字。"随后的对话如下:

——他的职位是什么?
——助理教授。
——他的任职什么时候到期?
——不久(就到期了)。
——他会得到晋升吗?
——不会。
——为什么不会?
——因为他什么都没做![1]

就美国教授教学职能的弱化而言,约翰·霍普金斯大学是其开端,是它将这一趋势引入了美国高等教育,这一趋势很快被认为是大学理念的必要伴随物。科学研究——对分子、鼹鼠、莫里哀、软体动物和溺爱等各种事物的性质的研究,对所有未知事物的性质的研究——需要一个出口来展现其生产力,这是大学的目的所带来的结果。大学之间的竞争要求每一所大学都要确保自己的教授比竞争对手的更优秀,证明这一点的一种方法就是在各大学所热衷的各种年度排行榜中取得领先。

---

[1] Abraham Flexner, *Atlantic Monthly*, CIII(1909),引自 Bowman: *The College Professor*, p. 122。

第十九章 学术人

这种形式的学术统计不仅有公共关系的目的，而且可以作为对落后者的鞭策。它把教学型教师推向了生死边缘，推向了乡村学院，如果他还留在大学里，那他将会被扼杀或被剥削。它清楚地规定了谁将会被提拔，何时被提拔，以及为什么被提拔。在美国商业社会的一些重要组织中我们同样可以看到这种产出与回报之间的关系，不仅标准石油和美国钢铁这样的巨头如此，而且银行、连锁店、大型百货公司这些原先强调与邻里、家庭的联系而现在却在复杂又客观的环境中实施其功能的组织也是如此。"要么发表，要么灭亡"的口号逐渐出现，到19世纪晚期，宾夕法尼亚大学的教授们以牺牲科研为代价，坚持把时间和精力投入到教学中，却被要求离职去别的地方。[1]因为，尽管某位教授可能是最优秀的教师，尽管有效的教学可能会引导无数学生自我发现和自我成长，但组织需要其他的东西：它依靠研究，它反哺研究，它促进研究。当然，没有研究，就不会有对无知的激动人心的征服，也不会有在知识前沿那令人兴奋的进步，而这些都是由出版和发表推动的。而且，如果没有研究，就不会有学系，不会有系主任，也不会有学术等级体系——当然这只针对教师。

就像所有的循环一样，一旦出版发表的循环成为一种既定惯例，它就难免会恶性化。证据之一是北达科他大学的校长在1909年为他的教师们设计的跑圈打卡式的绩效记录卡。只有在极端情况下它才会破例，让你脱离组织的锁链。哈珀校长在1894年非常清晰有

---

[1] Richard H. Shryock: *The University of Pennsylvania Faculty: A Study in American Higher Education* ( Philadelphia, 1959 ), pp. 34–5.

力地解释道:"大学……会有耐心,但它期待每个人在为世界知识做出贡献的方向上诚实地、持续地努力。"1892年,在哈佛大学,查尔斯·科普兰(Charles T. Copeland)——著名的"抄书人"——被任命为英语讲师。他是一名写作教师,也是学生们的知心朋友。他一直坚持每周三10点以后在他自己家里接待来访的学生,他所吸引的本科生追随者是哈佛历史上最忠诚的,显然也是最有成就的。但他是一名教学型教师,因此他花了十八年才晋升为助理教授。[1]

当然,对研究的重视创造了一些组织机构和机制:学术期刊、学术社团、大学出版社和学术休假。约翰·霍普金斯大学是"美国学术期刊的摇篮"。这所位于巴尔的摩的大学的创始人对研究期望甚高,同时也意识到美国缺少像欧洲那样资助和传播研究成果的组织和机制。在法国,这由政府来买单,在英国和德国则分别由学术团体和大学来买单。在认识到美国既没有学术团体也没有政府支持的传统的情况下,约翰·霍普金斯大学在1877年创办了《美国数学杂志》,为各大学树立了榜样。很快,化学、生物学、生理学、心理学和语言学等学科都被列入了霍普金斯大学的期刊阵列之中。而被列入芝加哥大学期刊方阵的则有政治经济学、地质学、希伯来语、天体物理学、社会学、神学和古典学等学科。到1898年,芝加哥大学每年期刊的印刷总数达到了15万份。1904年,哥伦比亚大学的

---

[1] Louis G. Geiger: *University of the Northern Plains: A History of the University of North Dakota 1883-1958*(Grand Forks, 1958), p. 200; Goodspeed: *Chicago*, pp. 318-19; Samuel Eliot Morison: *Three Centuries of Harvard 1636-1936*(Cambridge, 1936), p. 402.

教授们一口气出版了35种连续出版物。¹大量发行期刊带来的结果使得许多大学得出如下结论：要获得体面和尊敬，就必须有一批自己的期刊。这一结论导致出现了大量质量并不高的出版物。

学术团体的期刊提供了另一个发表渠道。早期学术团体一般致力于更普遍的目的——如1743年成立的美国哲学学会，1780年成立的美国艺术与科学院，以及1848年成立的证明了早期科学的吸引力的美国科学促进会，现在，一些新团体诞生了，这些新团体意味着知识的细化和分化，也成为学者们挥洒精力和展示成果的一个途径。在建立新学术团体的浪潮中，1869年成立的美国语言学协会力拔头筹，紧随其后的是1877年成立的美国化学学会、1883年成立的现代语言学会、1884年成立的美国历史学会、1885年成立的美国经济学会，以及1888年成立的美国数学学会和美国地质学会。²

在这些学会以及许多其他团体的年度会议上，除了提交论文之外，还有许多面对面的交流机会，如阅读和讨论学术论文，采取措施对特定的知识分支进行规范化和标准化，在与其他学科的竞争中保护自身利益，在专业领域之外短暂地享受生活的乐趣，而学术社团制度化的年会将成为学院和大学的校长、系主任们搜寻新人

---

1 Hugh Hawkins: *Pioneer: A History of the Johns Hopkins University, 1874–1889*（Ithaca, 1960）, pp. 73–6; John C. French: *A History of the University Founded by Johns Hopkins*（Baltimore, 1946）, pp. 50–6; Goodspeed: *Chicago*, pp. 319–20; John Howard Van Amringe, et al.: *A History of Columbia University 1754–1904*（New York, 1904）, p. 254.

2 Nicholas Murray Butler, ed.: *Monographs on Education in the United States*（Albany, 1900）, II, 868–80.

的洽谈会。研究生院的教授们会在此展示他们最有前途的学生（以及其他学生），将他们送入这一人才市场，从而及时推动他们回到学院或大学的组织中来。年会就像行业大会一样，一群专家拉近彼此之间的距离，汇聚在一起，用自己的语言交流，分享发现，然后带着新的归属感回到校园。

规模更大、更富裕的大学开始正式增设大学出版社，它被认为是能让研究之轮良好运转的一种机制。早在1878年，约翰·霍普金斯大学就设立了一个办公室，负责出版事务，但1888年出台了要求所有博士论文都必须出版的规定，此后大学的出版功能显著增强了。1891年，出版活动的增加最终促成了约翰·霍普金斯大学出版社的建立，这是美国第一家大学出版社。芝加哥大学紧随其后，在1892年建立了出版社，次年，哥伦比亚大学和加利福尼亚大学也一一效仿。在20世纪早期，普林斯顿、耶鲁和哈佛为适应大学出版社的出现，进一步拓宽了其大学目的的外延。到1916年，芝加哥大学出版社出版了850种书籍，这是对知识的850项贡献，也是850本通往名声和职级晋升的通行证。[1]为了方便出版，以及进一步淡化教学功能，带薪休假和学术休假开始在19世纪90年代流行起来。[2]作为对这几个月里免除大学教学职责的回报，教授们知道应

---

1 Hawkins: *Johns Hopkins*, pp. 111-12; French: *Johns Hopkins*, p. 226; Goodspeed: *Chicago*, p. 321.
2 Lewis B. Cooper: *Sabbatical Leave for College Teachers*（Gainesville, 1932）, pp. 9-10; Nevins: *Illinois*, p. 192; Reynolds and Thomas: *Arkansas*, p. 152; Van Amringe: *Columbia*, p. 156; Leon Burr Richardson: *History of Dartmouth College*（2 vols., Hanover, 1932）, II, 710.

该做什么，而且乐此不疲：发表一批新的论文，给出一项实验室里的新发现，出版大学学术研究系列丛书中的一本著作。如此，学者们满意，其他人也会满意。

上述所有机制，组织的所有表现，将会极大地促进学术流动，因为对于学者而言，其职业声誉比对一所特定院校的忠诚更重要。学术和组织的新趋势会使学者忠于专业标准，忠于组织的程序和特性，但对他暂时寄居的机构的命运则漠不关心。校长的最高权威，新型学者的首要职责都不会再与学生事务相关，他对学术的忠诚和承诺往往使得他对自己所在的院校持一种中立态度——这种态度也因校友在大学和学院事务中日益增长的权威而得到加强。

为此，人们做出种种努力，试图弥补所失去的团结感、投入感和近乎兄弟般的情谊，这些感受曾是传统学院管理的动力，也是组织的一种功能。尽管这些逝去的感受是无法代替的，但它们对学者士气的形成有着重大作用。教师俱乐部和学位服等新形式作为组织的功能之一开始在大学校园里出现，由此带来的心理感受在某种程度上能帮助教授们在面对社会时建立自身的群体身份。

穿着长袍的教授们的出现不仅把新型学者们与古老的学识传统联系起来，而且也让他们像穿着制服的军校学员一样列队展示。这强调了他们的同一性和归属感。曾经很好地满足了美国学院各种目的的毕业典礼，现在又有了新目的：展示按等级排列并佩戴着各级荣誉徽章的新型专业人士们。教师俱乐部不仅是一种在小范围内激发院校凝聚力的有意识的努力，而且也是所有有自尊心的组织成员所期待的。美国教师俱乐部只不过是绅士俱乐部——就像制造商俱乐部、银行家俱乐部、经纪人俱乐部——的另一种职业性变体而已。在俱乐部里，组织利益能够在社交气氛中得到增益；在俱乐部里，旧时那种率性的精神和纯粹的乐趣在某种程度上能够得以重现。

学者的兴起、教授们的组织，以及以各种方式展现的学识，对于美国实现智性成熟这一目标至关重要。学院教授的职业化可能会对个人安全和内心稳定感有所损害，但它也带来了一些极具价值的收益：对无知的不断征服，认为探求知识能带来快乐的美国人的数量的急剧增长，以及利用知识为人类服务。

一位旧式教授不会理解弗雷德里克·杰克逊·特纳在1900年对威斯康星大学提出的要求，特纳将这一要求作为他留在麦迪逊的条件："增扩职员人数、增加奖学金和永久性购书基金的数额，设立学术休假制度，以及通过出版历史研究著作的条款。"[1]他也不会欣赏伊莱贾·哈里斯（Elijah P. Harris）开发的教学技术。伊莱贾·哈里斯是一位在阿默斯特任教的由哥廷根大学培养的化学家，他故意把讲座弄得晦涩难懂，理由是真正感兴趣的学生会在课后进一步学习。[2]他甚至可能同意一位旧式学院毕业生的说法，那名毕业生把新教授描述为"自欺欺人的梦想家"，"他们安慰自己说他们是通过著作来服务世界的，而学生的课堂作业却无人问津"[3]。但是，他错了。的确，新教授们有自己的取向，有一些怪癖，但他们的生活不再像旧式教授那样是关乎慰藉和为理性道德双重服务的。理性取代

---

1 Curti and Carstensen: *Wisconsin*, I, 617.
2 Claude M. Fuess: *Amherst: The Story of a New England College*（Boston, 1935）, p. 178.
3 Curti and Carstensen: *Wisconsin*, II, 99.

了虔诚，成为他们的试金石，而无知是他们面临的特殊挑战。也许他们有时对周围的世界浑然不觉，有时似乎专注于学习或沉迷于组织，但这无非是深入地致力于增进知识的证据，对这一点视若无睹的人可以说根本不了解新型教授。

除了这些显见的益处之外，还必须提到学术自由和终身教职这一重要传统的建立。这些新原则是在学者们敏锐地意识到社会和院校之间存在脱节时制定出来的，约翰·杜威建议用一种新的学习和教学概念在学院层面上进行补救。在大学里，对这一脱节的纠正往往会使学者们与社会现实或与他们试图解决的社会问题产生重大的利益冲突。这些冲突往往出现在与商界代表之间，而这些人对大学和学院而言很重要，因为正是他们让一座座新大楼不断地在校园里拔地而起。正是基于这些经历，美国大学确立了至关重要的根本性标准，即学术自由和终身教职，从而具备了有效支持智性生活的能力。[1]

在美国大学校园里，学术自由的问题并不是首次浮现，因为在学院时代，教派主义就不时地把对异端邪说的指控带入学术界，但这些经历并没有形成指导学院生活的广泛原则。院校倾向于保护自己不受外界攻击，维护自己开展一些不那么受欢迎的事业（包括古典课程）的权利，这在一定程度上源于学院作为古老传统的维护者这一角色。基于这一姿态，旧式学院主张一种不随波逐流的自由。[2]

---

1 关于学术自由的主要观点来自 Richard Hofstadter and Walter P. Metzger: *The Development of Academic Freedom in the United States*（New York, 1955）。

2 Ibid., pp. 209-74.

但现在，在科学观和德国大学传统的影响下，学术自由理念在美国将被赋予新的目的和力量。

在一系列涉及教派利益与以达尔文主义为象征的新科学之间的冲突事例中，科学不仅取得了胜利，而且提出了一种"特殊的真理概念和一种容错范式"，其结果是为学术自由赋予一种伦理性。1878年，在世俗主义日益盛行、科学家普遍接受进化论的环境下，范德比尔特大学将一位生物学家亚历山大·温切尔（Alexander Winchell）赶出了教师队伍，结果却发现他被密歇根大学欣然接受了。1884年，南卡罗来纳州哥伦比亚的长老会神学院以类似理由解雇了托马斯·伍德罗（Thomas Woodrow），但他却在1891年成为南卡罗来纳大学的校长。1893年，在俄亥俄州的一所教派学院——伍斯特学院，一位科学教授接受了董事会的严密质询。当他坚定地告诉董事会他是在进行了大量研究和深入思考之后才接受进化论观点的，因此无意改变立场时，校长支持他并为他做了辩护，他保住了他的工作。在19世纪80年代的达特茅斯学院，一位持怀疑主义立场的物理学教授在总结一系列戏剧性的课堂实验时说："看，这都是造物主的精彩杰作！"在北达科他大学，一位生物学教授在讲授高级进化理论时并没有引起公众的抗议。[1]

---

[1] 关于学术自由的主要观点来自 Richard Hofstadter and Walter P. Metzger: *The Development of Academic Freedom in the United States*（New York, 1955），pp. 320-66; Edwin Mims: *History of Vanderbilt University*（Nashville, 1946），pp. 100-5; Lucy Lilian Notestein: *Wooster of the Middle West*（New Haven, 1937），pp. 184-6; Cornelius Howard Patton and Walter Taylor Field: *Eight O'Clock Chapel: A Study of New England College Life*（Boston, 1927），p. 231; Geiger: *North Dakota*, p. 72。

第十九章 学术人

类似的例子表明，教授们正在形成对学术要求的普遍尊重，正在把学术自由定义为一种以科学观点本身为基础的氛围。这种氛围包含了对错误的容忍、对实验的偏好、对未知的尊重、对传统或承袭性真理的漠视、对不断探索和验证的需求。因此，学术自由取决于一种悬置判断和更新真理的精神，这种精神激励着在实验室里或在手稿中努力求索的学者们。学术自由会因学者们对德国大学的学术研究原则的理解和坚持而得到加强，这些原则在很多方面都是美国新大学的灵感源泉。德国大学教授在谈到学术自由时，脑子里想到的是两个词：学习自由（Lernfreiheit）和教学自由（Lehrfreiheit）。学习自由是指在没有行政强制的情况下，德国学生可以自由地从一所大学漫游到另一所大学，选择自己喜欢的课程，住在自己想住的地方，免除作为英式和美式大学特征的各种限制，因为这些限制不利于形成专注于学习和研究的氛围。德国教授的教学自由则是指大学教授有自由探究和自由教学的权利，以及准许其开展研究并报告其研究成果的权利。[1]

美国学术界能取得学术自由，很大程度上仰赖于德国学术自由的发展经验，但德国的学术自由概念仅适用于学术高墙内的生活，一旦教授选择越过大学的边界，跨到外部社会去，实际上就不会有此类自由了，他或任何其他德国公仆也就不再享有此种特权了。但在美国，自由是所有美国人的传统权利，所以，美国学者能够打破德国概念中内部自由和外在约束之间的界限。此外，学习自由，即

---

[1] Hofstadter and Metzger: *The Development of Academic Freedom*, pp. 383-497.

学生的自由，在美国的定义中被认为不那么重要，部分原因可能是选修课程已经扩大了学生的自由权利。美国教授之所以专注于建立教学自由并将其应用于更广泛的领域，无疑是源于美国教授既作为科学研究者又作为雇员的双重身份。最终结果是，在学术界内部就争议性问题采取了中立姿态。在课堂上，美国教授站在客观立场上运用他的专业能力和科学知识提出有争议的问题，以避免对学生进行灌输。在大学之外，美国教授则利用美国人对言论自由的承诺，提出了如下原则：教授在课堂之外可以享有和其他美国人一样的权利和自由。

在这一领域，在"试图将言论自由原则融入学术自由原则的过程中……产生了大量的学术争执"。新学者们，特别是社会科学家们，与学术界之外的重要群体发生了冲突。对于教授们来说，要将自己的经济、政治和社会发现应用于现实世界，就难免与那些为大学服务的捐赠者和受托人发生冲突。一批杰出学者发现，他们所理解的自由，并不被来自商界的捐赠者和管理层所理解，甚至不被与人民联系更为紧密的农民和劳工群体所理解。威斯康星大学的经济学家理查德·埃利（Richard T. Ely）一直支持罢工和联合抵制活动，1894年，他因为这一经济学异端理论受到了董事会下属的一个委员会的审查。芝加哥大学的经济学家爱德华·比米斯（Edward W. Bemis）在普尔曼大罢工时期对铁路公司进行了公开抨击，他因此被解雇。玛丽埃塔学院的政治科学家詹姆斯·艾伦·史密斯（James Allen Smith）反对垄断，他在1897年遭受了与比米斯相同的命运。布朗大学校长本杰明·安德鲁斯（Benjamin Andrews）表达了对自由贸易和金银双本位制的偏爱，这导致他失去了在这所古老的东部院校的职位。约翰·康芒斯（John R. Commons）沉迷于一系列令人不安的经济观点，以至于他在印第安纳大学和雪城大学都遇到了麻烦。斯坦福大学的社会学家爱德华·罗斯（Edward A. Ross）不赞成苦力劳动，结果利兰·斯坦福夫人也不赞成他。1903 年，在北卡罗来纳州的三一学院，历史学教授约翰·斯宾塞·巴塞特（John Spencer Bassett）呼吁南方社会欢迎黑人进入美国生活，南方社会对其发起了攻击。在 19 世纪 90 年代，在堪萨斯州立大学，经济学系的教授们的去留取决于选举结果的变化，因为与共和党人相比，民主党人和民粹主义者对学术自由的态度并不那么友好。经济观念的差异是那些在 19 世纪 90 年代和 20 世纪初期卷入学术自由关键案例的教授们所背负的深重而恒久的原罪。[1]

然而，正因为这些案例，美国学术自由原则得以强化。这些原则从未被认为是理所当然的，而且，在随后的几十年里，它们将持续遭受压力。每个案例都会带来具有理性氛围的讨论，这对于新的美国大学而言是必要的；每个案例都让学术界深刻地意识到他们共同的目标和需求；每个案例都会成为关于教授们享有与商人、农民和工人一样的自由表达权利的教育过程（对于董事会而言，这取

---

1 Hofstadter and Metzger: *The Development of Academic Freedom*, pp. 405, 420-5; Curti and Carstensen: *Wisconsin*, I, 508-27; Arthur G. Beach: *A Pioneer College: The Story of Marietta* ( Marietta, 1935 ), p. 226; Bronson: *Brown*, pp. 461-4; James Albert Woodburn: *History of Indiana University 1820-1902* ( Bloomington, 1940 ), pp. 414-15, 440; Orrin Leslie Elliott: *Stanford University: The First Twenty-Five Years* ( Stanford University, 1937 ), pp. 326-78.

决于他们自己是否愿意接受教训)。

在20世纪早期的几十年里,在这些原则的基础上又增加了终身教职原则,即教授任职的条件,这有助于维护学术自由原则,保障教授的职业安全。1878年,一位康奈尔大学的董事认为康奈尔大学董事会有权解雇教授,就像企业家解雇工厂的工人一样。但学者们不断发展的自我意识要求更可靠的工作保障,要求建立工资、资历和职级方面的制度,这使得大学引入了关于长期和临时任用的有关规定,稳定了对有利于学术工作相关条件的预期,并确立了对学术自由原则的集体承诺。教授变得日益职业化,这一趋势导致学院和大学的校长和董事会认识到,他们在承担自由学者群体的职责义务方面面临越来越大的压力。[1]

1915年,美国大学教授协会成立,这是一个专门致力于保护学术自由和完善终身教职标准的专业协会。它的建立标志着美国学者时代的到来。现在,组织成员、大学模式都有了一个组织来保护其不受组织本身的伤害,以支持该组织进行人类所承担的最崇高的事业——追求真理,征服无知。

---

[1] Hofstadter and Metzger: *The Development of Academic Freedom*, pp. 413–67; Walter P. Rogers: *Andrew D. White and the Modern University*(Ithaca, 1942), p. 153.

第十九章 学术人

# 第二十章
# 组织化的院校

美国学院和大学，在从简单机构到复杂组织的发展过程中，除了旧式教授被学者取代之外——后者作为训练有素的专家不仅知晓这份职业的权利、特权和责任，而且他的种种经历也让他不同于其他组织的成员；学院和大学也需要新的行政管理人员、新的筹资方式和新的管理领域。增长是相互促进的，而要解决增长带来的问题——除了彻底变得混乱之外——就只有组织。

在某种程度上，大学校长们如今都拥有一种"校长俱乐部"心理，他们认识到彼此都陷入布满了问题和目标的蛛网之中了，而这就是所有人的状态，普林斯顿大学的约翰·芬利教授在1903年当选为纽约城市学院校长后收到的信件就揭示了这种心理和状态。他从哥伦比亚校长尼古拉斯·默里·巴特勒（Nicholas Murray Butler）那里听到的是："你会受到我们所有这些已经戴上轭具之人的热烈欢迎。"芝加哥大学校长哈珀保证说："有很多人可以成为教授,能当学院和大学校长的人则很少。我相信,这个行当会欢迎你的。"[1]

当然,并不是每一所学院或大学的校长都愿意将自己归属于一个由具有自我意识的专业人士组成的团体。当时仍有许多具有老派作风的校长,比如北达科他的韦伯斯特·梅里菲尔德(Webster Merriefield),他每年在大学开学时都会抽出时间查看学生的行李是否被妥善送达,还经常动用自己的银行账户资金作为学生无息贷款的经费。[2]其他校长在角色转换过程中也遇到了困难。大卫·斯塔尔·乔丹,当时美国最重要的鱼类学家,在担任印第安纳大学校长期间保留了些许旧式家长作风,并自诩能叫出每位学生的名字。但在斯坦福大学的校长任上,他放弃了这种尝试,因为他发现,每当记住一位学生的名字,他就会忘记一种鱼的名字。[3]事实上,学院和大学的校长正在成为不再记得彼此名字的人,成为一个与学生疏远的人,就像他远离学识本身一样。

用凡勃伦(Veblen)的话说,这个职位越来越需要"博学的领袖",也就是一位能够发挥高等教育上述职能的管理者。这样的管理者在美国社会的其他行业里以工业领袖和金融领袖的身份发挥

---

1 S. Willis Rudy: *The College of the City of New York: A History, 1847–1947* (New York, 1949), p. 246.
2 Louis G. Geiger: *University of the Northern Plains: A History of the University of North Dakota 1883–1958* (Grand Forks, 1958), pp. 128–9.
3 Amos Alonzo Stagg: *Touchdown!* (New York, 1927), pp. 198–9.

着作用。¹大学董事会对校长的期待在 19 世纪 90 年代早期俄亥俄州立大学的一位董事会成员拉瑟福德·海斯的描述中可见一斑,海斯说:"我们要找的是一位外表英俊、仪态威严、能给公众留下深刻印象的人。在公众集会上,他必定得是一位出色的演说家;他还必须是一位伟大的学者和伟大的教师;他也必须像有些人期待的那样,是位牧师;他必须是一位彬彬有礼的人;他必须有圆滑的手腕,这样才能与全体教员和睦相处并管理好他们;他必须受学生欢迎;他还得受过商业方面的训练,干过实务;他还必须是一位伟大的管理者。"海斯对俄亥俄州立大学董事会的同事俏皮地说道:"先生们,这样的人是不存在的。"但是,很多董事会都希望能找到一位能将弗朗西斯·韦兰或马克·霍普金斯与洛克菲勒或摩根身上不同的素质汇聚于一身的人。²

牧师的身份首先被放弃了,这倒不是因为牧师的虔敬有碍行政管理——事实上,无论真诚与否,抱有一种宗教态度仍然是学院和大学校长的一种可贵品质。牧师型校长被放弃是因为他缺乏应对这个世界中不同道路的技能,因为他对古典学科的坚持阻碍了更实用化和更大众化课程的发展,而这些发展正是董事们引以为傲的地方,因为如今学院和大学所处的世界变得更加世俗化了,宗教的影响也越来越小。一所又一所学院打破了传统,选出了第一位非神职

---

1 Thorstein Veblen: *The Higher Learning in America: A Memorandum on the Conduct of Universities by Business Men*(New York, 1918)。

2 James E. Pollard: *History of the Ohio State University: The Story of its First Seventy-Five Years 1873-1948*(Columbus, 1952), p. 136.

人员校长：1889 年，丹尼森；1892 年，伊利诺伊学院；1899 年，耶鲁；1902 年，普林斯顿；1913 年，玛丽埃塔；1918 年，鲍登；1926 年，沃巴什。[1] 显然，各院校进度不一，但无论如何，这种趋势是不可阻挡的，而现在，美国大学和学院的管理层中出现了一种由学者、前政要、内战时期的将军、商人、律师等人组成的奇怪的混合体，这些人一般都具有一些与人或与钱打交道的经验，而人和钱正是大学这类组织的生活中必不可少的两个要素。[2]

成长的各种需求、组织本身的各种触角、成千上万个散漫的目标带来了永远存在的不确定性——所有这些都使新型大学校长必须在漫长的战线上作战。芝加哥的威廉·雷尼·哈珀就是其中的典型，他在和一位行政下属开始一场会议时宣称："今天上午我有 40 个要点要讨论。"当医生告诉他得了癌症之后，他在生命的最后 18

---

[1] G. Wallace Chessman: *Denison: The Story of an Ohio College*（Granville, 1957）, p. 234; Charles Henry Rammelkamp: *Illinois College: A Centennial History 1829-1929*（New Haven, 1928）, p. 379; George Wilson Pierson: *Yale: College and University 1871-1937*（New Haven, 1952-5）, I, 62; Thomas Jefferson Wertenbaker: *Princeton 1746-1896*（Princeton, 1946）, pp. 388-9; Arthur G. Beach: *A Pioneer College: The Story of Marietta*（Marietta, 1935）, p. 274; Louis C. Hatch: *The History of Bowdoin College*（Portland, 1927）, p. 211; James I. Osborne and Theodore G. Gronert: *Wabash College: The First Hundred Years, 1832-1932*（Crawfordsville, 1932）, p. 377.

[2] Leon Burr Richardson: *History of Dartmouth College*（Hanover, 1932）, II, 762; Pollard: *Ohio State*, p. 283; John Hugh Reynolds and David Yancey Thomas: *History of the University of Arkansas*（Fayetteville, 1910）, p. 111; George Matthew Dutcher: *An Historical and Critical Survey of the Curriculum of Wesleyan University and Related Subjects*（Middletown, 1948）, p. 31.

个月里出了5本书,并于1906年去世,享年50岁,他是美国教育史上最伟大、最值得纪念的人之一。[1]

另一方面,一位新型高校行政人员,可能是俄亥俄大学的奥尔斯顿·埃利斯(Alston Ellis),每天早上站在办公室窗口,记录教授们到达校园的时间。这位先生戴的各类兄弟会徽章非常多,以至于俄亥俄议会某次提及他时称他为"那个身上戴的勋章比县集市上的种马还多的人"。纽约城市学院的校长芬利通过举办优质的重大学术集会,赢得了"美国学术界最伟大的主持人之一"的声誉。正是他在毕业典礼中引入了一种20世纪纽约版的古代雅典埃弗比誓言,也正是他说服各个全国性组织在纽约城市学院校园里举办大会,并努力让贵宾们源源不断地走入他的校园。新型学院校长是像兰登·斯图尔森(Langdon Stewardson)这样的人,他在担任霍巴特校长之后的第一份报告中说道:"霍巴特校长,请允许我提醒你,依据规定,他所承担的职责决定了他不应该是学院的财务总监,而应是其教育的领导者。"在做第二份年度报告时,斯图尔森已经改变了很多,他坦陈:"尽管筹资工作确实令人不快,但校长清楚地认识到,这对他来说是一项直接明了而又势在必行的工作。"[2]

新型大学校长还是校园外的名人:安德鲁·怀特是如此,在

---

[1] Thomas Wakefield Goodspeed: *A History of the University of Chicago Founded by John D. Rockefeller: The First Quarter Century* (Chicago, 1916), pp. 133, 410.

[2] Thomas N. Hoover: *The History of Ohio University* (Athens, 1954), pp. 199-200; Rudy: *C.C.N.Y.*, pp. 302-8; Webster Schultz Stover: *Alumni Stimulation by the American College President* (New York, 1930), p. 73.

1876—1881年，他在校园里露面的时间只有区区5个月；詹姆斯·安吉尔是如此，他离开校园赴中国担任特使，赴君士坦丁堡担任公使。还有阿默斯特学院的梅里尔·盖茨（Merrill E. Gates）也是如此，他被校园之外的世界深深吸引，以至于他的学生们不得不强迫他回到现实；当盖茨在发言中说到"当我在华盛顿的时候，我和总统……"时，同学们报以嘘声，喝了倒彩，这很羞辱人，以至于盖茨再也没有和同学集体见过面。新型大学校长还有耶鲁大学的阿瑟·特文宁·哈德利，他提醒雄心勃勃的系主任们，"百万富翁们"一直很厌恶浪费性的重复建设。他担任俄亥俄大学校长期间，在1907年赴东部大学做了一次为期四周的旅行访问，带着各种新鲜想法返回了雅典，其中一个想法导致他专门任命了一个委员会，为大学绿地采购一些松鼠。新型大学校长还有约翰·托马斯（John M. Thomas），他在当选为明德学院校长的第二天早上，就走进哥伦比亚大学图书馆开始了为期一年的对学院和大学问题的研究。南卡罗来纳大学的塞缪尔·米切尔（Samuel C. Mitchell）也是新型大学校长，他基于对自己公共关系职责的认识，在一群磨坊工人面前发表了一场题为《米拉波：法国大革命最重要的人物》的演讲。[1]

任何类似"博学的领袖"的这类新事物的完美绽放都需要时间，

---

1 Walter P. Rogers: *Andrew D. White and the Modern University*（Ithaca, 1942）, p. 174; Burke A. Hinsdale: *History of the University of Michigan*（Ann Arbor, 1906）, p. 75; Claude M. Fuess: *Amherst: The Story of a New England College*（Boston, 1935）, p. 249; Pierson: *Yale*, I, 374; Hoover: *Ohio*, pp. 193–4; William Storrs Lee: *Father Went to College: The Story of Middlebury*（New York, 1936）, p. 210; Daniel Walker Hollis: *University of South Carolina*（Columbia, 1951–6）, II, 242.

但到1918年，北达科他大学的托马斯·凯恩（Thomas F. Kane）就展现出了"博学的领袖"的特质。凯恩是约翰·霍普金斯大学的古典学博士，他在就职典礼上提出："我倾向于认为，如果这个国家的任何一所大学的教师接受（像美式足球教练）那样严格的测试，它可能会失去四分之一的成员……如果你需要保证的话，我可以向你保证，那些在大学里的人将挣出自己的薪水。我们要狠狠地鞭策他们。"几十年后，一位北达科他大学的继任校长也加入了"博学的领袖"行列，他发布了一份关于教师晋升和薪资的备忘录，描述了一个计分系统，其中30分用于计算教授们在公共关系方面发挥的作用。俄亥俄州立大学的一位校长也加入了进来，他显然是一位将所有事物组织起来的大师：他引入了所谓的"院长接待时间"，院长每月固定一个小时接待学生，接受学生的提问，这是一种公开的忏悔仪式加新闻发布会。在此，对效率的追求支撑着传统的家长式目的。[1]

尽管人们对旧式学院校长的远去感到惋惜，但在需要新型大学校长的漫长战线上，传统型校长只能是笨拙的过时之士。领导能力如今在学院和大学事务中起着极其重要的作用。与现代大学相比，传统学院是一个无事发生的地方，在这里，校长以一种冷漠、疏远甚至超然的态度看待世俗事务，以万事皆平常的心态扮演着袖手旁观者的角色。然而，新时代所需要的人则是他们知道自己想要什么，更重要的是，他们知道各色人等想要什么，他们会努力尝试一项不可能完成的任务，即成为"不可调和之物的调和者"，成为学生、教师、校友和董事们的领导者——这些群体往往找不到共同的目标

---

[1] Geiger: *North Dakota*, pp. 293-4, 380-2; Pollard: *Ohio State*, p. 354.

来弥合他们之间的分歧，直到校长出手相助。学院或大学的组织在理想状态下是一种微妙的利益平衡，一种礼貌的拉锯战，一种各个重点的混合，一种只有通过组织的习性、组织的必然性和组织的完善才能消除的不一致性。在没有校长的情况下，如果其他因素尚可，那这个组织在一段时间内可能会运转得相当好；但如果在有校长的情况下，它的良好运转则取决于这个机构在多大程度上超越了组织的控制，找到朝气蓬勃、有生命力的目标来作为自己的使命。

厄普顿·辛克莱将现代大学校长描述为"文明世界迄今为止出现的最全面的骗子和最多变的搪塞者"[1]。我们必须给予校长们更温和的历史评价，需要努力理解是什么力量塑造了这个充满危险又边界模糊的职位。这个职位对许多人来说意义重大，它需要卓越的领导才能、耐心和毅力。当丹尼尔·科伊特·吉尔曼在1876年当选为约翰·霍普金斯大学校长时，埃利奥特校长在信中告诫他"不要过度劳累"[2]，但是没有一位成功的校长，包括埃利奥特自己，能遵从这个建议。

美国学院和大学的财政问题是导致许多校长超负荷工作的原因之一，因为虽然大学时代是大慈善家的时代，但它也是校友和慈善基金会的时代。即便校长不做其他工作，只是把这些提供财政支持的机构纳入他的组织架构中就足以让自己超负荷了。当然，校长

---

1 Upton Sinclair: *The Goose-Step, a Study of American Education*（Pasadena, 1923）, pp. 382–4.
2 Willis Rudy: "Eliot and Gilman: The History of an Academic Friendship," *Teachers College Record*, LIV（1953）, 309.

经常既是这一新型大学财政模式的象征,也是这一模式实际的核心。捐助者本身并不是什么新鲜事,但他捐赠的规模、频率和数量与学院时代有天壤之别。没有他,美国学院将会停滞不前,而大学运动也将处于休眠状态。

1875年,范德比尔特大学开办仪式上一个戏剧性的尾声清晰地展现了财富看管原则的重要性。范德比尔特在纽约的牧师查尔斯·迪姆斯(Charles F. Deems)站起来读了一份电报:"纽约,10月4日。致查尔斯·迪姆斯博士:愿所有人都享有和平与善意。C.范德比尔特。"随后,他凝视着左边墙上挂着的捐赠人肖像,转向听众,并引用《圣经·使徒行传》第十章第三十一节说道:"哥尼流,你的祷告已蒙神垂听,你的施舍已蒙神纪念了。"[1]到1914年,南方院校已经可以求助自己的百万富翁了,但财富看管原则的力量仍然强大。可口可乐公司的百万富翁阿萨·坎德勒(Asa Candler)为佐治亚埃默里大学的宏伟规划提供了100万美元的支持之后写道:"上帝通过给予我这种世界性产品赐予我的福分远远超出我应得的,因此,这就成了一种神圣的托付,我必须根据他神圣的旨意尽心尽责地看管好。"[2]

尽管在美国财富看管作为一种宗教责任与第一个英格兰定居点一样古老,但现在则体现了一种世俗化定义:善行成了社会成功者的义务,他们拥有的特殊才能和天赋使得他们在生活的竞争中成了赢家。安德鲁·卡内基则运用社会达尔文主义来分析自己生活的

---

[1] Edwin Mims: *History of Vanderbilt University* (Nashville, 1946), pp. 13, 43, 67.
[2] Henry Morton Bullock: *A History of Emory University* (Nashville, 1936), p. 286.

意义，并致力于运用巨大财富造福人类。他没有受到宗教原则的影响，但他找到了一种责任感，而对于他的捐赠伙伴，约翰·洛克菲勒而言，这种责任感则基于一种宗教的财富看管理念。在这两个案例里，财富的福音都阐明了财富对于人类的责任，并推动了大学时代的慈善事业。

捐赠者的信念或希望也颇有助益，他们认为向学院和大学捐赠是在保护美国的院校。亨利·李·希金森（Henry Lee Higginson）本人就是一位模范的哈佛捐助者，他在给哈佛校友和一位富有的亲戚的信中敦促他们立即向哈佛捐款10万美金，以此为教育大众这一更宏伟的事业贡献自己的力量。因为，毕竟，世界上所有真正重要的事情要想有所进展都要依赖哈佛影响力的扩大。[1]

大量的新捐赠进入了技术学院、应用科学学院，而旧基金则进入了科学大楼和实验室。对这些领域的学术兴趣吸引了很多从事实务的实践性人才，这些领域可能会带来物质利益、工业发展和就业机会，有助于将美国劳动者纳入美国体制。此外，许多捐赠人并没有上过学院，但无论他们是否接受过学院教育，都能认识到一位学院教授所做的分析预示了石油商业化的可能性，而卡内基钢铁公司也成为第一家聘用从学院毕业的化学家的钢铁公司。[2]

一所又一所学院和大学已经找到或正在寻找他们的百万富翁。在塞思·洛校长领导下，哥伦比亚大学在1890—1901这一年

---

[1] Bliss Perry, ed.: *Life and Letters of Henry Lee Higginson* (Boston, 1921), p. 329.
[2] Sarah K. Bolton: *Famous Givers and Their Gifts* (New York, 1896), pp. 297 ff.; Rogers: *Cornell*, p. 12.

多的时间里收到的年度捐赠超过了1890年之前的总和。哥伦比亚的支持者有摩根、范德比尔特、卡廷、哈夫迈耶、普利策、舍默霍恩、希夫、费什等。洛校长自己出资100万美元建立了一座图书馆。纽约大学得到了杰伊·古尔德（Jay Gould）家族的支持；布朗大学不但继续得到了尼古拉斯·布朗家族的支持，现在还得到了约翰·洛克菲勒的支持；赛勒斯·麦考密克夫人对田纳西州的小型塔斯库勒姆学院很感兴趣，学院也很快就为她庆祝生日了。肯尼恩学院得到了马库斯·阿隆索·汉纳（Marcus Alonzo Hanna）和威廉·纳尔逊·克伦威尔（William Nelson Cromwell）的青睐；乔治·伊斯门（George Eastman）开启的捐赠活动最终为罗切斯特大学带来了2400万美元的捐款和设备；拉塞尔·塞奇（Russell Sage）夫人为伦斯勒理工学院捐建了机械工程学院；克拉伦斯·麦凯（Clarence Mackay）的父亲是康斯托克银矿最成功的矿主之一，麦凯在前一年为内华达大学捐建了矿业学院，第二年又捐建了一座体育馆。[1]

---

[1] John Howard Van Amringe, et al.: *A History of Columbia University 1754-1904*（New York, 1904）, pp. 157, 263; Theodore F. Jones, ed.: *New York University 1832-1932*（New York, 1933）, pp. 169-70; Walter C. Bronson: *The History of Brown University 1764-1914*（Providence, 1914）, pp. 470 ff.; Albert E. Ragan: *A History of Tusculum College, 1794-1944*（Bristol, 1945）, pp. 8, 82; George Franklin Smythe: *Kenyon College: Its First Century*（New Haven, 1924）, pp. 258 ff.; Jesse Leonard Rosenberger: *Rochester, the Making of a University*（Rochester, 1927）, p. 278; Palmer Chamberlain Ricketts: *History of Rensselaer Polytechnic Institute 1824-1914*（3d. ed.; New York, 1934）, p. 139; Samuel Bradford Dolen: *An Illustrated History of the University of Nevada*（Reno, 1924）, pp. 108 ff.

第二十章 组织化的院校

427 　　　这些以及类似的捐赠在学校基金、设施扩建、新建系科、新建专业学院方面的意义是可见且可衡量的，但捐助者在多大程度上改变了院校本身的生活却无法衡量。他们理所当然地找到了进入学院董事会的路径，并在那里运用他们作为企业家或管理者在竞争激烈的工商业和金融世界中学到的经验影响着大学的各种实践。教授的职业化并没有给他们在学院和大学事务中带来任何新的权威。实际上，当教授们不再作为共同担负最终责任的伙伴，而慢慢变成那些逐步主导董事会的外部人士的雇员时，此种在学院时代业已存在的隔阂反而进一步扩大了。

　　　学院和大学的结构最终为极其专业化的教师和董事会提供了空间，而后者的专业能力实际上超出了院校本身的主要兴趣。这种反常现象有其历史根源，但也反映了许多其他美国机构的组织过程，包括新闻媒体和教会，它们都被卷入了应对急速增长、数量增加、目的增多和责任扩大的种种努力之中。因此，让杰出的组织者、模范的管理者控制学院和大学似乎并不反常，尤其是对于董事会而言。[1]

428 　　　校友权力地位的上升以及获得组织结构的正式承认也推动了这一发展。在 19 世纪早期出现的校友会的基础上，校友们发展出了一种影响人至深的忠诚，这种忠诚使得北达科他大学的一位校友给他的双胞胎女儿取名为尤娜（Una）和维萨（Versa），也正是这种忠诚让当时达特茅斯的"老毕业生"鲁弗斯·乔特评论

---

1 关于此现象的一项夸大但精辟的研究，参见 Veblen: *The Higher Learning in America*。

道:"我的学院生活是如此幸福,我想让我儿子能重温它。"校友运动如今在学院和大学董事会中得到了展现,通过正式选举,校友团体代表在固定成员席位边上获得了自己的位置。[1]校友董事运动始于哈佛在1865年通过的一项法案,该法案彻底解除了哈佛与州的关系,并将监事会的选举事宜移交给了毕业生。1868年,威廉姆斯学院设立了一个单一管理机构,该管理机构每年选举一名校友为董事,任期为五年。这种形式对于普通院校来说更有用,而且,各地校友很乐于采用这种向旧机构注入新鲜血液的方式,认为这是将母校从教会或保守势力的控制中解放出来的一种手段。[2]

内战后校友的崛起表明,一方面,他们有意愿参与母校事务,另一方面,学院和大学也没有财力来阻挠他们的意愿。校友们日益显现的显赫地位和财富力量,使他们能够以富有的外部人士和教师的身份支持美国高等教育。校友们还期待,自己会受到学院和大学的欢迎,以作为对他们慷慨解囊的回报。无论欢迎与否,正如耶鲁大学校长波特在1870年所承认的那样,确定无疑的是"校友们……保留了并在某种程度上自由地行使着所有孩子都拥有的传统特权,即批评自己家庭生活方式的自由"[3]。

---

1 Geiger: *North Dakota*, p. 271; Richardson: *Dartmouth*, I, 384.
2 Samuel Eliot Morison: *Three Centuries of Harvard 1636-1936*(Cambridge, 1936), p. 309; Stover: *Alumni Stimulation by the American College President*, pp. 18-20.
3 Noah Porter: *The American Colleges and the American Public*(New Haven, 1870), p. 244.

第二十章 组织化的院校

校友们将自身与学校的关系视为一种宗教。如果学院或大学是教会，他们就是教会忠实的信徒。他们创造了对一个建制性教会的多种多样的支持形式——各种圣地圣迹（旧栅栏、纪念碑、莫里的桌子）；他们记叙过往，写下鼓舞人心的历史故事，将此作为信史，并从中寻求慰藉。在地区性的校友会和城市校友俱乐部中，他们建立了宣传机构，在可能汇集校友的各条广泛战线上维护着对母校的信念。不久之后，这些传统劝信工具——传单和鼓舞人心的小册子——就完成了，只不过它们现在采用的是校友年报、校友月刊或校友季刊的形式。当早期简单的校友部门逐步发展成五脏俱全的教会时，一位永久的、常驻的大祭司，即所谓的校友会秘书就显得极为必要了。校友捐赠的形式逐渐多样化——遗赠类保险计划、年度捐赠活动、二十五周年返校礼物，而且，就像所有历史悠久的教会一样，随着校友运动的发展，准入标准也逐步放宽了。到19世纪末，没有毕业的学生——受过洗礼但未正式确认的人——也被列入了名录之中，这是他们第一次被列入校友总目录。对未能毕业者的这种抬举给他们披上了一层前所未有的体面外衣，也为校友会带来了财富和地位，他们原来的外部人员身份多少显得有点尴尬。[1]

虽然学院或大学的校友会是一个排除了讲师群体的教会，校友往往因为他们是讲师而被革出教会，但校友运动确实非常重要。因为它有自己的理论基础、自己的目的和生活，这些与教授们的目

---

1 参见 Stover: *Alumni Stimulation by the American College President, passim*。

的相差甚远。1922年,在纽约,耶鲁俱乐部为击败了哈佛划艇队而举行的盛大庆祝活动清晰地揭示了这一点。活动上校友的演讲从某种意义上讲就是一次晚间布道:"我宁愿看到蓝条船桨率先冲过终点,也不愿凝视提香那无与伦比的杰作。我宁愿看耶鲁获胜后帽子抛过横梁,也不愿看世界上最精彩的戏剧表演。我宁愿在巨大的球场里听着'向前进,向前进'喊加油,也不愿去听一幕伟大歌剧的咏叹……"[1] 正是深深嵌入美国学院和大学结构中的价值观和机制才使得这场演讲所说的成为可能,但它也从此混淆而不是澄清了美国高等教育的本质和目的。

在外部世界,庞大的慈善基金会正在形成。它们本身就是完整的组织,这确实证明了财富看管观念的活力,但也说明了贪大求全的心理和组织理念的吸引力。因为除了向学院和大学捐赠之外,一些百万富翁还将他们的慈善意愿传递给了调查研究机构和捐赠机构的工作人员,从而在学术界确立了另一股结构性力量,这一利益和组织之网完全有能力走出自己的道路。[2]

这种想法并不新鲜。早在1803年,怀特·威廉姆斯基金会就被授权救助"渴望回归正直生活的不幸女性",但是最早资助学院和大学的重要基金会是1867年成立的皮博迪教育基金和1896年

---

[1] Pierson: *Yale*, II, 568.
[2] 参见 General Education Board: *The General Education Board: An Account of its Activities, 1902-1914*(New York, 1915); Raymond B. Fosdick: *The Story of the Rockefeller Foundation*(New York, 1952); Howard J. Savage: *Fruit of an Impulse: Forty-Five Years of the Carnegie Foundation, 1905-1950*(New York, 1953)。

成立的匹兹堡卡内基研究所。那些巨型基金会都是20世纪早期的产物：1903年成立的洛克菲勒普通教育委员会，拥有4600万美元的资金；1913年成立的洛克菲勒基金会，拥有1.54亿美元的资金；1906年成立的卡内基基金会有3100万美元，卡内基公司有1.51亿美元。[1]有了这些资源，慈善基金会在美国的每一所大学都成了不可忽视的存在，只不过有时在明处，有时在暗处。

这些基金会帮助高校确立了自己的财务目标。为了满足普通教育委员会6000万美元捐赠的配套条件，学院和大学在1902—1924年发起了募集1.4亿美元的大型捐赠活动。基金会对捐赠配套原则的坚持无疑是促使高校校长们花大量时间离开校园筹款的原因之一。因为正是对配套原则甚至双倍配套的坚持，校长才被基金会送上了筹款之路，无论时局好坏，他都被迫放弃教学，有时甚至几乎放弃了他的校长职责。[2]此外，通过订立符合资助条件的院校的标准，基金会扮演了重要的创造性角色。例如，卡内基基金会要求每位系主任都必须有博士学位，从而大大加快了传统学院的转型。卡内基基金会和普通教育委员会都轻视教派学院，并试图进一步削弱和消灭它们。几十年来，教派学院无视一切理由地持续存在着，现在也继续拒绝消亡。这些基金会调查了各个地区和各州的教育状况，并承诺，如果裁撤重复的院校，或使州的财政资助系统更有序，

---

1 Frederick P. Keppel: *The Foundation: Its Place in American Life*（New York, 1930），p. 17; Ernest Victor Hollis: *Philanthropic Foundations and Higher Education*（New York, 1938），pp. 22, 39, 303–6.

2 Hollis: *Philanthropic Foundations,* pp. 201–3, 274.

或将相近的竞争院校合并为一个更有效的组织，就会提供富有吸引力的捐赠额。基金会建立了统一的会计制度。它们提供资助在南方建立了一个由大学教授组成的工作网络，为各州的高中学校系统提供咨询。但基金会倾向于为已经具有声望和富有的院校提供实验性项目，而且通常只愿锦上添花，因此常常会迫使学院和大学最终只能回过头依靠自己有限的资源。[1]

最能说明它们影响力的，莫过于卡内基基金会要为学院和大学的每位教授提供养老金的雄心壮志。卡内基工作人员试图通过创建标准来实现其所谓的美国高等教育的"综合系统"，这一蓝图给人的印象是，达到某些标准的学院和大学只需要申请即可通过。但实际上，卡内基基金会通过对学院的定义设定了准入门槛（6名全职教授，四年学制，自由教育科目，将完成高中课程作为入学要求，以及其他的一些条件），同时还宣布教派学院不能申请。这一方案引发了激烈争论，最终形成了院校和教授共同参与的模式。但还没到完全实施的那天，卡内基养老金方案规划人员的精算错误就将强大的卡内基基金会带到了破产边缘。不过，基金会的影响仍然很大，不止一所教派学院解除了自己的教派关系，希望能用新获得的自由匹配卡内基先生的标准化，加入其养老金计划。鲍登学院、卫斯理学院、罗彻斯特学院、德雷克学院、科伊学院、汉诺威学院和西方学院（Occidental College）这些学院本来与教派的联系就比较牵强薄弱，而如今更是可有可无。但当卡内基养老金计划因精算失误

---

[1] Hollis: *Philanthropic Foundations*, pp. 133–73.

第二十章 组织化的院校

而崩溃时，位于肯塔基州的小型的中心学院（Centre College）决定重返教会怀抱。[1]

基金会活动催生了一批基金会的批评者，其中就包括康奈尔大学校长雅各布·古尔德·舒尔曼（Jacob Gould Schurman）。他在1909年宣称："这些团体改革教育弊端的雄心本身就是危险的来源。有100万美元可花的这些人可不是教育改革者。"但基金会的想法与此不同，在其1914年的报告中，普通教育委员会为其标准化职能提供的理由是："各州通常没有表现出在非党派、非个人和全面的基础上处理高等教育的能力……敌对的宗教团体已经完全占领甚至铺满了战场。被误导的人们选择建立新学院，而不是加强旧学院。"在缺乏监管标准的模式下——如在法国和德国，或在大学未能严格管治学院的情况下——如在英国，普通教育委员会在1914年的声明听起来会是一种不折不扣的傲慢。但这一工作正是急需完成的。在1909年，一份纽约报纸对卡内基基金会的活动发表的评论赢得了一片充满敬畏的赞许之声："谁能预料到，在不到五年的时间里，它会对我们学院的章程和管理产生如此深远的影响，切断了古老的教派联系，提高了入学要求，对学院和大学进行分类，建

---

1 Claude Charleton Bowman: *The College Professor in America* (Philadelphia, 1938), pp. 57–63; Hollis: *Philanthropic Foundations, passim;* Hatch: *Bowdoin,* p. 185; Dutcher: *Wesleyan,* p. 23; Rosenberger: *Rochester,* pp. 281–2; William Alfred M. Millis: *The History of Hanover College from 1827 to 1927* (Hanover, 1927), pp. 47–51; Robert Glass Cleland: *The History of Occidental College, 1887–1937* (Los Angeles, 1937), pp. 45–6; W. S. Plummet Bryan: *The Church, Her Colleges and the Carnegie Foundation* (Princeton, 1911); J. McKeen Cattell: *Carnegie Pensions* (New York, 1919).

立学校财政体系，提高工资，并以更精微的方式改变了成千上万的教育工作者的生活和工作。"事情的真相是，国家的发展，学院和大学的发展——无论是公立的还是私立的，都不可能由美国高等教育传统的无序来支撑。这些基金会以金钱为杠杆，成为许多机构中的一员，它们通过标准化，用理性路线将学术界组织起来，从而为美国高等教育带来了秩序。[1]

为了应对增长带来的问题，学院和大学自己也引入了新的标准化机制。其中之一是一种整体机制，也即各院校熟知的所谓"行政管理"。行政管理事务的扩张，行政管理人员的激增，既是对入学人数增长和服务新需求的一种反应，也是对将专注于研究的学者从必要而琐碎的事务性工作中解放出来这一需求的回应。这些事务性工作对于一个组织机构的管理来说无疑是必需的。

在内战之前，大多数院校都是由一位校长、一位财务主管和一位兼职图书管理员来管理的。但是现在，随着范围和职能扩大，管理职责必然会分化：首先是教师事务长，然后是教务长，接着是副校长、院长、女子学院院长、首席商务官、院长助理、男子学院院长、招生主任，以及一群校长的行政助理，他们负责一切事务——公共关系、教会关系、公民关系、学生关系、教师关系。1860年，美国学院行政人员数量的中位数是4；到1933年，这个数字是30.5，而有一所院校甚至雇用了137名管理人员。[2] 这些

---

1 Hollis: *Philanthropic Foundations,* pp. 36, 39, 52, 312.
2 Earl James McGrath: *The Evolution of Administrative Offices in Institutions of Higher Education in the United States from 1860 to 1933* ( Chicago, 1938 ), pp. 190–3.

第二十章 组织化的院校

很快就加入了机构管理人员俱乐部的大学管理人员,帮助学院和大学建立了标准程序模式,并在许多院校充分而强力地体现了组织性思维。

唯一的例外是院长。在某种程度上,院长们努力在不断增强的学术性和专业化氛围中维持着学院方式和人文价值观。这解释了为什么那么多早期的院长拒绝全面倒向其同事所代表的理性主义。耶鲁的琼斯(Jones)院长的行为保留和彰显了传统的教育目的,他替一位害怕家长知晓自己赌博行为的富家子弟支付了600美元的赌债,并答应他在两年内偿还自己这笔债务后再告知其父亲。波莫纳的诺顿院长是一名博学的基督徒,温和又严厉,幽默又坚持高尚的品格标准。他在自己所有邮件中挑选出了两捆信件,其中一捆上面写着"得意时读这些",另一捆上面写着"失意时读这些"。哈佛的布里格斯院长则是一位优雅的老派绅士,他对大学生的生活方式和言行举止了如指掌,展现了他们的理想、良知并体现了一种完全的、纯粹的公正感和敬重感。哥伦比亚的院长凯佩尔仅在1911年就在他的办公室接待了3500名学生,而在同一年他还在家中招待了院里三分之一的学生。在纽黑文,赖特院长的故事经常被人提起。一位回校团聚的校友到他家拜访他,见面的第一句问候就是:"您不记得我了?"院长往前凑了凑,以便在夜色中看得更清楚些,然后回答道:"名字是记不起来了,但这气息很熟。"对组织带来的众多非人性化结果的抵制显然是一笔亏本买卖,但是这些早期的院长们的言行无疑是非正式抵制意愿的一种体制内表达。[1]

所有组织化的动力,所有对组织毋庸置疑的需要,都在学院招生事务中一览无遗地显露了出来。学院纳新时的挫败感成为引发变革的基础,安多弗的菲利普斯中学的校长在1885年的抱怨就是对这一情形的最佳描述:"我们要为40多个准备明年报考学院的男生组织超过20个班级。"他所祈求的是标准的统一和一致性,以及各院校能够共同确定学院以及学院预科的定义,而不要再有如下的困境:例如,不知道谁该为哪所学院修读拉丁语,而谁又该学习法语。安多弗的校长说:请告诉我们或者让我们告诉你,但不管怎么样,请让我们用某种秩序、某种组织来代替目前的混乱吧。[2]

在19世纪的最后二十五年里,这一情形引发了东部某些学校的极大焦虑,而大学校长们也表现出了强大的领导能力——尤其是哈佛大学的埃利奥特和哥伦比亚大学的巴特勒,这推动了学院入学考试委员会的成立。在它的组织下,新英格兰地区的学院1879年在哈特福德就英语的统一入学要求事宜召开了第一次倡议会,随后在19世纪80年代又陆续召开了若干次类似的会议。在19世纪80和90年代,新英格兰和其他地方的学院和中学建立了专门关注录

---

1 W. Storrs Lee: *God Bless Our Queer Old Dean* ( New York, 1959 ) , pp. 48-86; Pierson: *Yale*, I, 156-7; Edith Parker Hinckley and Katharine Norton Benner: *The Dean Speaks Again: Edwin Clarence Norton, Pioneer Dean of Pomona College* ( Claremont, 1955 ) , p. 59; LeBaron Russell Briggs: *Routine and Ideals* ( Boston, 1904 ) , *passim;* Dwight C. Miner, ed.: *A History of Columbia College on Morningside* ( New York, 1954 ) , p. 33.
2 Edwin C. Broome: *A Historical and Critical Discussion of College Admission Requirements* ( New York, 1903 ) , p. 127.

第二十章 组织化的院校

取标准问题的组织。全国教育协会也参与到这一建立规范的努力之中。在1892年的会议上，全国教育协会任命了著名的学院和中学关系十人委员会，该委员会致力于制定能得到认可的中学标准课程体系。随后成立的一个十二人委员会则聚焦于学院入学要求问题。到1899年，在大西洋中部各州和马里兰州的学院和中学协会的一次会议上，成员们对确立统一学院入学要求和建立一个联合审查委员会的前景进行了广泛讨论。[1]

这一前景所涉及的利害关系，以及它对学院和学术标准的影响，在拉法耶特学院校长埃塞尔伯特·沃菲尔德（Ethelbert D. Warfield）与埃利奥特校长的一次意义非凡的会谈中得到了全面揭示。"拉法耶特学院，"沃菲尔德校长说，"不打算由任何委员会来告诉我们该招收谁或不该招收谁。如果我们想录取一位捐助者的儿子，或者一位董事的儿子，或者一位教师的儿子，而且这样的行为对校方有利的话，那我们就不会阻止这样做。"哈佛校长的回答肯定会激怒那些即便知道他说的没错但也认为哈佛是站着说话不腰疼的人："拉法耶特学院校长误解了……（学院入学委员会的）计划，对于拉法耶特学院来说，是完全可行的。如果它选择这个方案，那它录取的只能是那些不能通过该考试的学生，没有人打算剥夺拉法耶特学院的这种特权。"[2] 尽管有此类冲突，但这个想法还是付诸实践了，

---

1 Claude M. Fuess: *The College Board: Its First Fifty Years* (New York, 1950), pp. 9–27; Broome: *A Historical and Critical Discussion of College Admission Requirements*, pp. 128–9.

2 Fuess: *The College Board*, pp. 23–4.

学院入学委员会的第一次考试于1901年6月举行；到1910年，25所东部主要的学院和大学都采用了学院委员会的标准考试。[1]

与此同时，在1908年，由卡内基基金会赞助的一次关于入学要求的会议则致力于确定入学学分的单元标准。它最终决定将一学分单元描述为中学期间四门每周上五天的课程中的任意一门，从而创建了所谓的"卡内基单元"。这在某种程度上体现了极端的组织化，是学术计量的缩影，也是追求标准化的一种象征。[2] 除了这些招生标准化机构外，还有其他一些全国性组织也开始认识到一些普遍存在的问题，并认为如果不能形成一些共同标准，则会不可避免地出现某些混乱。这些全国性组织包括1896年成立的全美州立大学协会，1900年成立的美国大学协会和赠地学院协会。到了1906年，这些组织和其他一些有兴趣建立标准的团体在马萨诸塞州威廉斯敦举行的一次会议上试图寻求建立共识，而且凭借它们的愿望和努力最终形成了学院和大学认证体系。[3]

到第一次世界大战开始时，大学的组织化体系和机制基本建成。学者、研究者们在自己的装配线上开展工作，他们时不时地会离开自己的装配线，留出足够时间去给学生的装配线加加油，涂上些润滑剂。这是他们能做的最基本的工作，讲课很可能已经起不了别的什么作用了。在此之上，围绕他们的则是管理者们——白领、

---

1 Fuess: *The College Board*, p. 42.
2 Hollis: *Philanthropic Foundations*, pp. 130-1.
3 William K. Selden: *Accreditation: A Struggle over Standards in Higher Education* (New York, 1960), *passim*.

第二十章 组织化的院校

首席执行官和他们的助手。不出席的股东,有时被称为校友;理事会,在一些院校被称为受托人或监事;蕴藏着的资本和资源,被称为捐赠人和慈善基金会;还有监管机构和负责标准的委员会——到第一次世界大战时,它们在某种程度上就等同于美国的高等教育。但还不止于此,因为如果将美国学院和大学视为一个组织化的机构,就必须对其年度报告给予一定的关注。它又展现了什么呢?

# 第二十一章
# 对革新的抗拒

组织常常以其特有的工具——委员会、部门、等级制度、规范、标准——来扼杀企业的最后一线生机，挫败几乎每一种原创性和想象力，阻碍决策，消解责任。但这是一种狭隘和盲目的观点，因为它只看到了组织在结构、程序和技术方面骇人的能力。对于任何组织的考量都必须超越程序，而着眼于一些具体结果。因此，尽管到第一次世界大战时美国学院和大学确实已经成为组织化的机构，但我们不应忽略其年度报告，这是组织自我实现的记录。从南北战争到第一次世界大战期间的美国高等教育史，尽管是一部组织化的历史，但也是一部呈现了诸多变革和进步的历史。

在 1900 年，一位相对保守的大学校长可能不会认为每一次改变都是最好的，但谁会喜欢那些千篇一律的课程和单调、乏味、肤浅的日子呢？那些日子意味着院校设立的图书馆、实验室、博物馆都不会再发挥作用，也意味着校园里不再有各种变化。让一个原来采取父母般管教纪律的地方逐渐形成自由放任的氛围，而这种氛围无疑非常友好，也更为尊重学生的自由。这会有什么损失呢？如果不再有霍普金斯、韦兰或诺特这样的人，也不再有伟大的道德导师，取而代之的是一群训练有素的专业人士，他们具有与此相应的自我意识和自尊，并对精神生活有着持久的奉献精神，这又有什么不好？[1]

学院曾经以一种普遍方式为年轻人提供专业培训前的预备教育，并将他们送去接受专业培训，而现在，无论是传统职业还是新兴职业，都由伟大的大学来提供专业培训。那些因依赖校园周边一群不情不愿的男孩而几乎关闭的学院，在发现美国女性的学习能力和愿意之后，找到了新的目标和增长点。曾经连特许建立一所学院都犹豫不决的州立法机构，现在正在向庞大的公立高等教育系统投入大笔资金。即使是复杂的校际体育运动，只要它能够在一个远离现实的环境中牢固地建立起世俗的价值观，也算是一种胜利。当然，除了上述好处之外，我们还可以看到大学和公众之间的关系展现了新的活力，在传统学院时代十分显著的学院与所有社会其他系统之间的巨大鸿沟正在逐步弥合，而学校、学院和大学的衔接也日益紧密。然而，这一切都是通过组织才得以实现的。

大学的发展和志向带来的重大成果包括公共教育体系的发展、新学科领域的合法化，以及大学、学院和学校在寻求卓越标准方面

---

1 James Burrill Angell: *Selected Addresses* ( New York, 1912 )，pp. 129–53.

的共同探索。这些基础性成就在统计数据满天飞的状况下往往会被忽视,但这些数据只能证明数量的增长或大学运动所激发的种种荒谬和夸张之处。物质方面的增长确实有目共睹,1910年,高等教育总捐赠中有一半被用于建筑和场地。这种执迷于成长的精神被波莫纳的一位标语制作者敏锐地捕捉到了,他在1919年想出了一个口号:"每个目标都是新起点。"约翰·霍普金斯大学的董事们也是如此,尽管有1000万美元的捐赠,但该大学的债务却以每年6.5万美元的惊人速度膨胀。[1] 内布拉斯加大学的课程扩增就是其中的典型,到1931年,一位学生可以在该大学学习早期爱尔兰语、创造性思维、美式英语、急救知识、高级服装、冰激凌和冰品、三年级的捷克斯洛伐克语、美式足球、污水处理和现代家庭中的男性问题等课程。[2]

然而,在这种荒谬的供给和增长冲动背后隐含着如下事实,即在1890—1925年,高等教育机构入学率的增长速度是人口增长速度的4.7倍。[3] 这一统计数字是对贵族理想的消解,这也许是20世纪美国高等教育最大的变化。从1828年《耶鲁报告》到内布拉斯加大学1931年开设的课程,这条发展之路铺满了传统学院支持者的遗骸,他们奉为真理的理性和社会理想,无法很好地服务于民主社会。如果美国高等教育——事实上是美国所有层级的教育——的

---

[1] Frank P. Brackett: *Granite and Sagebrush: Reminiscences of the First Fifty Years of Pomona College*(Los Angeles, 1944), pp. 136–7; John C. French: *A History of the University Founded by Johns Hopkins*(Baltimore, 1946), p. 192.

[2] Norman Foerster: *The American State University*(Chapel Hill, 1937), p. 86.

[3] Lester William Bardett: *State Control of Private Incorporated Institutions of Higher Education*(New York, 1926), p. 2.

第二十一章 对革新的抗拒

无上荣耀和显著缺点恰好是一回事的话，那么理解民主本质的人显然不会对上述悖论感到惊讶。正如一位20世纪30年代在耶鲁求学的剑桥大学的年轻毕业生所言："美国学院最好的一点就是它的大众化，但最糟糕的也正是这一点。"[1]

这个大扩张的时代，这个目标不断变化的时代，这个充斥着无原则灵活性的时代，当然会滋生自身的错误、自身的失望，甚至是某种对变革的抗拒。然而，在大学运动的高峰时期，所有新的发展似乎都是大势所趋。哥伦比亚大学的伯吉斯教授在1884年承认，他看不到选择坚持传统学院理想的院校的未来，这一说法得到了广泛认同。芝加哥的哈珀校长在19、20世纪之交预测，现存学院中有四分之三将会降级为中学或改为初级学院。[2]哥伦比亚的巴特勒校长确信，要拯救美国学院，就必须把它的课程缩短到两至三年。1903年，斯坦福的大卫·斯塔尔·乔丹看着他的水晶球，预测"随着时间推移，学院将会消失，如果不是在名义上消失的话，那就会在现实中消失。最好的学院将会成为大学，其他的将回到中学的位置"[3]。

人们认为，高中将不断向上发展，最终达到与德国文法中学相

---

[1] George Wilson Pierson: *Yale: College and University 1871-1937*（New Haven, 1952-5），II, 296.

[2] John W. Burgess: *The American University: When Shall it Be? Where Shall it Be? What Shall it Be?*（Boston, 1884），p. 5; William Rainey Harper: *The Prospects of the Small College*（Chicago, 1900），pp. 31-8.

[3] Leon B. Richardson: *A Study of the Liberal College: A Report to the President of Dartmouth College*（Hanover, 1924），p. 15.

当的质量和水平,这种想法的基础是,学院将会被剥夺其功能。当然,这种观念没有考虑到作为美国教育经验基础的多样性,一些未能成功跻身大学之列的学院自我保全的必要性,教育目的的双重性和对平等的崇拜,这些都将阻止美国高中成为文法中学。有一段时间,所有不再努力寻求大学地位的学院,都被认为是缺乏进取心和自尊心的。

早在 1866 年,位于俄亥俄州的伍斯特小学院的董事们就宣布:"我们的愿望是使伍斯特成为俄亥俄州伟大的教育中心,就像英国的牛津和剑桥,以及德国和法国的大学一样。" 1887 年,沃巴什学院在历史学、政治学和经济学专业中开设了一门一学期的美国宪法课程,并将伦理学、逻辑学和心理学组合成一门哲学通识课程。然而,在这一课程被极度缩减的背景下,沃巴什学院宣布准备开设哲学博士项目。1907 年,一名极为坦诚的教师请求丹尼森大学的董事们将大学改为学院,以便更好地符合该校的宗旨和表现。但信心满满的董事会拒绝了这一请求,并回复道:"在不久的将来,它可能就会成为一所大学。"六年后,联邦教育局将丹尼森列为二流学院,而北方浸信会教育委员会则将其列为了三流学院。[1]

---

[1] Lucy Lilian Notestein: *Wooster of the Middle West* ( New Haven, 1937 ), p. 24; James I. Osborne and Theodore G. Gronert: *Wabash College: The First Hundred Years, 1832-1932* ( Crawfordsville, 1932 ), p. 152; James Henry Morgan: *Dickinson College: The History of One Hundred and Fifty Years 1783-1933* ( Carlisle, 1933 ), pp. 358-9; George Matthew Dutcher: *An Historical and Critical Survey of the Curriculum of Wesleyan University and Related Subjects* ( Middletown, 1948 ), p. 30; G. Wallace Chessman: *Denison: The Story of an Ohio College* ( Granville, 1957 ), pp. 255-6.

第二十一章 对革新的抗拒

这些升格为大学的志向，无论实现与否，往往夹杂着对未来的疑虑，因此需要的是某种中间路线。1908年，布朗大学的一位教授指出："摆在所有更强大的院校面前的问题是，如何以适当方式将传统英美学院的优点与现代德国大学的优点加以融合。"然而，知易行难。像康奈尔这样的院校，要欢快地踏上中间道路，就必须应对针对传统学院的敌意。安德鲁·怀特曾经在他的笔下表达过这种敌意，他将内战后的传统学院描述为"像西班牙修道院一样停滞不前，像波旁王朝的公国那样自鸣得意"[1]。在康奈尔大学和许多新兴院校里，人们对新奇事物的喜爱之情溢于言表，而相应的，那些古老传统，无论是否仍有价值，都因此受到了质疑。虽然学院本身可能会被保留，但它可能会成为一个空壳。在那里，摆脱了传统家长式管教的学生，也将面临脱离各种活跃的智性体验的危险。因为在大学气氛中，从大学生的角度来看，教学可能只是例行的知识传播，而不再是一种重要的个人体验。在哈佛，到1900年，尽管人们对埃利奥特校长为哈佛成为大学所做的一切感到自豪，但每个人都清楚地意识到有些事对于哈佛学院而言是灾难性的。在耶鲁，从1871年到1921年的五十年里，教师们都极力抵抗，坚持传统，反对向盲目、任性地成为大学的野心屈服。[2]

几乎所有人都承认，某种程度的妥协是必要的，约翰·霍普金

---

1 Walter C. Bronson: *The History of Brown University 1764–1914* (Providence, 1914), p. 489; Walter P. Rogers: *Andrew D. White and the Modern University* (Ithaca, 1942), p. 6.

2 Pierson: *Yale,* 1,48, 266.

斯大学就做出了支持一个全面成熟的本科项目的决定,并于1889年任命爱德华·赫里克·格里芬(Edward Herrick Griffin)担任本科生院长,并为本科生讲授哲学。格里芬是从威廉姆斯学院被召唤到巴尔的摩的,他毕业于威廉姆斯学院,也是在那里,他接替马克·霍普金斯成为道德和理性哲学教授。在约翰·霍普金斯大学,他代表了"一种已经开始消失的类型,牧师型教师,他们彬彬有礼地将新英格兰文化的最佳传统带到这片土地的其他地方"。他被称为"温和的院长",他在霍普金斯大学象征着在一个积极致力于效仿德国式科学化学术目的的环境中,对学院生活方式和人文主义传统的坚守。[1]

在大学内部,对学院传统最直接的攻击来自19世纪晚期和20世纪早期兴起的快速修读运动。受到威胁的是学院四年制教育这一古老传统——威廉·雷尼·哈珀称之为"四年迷恋"。[2] 19世纪初,几乎所有学院都将优质中学里符合条件的学生直接录取为二年级生。然而,这些与快速修读有关的早期经历,在理论上对学院传统并没有什么敌意。它们只是大学对中等教育机构缺乏统一标准这一情况的直接反应而已,它们承诺大学和中学课程体系的连贯性,而不是要求一个年轻人在学院里重温他在中学学习过的内容。[3] 然而,

---

[1] French: *Johns Hopkins,* pp. 65-8, 354-5.
[2] William Rainey Harper: *The Trend in Higher Education* (Chicago, 1905), p. 89.
[3] 参见 Dutcher: *Wesleyan,* p. 12. 对威廉姆斯 1845—1854 年学生入学的初步研究表明,高达 33% 的学生可能是直接进入二年级修读的(Michael A. Dively, course paper, Williams College, 1961)。

第二十一章 对革新的抗拒

在学院成长的岁月里，人们也提出了如下想法：通过在本科学习中加入适合研究生专业培养的科目，学生就可以用更长远的眼光看待他的学院时光，以便能够更早地进入更高级的大学培养阶段。

例如，在约翰·霍普金斯大学，学院项目最多只需修读三年，甚至允许在两年内完成。在哥伦比亚大学，尼古拉斯·默里·巴特勒推出了所谓的"专业选择"计划，根据该计划，学生在学院学习两年之后可以进入除法学院以外的任何专业学院。早在1882年，哈佛就鼓励拥有足够中学学分的学生直接进入二年级修读。芝加哥大学在快速修读方面的贡献是四学期制，它允许学生为自己设定快于传统学院学制的修读节奏；此外，该大学的附属小学的学习年限也从八年缩短到七年，而且高质量的高中作业可以获得额外的学分。耶鲁大学谢菲尔德科学学院的理学士项目仍然是三年制，而让大多数跟随埃利奥特校长的大学校长们感到沮丧的是，他大力提倡为准备充分和有专业目标的学生提供三年制文学士学位项目——换句话说，游手好闲者要读四年，而目标明确的年轻人则只读三年。[1]

尽管这一想法被其他院校的教育家广泛讨论，尽管有36%的哈佛1906级学生在三年内完成了修读，但这一想法并没有得到大学或公众的充分认可。对学院方式的执念力量太强大了。就连快

---

[1] French: *Johns Hopkins*, pp. 137–8, 148; Dwight C. Miner, ed.: *A History of Columbia College on Morningside* (New York, 1954), pp. 31–2; Samuel Eliot Morison: *Three Centuries of Harvard 1636–1936* (Cambridge, 1936), pp. 370–1; Thomas Wakefield Goodspeed: *A History of the University of Chicago Founded by John D. Rockefeller: The First Quarter Century* (Chicago, 1916), pp. 463–4; Pierson: *Yale*, I, 203–6, 210.

速修读运动的支持者，哥伦比亚大学的尼古拉斯·默里·巴特勒在1909年也沉浸于思考和谈论学院曾经为"绅士这一简单职业"以及在如何"慷慨而反思性地利用闲暇时间"方面所提供的教育。[1]

此外，学院生活方式的所有机制——学生的生活习惯、班级忠诚、社团和兄弟会、体育运动、各种娱乐和品格养成团体——多年来赢得了诸多追随者，这些人不愿让一帮雄心勃勃的大学校长们毁掉他们心目中"光辉的学院岁月"的根基。快速修读运动是一种短视行为，它忽视了高等教育观念对课堂以外的事情的依赖程度。学院生活充满趣味，社交回报十分丰厚。它是一种效果显著的出人头地的手段，人们确信这一整年不会被白白浪费。富兰克林·罗斯福就拒绝缩短修读年限，他在哈佛花了三年时间获得了学士学位，之后又待了一年专心编辑《深红》(*Crimson*)。[2]

在这种情况下，那些无意（或没有机会尝试或不幸没有成功）成为大学的学院致力于坚持传统的、悠闲的四年学院时光，而那些老牌大学则向公众保证，它们无意背弃文艺复兴的理想。它们仍然信奉全人教育，信奉"绅士的理想，信奉开明仁慈的、高尚有为的公民的理想"[3]。当然，小型文理学院除了向这一传统求助之外别无他法，但是通过选修课和其他一些方式，它们部分保持了这一传统的活力。它们认为，也许公众还没意识到，在一个民主国家，每个年轻人都有权利成为一位绅士，享受闲暇，反思自己，形成良好的自我认知。即使

---

1 Miner: *Columbia*, p. 32.
2 Morison: *Three Centuries*, p. 371.
3 Lionel Trilling in Miner: *Columbia*, p. 19.

是那些将对旧学院和新大学的忠诚混合起来的院校，那些努力形成科学的、中立的、具备德国特性的大学，某种程度上也被期待成为面向社会精英的上流学校。即使学院和大学没能在它们的课外活动和学院生活中真正培养出文艺复兴式的绅士，但至少它们在尽其所能地培养全面发展的组织人，而这些人无疑是绅士的直系后裔。

因此，学院理想从未被大学运动完全掩盖。从大学运动的角度看，时至20世纪20年代，美国高等教育的整体氛围实际上还是抗拒革新的。大学的理念也甚是强势，因为它的各种表现形式也在继续发展。不过，传统学院价值观现在变得更有活力了，对大学教学重点和方法的公开批评也日益增多。毫无疑问，曾是德国舶来品的大学理念，在某种程度上受到了许多美国人在第一次世界大战期间和之后几年所经历的智力和情感失衡的影响。但是，反革新运动的意义远不止于此。

除此之外，大学之路的回报如今也更加丰厚了。约翰·霍普金斯大学的实验已经快到第五十个年头了，对于美国而言，这是很长的一段时间。巴尔的摩实验的影响是普遍性的，大学志向中的许多精神和方法得到了广泛传播。一代又一代学生明白了大学这个概念的含义，尽管有时他们并不喜欢。例如，在1923年，一位耶鲁的本科生在评价已成为大学标配的讲座课程时说："我现在不再是一个活生生的人……而只是由四五个座位号拼在一起的套装而已。"[1]

当然，这个年轻人也不会喜欢学院时代特有的课文背诵，但他

---

1 Pierson: *Yale*, II, 61.

确切地感受到,他所处的氛围给他带来了一种飘忽不定的感觉,只能偶尔给他一种稳定感。在研究生院、研讨会、实验室、书籍资料、文献研究和报告撰写帮助学生和教师建立了一种关系,学生成了教与学的中心。如果将其称为一种经历,很难确切地表述这一教学经历的核心是什么。对许多本科生来说,讲座似乎是一种冷漠的、非人格化的象征,这种非人格化已经占据了本科生活的大部分时间。个体意识的丧失,甚至自我重要性的丧失,不仅仅是讲座造成的。除此之外,也受到教授们专业态度的影响。大学的科学精神使得教授们不会轻易做出确定的判断,因为这种精神将真理看作是暂定的、可质疑的,因此并不鼓励某种能够激发自我认同的全身心的信奉。此外,虽然大学强调的论点之一是,如果学生被置于自己的兴趣和激情的支配之下,那他就能够在学校里学会自力更生,但实际上并不总是如此。许多年轻人都有被兴趣和激情支配的经历,但不知何故,自力更生的能力似乎未能随之而来。

当然,甚至在战前就已经有人认真思考过德国大学观念中的理性取向是否过度了。因为,大学观念中几乎排他的理性取向与强调科学观点的道德无涉或中立性相结合,使青年学子处于一种片面发展的危险之中。1909年,在哈佛就出现了类似的警示。在埃利奥特校长带领下进行了四十年的大学建设之后,艾博特·劳伦斯·洛厄尔接任了哈佛大学校长。他随即表达了对哈佛人的看法,即他们既没有获得应有的理性能力,也没有获得应有的社交能力。[1]

---

1 W. H. Cowley: "European Influences upon American Higher Education," *Educational Record*, XX(1939), 189.

但是，最有启发性的是1913年在《展望》《国家》和《新共和》等杂志上针对学院辩论所爆发的公众批评。批评者们站在国家良知的立场，对近年来学院辩论中内容的变化感到遗憾，现在辩论的趋势是集中在证据上而不是集中在信仰和意见上，而且要求辩手对一个问题的正反两面都得有所准备。传统文学社团中的论争固然有其缺点，但它们至少不会公然鼓励相对主义。在过去，人们就他们有着深切感受的问题进行辩论时诉诸的是人的整全天性，而不仅仅是识别证据的能力。[1]

1913年，西奥多·罗斯福猛烈抨击了如下观念，即学院辩手应该接受能就一个辩题的正反立场都能进行辩论的训练。"我知道，在我们的制度下，这对律师来说是必要的，"他承认道，"但我绝不相信在政治、社会和工业问题的一般性讨论中可以这样做。我们需要的是让我们学院的年轻男子坚定地站在正确的一边……如果没有努力赋予真诚和坚定的信念……最终的结果就会让参赛者觉得他们的信念与他们的论点毫无关系。"一个名叫威廉·詹宁斯·布莱恩（William Jennings Bryan）的老辩手支持罗斯福对科学相对主义的批评，这种观点认为所有问题在进行彻底地、全面地科学研究和论证之前都是不确定的、开放的和没有定论的。[2] 信仰和事实、说服和论证之间的区别，本质上就是旧学院和新大学的区别。这一

---

1 Egbert Ray Nichols: "A Historical Sketch of Intercollegiate Debating: III," *Quarterly Journal of Speech*, XXIII（1937）, 259–78. 关于早期辩论史，参见 XXII（1936）, 213–20, 591–602。
2 *Quarterly Journal of Speech*, XXII（1936）, 265–6。

区别的一方是确定的道德、信念坚定的世界和对人之整全性的尊重，而另一方则是中立的道德、不确定和信念未定的世界，以及对人之心智的尊重。

这种区别成为20世纪20年代开展的诸多课程和行政改革的基础，哈佛的欧文·白璧德（Irving Babbitt）和其他院校的一批被称为新人文主义者的哲学家对此给予了哲学阐释。[1]白璧德和他的同事们反对大学对实践和个人的过度迎合。他们认为整个专业教育体系只不过是科学唯物主义的表现和对权力的执着。对他们来说，大学对服务和进步的乐观承诺，是建立在对人类基本美德的天真而感伤的信念之上的。白璧德说，选修制那完全的、放纵的、无法表达的、不受约束的混乱，是服侍上帝的观念被服务人类这一人道主义观念所取代的结果。他悲叹道："所有时代的智慧在二年级学生的倾向面前都变得微不足道。"[2]他主张，让我们少关注服务和权力，多关注智慧和品格；让我们确切地断言智慧控制的有效性、自由教育的可能性，以及抱有一种对学生人性的兴趣而不仅仅是对学生个性的兴趣。[3]

白璧德本质上坚持的是亚里士多德的闲暇理想，建议从培根和卢梭的后裔那里夺回高等教育，因为他们对科学和个人的承诺已经腐蚀了人文主义传统。他乐于指出牛津大学和芝加哥大学的不同

---

1 尤其是 Irving Babbitt: "President Eliot and American Education," *Forum*, LXXXI （1929），1-10，以及 *Literature and the American College: Essays in Defense of the Humanities*（Boston, 1908）。

2 Babbitt: *Literature and the American College*, p. 47.

3 Ibid., pp. 54-5, 247.

之处。在牛津，有能力的学生被鼓励留校进行第四学年的修读以获得荣誉学位，而在芝加哥大学，有能力的学生则被要求在三年内匆匆毕业。[1]在牛津，学生可以悠闲地用第四学年静观智慧和养成性格；而在芝加哥，第四学年则成为他难以胜任工作和无意掌权的证据。白璧德及其追随者不仅批评大学，而且也批评不受约束的民主运动，他们争论其本质意义，批评其带来的各种后果。因为白璧德重视反思性价值甚于服务型大学，所以他对"存在"的强调就甚于对"行动"的强调。[2]

这种区别在很多方面就是固化的贵族社会和高度流动性的民主社会的区别。在某种意义上，20世纪20年代的尝试是对贵族理想的一种回归——这种回归不是为了其排他性，而是为了找到其适用性，并以此作为现代民主社会中公民存在的标准。它试图在贵族和民主之间，在英格兰和日耳曼之间，在人文和科学之间达成和解。

在20世纪20年代，这种挑战能否取得成功则另当别论。因为在这一时期，在教育方面也存在难以解释的反常情形，原创性和想象力的飞扬使得20世纪20年代变得极为与众不同、难以捉摸：这是一个幻灭的、不负责任的、道德沦丧的时代，但也正是在这个时代，整整一代富有创造力的作家取得了丰硕成果；这是一个时髦女郎和

---

1 Babbitt: *Literature and the American College*, p. 79.
2 参见 Charles McArthur: "Personalities of Public and Private School Boys," *Harvard Educational Review*, XXIV（1954），256-62，这是对阶级价值观在塑造学院生活中所起作用的深入研究。

私酒贩卖者的时代，但也是一个身心俱善的运动英雄的时代。

在那些年里，州立大学和小型学院努力拥抱共同的时代风尚，它们开始选举校园选美皇后、最受欢迎的男士和最健壮的女孩，并给他们戴上桂冠。一位以小杂货铺起家的百万富翁向拉法耶特学院捐赠了一个民权讲座教席，然后抱怨说，他很难雇到一位愿意推销捐赠者的政治和社会观点的教授来就职。耶鲁一位名叫卢修斯·毕比（Lucius Beebe）的年轻人向我们展现了20年代初期大学生的行为举止。他在用一辆行李推车将宿舍楼从顶楼到一楼的石阶压碎之后，又把推车从院长房间的窗户中扔了出去。耶鲁立即开除了他，于是他转学到了哈佛。1927年，艾奥瓦州立学院的一位新校长宣布，他行政工作的座右铭是效率，而他随即关注的一件事情就是"如何更好地利用用于实验目的的老鼠"。然而，这些类似的孤立事件之中并不存在什么模式，也许只能说明，学院和大学自然地渗透了那个时代特有的疯狂。[1]

另一方面，在课程和行政实践中，确实形成了一些模式。其中最重要的是1919年在哥伦比亚大学发起的通识教育运动，它是"战争问题"课程在和平时期的改编，并被证明是成功的。哥伦比亚大学的当代文明课程主要侧重于历史，它提出了如下命题："有某种

---

1 Louis G. Geiger: *University of the Northern Plains: A History of the University of North Dakota 1883-1958*（Grand Forks, 1958），p. 332; David Bishop Skillman: *The Biography of a College: Being the History of the First Century of the Life of Lafayette College*（Easton, 1932），II, 254-5; Pierson: *Yale*, II, 74-5; Earle D. Ross: *A History of the Iowa State College of Agriculture and Mechanic Arts*（Ames, 1942），pp. 341-2.

第二十一章 对革新的抗拒

最低限度的……（西方）知识和精神传统，一个受过教育的人理应经历和理解它。"[1]哥伦比亚大学在通识教育方向上这一开拓性进展还包括选取一些经典著作作为阅读材料，形成了自己的教育文本，从而深刻地影响了大学西欧史相关课程的建设。在哥伦比亚大学影响下，这些课程强调了绵延的知识体系，而不再像以往那样注重军事活动和政治事件。

那些通识教育或核心课程项目开展得最深入的院校也更早出现混乱的局面，这产生了重大影响。哥伦比亚、芝加哥、阿默斯特、卫斯理和哈佛尤其如此，人们指责它们已经失去了把学习作为一个受过教育的人所认同的思想和价值观这一理想，因为在所有这些院校中，选修制已经让一个几乎不受控制的个人主义时代取代了旧有的人文主义传统。（哥伦比亚大学在颠覆旧传统方面走得更远，它在1904年甚至考虑给任何一位在其他学院学习两年并在哥伦比亚专业学院学习两年的学生授予文学士学位。）[2]通识教育旨在恢复一些平衡，复兴贵族式自由学科理想以作为学习的证明。

通识教育运动，自它1919年始于哥伦比亚大学到1945年哈佛大学发布关于这一主题的著名报告，一直都试图在抓取一种赓续智性和精神遗产的感觉，而这些遗产已经成了选修制原则的受害者。[3]

---

1 Miner: *Columbia*, pp. 46–7, 53.
2 Ibid., pp. 32ff.
3 参见 Patricia Beesley: *The Revival of the Humanities in American Education*（New York, 1940）; Charles Tabor Fitts and Fletcher Harper Swift: *The Construction of Orientation Courses for College Freshmen*（Berkeley, 1928）; *General Education in a Free Society: Report of the Harvard Committee*（Cambridge, 1945）。

在20世纪20年代,绝大多数院校采纳了选修制原则,并实行各种各样的集中选修制。通识教育运动标志着专业化倾向的中止,并试图让教育重新成为绅士的标志和人类理解的途径。

20世纪20年代另一场教育运动也表达了这种新精神的某个侧面,那就是1922年斯沃斯莫尔学院开创的荣誉项目。[1]甚至在第一次世界大战之前,伍德罗·威尔逊领导下的普林斯顿大学的导师制的发展和洛厄尔校长领导下哈佛大学的个别辅导课的增加就已经表明,英格兰的教育方式在美国学院可能会引起热烈反响。成立于1912年的俄勒冈州里德学院推出了许多教育教学方式的创新,其中之一就是毕业论文的撰写,正是这些创新让这所位于西海岸的新院校成了一所模范的文理学院。在斯沃斯莫尔实验之前,最重要的荣誉课程是名著课程,1920年,哥伦比亚大学的约翰·厄斯金(John Erskine)将其转变为一个名为"通识荣誉课程"的项目。[2]现在,作为斯沃斯莫尔学院的校长,前罗德学者弗兰克·艾德洛特(Frank Aydelotte)提议为具有审慎传统的美国机构引入一种机制,从而使他们能够最大限度地培养最聪明的学生。

荣誉理念并不是反民主的,但它确实否定了一个流行观念,即普通人优先于最有能力的人,这个观念在美国有着深厚而悠久的历史。例如,1909年,在耶鲁,哈德利校长自己就承认,他愿意"看

---

[1] 参见 Frank Aydelotte: *Breaking the Academic Lock Step: The Development of Honors Work in American Colleges and Universities*(New York, 1944); Robert C. Brooks: *Reading for Honors at Swarthmore: A Record of the First Five Years 1922-1927*(New York, 1927)。

[2] Miner: *Columbia,* pp. 43-4.

第二十一章 对革新的抗拒

到耶鲁引进能将优秀人士与泛泛之辈区分开来的英国制度",但校友顾问委员会坚定地提醒他,"耶鲁的主要目的……就是让世界上大多数人都能从事有用的工作"。当耶鲁在1915年最终提出了所谓的荣誉项目时,这显然是一个妥协,它揭示了大学对普通学生的珍视。大学认为如果理性的雄心意味着要将理性的志向和能力与"乏味、无聊或不感兴趣"区分开来,那么它们宁愿不要这种雄心。[1]

斯沃斯莫尔建立了一种模式,这种模式不仅将最有能力的学生与他们的同学区分开来,而且还充分体现了学院传统的价值观,如亲密的师生关系、小班授课以及注重口头和书面交流等。荣誉理念并不是对专业化的抵制,事实上,它反而是对专业化的鼓励,因为研讨班的论文或文章是其最具特色的产物,这显然是科学学术传统的体现。但是,小班授课、小型研讨班所鼓励的教授和学生之间的交流,论文写作和许多研讨班工作所体现的自主性,都意味着荣誉项目对非人格化、机械性大学教育的反抗。在20世纪20年代和30年代,荣誉理念在其他学院和大学的传播导致这类项目出现了大量变体,但无论如何,荣誉理念都代表着认可和鼓励人才,让亲密关系、人文关怀,乃至学生回归到教与学的体验之中。

对回归亚里士多德和拒绝德国大学科学理念最极端的表达出现在1926年成立于佛罗里达的罗林斯学院。[2] 罗林斯确实极端,因此,它甚至在亚里士多德传统中也没有得到普遍认可。而且,人

---

1 Pierson: *Yale*, I, 319, 338.
2 参见 Hamilton Holt: "We Venture in New Paths," *Journal of Higher Education*, I (1930), 503-6。

们可以在20世纪20年代的佛罗里达找到各种事物,但不可能是苏格拉底。然而,罗林斯理念的基础是闲暇这一概念,倾向于强调贵族性,所以汉密尔顿·霍尔特(Hamilton Holt)校长宣称,罗林斯走在回到苏格拉底的道路上,罗林斯营造了一种轻松的氛围,并且认为闲暇是自我发现和发展的基础。

在罗林斯学院,根本没有课前准备这回事。教室是正式学习的场所,但哪怕在这一点上,它也不是很正式。对于出勤是有要求的,但在两个小时的教学过程中,1位教授和10名学生遵循的是最古老的传统,以他们的方式探讨人类的永恒问题;在这里,研究和学习、学问和交流、品格和智慧牢固地结合在一起。罗林斯学院不认同专家型教育,它是一所培养全人的学院。在这里,与教授开会和与室友打网球在学习计划中是同等重要的事情。罗林斯象征着所有的挫败感,所有对作为科学价值的对立物的人之认同的渴望,对作为教育目的之自由学习的渴望,即便它最终没能成功重拾这些失落和渴望,但在20世纪20年代,正是这些重新强化了古老的教育目的。

在行政方面,多年来学院教育方式受到的侵蚀促使人们努力寻找被大学发展破坏的各种制度和习俗的替代品。率先对组织化机构这一不可逆转的趋势有所反应的是美国学院的院长,他是富有人性和情感的人,但他无法独自完成这项工作。例如,传统的宗教目的在日益增长的世俗主义气氛中不再坚定,我们也不能指望新校长和新教授抓住每一个为上帝和教派而战的机会,对抗科学、相对主义和唯物主义的攻击。到1880年,教派开始对新的大学环境感到不安,这种不安导致了大学牧师运动的兴起:牧师被安排到大学生之中开展工作，学生与社区教会之间建立了更密切的联系，教派组织在学院和大学中建立。这一运动出现的部分原因在于大学里宗教热情的丧失，部分原因则是由于大量天主教徒和犹太人涌入了名义上拥有新教传统的高等教育机构。1880年，第一个天主教大学生俱乐部在威斯康星大学成立。不久之后，它被认为是纽曼俱乐部运动的先驱，这一运动致力于满足非天主教学院和大学中天主教学生的宗教需求。同样地，圣公会教徒、长老会教徒和希伯来人也很快在州立大学和规模较大的私立大学展开了大规模的传教运动。这种试图恢复宗教活力的早期努力，实质上是对学院教育方式的一种支持，而且它在20世纪20年代有了新的发展。[1]

整个学校的咨询体系都在努力为传统家长式管理提供某种等价物，后者在大学观念盛行之下已经日益式微。1877年，约翰·霍普金斯大学创立了一个教师顾问系统，1889年，哈佛任命了一个新生顾问委员会，这显然是校方第一次正式承认学校加强本科生指导并使之成为可能的原因在于学生规模的扩大和选修制的实施，而不是因为专业教师的增加。[2] 在20世纪20年代，大多数学院和大学都在忙于完善各种新生咨询、新生入学周、教师顾问等系统。不久之后，校园心理咨询师以及牧师将加入这些系统，以组织化的方

---

1 Henry Davidson Sheldon: *The History and Pedagogy of American Student Societies* (New York, 1901), p. 276; Robert Lincoln Kelly: *The American Colleges and the Social Order* (New York, 1940), p. 276; Clarence Prouty Shedd: *The Church Follows its Students* (New Haven, 1938), *passim*.

2 Hugh Hawkins: *Pioneer: A History of the John Hopkins University,1874–1889* (Ithaca, 1960), pp. 248-9; Morison: *Three Centuries*, p. 403.

式实现一度由一位敬业的教师就能完成的服务于学生的目的。[1]到了1938年,这种趋势已经发展到要求哥伦比亚大学的每位大二学生都要给院长写一封信,在信中,他需要袒露自己的担忧、梦想、恐惧、好恶和得失。[2]

向亚里士多德回归的伟大纪念碑,以及象征着反抗大学理念的伟大纪念碑,是爱德华·哈克尼斯(Edward S. Harkness)的一笔捐赠,他在1928年为哈佛捐建了学院宿舍系统,在1930年为耶鲁捐建了住宿学院系统。[3]哈佛学院和耶鲁学院认为,两所伟大的殖民地时期的传统院校有责任确立培养社会操守和道德行为的模式,也有责任在坎布里奇和纽黑文喧嚣杂乱、畸形发展的氛围中鼓励坚守和赓续高贵的学院教育价值观。哈佛和耶鲁当时所处的环境,与一位波莫纳学院的年轻发言人在1924年所说的类似:"我在四年里交到了比想象中更多的朋友。这对于男士而言是一个很好的机

---

[1] Carl F. Price: *Wesleyan's First Century* (Middletown, 1932), p. 190; James Gray: *The University of Minnesota 1851–1951* (Minneapolis, 1951), pp. 348–60; Henry D. Sheldon: *History of University of Oregon* (Portland, 1940), pp. 243–4; Ross: *Iowa State*, pp. 350–1; Miner: *Columbia*, p. 64; Henry Morton Bullock: *A History of Emory University* (Nashville, 1936), p. 313; Chessman: *Denison*, pp. 393–404; Walker Havighurst: *The Miami Years 1809–1959* (New York, 1958), p. 199; Orrin Leslie Elliott: *Stanford University: The First Twenty-Five Years* (Stanford University, 1937), pp. 449–50; James E. Pollard: *History of the Ohio State University: The Story of its First Seventy-Five Years 1813–1948* (Columbus, 1952), p. 285; Arthur G. Beach: *A Pioneer College: The Story of Marietta* (Marietta, 1935), p. 299.

[2] Miner: *Columbia*, p. 66.

[3] 参见 Pierson: *Yale*, II, 207–52, 400–44。

会，可以完善个性，发展能力，与其他男士交往并彼此留下好印象。我不想和老朋友们告别，但我感到宽慰的是，某天我能够对许多国会议员和学院校长们直呼其名，而不必加上像'博士'或'尊敬的'这些尊称敬语。"[1]在牛津和剑桥，伊丽莎白时代的年轻绅士们也经常表达同样的观点。现在，为了提倡一种拥有共同传统价值观的生活，哈克尼斯先生捐献了数百万美元，而且在哈佛、耶鲁以及各所院校，在每年的毕业典礼上，金牌和银奖杯被授予发展最全面的男生和女生，被授予那些坐在经典老爷车里的文艺复兴式的女士们和先生们。

---

1 *As a College Man Thinks: Being Letters from a Senior at Pomona College to a High School Senior* (Claremont, 1924), p. 19. 尽管有一些真实的材料，但这本书的作者很可能是虚构的，整本书主要想表达院校的价值取向。

# 第二十二章
# 美国共识

对美国大学目的和定义的不断探求使得学院教育的价值观在20世纪20年代迎来了一次复兴,但是大学理想并没有被完全否定,这既因为哈佛和耶鲁为应对发展中的问题做出了巨大努力,也因为出现了各种基于英格兰模式的新课程方案。创新耗资不菲,甚至连哈佛和耶鲁都负担不起新的居住模式所需的教师和导师,即软件设施。哈佛和耶鲁的住宿制所发挥的作用并不在智性方面,也不在于持续进行的理性的显著改进方面,其成功之处在于部分恢复了学院生活的社会和道德风尚。

与此同时,美国大学的服务理念自然而然地得到了持续支持。虽然20世纪20年代并不是一个激荡和改革的时期,也未能唤起像威斯康星理念那样的观念,但金融和工商管理学院基于自身的立场,往往认为该时期的社会在总体上经历了显著的增长和扩张。

学院复兴的所有新趋势都依然充满活力，它们的规模和组织并没有变化，那些由于学术氛围和科学精神而产生的弊病，充其量只是被中和了。州立大学和赠地学院认同如下假设，即美国大学不能仅被视为使贵族价值观民主化的机构。但是，在一个时期内，无论从何种角度看，大学的观念都达到了较高水平。虽然随着时间推移，大学会越来越多，规模会越来越大，入学率也越来越高，但日益稳固的大学观念如今仍然需要与许多长期与之斗争的其他观念共存。

事实上，增长依靠增长。现代技术需要受过更高层次教育的人口：学院和大学被要求提供受过训练的知识分子，这些知识分子将创造、掌握和发现使人类能够与技术共存的条件。美国社会致力于把教育当作社会流动的途径，而流动性则是社会运转良好的表征，所以对正规高等教育机构的需求增长迅速。师范学院，作为从以往高中水平的师范学校发展而来的产物，现在逐渐获得了完全的学院身份。在各个地方社区，尤其是中西部和遥远的西部地区，初级学院回应了人们对高中后教育的渴望。对于人们而言，它们比一流大学更便宜，也更方便。[1] 初级学院成了满足"无意追求学术的高中毕业生"的教育需求的高等教育机构。[2] 在像加州这样的州，州立大学只有通过去中心化和效仿连锁百货公司建立分校扩大规模，才

---

1 参见 Leonard Vincent Koos: *The Junior College* ( 2 vols., Minneapolis, 1924 )；Walter Crosby Eells: *The Junior College* ( New York, 1931 )。

2 William H. Snyder: "The Real Function of the Junior College," *The Junior College Journal*, I ( 1930 ), 76.

能最终满足民众对高等教育几乎没有止境的需求。但在此之后，大学的发展将受到一种以巩固、整合、适应和全人教育为其哲学特征的大学理念的制约，而在大学大发展时期，全人教育理念显然没有市场。自此以后，英国悠久的传统将与德国的学术制度和发展机制并肩伫立，即使在学术制度最根深蒂固的领域，自由教育的全人理念也将会得到一定的尊重。

在大学发展的这些年里，课外活动在维护学院价值观方面发挥了重要作用。运动队、兄弟会和社交俱乐部、戏剧团体、报纸和杂志，这些事业不仅让年轻的大学生能够为生活做准备，还为他们提供了深入体验人性的机会。学院时代的课外活动是对枯燥无味的课程的一种回应，而大学时代的课外活动则是对片面的理性和学校规程中压倒一切的非人格化的一种补偿。20世纪20年代课外活动的大量增长，以及这一时期校际体育运动所取得的显著进步，都是年轻人有意识地学习组织的价值观并在通往成功的道路上有意识地寻求他人帮助的表现。课外活动也展现了学院对友谊、性格和全面发展的强调，因此，它是20世纪20年代将大学理想与学院理想相结合的一个强有力的工具。

这种结合，或者说，这一过程，是由校园外的社会来推动的，运动场、兄弟会、校报中有教室里看不到的情形，即对最有助于成功的某些个性特质的识别和培养。欧文·白璧德的人文主义、一位伟大的美式足球教练的道德指导、弗兰克·艾德洛特的荣誉项目、哥伦比亚大学当代文明课程所带来的赓续传统的感受、一批院长和人生导师、哈佛校报《深红》的工作，这些显然来自不同的兴趣和哲学观念，但当这些结合起来时，它们就体现了大学精神，并在20世纪20年代巩固了学院和大学理想的融合，这是美国高等教育最显著的特征。

20世纪20年代之后，美国人民经历了一个难以置信的艰难时期，经历了超过十五年的经济崩溃和战争。这个时期，当所有一切都变得过时、所有尝试似乎都特别容易崩溃或被否定时，所有的价值观和制度都会遭受不确定性的冲击，都要经受生存的考验。对于高等教育机构而言，这个时代也同样是一个危机和挑战并存的时代。因此，学院和大学早在经济衰退和战时入学人数大量衰减之前的20世纪20年代就已形成的某种平衡可能是一个优势，因为在20世纪30—40年代，变化和不确定性成了时代主旋律。

1925年，威斯康星大学的董事们向公众展示了他们自力更生的决心。他们通过了一项决议，今后禁止进行资金募集或接受基金会的捐款，但到了1930年，卡内基基金会的弗雷德里克·凯佩尔（Frederick Keppel）提及此事时说："我可以补充的一点是，（威斯康星州董事们的）这一行动自今年年初以来已经取消。"密歇根大学在1930年春季学期结束时退学的1000名学生揭示了个人和院校普遍存在的不确定性。对于教授来说，他们那从来没有跟上过生活成本增长速度的薪水，现在开始下滑了。1932年，南卡罗来纳大学教授的部分薪酬是以承诺书的形式支付的。1933年，当玛丽埃塔的财务决算人员下令减薪50%时，学生报纸欢快地总结道："教师们'开始日益与同学们同呼吸共命运'了。现在校园里的每个人都可以坦率地承认自己破产了。"[1]

学院和大学内部出现的与传统之道的激烈纷争,其实与外部世界的变化是同步的。因为当金本位制不复存在,当商人对自己的正确性产生怀疑以至于大规模自杀,或者跑到华盛顿乞求烟煤矿场国有化,当华尔街乞求在外交上承认苏联,并公开建议美国最需要的是一位开明有力的独裁者时——如果这一切都属实,那么大学校园就不可能对旧偶像和既有观念保持原来的友好态度。在耶鲁大学,大学生的社会良知以尖锐的社会批评的形式体现了出来。威廉·莱昂·费尔普斯(William Lyon Phelps)是耶鲁一位受人尊敬的传统人士,也是朋友型教师的典范,就算不说他是一位闪亮的课堂明星,至少也是一位受欢迎的教师。现在,他却被大学生杂志批评,因为他把吉内·滕尼(Gene Tunney)和罗马尼亚的玛丽女王带到了讲台上,违反了职业操守。这所大学本身也因新学院的方庭建筑的复古风格而受到批评。[2]

各所院校的大多数学生都在反抗一些事情,或者自以为在反抗,但反抗的对象可能只是强制性的礼拜或强制性的军事训练。后凡尔赛世界的本质给他们带来了幻灭感,他们通过和平示威和反战

---

[1] Frederick P. Keppel: *The Foundation: Its Place in American Life* (New York, 1930), p. 29; Kent Sagendorph: *Michigan: The Story of the University* (New York, 1948), p. 310; Daniel Walker Hollis: *University of South Carolina* (Columbia, 1951-6), II, 332-3; Arthur G. Beach: *A Pioneer College: The Story of Marietta* (Marietta, 1935), p. 293.

[2] George Wilson Pierson: *Yale: College and University 1871-1937* (New Haven, 1952-5), II, 286-314.

第二十二章 美国共识

宣誓来表达他们的厌恶。他们加入了罢工纠察队，帮助组织工会。在一些大城市，甚至有一小部分人加入了共产党。"大萧条……打破了华尔街和大企业的魔咒。它将许多天真的人从对社会成功的崇拜中唤醒……由于缺乏工作机会，许多年轻人只能继续上学，而另一些人则回去读研究生或进行专业学习……一种更严重的状况很快就显现了出来。"¹

以往将大量时间花在玩乐上的年轻人现在开始关注经济学和政治学课程：哥伦比亚的大学生编辑因为其左翼倾向而被解雇；威廉姆斯的学生们举行集会烧毁了《我的奋斗》；奥柏林的学生指控全校师生都有罪，因为他们都是靠美国铝业公司支付给奴隶劳工的低工资生活的——奥柏林学院基金会持有该公司价值 400 多万美元的股份。²在纽约城市学院，1933 年春，在一场由共产党发起的示威活动中，弗雷德里克·罗宾逊（Frederick B. Robinson）校长对一群反战的学生们挥舞着雨伞，这显然是一个重大时刻。另一方面，哥伦比亚的霍克斯（Hawkes）院长则冷静而敏锐，他对一群被学生报纸的激进论调所震惊的校友说道："我认为，你们这些家伙是色盲。你误认为是红色的东西其实是绿色的。"³

确实，很少有学生是红色的，当然也有很多是绿色的，但无论

---

1 George Wilson Pierson: *Yale: College and University 1871-1937*（New Haven, 1952-5），II, 265.

2 James Wechsler: *Revolt on the Campus*（New York, 1935），*passim*.

3 S. Willis Rudy: *The College of the City of New York: A History, 1847-1947*（New York, 1949），p. 418; Dwight C. Miner, ed.: *A History of Columbia College on Morningside*（New York, 1954），p. 140.

如何，大多数人都支持变革精神、社会抗议和否定过去，这是20世纪30年代美国校园最显著的特征之一。学院和大学并没有培养出大量的社会主义者，它们也无须为许多共和党人转投民主党这件事负责，但在校园和课堂上，美国的过去、现在和未来都受到了批判性审视，这催生了一种美国以往从未有过的社会意识和社会观念。

在这个动荡的时代，约翰·杜威的教育观第一次在学院里得以推行。杜威坚持认为教育和经验是一回事，并关注教育和社会的脱节问题。在一个组织化社会的失败会波及个人经历的时期，这些观念得到了新的认可。这一时期见证了基于杜威传统的实验学院的建立和发展，见证了人们对日益普及的社会科学产生了新兴趣。杜威认为，教育和社会之间的鸿沟对双方都是有害的，而在经济学、政府管理和社会学的课堂上所发生的一切正在缩小这一鸿沟。

杜威在其1916年出版的阐述其教育哲学的经典著作《民主与教育》(Democracy and Education)中给出了关于思考和学习要求的定义。[1]杜威说，首先，必须有一种能让学生感兴趣的经历，然后在这种经历中发展出一个问题；为了有效地处理这个问题，学生需要信息和观察，以此作为可能的解决方案的基础；然后，在理想情况下，测试这些解决方案，全面揭示它们的意义，发现它们的有效性。许多美国人在小学和中学时就已经熟悉了这种哲学，在

---

[1] John Dewey: *Democracy and Education: An Introduction to the Philosophy of Education* (New York, 1916), p. 192.

469　20世纪30年代,诸如为什么约翰尼不会拼写,为什么多蒂似乎喜欢把一年里的美好时光花在重建法老的坟墓上这类问题甚至成了它的笑柄。

20世纪30年代,历史本身把美国学院和大学推向了杜威式的观点。那些原本打算自掏腰包以玩乐方式完成大学学业的青年男女们,现在都在工作,或都依赖联邦经费来支付学费。1935—1943年,联邦以紧急援助的形式为大学生提供了9300万美元的资助。[1] 这也许是自南北战争以来第一次有一整代大学生感受到了某种能引发他们极大兴趣的经历,也让大学生们有机会广泛理解一系列的社会、经济和政治问题。某位父亲失业是因为财富分配的根本性错位吗?如果证券交易所的监管更有效,隔壁的男子是否能从导致他自杀的绝望中解脱出来?聘用一位新员工就要解雇一名老员工,尤其是当这一模式涉及种族和宗教因素时,这正确吗?如果一个社会找不到办法把多余的粮食转移给城市里挨饿的人,那么这到底是什么原因造成的?是生产过剩(就像在农场和工厂仓库里所见的那样),还是消费不足(就像透过一列驶过的火车车窗所看到的城市贫民窟那样)?到底是谁在统治这个国家?是政治寡头、大商人、人民,还是愤世嫉俗的垄断性媒体?如果工人们真的有足够的薪水,他们还会在家乡的工厂罢工吗?什么是生命中的美好事物?是漆黑一片的度假屋,不再使用的游艇和被遣散的仆人吗?这一切究竟是怎么发生的?是全世界都陷入困境,还是只有民主国家如此?德国没有失业,意大利

---

[1] Richard G. Axt: *The Federal Government and Financing Higher Education*(New York, 1952), pp. 79-81.

的火车准点运行,俄罗斯正在大步前进,这些都是真的吗?

显然,当时的社会风气与杜威的主张是一致的,他坚持认为教育需要一种不受"作为信念标准的习俗和传统权威控制"的氛围,这种对过去的不信任和变革的时代要素极大地推动了一种与杜威的取向惊人地吻合的态度渗透进学院和大学。[1]然而,杜威本人并不反对对过去的理解,他在他1916年的经典著作中再次指出:"我们不是生活在一个固定的、已完成的世界,而是生活在一个正在发生的世界,我们的主要任务是展望未来和回顾过去……过去的价值在于为我们应对未来提供了稳固、安全和丰厚的基础。"[2]

杜威1916年的著作似乎颁布了一种许可,学院和大学现在创建了所谓的"美国文明""美国研究"或"美国文化"研究项目。这些新项目通常将历史、政府管理、文学、社会学和艺术史等学科结合在一起,借古喻今,为许多人认为枯燥无味的历史和文学学科提供了一个新的维度。[3]我们是谁,为什么是我们?这些新项目提出了问题,并经常通过长时段研究来理解以往社会科学家们更倾向于直接回答的问题。

世界陷入了混乱,也许这正是因为有太多的专家、科学家和工程师,而没有培养出足够多善于思考的人对定义了现代人的各种社会关系的细微精妙之处,以及一种涉及情感、制度、决策、价值观和传统的全面的网络系统进行广泛而明智的思考。在西方历史上这

---

1 Dewey: *Democracy and Education*, p. 356
2 Ibid., p.177.
3 Tremaine McDowell: *American Studies*(Minneapolis, 1948).

个危险的时刻,正是纽约哥伦比亚大学师范学院的一些进步主义教育学者的研究结果激发了学院和大学,使得它们得以继续坚持人文学科和自由教育的概念。

这种不放弃是对的吗?在一项题为《州立师范学院学生利用活动休闲时间进行体育学习》的研究中,学院和大学会发现,大多数学生报告称在休闲活动中选择篮球的比例是最低的,但这还不是最让人惊诧的。在一篇名为《大学生食物制备与初级服务课程成绩及相关因素研究》的博士论文中,读者可能会因为其中大量的无厘头幽默而得到一些乐趣。但是,对于这项研究的最后一段,人们会怎么评价呢:"有许多高中毕业生,他们的兴趣和智力使得学术工作对他们而言毫无吸引力,但他们想要享有学院的烹饪学习所能提供的一些好处。对于这类学生,方法(应该)是……培养食物制备的能力和技能,而不是试图建立精确和抽象的知识储备。这样的工作将为能力较差的学生提供成功的机会,当然,也包括他们更有能力的(大学)同学们。"[1]

课程变得简单而娱乐化,以便使得进度最慢、最不感兴趣的学生都可以感受到成功的喜悦,难道哈佛学院就是为了这个目的建立的吗?难道推动一所又一所学院覆盖至美国乡村甚至旷野的这种开明的引领性信念,其目的也就是为此吗?难道新的科目悄悄进入殖民地学院的课程体系,在独立战争后的多年里小心翼翼地赢得一席

---

[1] Ethel Julia Saxman: *Students' Use in Leisure Time of Activities Learned in Physical Education in State Teachers Colleges* ( New York, 1926 ), pp. 71-3; Mary K. Wilson: *A Study of the Achievement of College Students in Beginning Courses in Food Preparation and Serving and Related Factors* ( New York, 1949 ), p. 75.

之地，然后在内战后的几十年里终于发扬光大，这一漫长而艰苦的努力所指向的目标就是这个吗？难道各个教派为了维持古典传统而竭力斗争就是为了这个目的吗？难道这就是自杰克逊时期就开始努力将古典院校导向大众目的的最终结果吗？难道这就是应用科学学院发展的方向吗？难道《大学生食物制备与初级服务课程成绩及相关因素研究》这篇博士论文就是埃兹拉·康奈尔倡导平等学习和约翰·霍普金斯引入德国学术并将平等和科学结合起来的产物和最终回报吗？难道这就是赠地学院理念的发展方向吗？难道这就是埃利奥特校长所解放的东西吗？高等教育难道就是为此而向女性开放的吗？难道威廉·雷尼·哈珀的奋斗、普通教育委员会的成立、校友们围绕学院和大学的控制权而进行的斗争就是为了它吗？难道这就是学术自由要维护的终极权利和终极特权吗？

当然，美国教育的历史还处于发展之中，没有完结。的确，从智力和社会价值等方面来看，学士学位的价值已不如从前。的确，各种各样的学科和兴趣都已经和古老的中世纪的目的融为一体，并已经深深植根于传统、课程，甚至是美国学院和大学的实体组织结构之中。但是，为学术兴趣和能力都有限的年轻男女开设的学院的食物制备课程并不能被定义为美国高等教育——它只是其中的一个部分，而且还不是最好的部分。

美国学院和大学在很多方面都具有较大的灵活性，它们将自由教育传统与社会更紧密地联系在了一起，现在对大多数大学生来说，社会就是教育和经验的同义词。这种无意识的进步主义几乎成了所有人的行动基础，其结果是，进步教育协会发现美国教育的整个结构都存在问题。协会指责中学缺乏明确的核心目标，它们没有提供足够的公民教育，未能帮助学生培养出强烈和重要的社会责任感。教师未能提升学生的能力水平，未能有效地理解和引导学生。中学被传统束缚住了。它们未能创造出最有利于学习的条件，未能成功地释放和发展创造性能量，它们正在使学习和活动之间那种古老而有害的分离永久化。对大多数学生来说，外语、历史和科学已经失去了所有活力和意义。英语已经成为学生学业失败的主要领域。普通的高中课程缺乏统一性和连续性，教师数量不足，中学和学院之间的衔接几乎不存在，但自满情绪却无处不在。[1]

进步教育协会提议改变这一切，并在 1932 年挑选了 30 所公私立合作中学与学院、大学联合开展了一项实验，实验要求这些学校在 1936—1943 年放弃传统的入学要求，把学校从提供传统学院预科课程的要求中解放出来，使它们能够根据进步教育的设定，取得与自身水平相宜的成功。当第一批实验学校的学生以比用传统方法准备和测试的学生更好的成绩进入大学时，进步教育工作者和其他人也开始承认这一实验是进步教育的胜利。然而，与传统院校相比，实验报告给具有进步倾向的实验学院留下的影响更为持久和深刻。1945 年，哈佛委员会发表的一份影响广泛而深远的报告《通识教育与自由社会》，与其说是针对进步人士提出的问题，不如说针对的是一个最古老的问题：一个受过教育的人应该知道什么？[2]

---

1 Wilford M. Aikin: *The Story of the Eight-Year Study with Conclusions and Recommendations* (New York, 1942), pp. 1–12.

2 Ibid., *passim; General Education in a Free Society: Report of the Harvard Committee* (Cambridge, 1945).

也许1921年由俄亥俄州安提阿学院的校长阿瑟·摩根（Arthur E. Morgan）发起的实验是学院里最早的进步主义教育实验。在摩根领导下，安提阿实现了自由教育、工作经验和社会培训的新融合。一个五年期的所谓"半工半读"计划要求学生将个人时间分为在校和校外两部分：在校期间，学习数学、个人理财、英语写作和文学、化学、物理、历史、哲学和其他传统学科；在校外，每五周或十周，学生就要去工作，用摩根的话说，这些工作可以让学生直接面对"顽固而复杂的现实"。校园里很少有班会，也不要求考勤，每位学生都有一个独立自主的学习计划。由学生和教师组成的社区实行民主化管理方式，共同做出决定并加以执行，而在传统的学院里，这些通常是由董事会和行政人员来实施的。摩根支持安提阿计划的理由是，他相信为生活做准备是一所学院的主要目的，而且他深信传统学院对"文化"和"职业准备"所做的区分是令人反感的、危险的，也是错误的。安提阿实验被称为"对民主的追求"，但这是一项几乎没有真正信徒的探索。安提阿实验本身确实取得了成功，但其他学院发现自己都不像安提阿那样命悬一线，以至于需要通过类似实验来救活自己，或能自由到可以摆脱存在于自由教育与实践学习之间的传统区别。[1]

同样位于俄亥俄州的海勒姆学院（Hiram College），经过数年的实验，于1934年采用了所谓的集中课程体系，其本质是将对学

---

[1] Algo D. Henderson and Dorothy Hall: *Antioch College: Its Design for Liberal Education*（New York, 1946）, pp. viii, 1–63; Arthur E. Morgan: "The Antioch Plan," *Journal of Higher Education* I（1930）, 497–502.

习过程的新理解应用于学院经历的又一次努力。在一段时间里集中学习某一门科目的想法在美国教育史上并不是什么新鲜事：在19世纪20年代它就已经成为伦斯勒理工学院的一项原则，在19世纪30年代它成了印第安纳大学的一项革新，内战后它又成为略显贫困的塔斯库勒姆学院的基本原则。但是，将其作为解决学院课程中学习的散乱性和不连贯性的一项举措，则是海勒姆学院的教师和新校长肯尼思·布朗（Kenneth I. Brown）的首创。当他1930年被任命为校长时，董事会给他下达了史无前例的命令，要求他为美国高等教育做出独特和有价值的贡献。海勒姆最初成功地实施了该计划，但就像安提阿的实验一样，这个想法也不具备普遍价值。[1]

大多数进步主义的支持者都很清楚，传统制度几乎是不可动摇的，显然，在内容实体方面的变革远比作为一种维持学生兴趣的手段或避免教育与社会脱节的方法的变革来得更为重要。因此，进步主义的解决之道在于建立新学院，如北卡罗来纳州的黑山男女同校学院、萨拉·劳伦斯和本宁顿的实验女子学院，或者是彻底改革古老的机构，如1937年对佛蒙特州戈达德学院的改革，以及对圣斯蒂芬学院的改革。后者落入了哥大师范学院的教授手中，于1935年更名为巴德学院，并以哥伦比亚哈德逊河实验学院之名为人所知。[2]

所有这些院校，以及许多初级女子学院，都对约翰·杜威的理

---

1 Kenneth Irving Brown: *A Campus Decade: the Hiram Study Plan of Intensive Courses* (Chicago, 1940), *passim*.

2 参见 Lawrence A. Cremin: *The Transformation of the School: Progressivism in American Education 1876-1957* (New York, 1961), pp. 308-18。

论有一种基本信念：根据每位学生的需求、能力和兴趣制定个人课程；坚持让每位学生在有能力的导师的帮助下，对自己的教育负责；面向当代社会，将美术理论和实践提升到正式课程的地位；跨学科课程，让人联想到安提阿校外工作计划的冬季实践期里面向学生的广泛的可选项目；在学生会和社会事务中让学生有效地实行自我管理，淡化诸如年级、考试、学位标准和入学要求等传统做法。

成立于1932年的本宁顿学院，根据其首任校长的说法，是对人们建立一所具有如下特性的学院这一需求的回应。在这所学院里，进步教育的价值观——如主动性、自我表达、创造性工作、独立和自力更生等都可以得到展示和发扬，以使得具有进步主义色彩的中学不再受制于学院的标准录取程序。具有进步主义倾向的本宁顿学院并不认可课程学习和课外活动之间的区分，它认为这种存在于传统学院中的区分是对生活和学习的人为的割裂，是一种错误。在本宁顿，教授们肩负着消除区分的责任，让工作与娱乐、课堂与戏剧、课堂与诗歌杂志成为一种无差别体验。除此之外，本宁顿还对大学培养出来的拥有博士学位的专业人士抱有偏见，它偏爱的不是那些拥有学位的教授，而是拥有丰富人生经历的教授，尤其是在学术生活之外拥有艺术家、音乐家或政府官员经历的教授。[1]

本宁顿和萨拉·劳伦斯的例子也许曾激励某所女子学院偏离传统惯例，但这些进步教育的大胆尝试并没有削弱传统的根基。巴

---

[1] Barbara Jones: *Bennington College: The Development of an Educational Idea* (New York, 1946); Robert L. Leigh: "The Bennington College Program," *Journal of Higher Education*, I (1930), 520-4.

第二十二章 美国共识

德、本宁顿、黑山和萨拉·劳伦斯的实验不适合普通学生，它们建议只录取那些具有较强动机和能力的学生，以迎合学校的教育旨趣。这些并不是真正的人民学院，在某种意义上，它们只是按照新原则运作的旧式精英院校的变体。[1]

威斯康星大学的亚历山大·米克尔约翰实验学院和明尼苏达大学的通识学院揭示了进步教育的一些重点的归纳过程。在威斯康星州，米克尔约翰教授被授权创建一所两年制的实验学院，以解决学生缺乏学习动机的老问题。1928年，米克尔约翰宣布学院成立，他设想通过接受不同类别的申请人来创建一个自由学习的社区。他提议，通过某种探索创造出一种学习氛围，使普通的美国男孩也能够与伟大的自由教育传统建立某种重要联系。教师的办公室和学生宿舍被安置在同一栋楼里，学院不再开设学科课程，而是强调学生的主动性。然而，尽管威斯康星的实验体现了对非正式性（这是进步主义信条的一种固定形式）的狂热崇拜，但米克尔约翰太过热衷古典知识，因此并没有受到进步主义心理学的影响，去追求个人兴趣和能力。威斯康星的实验最终回到了指定学习科目的路线：第一年，学习伯里克利时期的雅典史和柏拉图；第二年，现代美国。威斯康星实验学院试图将杰里迈亚·戴和约翰·杜威相结合，但这是一次勇敢却以失败告终的努力。[2]

---

1 For Sarah Lawrence, 参见 Constance Warren: *A New Design for Women's Education*（New York, 1940）。

2 Alexander Meiklejohn: *The Experimental College*（Madison, 1928）; *The Experimental College*（New York, 1932）.

1930年，明尼苏达大学的约翰斯顿（J. B. Johnston）院长曾提出："大一、大二的功能之一是给那些习惯于在学校里将课程学得很好但除此之外不做任何事的人一个优雅的终结。"1932年成立的明尼苏达通识学院在其规划中体现了下述理念，即一所民主的大学应该为优雅的失败托底，宣称其目的是保护那些缺乏动力而不太可能完成四年课程的后进学生。该项目由为期两年的通识教育课程组成，强调与生活相适应，同时考虑生活和文化的丰富性。学院开设的课程有"当代阅读""学习指南""食物与营养""家居""地球与人"。到1939年，该项目每年招收1100多名学生，其中有五分之一的学生是从其他院校退学的，他们的学术潜力令人怀疑。

　　明尼苏达通识学院是对自哈佛学院成立三百年来美国教育发展的一次重要探讨。它展示了州立大学对整个社会的义务，是对美国民主观念的承诺和背书，即在民主的美国不存在失败。它运用与生活相适应的进步教育支持一种简化版的通识教育。[1]

　　不过，因为某些原因，明尼苏达大学的案例并没有引发其他大学做出相应的重大调整。首先，明尼苏达大学显然有多种动机，因为通过吸引贫困学生，通识学院随后建立了一个强化版四年制学位项目，并为优秀学生创立了一所大学学院。因此，一种既要强化标准又要放弃标准的愿望，是进行这种实验的必要条件。然而，许多院校满足于现状，而且在每一所州立大学和赠地学院，现在都有

---

[1] Ivol Spafford, et al.: *Building a Curriculum for General Education: A Description of the General College Program*（Minneapolis, 1943）, pp. 1-9, 15, 24; James Gray: *The University of Minnesota 1851-1951*（Minneapolis, 1951）, pp. 308-22.

第二十二章 美国共识

一些项目、课程和专业领域在悄然发展，以满足大批青年男女的各种需求，对他们来说，上大学并不是一种求知经历。部分私立和公立的初级学院也在发挥类似作用。这一切虽不见得是理想的进步教育，但它强化了进步教育中的一个重点——即它的社会取向，它对实用性、为生活做准备的理念和全面民主的偏好。

高等教育中这些进步主义和大众化运动的趋势把芝加哥大学的年轻校长罗伯特·梅纳德·哈钦斯（Robert Maynard Hutchins）带到了舞台上。他是现代社会的尖锐批评者，他的思想言行是对杰里迈亚·戴和1828年《耶鲁报告》的一次精彩而奇异的回归。在1936年发表的一系列演讲中，他审视了美国高等教育，发现它被其职业学院和精英学院的性质所支配，其特点是无序，并屈服于贪婪的社会。这些演讲充满了讽刺和挖苦，但又不乏幽默。[1]哈钦斯在与进步主义、进化论和经验主义的混合体做斗争时，抛弃了过去，而将适应作为一种理想，并用思想取代职业主义作为大学的重心。哈钦斯喊道，打倒职业主义，打倒经验主义，打倒所有伪装成经验、适应和为生活做准备的反智主义。

那他的建议是什么呢？直接回归传统的经院哲学课程，回归他所谓的"一心一意追求智性美德"的确定性，回归包含经典著作、文法、修辞学、逻辑学和数学在内的通识教育，所有这些都应在亚里士多德形而上学的指导下有序进行。仿佛几千年的人类经验还不足以推导出不同的观点似的，他把自己的论证建立在了如下断言

---

1 Robert Maynard Hutchins: *The Higher Learning in America*（New Haven, 1936）.

上:"任何一门为全人类设计的课程的核心……在任何时间、任何地点,在任何政治、社会或经济条件下都是一样的。"[1]

这一由哈钦斯在芝加哥大学确立,随后由斯特林费洛·巴尔(Stringfellow Barr)和斯科特·布坎南(Scott Buchanan)在马里兰州圣约翰学院作为复兴工具所使用的名著和通识教育计划,是他们在一个被混乱破坏的社会和世界中寻求秩序的证据。他们认为世界已经误入歧途,这一观点得到了广泛认同,但大多数教育家和观察家并不赞同他们提出的以回到古罗马和古希腊的方式解决这一问题的想法。批评哈钦斯最深刻、最猛烈的恰恰是一位来自芝加哥大学的教授哈里·吉迪恩斯(Harry Gideonse),他认为哈钦斯对科学精神怀有一种根本的敌意,并努力恢复已被抛弃的形而上学,拒绝自由的氛围——这种自由氛围虽然带来了巨大混乱,但芝加哥大学也正由此创立。[2] 吉迪恩斯本人欣然接受了科学方法带来的结果和贡献,他坚持认为,真理一直处于不断被重新定义的过程中,经验和事实并不比思想劣一等——它们无疑是思想的基本要素。于是,又有一些因素进入了美国高等教育领域关于历史和现实的斗争之中,那就是确定性与不确定性、绝对主义与相对主义、启示真理与科学。这样的斗争已经不是第一次了,因为美国学术自由的原则并不是基于哈钦斯校长供奉在名著中的固定不变的真理,而是反讽

---

1 Robert Maynard Hutchins: *The Higher Learning in America* (New Haven, 1936), pp. 32, 66.

2 Harry D. Gideonse: *The Higher Learning in a Democracy: A Reply to President Hutchins' Critique of the American University* (New York, 1937).

性地基于芝加哥大学校训所体现的精神:"推动知识增长,充实人类生活。"

到了20世纪中叶,这句格言实际上已经成为整个美国高等教育的座右铭,它象征着一种即使是比较善于思考的哈钦斯也应该会认同的共识。在哈佛的榆树下,在波莫纳的桉树下,在卡尤加湖的高岸上,在密歇根湖的湖畔边,人们对知识增长和教育机会扩大的决心都是一样的。"知识"本身是一个难以确定的概念,在某地,它可能是化学或工程实验室里的一项发现;而在另一处,它可能是一个学生无意之中触动内心深处的智慧的瞬间。对"充实生活"也可以有各种各样的理解,生活的充实既可通过掌握权力和献身服务来实现——这在美国大学颇为盛行,也可通过人类智慧和品性的成长来实现——美国大学也支持这一行动,这是一个永远不会消解的问题。每个美国人都可以自由地写下他自己对知识和充实的定义,但所有定义都基于这样一个美国共识:"推动知识增长,充实人类生活。"

# 尾 声

"当亚当和夏娃在伊甸园散步时,有人听到他说(可能是拿着燃烧的剑刚刚来到伊甸园的天使听到的):'亲爱的,你必须明白,我们正生活在一个过渡时期。'"[1]这个故事出自明尼苏达大学校长鲁特斯·科夫曼(Lotus D. Coffman)的作品,它特别适合描述美国高等教育在第二次世界大战后的历史。大学成长和理性化的时代结束了,而另一个时代则还在等待被定义和被认可。

毫无疑问,总有一天,人们会用比"报告时代"(The Age of the Report)更能揭示时代特征的词语来标记战后时期。然而,对于那些准备着手解决过渡期的固有问题的人来说,这一时期无疑是忙碌的。层出不穷、来源各异的一系列报告为学术界提供了诸多出

---

[1] James Gray: *The University of Minnesota 1851-1951* (Minneapolis, 1951), p. 263.

色的建议，但有时这些建议是相互矛盾的。[1]哈佛教授们震惊于哈佛在选修制方向上的过度发展，随后提出了通识教育的理念。1947年，杜鲁门总统任命一个委员会对高等教育的现状和未来进行研究，形成了一份多达六卷的报告。约翰·米利特（John D. Millett）探究了学院和大学财务的奥秘。罗伯特·麦克艾弗（Robert M. MacIver）观察了当时正努力维护自由传统、应对重大挑战的学术界。全国教育协会的教育政策委员会评估了20世纪60年代的需求并预测了其可能会出现的问题。学者们也发表了他们自己的一份研究报告，以探讨学术心智（*The Academic Mind*）。一所学院的董事和教务长联合起来撰写了一份名为《致学院董事的备忘录》的报告，呼吁学术界提高效率，从而解决大学教师的工资问题。卡内基基金会则向这个国家的各个研究生院发送了一份备忘。在哈德逊河的上游，哥伦比亚大学的智库泛美会（American Assembly）

---

[1] *General Education in a Free Society: Report of the Harvard Committee*（Cambridge, 1945）; *Higher Education for Democracy: A Report of the President's Commission on Higher Education*（6 vols., New York, 1957）; John D. Millett: *Financing Higher Education in the United States*（New York, 1952）; Robert M. MacIver: *Academic Freedom in Our Time*（New York, 1955）; Educational Policies Commission: *Higher Education in a Decade of Decision*（Washington, 1957）; Paul F. Lazarsfeld and Wagner Thielens, Jr.: *The Academic Mind: Social Scientists in a Time of Crisis*（Glencoe, 1958）; Beardsley Ruml and Donald H. Morrison: *Memo to a College Trustee: A Report on Financial and Structural Problems of the Liberal College*（New York, 1959）; Bernard Berelson: *Graduate Education in the United States*（New York, 1960）; Douglas M. Knight, ed.: *The Federal Government and Higher Education*（Englewood Cliffs, 1960）; Nevitt Sanford, ed.: *The American College: A Psychological and Social Interpretation of the Higher Learning*（New York, 1962）.

思考着联邦政府和高等教育(*The Federal Government and Higher Education*)。报告之多,未能尽数。丛林里确实到处都是特遣部队,但将军却寥寥无几。

这一时期也充满了各种困惑。联邦政府应该支持高等教育吗?美国学院和大学应该改革吗?美国高等教育应该牺牲质量来换取数量上的增长吗?当然,这些问题如今都显得有点无聊,因为历史已经给出了答案。当人们在争论时,政府已然增加了对高等教育的年度拨款。在董事会和教授们如常工作时,学生们在不知不觉中已经悄然改变了美国学院和大学。但人们在质量和数量之间则没有做出选择,因为美国的传统和国家目标不允许做这样的选择。

然而,对数量的质疑和恐慌却是真实的。因为这是历史上第一次将美国高等教育机构所经历的繁荣称为问题。所有那些原本不再被需要的学院,以及卡内基基金会在20世纪初希望帮助其举办一场体面葬礼的那些学院,现在由于学生人数增长的压力,都获得了新生。成功者更成功,在对迅速增长的学院入学申请感到担忧的气氛中,一种自满滋生了出来。对此,最好进行最基本的调查和自我分析,因为数量问题不仅仅关乎数量,也关乎目的。

学院很早就被认为具有促进社会和经济流动的功能。1897年,一位观察人士评论道:"值得注意的是,许多非常富有的美国人是因为自己的精力和远见而致富的。他们不是由学院培养的,但是他们的儿子却正在接受学院教育,这显然具有极为重大的意义。"[1]然

---

1 Charles Franklin Thwing: *The American College in American Life*(New York, 1897), p. 273.

尾声

而，对于非富裕阶层的子女而言，受教育的机会也大大增加了。美国生活中的科技革命与近乎偏执的教育信念相结合，在加速削减对手工和体力劳动需求的同时，反而增加了进入中等和高等教育的青年男女的数量，因为除了上学社会不需要他们做其他事。[1] 19 世纪晚期，斯坦利·霍尔将学院定义为这样一个地方："在此处，被选中的少男少女们无须再受自力更生之累，远离事业、竞争以及某种社会约束，并在可行的最大限度内自由地实现他们自己的意愿。"[2] 现今也基本如此，除了如今的技术和经济条件使得这种宽容能够被更广泛地享有，而不再是"被选中的少男少女们"的特权。这就是数量问题对于美国高等教育的意义。

"二战"后，还有哪个国家能够——或者有可能——为退伍军人提供如此庞大的由政府资助的教育项目？这个项目在1945年后让1100万退伍军人推迟进入战后的工作谋生阶段，其中三分之一进入了学院和大学。[3] 还有哪个国家能够通过学院和大学招生的统计数据来呈现教育机会的迅速普及化？1870年，美国高等教育机构共招收了5万多名青年男女，一百年后，仅纽约城市大学的招生人数就几乎是这个数字的4倍了。1870年，18—21岁的适龄人口

---

1 参见 Crane Brinton: "Whither Higher Education," *Journal of Higher Education*, XXVII（1957），409–13。

2 G. Stanley Hall: "Student Customs," *Proceedings of the American Antiquarian Society*, New Series XIV（1900），83。

3 Bradford Morse: "The Veteran and His Education," *Higher Education*, XVI（1960），No. 3–6, 7, 16–19. 参见 Charles A. Quattlebaum: *Federal Aid to Students for Higher Education*（Washington, 1956）。

中只有1.7%进入了学院和大学,到1970年,18—21岁的适龄人口中有一半进入了学院。1960年,约有350万青年男女进入高等教育机构,到1970年,这个数字将翻倍。[1] 1876年,美国有311所学院和大学,到1960年则有2026所。[2]

这些统计数据揭示了学院和大学的就读群体性质的根本变化。传统上作为"美国高等教育的核心和支柱"的独立文理学院,现在不仅受到巨型综合大学的挑战,还受到新型社区学院的挑战,这些遍布各地的社区学院是对持续存在的高等教育就读需求的回应。40个州的160所社区学院是从早先的师范学院发展而来的。在加州,学院和大学中超过一半的高年级学生是在社区初级学院完成其前两年的大学学业的。[3] 1941年,在新泽西州卢瑟福德出现了一所社区学院,这一计划堪称疯狂,但十五年后,这所学院,即如今的费尔雷·迪金森大学,在两个校区招收了7821名学生。1948年,在纽约,州议会在其各种各样的教育机构之外创建了纽约州立大学,其42个校区共同的校训为"使人成其所能"。数量问题根本就不是问题,也许东部的小型优质学院和常春藤联盟大学除外,因为它们相信可以在数量和质量之间做出选择:与住宿条件相比,这些院校的录取

---

[1] Educational Policies Commission: *Higher Education in a Decade of Decision*, pp. 22, 31.

[2] Charles F. Thwing: *American Colleges: Their Students and Work* (New York, 1878), p. 144; United States Office of Education: *Education Directory 1960–1961, Part 3: Higher Education* (Washington, 1960).

[3] M. M. Chambers: "Diversify the Colleges," *Journal of Higher Education*, XXXI (1960), 10–13.

尾声

标准提升得更快更高。在其他地方，按照美国特有的风尚，对质量和数量的追求，就像菲利普·林斯利试图在田纳西州边境建立一所大学的传统一样，会被视为一种必然的挑战和公共责任。当然，其间也会出现问题。哈佛大学的一位精神病学家报告说，"青少年对学院入学的焦虑"正在"成为一个心理健康问题"。[1] 就连菲利普·林斯利也准备承认："尽管驴可能去朝圣，但它也终将回来。"[2] 然而，事情的真相是，美国学院和大学将与全国一半以上的青年男女分享它们的传统和目的。

在上述这些导致数量问题的因素之外，还得加上20世纪60年代美国黑人将获得自由这一充满意义和希望的可能性。在内战前，偶尔会有某个黑人从某所美国学院毕业（最早的两位于1828年分别毕业于鲍登学院和俄亥俄大学），但自由的黑人全面抵制了殖民运动中白人领袖的奉承，他们希望通过高等教育制造一群心怀不满的黑人，由他们领导赴利比里亚的移民活动。[3] 内战后，自由民事务局（Freedmen's Bureau）的活动和社会中上阶层的文明冲动导致了大量黑人院校的建立，这些院校虽然名义上是学院式的，但在标准和设施上与学院相差甚远。[4] 到1917年，仅有华盛顿

---

1 *The New York Times*, June 28, 1961.
2 Leroy J. Halsey, ed.: *The Works of Philip Lindsley, D.D.*（Philadelphia, 1866），I, 558.
3 Carter G. Woodson: *The Education of the Negro Prior to 1861*（New York, 1915），pp. 256–82; Thomas N. Hoover: *The History of Ohio University*（Athens, 1954），p. 50.
4 Dwight Oliver Wendell Holmes: *The Evolution of the Negro College*（New York, 1934），pp. 4–15, 46, 69 ff.

的霍华德和纳什维尔的菲斯克这两所院校与人们心目中的美国学院类似。[1]

此后，慈善基金会和州立法机构加强了南方黑人学院的建设，但直到20世纪30年代，黑人领袖们仍对黑人学院毕业的学生不能读写这一事实感到遗憾。[2]

尽管美国高等教育机构经常会遇到各种问题，包括美国种族制度和黑人历史造成的问题，但一批强大的黑人学院还是发展起来了。在20世纪60年代，毕业于黑人学院的年轻人领导了新的自由运动。33所黑人学院联合起来成立了"黑人学院联合基金"，此后美国黑人的高等教育更是与其他各类院校联系在了一起，包括南方的州立大学、北方的文理学院，以及正在废除隔离的黑人学院。这一运动对于美国高等教育入学人数的推动作用在与以下事实的对照中清晰地显现了出来，即它承诺让十分之一的美国人充分参与到美国生活中来，而至少到目前为止，这些人依然基本上是被隔绝在美国梦之外的。

如何支付教育费用成为许多群体关注的问题。对父母来说，他们并不完全认可社会倾向于将他们孩子的受薪工作年龄推迟到20岁以后。对于那些才华得到培育的年轻人，他们的期望也随之被放大。对于基金会、公司和校友团体，所有这些都显著地，甚至是急剧地增加了它们的支出。对于那些感受到教育机构巨大胃口的管理者

---

[1] Dwight Oliver Wendell Holmes: *The Evolution of the Negro College*（New York, 1934）, pp. 158–62; Walter Dyson: *Howard University: The Capstone of Negro Education*（Washington, 1941）.

[2] John W. Davis: *Problems in the Collegiate Education of Negroes*（West Virginia, 1937）, p. 19; 以及 *Land-Grant Colleges for Negroes*（West Virginia, 1934）.

尾声

们、那些享受着少有的供不应求体验的教授们，以及政府，他们对州和社区的关注往往只是聚焦在高等教育入学的基本模式上。1960年，60%的美国大学生就读于公立院校。因为受到公众压力的影响，这些院校更愿意增加它们的招生人数。显然，他们很关注对高等教育的资助，而联邦政府也同样关注这个问题，无论从何种角度来看，这在美国历史上都是第一次。

此外，问题不再是联邦政府是否应该支持高等教育，而是如何支持。据联邦教育署高等教育助理专员小霍默·巴比奇（Homer D. Babbidge, Jr.）估计，每年有15亿—20亿美元联邦资金流入高等院校。在1957年之后的几年里，25%的美国大学校园的建设费用是由来自华盛顿的借款支付的。[1]到1960年，在学院和大学的营收中，联邦经费占比20%（像哈佛这样的院校，这个比例是25%）。事实上，大学研究成了联邦政府的主要事业，大学70%的研究是由联邦政府资助或支付的。[2] 1960年，大约有10万名学生从联邦政府贷款共计5300万美元，以支付自己的大学学费。[3]政府已经在

---

1 Homer D. Babbidge, Jr.: "Higher Education and the Federal Government," *Higher Education*, XVII (1960), No. 1, 3-6. 参见 James Russell: *Federal Activities in Higher Education after the Second World War* (New York, 1951); Seymour E. Harris, ed.: *Higher Education in the United States: The Economic Problems* (Cambridge, 1960)。

2 *Harvard and the Federal Government: A Report to the Faculties and Governing Boards of Harvard University* (Cambridge, 1961), pp. 1, 4; Charles V. Kidd: "New Government-University Relationships in Research," *Higher Education*, XVI (1960), No. 3-6, 8, 18-19.

3 *Higher Education*, XVI (1960), No. 9, 8.

大力支持高等教育了，而且它承诺其资助还会继续增长。之所以如此，既是因为不断加速的科学革命使得它别无选择，也是因为时空距离的缩小已经摧毁了狭隘的地方主义——这曾经是地方资助传统的基础，更是因为没有其他机构能够或愿意为全国一半以上的年轻人提供高等教育资助。

同时，让这个国家越来越多的年轻人拥有有意义的教育经历显然是对"如何才能做到这一切"这一棘手问题的一个创造性回答。电化教育很吸引人，有望给陷入困境的大学带来一些帮助。纽约理工学院设立了一个电化教室，但与人们的预期相反，其"重点是个别化教学"[1]。底特律大学宣布，它准备将三分之二的课程通过电视频道传送到学生家中，并打算研究是否可以对学费进行"调整以补偿购买电视机的费用"[2]。但是，工具的创新既不能定义也不能拯救"二战"后开始的教育时代。那些将会重新定义学院和大学的改革，可能比那些电视机、教学机器、语言实验室和考试机器的影响更为深远。因为所有这些都不涉及目的，它们不过是一种工具，它们与其模仿的讲授、死记硬背、课堂练习和日常小测验等古人的做法一样，是实用而中立的。

三百多年的历史证明，对根本性改革的抵制是美国学院和大学根深蒂固的传统。罗切斯特大学的一位历史学家将其学校的传统政策描述为"明智的保守主义，在环境允许的情况下，由自由进步

---

1 *The New York Times*, January 9, 1961.
2 Ibid., February 18, 1957.

尾声

主义精神加以修正"[1]。除了极少数例外，以下这些也是美国学院和大学的一贯政策：随波逐流，屈从现实，反应迟缓，后知后觉。坚持认为过往皆为真善的决心激发了耶鲁1828年的著名报告。20世纪50年代，类似的决心激发了哈佛校长普西（Pusey）让哈佛回归上帝的努力，激起了耶鲁校长格里斯沃尔德（Griswold）对人文学习理念的辩护，也使得普林斯顿校长戈辛（Goheen）坚决反对匆忙加快其学院项目的创设。如果美国高等教育史可以作为一份指南，上述这些人不太可能作为时代的塑造者而被铭记。美国教育史上的缔造者们——托马斯·杰斐逊、弗朗西斯·韦兰、安德鲁·怀特、查尔斯·埃利奥特、丹尼尔·科伊特·吉尔曼、威廉·雷尼·哈珀——并不是捍卫者，而令人难忘的继承者们——约翰·莱弗里特、杰里迈亚·戴、马克·霍普金斯——则享有在一个不太受变革影响的时代建立自己声誉的特权。

那些历史更悠久的院校，其管理者和教授们的努力将会汇集成最终能定义新时代的改革，因为这些院校时刻准备着面向未来，把握其所处时代的意义。在加州大学、斯坦福大学、杜克大学和威斯康星大学，这些人对诸如因质量和数量、自由学习和专业训练的矛盾而产生的问题进行了有效的批评。一些小型学院，因不愿或无法应对数量上的挑战而放弃了他们的文雅传统所鼓励的全面发展的培养宗旨，它们组织了新的项目，并开始了旨在推动培养知识精

---

[1] Jesse Leonard Rosenberger: *Rochester, the Making of a University*（Rochester, 1927）, p. 303.

英的新实践。阿默斯特学院正在有意识地发展成为一所职前荣誉学院,卫斯理学院正试图将学院和大学的目标重新整合起来,而斯沃斯莫尔学院则发现,它在荣誉课程理念方面的长期经验使它成了20世纪60年代那些敢于冒险的学院的榜样。

然而,还没有一项广泛传播的创新可以被称为是突破性的,也没有一项实验能清楚地展现或说明美国学院和大学传统的继承者们的需求和机遇。实验研究是大学的生命,创新是大学对社会的馈赠,但很少有学院和大学对自身进行实验研究和创新。在此,胆怯占据了上风。1869年,埃利奥特校长在哈佛就职演说中告诉他的听众"大学必须迅速适应它所服务的人们在特征上的重大变化",但是创造性适应变得愈加困难了,因为这所大学已经变得太过折中主义以至于让人难以理解,它常常是被形势引领而不是引领形势。[1] 20世纪50年代,为了响应"卓越"的新口号,课程运动悄悄进入了那些希望永远舒适安稳的院校的生活之中。在各所院校,独立学习都取得了进展,荣誉课程和提供更大灵活性的努力都获得了认可。二年级或三年级时去海外学习已不再是实验学院的特色了,修订学年安排成了公共关系事务的必选项,不断扩充的高中课程增加了学院先修课程,并允许获取学院学分,以便提前从学院毕业。[2]

位于底特律的韦恩州立大学的蒙提斯学院和位于坦帕的南佛罗里达大学得以创立,它们是重新定义大学方向和目的的实验室。

---

1 *Addresses at the Inauguration of Charles William Eliot as President of Harvard College, Tuesday, October 19, 1869*(Cambridge, 1869), p. 62.
2 参见联邦教育署的系列小册子,*New Dimensions in Higher Education*(1960- )。

尾声

在马萨诸塞州的康涅狄格河谷地带，4所古老的学院解放了其教师们的创造性和想象力，他们敢于提问：理想的学院是什么？他们敢于回答：更少的讲座和更多的阅读。没有学系，没有学院排名或教师等级；校长从教师中遴选，任期五年；没有兄弟会或联谊会，没有校际体育赛事；大幅精简课程数量，减少支出，仅靠学费就能运营。[1]这些教授梦想家们称他们未出生的孩子为"新学院"，它在某一天可能会作为一个"勇敢而快乐的想法"而被人铭记，就像哈佛之于科顿·马瑟一样。因为对一所新学院的需求将会定义一个教育的成熟时代，它将结束以灌输填喂为准则的教育，用运动代替娱乐，拒绝所有传统的崇拜——四年制学院、五门课的专业、古老的预算和决算操作。换句话说，这所学院将摆脱对学院的各种束缚和限制，而这些束缚和限制被认为是自牛津和剑桥成立以来就该遵守的成例。

美国现在日益能够和应该支持一所诚实（因为这对于一所有校际体育项目的学院来说可能会有巨大的困难）、有支付能力（因为没有一所院校在其支付工资之前无须道歉）且不惧怕对知识和道德目标有所承诺的院校，要知道学院或大学比任何其他社会机构都能更有效地实现这些目标。

与此同时，董事会和教师们也讨论了一些伪问题：如联邦政府

---

1 C. L. Barber, et al.: *The New College Plan: A Proposal for a Major Departure in Higher Education: Prepared at the Request of the Presidents of Amherst College, Mount Holyoke College, Smith College, and the University of Massachusetts with the Assistance of a Grant from the Fund for the Advancement of Education* ( Amherst, 1958 ).

应该支持高等教育吗？我们需要做出改变吗？我们应该选择数量还是质量？——学生自己会负责改变的。数量庞大的学生具有创造性、破坏性、潜在性、危险性、神秘性，但也具有激发性。他们把大学变成了通往研究生院和专业学院的中转站。他们在无意之中已经理解并运用了心理学的语言，而他们的老师却还在对心理学的忽视中继续辛劳，这种忽视甚至将《耶鲁报告》以及传统力量视为一种可用的学习心理学。他们拒绝了"传统学院的尝试"，他们让他们的前辈不知所措。

任何大胆定义新时代的努力所面临的都会是深刻而重大的问题，而不是经费、数量、教师招聘和政府角色等具体问题。例如，一名得克萨斯大学的学生曾给出了一个广为流传的关于教育的定义："如果一位教授能够对其心目中的学生所接受的教育的多寡进行评估，那么相应地，学生也应该能够对其心目中的教授所给予的教育的多寡进行评估。"[1]在芝加哥大学，经过几十年的改革和勇敢的教育引领，一位发言人宣布大学回归曾经被抛弃的价值观："我们……曾经问过自己，是否美貌和力量也应该像智慧那样在我们的校园里占有一席之地……那些一辈子只能赚到100万美元的普通美国男孩，那些只想要一位丈夫和一张文凭的普通女孩，芝加哥大学都欢迎他们，就像欢迎那些聪明的神童一样。"[2]1958年，奥柏林为庆祝建校一百二十五周年，以"教育——活力民主的保障"为主题举行了为期三天的集会。随后，奥柏林向商人、学术管理人员和政府官

[1] The New York Times, August 24, 1960.
[2] Ibid., May 21, 1959.

尾声

员颁发了20个荣誉学位,但没有颁发给教师。[1]在艾奥瓦州立大学,一位学生领袖热情地宣布:"我觉得我可以成为一位真正优秀的组织人——聪明,充满渴望,风度翩翩……你必须始终保持热情,微笑,开心,保持闪耀的个性。"[2]在哈佛,即便成功募捐了8250万美元资金,但图书馆的扩建和服务改善依然没有完全实现,因为校友们没有为这一大学的中心留出足够的资金。

这个问题很严重,但并不比1826年时更差,当时佛蒙特大学的詹姆斯·马什告诫他的朋友:"我们正在做实验,这一点再怎么提醒也不过分……这个实验在人类社会进程中还从未被尝试过。"这个实验仍然值得继续下去,因为它已经让世界各地的人们有充分的理由相信学院最早的创始人之一玛拿西·卡特勒的话:"为青年提供自由教育的机构对艺术和科学的进步至关重要,对道德和宗教很重要,对社会的和平、秩序和繁荣很有益,并且能增添政府的荣耀,只要它支持它们。"[3]

---

1 *The New York Times,* October 12,1958.
2 *Washington Post and Times Herald,* November 30, 1958, "Parade," p. 13.
3 James Marsh: *An Address Delivered in Burlington, upon the Inauguration of the Author to the Office of President of the University of Vermont, Nov. 28, 1826* ( Burlington, 1826 ), p. 5; Hoover: *Ohio University,* p. 15.

# 参考文献
## 美国高等教育史学史

### 导论

由于脚注和索引不仅能为特定主题的研究提供指引,而且也能展示已有的文献资料,对于当前的研究大有助益,所以我决定不再编制常规的参考书目。在我看来,对历史研究最好的服务是在对标准的研究主题的考量之外,辅以对美国高等教育史学发展的整体考察,并据此对研究需求和方向提出相关建议。

### 肇始:历史学家的研究

在历史学家中有一种流行观点,认为他们是在很晚近的时候才对教育史产生研究兴趣的,这种研究兴趣把这门学科从教育工作者和老校友手里拯救了出来,后者十分在意能否一直心满意得地保留这个领地。但是,美国高等教育史第一部重要的多卷本著作是在研讨班早期著名指导者约翰·霍普金斯大学的赫伯特·巴克斯特·亚当斯(Herbert Baxter Adams)的指导下由专业历史学家完成的,因此历史学家的这种流行观点并不太站得住脚。

这一由联邦教育局在1887—1903年作为《信息通告》(*Circulars of Information*)而出版的多卷本著作,目的在于逐州调查美国人民的教育历史。该系列著作的前几卷有一个副标题——"美国教育史丛书",虽然该丛书的大部分分卷都是关于州的研究,但一些更重要的分卷则不是,包括亚当斯自己撰写的前两卷《威廉玛丽学院》(*The College of William and Mary*, 1887)和《托马斯·杰斐逊与弗吉尼亚大学》(Thomas Jefferson and the University of Virginia, 1888)。(1887年,教育局还出版了亚当斯的另一卷著作《美国学院和大学史研究》[The Study of History in American Colleges and Universities]。)仍有参考价值的是弗兰克·布莱克默(Frank W. Blackmar)的《美国联邦和州高等教育资助史》(The History of Federal and State Aid to Higher Education in the United States, 1890); 戈迪(J. P. Gordy)的《美国师范学校思想的兴起与发展》(Rise and Growth of the Normal-School Idea in the United States, 1891), 以及弗朗西斯·牛顿·索普(Francis Newton Thorpe)主编的《本杰明·富兰克林与宾夕法尼亚大学》(Benjamin Franklin and the University of Pennsylvania, 1893)。

丛书的作者有约翰·康芒斯、查尔斯·霍默·哈斯金斯、乔治·奈特(George W. Knight)、安德鲁·麦克劳克林(Andrew C. McLaughlin)、伯纳德·施泰纳(Bernard C. Steiner)和威廉·豪·托尔曼(William Howe Tolman),还有一本没有列入该丛书的著作,可在政治史和经济史的标准参考书目中找到:奥斯卡·汉德林(Oscar Handlin)等编著的《哈佛美国史指南》(Harvard Guide to American History, 1954)。然而,在该系列近40卷著作中,只有戈迪的那一卷被收录在哈佛书目中。

这些著作已经许久无人问津了,而1900年出版的一部涉及美国教育起源的重要的思想史著作,爱德华·埃格尔斯顿(Edward Eggleston)的《17世纪英国文明向美国文明的转型》(The Transit of Civilization from England to America in the Seventeenth Century)也基本上被遗忘了。这项开拓性研究最近出版了由阿瑟·施莱辛格(Arthur M. Schlesinger)作序的新版本(1959年),其对于早期美国教育研究主题所具有的重要指导价值在伯纳德·贝林的著作《教育与美国社会的形成》(Education in the Forming of American Society, 1960)中得到了高度肯定。

有些人认为这些早期作品之所以无人问津,是因为教育史研究落在了师范学院和校友手中,这在某种程度上导致了专业历史学家的缺席。在我看来,赫伯特·巴克斯特·亚当斯及其合著者基本上只关注了他们感兴趣的一个方面,即院校史,而且他们很快就没有什么问题可研究了,而研究问题的存在对于持续的历史探究实属必要。埃格尔斯顿的小书曾被认为会带来无限的可能性,但事实并非如此。历史学家致力于追求自身的专业性,而埃格尔斯顿却并非专业的历史学家。

美国学院和大学史

他是自学成才的自由历史学家这一即将消逝的群体中的最后一位，是一位愿意探讨大主题和大问题的作者，也是第一批寻求超越传统政治范畴来理解美国社会的历史学家之一。在1900年，历史研究的未来掌握在德式科学历史学家手里，他们经常就一些细小的主题提出许多细微的问题。此时，埃格尔斯顿的著作显然不受欢迎，直到社会史、知识史和文化史的洞见受到尊重时，这本书才得到了专业历史学家们的重视。

## 教育家的研究

专业历史学家研究教育史的意愿很快就被耗尽了，此后教育史的撰写任务就留给了校友们，自19世纪中叶以来，他们经常撰写奉承性或歌颂性的著作。另一批作者则是日益专业化的群体——教育家们，对他们而言，教育史成了灵感的源泉和行动的指南。在这些作者的主导下，教育史研究的重要性被日益消解。在《哥伦比亚大学师范学院对教育的贡献》（1905—1951）（*Teachers College, Columbia University, Contributions to Education* [1905-51]）这套庞大的丛书中偶尔会出现具有历史性质的著作，但这些著作大都是对当前行动的必要建议，而且缺乏任何明确的历史调查意识。

然而，哥大师范学院还是产出了一些可资历史学家借鉴的基础性研究成果，这些成果总能够给满怀期待的历史学家带来一些回报：莱斯特·威廉·巴特利特（Lester William Bartlett）的《州对私立高等教育机构的控制》（*State Control of Private Incorporated Institutions of Higher Education*, 1926），路易斯·汤姆林森·贝内泽（Louis Tomlinson Benezet）的《进步主义学院的通识教育》（*General Education in the Progressive College*, 1943），菲利普·库罗（Philip R. V. Curoe）的《美国劳工组织的教育态度和政策》（*Educational Attitudes and Policies of Organized Labor in the United States*, 1926），希尔瓦纳斯·杜瓦尔（Sylvanus M. Duvall）的《1869之后的卫理公会圣公会与教育》（*The Methodist Episcopal Church and Education up to 1869*, 1928），弗朗西丝·福尔维（Frances E. Falvey）的《学生与学院管理》（*Student Participation in College Administration*, 1952），本杰明·费恩（Benjamin Fine）的《美国的学院宣传》（*College Publicity in the United States*, 1941），埃德娜·海斯（Edna Hays）的《学院英语入学要求：对高中的影响》（*College*

*Entrance Requirements in English: Their Effects on the High Schools*, 1936), 约瑟夫·林赛·亨德森（Joseph Lindsey Henderson）的《学院入学认证》(*Admission to College by Certificate*, 1912), 德怀特·奥利弗·温德尔·霍姆斯（Dwight Oliver Wendell Holmes）的《黑人学院的演变》(*The Evolution of the Negro College*, 1934), 埃德加·奈特（Edgar W. Knight）的《战后重建对南方教育的影响》(*The Influence of Reconstruction on Education in the South*, 1913); 杰西·潘伯恩的（Jessie M. Pangburn)《美国师范学院的演变》(*The Evolution of the American Teachers College*, 1932); 多米尼斯·普拉格（Domis E. Plugge）的《1881—1936年美国高校希腊戏剧制作史》(*History of Greek Play Production in American Colleges and Universities from 1881 to 1936*, 1938), 大卫·波特（David Potter）的《殖民地特许学院的辩论：一项历史调查（1642—1900）》(*Debating in the Colonial Chartered Colleges: An Historical Survey, 1642 to 1900*, 1944), 奥拉·埃德加·雷诺兹（Ora Edgar Reynolds）的《大学生的社会经济地位》(*The Social and Economic Status of College Students*, 1927), 小丹尼尔·萨米斯·桑福德（Daniel Sammis Sanford, Jr.）的《高等教育机构间协议》(*Inter-Institutional Agreements in Higher Education*, 1934), 韦伯斯特·舒尔茨·斯托弗（Webster Schultz Stover）的《美国学院校长对校友的激励》(*Alumni Stimulation by the American College President*, 1930); 都振华的《内战前美国学院和大学的建立：以宗教对学院运动的影响为中心》(*The Founding of American Colleges and Universities Before the Civil War: With Particular Reference to the Religious Influences Bearing Upon the College Movement*, 1932)。

这些研究中至今还具有参考价值的是都振华的著作，尽管这一研究主题是对往昔院校尤其是数百所已经消失的学院的一次重现，但它依然可被视为《哥伦比亚大学师范学院对教育的贡献》(1905—1951)这套丛书近一千种著作中最有价值的历史研究著作。当然，这套丛书中的许多著作对教育史学家而言都具有一定的文献价值，这些著作见于埃莉诺拉·贝尔（Eleanora A. Baer）的三卷本《丛书著作目录》(*Titles in Series*, 1953-1960)。

其他院校的专业教育人士也撰写了少量的历史性著作，美国历史学家对此也应该有所了解。虽然其中一些研究与哥大师范学院的丛书有着相同倾向，但总的来说，它们相对客观平实一些。

美国学院和大学史

这些研究中最有价值的是萨迪·贝尔（Sadie Bell）的《弗吉尼亚的教会、州政府和教育》（*The Church, the State, and Education in Virginia*, 1930），维瓦·布思（Viva Boothe）的《1913—1932 年 27 所州立大学和学院的工资和生活成本》（*Salaries and the Cost of Living in Twenty-Seven State Universities and Colleges 1913-1932*, 1932），克劳德·查尔顿·鲍曼（Claude Charleton Bowman）的《美国的学院教授：基于 1890—1938 年综合杂志文章的分析》（*The College Processor in America: An Analysis of Articles Published in the General Magazines, 1890-1938*, 1938），埃德温·布鲁姆（Edwin C. Broome）的《学院入学要求的历史与批判》（*A Historical and Critical Discussion of College Admission Requirements*, 1903），艾尔斯·克卢斯（Elsie W. Clews）的《殖民地政府的教育立法和管理》（*Educational Legislation and Administration of the Colonial Governments*, 1899），刘易斯·库珀（Lewis B. Cooper）的《学院教师的学术休假》（*Sabbatical Leave for College Teachers*, 1932），约翰·戴维斯（John W. Davis）的《黑人赠地学院》（*Land-Grant Colleges for Negroes*, 1934），沃森·迪克曼（Watson Dickerman）的《美国高等学校暑期班的历史发展》（*The Historical Development of the Summer Session in Higher Institutions in the United States*, 1948），查尔斯·泰伯·菲茨（Charles Tabor Fitts）和弗莱彻·哈珀·斯威夫特（Fletcher Harper Swift）的《学院新生入学指导课程的构建》（*The Construction of Orientation Courses for College Freshmen*, 1928），卢瑟·戈贝尔（Luther L. Gobbel）的《1776 年以来北卡罗来纳州教育中的政教关系》（*Church-State Relationships in Education in North Carolina Since 1776*, 1938），艾伦·奥斯卡·汉森（Allen Oscar Hansen）的《18 世纪的自由主义与美国教育》（*Liberalism and American Education in the Eighteenth Century*, 1926），埃尔西·加兰·霍布森（Elsie Garland Hobson）的《纽约州的教育立法与行政：1777—1850 年》（*Educational Legislation and Administration in the State of New York from 1777 to 1850*, 1918），欧内斯特·维克托·霍利斯（Ernest Victor Hollis）的《慈善基金会与高等教育》（*Philanthropic Foundations and Higher Education*, 1938），罗伊·霍尼韦尔（Roy J. Honeywell）的《托马斯·杰斐逊的教育著作》（*The Educational Work of Thomas Jefferson*, 1931）。此外还有爱德华·桑福德·琼斯（Edward Safford Jones）的《美国学院的综合考试》（*Comprehensive Examinations in American Colleges*, 1933），帕克·科尔比（Park R. Kolbe）的《英美城市对高

参考文献

等教育的影响》(Urban Influences on Higher Education in England and the United States, 1928)、弗雷德·尤金·伦纳德(Fred Eugene Leonard)的《体育史指南(第三版)》(A Guide to the History of Physical Education, 3d. ed., 1947)和《现代体育训练先驱(第二版)》(Pioneers of Modern Physical Training, 2d. ed., 1919)、厄尔·詹姆斯·麦格拉斯(Earl James McGrath)的《1860—1933年美国高等教育机构行政部门的演变》(The Evolution of Administrative Offices in Institutions of Higher Education in the United States from 1860 to 1933, 1938)、亨利·戴维森·谢尔登(Henry Davidson Sheldon)的《美国学生社团的历史与教学法》(The History and Pedagogy of American Student Societies, 1901)、路易斯·肖尔斯(Louis Shores)的《美国学院图书馆的起源：1638—1800》(Origins of the American College Library 1638-1800, 1934)、玛丽·洛维特·斯莫尔伍德(Mary Lovett Smallwood)的《美国早期大学考试与分级制度的历史研究》(An Historical Study of Examinations and Grading Systems in Early American Universities, 1935)、路易斯·富兰克林·斯诺(Louis Franklin Snow)的《美国学院课程》(The College Curriculum in the United States, 1907)、詹姆斯·沃尔什(James J. Walsh)的《共和国开国元勋的教育》(Education of the Founding Fathers of the Republic, 1935)。

上述研究者大都对高等教育的当前发展和现实问题更感兴趣，而不是去理解过去、寻求历史经验。数据统计常常用来代替分析，尽管有历史性的标题，但作者很少把自己的研究看作是对美国历史的研究，而是首先将其视为对美国教育的研究。

斯诺在1907年对课程的研究，以及随后对进步主义倾向的研究，弗里曼·巴茨(R. Freeman Butts)的《学院课程编制》(The College Charts Its Course, 1939)已是课程史研究的标准参考书目，但二者并没有像乔治·马修·达彻(George Matthew Dutcher)的《卫斯理大学课程和相关学科的历史和批判性调查》(An Historical and Critical Survey of the Curriculum of Wesleyan University and Related Subjects, 1948)这一细致的研究，或像乔治·威尔逊·皮尔逊(George Wilson Pierson)的《1871—1937年的耶鲁：学院和大学》(Yale: College and University 1871-1937, 1952-1955)这两卷本更富雄心的耶鲁史研究那样确立课程史的研究模式。关于选修制原则和课程的历史可以作为一项揭示19世纪思想史和社会史的研究，但此类历史研究当时并不存在，也没有任何研究分地区地探讨课程发展，评估东部地区对南部和西部地区的影响，权衡地方因素在制定课程目标方面的重要性。

虽然之前列出的一些研究进入了政教关系的领域，但仍然需要进一步的历史研究来清楚地展现这种关系以及政教分离的过程，并说明其对高等教育的意义。此外，目前也没有哪一项研究清楚而深入地揭示了与公立高等教育相对的美国私立高等教育这一概念在 19 世纪的发展。

谢尔登在早年提交给克拉克大学的博士论文中开展的对本科生课外生活的研究在美国高等教育史上几乎是独一无二的文献，因为对本科生塑造教育的方式的探讨确实太少了。对美国学院兄弟会还没有严肃的历史研究，本科生文学社团的历史也依然埋藏在微缩胶片中。身体力量的发现和开发，或称之为体育的崛起，还在等待历史学的研究，或者确切地说，等待历史学家上场得分。历史学家已经研究过的是体育场所的兴衰、美式足球的净化运动———一次勇敢但不成功的校内运动、体育公共关系史，甚或还有体育和反复留级的二年级生的培养？克拉伦斯·谢德（Clarence P. Shedd）在《两个世纪的学生基督教运动：他们的起源和校际生活》（*Two Centuries of Student Christian Movements: Their Origin and Intercollegiate Life*，1934）和《教会追随学生》（*The Church Follows its Students*，1938）两书中对本科生宗教生活的两段历史开展了卓有成效的研究，但是谁会写一本书来讲述 18、19 世纪美国学院的宗教故事呢？研究 1858 年的复兴意味着什么呢？

布鲁姆对学院和大学招生历史的描述当然不再像在 1903 年时那样具有权威性，如今，在招生方面最好的作品是克劳德·菲斯（Claude M. Fuess）的《学院董事会：第一个五十年》（*The College Board: Its First Fifty Years*，1950）。然而，迄今为止，该领域的研究者依然关注不断变化的入学标准，这无可厚非，但它也意味着对下列各个主题的研究尚未展开：学院作为中学的角色以及高等教育机构中整合型的预科部门的历史，通过在中学提前开展的学院式实践进行招生，美国州立大学和认证运动在高中崛起过程中的作用。对学院和大学的招生情况进行全面的历史研究显然是一项艰巨的工作，因此迄今为止，我们对于美国学院入学史的研究只是略好于有根据的猜测。大量琐细的记录学院入学原因的报告或文献可以成为这一具有启发性研究的主题，在任何时代，它都应该讲述高等教育机构与社会之间的关系。大学生辍学的模式无疑是存在的，但尚未被总结出来。

参考文献

## 政府的研究

联邦教育局在 1887—1903 年发布的《信息通告》使美国政府成了高等教育史研究的一个稳定的资助方。由赫伯特·巴克斯特·亚当斯建立的编撰传统在教育办公室的一些有价值的研究中得到了延续，如伯德·鲍德温（Bird T. Baldwin）的《学院和大学荣誉制度的现状》（Present Status of the Honor System in Colleges and Universities，1915），贝利·伯里特（Bailey B. Burritt）的《学院和大学毕业生的专业分布》（Professional Distribution of College and University Graduates，1912），弗洛里安·卡乔里（Florian Cajori）的《美国数学史及其教学》（The Teaching and History of Mathematics in the United States，1890），谢尔登·戴维斯（Sheldon Emmor Davis）的《19 世纪的教育期刊》（Educational Periodicals During the Nineteenth Century，1919），罗斯科·埃克尔贝里（Roscoe H. Eckelberry）的《美国市立大学史》（The History of the Municipal University in the United States，1932），查尔斯·哈特·汉兹欣（Charles Hart Handschin）的《美国现代语言教学》（The Teaching of Modern Languages in the United States，1913），沃尔顿·约翰（Walton C. John）的《美国大学和学院的研究生学习》（Graduate Study in Universities and Colleges in the United States，1935），奥斯本（W. J. Osburn）的《美国教育的域外批评》（Foreign Criticism of American Education，1922），路易斯·雷伯（Louis E. Reber）的《美国的大学推广》（University Extension in the United States，1914），杰西·西尔斯（Jesse B. Sears）的《美国高等教育史上的慈善事业》（Philanthropy in the History of American Higher Education，1922），阿尔弗雷德·特鲁（Alfred C. True）的《1785—1925 年美国农业教育史》（A History of Agricultural Education in the United States, 1785-1925，1929）。

为了给当前的一些兴趣或问题提供帮助，政府公报常常用简短的引言来代替该主题的历史研究。然而，西尔斯对慈善事业的报告仍然是该领域的基准性著作。他的研究和赫伯特·巴克斯特·亚当斯主编的丛书中布莱克默的研究是高等教育史研究中私人资助和公共资助主题的里程碑。但这两项研究都已非常陈旧，对它们的探讨意味着可以提供进一步研究的诸多可能性。当然，1913 年国会对洛克菲勒和卡内基基金会的调查是一个有益题材，因为它揭示了进步主义的氛围。美国大学校友在慈善事业发展中的特定作用的形成过程尚未被恰切地解释或深入地研究。州的资助在19世纪学院生活中的重要性既被当今学院也被历史学家所忽视。然而，玛杰里·福斯特（Margery Foster）写就的清教徒时期的哈佛学院经济史（不久将出版）和西摩·哈里斯正在撰写、即将出版的哈佛大学成立以来的经济史，都是对该主题的有价值的补充。

卡乔里的数学教学史和汉兹欣的外语教学史，尽管是标准研究，但早已过时。特定学术性学科史的研究需要将对特定专业知识的精通与历史研究的能力相结合。这种结合很难实现，但两篇已出版的博士论文揭示了这一研究领域的可能性：安娜·哈多（Anna Haddow）的《1636—1900年美国学院和大学的政治学》（*Political Science in American Colleges and Universities, 1636-1900*，1939）和迈克尔·奥康纳（Michael J. L. O'Connor）的《美国学院经济学的起源》（*Origins of Academic Economics in the United States*，1944）。

## 基金会的研究

当某种推动改革的想法激起这些伟大基金会的兴趣时，他们就变成了历史学家。卡内基教学促进基金会出版了许多具有历史性质的公报：《美国和德国教授的财务状况》（*The Financial Status of the Professor in America and in Germany*，1908），霍华德·萨维奇（Howard J. Savage）等人的《美国学院体育》（*American College Athletics*，1929）及其参考文献手册，卡森·瑞恩（W. Carson Ryan）的《美国学校和学院体育文献》（*The Literature of American School and College Athletics*，1929），爱德华·埃利奥特（Edward C. Elliott）和梅里特·钱伯斯（Merritt M. Chambers）的《学院和法院：关于美国高等教育机构的司法裁决》（*The Colleges and the Courts: Judicial Decisions Regarding Institutions of Higher Education in the United States*，1936），卡森·瑞恩（W. Carson Ryan）的《早期研究生教育研究：约翰·霍普金斯大学、克拉克大学、芝加哥大学》（*Studies in Early Graduate Education: The Johns Hopkins, Clark University, The University of Chicago*，1939），弗雷德里克·凯利（Frederick J. Kelly）和约翰·麦克尼利（John H. McNeely）的《州和高等教育：其关系的发展阶段》（*The State and Higher Education: Phases of Their Relationship*，1933）。这些由基金会赞助的研究已经成为相关研究主题的标准著作，虽然它们都做出了重要贡献，但还应对其进行探究式阅读，从而为进

一步的研究挖掘潜在主题。

最近一次由基金会主导的对一个被历史学家忽视的领域进行的深入研究来自教育促进基金：比尔兹利·鲁姆尔（Beardsley Ruml）和西德尼·蒂克顿（Sidney G. Tickton）的《教师工资的历史和现状：一项跨度五十年与其他职业和行业的比较研究》(*Teaching Salaries Then and Now: A 50-Year Comparison With Other Occupations and Industries*, 1955)。洛根·威尔逊（Logan Wilson）的《学术人：一项职业社会学研究》(*The Academic Man: A Study in the Sociology of a Profession*, 1942)以及西奥多·开普罗（Theodore Caplow）和里斯·麦吉（Reece J. McGee）的《学术市场》(*The Academic Marketplace*, 1958)，对理解当代学术生活做出了贡献，但是美国学院的教授们的历史正在等待富有研究感知力和学术敏锐性的学生，有些研究者正准备探讨不断变化中的教授招聘的性质及其社会来源、社会经济地位以及他们的社会功能；与此同时，还试图讲述其职业生活的故事以及在此职业确立过程中的种种记录。师生关系本身就为探讨不断变化的院校宗旨和学习理论，以及最被忽视的主题——教学史提供了无限可能性。

## 历史学家的回归

乔治·施密特（George P. Schmidt）的《旧时代的学院校长》(*The Old Time College President*, 1930)对前大学时代的学院校长们进行了系统而富有同情心的描写，这标志着历史学家们回到了教育史这一被忽视的领域。这一著作是基于在哥伦比亚大学的狄克逊·瑞恩·福克斯（Dixon Ryan Fox）领导的研讨班上提交的一篇论文发展而来的。作者以该论文获得了博士学位，并被誉为研究传统学院的专家。同年，在哈佛，塞缪尔·埃利奥特·莫里森出版了哈佛史的第一卷，这是其他一些作者在埃利奥特校长任期内撰写的一些章节的合集，最终由莫里森编辑而成：《埃利奥特校长就职后哈佛大学的发展（1869—1929）》(*The Development of Harvard University since the Inauguration of President Eliot, 1869-1929*, 1930)。《哈佛学院的建立》(*The Founding of Harvard College*, 1935)，两卷本的《17世纪的哈佛学院》(*Harvard College in the Seventeenth Century*, 1936)，以及莫里森的后几卷《哈佛三百年：1636—1936》(*Three Centuries of Harvard: 1636-1936*, 1936)，这些著作提升了学院和大学史的地位，表明一流的历史学家可以在无损自己声誉的情况下研究这一课题，而且大学史对于了解美国的社会和理性的发展有着重要作用。

学院和大学史从此吸引了许多历史学教授，也涌现了一些试图在更广泛的层面上进行整合和解释的出色研究：阿尔比·戈德博尔德（Albea Godbold）的《旧南方的教会学院》（*The Church College of the Old South*，1944），理查德·霍夫施塔特和德威特·哈代（C. DeWitt Hardy）的《美国高等教育的发展和范围》（*The Development and Scope of Higher Education in the United States*，1952），理查德·斯托尔（Richard J. Storr）的《美国研究生教育的开端》（*The Beginnings of Graduate Education in America*，1953），理查德·霍夫施塔特和沃尔特·梅茨格的《美国学术自由的发展》（*The Development of Academic Freedom in the United States*，1955），威尔逊·史密斯的《教授与公共伦理学：内战前北方道德哲学家研究》（*Professors and Public Ethics: Studies of Northern Moral Philosophers before the Civil War*，1956）。

这些都是同类型研究中的典范，霍夫施塔特和梅茨格努力将学术自由的发展置于历史背景中，广泛讨论了美国高等教育史。它详细研究了学院和大学教师这一职业的兴起，尤其关注工作条件和职业标准的建立，还有效地解释了塑造美国学院和大学管理的因素。但是，这本书和施密特关于旧时代校长的书仍然给那些想要探索美国高等教育管理的研究者留下了很多空白，包括公共关系、院校竞争、具有新风格的学院和大学的校长、建筑规划和校园设计、董事会的社会和经济倾向等。

戈德博尔德的研究本身很出色，但后续研究还可以对内战以来的南方、北方和西部的教派学院进行对比式调查。高等院校中的宗教力量，以及学院和大学与教派之间联系的强度，这些问题的研究难度很大，但在缺乏可靠研究的情况下，在这个具有普遍性的问题上就会出现大量无稽之谈。

斯托尔对研究生教育背景的研究始于在哈佛大学的阿瑟·施莱辛格指导下所撰写的博士论文，后来这一主题得到了进一步的拓展（见下文）。罗杰斯对康奈尔大学进行了研究，霍金斯对约翰·霍普金斯大学进行了研究，巴曾（Barbun）和霍克西（Hoxie）对哥伦比亚大学进行了研究，皮尔逊对耶鲁大学进行了研究，斯托尔自己也研究了芝加哥大学的早期历史。史密斯关于道德哲学家的研究是该领域的开山之作，教育促进基金会赞助的一个历史学家委员会在 1957 年发表的一份名为《教育在美国历史中的作用》的报告中对其给予了高度评价。史密斯的专

参考文献

著和历史学家们1957年的报告强调了教育工作者和教育对于社会的塑造作用，并展现了迄今为止几乎完全被忽视的这一美国史领域内的无限可能性。史密斯在1961年发表于《哈佛教育评论》(*Harvard Educational Review* XXXI, 1961, 136-43)上的文章《美国教育的新历史学家》中提出，美国的教育史研究应该充分考虑美国教育历史当前研究的各种趋势。

近年来，有几项研究将可靠合理的历史叙事和对当前关注的一些教育问题结合在了一起，特别是政府与高等教育的关系问题：弗兰克·阿博特（Frank C. Abbott）的《政府政策与高等教育：纽约州大学董事研究，1784—1949》(*Government Policy and Higher Education: A Study of the Regents of the University of the State of New York, 1784-1949*, 1958)，理查德·埃克特（Richard G. Axt）的《联邦政府与高等教育财政》(*The Federal Government and Financing Higher Education*, 1952)，亨特·杜普利（A. Hunter Dupree）的《联邦政府中的科学：1940年之前的政策和活动史》(*Science in the Federal Government: A History of Policies and Activities to 1940*, 1957)，威廉·塞尔登（William K. Selden）的《认证：高等教育标准的斗争》(*Accreditation: A Struggle over Standards in Higher Education*, 1960)。

甚至在旨在为哈佛成立三百周年献礼的莫里森多卷本校史著作出现之前，学院和大学史研究可能就已经走向了某种复兴，因为许多在内战前成立的美国院校也即将迎来重要的生日。在学院和大学的教授中，有受过专业训练的历史学家，他们准备做一项比早期忠诚的校友们更严肃的工作。在研究生院，对思想史和社会史的研究兴趣日益增长，这使得人们开始关注学院和大学史。下列院校史都值得一提：弗莱彻对奥柏林的研究始于在哈佛大学时在弗雷德里克·默克(Frederick Merk)指导下写的博士论文，而勒杜（Le Duc）对阿默斯特的研究，鲁道夫对威廉姆斯的研究则是在耶鲁大学的拉尔夫·加布里埃尔（Ralph H. Gabriel）指导下进行博士学习的产物。这些年来进入学院和大学历史学家行列的历史学者有：卡尔·贝克尔（Carl L. Becker）、爱德华·切尼（Edward P. Cheyney）、阿瑟·科尔（Arthur C. Cole）、默顿·库尔特（E. Merton Coulter）、默尔·柯蒂（Merle Curti）、韦兰·达纳韦（Wayland F. Dunaway）、乔治·达彻、约翰·特雷西·埃利斯（John Tracy Ellis）、沃尔特·弗莱明（Walter L. Fleming）、狄克逊·瑞恩·福克斯、克劳德·菲斯、拉尔夫·加布里埃尔、乔治·皮尔逊、威廉·沃伦·斯威特（William Warren Sweet）和托马斯·杰斐逊·沃腾贝克（Thomas Jefferson

美国学院和大学史

Wertenbaker）。他们对推进美国学院和大学的历史研究做出了巨大贡献。下面的列表包括了多所学院和大学的校史，无论新旧好坏，都对感受美国学院和大学经历有所助益。毫无疑问，在不改变本研究的基本方向的情况下，其他的校史也可以被包括进来。此外，出于特定的研究目的，笔者亦从地理和教派的角度对这些院校做了一定的筛选：

Patrick Henry Ahern: *The Catholic University of America 1887-1896: The Rectorship of John J. Keane* (1948).

Charles Elmer Allison: *A Historical Sketch of Hamilton College, Clinton, New York* (1889).

Alfred Williams Anthony: *Bates College and its Background: A Review of Origins and Causes* (1936).

Wallace W. Atwood: *The First Fifty Years* [of Clark University]: *An Administrative Report* (1937).

W. Charles Barber: *Elmira College: The First Hundred Years* (1955).

Colman J. Barry: *The Catholic University of America 1903-1909: The Rectorship of Denis J. O'Connell* (1950).

Jacques Barzun, ed.: *A History of the Faculty of Philosophy Columbia University* (1957).

Kemp Plummer Battle: *History of the University of North Carolina* (1907-12), 2 vols.

Arthur G. Beach: *A Pioneer College: The Story of Marietta* (1935).

Carl L. Becker: *Cornell University: Founders and the Founding* (1943).

Winstead Paine Bone: *A History of Cumberland University 1842-1935* (1935).

Catherine Drinker Bowen: *A History of Lehigh University* (1924).

Frank P. Brackett: *Granite and Sagebrush: Reminiscences of the First Fifty Years of Pomona College* (1944).

Marion Luther Brittain: *The Story of Georgia Tech* (1948).

Walter C. Bronson: *The History of Brown University 1764-1914* (1914).

Robert Preston Brooks: *The University of Georgia Under Sixteen Administrations*

*1785-1955* (1956).

Philip Alexander Bruce: *History of the University of Virginia, 1819-1919* (1920-2), 5 vols.

Enoch Albert Bryan: *Historical Sketch of the State College of Washington 1890-1925* (1928).

Henry Morton Bullock: *A History of Emory University* (1936).

Earnest Elmo Calkins: *They Broke the Prairie* [Knox College] (1937).

Malcolm Carron: *The Contract Colleges of Cornell University: A Cooperative Educational Enterprise* (1958).

Nora Campbell Chaffin: *Trinity College, 1839-1892: The Beginnings of Duke University* (1950).

G. Wallace Chessman: *Denison: The Story of an Ohio College* (1957).

Edward Potts Cheyney: *History of the University of Pennsylvania 1740-1940* (1940).

Russell H. Chittenden: *History of the Sheffield Scientific School of Yale University 1846-1922* (1928), 2 vols.

Robert Glass Cleland: *The History of Occidental College, 1887-1937* (1937).

Wilson O. Clough: *A History of the University of Wyoming, 1887-1937* (1937).

Arthur C. Cole: *A Hundred Years of Mount Holyoke College: The Evolution of An Educational Ideal* (1940).

Varnum Lansing Collins: *Princeton* (1914).

Florence Converse: *Wellesley College: A Chronicle of the Years 1875-1938* (1939).

Roberta D. Cornelius: *The History of Randolph-Macon Woman's College: From the Founding in 1891 Through the Year of 1949-1950*(1951).

E. Merton Coulter: *College Life in the Old South* [University of Georgia ] (1951), 2d. ed.

Thomas Evans Coulton: *A City College in Action: Struggle and Achievement at Brooklyn College 1930-1955* (1955).

Merle Curti and Vernon Carstensen: *The University of Wisconsin: A History,*

*1848-1925* (1949), 2 vols.

George R. Cutting: *Student Life at Amherst College* (1871).

John M. Daley: *Georgetown University: Origin and Early Years* (1957).

William H. S. Demarest: *A History of Rutgers College 1766-1924* (1924).

Samuel Bradford Doten: *An Illustrated History of the University of Nevada* (1924).

Joseph H. Dubbs: *History of Franklin and Marshall College* (1903).

Wayland Fuller Dunaway: *History of the Pennsylvania State College* (1946).

David R. Dunigan: *A History of Boston College* (1947).

George Matthew Dutcher: *An Historical and Critical Survey of the Curriculum of Wesleyan University and Related Subjects* (1948).

Walter Dyson: *Howard University: The Capstone of Negro Education* (1941).

James Harold Easterby: *A History of the College of Charleston Founded 1770* (1935).

Edward Dwight Eaton: *Historical Sketches of Beloit College* (1928).

Orrin Leslie Elliott: *Stanford University: The First Twenty-Five Years* (1937).

John Tracy Ellis: *The Formative Years of the Catholic University of America* (1946).

Elizabeth M. Farrand: *History of the University of Michigan* (1885).

Merritt Caldwell Fernald: *History of the Maine State College and the University of Maine* (1916).

William Warren Ferrier: *Origin and Development of the University of California* (1930).

Donald Fleming: *Science and Technology in Providence 1760-1914: An Essay in the History of Brown University in the Metropolitan Community* (1952).

Walter L. Fleming: *Louisiana State University 1860-1896* (1936).

Robert Samuel Fletcher: *A History of Oberlin College from its Foundation through the Civil War* (1943), 2 vols.

Sidney Forman: *West Point: A History of the United States Military Academy* (1950).

参考文献

Dixon Ryan Fox: *Union College: An Unfinished History* (1945).

John C. French: *A History of the University Founded by Johns Hopkins* (1946).

Claude Moore Fuess: *Amherst: The Story of a New England College* (1935).

Ralph Henry Gabriel: *Religion and Learning at Yale: The Church of Christ in the College and University, 1757-1957* (1958).

William Freeman Galpin: *Syracuse University: The Pioneer Days* (1952).

Louis G. Geiger: *University of the Northern Plains: A History of the University of North Dakota 1883-1958* (1958).

Roy Gittinger: *The University of Oklahoma 1892-1942* (1942).

Wilbur H. Glover: *Farm and College: The College of Agriculture of the University of Wisconsin: A History* (1952).

Thomas Wakefield Goodspeed: *A History of the University of Chicago Founded by John D. Rockefeller: The First Quarter-Century* (1916).

James Gray: *The University of Minnesota 1851-1951* (1951).

Alice Payne Hackett: *Wellesley: Part of the American Story* (1949).

Raphael N. Hamilton: *The Story of Marquette University: An Object Lesson in the Development of Catholic Higher Education* (1953).

Alfred J. Hanna: *The Founding of Rollins College* (1935).

Louis C. Hatch: *The History of Bowdoin College* (1927).

Walter Havighurst: *The Miami Years 1809-1959* (1958).

Hugh Hawkins: *Pioneer: A History of the Johns Hopkins University, 1874-1889* (1960).

Algo D. Henderson and Dorothy Hall: *Antioch College: Its Design for Liberal Education* (1946).

William Murray Hepburn and Louis Martin Sears: *Purdue University: Fifty Years of Progress* (1943).

Waterman Thomas Hewett: *Cornell University: A History* (1905), 5vols.

Edith Parker Hinckley and Katharine Norton Benner: *The Dean Speaks Again: Edwin Clarence Norton, Pioneer Dean of Pomona College* (1955).

Burke A. Hinsdale: *History of the University of Michigan* (1906).

Peter E. Hogan: *The Catholic University of America, 1896-1903: The Rectorship of Thomas J. Conaty* (1949).

Daniel Walker Hollis: *University of South Carolina* (1951-6), 2 vols.

Thomas N. Hoover: *The History of Ohio University* (1954).

Arthur J. Hope: *Notre Dame: One Hundred Years* (1943).

James F. Hopkins: *The University of Kentucky: Origins and Early Years* (1951).

R. Gordon Hoxie, et al.: *A History of the Faculty of Political Science Columbia University* (1955).

Joseph D. Ibbotson and S. N. D. North: *Documentary History of Hamilton College* (1922).

Barbara Jones: *Bennington College: The Development of an Educational Idea* (1946).

Rufus M. Jones: *Haverford College: A History and an Interpretation* (1933).

Theodore F. Jones, ed.: *New York University 1832-1932* (1933).

Frederick Paul Keppel: *Columbia* (1914).

William Lathrop Kingsley, ed.: *Yale College: A Sketch of its History* (1879), 2 vols.

Anna Heubeck Knipp and Thaddeus P. Thomas: *The History of Goucher College* (1938).

Madison Kuhn: *Michigan State: The First Hundred Years* (1955).

Thomas Le Duc: *Piety and Intellect at Amherst College 1865-1912* (1946).

William Storrs Lee: *Father Went to College: The Story of Middlebury* (1936).

Delavan L. Leonard: *The History of Carleton College* (1904).

Edwin S. Leonard, Jr.: *As the Sowing: The First Fifty Years of the Principia* (1951).

Julian Ira Lindsay: *Tradition Looks Forward: The University of Vermont: A History 1791-1904* (1954).

David A. Lockmiller: *History of the North Carolina State College of Agriculture and Engineering of the University of North Carolina, 1889-1939* (1939).

Henry M. MacCracken, et al.: *New York University* (1901).

参考文献

Edward D. McDonald and Edward M. Hinton: *Drexel Institute of Technology, 1891-1941* (1942).

Philip M. Marston, ed.: *History of the University of New Hampshire 1866-1941* (1941).

Cornelia Lynde Meigs: *What Makes a College? A History of Bryn Mawr* (1956).

Gilbert Meltzer: *The Beginnings of Elmira College, 1851-1868* (1941).

Annie Nathan Meyer: *Barnard Beginnings* (1935).

William Alfred Millis: *The History of Hanover College from 1827 to 1927* (1927).

Edwin Mims: *History of Vanderbilt University* (1946).

Dwight C. Miner, ed.: *A History of Columbia College on Morningside* (1954), one of the volumes in *The Bicentennial History of Columbia University* (1954-7), 15 vols.

James Henry Morgan: *Dickinson College: The History of One Hundred and Fifty Years 1783-1933* (1933).

Samuel Eliot Morison, ed.: *The Development of Harvard University since the Inauguration of President Eliot 1869-1929* (1930).

Samuel Eliot Morison: *The Founding of Harvard College* (1935).

———: *Harvard College in the Seventeenth Century* (1936), 2 vols.

———: *Three Centuries of Harvard 1636-1936* (1936).

Alfred J. Morrison, ed.: *The College of Hampden-Sydney: Calendar of Board Minutes 1776-1876* (1912).

Burton Dorr Myers: *History of Indiana University: 1902-1937* (1952).

Allan Nevins: *Illinois* (1917).

John Scholte Nollen: *Grinnell College* (1953).

Lucy Lilian Notestein: *Wooster of the Middle West* (1937).

James I. Osborne and Theodore G. Gronert: *Wabash College: The First Hundred Years, 1832-1932* (1932).

Edwin Oviatt: *The Beginnings of Yale* (1701-1726), (1916).

George Sessions Perry: *The Story of Texas A & M* (1951).

George Wilson Pierson: *Yale: College and University 1871–1937* (1952–5), 2 vols.

James E. Pollard: *History of the Ohio State University: The Story of its First Seventy-Five Years 1873–1948* (1952).

William H. Powers, ed.: *A History of South Dakota State College* (1931).

Samuel C. Prescott: *When M.I.T. was "Boston Tech" 1861–1916* (1954).

Carl F. Price: *Wesleyan's First Century* (1932).

Allen E. Ragan: *A History of Tusculum College, 1794–1944* (1945).

Charles Henry Rammelkamp: *Illinois College: A Centennial History 1829–1929* (1928).

Andrew Van Vranken Raymond, ed.: *Union University: Its History, Influence, Characteristics and Equipment* (1907), 3 vols.

John Hugh Reynolds and David Yancey Thomas: *History of the University of Arkansas* (1910).

Leon Burr Richardson: *History of Dartmouth College* (1932), 2 vols.

Palmer Chamberlain Ricketts: *History of Rensselaer Polytechnic Institute 1824–1914* (1934), 3d. ed.

Walter P. Rogers: *Andrew D. White and the Modern University* (1942).

Jesse Leonard Rosenberger: *Rochester, the Making of a University* (1927).

Earle D. Ross: *A History of the Iowa State College of Agriculture and Mechanic Arts* (1942).

Frederick Rudolph: *Mark Hopkins and the Log: Williams College, 1836–1872* (1956).

S. Willis Rudy: *The College of the City of New York: A History, 1847–1947* (1949).

Kent Sagendorph: *Michigan: The Story of the University* (1948).

Edmund C. Sanford: *A Sketch of the History of Clark University* (1923).

James B. Sellers: *History of the University of Alabama 1818–1902* (1953).

Henry D. Sheldon: *History of University of Oregon* (1940).

Robert Sibley: *The Romance of the University of California* (1928).

参考文献

David Bishop Skillman: *The Biography of a College: Being the History of the First Century of the Life of Lafayette College* (1932), 2 vols.

George Franklin Smythe: *Kenyon College: Its First Century* (1924).

Leverett Wilson Spring: *A History of Williams College* (1917).

Walter Stemmons: *Connecticut Agricultural College—A History* (1931).

Charles Burt Sumner: *The Story of Pomona College* (1914).

William Warren Sweet: *Indiana Asbury-DePauw University, 1837–1937: A Hundred Years of Higher Education in the Middle West* (1937).

Thomas Gaffney Taaffe: *A History of St. John's College, Fordham, N. Y.* (1891).

Allen P. Tankersley: *College Life at Old Oglethorpe* (1951).

James Monroe Taylor and Elizabeth Hazelton Haight: *Vassar* (1915).

John Howard Van Amringe, et al.: *A History of Columbia University 1754–1904* (1904).

Jonas Viles, et al.: *The University of Missouri: A Centennial History* (1939).

Frederick Clayton Waite: *Western Reserve University: The Hudson Era* (1943).

David Duncan Wallace: *History of Wofford College* (1951).

Estelle Frances Ward: *The Story of Northwestern University* (1924).

Thomas Jefferson Wertenbaker: *Princeton 1746–1896* (1946).

Marian Churchill White: *A History of Barnard College* (1954).

Julius Terrass Willard: *History of the Kansas State College of Agriculture and Applied Science* (1940).

Samuel H. Willey: *A History of the College of California* (1887).

Louis R. Wilson: *The University of North Carolina, 1900–1930: The Making of a Modern University* (1957).

James Albert Woodburn: *History of Indiana University 1820–1902* (1940).

## 通史

首先尝试对美国高等教育史的主要方面进行全面考察的是安德鲁·坦恩·布鲁克（Andrew Ten Brook）的《美国州立大学的起源与发展》（*American State*

美国学院和大学史

Universities, Their Origin and Progress, 1875）。其研究没有后继者，尽管1875年之后州立大学的鼎盛时期已经到来。州立法机构对州立大学的态度变化反映了其在社会和思想方面的重要性的变化。南方重建时期的州立大学的历史至少可以为这个问题提供一个明确答案，重建究竟是什么样的？由州立大学所承担的公共服务的重要角色，就如哈佛和耶鲁这样的殖民地机构所承担的传统角色，已经被州立大学的绝大多数支持者所理解，但是这一角色对于美国社会和美国生活意味着什么，总体而言还没有得到很好的研究。

查尔斯·特温（Charles F. Thwing）的《美国高等教育史》（*A History of Higher Education in America*, 1906）是第一部综合性的单卷本通史著作。这本书早已过时，也已绝版。欧内斯特·厄内斯特（Ernest Earnest）的《学术队列：美国学院逸史1636—1953》（*Academic Procession: An Informal History of the American College, 1636 to 1953*, 1953）不乏趣味性，但并不可靠。乔治·施密特的《文理学院》（*The Liberal Arts College*, 1957）对文理学院进行了生动但不全面的研究。约翰·布鲁巴克（John S. Brubacher）和威利斯·鲁迪（Willis Rudy）的《转型中的高等教育：美国历史（1636—1956）》（*Higher Education in Transition: An American History, 1636-1956*, 1958）有如下缺点，一是组织类型不明确，二是试图包罗过多的内容，而超出了单卷本著作所能容纳的极限。

赠地学院比州立大学发展得好。厄尔·罗斯（Earle D. Ross）的《民主的学院：赠地运动形成阶段研究》（*Democracy's College: The Land-Grant Movement in the Formative Stage*, 1942）和小爱德华·丹福斯·埃迪（Edward Danforth Eddy, Jr.）的《为我们的土地和时代而建的学院：美国教育中的赠地观念》（*Colleges for Our Land and Time: The Land-Grant Idea in American Education*, 1957）都是有价值的研究，尽管赠地学院运动史中有很多方面仍待进一步的创新性深入研究，尤其是公众对1862年的《莫里尔法案》的漠然以待，崇农主义者和民粹主义者对早期学院根深蒂固的敌意，私立学院对联邦政府向赠地学院提供援助的反对，新英格兰地区赠地观念的特殊发展历程，与赠地学院相联系的军事训练的历史，以及赠地学院作为美国农耕神话发挥的作用，等等。

初级学院出现的时间太短，还不足以积累起太多的历史文献，但大量已出版的纪实材料有待研究。两卷本的伦纳德·文森特·库斯（Leonard Vincent Koos）

参考文献

的《初级学院》(The Junior College, 1924)，沃尔特·克罗斯比·伊尔斯（Walter Crosby Eells）的《初级学院》(The Junior College, 1931)，实际上是初级学院运动的文献汇编，而不是历史研究。

托马斯·伍迪（Thomas Woody）的两卷本《美国女性教育史》(A History of Women's Education in the United States, 1929) 以及玛贝尔·纽科默（Mabel Newcomer）的《美国女性高等教育世纪》(A Century of Higher Education for American Women, 1959) 对女性高等教育进行了研究。这也是有待全面研究的课题。我们需要更多地了解男女同校机构中女学生对自由学科的优先选择情况。许多关于女性高等教育的文章往往都是为了辩护所作的狂热之作，以至于人们常常忘记，这个世纪里大约有四分之三的时间美国绝大多数男性是在向女性开放的院校里接受高等教育的。这一现象对于男性教育或对整个美国生活的意义很少被解释或探索。

关于天主教高等教育的通史性著作有一些，但质量不高：玛丽·玛丽拉·鲍勒修女（Sister Mary Mariella Bowler）的《美国女子天主教学院史》(A History of Catholic Colleges for Women in the United States of America, 1933)，弗朗西斯·帕特里克·卡西迪（Francis Patrick Cassidy）的《美国天主教学院的建立和发展(1677—1850)》(Catholic College Foundations and Development in the United States [1677-1850], 1924)，塞巴斯蒂安·厄巴赫（Sebastian A. Erbacher）的《1850—1866年美国男子天主教高等教育》(Catholic Higher Education for Men in the United States, 1850-1866, 1931)，爱德华·鲍尔（Edward J. Power）的《美国天主教高等教育史》(A History of Catholic Higher Education in the United States, 1958)。这些研究在努力形成有关学院的建立和发展的记录方面做得最好，但它们在天主教院校与其他教派学院的相似程度方面阐述得不够。至于天主教院校的相异之处，尤其是纪律和标准方面，历史记录仍然模糊不清。一个有待仔细研究的课题是19世纪晚期在美国教会内关于天主教徒进入非天主教学院就读的斗争发展过程。

专业教育的通史性研究要么已经过时，要么过于专业化，无法满足历史研究的需求。理查德·霍夫施塔特和德威特·哈代的《美国高等教育的发展和范围》中的相关章节富有启发性，有一定价值。除了一些特定院校的特定专业，专业教育的整个领域基本上仍未被受过训练的历史学家探讨过。神职人员、律师、医生、工程师和其他新兴职业的教育为该领域的研究提供了巨大的机会。最近的一个典范是丹尼尔·卡尔霍恩（Daniel Hovey Calhoun）的《美国土木工程师：起源和冲突》(*The American Civil Engineer: Origins and Conflict*, 1960)。

埃德加·布鲁斯·韦斯利(Edgar Bruce Wesley)的《提议：美国大学》(*Proposed: The University of the United States*, 1936)是对美国国立大学思想的发展历程的简要概述。这个问题值得深入研究，因为对它的讨论比较多，也留下了关于公众对联邦资助高等教育的看法的耐人寻味的记录。在1835年之后史密森遗嘱的执行期间，国会考虑过建立一所国立大学；19世纪70年代，国立大学的观念得以复兴；支持在华盛顿建立霍华德大学，将其作为一所黑人院校（但必须是一所国立大学），这些都是这个主题内值得进一步研究的内容。

## 期刊

在主要的专业历史期刊《美国历史评论》(*The American Historical Review*, 1895– )和《密西西比河谷历史评论》(*The Mississippi Valley Historical Review*, 1914– )上发表的关于高等教育史的文章可能不超过六篇。《美国季刊》(*American Quarterly*, 1949– )是美国研究领域的代表性学术刊物，与传统期刊相比，它对教育史更友好，但对美国高等教育专业的学生来说，最有价值的期刊是那些受到专业教育工作者赞助和支持的期刊：《美国大学教授协会公报》(*American Association of University Professors Bulletin*, 1915– )、《美国教育杂志》(*American Journal of Education*, 1855-82)、《美国教育学会季刊》(*American Quarterly Register and Journal of the American Education Society*, 1827-46)、《教育记录》(*Educational Record*, 1920– )、《教育评论》(*Educational Review*, 1891-1928)、《哈佛教育评论》(*Harvard Educational Review*, 1931– )、《高等教育学报》(*Journal of Higher Education*, 1930– )、《学校与社会》(*The School and Society*, 1915– )、《师范学院学报》(*Teachers College Record*, 1900– )。最近改组的教育史学会出版了《教育史季刊》(*History of Education Quarterly*, 1961– )，旨在为日益增长的对教育史的学术兴趣提供一个新的展示阵地。各种能够符合高等教育的需要和学术兴趣的专业组织的年度会议文集和出版物，也是一个可资利用的研究来源。

参考文献

## 参考书目和文献汇编

奥斯卡·汉德林等人的《哈佛美国历史指南》(*Harvard Guide to American History*, 1954)是美国历史研究的标准参考书目。由美国历史协会编写的多卷本丛书《美国历史著作》(*Writings on American History*, 1902- )可作为补充。威廉·布里克曼(William W. Brickman)的《教育史研究指南》(*Guide to Research in Educational History*, 1949)为教育史领域提供了总体的指引,但对于高等教育而言,它近年来不如《高等教育学报》的年度丛书有用。

在联邦教育署出版的参考文献中,值得关注的有《巴纳德美国教育杂志分析索引》(*Analytical Index to Barnard's American Journal of Education*, 1892)、《联邦教育局出版物目录,1867—1910》(*List of Publications of the United States Bureau of Education, 1867-1910*, 1910)、《美国教育办公室出版物目录,1910—1936》(*List of Publications of the Office of Education, 1910-1936*, 1937)、《美国教育办公室出版物目录,1937—1959》(*List of Publications of the Office of Education, 1937-1959*, 1960)、谢尔登·戴维斯(Sheldon Emmor Davis)的《19世纪的教育期刊》(*Educational Periodicals During the Nineteenth Century*, 1919)、沃尔特·克罗斯比·伊尔斯和欧内斯特·维克托·霍利斯的《高等教育管理:参考书目注释》(*Administration of Higher Education: An Annotated Bibliography*, 1960)、沃尔特·克罗斯比·伊尔斯和欧内斯特·维克托·霍利斯的《1900—1960年的学院校长:参考书目注释》(*The College Presidency, 1900-1960: An Annotated Bibliography*, 1961)。

上面列出的许多专题研究都有相当出色的参考书目,但正如我们需要可靠的历史统计数据汇编一样,对已出版的,像日记、信件和演讲这些文献材料,也需要综合性的指南。在综合性期刊或专业期刊上都没有出现过此类历史材料的指南,也没有对现有传记和自传材料进行编目或给予批判性评价。在几乎所有院校中,也没有任何一份已出版的历史材料目录能超越对自身的重要性的兴趣。这些参考书目编撰上的空白值得美国高等教育史的支持者们加以关注。

文献资料的选编工作一直以来都乏善可陈。爱德华·埃利奥特和钱伯斯的《部分美国大学和学院的宪章和基本法》(*Charters and Basic Laws of Selected American Universities and Colleges*, 1934)具有一定价值,在埃德加·奈特(Edgar

W. Knight)主编的五卷本《1860年的南方教育文献史》(*A Documentary History of Education in the South Before 1860*, 1949-53)中也有关于高等教育的相关材料。理查德·霍夫施塔特和威尔逊·史密斯的两卷本《美国高等教育文献史》(*American Higher Education: A Documentary History*, 1961),对美国高等教育发展过程中的重要文献做了出色的汇编。虽然在本书撰写期间它还未能完成,但它从我在研究期间所使用的许多著作中选取了大量材料。然而,霍夫施塔特和史密斯的选择并不意味着无须再进行进一步的比较性工作,尤其是在某些他们忽视或弱化的领域,他们只选取了一些代表性材料,而没有全面进行收集。

参考文献

# 参考文献续编

## 约翰·塞林编撰

弗雷德里克·鲁道夫前述参考文献部分对1962年之前的高等教育史的学术著述状况进行了深入分析，因此，它值得后学们认真阅读。此续编试图基于鲁道夫原有结构和类别更新上述书目。在讨论过去三十年出版的书籍和文章时，我只想追溯主要的研究趋势。此文献续编是选择性和说明性的，在引用相关著作时未能穷尽所有文献。续编涉及两个各自独立又有所关联的学术维度：第一，时间节点的要求意味着我只能描述1962—1990年的高等教育史著作；第二，学术高度的要求则需要我描绘高等教育史学家所取得的地位和成就。这两点将成为讨论关键主题和重要作品时的主要参考标准。

正如《导言》中提到的，鲁道夫这本书的出版恰逢美国高等教育史学术热潮的兴起。作为一个节点，《美国高等教育研究协会高等教育史读本》(*ASHE Reader on the History of Higher Education*, 1989) 这部673页的选集很好地说明了此后三十年所开展的研究的广度和深度。该书由历史学家莱斯特·古德柴尔德（Lester F. Goodchild）和哈罗德·韦克斯勒（Harold Wechsler）编辑，由美国高等教育研究协会（Association for the Study of Higher Education, ASHE）资助。这本令人印象深刻的书既展现了高等教育史著述的庞大数量，也揭示了那些围绕不同主题运用各种方法写就的学术著作的质量。它的参考书目和拓展阅读的推荐目录使得《美国高等教育研究协会读本》系列成了研究者不可或缺的参考工具书。最重要的是，它提供了确凿的证据，证明鲁道夫指出的高等教育史确实已经被历史学家重新发现的结论确实是正确的。

学术上的成功是有代价的。学者们对于过去三十年发表的数量庞大的高等教育史研究成果，已经越来越难以进行全面地查阅和评论。幸运的是，许多出色的参考书目提供了有用的指南。乔·帕克(Joe Park)的《美国教育的崛起：书目注释》(*The Rise of American Education: An Annotated Bibliography*，1965)特别关注学院和大学的历史，将其作为美国教育这一更广泛领域的一部分。20世纪70年代的两部书目可作为丰富的资料来源：于尔根·赫布斯特(Jurgen Herbst)的《美国教育史》(*The History of American Education*，1973)和马克·比奇(Mark Beach)的《美国学院和大学书目指南：从殖民地时代至今》(*A Bibliographic Guide to American Colleges and Universities: From Colonial Times to the Present*，1975)。琳达·斯帕克斯(Linda Sparks)编辑的参考书《高等教育院校：国际参考书目》(*Institutions of Higher Education: An International Bibliography*，1990)全面介绍了美国的院校史。对于那些寻求书籍和期刊文章之外的材料的研究人员，阿瑟·扬(Arthur P. Young)汇编的《美国生活中的高等教育（1636—1986）：学位论文参考书目》(*Higher Education in American Life, 1636-1986: A Bibliography of Dissertations and Theses*，1988)详尽地调查了大学研究生院硕博学位项目中出现的学术萌芽。托马斯·迪纳(Thomas Diener)的《一个美国式发明的成长》(*Growth of an American Invention*，1986)将与美国初级和社区学院这一相对年轻且缺乏历史研究的机构有关的关键摘录和参考资料汇编在了一起。

除了这些具体的参考书目外，高等教育史学家们还可以参考美国教育史这一更广泛领域内的里程碑式的著作。劳伦斯·克雷明的三卷本研究《美国教育》(*American Education*)开始于1967年，分别以殖民地经验、国家经验和大都市经验为题形成内容结构，其中高等教育被视为复杂的社会和教育结构的一部分。1976年版的布鲁巴克和鲁迪的《转型中的高等教育：美国学院和大学的历史》是他们1958年研究的扩展和修订版本，一直是价值不可估量的经典之作。

《美国高等教育研究协会读本》展示了这一时期学术研究的广度，而其他著作则考察了自鲁道夫的《美国学院和大学史》出版以来高等教育史的学术研究的高度。如果要为高等教育史的研究寻找一个高点，1971年可作为一个候选。两部值得纪念的作品能支持这一说法：《教育史季刊》1971年冬季特刊，以及劳伦斯·斯通(Lawrence Stone)在1月28日的《纽约书评》上发表的头版文章《傻瓜大学？》("The Ninnyversity？")。在《教育历史季刊》中，主编保罗·马丁利

(Paul Mattingly)以"大学时代的自由教育学院"为主题,邀请了四位著名的历史学家——休·霍金斯、大卫·奥尔门丁格、大卫·波茨和詹姆斯·阿克斯特尔来撰写原创文章,以回应新大学的建立以及"大学建设"的英雄时代,后者之前的十年中一直主导着高等教育史研究领域。这四篇文章,每篇文章本身都是经典,内容丰富,论述生动,极具启发性。这一研究主题表明,在教育史领域内对学院和大学进行研究是有益的。

1月28日发行的《纽约书评》意味着在美国知识界,高等教育史是被作为"新闻"看待的。劳伦斯·斯通的头版评论文章《傻瓜大学?》是学术冰山的尖顶,斯通教授(以其"整体史"的概念著称,似乎陷于17—18世纪英格兰贵族兴衰这一永无止境的争论之中)领导着普林斯顿大学戴维斯中心的"大学与社会"历史研究项目。至少当时,高等教育史是一个能获得声望和公众关注的话题,而现在,则是一个能获得资助的话题。这些研究中真正具有代表性的成果让鲁道夫十年前勾勒出的景象得以成真。事实上,普林斯顿大学出版社随后出版的劳伦斯·斯通的两卷本选集《大学与社会》(*The University in Society*, 1974)表明,高等教育史是一个具有持久吸引力和影响力的话题。我引用这些著名的著作是为了分析和介绍,而不是总结过去三十年的高等教育史著述。然而,仔细研究1971年的文献和1989年的《美国高等教育研究协会读本》就会发现,高等教育史研究仍存在弱点、不确定性以及优势。

## 院校编年史:纵向的历史

高等教育史上一个令人失望的趋势是,自1962年以来,"校史"流派几乎没有什么改进。大多数委托作品仍然是由老校友创作的,与社会史只有偶然的联系。这样的作品往往是"纵向的历史",也就是说,这些作品专注于孤立的事件和特定的单一校园的历史记录。即使是那些歌颂大学生活的作品,也很少提供任何分析框架来真正分析某所大学独特的学生文化。撰写院校史有时甚至成为一种职业负担。例如,1983年,当路易斯·布莱切尔·罗斯(Louise Blecher Rose)被授权对萨拉·劳伦斯学院的官方校史进行研究时,无意中发现(并分析)了20世纪30年代与招生配额有关的机密文件,并因此面临行政审查和谴责。当然,也有一些显著的例外,即托马斯·戴尔(Thomas Dyer)的《佐治亚大学两百年史,1785—

1985》(The University of Georgia: A Bicentennial History, 1785-1985, 1985) 和保罗·康克林 (Paul Conkin) 描写范德比尔特大学史的《与常春藤同行》(Gone with the Ivy, 1985)。这些研究为院校编年史与美国社会史的融合提供了范例,这在其他院校还没有得到充分的关注。有趣的是,在1990年,许多院校还没有出版"官方"历史。布朗大学的历史学教授、《代达罗斯》(Daedalus) 杂志的编辑斯蒂芬·格劳巴德 (Stephen R. Graubard) 在1989年12月号的《布朗校友月刊》(Brown Alumni Monthly) 上提出"我们需要一部布朗大学的现代史",以此作为1914年最后一版官方院校编年史的补充。布朗和其他大学面临的问题是,院校史基本上是类型化的,它是一种赞美史,因而难以让一位纯粹的学者以此获得同行的认可。对审查制度的恐惧与下列感受相混杂,即这些项目很耗时,也难以引起同行学者或外部资助机构的兴趣。总之,严肃学者的主要任务是研究问题,而不是研究某一所院校。

对于院校史缺乏批判性分析的解释之一是,它缺乏与学科的密切联系。例如,尽管学院与大学一直关注资金筹措和预算平衡,但几乎没有迹象表明,经济史学家会被邀请加入院校史的研究项目。在鲁道夫的参考文献部分,他提到了一本新书,玛杰里·福斯特的《积微成著:清教徒时期哈佛学院经济史》("Out of Smalle Beginings...": An Economic History of Harvard College in the Puritan Period, 1962)。这项细致的研究依靠分类账表、年度报告和学生日记等档案材料来重建和解释大学的"收入和支出"。这是关于院校生活的引人入胜的分析,它将经济学从"沉闷的科学"的范畴中解放出来,同时提出了一种将院校编年史从浅薄的状态中拯救出来的策略。在其他的美国学院和大学很难找到类似的研究和著作——尽管福斯特围绕经济概念所做的细致案例研究非常适合校史流派。

## 比较院校史:横向的历史

历史学家们选择回避院校的编年史,而倾向于确定各校都存在的实质性管理主题。这种分析是横向的,专注于一个重要的问题,其研究不限于单一校园的具体经验。以下是院校史与相关主题相联系的框架。鲁道夫认为,社会史和思想史将成为高等教育史繁荣发展的保障,后一种变体——思想史——一直没有得到很好的发展。当然,社会史与大学校园联系的趋势表现在人口统计、地区史、城市史以及阶级、种族和性别等主题上，这些主题一直是学术动力的来源。

尽管院校史学家们的成绩单并不令人满意，但仍带来一些很有前途的创新。乔治·彼得森（George Peterson）的《大学时代的新英格兰学院》（The New England College in the Age of the University，1964）最初是阿默斯特学院的一篇本科荣誉论文，它展示了院校史如何超越对单一校园的关注，探索关于院校遗产和集体身份这一更有趣的问题。社会学家伯顿·克拉克提出了"组织传奇"（organizational saga）这一概念，这是院校史上一个激动人心的新问题。他的著作《独特的学院》（The Distinctive College，1970）通过对安提阿、里德和斯沃斯莫尔3所文理学院的历史案例的研究，展示了"组织记忆"以及与被美化的过去相关的传奇和传说是如何与学院的官方编年史和行政记录并存的。这一包罗万象的传奇主题有助于将历史分析从单一校园的狭隘中拯救出来。像乔治·彼得森和伯顿·克拉克这样具有分析特性的学者的突出特点是，他们倾向于将院校研究从上文所称的纵向历史转向横向历史。跨越时空的重要主题为社会史和教育史学家们提供了一个关于学院和大学的有趣视角。

院校史在新方向上的严谨性和复杂性在劳伦斯·维齐的《美国大学的崛起》（The Emergence of the American University，1965）中表现得最为明显。《变革》杂志将其评为"二战"以来高等教育领域最具影响力的著作之一，该书研究了1870—1910年的组织化行为。思想和制度的相互作用，以及相互对立的学习观念之间的紧张关系，推动维齐描述和探索了校园建设这一英雄时期，这段时期到"一战"结束时以"标准的美国大学"作结。维齐的不朽作品也引发了进一步的研究，即前面提到的1971年《教育史季刊》的特刊，以及最近保罗·马丁利发表在约翰·哈丁·贝斯特（John Hardin Best）为美国教育研究协会编写的文集《教育的历史探究：研究议程》（Historical Inquiry in Education: A Research Agenda，1983）中的文章——《跨越时代的结构：院校史》（"Structures Over Time: Institutional History"）。值得注意的是对历史研究概念化的争论，这是院校编年史中经常缺失的一个维度。这种意味着学术成熟的争论在理查德·安杰洛（Richard Angelo）的开创性文章《宾夕法尼亚大学和费城天普学院的学生，1873—1906》（"The Students at the University of Pennsylvania and the Temple College of Philadelphia, 1873-1906"）（《教育历史季刊》第19期，2[1979年夏季]，第179—205页）中得到了展现。在这篇论文中，他把院校使命和谁上了什么大学等问题进一步复杂化了。

**参考文献续编**

## 社会史与院校：入学与歧视

如果说社会史是院校史的透镜，那么它的相关主题——入学、机会和歧视——则是高等教育史中批判性分析的主要工具。奥斯卡（Oscar）和玛丽·汉德林（Mary Handlin）的《美国学院与美国文化：高等教育的社会化功能》(*The American College and American Culture: Socialization as a Function of Higher Education*，1970)、马西娅·辛诺特（Marcia Synnott）的《半开的门：哈佛、耶鲁和普林斯顿的歧视和录取 1900—1970》(*The Half-Opened Door: Discrimination and Admissions at Harvard, Yale, and Princeton, 1900-1970*，1979)、哈罗德·韦克斯勒的《合格的学生：美国精英学院招生史》(*The Qualified Student: A History of Selective College Admission in America*，1977) 等都是这方面的典范。这些著作选取了一些特定的学院，以此作为探讨"上学院"这一美国经验的素材之一。

入学和歧视的主题为历史学家探究学院与大学公共关系的修辞提供了良好的分析对象。几位历史学家发现了一个有趣的现象：学生校园生活中的歧视和势利现象与招生办公室等机构的排外政策和做法相当，甚至有过之而无不及。这样的研究视角对研究男女同校或融合教育政策的后果及利弊很有价值。夏洛特·科纳布尔（Charlotte Conable）的《康奈尔的女性》(*Women at Cornell*，1977) 有效地穿透了男女同校的修辞，重构了女性学生的关键形象，揭示了男女同校结构中的系统性性别歧视。林恩·戈登（Lynn D. Gordon）在玛丽·凯利（Mary Kelly）的文集《女性的存在、女性的地位：美国历史中的女性身份和职业》(*Woman's Being, Woman's Place: Female Identity and Vocation in American History*，1979) 中发表的《两校联合教育：伯克利和芝加哥（1890—1912）》("Co-Education on Two Campuses: Berkeley and Chicago, 1890-1912")，将男女同校政策和院校精神的细微差别、错综复杂提升到了比较分析的新高度。继弗雷德里克·鲁道夫强调学生是高等教育舞台上的主要人物之后，历史学家海伦·莱夫科维茨·霍罗威茨（Helen Lefkowitz Horowitz）的《校园生活》(*Campus Life*，1987) 发展了学生亚文化体系（"局内人""局外人"和"叛逆者"），对从 18 世纪末到 20 世纪 80 年代的大学生生活进行了解释性研究。在其早期的作品《母校》(*Alma Mater*，1984) 中，霍罗威茨将校园建筑作为一个关键因素，追溯了 19 世纪晚期至 20 世纪 30 年代各个女子学院试图形成独特的教育使命和推动课程创新的过程。

校园文化是研究地域文化的重要桥梁。事实上，正如大卫·波茨所证明的那样，1960 年之前出版的作品常常倾向于把自己的研究局限于东北部。1985 年出版的由沃尔特·弗雷泽（Walter Fraser）、富兰克林·桑德斯（R. Franklin Saunders）和乔恩·韦克林（Jon L. Wakelyn）编辑的《南方社会关系网络：女性、家庭和教育》（*The Web of Southern Social Relations: Women, Family and Education*，1985）是对这种偏见的有力反驳。其中，韦克林撰写的章节《战前学院生活和父子关系》对学院文化的研究尤为贴切。文章通过分析信件，对南方校园里的社会化程度进行了估量。与此同时，韦克林的章节为我们了解父母对学院生活的期望提供了一个难得的机会。

## 院校传记

一项卓有成效的综合研究是将传记与院校史联系起来，以创作一个优秀的案例研究。阿默斯特学院的休·霍金斯，是约翰·霍普金斯大学校史的典范著作《先锋》（*Pioneer*，1960）的作者。他在研究哈佛的大学建设时期的著作《在哈佛与美国之间》（*Between Harvard and America*，1972）中把重点放在了埃利奥特校长的传记上。在即将出版的新书《高等教育中的性别：加州大学伯克利分校家政系史》（*Gender in Higher Education: The History of the Home Economics Department at the University of California, Berkeley*）中，马雷西·内拉德（Maresi Nerad）以伊丽莎白·摩根（Elizabeth Morgan）教授的传记为切入点，研究了作为学者和管理者的女性的种种遭遇。与之类似，乔伊斯·安特勒（Joyce Antler）的《露西·斯普拉格·米切尔：一位现代女性的诞生》（*Lucy Sprague Mitchell: The Making of a Modern Woman*，1987）超越了狭隘的传记，对"学术女性"以及哥伦比亚和伯克利等大学的院校文化进行了很好的历史描述和解释。学术传记展示了对抗熟悉的院校刻板印象的力量。在罗杰·利·威廉姆斯（Roger Lea Williams）获奖的博士论文《乔治·阿瑟顿和联邦政府对高等教育支持的开端》（*George W. Atherton and the Beginnings of Federal Support for Higher Education*，1988）中，1862 年《莫里尔法案》和由此产生的赠地学院被描述为教育机遇和实践的成功故事，从而呈现出明显不同的色彩。与早先的说法相反，威廉姆斯指出，联邦政府对赠地学院

参考文献续编

扩展项目和其他活动的支持一直被忽视，直到政治经济学家阿瑟顿开始了有组织的游说活动，这一现象才得以改变。最终，他还成了宾夕法尼亚州立学院的校长。

## 高等教育与公共政策

威廉姆斯对阿瑟顿和赠地学院的研究是从传记和院校史转到高等教育与公共政策研究的一次有益尝试。事实已然证明，高等教育史学家能在公共政策领域做出杰出贡献，他们再次展现了超越狭隘的院校编年史，将院校案例研究和高等教育的普遍背景相结合，关注更核心、更重要的问题的能力。约翰·怀特黑德（John Whitehead）的《学院与州的分离》（*The Separation of College and State*, 1973）选取了殖民地时期的5所学院的简介，对美国高等教育机构中"公立"和"私立"的观念的变化提出了有趣的解释。于尔根·赫布斯特的《从危机到危机：1636—1819年的美国学院管理》（*From Crisis to Crisis: American College Government, 1636-1819*, 1982）利用众多学院和大学的第一手资料，考察了学院和本地政府之间独特的混合体制。上述两部令人难忘的作品或许成就了高等教育史学家最具活力的时刻，它们促成了一次论坛的举办。在论坛上，赫布斯特和怀特黑德就"如何思考达特茅斯学院案"这一题目撰写了论文进行讨论，并都发表在《教育史季刊》1986年秋季号上。

公共政策并不局限于学院与政府的关系。拉格曼（Ellen Condliffe Lageman）的《公共利益的私人力量》（*Private Power for the Public Good*, 1983）将人们的注意力从校园转移到卡内基教学促进基金会的政策和项目上，从而为重新思考高等教育做出了重大贡献。最近，休·霍金斯关于"二战"后联邦政府对大学资助的研究有望成为一个新的视角。罗杰·盖格（Roger Geiger）的专著《推进知识：美国研究型大学的成长，1900—1940》（*To Advance Knowledge: The Growth of American Research Universities, 1900-1940*, 1986）将作为演员和建筑师的校园、外部基金会和政府机构等因素融合起来，探讨了克拉克·克尔所谓的"知识产业"。

## 研究成果发表：期刊和杂志

与院校史出版的迟滞相比，在过去的三十年里高等教育史学家获得了高质量期刊的青睐。鼓励高等教育史研究的优秀期刊包括《教育史季刊》(History of Education Quarterly)、《高等教育史年鉴》(History of Higher Education Annual)、《高等教育评论》和年度出版物《高等教育：理论与研究手册》(Higher Education: Handbook of Theory and Research)。自 1960 年以来，较年轻的一代高等教育史学家发现，参与学术辩论的主要途径是发表期刊文章或专著，而不是接受院校委托撰写校史。

默尔·博罗曼 1961 年在《教育史季刊》上发表的一篇文章《州立大学的虚假黎明》("The False Dawn of the State University")，就是在形式和内容上均具开创性转变性质的典型案例。博罗曼对 19 世纪的 3 所未被充分研究的院校（特兰西瓦尼亚大学、南卡罗来纳大学和纳什维尔大学）的介绍，打破了院校史的孤立状态，并帮助读者免去了阅读冗长的描述性编年史中的无聊琐事之苦；更重要的是，他的研究提出了关于 19 世纪早期美国学院的性质和构成这一重要的历史论题。他还促使读者思考公立、私立这一二分法，并考虑一种替代辉格史学的方法——对被遗忘的院校和被遗忘的事件的研究。这一切都是在 25 页的篇幅内完成的。正是此类文章将《教育史季刊》变成了一个备受尊敬的研究和讨论的阵地。亨利·珀金森（Henry Perkinson）和纽约大学的保罗·马丁利都为这一编辑风格的创立和发展做出了贡献，此后由印第安纳大学的爱德华·麦克莱伦（Edward McClellan）和威廉·里斯（William Reese）继续发扬光大。其结果是，作为美国社会史和教育史的有机组成部分的高等教育史找到了一份适合其学术展示和讨论的期刊。

但令人彷徨和不安的是，过去三十年里积累的学识和学术成就并没有让高等教育史研究获得一个稳固的地位。尽管自鲁道夫 1962 年的著作出版以来，该领域的学术研究的质量和数量都很可观，但高等教育史学家自身和他们的著作都处于很分散的状态。他们对政策的影响和对跨学科讨论的贡献虽然得到了赞赏，却几乎并未因此获得大量资源或院校中的学术职位。或许具有讽刺意味的是，如今的高等教育史学家继承了他们所研究的那些四处游荡的中世纪大学学者群体的遗产：他们致力于学术，并撰写了优秀的著作，却无法保证自己能有一个安全的学术家园。

参考文献续编

# 索引

## A

Abbott, Jacob, 阿博特，雅各布, 116, 122-4

Abbott, Lyman, 阿博特，莱曼, 356

academic dress, 学位服, 408

academic freedom, 学术自由, 28：at colonial Harvard, 殖民地时期的哈佛, 16；at the University of Virginia, 弗吉尼亚大学, 126；and university movement, 大学运动, 246；German influence, 德国的影响, 412-13；areas of friction, 争议领域, 413-14；key cases, 关键案例, 414；principles of tenure, 终身教职的原则, 415；founding of A.A.U.P., A.A.U.P. 成立, 415-16；advances for students, 针对学生的改进, 441；Lafayette's chair of civil rights, 拉法耶特学院民权讲座教席, 454；and University of Chicago motto, 芝加哥大学校训, 481；challenged after World War II, "二战"后的挑战, 484；参见 elective principle, 选修制原则

*Academic Mind, The*,《学术心智》, 484

academic standards, 学术标准：见 standards, 标准

academic tenure, 学术终身教职, 415

academies, 学园：and Lafayette trustees, 拉法耶特学院的董事, 74；and elevating academy subjects to college level, 将学术性科目提升到学院水平, 114；Mount Vernon School, 弗农山女子学校, 122；and benefactors, 资助者, 180；as gymnasia for Syracuse, 雪城大学体育馆, 272；before Civil War, 内战前, 287；preparatory departments in colleges, 学院预科, 281-2；accept girls, 女性入学, 309-11；eastern boys' schools, 东部男校, 315；Pres. Harper and Pres. Jordan on, 哈珀校长和乔丹校长, 443；and collegiate acceleration, 学院快速修读, 446

acceleration of college course, 学院课程快速修读, 446-8, 453

accreditation, 认证, 438

Adams, Charles Francis, 亚当斯，查尔斯·弗朗西斯, 243

Adams, Charles Francis, Jr., 亚当斯，小查尔斯·弗朗西斯, 95

Adams, Charles Kendall, 亚当斯，查尔

斯·肯德尔，234
Adams, Henry, 亚当斯, 亨利, 65
Adams, Henry C., 亚当斯, 亨利·C., 338
Adams, Herbert Baxter, 亚当斯, 赫伯特·巴克斯特, 338
Adams, Jasper, 亚当斯, 贾斯珀, 48
Adams, John, 亚当斯, 约翰, 39
Adams, John Quincy, 亚当斯, 约翰·昆西, 111-2, 201
Addams, Jane, 亚当斯, 简, 368
administration of higher education, 高等教育管理, 160-1, 176, 417-39；参见 faculty, 教师；financing, 财政；governing boards, 董事会；presidents, 校长
admissions director, 招生主任, 435
admissions requirements, 入学要求, 25, 29, 38, 121, 260, 267, 282-5, 295, 434, 436-8, 473-4, 476, 487
advanced placement, 学院先修课程, 493
aesthetics, 美学, 399
affiliation movement, 隶属运动：见 federation, 联邦
Agassiz, Elizabeth Gary, 阿加西, 伊丽莎白·加里, 320
Agassiz, Louis, 阿加西, 路易斯, 231-2, 248, 344
Age of Reason, 理性时代, 275
agrarian myth, 农耕神话, 95, 242, 251
agricultural chemistry, 农业化学, 123, 262
Agricultural College of Pennsylvania, 宾夕法尼亚农学院, 249
agricultural education, 农业教育, 230-1,

239, 247-9, 255-63, 268；参见 land-grant colleges 赠地学院
agricultural experiment stations, 农业实验站, 261
Agriculture and Mechanical College of Texas, 得克萨斯农工学院, 253
Agriculture and Mechanical (A and M) colleges, 农工（A和M）学院：见 land-grant colleges 赠地学院；各学院名录
Agronomy, 农学, 262
Alabama, University of, 亚拉巴马大学, 338
Alexandrian, 亚历山大里亚派, 138
Allegheny College, 阿勒格尼学院, 57, 66, 194
Alpha Delta Phi, 阿尔法德尔塔佛爱兄弟会, 144
Aluminum Company of America, 美国铝业公司, 467
Alumni, 校友：and faculty, 教师, 157, 408；governing boards, 董事会, 161, 174；and financial support of colleges, 学院经费支持, 189, 424；and athletics, 体育运动, 383-4, 392；after Civil War, 内战后, 428-30；alumni trustee movement, 校友董事运动, 428-9；Pres. Porter on, 波特校长, 429；the cult of the alumni, 校友的崇拜, 429-30；compared with stockholders, 与股东相比, 439
American Academy of Arts and Sciences, 美国艺术与科学院, 406
American Assembly, 泛美会, 484

美国学院和大学史

578

American Association for the Advancement of Science，美国科学促进会，406

American Association of University Professors，美国大学教授协会，415-16

American Baptist Education Society，美国浸信会教育协会，349

American Board of Commissioners for Foreign Missions，美国公理宗海外传道部，72

American Chemical Society，美国化学学会，406

American Economic Association，美国经济学会，406

American Education Society，美国教育学会，183

American Historical Association，美国历史学会，406

American Institute of 1770，1770 美国协会，137

*American Journal of Mathematics, The*，《美国数学杂志》，405

*American Journal of Science and Arts, The*，《美国科学与艺术杂志》，131，223

American literature，美国文学，143-4，470

American Mathematical Society，美国数学学会，406

American Philological Association，美国语言学协会，406

American Philosophical Society，美国哲学学会，42，406

American Revolution, effect of，美国革命的影响，13，33-43，275，308-9

American studies，美国研究，470

American Whig Society，美国辉格党协会，137

American Women's Education Association，美国妇女教育协会，312

Ames, James Barr，埃姆斯，詹姆斯·巴尔，291

Amherst College，阿默斯特学院：founded，创建，55；and sectarianism，教派主义，68；Congregational auspices，公理会主办，70；revivalism，信仰复兴运动，82；H. W. Beecher on，比彻，93；rebellion，骚乱，98；雅各布·阿博特，116，122-4；Pres. Humphrey and Pres. Stearns，汉弗莱校长和斯特恩斯校长，139，148；fraternities，兄弟会，144-5，148；antisecret society movement，反秘密社团运动，148；and athletics，体育运动，151，153-4，391；Samuel Williston，塞缪尔·威利斯顿，179；and American Education Society，美国教育学会，183；and Edward Hitchcock，爱德华·希区柯克，224，391；student scientific society，学生科学社团，227；elective principle，选修制原则，306；curriculum as model for eastern women's colleges，东部女子学院示范性课程，317；Sophia Smith，索菲娅·史密斯，318；and coeducation，男女同校，321；liberal arts，自由教育科目，324；student government，学生会，369；E. P. Harris，哈里斯，409；Pres. Gates，盖茨校长，421；and general education，通识教育，455-6；after World War II，"二战"后，492

Anatomy, 解剖学, 125, 400

Anderson, Martin Brewer, 安德森, 马丁·布鲁尔, 169

Andover Theological Seminary, 安多弗神学院, 72-3

Andrews, E. Benjamin, 安德鲁斯, E. 本杰明, 414

Andrews, Israel Ward, 安德鲁斯, 伊斯雷尔·沃德, 240

Angell, James B., 安吉尔, 詹姆斯·B., 170-1, 243, 245, 269, 270, 279-80, 329, 348, 359, 421

animal husbandry, 畜牧业, 262

anti-intellectualism, 反智主义: and religion, 宗教, 11; Anne Hutchinson, 安妮·哈钦森, 19; and Harvard, 哈佛, 19, 65; frontier materialism, 边疆物质主义, 277; and intellectual prospects of colleges, 学院的知识前景, 54; democratic impulse to, 民主冲击, 63-4; and indifference to learning, 对学习漠不关心, 64-5; at Yale, 耶鲁, 65; and Theodore Roosevelt, 西奥多·罗斯福, 65; and collegiate way, 学院方式, 86-134; and Yale Report of 1828, 1828年《耶鲁报告》, 134-5; in Jacksonian era in Illinois, 伊利诺伊州杰克逊时代, 219; economic opportunity as source of, 经济机会作为资源, 219-20; and Henry Tappan at Michigan, 密歇根大学的亨利·塔潘, 234; and agricultural education, 农业教育, 257, 259-60; football hero as symbol, 美式足球英雄的象征, 389-90; R. M. Hutchins on, 哈钦斯, 479-80; 参见 piety and intellect, 虔诚和理性

Antioch College, 安提阿学院, 54, 191, 327-8, 474-5

antisecret society movement, 反秘密社团运动, 147-9

antislavery movement, 反奴隶制运动, 359

apprenticeship, 学徒制, 164, 338, 340, 342

aristocratic tradition in higher education, 高等教育中的贵族传统: in colonial colleges, 殖民地学院, 18-19, 26; in South Carolina, 南卡罗来纳州, 20; Yale Report of 1828, 1828年《耶鲁报告》, 134; property limitations, 限制财产, 213; state universities, 州立大学, 280-1; and enrollment, 招生, 442; and New Humanists, 新人文主义者, 452-3; Rollins, 罗林斯, 458; 参见 democracy and higher education, 民主和高等教育; Jacksonian democracy, 杰克逊式民主

Aristotle, 亚里士多德, 25, 131, 453, 458, 460-1, 479-81

Arithmetic, 算术, 285

Arkansas, University of, 阿肯色大学, 253, 260, 345

Armstrong, John, 阿姆斯特朗, 约翰, 48

Arnold, Benedict, 阿诺德, 贝内迪克特, 172

art education, 艺术教育, 144, 339, 470

Association of American Universities, 美国大学协会, 438

Association of Colleges and Secondary Schools of the Middle Atlantic States，大西洋中部各州学院和中学协会，437
Association of Land-Grant Colleges，赠地学院协会，438
Assyrian bas-reliefs，亚述浅浮雕，227
Astor, John Jacob，阿斯特，约翰·雅各布，180
Astor, William，阿斯特，威廉，235
astronomy，天文学，25，28，240
astrophysics，天体物理学，405
Atheneum，雅典派，138
Athens，雅典，49-50
Athletic Research Society，体育研究协会，403
Athletics，体育：interference with prayers，与祈祷冲突，76；Francis Wayland on，弗朗西斯·韦兰，99；early opposition，早期的反对，150-1；gymnasiums，体育馆，151-2，388；and gardening，园艺，230；informal outlets，非正式场所，152；Amherst，阿默斯特，153；boating，划船，153-4；baseball，棒球，154；and manual labor system，体力劳动制度，217-18；and Johns Hopkins trustee，约翰·霍普金斯大学的董事，271；as "preparation for life,"，"为生活做准备，" 289；and Cornell，康奈尔，302；and student government，学生会，369；rise of football，美式足球的兴起，373-93；and intercollegiate regulation，校际比赛规则，374；Pres. Garfield of Williams on，威廉姆斯校长加菲尔德，378；college colors，学院的颜色，386-7；

Pres. Eliot on，埃利奥特校长，390；and Germanic scholarship，德式学术，403；collegiate way，学院方式，464-5；参见 football，美式足球；physical education，体育

*Atlantic Monthly*，《大西洋月刊》，291-2
Aydelotte, Frank，艾德洛特，弗兰克，456-7，465

# B

Babbidge, Homer D., Jr.，巴比奇，小霍默·D.，490
Babbitt, Irving，白璧德，欧文，452，465
B.A. degree，文学士学位：and early course programs，早期课程项目，113-14；University of Virginia，弗吉尼亚大学，126-7；creation of scientific degrees，创设理学学位，232；at Brown，布朗，239；at Michigan，密歇根大学，323；and Pres. Eliot，埃利奥特校长，447；and Columbia，哥伦比亚大学，455-6；参见 curriculum，课程；liberal arts，自由教育科目；purpose of colleges and universities，学院与大学的目的
B.S. degree，理学士学位，231-3
Bachelor of Scientific Agriculture degree，科学农业学士学位，249
Bacon, Francis，培根，弗朗西斯，306，453
Bailey, Liberty Hyde，贝利，利伯蒂·海德，261
Baldwin, Cyrus Grandison，鲍德温，赛勒斯·格兰迪森，184

索引

581

Baldwin-Wallace College，鲍德温-华莱士学院，54

Ballard, Brand，巴拉德，布兰德，385

Baptist Education Society，浸信会教育协会，349

Baptist educational activity，浸信会教育活动，11，54-8，68，70-2，183；参见 Chicago, University of，芝加哥大学

Baptist Union Theological Seminary，浸信会联合神学院，349

Bard College，巴德学院，476-7

Barnard College，巴纳德学院，320，328

Barnard, Frederick A. P.，巴纳德，弗雷德里克·A. P.，91，93，99，338，349

Barney, Eliam E.，巴尼，伊莱姆·E.，179

Barr, Stringfellow，巴尔，斯特林费洛，480

Barton, Bruce，巴顿，布鲁斯，362，372

Bascom, John，巴斯科姆，约翰，321，399

baseball，棒球，152，154，384，389，393

Bassett, John Spencer，巴塞特，约翰·斯宾塞，414

Beebe, Lucius，毕比，卢修斯，454

Beecher, Catherine，比彻，凯瑟琳，310-12

Beecher, Henry Ward，比彻，亨利·沃德，93，142

Beecher, Lyman，比彻，莱曼，63

Beecher, Thomas，比彻，托马斯，75

Beloit College，伯洛伊特学院，131，322-3，371

Bemis, Edward W.，比米斯，爱德华·W.，414

benefactors，捐助者，235，352-3，424-7，439；参见 alumni，校友；financing higher education，高等教育资助；foundations，基金会

Bennington College，本宁顿学院，475-7

Berkeley, George，伯克利，乔治，336

Beta Theta Pi fraternity，贝塔西塔派协会，144，147

Bethlehem Steel Corporation，伯利恒钢铁公司，163

biology，生物学，247，399，405，411-12；参见 botany，植物学；zoology，动物学

Bishop, Robert H.，毕晓普，罗伯特·H.，105

Black Hawk，黑鹰，53

Black Mountain College，黑山学院，475，477

Blackburn, William M.，布莱克本，威廉·M.，171

Blackwell, Henry P.，布莱克韦尔，亨利·P.，310

Blaetterman, George，布莱特曼，乔治，157

Bloomer, Amelia，布卢默，阿梅莉亚，310

board of trustees，董事会：见 governing boards，董事会

boating，划船，153-4，389

Boston College，波士顿学院，184，296

Boston Latin School，波士顿拉丁语学校，21

Botany，植物学，222，224-5，230，246，262，400

Bowdoin, James, 鲍登, 詹姆斯, 181
Bowdoin College, 鲍登学院: beginnings, 初建, 44, 52; fire strikes, 火灾, 45; President McKeen on, 麦基恩校长, 58-9, 70; and religion, 宗教, 73-4, 79, 419, 433; rebellion, 骚乱, 98; harsh discipline, 严格的纪律, 104; literary-society libraries, 文学社团的图书馆, 143; fraternities, 兄弟会, 144-5; gymnasiums, 体育馆, 152—153; Prof. Packard, 帕卡德教授, 157-8; and state support, 州政府援助, 186; salaries, 工资, 193; student prizes, 学生奖项, 288; elective principle, 选修制原则, 296; football, 美式足球, 383; graduates Negro, 黑人毕业生, 488

Bowling, 保龄球, 152

Boxing, 拳击, 152

Briggs, LeBaron R., 布里格斯, 勒巴伦·R., 65, 328, 435

Bristed, Charles Astor, 布里斯特德, 查尔斯·阿斯特, 337 n.

Brothers in Unity, 团结兄弟会, 137

Brown, Antoinette, 布朗, 安托瓦内特, 310

Brown, Kenneth I., 布朗, 肯尼思·I., 475

Brown, Nicholas, 布朗, 尼古拉斯, 181, 426

Brown University, 布朗大学: Baptists found, 浸信会创立, 11; chartered, 特许, 12; early purposes, 早期的目的, 12; and religion, 宗教, 76-7, 79-80; and Pres. Wayland, 韦兰校长, 90, 99; rebellion at, 骚乱, 98; Pres. Messer, 梅瑟校长, 103; relaxed discipline, 宽松的纪律, 107; literary-society libraries, 文学社团的图书馆, 143; fraternities, 兄弟会, 144-5; outdoor gymnasium, 户外体育场, 151; clergyman presidents, 神职人员出身的校长, 170; named by Nicholas Brown, 以尼古拉斯·布朗命名, 181; student scientific society, 学生科学社团, 227; Francis Wayland, 弗朗西斯·韦兰, 237-40; Barnas Sears, 巴纳斯·西尔斯, 239-40; as land-grant college, 赠地学院, 253; 奖项, 288; Pembroke, 彭布罗克, 320; Rhode Island School of Design, 罗得岛设计学院, 344; extension courses, 扩展课程, 363; professors with Ph.D., 有博士学位的教授, 396; E. Benjamin Andrews academic freedom case, E. 本杰明·安德鲁斯学术自由案, 414; benefactions, 捐赠, 426

Browne, John W., 布朗, 约翰·W., 45

Brownson, Orestes, 布朗森, 奥瑞斯特斯, 69

Bryan, William Jennings, 布莱恩, 威廉·詹宁斯, 451

Bryce, James, 布莱斯, 詹姆斯, 344

Bryn Mawr College, 布林莫尔学院, 297, 319, 326

Buchanan, James, 布坎南, 詹姆斯, 250

Buchanan, Scott, 布坎南, 斯科特, 480

Bumpus, Herman C., 邦珀斯, 赫尔曼·C., 247

索引

583

Bunker Hill, battle of, 邦克山战役, 287
Burgess, John W., 伯吉斯, 约翰·W., 330, 443
business education, 商业教育, 123, 343, 462；参见 commerce, 商务；partial course program, 非全日制课程项目
Butler, Nicholas Murray, 巴特勒, 尼古拉斯·默里, 417-18, 436, 443, 447
Butler College, 巴特勒学院, 367

# C

California, 加州, 50, 237
California College of Pharmacy, 加州药学院, 344
California, University of, 加州大学：founded, 成立, 253；and urban colleges, 城市学院, 96；Daniel Coit Gilman, president, 丹尼尔·科伊特·吉尔曼校长, 270, 333；certification system, 认证系统, 284；elective principle, 选修制原则, 306；coeducational, 男女同校, 314；alliance with California College of Pharmacy, 与加州药学院结盟, 344；Pres. Wheeler, university builder, 惠勒校长, 大学建设者, 348；and athletics, 体育运动, 376, 385, 387, 392；university press, 大学出版社, 407；after World War II, "二战"后, 491
Calvin, John, 加尔文, 约翰, 53
Cambridge University, 剑桥大学：见 English university influence, 英国大学的影响
Camp, Walter, 坎普, 沃尔特, 378
Candler, Asa, 坎德勒, 阿萨, 425

Canfield, James H., 坎菲尔德, 詹姆斯·H., 348
Carleton, William, 卡尔顿, 威廉, 181
Carleton College, 卡尔顿学院, 53, 181
Carnegie, Andrew, 卡内基, 安德鲁, 245, 425；参见 Carnegie Foundation, 卡内基基金会
Carnegie Foundation, 卡内基基金会, 431-4, 438, 465, 484
Carnegie Institute, 卡内基研究所, 431
Carolina Art Association, 卡罗来纳艺术协会, 360
Catholic educational activity, 天主教教育活动, 54-5, 94, 184, 193n., 219, 284, 296-7, 319, 459
Catholic University of America, 美国天主教大学, 335
Cattell, James McKeen, 卡特尔, 詹姆斯·麦基恩, 301
Centre College, 中心学院, 72, 144, 218, 433
certification system of admission, 入学认证系统, 282-6
Chamberlin, Thomas C., 钱伯林, 托马斯·C., 351
charity students, 慈善受助学生：见 scholarships, 奖学金
Charleston, College of, 查尔斯顿学院, 48, 50, 160, 296, 360
charters, 特许状：Jacksonian democracy, 杰克逊式民主, 213-14；参见 Dartmouth College (case), 达特茅斯学院（案例）
Chase, Philander, 蔡斯, 菲兰德, 216

Chauncy, Charles, 昌西, 查尔斯, 20
chemistry, 化学, 222-5, 229-30, 405-6, 409
Chi Psi fraternity, 西普西兄弟会, 144, 147
Chicago, University of, 芝加哥大学: founding, 成立, 349-54; voluntary chapel, 自愿教堂礼拜, 77; dormitory movement, 宿舍运动, 100; and single donor, 单一捐赠人, 178; and graduate school, 研究生院, 335; Pres. Harper, 哈珀校长, 350-1, 420; contrasted with Stanford, 与斯坦福大学相比, 352-4; as symbol of American university, 作为美国大学的象征, 356; public service ideal, 公共服务理念, 362; extension courses, 扩展课程, 363; and settlement house movement, 安居所运动, 367-8; athletics, 体育运动, 390-1; and Ph.D.'s, 博士, 396; grades of faculty rank, 教职员职级, 398-9; sponsors learned journals, 资助学术期刊, 405; and publishing activities, 出版活动, 407; Edward W. Bemis academic freedom case, 爱德华·W. 比米斯学术自由案, 414; four quarter system, 四学期制, 447; contrasted with Oxford, 与牛津相比, 453; general education, 通识教育, 455-6; R. M. Hutchins, 哈钦斯, 479-81; motto of, 校训, 481
Choate, Rufus, 乔特, 鲁弗斯, 142, 428
church-state relations, 教国关系: 参见 state-church relations, 国教关系
City College of New York, 纽约城市学院: rebellion at, 骚乱, 98; and aristocratic opposition, 贵族的反对, 207; old curriculum, 传统课程, 245; night school, 夜校, 344; college color, 学院的颜色, 386; and Ph.D. of professors, 拥有博士学位的教授, 396; Pres. J. H. Finley, J. H. 芬利校长, 417, 420-1;
City University of New York, 纽约城市大学, 486
civil engineering, 土木工程, 229, 231-2
Civil War, 内战, 241-3
Clark University, 克拉克大学, 332, 335, 350, 393
classes, college, 课程, 学院: 见 college classes, 学院课程
classical course of study, 古典课程: standard subjects, 标准科目, 126; at New York University, 纽约大学, 129; and extracurriculum, 课外活动, 156; low salaries and low tuition, 低工资和低学费, 193-8; Francis Wayland on, 弗朗西斯·韦兰, 218, 220, 238; and Pres. Eliot, 埃利奥特校长, 244; Justin Morrill, 贾斯廷·莫里尔, 249; Cornell, 康奈尔, 268; state universities, 州立大学, 279-80; high school movement, 高中运动, 284; at Boston College, 波士顿学院, 296; defense of James McCosh, 詹姆斯·麦科什的辩护, 299; evils of prescribed nature, 必修课程的缺陷, 304-5; 参见 curriculum, 课程; motivation problem, 动机问题; Yale Report of 1828, 1828年《耶鲁报告》

索引

585

classics, 古典学: and Benjamin Rush, 本杰明·拉什, 43; at Lafayette, 拉法耶特, 113; and James Marsh, 詹姆斯·马什, 115; new subjects, 新科目, 115-16; at Harvard, 哈佛大学, 120; at Amherst, 阿默斯特, 122-4; at University of Virginia, 弗吉尼亚大学, 125; Francis Wayland, 弗朗西斯·韦兰, 238; at Johns Hopkins, 约翰·霍普金斯大学, 270; and Pres. Eliot, 埃利奥特校长, 292, 295; and elective principle, 选修制原则, 306; "culture course" epithet, "文化课程"称谓, 324-5; and R. M. Hutchins, 哈钦斯, 480; 参见 Latin, 拉丁语; Greek, 希腊语; Yale Report of 1828, 1828年《耶鲁报告》

Clay, Henry, 克莱, 亨利, 111

Clergymen, 神职人员, 170, 173-4, 419; 参见 religion, 宗教; theological education, 神学教育

Clifford, John H., 克利福德, 约翰·H., 292-3

Clinton, DeWitt, 克林顿, 德威特, 51

Cliosophic Society, 克里索斯协会, 137

Coe College, 科伊学院, 433

Coeducation, 男女同校, 311, 314-16, 321-6, 339

Coffman, Lotus D., 科夫曼, 鲁特斯·D., 483

Colby College, 科尔比学院, 53

Coleridge, Samuel Taylor, 柯勒律治, 塞缪尔·泰勒, 121

college classes, 学院课程, 25, 114, 162,

369

College Entrance Examination Board, 学院入学考试委员会, 436-8

college founding, 学院成立, 7-8, 11, 35-6, 51-3、72、84、197-9、211, 219

college laws, 学院法律, 105-6; 参见 discipline, 纪律

college movement, 学院运动, 44-67, 248, 325; 参见学院成立; purposes of colleges and universities, 学院与大学的目的; university movement, 大学运动

college preparation, 学院预科, 281-2, 284, 325; 参见 academies, 学园; high schools, 高中; secondary education, 中等教育

college settlement house movement, 学院宿舍运动: 见 settlement house movement, 宿舍运动

college spirit, 学院精神: 见 collegiate way, 学院方式; dormitories, 宿舍

Collegiate School, 联合学院: 见 Yale University, 耶鲁大学

collegiate way, 学院方式: and English patterns, 英格兰模式, 26-7; English origins, 英格兰起源, 87, 124; American environment, 美国的环境, 87-8; and Pres. Eliot, 埃利奥特校长, 88; paternalism, 家长式作风, 88-9、104, 108; discipline, 纪律, 88-9, 104-8; anti-intellectual character of, 反智性的特征, 88-9, 140; rural setting, 乡村环境、91-5; and agrarian myth, 农耕神话, 95; dormitories, 宿舍, 96-

7, 99-101; and rebellion, 骚乱, 97-8; commons, 公共食堂, 101-2; and transfer and itinerant students, 学生转学和流动, 108; Pres. Porter on, 波特校长, 108-9; and faculty authority, 教师权威, 157; at Johns Hopkins, 约翰·霍普金斯大学, 271-2; James McCosh, 詹姆斯·麦科什, 299-300; and women's colleges, 女子学院, 325; and Lernfreiheit, 学习自由, 412; and Pres. Merriefield at North Dakota, 北达科他大学梅里菲尔德校长, 418; "Prexy Hour" at Ohio State, 俄亥俄州立大学的"院长接待时间", 422; and deans in university era, 大学时代的院长, 435-6; and paternalism, 家长式作风, 441; and acceleration movement, 快速修读运动, 446-8; revival in 1920's, 20世纪20年代的复兴, 449-61; extracurriculum, 课外活动, 464

colonial colleges, 殖民地学院, 3, 7-13, 19-20, 23-43, 185-6

Colorado College, 科罗拉多学院, 53

Columbia University, 哥伦比亚大学: governing board, 董事会, 15; denominational orientation, 教派取向, 18; prospectus of 1754, 1754年计划, 31-2; William Smith's proposal of 1753, 1753年威廉·史密斯的建议, 32; name changed, 更名, 41; new professorships, 新教授职位, 41; DeWitt Clinton enters, 德威特·克林顿入学, 51; and collegiate way, 学院方式, 88, 91; and dormitories, 宿舍, 99, 100; adopts parallel course, 采用平行课程, 115; and Yale Report, 《耶鲁报告》, 131-2; fraternities, 兄弟会, 144; nonclergy presidents, 非神职人员校长, 170; scholarships, 奖学金, 191; botany introduced, 引入植物学, 222; and graduate education, 研究生教育, 233, 335; agricultural chemistry, 农业化学, 247; and high school growth, 高中的发展, 284; elective principle, 选修制原则, 302; Barnard College, 巴纳德学院, 320; liberal arts, 自由教育科目, 324; John W. Burgess quoted, 引用约翰·W.伯吉斯的话, 330; fellowships for foreign study, 留学奖学金, 337; and New York theological seminaries, 纽约神学院, 344; Pres. Barnard and Pres. Low as university builders, 巴纳德校长和洛校长作为大学建设者, 349; extension courses, 扩展课程, 363; and Football, 美式足球, 376, 379; sponsors learned journals, 资助学术期刊, 405; Dean Keppel, 凯佩尔院长, 435; "professional option" plan, "职业选择"计划, 447; general education, 通识教育, 455-6; General Honors program, 通识荣誉课程, 456; Dean Hawkes, 霍克斯院长, 467; Teachers College, 师范学院, 471

commencement exercises, 毕业典礼, 30, 64, 127, 142, 181, 262-3, 408, 420-1

commerce, schools of, 商学院, 126

Committee of Ten, 十人委员会, 437

Committee of Twelve, 十二人委员会, 437

common schools, 公共学校: New York, 纽约, 212; Missouri, 密苏里, 212; 1837 treasury surplus, 1837年财政盈余, 213; Jacksonian support, 杰克逊派的支持, 215; preparation of teachers for, 教师培训, 217; R.P.I., 伦斯勒理工学院, 229; and Tappan at Michigan, 密歇根大学的塔潘, 233-4; land-grant colleges, 赠地学院, 265; accept girls, 女性入学, 309-10; and state universities, 州立大学, 314; Pres. Angell on, 安吉尔校长, 359

commons, 公共食堂, 101-2, 205

Commons, John R., 康芒斯, 约翰·R., 414

community colleges, 社区学院, 487

comprehensive examinations, 综合考试, 304

compulsory chapel and prayers, 强制性的礼拜和祷告: 见 religion, 宗教

Congregation of the Holy Cross, 圣十字会, 46

Congregationalist educational activity, 公理会的教育活动, 11, 52-4, 58, 70-4, 80, 183

Connecticut: authorizes lotteries for Colleges, 康涅狄格: 批准学院彩票, 186

Continental Congress, 大陆会议, 33

Conwell, Russell H., 康韦尔, 拉塞尔·H., 150

Cooper, James Fenimore, 库珀, 詹姆斯·费尼莫尔, 111

Cooper, Myles, 库珀, 迈尔斯, 33

Cooper, Peter, 库珀, 彼得, 180, 235

Cooper, Thomas, 库珀, 托马斯, 40, 102, 106

Cooper Institute, 库珀研究所, 180

co-ordinate education, 合办教育: at Harvard, 哈佛, 319-20; Barnard at Columbia, and others, 哥伦比亚大学的巴纳德及其他, 320; preserves liberal arts, 保留自由教育科目, 324-5

Copeland, Charles T., 科普兰, 查尔斯 T., 405

Cornell, Ezra, 康奈尔, 埃兹拉, 253, 266-8, 316, 472

Cornell University, 康奈尔大学: founding, 成立, 253; dormitories, 宿舍, 100; influence of University of Virginia on, 弗吉尼亚大学的影响, 127; trustees and high salaries, 董事和高薪, 200; Liberty Hyde Bailey and scientific agriculture, 利伯蒂·海德·贝利和科学农业, 261; role of Ezra Cornell and Andrew D. White, 埃兹拉·康奈尔和安德鲁·怀特的角色, 266-7; ambitions of White, 怀特的雄心, 62, 266-7; elective principle, 选修制原则, 306; role in popularizing coeducation, 普及男女同校教育中的作用, 316-17, 321; social work in curriculum, 社会工作课程, 326; visiting professors, 客座教授, 343-4; emphasis on teaching, 强调教学, 352; and football, 美式足球, 373-4; Pres. White, 怀特校长, 421; Pres. Schurman on foundations, 舒尔曼校长论基金会, 433

Counseling, 咨询, 460

country college，乡村学院：见 agrarian myth，农耕神话；collegiate way，学院方式；rural setting，乡村环境

course of study，学习课程：见 curriculum，课程

Crèvecoeur, J. Hector St. John de，克雷夫科尔，J. 赫克托·圣约翰·德，264

crew，船员：见 boating，划船

cricket，板球，153-4

crisis of 1850's，19世纪50年代的危机：and Francis Wayland，弗朗西斯·韦兰，220, 237-40；challenge of scientific schools，科学学院的挑战，231-33；graduate education，研究生教育，233；protests against the status quo，抗议现状，235-40

Crockett, Davy，克罗克特，戴维，203

Cromwell, William Nelson，克伦威尔，威廉·纳尔逊，426

Crosby, Harrison Woodhull，克罗斯比，哈里森·伍德哈尔，102

Crowe, John Finley，克罗，约翰·芬利，168-9

Cumberland College，坎伯兰学院，191, 198

Curriculum，课程：colonial，殖民地时期，23-51；Renaissance and Reformation influences，文艺复兴和宗教改革的影响，23-4；at Harvard，哈佛，24-6；and rise of science，科学的兴起，28-32；Enlightenment and other influences，启蒙运动和其他影响，30, 40-3；at College of Philadelphia，费城学院，32；and American Revolution，美国独立战争，36-43；Jefferson and William and Mary，杰斐逊和威廉玛丽学院，40-1；and 1795 North Carolina prospectus，1795年北卡罗来纳计划，41-2；curricular reassessment，课程评估，110-12；attempted reform of 1820's，19世纪20年代的改革尝试，112-24；partial and parallel course ideas，非全日制和平行课程观念，113-15；ancient course，古典课程，115；founding of University of Virginia，弗吉尼亚大学成立，124-8；Yale Report of 1828，1828年《耶鲁报告》，131-5；course in moral and intellectual philosophy，道德和理性哲学课程，140-1；West Point and R.P.I，西点和伦斯勒理工学院，228-31；scientific schools，科学学院，231-3；at Brown under Francis Wayland，弗朗西斯·韦兰任内的布朗大学，237-40；and the old subjects, and Cornell，康奈尔，265-8；and Johns Hopkins，约翰·霍普金斯，269-75；elective principle，选修制原则，287-306；extracurriculum，课外活动，290；women's colleges，女子学院，317-18, 325-7；coeducation，男女同校，323-4；departmentalization of，系科化，399-400；reaction against university emphasis，反对强调大学，449-61；and New Humanists，新人文主义者，452-3；general education movement，通识教育运动，455-6；honors program，荣誉课程，456；Rollins College，罗林斯学院，458；depression and war，大萧条

与战争，465-82；John Dewey，约翰·杜威，468；and 1930's，20世纪30年代，469；experimental colleges，实验学院，476-8；and Antioch，安提阿，474-5；Hiram，海勒姆，475；new progressive colleges，新进步主义学院，475-9；R. M. Hutchins on，哈钦斯，479-81；Harry Gideonse on，哈里·吉迪恩斯，480-1；and 1950's，20世纪50年代，493；参见 classical course of study，古典课程；elective principle，选修制原则；extracurriculum，课外活动；faculty，教师；German university influence，德国大学的影响；parallel course，平行课程；partial course，非全日制课程；tutors，导师；以及 course subjects by name，各科目名录

Curtis, George William，柯蒂斯，乔治·威廉，142, 344

Cutler, Manasseh，卡特勒，玛拿西，99, 276, 496

Cutting, R. Fulton，卡廷，R. 富尔顿，426

# D

Dalton, John，道尔顿，约翰，273

Dana, James Dwight，达纳，詹姆斯·德怀特，224, 335

dancing，跳舞，152

Dartmouth College，达特茅斯学院：Eleazar Wheelock，埃莱亚撒·惠洛克，11, 101；and religion，宗教，73, 76-7；and Pres. Smith，史密斯校长，88；rebellion，骚乱，98；Indians，印第安人，

104；and discipline，纪律，106；and Pres. Lord，洛德校长，104-5, 139；and Yale Report，《耶鲁报告》，135；fraternities，兄弟会，144-5；and athletics，体育运动，151, 153-4, 383；and Prof. Smith，史密斯教授，158；Vermont，佛蒙特州，186；Dartmouth College Case，达特茅斯学院案，189, 207-12, 278；elective curriculum，选修课程，222；scientific school，科学学院，232；college color，学院的颜色，386；honorary Ph.D. degree，荣誉博士学位，396-7

Darwin, Charles，达尔文，查尔斯，225, 346-7, 411-12, 425

Davidson College，戴维森学院，105, 139, 213,

Day, Jeremiah，戴，杰里迈亚，130-2, 199, 262, 298, 478, 492

day of prayer for colleges，学院祈祷日：见 religion，宗教

Deems, Charles F.，迪姆斯，查尔斯·F.，424

Degrees，学位：见各学位名录

deism，自然神论，38-40, 54；参见 Enlightenment influences，启蒙运动的影响

Delta Phi fraternity，德尔塔佛爱兄弟会，144

Delta Upsilon fraternity，德尔塔厄普西隆兄弟会，148

*Democracy and Education*，《民主与教育》，468

democracy and higher education，民主与高等教育：and American Revolution，

美国革命, 33；Charles Nisbet on, 查尔斯·尼斯比特, 35；Union College, 联合学院, 35；Philip Schuyler on, 菲利普·斯凯勒, 35；and French Revolution, 法国大革命, 38；William and Mary, 威廉玛丽, 40-1；Lyman Beecher on, 莱曼·比彻, 63；and student rebellions, 学生骚乱, 98-9；and football, 美式足球, 378；New Humanists, 新人文主义者, 452-3；参见 aristocratic tradition, 贵族传统；Jacksonian democracy, 杰克逊式民主；progressive education, 进步主义教育；public service ideal, 公共服务的理想；"rich man's college" epithet, "富人学院"的名声

Demosthenian, 德摩斯梯尼派, 138
Denison, William, 丹尼森, 威廉, 181
Denison University, 丹尼森大学：Baptist origins, 浸信会起源, 54；and Ohio Baptist Educational Society, 俄亥俄浸信会教育协会, 62；Prof. Marsh, 马什教授, 158；Eliam E. Barney, 伊莱姆·E.巴尼, 179；naming of, 冠名, 181；scholarships, 奖学金, 191-2；salaries, 工资, 193；low enrollment, 入学率低, 219；scientific school, 科学学院, 232；and elective principle, 选修制原则, 300；nonclergy president, 非神职人员校长, 419

denominational colleges, 教派学院：见 denominationalism, 教派主义；and college founding, 学院建设, 8-11, 54-7；Princeton, 普林斯顿,

10-11；and state universities, 州立大学, 36, 278, 280；in Ohio, 俄亥俄州, 54；in Kentucky, Illinois, Iowa, 肯塔基州, 伊利诺伊州, 艾奥瓦州, 55；at Amherst, 阿默斯特, 55；Andrew D. White on, 安德鲁·怀特, 68；in Maine, 缅因州, 70-1；in Indiana, 印第安纳州, 71；in Georgia, 佐治亚州, 71；in Ohio, 俄亥俄州, 71；in Illinois, 伊利诺伊州, 71；in Kentucky, 肯塔基州, 71-2；in Tennessee, 田纳西州, 117-18；in South, 南方, 186；Dartmouth College case, 达特茅斯学院案, 211；at Wooster and Hobart, 伍斯特和霍巴特, 301；and coeducation, 男女同校, 323；Pres. Eliot on, 埃利奥特校长, 330；and academic freedom, 学术自由, 410-11；and foundations, 基金会, 432-3；参见 denominations by name, 各教派名录

departmentalization, 系科化, 121, 399-400
DePauw University, 德堡大学, 191-3, 214, 301-2, 306
Detroit, University of, 底特律大学, 491
Dewey, Admiral George, 海军上将, 杜威, 乔治, 380
Dewey, John, 杜威, 约翰, 301, 366, 410, 468-70, 478
Dickens, Charles, 狄更斯, 查尔斯, 143
Dickinson, John, 迪金森, 约翰, 37
Dickinson College, 迪金森学院：and Pres. Nisbet, 尼斯比特校长, 35, 39, 103；and Benjamin Rush, 本杰明·拉什,

索引
591

37，90；fire strikes，雷电火灾，44；and trustee，董事，48；Methodists，卫理公会，56-7；duel at，决斗，97；revivalism at，信仰复兴运动，81；rebellion at，骚乱，98；fraternities，兄弟会，145；and Pennsylvania Germans，宾夕法尼亚的德国人，308

Dido's temple，狄多神庙，66

dining halls，食堂：参见 commons，公共食堂

Diognothian，狄奥诺提派，138

discipline，纪律：at colonial Yale，殖民地时期的耶鲁，15；at colonial Harvard，殖民地时期的哈佛，26-7；at Cornell，康奈尔，88-9；dormitories and crime，宿舍与犯罪，96-8；dueling and disorder，决斗与混乱，98；student rebellions，学生骚乱，98；Yale code of 1745，1745年的耶鲁法典，105-6；at Amherst，阿默斯特，124；tutor's role，导师的角色，161；at Princeton，普林斯顿，172；at Wabash，沃巴什，217；James McCosh on，詹姆斯·麦科什，298-9；at Harvard，哈佛，348；student government，学生（会）管理，369-70；and football，美式足球，378-9；Lucius Beebe at Yale，卢修斯·毕比在耶鲁，454

domestic science，家政科学，262，317；参见 home economics，家政科学

dormitories，宿舍，96-101，147，460-1

Downing, Lucy，唐宁，露西，5

Drake，德雷克，433

Draper, John William，德雷珀，约翰·威

廉，236，238

duels，决斗，97

Duke, Washington，杜克，华盛顿，94，245

Duke University，杜克大学：revivalism at，信仰复兴主义，83；and urban environment，城市环境，94；changes name，校名变更，94；faculty shares deficit，教师分担赤字，194；and southern university movement，南方大学运动，348；John Spencer Bassett academic freedom case，约翰·斯宾塞·巴塞特的学术自由案例，414

Dunster, Henry，邓斯特，亨利，6

DuPont de Nemours，杜邦·德·内穆尔，43

Durant, Henry Fowle，杜兰特，亨利·福尔，318

Dutch Reformed Church，荷兰改革宗，55，183

Dwight, Timothy，德怀特，蒂莫西，107

# E

Eastman, George，伊斯门，乔治，426

Eaton, Amos，伊顿，阿莫斯，224，227，230

Eaton, Nathaniel，伊顿，纳撒尼尔，14

economics，经济学，41，406，467-8

Edwards, Jonathan，爱德华兹，乔纳森，19

Egerton, Mrs. DuBois，埃杰顿，杜波依斯夫人，345

elective principle in curriculum，课程选修

制原则: at Harvard, 哈佛, 293-5; at Amherst, 阿默斯特, 124; at University of Virginia, 弗吉尼亚大学, 126; and classical course, 古典课程, 127, 284; and Yale Report of 1828, 1828年《耶鲁报告》, 134; Francis Wayland, 弗朗西斯·韦兰, 238-9, 295; Pres. Eliot on, 埃利奥特校长, 290-3, 304; Eliot-McCosh controversy, 埃利奥特—麦科什争论, 297-300; and old colleges, 传统学院, 300-1; and new psychology, 新心理学, 301; at Yale, 耶鲁, 303-4; in women's colleges, 女子学院, 325; pre-professional emphasis, 强调职前培训, 340-1; and football, 美式足球, 379; and Renaissance ideal, 文艺复兴的理想, 448-9; and New Humanists, 新人文主义者, 452; and general education, 通识教育, 455-6

elementary education, 初等教育: in colonial period, 殖民地时期, 21; at University of Chicago, 芝加哥大学, 447; Dewey influence, 杜威的影响, 469; 参见 common schools, 公共学校

Eliot, Charles William, 埃利奥特, 查尔斯·威廉, 64, 88, 100, 120, 174-5, 185, 189, 195-6, 244-5, 254, 270, 278-9, 290, 292-300, 304, 330-1, 336, 346, 358-9, 363, 377, 380, 390, 424, 436-7, 447, 492-3

Eliot, Samuel, 埃利奥特, 塞缪尔, 167

Ellis, Alston, 埃利斯, 奥尔斯顿, 420

Elmira College, 埃尔迈拉学院, 312, 325

Ely, Richard T., 埃利, 理查德·T., 414

Emerson, Benjamin K., 爱默生, 本杰明·K., 247

Emerson, Ralph Waldo, 爱默生, 拉尔夫·沃尔多, 142, 241

Emma Willard School, 艾玛·威拉德学校, 315

Emmanuel College, 伊曼纽尔学院, 24

Emmons, Ebenezer, 埃蒙斯, 埃比尼泽, 224

Emory University, 埃默里大学, 288, 348, 425

empiricism, 经验主义, 30

endowment, 捐赠: 见 financing higher education, 资助高等教育

engineering education, 工程教育, 229-32, 246, 257-8, 323, 340, 361

engineering English, 工程英语, 339

Enlightenment influences, 启蒙运动的影响, 30-2, 36-7, 40-3, 137-8, 147, 308; 参见 deism, 自然神论

English university influence, 英格兰大学的影响: on founding colleges, 对创办学院的影响, 3-8; residential pattern, 住宿制, 26; aristocratic purpose, 贵族式目的, 26; English universities, 英格兰大学, 49; moral and intellectual philosophy, 道德和理性哲学, 140-1; contrasted with American and German, 与美国和德国相比较, 333-4, 356; 参见 German university influence, 德国大学的影响

enrollment, 招生: salaries and scholarships, 工资和奖学金, 197-8; decline in 1850's，19世纪50年代的衰落，218-40；and coeducation，男女同校，323；and high schools，高中，323；and Negroes，黑人，488-9；参见 crisis of 1850's，19世纪50年代的危机

entrance requirements，入学要求：见 admissions requirements，录取要求

Episcopalians，圣公会教徒，69，78，459

Equitable Fraternity，平等兄弟会，148

Erskine, John，厄斯金，约翰，456

Ethics，伦理学，26；参见 philosophy，哲学

evangelical religion，福音派宗教：参见 denominationalism，教派主义；religion，宗教；revivals of religion，宗教复兴

Everett, Edward，埃弗里特，爱德华，118

examinations，考试，288，304，476；参见 grades，成绩；standards of scholarship，学术标准

experiment stations，实验站，261

experimental colleges，实验学院，474-9

extension courses，扩展课程，363-4

extracurriculum，课外活动：and religion，宗教，78-80；intellect vs. piety，理性与虔诚，137；literary societies，文学社团，138；science, art, music，科学，艺术，音乐，144；literary magazines，文学杂志，142；libraries，图书馆，143；and Yale Report，《耶鲁报告》，144；fraternities，兄弟会，144-50；early athletics，早期的体育运动，150-5；scientific societies，科学社团，227-8；"Military and Philosophical Society" at West Point，西点军校的"军事与哲学

学会"，228；student government，学生会，369-70；honor system，荣誉制度，369-71；senior honor societies，高级荣誉社团，371-2；football，美式足球，373-93；and acceleration movement，快速修读运动，448；in 1920's，20世纪20年代，454；in 1930's，20世纪30年代，468-9；at Bennington，本宁顿，476

F

faculty，教师：and religion，宗教，74，76，159-60；and extracurriculum，课外活动，157；early professors，早期的教授，157-8；and governing boards，董事会，160-1，427；and absentee board，外部人员组成的董事会，166-7；at Johns Hopkins，约翰·霍普金斯大学，271-2；and elective principle，选修制原则，305；and specialization，专业化，400-3；career preparation，职业准备，339-40；at Chicago，芝加哥，350；professionalization，职业化，339，427；and athletics，体育运动，382-4，392；the academician，学术人，394-416；old-time professor，传统教授，394-5；ascendancy of men with Ph.D. degrees，拥有博士学位的男性的优势，395-7；departmentalization，系科化，399-400；and publication，出版，404-7；and teaching，教学，403-5；professional organizations and meetings，专业组织和会议，406-7；faculty clubs，

教师俱乐部, 408-9; academic dress, 学位服, 408; academic freedom and tenure, 学术自由和终身教职, 410-15; and new-style presidents, 新型校长, 420-3; Carnegie pension scheme, 卡内基养老金计划, 432-3; debate unreal questions, 讨论伪问题, 494; 参见 faculty-student relations, 师生关系; salaries in higher education, 高等教育的薪酬; presidents, 校长; visiting professors, 客座教授

faculty-student relations, 师生关系: and elective principle, 选修制原则, 305; and honors program, 荣誉课程, 456; 参见 collegiate way, 学院方式; discipline, 纪律; paternalism, 家长式作风

Fairleigh Dickinson University, 菲尔勒·迪金森大学, 487

farm institutes, 农学院, 262

farm management, 农场管理, 262

Farmer's High School, 农民学园, 249

*Federal Government and Higher Education, The*,《联邦政府和高等教育》, 484

federal support of higher education, 联邦政府支持高等教育: and land-grant colleges, 赠地学院, 254-5, 265; of state universities, 州立大学, 275-6; student aid, 1935-1943, 学生资助, 1935-1943, 469; after World War II, "二战" 后, 486; in university research, 大学科研, 490; 参见 Morrill Act of 1862, 1862 年《莫里尔法案》, Morrill Act of 1890, 1890 年《莫里尔法案》; national university movement, 国立大学运动

Federalism, 联邦主义, 39

federation method of university growth, 大学发展的联盟方法, 344, 348-9

Fellenburg, Phillip Emmanuel von, 费伦伯格,菲利普·伊曼纽尔·冯, 217

fellowships, 奖学金: at Harvard, 哈佛, 120; at Yale, 耶鲁, 336; at Johns Hopkins, 约翰·霍普金斯大学, 337-8

female seminaries, 女子神学院, 310-11

Field, David Dudley, 菲尔德, 大卫·达德利, 321

field and track sports, 田径, 154; 参见 track

financing higher education, 资助高等教育: fundraising at Miami, 迈阿密大学筹资, 45; at Hanover, 汉诺威, 50; at Bowdoin, 鲍登, 74; presidents as fund-raisers, 校长筹款, 168-9; Samuel Johnson on, 塞缪尔·约翰逊, 179; characteristic benefactors, 特定捐赠人, 179; and naming colleges, 学院命名, 180-1, 325; annuities, 年金, 183; sewing circles, 缝纫会, 183; American Education Society, 美国教育学会, 183; paid agents, 需付薪的代理, 183; sources of endowment, 资助来源, 184; "public" and "private" colleges, "公立" 和 "私立" 学院, 185-90; lotteries and land grants, 彩票和赠地, 186-7; tax exemption, 免税, 190; perpetual scholarships, 终身奖学金, 190-2; faculty, 教师, 193-200; students, 学生, 197-8; and Wabash,

索引

595

沃巴什, 214; Pres. Stewardson of Hobart, 霍巴特的斯图尔森校长, 421; and benefactions, 慈善捐赠, 424-6, 429; and alumni, 校友, 428-9; philanthropic foundations, 慈善基金会, 430-4; college treasurer, 学院财务主管, 434; United Negro College Fund, 黑人学院联合基金, 489; 参见 federal support, 联邦政府支持; salaries, 工资; state support, 州支持

fine arts, 美术, 476

Finley, John H., 芬利, 约翰·H., 417, 420

fire as threat to colleges, 学院的火灾威胁, 44-6

Fish, Hamilton, 费什, 汉密尔顿, 426

fishing, 钓鱼, 152

*Five Years in an English University*, 《在英格兰大学的五年》, 337

flogging, 鞭笞, 27

Flora Stone Mather College, 弗洛拉·斯通·马瑟学院, 320

Flynt, Henry, 弗林特, 亨利, 162

Follen, Charles T., 福伦, 查尔斯·T., 151

Folwell, William Watts, 福威尔, 威廉·瓦特, 348

Football, 美式足球: early, 早期, 152; rise of, 兴起, 373-93; Andrew D. White on, 安德鲁·怀特, 373-4; early popularity, 早期的流行, 374-5; and professionalism, 职业化, 374-5; brutality of, 粗野, 375-6; crisis of 1905, 1905年危机, 375-6; Theodore Roosevelt on, 西奥多·罗斯福, 376; forward pass, 前传球, 376; ethical problems of, 伦理问题, 381-2; efforts to control, 规范化努力, 382-4; and alumni, 校友, 383-4; as public relations, 公共关系, 384-6; as spectator sport, 观赏性运动, 386-9; stadium era, 体育场时代, 388; football hero, 美式足球英雄, 389-90; coaching, 教练, 391-2

Ford, James T., 福特, 詹姆斯·T., 82

Fordham, 福特汉姆, 158

foreign missionary movement, 海外传教运动, 72-3

forestry education, 林业教育, 343, 361

foundations, 基金会: and collegiate definition, 学院定义, 245; in university era, 大学时代, 424; Carnegie pension scheme, 卡内基养老金计划, 432-3; and University of Wisconsin, 威斯康星大学, 465; and Negro colleges, 黑人学院, 489

four-quarter calendar, 四学期校历, 351

fox and geese, 狐鹅棋, 152

Franklin, Benjamin, 富兰克林, 本杰明, 19-20, 29, 32, 40

Franklin College, 富兰克林学院, 54

Fraternities, 兄弟会: beginnings, 开端, 144; widespread, 传播, 144-5; and literary societies, 文学社团, 145-6; influence of Freemasonry, 共济会的影响, 147; anti-secret society movement, 反秘密社团运动, 147; and evangelical religion, 福音派, 147-8; and Jacksonian democracy, 杰克逊式民主, 203-4; "preparation for life," "为生活做

准备",289;参见各兄弟会名录

Freedmen's Bureau,自由民事务局,488

Freemasonry,共济会,147

Freiburg, University of,弗莱堡大学,396

French,法语:in curriculum,课程,37-8, 222;at Columbia,哥伦比亚,41;at Union,联合学院,113;at Amherst, 阿默斯特,123;at West Point,西点军校,229;参见 modern languages,现代语言

French influence,法国的影响,37-40, 231,333-4;参见 deism,自然神论;Enlightenment,启蒙运动

French Revolution,法国大革命,38

Frieze, Henry S.,弗里兹,亨利·S., 282

fund-raising,筹资:见资助高等教育

## G

Gallatin, Albert,加勒廷,阿尔伯特,129, 206

Galton, Sir Francis,高尔顿,弗朗西斯爵士,301

gardening,园艺,230,259-60

Garfield, Harry A.,加菲尔德,哈里·A., 378

Garfield, James A.,加菲尔德,詹姆斯·A., 243

Garfield, James R.,加菲尔德,詹姆斯·R., 393

Gates, Frederick T.,盖茨,弗雷德里克·T.,349,351

Gates, Merrill E.,盖茨,梅里尔·E.,421

general education,通识教育:at Harvard, 哈佛,244;response to election,对选修制的回应,304;at Columbia,哥伦比亚大学,455;adoption elsewhere, 在其他院校的传布,455-6;Harvard's 1945 report,哈佛大学 1945 年报告, 456,474;and general movement,通识运动,464-5;Minnesota's General College,明尼苏达通识学院,478-9;R. M. Hutchins' proposals,哈钦斯的建议,479-80

General Education Board,普通教育委员会,431-4

Genesee College,杰尼斯学院,191

Geneva College:日内瓦学院,见 Hobart College,霍巴特学院

geography,地理,285

Geological Society of America,美国地质学会,406

geology,地质学,222-5,230,405-6

George III,乔治三世,12-13

George Washington University,乔治·华盛顿大学,72

Georgetown University,乔治敦大学,98

Georgia,佐治亚州,71,213,249

Georgia Female College,佐治亚女子学院,311

Georgia, University of,佐治亚大学:founding,成立,36;fire strikes,火灾,46;compulsory chapel,强制性教堂礼拜,75-6;revivals,复兴,83;students,学生,97;clergyman presidents,神职人员出身的校长,170;salaries,工资,193;public hostility

索引

597

to, 公众质疑, 206; Pres-Hill, 希尔校长, 348

German, 德语, 123, 222; 参见 modern languages, 现代语言

German university influence, 德国大学的影响: at Michigan, 密歇根, 99, 233-4; Nashville, 纳什维尔, 117; Harvard, 哈佛, 118, 120; and Yale Report of 1828, 1828年《耶鲁报告》, 132; in gymnasium movement, 体育场运动, 151-2; Amherst, 阿默斯特, 247; Brown, 布朗, 247; Johns Hopkins, 约翰·霍普金斯, 269-72; University of Minnesota, 明尼苏达大学, 283-4; and elective principle, 选修制原则, 306; and John W. Burgess, 约翰·W. 伯吉斯, 330; contrasted with other nationalities, 与其他国家相比, 333-4, 356; and publication, 出版, 404; and academic freedom, 学术自由, 411-13; Rollins, 罗林斯, 458; 参见 English university influence, 英格兰大学的影响; graduate schools of arts and sciences, 文理研究生院; seminary, 研讨班

Gettysburgh College, 葛底斯堡学院, 227

Gideonse, Harry, 吉迪恩斯, 哈里, 480-1

Gildersleeve, Basil, 吉尔德斯利夫, 巴兹尔, 334

Gilman, Daniel Coit, 吉尔曼, 丹尼尔·科伊特, 233, 245, 264, 269-74, 333, 344, 346, 424, 492

Gilmore's Band, 吉尔摩乐队, 184

Glaisher, James, 格莱舍, 詹姆斯, 273

Goddard College, 戈达德学院, 476

Goheen, Robert F., 戈辛, 罗伯特·F., 492

Goodspeed, Thomas W., 古德斯皮德, 托马斯·W., 349

Gottingen, 哥廷根, 118

Gould, Jay, 古尔德, 杰伊, 426

governing boards in higher education, 高等教育董事会: at colonial colleges, 殖民地时期的学院, 14-16; and state representation, 州代表, 36; and professors, 教授, 160-1; and alumni, 校友, 161; at Harvard, William and Mary, 哈佛, 威廉玛丽, 166; and absentee governors, 外部管理者, 166; at Yale, 耶鲁, 167; Francis Wayland on, 弗朗西斯·韦兰, 172-3; and clerical representation, 牧师代表, 174; self-perpetuating nature, 自我延续性, 174; and Pres. Eliot, 埃利奥特校长, 174-5; and faculty salaries, 教师工资, 200; and Dartmouth College case, 达特茅斯学院案, 207-8, 210-11; Jacksonian charter limitations 杰克逊式章程的局限, 212-13; at Wabash, 沃巴什, 217; at Johns Hopkins, 约翰·霍普金斯大学, 271-2; and academic freedom, 学术自由, 415; nonclergy presidents, 非神职人员校长, 419; and alumni trustee movement, 校友董事运动, 428; and board of directors, 理事会, 439; debate unreal questions, 讨论伪问题, 494; 参见 academic freedom, 学术自由; faculty, 教师; presidents, 校长

government and higher education, 政府和高等教育：参见 federal support, 联邦政府支持；state control, 州控制；state support, 州支持

government of colleges and universities, 学院和大学管理：见 faculty, 教师；governing boards, 董事会；presidents, 校长

government courses, 管理课程；见 political science, 政治科学

grades, 学业成绩：in Jacksonian era, 杰克逊时代, 217；and scholarship, 学术, 288；at Harvard, 哈佛, 348；参见 examinations, 考试；standards of scholarship, 学术标准

graduate education, 研究生教育：见 graduate schools of arts and sciences, 文理研究生院；professional education, 专业教育

graduate schools of arts and sciences, 文理研究生院：at University of Virginia, 弗吉尼亚大学, 126-7；Harvard, 哈佛大学, 231-2, 291, 336；in 1850's, 19世纪50年代, 233-5；Michigan, 密歇根州, 233-4；in New York, 纽约, 235；Johns Hopkins, 约翰·霍普金斯大学, 291, 331, 336；fellowships, 奖学金, 336-7；teaching methods, 教学方法, 450；and Carnegie Foundation, 卡内基金会, 484；参见 Johns Hopkins University, 约翰·霍普金斯大学

graduates, 研究生：见 statistics, 统计

Granger movement, 格兰奇运动, 258, 261

Gray, Asa, 格雷, 阿萨, 224-5

Great Awakening, 大觉醒, 10-11, 16-17

Greek, 希腊语：in colonial curriculum, 殖民地时期的课程, 23；and partial course program, 非全日制课程项目, 113；at Amherst, 阿默斯特, 123；at Illinois, 伊利诺伊, 257；as admission requirement, 入学要求, 285；at Harvard, 哈佛, 295；参见 ancient languages, 古典语言；classics, 古典学；Yale Report of 1828, 1828年《耶鲁报告》

Greek-letter fraternities, 希腊字母兄弟会：见兄弟会

Green, Ashbel, 格林, 阿什贝尔, 98, 103-4, 172

Greene, B. Franklin, 格林, B. 富兰克林, 229

Greene, John Morton, 格林, 约翰·莫顿, 318

Griffin, Edward Dorr, 格里芬, 爱德华·多尔, 55

Griffin, Edward H., 格里芬, 爱德华·H., 445

Grinnell College, 格林内尔学院, 53

Griswold, A. Whitney, 格里斯沃尔德, A. 惠特尼, 492

gymnasiums, 体育馆, 152-3, 387-8

# H

Hadley, Arthur Twining, 哈德利, 阿瑟·特文宁, 334、365、378、421、457

Hale, Sarah, 黑尔, 萨拉, 325

Hall, Basil, 霍尔, 巴兹尔, 130

索引

599

Hall, G. Stanley, 霍尔, G.·斯坦利, 332、345、393

Hamilton, Alexander, 汉密尔顿, 亚历山大, 33, 35, 242

Hamilton College, 汉密尔顿学院: and discipline, 纪律, 107; and fraternity movement, 兄弟会运动, 144; anti-secret society movement, 反秘密社团运动, 148; and extracurriculum, 课外活动, 151; and clergyman presidents, 神职人员出身的校长, 170;and state, 州, 186; and professors, 教授, 193; and elective program, 选修课程, 302

Hampden-Sydney College, 汉普顿-西德尼学院, 37, 115, 191

hand ball, 手球, 388

Hanna, Marcus Alonzo, 汉纳, 马库斯·阿隆索, 426

Hanover College, 汉诺威学院: fund-raising, 筹款, 50, 168-9;and charter, 特许, 50; beginnings, 开端, 52, 57; and scholarships, 奖学金, 191; salary-cutting, 减薪, 194

Harkness, Edward S., 哈克尼斯, 爱德华·S., 460-1

Harper, William Rainey, 哈珀, 威廉·雷尼, 100, 349-52, 405, 418, 420, 443, 492

Harris, Elijah P., 哈里斯, 伊莱贾·P., 409

Harrison, Benjamin, 哈里森, 本杰明, 344

Harrison, Charles C., 哈里森, 查尔斯·C., 349

Harvard, John, 哈佛, 约翰, 178

Harvard University, 哈佛大学: founding, 创建, 3-10; church-state relations, 教会与州的关系, 13-16; and Puritan control, 清教徒管治, 16-17; Great Awakening at, 大觉醒, 17; religious toleration, 宗教宽容, 17; Benjamin Franklin on, 本杰明·富兰克林, 20; Class of 1771, 1771届, 22; colonial curriculum, 殖民地时期的课程, 23-6; collegiate way, 学院方式, 88; science, 科学, 28, 231-2, 246; state relations after American Revolution, 美国独立战争后的州关系, 36; atheism at, 无神论, 38; and President Langdon, 兰登校长, 39; and Williams, 威廉姆斯, 49-50; and Amherst, 阿默斯特, 55; degree from, 学位授予, 65; and chapel requirements, 教堂礼拜要求, 69, 77; denominational composition of faculty, 教师的教派构成, 69; and religion, 宗教, 73, 78, 83; house system and agrarian myth, 宅地体系与农耕神话, 95; rebellion, 骚乱, 98; commons, 公共食堂, 101-2; discipline, 纪律, 106; George Ticknor's reforms, 乔治·蒂克纳的改革, 118; French and Spanish, 法语和西班牙语, 118; and Pres. Quincy, 昆西校长, 120-1; and fellowships, 奖学金, 120; and Longfellow, 朗费罗, 120; self-satisfaction, 自我满足, 131; literary societies, 文学社团, 137; fraternities, 兄弟会, 144; and athletics, 体育运动, 151, 153, 374-8, 383-5, 387, 393;and tutors, 导师,

162-3；nonclergy presidents，非神职人员校长，170；Pres. Locke，洛克校长，171；John Harvard，约翰·哈佛，178；first scholarship fund，第一笔奖学金基金，178；salaries，工资，193, 195；and Andrew Jackson，安德鲁·杰克逊，201-2；first class of 100，第一次一届100人，219；mathematics and natural philosophy，数学、自然哲学，222；Asa Gray，阿萨·格雷，224-5；General Court attacks，总议会的批评，236；and Pres. Eliot，埃利奥特校长，244, 290-5, 331, 445；class attendance，上课出勤率，271；and state university movement，州立大学运动，278；and elective principle，选修制原则，284, 290-5；entrance requirements，入学要求，285；student motivation problem，学生动机问题，287-9；medical and law school reform，医学院和法学院改革，291；Unitarian control，一位论派的控制，295；and Radcliffe，拉德克利夫，320；graduate school，研究生院，335-6；fellowships，奖学金，337；professorship of theology，神学教授职位，342；public service ideal，公共服务理念，359；Ph.D.'s on faculty，教师的博士学位，395；and William James，威廉·詹姆斯，397；and Upton Sinclair，厄普顿·辛克莱，402；"Copey"，抄书人，405；university press，大学出版社，407；and H. L. Higginson，H.L. 希金森，425；Dean Briggs，布里格斯院长，435；sophomore placement，二

年级学生的安置，447；acceleration in Class of 1906，1906届快速修读，447；and F. D. Roosevelt，F.D. 罗斯福，448；Pres. Lowell，洛厄尔校长，450-1；Irving Babbitt on，欧文·白璧德，452-3, 465；and Lucius Beebe，卢修斯·毕比，454；general education，通识教育，455-6；1945 general education report，1945年通识教育报告，456, 474；Board of Freshman Advisers，新生顾问委员会，460；Harkness house system，哈克尼斯宿舍系统，460-1；federal support in 1960，1960年联邦政府支持，490；Pres. Pusey，普西校长，492；参见Eliot, Charles William，埃利奥特，查尔斯·威廉

Haskins, Charles Homer，哈斯金斯，查尔斯·霍默，365

Hatch Act of 1887，1887年的《哈奇法案》，261

Havemeyer, Frederick C.，哈夫迈耶，弗雷德里克·C.，426

Haven, Erastus O.，黑文，伊拉斯塔斯·O.，154

Haverford College，哈弗福德学院，371

Hawkes, Herbert E.，霍克斯，赫伯特·E.，467

Hawthorne, Nathaniel，霍桑，纳撒尼尔，143

Hayes, Rutherford B.，海斯，拉瑟福德·B.，256, 418-19

Hebrew，希伯来语，25, 405

Heidelberg College，海登堡学院，54

Henry, Joseph，亨利，约瑟夫，225

索引

601

Herrick, Clarence L., 赫里克, 克拉伦斯·L., 247

Higginson, Henry Lee, 希金森, 亨利·李, 425

high schools, 高中: land-grant colleges, 赠地学院, 260; and certification system, 认证系统, 283-4; growth in East, 在东部的增长, 284; in college preparation, 学院预科, 284; and "new" subjects, "新"学科, 285; and higher education, 高等教育, 286; and state universities, 州立大学, 314; 参见 secondary education, 中等教育

Hill, Walter B., 希尔, 沃尔特·B., 348

Hiram College, 海勒姆学院, 54, 475

history, 历史: at Amherst, 阿默斯特, 123; and extracurriculum, 课外活动, 144; and literary societies, 文学社团, 145-6; in curriculum, 课程, 222; "culture course" epithet, "文化课程"称谓, 324-5; and philosophy of education, 教育哲学, 339; advances idea of good government, 提出良善政府思想, 362; learned society founded, 学会成立, 406; at Columbia, 哥伦比亚大学, 455; in American studies programs, 美国研究项目, 470

Hitchcock, Edward (the elder), 希区柯克, 爱德华（老）, 224

Hitchcock, Edward (the younger), 希区柯克, 爱德华（小）, 391

Hobart College, 霍巴特学院: "Literary Scientific" course, 文学科学课程, 115; honor system, 荣誉制度, 371;

Pres. Stewardson, 斯图尔森校长, 421

Holt, Hamilton, 霍尔特, 汉密尔顿, 458

home economics, 家政科学, 262, 317

home missionary movement, 本土传教运动, 52-3

Homestead Act of 1862, 1862年宅地法, 95, 250

honor societies, 荣誉社团, 369, 371

honor system, 荣誉制度, 369-71

honors program, 荣誉项目, 304, 456-8, 465

Hopkins, Albert, 霍普金斯, 阿尔伯特, 225

Hopkins, Johns, 霍普金斯, 约翰, 244

Hopkins, Mark, 霍普金斯, 马克, 70, 82, 92, 107, 139, 141, 148-50, 159, 187, 204, 243, 419, 441, 446, 492

horticulture, 园艺学, 262

Hull House, 赫尔之家, 368

humanities, 人文学科: 见 classical course of study, 古典课程; liberal arts, 自由教育科目

Humphrey, Heman, 汉弗莱, 希曼, 139, 148

hunting, 打猎, 152

Hutchins, Robert Maynard, 哈钦斯, 罗伯特·梅纳德, 479-81

Hutchinson, Anne, 哈钦森, 安妮, 19

Huxley, Thomas, 赫胥黎, 托马斯, 270

Hyde, Alvan, 海德, 阿尔万, 152

hygiene, 卫生, 302, 326

## I

Illinois, 伊利诺伊州, 55, 71, 219
Illinois College, 伊利诺伊学院: beginnings, 开端, 46; compulsory chapel, 强制性教堂礼拜, 76; student stabbed, 学生被刺伤, 97; Julian Sturtevant, 朱利安·斯特蒂文特, 158, 171; nonpayment of professors and president, 拒付教授和校长工资, 193-4; faculty shares deficit, 教师分担赤字, 194; scientific school, 科学学院, 232; and elective principle, 选修制原则, 302; coeducation, 男女同校, 322-3; and athletics, 体育运动, 384; professors and the Ph.D., 教授和博士, 396; non-clergy president, 非神职人员校长, 419
Illinois, University of, 伊利诺伊大学: and dormitories, 宿舍, 100; Latin and Greek at, 拉丁语和希腊语, 257; agricultural course, 农业课程, 258; classical course, 古典课程, 280; certification system, 认证系统, 284; and agricultural services, 农业服务, 361; extension courses, 扩展课程, 363; Ph.D. of professors, 博士教授, 396
Indiana, 印第安纳, 52, 56, 71
Indiana Asbury College, 印第安纳州阿斯伯里学院: 见 DePauw University, 德堡大学
Indiana University, 印第安纳大学: beginnings, 开端, 46, 52; and denominationalism, 教派主义, 71; perpetual scholarship scheme, 终身奖学金计划, 191; faculty and deficit, 教师和赤字, 194; and certification system, 认证系统, 284; coeducation, 男女同校, 314; university spirit, 大学精神, 345; extension courses, 扩展课程, 363; John R. Commons academic freedom case, 约翰·R. 康芒斯学术自由案, 414; Pres. Jordan's paternalism, 乔丹校长的家长式作风, 418; intensive course system, 集中课程体系, 475
Institute of Paper Chemistry, 造纸化学研究所, 344
Instructors, 讲师: 见 faculty, 教师
intellectual purpose, 智性目的: 见 anti-intellectualism, 反智主义; piety and intellect, 虔诚和理性; purposes, 目的; scholarship, 学术
intensive course program, 集中课程项目, 475
intramural athletics, 校内体育运动, 388
Iowa, 艾奥瓦州, 55
Iowa State University, 艾奥瓦州立大学, 251, 253, 257, 262
Italian, 意大利语, 123

## J

Jackson, Andrew, 杰克逊,安德鲁, 42, 128, 201-2, 216, 242, 293; 参见 Jacksonian democracy, 杰克逊式民主
Jacksonian democracy, 杰克逊式民主: and colleges, 学院, 201-20; and collegiate way, 学院方式, 205-6; and scholarships, 奖学金, 205; and

commons，食堂，205；and "rich man" epithet，"富人院校"的名声，206-7；and Dartmouth College case，达特茅斯学院案，207-12；and charter limitations，章程的限制，213-14；and University of Nashville，纳什维尔大学，214；and mobility，社会流动性，215；manual-labor system，体力劳动制度，217；and land-grant colleges，赠地学院，265；and professional-vocational distinction，专业-职业区分，340-2；and Progressivism，进步主义，364-5；参见 enrollment，招生

James, William，詹姆斯，威廉，344，345，381

Jefferson, Thomas，杰斐逊，托马斯，7，36，39-41，51，95，125，158，202，242，264-5，271，278，293，342，365，492

Jesuit education，耶稣会教育，296-7

Johns Hopkins University，约翰·霍普金斯大学：voluntary chapel，自愿教堂礼拜，77；single donor，单一捐赠人，178；clergy and governing board，神职人员和董事会，174；Daniel Coit Gilman，丹尼尔·科伊特·吉尔曼，233，269-70；science and scholarship，科学与学术，270-5；and state universities，州立大学，275，286；and Harvard，哈佛大学，291；and the new psychology，新心理学，301；and Bryn Mawr，布林莫尔，319；and university status，大学地位，331；and Clark University，克拉克大学，332，335；and Catholic University，天主教大学，335；Pres. Eliot on，埃利奥特校长，336；as "premier Ph.D. mill"，"美国头号博士工厂"，336；graduate fellowships，研究生奖学金，337-8；visiting professors，客座教授，343-4；Mrs. Egerton's rooming house，埃杰顿夫人的寄宿公寓，345；bust of Darwin，达尔文半身像，346；scholarly journal，学术期刊，405-6；develops university press，开办大学出版社，407；and collegiate tradition，学院传统，446；accelerated program，快速修读运动，447；commitment to German scholarship，德国学术志向，472

Johnson, Samuel，约翰逊，塞缪尔，179

Johnson, Tom，约翰逊，汤姆，368

Johnston, J. B.，约翰斯顿，J. B.，478

Jones, Frederick Scheetz，琼斯，弗雷德里克·谢茨，435

Jones, Samuel M.，琼斯，塞缪尔·M.，368

Jordan, David Starr，乔丹，大卫·斯塔尔，353，380，418，443

junior colleges，初级学院，351，443，463，476，487

Junkin, George，琼金，乔治，106

# K

Kane, Thomas F.，凯恩，托马斯·F.，422

Kansas State University，堪萨斯州立大学，414

Kansas, University of，堪萨斯大学，328，

Kedzie, Robert C., 卡茨, 罗伯特·C., 261

Kentucky, 肯塔基, 55, 71-2, 249

Kenyon College, 凯尼恩学院: Episcopal origins, 圣公会背景, 54; and New England sewing circles, 新英格兰缝纫会, 183; perpetual scholarships, 终身奖学金, 191; Philander Chase's "People's College", 菲兰德·蔡斯的"人民学院", 216; M. A. Hanna and W. N. Cromwell, M. A. 汉纳和 W. N. 克伦威尔, 426

Keppel, Frederick P., 凯佩尔, 弗雷德里克·P., 435, 465

King's College, 国王学院: 见 Columbia University, 哥伦比亚大学

Kirkland, James H., 柯克兰, 詹姆斯·H., 348

Knox College, 诺克斯学院, 71

Kraitser, Charles, 克莱策, 查尔斯, 157

# L

laboratories, 实验室, 230

Lafayette College, 拉法耶特学院: beginnings, 开端, 45-6; Presbyterian control, 长老会管理, 74, rebellion, 骚乱, 98; fraternities, 兄弟会, 145; faculty, 教师, 160, 194; Ario Pardee, 阿里欧·帕迪, 179; and endowment from silkworms, 蚕丝基金, 184; perpetual scholarships, 终身奖学金, 192; state officials on board, 董事会中的州官员,

212; Jacksonian limitations in charter, 章程中的杰克逊式局限性, 213-14; manual-labor system, 体力劳动制度, 217; low enrollment, 低入学率, 219; and science, 科学, 227, 246; coeducation, 男女同校, 322; and football, 美式足球, 381, 388; Pres. Warfield's exchange with Pres. Eliot, 沃菲尔德校长与埃利奥特校长的会谈, 437-8; chair of civil rights, 民权教席, 454

La Follette, Robert M., 拉·福莱特, 罗伯特·M., 357, 368

land-grant colleges, 赠地学院: state support of, 州支持, 188; R.P.I., 伦斯勒理工学院, 229-30; Justin Morrill, 贾斯廷·莫里尔, 249-50; 1862 Morrill Act, 1862年《莫里尔法案》, 250-1; and agrarian myth, 农耕神话, 251-2; land-grant statistics, 赠地统计, 252; farm distrust, 农民的不信任, 257-60; science of agriculture, 农业科学, 259-60; Cornell, 康奈尔, 265-8; coeducation, 男女同校, 314-15; at Illinois, 伊利诺伊州, 361; extension services and Smith-Lever Act, 扩展服务和《史密斯-利弗法案》, 364; athletics, 体育运动, 385; service ideal, 服务理想, 462; 参见 Morrill Act of 1862, 1862年的《莫里尔法案》; Morrill Act of 1890, 1890年的《莫里尔法案》

Langdell, Josiah, 朗德尔, 约西亚, 291

Langdon, Samuel, 兰登, 塞缪尔, 39

Lanier, Sidney, 拉尼尔, 西德尼, 104, 344, 345

索引

605

Lathrop, John H., 莱思罗普, 约翰·H., 50, 332

Latin, 拉丁语, 23-4, 113, 123, 257, 285; 参见 classics, 古典学; Yale Report of 1828, 1828 年《耶鲁报告》

law schools, 法学院: 见 legal education, 法学教育

Lawrence, Abbott, 劳伦斯, 阿博特, 179, 231

Lawrence, Amos, 劳伦斯, 阿莫斯, 179

Lawrence, Amos Adams, 劳伦斯, 阿莫斯·亚当斯, 179

Lawrence College, 劳伦斯学院, 179, 344

Lawrence Scientific School, 劳伦斯科学学院, 231, 233, 290

learned journals, 学术期刊, 405-6

learned societies, 学术社团, 405-6

learning, 学习: 见 anti-intellectualism, 反智主义; piety and intellect, 虔诚和理性; scholarship, 学术

legal education, 法学教育: University of Virginia, 弗吉尼亚大学, 125; Brown, 布朗, 239; Yale, 耶鲁, 339; profession-vocation distinction, 专业–职业区分, 339-40; and colleges, 学院, 342; at William and Mary, 威廉玛丽学院, 342; and university movement, 大学运动, 342

Lehigh University, 里海大学, 246

*Lehrfreiheit*, 教学自由, 412-13

*Lernfreiheit*, 学习自由, 412-13

Leverett, John, 莱弗里特, 约翰, 24, 170, 492

liberal arts, 自由教育科目: William Smith on, 威廉·史密斯, 12; in colonial curriculum, 殖民地时期课程, 25; at College of California, 加州学院, 66; and coeducation, 男女同校, 324; in men's colleges and universities, 男子学院和大学, 324-5; Pres. Hadley on, 哈德利校长, 365; and Rollins College, 罗林斯学院, 458; revival in 1930's, 20 世纪 30 年代的复兴, 469; Experimental College at Wisconsin, 威斯康星实验学院, 477-8; 参见 classical course of study, 古典课程; curriculum, 课程; general education, 通识教育; Yale Report of 1828, 1828 年《耶鲁报告》

liberal education, 自由教育: 见 liberal arts, 自由教育科目

libraries, 图书馆: low budgets, 低预算, 99; literary societies, 文学社团, 143-4; West Point technical collection, 西点的技术书籍, 228; and elective principle, 选修制原则, 300; part-time librarians, 兼职图书馆员, 434

library science, 图书馆学, 339

Lieber, Francis, 利伯, 弗朗西斯, 106, 129, 287-8

Liebig, Justus, Baron von, 李比希, 尤斯图斯·冯, 273

Lincoln, Abraham, 林肯, 亚伯拉罕, 242, 250

Lindsley, Philip, 林斯利, 菲利普, 49, 64, 90, 116-18, 124, 127, 214-15, 487-8

Linonian, 利诺尼亚社团, 137

Lipscomb, Andrew, 利普斯科姆, 安德鲁, 344

literary magazines, 文学杂志, 142

literary scientific course, 文学科学课程, 115

literary societies, 文学社团, 138-46, 271, 451

literature, 文学: 见 American literature, 美国文学; English literature, 英国文学

Llewelin College, 卢埃林学院, 181

location of colleges and universities, 学院和大学的地理位置, 91-5

Locke, Samuel, 洛克, 塞缪尔, 171

London School of Maids, 伦敦女仆学校, 262

London, University of, 伦敦大学, 128

Longfellow, Henry Wadsworth, 朗费罗, 亨利·沃兹沃思, 94-5, 120

Lord, Nathan, 洛德, 内森, 104-5, 135, 139

lotteries, 彩票, 186

Louisiana State University, 路易斯安那州立大学, 86, 280

Low, Seth, 洛, 塞思, 349

Lowell, Abbott Lawrence, 洛厄尔, 阿博特·劳伦斯, 450-1, 456

Lowell, James Russell, 洛厄尔, 詹姆斯·拉塞尔, 343, 345

Lowell, John, 洛厄尔, 约翰, 180

Lowell Institute, 洛厄尔学院, 180

Lutheran educational activity, 路德宗教育活动, 54

Lyon, Mary, 莱昂, 玛丽, 310

# M

MacIver, Robert M., 麦克艾弗, 罗伯特·M., 484

Mackay, Clarence M., 麦凯, 克拉伦斯·M., 426

MacLean, John, 麦克莱恩, 约翰, 222

Madison, James, 麦迪逊, 詹姆斯, 45

Maine, 缅因州, 70, 74, 276

Maine, University of, 缅因大学, 383

majors, 主修, 304, 351

Manhattanville College of the Sacred Heart, 曼哈顿维尔圣心学院, 319

Mann, Horace, 曼, 贺拉斯, 53

Manning, James, 曼宁, 詹姆斯, 180

manual labor movement, 体力劳动运动, 217-18

Marietta College, 玛丽埃塔学院, 81, 143, 151, 184, 197, 218, 240, 414, 419, 466

Marsh, Fletcher O., 马什, 弗莱彻·O., 158

Marsh, James, 马什, 詹姆斯, 107, 115, 121-2, 124, 129, 495-6

Marshall, John, 马歇尔, 约翰, 210

Mary Sharp College, 玛丽·夏普学院, 325

Maryland, 马里兰州, 189, 249

Massachusetts, 马萨诸塞州, 4, 16, 64, 185-6, 188, 249

Massachusetts Agricultural College, 马萨诸塞农业学院: 见 Massachusetts, University of, 马萨诸塞大学

Massachusetts Institute of Technology,

麻省理工学院：and University of Virginia, 弗吉尼亚大学, 127-8; under William Bartram Rogers, 威廉·巴特拉姆·罗杰斯任内, 245; and Charles W. Eliot, 查尔斯·W. 埃利奥特, 291

M.A. degree, 文学硕士学位, 126, 129, 234-5, 239, 336

M.S. degree, 理学硕士学位, 234

mathematics, 数学: in colonial curriculum, 殖民地时期课程, 25; at colonial Yale, 殖民地时期的耶鲁, 29-30; and partial course idea, 非全日制课程观念, 113; and classical course, 古典课程, 115; University of Virginia, 弗吉尼亚大学, 125; and Yale Report, 《耶鲁报告》, 131; at Harvard, 哈佛, 222; at West Point, 西点军校, 229; journal at Johns Hopkins, 约翰·霍普金斯大学的杂志, 405; learned society founded, 学会成立, 406; R. M. Hutchins on, R. M. 哈钦斯, 480

Mather, Cotton, 马瑟, 科顿, 9-10, 99, 494

Mather, Increase, 马瑟, 英克里斯, 5, 99

Maxwell, Bob, 马克斯韦尔, 鲍勃, 375

McCormick, Cyrus, 麦考密克, 赛勒斯, 74

McCormick, Mrs. Cyrus, 麦考密克, 赛勒斯夫人, 426

McCosh, James, 麦科什, 詹姆斯, 254, 297-300, 329, 346, 348, 385

McKeen, Joseph, 麦基恩, 约瑟夫, 58, 70

McKendree College, 麦肯德尔学院, 57,
191

mechanical drawing, 机械制图, 339

mechanical education, 机械教育: 见 land-grant colleges 赠地学院

mechanical engineering, 机械工程, 426

medical education, 医学教育, 125, 291, 339-40, 342-3

Meiklejohn, Alexander, 米克尔约翰, 亚历山大, 477-8

*Mein Kampf*, 《我的奋斗》, 467

Melville, Herman, 梅尔维尔, 赫尔曼, 143

*Memo to a College Trustee*, 《致学院董事的备忘录》, 484

mental philosophy, 心智哲学: 见 philosophy, 哲学

Merriefield, Webster, 梅里菲尔德, 韦伯斯特, 418

Messer, Asa, 梅瑟, 阿萨, 103

metaphysics, 形而上学: 见 philosophy, 哲学

Methodist educational activity, 卫理公会的教育活动: in Ohio, 俄亥俄州, 54; in college movement, 学院运动, 55; in 1830's, 19世纪30年代, 57; in Indiana, 印第安纳州, 56-7; and sectarianism, 教派主义, 69; illiteracy of clergy, 神职人员的文盲状态, 70-1; and Indiana College, 印第安纳学院, 71; and Ohio University, 俄亥俄大学, 71; and coeducation, 男女同校, 322; and Wesleyan (Connecticut), 卫斯理学院（康涅狄格）, 322; and Vanderbilt University, 范德比尔特大学, 344-5

Miami University, 迈阿密大学: founding, 创建, 276; fund-raising, 筹款, 45; and Presbyterians, 长老会, 54, 71; sectarianism at, 教派主义, 69; student disorder, 学生动乱, 97; rebellion 骚乱, 98; and Pres. Junkin, 琼金校长, 106; literary-society rivalry, 文学社团之间的竞争, 142; fraternities, 兄弟会, 144-5; gymnasium, 体育馆, 152; student scientific society, 学生科学社团, 227; football at, 美式足球, 374

Michigan, 密歇根州, 277

Michigan State University, 密歇根州立大学, 261, 347

Michigan, University of, 密歇根大学: first commencement, 第一次毕业典礼, 47; dormitory policy, 宿舍政策, 99-100; fraternities, 兄弟会, 144-5; clergy on governing board, 董事会中的神职人员, 174; mineral collection, 矿物收藏, 223; scientific school, 科学学院, 232; and Henry Tappan, 亨利·塔潘, 233-4; and Pres. J. B. Angell, J.B.安吉尔校长, 269, 421; and university movement, 大学运动, 277, 348; admissions, 招生, 282; and alumni, 校友, 288; coeducation, 男女同校, 314, 323, 328; graduate school, 研究生院, 335; and Henry C. Adams, 亨利·C.亚当斯, 338; settlement house movement, 安居所运动, 367; and football, 美式足球, 373-4, 388-9; athletic field house, 运动场馆, 388; Ph.D.'s on faculty, 教师中的博士,

395; Alexander Winchell, 亚历山大·温切尔, 411; student withdrawals, 学生退学, 465

Middlebury College, 明德学院, 73, 80, 153, 322, 421-2

military training, 军事训练, 467

Millett, John D., 米利特, 约翰·D., 484

Mineralogy, 矿物学, 222-4, 226-7; 见 geology, 地质学

Ministry, 牧师: 见 theological education, 神学教育

Minnesota, 明尼苏达州, 277

Minnesota, University of, 明尼苏达大学: and dormitories, 宿舍, 100; and university movement, 大学运动, 277; certification system, 认证系统, 284; Pres. Folwell and Pres. Northrup, 福威尔校长和诺思拉普校长, 348; General College, 通识学院, 477-9; and Pres. Coffman, 科夫曼校长, 483

Minto, Walter, 明托, 沃尔特, 226

missionary movement, 传教运动; 参见 foreign missionary movement, 海外传教运动; home missionary movement, 本土传教运动

Missouri, 密苏里州, 212

Missouri, University of, 密苏里大学: student murdered, 学生被杀害, 97; aristocratic bias, 贵族偏见, 206; scientific school, 科学学院, 233; as land-grant college, 赠地学院, 253, 256; early agricultural education, 早期农业教育, 259; certification System, 认证系统, 284; coeducation,

男女同校，314；John H. Lathrop, president，约翰·H. 莱思罗普校长，332-3

Mitchell, Samuel C., 米切尔，塞缪尔·C., 422

mobility，流动性：见 social mobility，社会流动性

Modern Language Association，现代语言学会，406

modern languages，现代语言：and partial course idea，非全日制课程观念，113；and classical course，古典课程，115；and George Ticknor，乔治·蒂克纳，116；and Amherst，阿默斯特，123；at University of Virginia，弗吉尼亚大学，125；Yale Report on，《耶鲁报告》，134；参见 classics，古典学；Greek，希腊语；Latin，拉丁语

Montgomery Ward，蒙哥马利·沃德，261

Monticello，蒙蒂塞洛，125

Montieth College，蒙提斯学院，493

moral and intellectual philosophy，道德和理性哲学：见 philosophy，哲学

Moral Society of Yale College，耶鲁学院的道德协会，78

Moravians，摩拉维亚人，310

Morgan, Arthur E., 摩根，阿瑟·E., 474

Morgan, J. Pierpont，摩根，J. 皮尔庞特，419, 426

Morrill Federal Land Grant Act of 1862，1862 年《莫里尔联邦土地赠予法》，247-52；参见 land-grant colleges，赠地学院

Morrill Act of 1890，1890 年《莫里尔法案》，253-4

Morrill, Justin Smith，莫里尔，贾斯廷·史密斯，249-51

mortality of colleges，学院死亡率，219

Morton, Charles，莫顿，查尔斯，28

motivation problem in students，学生的动机问题：and prizes，奖项，288；Pres. Eliot on，埃利奥特校长，292-3；and elective principle，选修制原则，293-4, 306；Wisconsin's Experimental College，威斯康星实验学院，478；参见 progressive education，进步主义教育；psychology of learning，学习心理学

Mott, Mrs. E. S., 莫特夫人，171-2

Mott, Lucretia，莫特，卢克丽茨娅，310

Mount Holyoke College，霍利奥克山学院，315, 318

Mount Union College，尤宁山学院，54

Mount Vernon School，弗农山女子学校，122

Mowlson, Lady Anne，摩森，安妮女士，178

Murphy, William Stack，墨菲，威廉·斯塔克，158

music education，音乐教育，144, 339

Muskingum College，玛斯金姆学院，54

# N

Nashville, University of，纳什维尔大学：and Pres. Lindsley，林斯利校长，49, 64；reforms，改革，112, 116；and Jacksonian democracy，杰克逊式民主，214；student scientific society，学生科

学社团, 227

Nassau Hall, 拿骚厅, 33, 44

*Nation, The*,《国家》, 196-7, 451

National Association of State Universities, 全美州立大学协会, 438

National Brick Manufacturers Association, 全国制砖厂商协会, 361

National Education Association, 全国教育协会, 278, 437, 484

National Self-Government Committee, 全国自治委员会, 369

natural history, 自然史, 41, 125, 223-30, 247; 参见 biology, 生物学; botany, 植物学; geology, 地质学; zoology, 动物学

natural philosophy, 自然哲学, 25-6, 125, 222, 285; 参见 physics, 物理学

Nebraska, University of, 内布拉斯加大学, 335, 389, 442

Negro colleges, 黑人学院: Morrill Act of 1890 and, 1890 年《莫里尔法案》, 254; early Negro college graduates, 早期黑人学院毕业生, 488; United Negro College Fund, 黑人学院联合基金, 489; future of, 未来, 489

neurology, 神经学, 400

Nevada, University of, 内华达大学, 95, 426

New College, 新学院, 494

New England colleges, 新英格兰学院: and western colleges, 西部的学院, 52; and public service, 公共服务, 59-60; and lotteries, 彩票, 186; in Eliot's reforms, 埃利奥特的改革, 295; and elective principle, 选修制原则, 302-3; on co-education, 男女同校, 322; admission standards, 招生标准, 436-7

*New England's First Fruits*,《新英格兰最初的果实》, 3-4

New Hampshire, 新罕布什尔州, 189, 257; 参见 Dartmouth College (case), 达特茅斯学院（案）

New Humanists, 新人文主义者, 452

New Lights, 新光派, 11

New Jersey, 新泽西州, 189

New Jersey, College of, 新泽西学院: 见 Princeton University, 普林斯顿大学

*New Republic, The*,《新共和》, 196-7, 451

New York, 纽约州, 186-9

New York, State University of, 纽约州立大学, 487

New York, University of, 纽约大学, 37

New York, University of the City of, 纽约城市大学: 见 New York University, 纽约大学

New York City Board of Education, 纽约市教育委员会, 236

New York Institute of Technology, 纽约理工学院, 491

New York State Agricultural College, 纽约州立农学院, 248

New York University, 纽约大学: beginnings, 开端, 129-30; and state, 州, 186; perpetual scholarship scheme, 终身奖学金计划, 191; aristocratic students, 贵族学生, 206; scientific school, 科学学院, 232; J. W. Draper

索引

on, J.W. 德雷珀, 236; reforms, 改革, 332

*New York Times, The*, 《纽约时报》, 196

*New York Tribune*, 《纽约论坛报》, 252

Newcomb, Simon, 纽科姆, 西蒙, 344

Newfoundland, 纽芬兰, 28

Newman Club movement, 纽曼俱乐部运动, 297-8

Newton, Isaac, 牛顿, 艾萨克, 256

night schools, 夜校, 344

Nineteenth Century Club, 19世纪俱乐部, 297-8

Nisbet, Charles, 尼斯比特, 查尔斯, 35, 39, 103

nonresident professors, 非常驻教授：见 visiting professors, 客座教授

North, Simeon, 诺斯, 西蒙, 107,

North Carolina, University of, 北卡罗来纳大学: founding, 创建, 36; prospectus of 1795, 1795年方案, 41-2; revivalism at, 信仰复兴运动, 83; student murdered, 学生被杀害, 97; rebellion, 骚乱, 98; student delinquency, 学生犯罪, 106; literary-society libraries, 文学社团的图书馆, 143; fraternities, 兄弟会, 145; tutors, 导师, 162-3; scientific school, 科学学院, 232; as land-grant college, 赠地学院, 253

North Dakota, University of, 北达科他大学: purpose, 目的, 60; early president, 早期的校长, 170; faculty publication, 教师出版, 404; Pres. Merriefield, 梅里菲尔校长, 418;

Pres. Kane, 凯恩校长, 422; faculty point system, 教师计分系统, 422; alumni, 校友, 428

Northrup, Cyrus, 诺思拉普, 赛勒斯, 348

Northwestern University, 西北大学, 214, 323, 367

Norton, Edwin C., 诺顿, 埃德温·C., 435

Norton, John P., 诺顿, 约翰·P., 232

Notre Dame, University of, 圣母大学, 47, 65-6, 287, 297

Nott, Eliphalet, 诺特, 伊利法莱特, 103, 107, 114, 141, 159, 171, 184, 187, 441

## O

Oakland College, 奥克兰学院, 97

Oberlin College, 奥柏林学院: New England orientation, 新英格兰取向, 53; students and immorality, 学生与不道德行为, 79; gymnasium, 体育馆, 153; scholarships, 奖学金, 191; Amasa Walker, 阿马萨·沃克, 195; coeducation, 男女同校, 311, 326-7; Andrew D. White on, 安德鲁·D. 怀特, 327; manners at, 礼仪, 328; Alcoa endowment, 美国铝业公司的基金, 467

Occidental College, 西方学院, 433

Oglethorpe University, 奥格尔索普大学, 62, 92, 191, 193

Ohio, 俄亥俄州, 48, 71, 219

Ohio Baptist Educational Society, 俄亥俄

浸信会教育协会, 62
Ohio Company, 俄亥俄公司, 276
Ohio State University, 俄亥俄州立大学: founded, 成立, 253; as land-grant college, 赠地学院, 257; agricultural course, 农业课程, 258; early admission standards, 早期录取标准, 260; coeducation, 男女同校, 328; Pres. Canfield, 坎菲尔德校长, 348; ceramics, 陶瓷, 362; Rutherford B. Hayes on, 拉瑟福德·B.海斯, 419; "Prexy Hour," "院长接待时间," 422
Ohio University, 俄亥俄大学: fire strikes, 火灾, 45; and Presbyterians, 长老会, 54; and Methodism vs. Presbyterianism, 卫理公会和长老会的斗争, 71; Manasseh Cutler, 玛拿西·卡特勒, 99, 276; perpetual scholarships, 终身奖学金, 191; manual-labor system, 体力劳动制度, 217-18; certification system, 认证系统, 284; Pres. Ellis, 埃利斯校长, 420; graduates Negro, 黑人毕业生, 488
Ohio Wesleyan University, 俄亥俄卫斯理大学, 179, 389
Oklahoma State University, 俄克拉何马州立大学, 253
Old Lights, 旧光派, 11
Oregon State College, 俄勒冈州立学院, 253
Oregon, University of, 俄勒冈大学, 374-5
*Origin of Species*, 《物种起源》, 225
"Original Papers in Relation to a Course of Liberal Education": 《与自由教育课程相关的原创性论文》: 见 Yale Report of 1828, 1828年《耶鲁报告》
Otis, James, 奥蒂斯, 詹姆斯, 40
Otterbein College 奥特拜因学院, 54
Oudens, 奥登斯, 148
outdoor gymnasium movement, 户外体育场运动, 151-2
*Outlook*,《展望》, 356, 451
Oxford University, 牛津大学: as model, 模式, 3-4; and luring "president" to California, 把"校长"吸引到加州, 50; contrasted with Chicago, 与芝加哥相比, 453; 参见 English university influence, 英格兰大学的影响

# P

Packard, Alpheus Spring, 帕卡德, 阿尔菲厄斯·斯普林, 157-8
Packer, Asa, 帕克, 阿萨, 246
Page, Walter Hines, 佩奇, 沃尔特·海因斯, 338
Paine, Thomas, 潘恩, 托马斯, 40
Paley, William, 佩利, 威廉, 151
Palmer, Alice Freeman, 帕尔默, 艾丽斯·弗里曼, 89-90, 350
Palmer, Courtlandt, 帕尔默, 考特兰, 298
parallel course program, 平行课程项目, 115, 129, 296-7; 参见 partial course program, 非全日制课程项目
Pardee, Ario, 帕迪, 阿里欧, 179, 246
partial course program, 非全日制课程项

目：at Princeton, 普林斯顿, 113; at Union, 联合学院, 113; at Pennsylvania, 宾夕法尼亚, 113; in Ohio, 俄亥俄, 113; new subjects, 新科目, 115; and parallel course, 平行课程, 115; at Amherst, 阿默斯特, 122-3; at Ohio University, 俄亥俄大学, 217; 参见 parallel course program, 平行课程项目

paternalism, 家长式作风, 103-4, 418; 参见 collegiate way, 学院方式; faculty, 教师; presidents, 校长

Patton, Francis L., 巴顿, 弗朗西斯·L., 160-1, 346

Peabody Education Fund, 皮博迪教育基金, 431

Pembroke College, 彭布罗克学院, 320

Pennsylvania, 宾夕法尼亚州, 186, 189

Pennsylvania State University, 宾夕法尼亚州立大学, 249, 253

Pennsylvania, University of, 宾夕法尼亚大学: William Smith, 威廉·史密斯, 12, 32; George III on, 乔治三世, 12-13; Billy Sunday at, 比利·森戴, 84; collegiate way, 学院方式, 88; Henry Rogers, 亨利·罗杰斯, 195; Henry Vethake on, 亨利·维塔克, 330; fellowships, 奖学金, 337; football, 美式足球, 375-6, 378, 381; faculty research, 教师的研究, 404

People's College, 人民学院, 248

Pepper, William, 佩珀, 威廉, 349

perpetual scholarships, 终身奖学金, 190-2

Pestalozzi, Johann Heinrich, 裴斯泰洛齐, 约翰·海因里希, 217

Peters, Absalom, 彼得斯, 阿布萨隆, 47

pharmaceutical chemistry, 药物化学, 339

Phelps, William Lyon, 费尔普斯, 威廉·莱昂, 466

Phi Beta Kappa, 斐陶斐荣誉学会, 146

Philadelphia, College of, 费城学院: 见 University of Pennsylvania, 宾夕法尼亚大学

philanthropic support of higher education, 对高等教育的慈善支持: 见 financing, 资助

Phillips, Wendell, 菲利普斯, 温德尔, 142

Phillips Academy (Andover), 菲利普斯中学（安多弗）, 436

Philodemic, 爱民者, 138

Philolexian, 爱辩者, 138

Philologian, 爱言者, 138

Philology, 语言学, 405

Philomathean, 爱数者, 138

Philonomosian, 爱法者, 138

Philosophy, 哲学: in colonial curriculum, 殖民地时期的课程, 25-6; at Amherst, 阿默斯特, 123-4; William Paley, 威廉·佩利, 151; at West Point, 西点军校, 229; moral and intellectual philosophy course, 道德和理性哲学课程, 140

Ph.B. degree, 哲学学士学位, 232-3

Ph.D. degree, 哲学博士学位, 269, 335, 395-7, 444

Philotechnian, 爱艺者, 138
physics, 物理学, 25-6, 225, 230; 参见 natural philosophy, 自然哲学
physiology, 生理学: and moral philosophy, 道德哲学, 141; President Andrews of Marietta on, 玛丽埃塔的安德鲁斯校长, 240; as admission requirement, 入学要求: 285; in women's colleges, 女子学院, 325-6; at University of Chicago, 芝加哥大学, 400; journal of, 杂志, 405
piety and intellect, 虔诚与理性: in Great Awakening, 大觉醒, 10-11; and Yale Report of 1828, 1828 年《耶鲁报告》, 134-5; and extracurriculum, 课外活动, 137; and philosophy course, 哲学课, 140; at University of Virginia, 弗吉尼亚大学, 157; Albert Hopkins on, 阿尔伯特·霍普金斯, 225; Mark Hopkins and, 马克·霍普金斯, 243; in university movement, 大学运动, 345-8; German university influence, 德国大学的影响, 449-50; 参见 anti-intellectualism, 反智主义; purposes, 目的; religion, 宗教
Pittsburgh, University of, 匹兹堡大学, 386
Plymouth Rock, 普利茅斯岩, 66
Poe, Edgar Allan, 坡, 埃德加·爱伦, 229
political economy, 政治经济学, 113, 365, 399, 405
political science, 政治学, 467
Pomona College, 波莫纳学院, 53, 184, 435, 442, 461

Populists, 民粹主义者, 414
Porter, Noah, 波特, 诺厄, 89, 108-9, 304, 347, 429
Powers, Hiram, 鲍尔斯, 海勒姆, 142
Preceptors, 导师, 456
Presbyterian educational activity, 长老会教育活动: college founding, 创建学院, 10; Princeton, 普林斯顿, 10; Old Light-New Light controversy, 旧光派与新光派之争, 11; Wabash, 沃巴什, 46; Hanover College, 汉诺威学院, 50; in Indiana, 印第安纳州, 52; in Ohio, 俄亥俄州, 54; Miami and Ohio, 迈阿密和俄亥俄, 54, 71; and sectarianism, 教派主义, 69; Indiana College, 印第安纳学院, 71; and Baptists in Georgia, 佐治亚州的浸信会教徒, 71; and Princeton, 普林斯顿, 71, 160; Illinois College, 伊利诺伊学院, 71; Knox College, 诺克斯学院, 71; Transylvania, 特兰西瓦尼亚, 72; student missionary societies, 学生传教团体, 73; at Lafayette, 拉法耶特, 74; Cyrus McCormick and Tusculum, 赛勒斯·麦考密克和塔斯库勒姆, 74; day of prayer for colleges, 学院祈祷日, 80; and ministerial candidates, 牧师候选人, 183; and New York University, 纽约大学, 332; and Princeton Inn, 普林斯顿客栈, 346; university pastorate movement, 大学牧师运动, 459
Presbyterian Theological Seminary, 长老会神学院, 411
presidents, college and university, 学院和

大学的校长：and philosophy course, 哲学课程, 140-1, 348; Hopkins and Nott, 霍普金斯和诺特, 159; in twentieth century, 20世纪, 164; and governing board, 董事会, 166-8, 172-3; and old-time president, 传统校长, 168-70; B. Angell on, B. 安吉尔, 170-1; "president's club" psychology, "校长俱乐部"心理, 417-18; decline of clergymen, 神职人员减少, 419-20; Harper of Chicago, 芝加哥的哈珀, 420; other presidents, 其他校长, 420-2; Upton Sinclair on, 厄普顿·辛克莱, 423; foundations and, 基金会, 431

Price, Richard, 普莱斯, 理查德, 40
Priestley, Joseph, 普里斯特利, 约瑟夫, 40
Princeton University, 普林斯顿大学: in colonial period, 殖民地时期, 8-11; governing board, 董事会, 15; Nassau Hall, 拿骚厅, 33, 44; deism and atheism at, 自然神论和无神论, 38-9; as Athens of America, 美国的雅典, 49; DeWitt Clinton on, 德威特·克林顿, 51; sectarianism at, 教派主义, 69; and Pres. Green, 格林校长, 98, 103-4, 172; special science course, 科学专门课, 113; Philip Lindsley at, 菲利普·林斯利, 116; as national college, 全国性学院, 131; literary societies, 文学社团, 138, 141-2; fraternities, 兄弟会, 144-5; athletics, 体育运动, 150, 152; and faculty, 教师, 160, 165; Pres. Patton, 巴顿校长, 160-1; clergymen presidents, 神职人员出身的校长, 170; 1769 subscription drive, 1769定期小额捐款活动, 182; and lotteries, 彩票, 186; inexpensive commons, 便宜的公共食堂, 205; and chemistry, 化学, 222-3; Joseph Henry and physics, 约瑟夫·亨利和物理学, 225; religion vs. science, 宗教与科学, 226; natural history collection, 自然历史收藏, 227; students curriculum, 学生课程, 235-6; engineering, 工程, 246; and land-grant colleges, 赠地学院, 254; and women's colleges, 女子学院, 318; liberal arts, 自由教育科目, 324-5; James McCosh, 詹姆斯·麦科什, 329, 348; bar at Princeton Inn, 普林斯顿的客栈酒吧, 346; public service and Wilson, 公共服务和威尔逊, 362; honor system, 荣誉制度, 370; football, 美式足球, 373-5, 388, 392-3; athletics, 体育运动, 376, 387; honorary Ph.D. degree, 荣誉博士, 396; Dean West on specialization, 韦斯特院长论专门化, 402; university press, 大学出版社, 407; Prof. Finley, 芬利教授, 417; nonclergy president, 非神职人员校长, 419; Pres. Goheen, 戈辛校长, 492
"private" colleges and universities, "私立"学院和大学: use of term, 术语的使用, 185; changing meaning, 含义变化, 187-90; after Civil War, 内战后, 189; Dartmouth College case, 达特茅斯学院案, 210-12
prizes, 奖项, 288

美国学院和大学史

professional education, 专业教育: colleges as preparatory, 学院预科, 287-8; Henry Vethake, 亨利·维塔克, 330; and university movement, 大学运动, 338-43; professional-vocational distinction, 专业-职业区分, 339-41; new vs. old professions, 新专业与旧专业, 342-3; Columbia's "professional option" plan, 哥伦比亚大学的"专业选择"计划, 447; New Humanists attack, 新人文主义者的批评, 452-3; 参见 apprenticeship, 学徒制; vocational education, 职业教育

professional schools, 专业学院: 见 professional education, 专业教育

professionalization of faculty, 教师专业化; 参见 faculty, 教师

professors, 教授: 见 faculty, 教师

progressive education, 进步教育: and Progressivism, 进步主义, 365-6; at Teachers College, 师范学院, 470-1; and Progressive Education Association, 进步教育协会, 472-3; experimental colleges, 实验学院, 474-9; Antioch work-study plan, 安提阿勤工助学计划, 474-5; Hiram intensive course program, 海勒姆集中课程体系, 475; founding of new colleges, 建立新学院, 475-6; Bennington College, 本宁顿学院, 476-7; Wisconsin and Minnesota experiments, 威斯康星和明尼苏达实验, 477-9; R. M. Hutchins on, R. M.哈钦斯, 479-81; 参见 John Dewey, 约翰·杜威

Progressive Education Association, 进步教育协会, 472-3

Progressive period in U.S., 美国进步时期: Y.M.C.A. and, 青年会, 362; "Wisconsin Idea", "威斯康星理念", 363-4; and football, 美式足球, 375-7; and honorary Ph.D., 荣誉博士, 397; 参见 settlement house movement, 安居所运动

Providence Association of Mechanics and Manufacturers, 普罗维登斯机械与制造商协会, 239

Psi Upsilon fraternity, 普西厄普西隆兄弟会, 144

Psychology, 心理学, 405

psychology of learning, 学习心理学, 132-3, 245, 292-4, 301-2, 494

public schools, 公立学校: 见 academies, 学园; common schools, 公共学校; high schools, 高中

public service ideal in higher education, 高等教育的公共服务理念: Pres. McKeen on, 麦基恩校长, 58-9; Jefferson and Virginia, 杰斐逊和弗吉尼亚, 126; "private" colleges, "私立"学院, 189-90; in Jacksonian period, 杰克逊时期, 202-3; in new universities, 新大学, 272; in state universities, 州立大学, 285-6; elective principle and, 选修制原则, 303, 305; in Progressive era, 进步时代, 356-72; in nineteenth century, 19世纪, 358; Ticknor and Eliot at Harvard, 哈佛大学的蒂克纳和埃利奥特, 358-9; in state historical

索引

617

societies, 州历史学会, 360-1; "Wisconsin Idea", "威斯康星理念", 363-4; New Humanists attack, 新人文主义者的批评, 452-3; in 1920's, 20世纪20年代, 462-3

Pulitzer, Joseph, 普利策, 约瑟夫, 426

Purdue, John, 普渡, 约翰, 253

Purdue University, 普渡大学, 253

Puritans, 清教徒, 4, 10, 358

purposes of colleges and universities, 学院与大学的目的: public service ideal, 公共服务理念, 59-60, 177-8, 356-72; social mobility, 社会流动性, 65-6, 215; Sunday School and Success School, 主日学校, 也是成功学校, 67; state universities, 州立大学, 286; redefined by students, 被学生重新定义, 289, 494; and elective principle, 选修制原则, 300-1; universities and professions, 大学与专业, 340-3; and N. M. Butler, N. M. 巴特勒, 447; collegiate counterrevolution of 1920's, 20世纪20年代学院反革新运动, 449-61; in university era, 大学时代, 463-5; 参见 curriculum, 课程; piety and intellect, 虔诚和理性; scholarship, 学术; Yale Report of 1828, 1828年《耶鲁报告》

Pusey, Nathan, 普西, 内森, 492

# Q

Quakers, 贵格会教徒, 55, 69

quarter system, 四学期制, 351

Queen's College, 女王学院: 见 Rutgers University, 罗格斯大学

Queen's College (Oxford), 女王学院（牛津), 24

Quincy, Josiah, 昆西, 约西亚, 69, 73, 120, 170, 201

# R

Radcliffe College, 拉德克利夫学院, 320, 327-8

Randolph-Macon College, 伦道夫-梅肯学院, 57, 82, 328

Ranking, 排名: 见 examinations, 考试; standards of scholarship, 学术标准

Raymond, John Howard, 雷蒙德, 约翰·霍华德, 244, 317

recitations, 背诵, 119-21, 134, 138, 450

Reed College, 里德学院, 456

Religion, 宗教: Great Awakening and college founding, 大觉醒与学院创办, 10-11; Harvard student societies, 哈佛学生社团, 17, 78-9; after American Revolution, 美国独立战争后, 37-40; at Harvard, 哈佛, 69; student missionary societies, 学生传教团体, 73; agencies of religious life, 宗教生活组织, 74-85; day of prayer for colleges, 学院祈祷日, 74, 79-80; compulsory chapel, 强制性教堂礼拜, 74-7; and fraternity movement, 兄弟会运动, 147; and success-oriented society, 以成功为导向的社会, 149-50; and old-time professors, 传统教授, 159-60; and college presidents, 学院校长, 170; American Education Society, 美国教育学会, 183; and low salaries, 低工资, 195; and Jacksonian democracy, 杰克逊式民主, 204; Cornell, 康奈尔, 267; university pastorate movement, 大学牧师运动, 459; chaplains, 牧师, 460; 参见 deism, 自然神论; denominationalism, 教派主义; philosophy, 哲学; piety and intellect, 虔诚和理性; revivals, 复兴; settlement house movement, 安居所运动; denominations by name, 各教派名录

Rensselaer Polytechnic Institute, 伦斯勒理工学院: founding, 成立, 228-30; applied science, 应用科学, 229; engineering, 工程, 231; reorganized, 重组, 231; Mrs. Russell Sage, 拉塞尔·塞奇夫人, 426; intensive course system, 集中课程体系, 475

revivals of religion, 宗教复兴: and college founding, 学院建立, 54-5; agency of religious life, 宗教生活组织, 74

rhetoric, 修辞学, 25, 123, 294, 399, 480

Rhode Island College, 罗得岛学院: 见 Brown University, 布朗大学

Rhode Island School of Design, 罗得岛设计学院, 344

Rice, Luther, 赖斯, 卢瑟, 72

Rich, Isaac, 里奇, 艾萨克, 179

Robinson, Frederick B., 罗宾逊, 弗雷德里克·B., 467

Rochester, University of, 罗切斯特大学, 100, 169, 232, 426, 491

Rochester Theological Seminary, 罗切斯特神学院, 349

Rockefeller, John D., 洛克菲勒, 约翰·D., 245, 349-52, 380, 382, 419, 425-6; 参见 General Education Board, 普通教育委员会; Rockefeller Foundation, 洛克菲勒基金会

Rockne, Knute, 罗克尼, 克努特, 287

Rogers, Henry D., 罗杰斯, 亨利·D., 195

Rogers, William Bartram, 罗杰斯, 威廉·巴特拉姆, 245

Rollins College, 罗林斯学院, 458

Roosevelt, Franklin D., 罗斯福, 富兰克林·D., 448

Roosevelt, Theodore, 罗斯福, 西奥多, 65, 357, 365, 376-7, 393, 451

Roosevelt, Theodore, Jr., 罗斯福, 小西奥多, 390

Rose Bowl, 玫瑰碗, 388

Ross, Edward A., 罗斯, 爱德华·A., 414

Rousseau, Jean Jacques, 卢梭, 让·雅克, 306, 453,

Royce, Josiah, 罗伊斯, 约西亚, 338

Rugby, 英式橄榄球, 373

Rush, Benjamin, 拉什, 本杰明, 37, 40, 42-3, 90, 308-9

Russell, William C., 拉塞尔, 威廉·C., 327

Rutgers, Henry, 罗格斯, 亨利, 181

Rutgers University, 罗格斯大学, 253, 302

# S

sabbatical leaves, 学术休假, 405, 407
St. Ignatius, 圣依纳爵, 94
St. John's College (Md.), 圣约翰学院（马里兰州）, 480
St. Louis University, 圣路易斯大学, 297
St. Mary's College (Texas), 圣玛丽学院（得克萨斯州）, 184
St. Stephen's College, 圣斯蒂芬学院, 476
salaries in higher education, 高等教育的工资, 193-200, 391, 466, 484
Sandemanian, 桑德曼派教徒, 69
Sanders, Daniel Clarke, 桑德斯, 丹尼尔·克拉克, 44-5
Santayana, George, 桑塔亚纳, 乔治, 91
Sarah Lawrence College, 萨拉·劳伦斯学院, 475, 477
Schermerhorn, William C., 舍默霍恩, 威廉·C., 426
Schiff, Jacob H., 希夫, 雅各布·H., 426
scholarly journals, 学术期刊：见 learned journals, 学术期刊
scholarly societies, 学术社团：见 learned societies, 学术社团
scholarship and learning, 学术与知识：H. P. Tappan at Michigan on, 密歇根的塔潘, 233-4; at Cornell, 康奈尔, 266-8; Johns Hopkins, 约翰·霍普金斯大学, 269-75; and certification movement, 认证运动, 283; and elective principle, 选修制原则, 293-4, 300-1, 304-5; and university movement, 大学运动,

344-5, and faculty, 教师, 434-5; 参见 German university influence, 德国大学的影响; graduate schools of arts and sciences, 文理研究生院; piety and intellect, 虔诚与理性
scholarships, 奖学金, 178, 190-2, 199, 203; 参见 federal support, 联邦政府支持; fellowships, 奖学金
scholasticism, 经院哲学, 30-1, 480
Schurman, Jacob Gould, 舒尔曼, 雅各布·古尔德, 433
Schuyler, Philip, 斯凯勒, 菲利普, 35
science, 科学：in colonial curriculum, 殖民地时期课程, 28; at College of Philadelphia, 费城学院, 32; and partial course idea, 非全日制课程观念, 113; and ancient course, 古典课程, 115-16, 222; at Amherst, 阿默斯特, 123-4; and elective principle, 选修制原则, 127-8, 293-4; and extracurriculum, 课外活动, 144; early museums, 早期的博物馆, 226-7; student scientific societies, 学生科学社团, 227-8; at West Point and R.P.I., 西点军校和伦斯勒理工学院, 228-31; at Yale and Harvard, 耶鲁和哈佛, 231-2; growth of scientific school idea, 科学学院的设想的成长, 232-3; in Wayland's program at Brown, 韦兰在布朗大学的项目, 238-9; M.I.T., 麻省理工学院, 246; Cornell, 康奈尔, 265-8; at Johns Hopkins, 约翰·霍普金斯大学, 270-5; in high schools, 高中, 285; and James McCosh, 詹姆斯·麦科什,

299；and women's colleges, 女子学院, 325；and academic freedom, 学术自由, 411-15；and endowment, 捐赠, 425-6；R. M. Hutchins and Harry Gideonse on, 哈钦斯和哈里·吉迪恩斯, 479-81；参见 science and religion, 科学与宗教；and under particular scientific disciplines, 各特定科学学科

science and religion, 科学与宗教：early harmony, 早期的和谐, 225-6；at Amherst, 阿默斯特, 247, at Johns Hopkins, 约翰·霍普金斯大学, 270-1, 274；in old-time college, 传统学院, 274；in university movement, 大学运动, 346-8；in academic freedom cases, 学术自由事例, 411-13；参见 piety and intellect, 虔诚和理性

scientific schools, 科学学院：见 science, 科学；and by name of institution, 各机构名录

scientific societies, 科学社团, 227-8

Scott, Walter, 斯科特, 沃尔特, 143

Scottish university influence, 苏格兰大学的影响, 30, 140

Scudder, David Coit, 斯卡德, 大卫·科伊特, 82-3

Sears, Barnas, 西尔斯, 巴纳斯, 239-40

secondary education, 中等教育：public schools, 公立学校, 281-6；Pres. Eliot on, 埃利奥特校长, 291；for girls, 女子, 310-11；Pres. Angell on, 安吉尔校长, 359；Dewey influence, 杜威的影响, 468；Progressive Education Association, 进步教育协会, 472-3；Ben-

nington and progressive schools, 本宁顿和进步学校, 476；参见 academies, 学园；college preparation, 学院预科；high schools, 高中

secret societies, 秘密社团：见 fraternities, 兄弟会

sectarianism, 教派主义：见 denominationalism, 教派主义

sectioning of students, 学生分类, 119

settlement house movement, 安居所运动, 366-9

Sheffield, Joseph, 谢菲尔德, 约瑟夫, 232

Sheffield Scientific School, 谢菲尔德科学学院, 231-2, 253, 270, 303, 447

Sherman, William Tecumseh, 舍曼, 威廉·特库姆塞, 86

shinny, 曲棍球, 150, 152

Shipp, Albert Micajah, 希普, 阿尔伯特·迈凯亚, 159

Sigma Phi Society, 西格玛佛爱兄弟会, 144

Silliman, Benjamin, 西利曼, 本杰明, 129, 131, 223-4, 231, 248

Silliman, Benjamin, Jr., 西利曼, 小本杰明, 232

Sinclair, Upton, 辛克莱, 厄普顿, 168, 402-3, 423

skating, 滑冰, 152

Smith, Andy, 史密斯, 安迪, 392

Smith, Asa Dodge, 史密斯, 阿萨·道奇, 88-9

Smith, James Allen, 史密斯, 詹姆斯·艾伦, 414

Smith, John, 史密斯, 约翰, 158

Smith, Samuel Stanhope,史密斯,塞缪尔·斯坦霍普,38

Smith, Sophia,史密斯,索菲娅,318

Smith, William,史密斯,威廉,12, 32

Smith College,史密斯学院,178, 318, 367-9

Smith-Lever Act,《史密斯-利弗法案》, 364

Smithsonian Institution,史密森尼学会, 225

social sciences,社会科学,365, 413-15, 468

social work education,社会工作教育, 326, 343

Society of Brethren,弟兄会,72

"Society of Inquiry on the Subject of Missions,""传教主题调查协会",73

Society for the Promotion of Collegiate and Theological Education at the West, 西部学院和神学教育促进协会,53

Sociology,社会学,365, 370, 399, 405, 468, 470

Socrates,苏格拉底,458

Sophie Newcomb College,索菲·纽科姆学院,420

South, University of the,南方大学,374

South Carolina,南卡罗来纳,20, 260

South Carolina, University of,南卡罗来纳大学:and French Revolution,法国革命,38-9;duel at,决斗,97;rebellion,骚乱,98;commons,公共食堂,101;discipline at,纪律,106;two disillusioned tutors,两个失望的导师,162;presidents,校长,170;

and lotteries,彩票,186;salaries,工资,193;Pres. Thornwell,桑韦尔校长,240;scientific course,科学课程, 257;Francis Lieber at,弗朗西斯·利伯, 287-8;Pres. Thomas Woodrow,托马斯·伍德罗校长,411;Pres. Mitchell, 米切尔校长,422;faculty salaries,教师工资,467

South Carolina Historical Society,南卡罗来纳历史协会,360

South Dakota State College,南达科他州立学院,253, 260, 262

South Florida, University of,南佛罗里达大学,493

southern higher education,南方高等教育:and New England college laws,新英格兰学院法典,105-6;and Morrill Act,《莫里尔法案》,251;for women,女性,316;and Johns Hopkins, 约翰·霍普金斯,270;and state universities,州立大学,275, 360;and elective principle,选修制原则,303; university movement,大学运动,348; honor code in,荣誉准则,370-1;参见 colleges and universities by name,学院和大学的名录

Southern Pacific Railroad,南太平洋铁路公司,353

Spanish,西班牙语,123

Sparks, Jared,斯帕克斯,贾里德,107, 129

Spud, I. H.,斯巴德,I.H.,82

Stagg, Amos Alonzo,斯塔格,阿莫斯·阿隆索,378, 390-1

美国学院和大学史

Standard Oil Company, 标准石油公司, 163, 379, 404

Standardization, 标准化, 433-8

Standards, 标准, 260, 287-8, 305; 参见 examinations, 考试

Stanford, Leland, 斯坦福, 利兰, 352

Stanford, Mrs. Leland, 斯坦福, 利兰夫人, 352, 414

Stanford University, 斯坦福大学: voluntary chapel, 自愿教堂礼拜, 77; single donor, 单一捐赠人, 178; elective principle at, 选修制原则, 302; enrollment of women, 女性入学, 323-4; visiting professors, 客座教授, 343-4; founding, 成立, 352-3; role of Mr. and Mrs. Stanford, 斯坦福夫妇的角色, 352-3; contrasted with Chicago, 与芝加哥相比, 353-4; early difficulties, 早期的困难, 353; Pres. Jordan, 乔丹校长, 353, 418; football, 美式足球, 376, 379-81, 388-9; E. A. Ross case, E.A. 罗斯案, 414

Stanton, Elizabeth Cady, 斯坦顿, 伊丽莎白·卡迪, 310

state control of higher education, 州对高等教育的控制: 见 Dartmouth College (case); 达特茅斯学院（案）; land-grant colleges, 赠地学院; state support, 州支持; state universities, 州立大学

state historical societies, 州历史学会, 360-1

state support of higher education, 州对高等教育的支持: of Harvard, 哈佛, 3-4, 28; and religion, 宗教, 15-16, 187-90; William and Mary, 威廉玛丽, 34; and American Revolution, 美国独立战争, 36-7; and private philanthropy, 私人捐赠, 184-5; an independent colleges, 独立学院, 185; and "private" colleges, "私立"学院, 185-9; and New York, 纽约, 187-8; and Massachusetts, 马萨诸塞州, 188; "private" vs. "public" institutions, "私立"与"公立"院校, 188-9; and tax exemption, 免税, 190; and perpetual scholarship scheme, 终身奖学金计划, 190-2; Dartmouth College case, 达特茅斯学院案, 211-13; Pennsylvania supports agricultural college, 宾夕法尼亚州支持农业学院, 249; decline of financial aid, 财政援助缩减, 254-5; and land-grant colleges, 赠地学院, 261, 265; Pres. Eliot on, 埃利奥特校长, 278; of Negro colleges, 黑人学院, 488; 参见 land-grant colleges, 赠地学院; state universities, 州立大学

state universities, 州立大学: and "private" colleges, "私立"学院, 188, 278-9; Dartmouth College case, 达特茅斯学院案, 211; Johns Hopkins, 约翰·霍普金斯大学, 275; federal land-grant support, 联邦赠地补助, 275-6; in South, 南方, 275; in West and Midwest, 西部和中西部, 278; and Jeffersonian rationale, 杰斐逊理论, 278; and Angell of Michigan, 密歇根的安吉尔, 279; Jacksonian and Jeffersonian emphases, 杰克逊和杰斐逊各自的重点, 281;

high schools and admission, 高中与招生, 281-5; and public education, 公共教育, 283, 315; generalizing higher education, 高等教育普及化, 285-6; elective principle, 选修制原则, 303; coeducation, 男女同校, 314-15; and vocational education, 职业教育, 332; John Hiram Lathrop, 约翰·海勒姆·莱思罗普, 332-3; teacher education, 教师培训, 361; and athletics, 体育运动, 384-5; and service ideal, 服务理念, 462

State University of New York, 纽约州立大学, 487

statistics, 统计: 1775 graduates, 1775届毕业生, 21-2; on Harvard, 哈佛, 22, 294; number of colleges, 学院数量, 35-6, 47, 486; on Presbyterian activity, 长老会的活动, 57; on pre-Civil War college presidents, 内战前的学院校长, 170; on enrollment, 入学, 219, 486; on land-grant colleges, 赠地学院, 244, 253; on Cornell, 康奈尔, 268; on certification system, 认证系统, 284; on college preparation, 学院预科, 284; on elective curriculum, 选修课程, 302-3; on coeducation, 男女同校, 322-3; on Johns Hopkins, 约翰·霍普金斯大学, 336; on administrative officers, 行政人员, 435; for Depression, 大萧条, 467; on federal support, 联邦政府的支持, 490

Stearns, William Augustus, 斯特恩斯, 威廉·奥古斯塔斯, 139

Steffens, Lincoln, 斯蒂芬斯, 林肯, 357

Steuben, Karl Wilhelm von, 斯图本, 卡尔·威廉·冯, 236

Stewardson, Langdon, 斯图尔森, 兰登, 421

Stiles, Ezra, 斯泰尔斯, 埃兹拉, 29

Stone, Lucy, 斯通, 露西, 310

Strassburg, University of, 斯特拉斯堡大学, 396

Strong, Augustus H., 斯特朗, 奥古斯塔斯·H., 349

students, 学生: and deism, 自然神论, 38-9; and French Revolution, 法国大革命, 38-9; and President Langdon, 兰登校长, 39; religious societies, 宗教社团, 74, 79; dormitory life, 宿舍生活, 96-7; vs. faculty and trustees 教师和校董, 175-6; scientific societies, 科学社团, 227-8; at Johns Hopkins, 约翰·霍普金斯大学, 270-2; motivation, 动机, 287-90; and Progressive movement, 进步运动, 369; college settlement house movement, 学院安居所运动, 367-9; student government, 学生会, 369-70; honor system, 荣誉制度, 370-1; senior honor societies, 高级荣誉社团, 371-2; and *Lernfreiheit*, 学习自由, 413; 参见 academic freedom, 学术自由; athletics, 体育运动; elective principle, 选修制原则; extracurriculum, 课外活动; faculty-student relations, 师生关系; football, 美式足球; fraternities, 兄弟会; piety and intellect, 虔诚和理性; student aid, 学生资助

student aid, 学生资助：federal loans, 联邦贷款, 490; 参见 fellowships, 奖学金; scholarships, 奖学金

student government, 学生会, 369–70, 476

student-faculty relations, 生师关系：见 discipline, 纪律; faculty-student relations, 师生关系; paternalism, 家长式作风

Sturtevant, Julian M., 斯特蒂文特, 朱利安·M., 158, 171

subscription fund-raising, 定期小额募捐, 182–3

success orientation of colleges, 学院的成功取向, 149–50

summer schools, 暑期班, 344

Sunday, Billy, 森戴, 比利, 84

Surveying, 测量, 230

Swallow, George C., 斯沃洛, 乔治·C., 259

Swarthmore College, 斯沃斯莫尔学院, 375–6, 456–8, 492

Swedenborgians, 斯韦登博格派, 54

Swimming, 游泳, 152

Syracuse University, 雪城大学：and athletics, 体育运动, 154, 374; John R. Commons academic freedom case, 约翰·R. 康芒斯学术自由案例, 414

## T

Talbot, Samson, 塔尔博特, 萨姆森, 139

Tappan, Henry P., 塔潘, 亨利·P., 99–100, 219–20, 233–5, 238

teacher training, 教师培训：at Ohio University, 俄亥俄大学, 217; at Lafayette, 拉法耶特, 217; in coeducational and women's colleges, 男女同校学院和女子学院, 326–8, 339; and state universities, 州立大学, 361

Teachers College (Columbia), 师范学院（哥伦比亚大学）, 470–1

teachers colleges, 师范学院, 463

teaching, 教学：and textbooks, 教科书, 121, 134, 229; tutor vs. professor, 导师与教授, 162; at R.P.I., 伦斯勒, 230–1; at Brown, 布朗, 238–9; Johns Hopkins vs. old-time colleges, 约翰·霍普金斯大学与传统学院, 271–2; and research, 研究, 403–4; and honors program, 荣誉项目, 457–8; at Rollins College, 罗林斯学院, 458; by television, 电视, 491; post-World War II, "二战"后, 491; evaluated by student, 学生评估, 495; 参见 faculty, 教师; motivation problem, 动机问题; psychology of learning, 学习心理学; recitations, 背诵

technical education, 技术教育：at West Point and R.P.I., 西点军校和伦斯勒理工学院, 228–31; People's College venture, 人民学院冒险, 248; in land-grant colleges, 赠地学院, 255–63; and endowment, 捐赠, 425–6; 参见 land-grant colleges, 赠地学院; scientific schools, 科学学院

television in education, 电化教育, 491

temperance movement, 禁酒运动, 359

Temple University，天普大学，150

Tennessee，田纳西，36，64，116

tennis，网球，388

tenure，终身教职：见 academic tenure，学术终身教职

Texas，得克萨斯，276

Texas, University of，得克萨斯大学，495

Thackeray, William Makepeace，萨克雷，威廉·梅克皮斯，143

theological education，神学教育，339-40，342-4

theological schools，神学院：见 theological education，神学教育

theological societies，神学社团，78-9

Theta Delta Chi，西塔德尔塔西兄弟会，144

Thomas, John M.，托马斯，约翰·M.，421-2

Thomas, M. Carey，托马斯，M. 凯莉，297

Thoreau, Henry David，梭罗，亨利·大卫，236-7

Thornwell, James H.，桑韦尔，詹姆斯·H.，240

Ticknor, George，蒂克纳，乔治，116，118-20，122，124，127，216-17，358

Tocqueville, Alexis de，托克维尔，亚历克西斯·德，66

Todd, John，托德，约翰，326

Torrey, Augustus，托里，奥古斯塔斯，101

Torrey, John，托里，约翰，224

track and field sports，田径运动，154，384，388

transcendentalism，先验论，121

Transylvania University，特兰西瓦尼亚大学，72，206，253

trigonometry，三角学，228

Trinity College (D.C.)，三一学院（华盛顿特区），319

Trinity College (N.C.)，三一学院（北卡）：见 Duke University，杜克大学

trustees，董事：见 governing boards，董事会

Tufts University，塔夫茨大学，214，320

tuition，学费：perpetual scholarship scheme，终身奖学金计划，191-2；faculty salaries vs. tuition rates，教师工资与学费比例，198；and Jacksonian democracy，杰克逊式民主，203；N.Y.U.，纽约大学，332

Tulane University，杜兰大学，320，348

Tunney, Gene，滕尼，吉内，466

Turner, Frederick Jackson，特纳，弗雷德里克·杰克逊，95，409

Turner, Jonathan Baldwin，特纳，乔纳森·鲍德温，255

*Turnvereine*，体育运动俱乐部，152

Tusculum College，塔斯库勒姆学院，74，92，135，194，426

tutorials，导师制，304，456

tutors，导师：vs. professors，与教授，162-4；Henry Flynt，亨利·弗林特，162；revival of，复兴，163

# U

Union College and University，联合学院和大学：petition of 1779，1779 年请

愿书, 35; charter of, 特许状（章程）, 35; motto, 校训, 38; under Pres. Nott, 诺特校长任内, 103, 114, 171, 184; discipline at, 纪律, 107; partial course program, 非全日制课程项目, 113; fraternity movement, 兄弟会运动, 144; antisecret society movement at, 反秘密社团运动, 147; faculty, 教师, 160; endowment of, 捐赠, 184; and state, 州, 187; student scientific society, 学生科学社团, 227; and football, 美式足球, 377

Unitarianism and higher education, 一位论派和高等教育, 55, 69, 72-3, 131, 295

United Brethren, 联合兄弟会, 54

United States Bureau of Education, 联邦教育局, 397, 444

United States Military Academy, 美国军事学院, 67, 119, 216, 228-9, 238, 389

United States Naval Academy, 美国海军学院, 389

United States Office of Education, 联邦教育署, 490

university movement, 大学运动: Philip Lindsley on, 菲利普·林斯利, 117; at Harvard, 哈佛, 120-1, 460-1; University of Virginia, 弗吉尼亚大学, 126-7; and Yale Report of 1828, 1828 年《耶鲁报告》, 134; Lawrence School at Harvard, 哈佛大学劳伦斯学院, 232; in 1850's, 19 世纪 50 年代, 233-5; and Francis Wayland, 弗朗西斯·韦兰, 238-9; Cornell, 康奈尔, 266-8; Johns Hopkins, 约翰·霍普金斯大学, 269-75; Daniel Coit Gilman on 丹尼尔·科伊特·吉尔曼, 273-4; and elective principle, 选修制原则, 305; and colleges, 学院, 329-30, 443-4; university definition, 大学定义, 331-3, 355-6, 462-3; and graduate schools, 研究生院, 334-5; Pres. Eliot on, 埃利奥特校长, 336; fellowships, 奖学金, 336-7; university growth, 大学扩张, 343-4; science vs. secularism, 科学与世俗主义, 346-8; founding of University of Chicago and Stanford, 芝加哥大学和斯坦福大学创立, 349-54; and idea of service, 服务理念, 356-72; "Wisconsin Idea,""威斯康星理念", 363-4; extension courses, 扩展课程, 364; changes in faculty, 教师的变化, 395-410; role of president, 校长的角色, 417-24; benefactors, 捐助者, 424-7; administrative growth, 行政发展, 434-9; search for middle way, 寻找中间路线, 445; acceleration movement, 快速修读运动, 446-8; counterrevolution of 1920's, 20 世纪 20 年代的反革新, 449; 参见 academic freedom, 学术自由; elective principle, 选修制原则; faculty, 教师; federation, 联邦; fellowships, 奖学金; German university influence, 德国大学的影响; purposes of colleges and universities, 学院与大学的目的; professionalism, 职业化; standardization, 标准化; university presses, 大学出版社; visiting professors, 客座教授

University of, 大学: 见 by name of state, 各州名录

University of the City of New York, 纽约市立大学: 见 New York University, 纽约大学

university presses, 大学出版社, 407

urban colleges and universities, 城市学院与大学: 见 agrarian myth, 农耕神话; collegiate way, 学院方式

Urbana College, 乌尔班纳学院, 54

# V

Vacations, 假期, 119-20

Vanderbilt, Cornelius, 范德比尔特, 科尼利厄斯, 424

Vanderbilt University, 范德比尔特大学, 69, 306, 327, 335, 344-6, 348, 411, 424

Van Hise, Charles R., 范·海斯, 查尔斯·R., 289, 348, 362

Van Rensselaer, Stephen, 范·伦斯勒, 斯蒂芬, 229-30

Vassar, Matthew, 瓦萨, 马修, 244, 317, 318

Vassar College, 瓦萨学院, 178, 244, 318, 326, 367

Veblen, Thorstein, 凡勃伦, 索斯坦, 418

Vermont, 佛蒙特, 186, 189

Vermont, University of, 佛蒙特大学, 73, 107, 112, 121-2, 133, 144, 177,

183, 257, 496

veterinary education, 兽医教育, 262, 343

Vethake, Henry, 维塔克, 亨利, 330

Vincennes College, 文森斯学院, 52

Virgil's tomb, 弗吉尔的坟墓, 66

Virginia, 弗吉尼亚, 7-8, 186, 249

Virginia, University of, 弗吉尼亚大学: founding, 创立, 125; Jefferson on, 杰斐逊, 51; and sectarianism, 教派主义, 69; division into schools, 学院制, 125; elective principle, 选修制原则, 127; awards M.A., 颁发文学硕士学位, 126-7; and Yale Report,《耶鲁报告》, 131-3; gymnasium, 体育馆, 153; faculty, 教师, 158, 193, 270-1, 326; and William Barton Rogers, 威廉·巴顿·罗杰斯, 225; and University of Arkansas, 阿肯色大学, 345; student Civic Club, 学生公民俱乐部, 366; student government, 学生会, 369; formalizes honor code, 确立荣誉准则, 370; football, 美式足球, 388

visiting professors, 客座教授, 343-4

vocational education, 职业教育: in Jacksonian era, 杰克逊时代, 207; Henry Tappan on, 亨利·塔潘, 234; Ezra Cornell on, 埃兹拉·康奈尔, 266-7; at Cornell, 康奈尔大学, 268; in state universities, 州立大学, 332; professional-vocational distinction, 专业-职业区分, 339-40; R. M. Hutchins on, 哈钦斯, 479-80; 参见 apprenticeship, 学徒制; professional education, 专业教育

# W

Wabash College, 沃巴什学院, 46, 52, 83, 144, 193, 214, 217, 297, 323, 377, 419, 444

Waddel, Moses, 瓦德尔, 摩西, 105

Wake Forest College, 维克森林学院, 83

Walker, Amasa, 沃克, 阿马萨, 195

Walsh, Thomas, 沃尔什, 托马斯, 297

War of 1812, 1812年战争, 177

Warfield, Ethelbert D., 沃菲尔德, 埃塞尔伯特·D., 437

Washington, George, 华盛顿, 乔治, 14, 42

Washington and Jefferson College, 华盛顿和杰斐逊学院, 144

Washington State University, 华盛顿州立大学, 253, 261, 392

Wayland, Francis, 韦兰, 弗朗西斯, 90, 99, 107, 122, 127, 141, 151, 172, 198, 200, 220, 222, 237-40, 263, 295-6, 301, 419, 441, 492

Wayne State University, 韦恩州立大学, 493

Webster, Daniel, 韦伯斯特, 丹尼尔, 209

Webster, Noah, 韦伯斯特, 诺厄, 42-3

Welch, Adornjah S., 韦尔奇, 阿多奈贾·S., 262

Welch, Mary B., 韦尔奇, 玛丽·B., 262

Wellesley College, 韦尔斯利学院, 89, 178, 316-18, 327-8, 367

Wesleyan University (Conn.), 卫斯理大学 (康涅狄格州): and Methodism, 卫理公会, 56, 322; parallel course at, 平行课程, 115; and George William Curtis, 乔治·威廉·柯蒂斯, 142; fraternities, 兄弟会, 144; gymnasium, 体育馆, 153; and Isaac Rich, 艾萨克·里奇, 179; perpetual scholarships, 终身奖学金, 191; student scientific society, 学生科学社团, 227; coeducation, 男女同校, 322; honor system, 荣誉制度, 370-1; general education, 通识教育, 455-6

West, Andrew Fleming, 韦斯特, 安德鲁·弗莱明, 100, 401

West Point, 西点: 见 United States Military Academy, 美国军事学院

West Virginia, 西弗吉尼亚, 276

West Virginia, University of, 西弗吉尼亚大学, 253

Westchester County (N.Y.), 韦斯特切斯特县 (纽约州), 21

Western Reserve University, 西储大学, 54, 70, 144, 213-14, 320

Western Union, 西联, 266

Westminster Confession,《威斯敏斯特信仰告白》, 18

Wheaton College (Ill.), 惠顿学院 (伊利诺伊州), 71

Wheeler, Benjamin Ide, 惠勒, 本杰明·艾德, 348, 380

Wheelock, Eleazor, 惠洛克, 埃莱亚撒, 11, 101, 104, 165, 198, 208

Wheelock, John, 惠洛克, 约翰, 170, 207-12

Whipple, Edwin P., 惠普尔, 埃德温·P., 142

Whistler, James McNeill, 惠斯勒, 詹姆

索引

629

斯·麦克尼尔, 229

White, Andrew D., 怀特, 安德鲁·D., 62, 68, 234, 244-6, 266-8, 270, 300, 316, 327, 343-4, 352, 361, 373, 384, 421, 445, 492

Whitefield, George, 怀特菲尔德, 乔治, 17

Whitman College, 惠特曼学院, 53

Wigglesworth, Edward, 威格尔沃思, 爱德华, 159

Willard, Emma, 威拉德, 艾玛, 310

William and Mary, College of, 威廉玛丽学院: in colonial period, 殖民地时期, 7-8; and Queen's College (Oxford), 牛津大学的女王学院, 24; during American Revolution, 美国独立战争期间, 34; and Jefferson, 杰斐逊, 36, 40-1, 342; and French, 法国, 38; and curriculum, 课程, 40-1; nonclergy presidents, 非神职人员校长, 170; William Barton Rogers, 威廉·巴顿·罗杰斯, 225; elective principle at, 选修制原则, 302; law professorship, 法律教授, 342

Williams, Azariah, 威廉姆斯, 阿扎赖亚, 183

Williams, Jonathan, 威廉姆斯, 乔纳森, 228

Williams College, 威廉姆斯学院: and French, 法国, 38; and religion, 宗教, 38, 55, 76, 78-9, 82; fire, 火灾, 46; and Pomona, 波莫纳, 53; and Amherst, 阿默斯特, 55; Pres. Griffin, 格里芬校长, 55; and sectarianism, 教派主义, 68; foreign missionary movement, 海外传教运动, 72; rebellion, 骚乱, 98; commons of, 公共食堂, 102; discipline, 纪律, 107; moral philosophy course, 道德哲学课程, 141; Ralph Waldo Emerson at, 拉尔夫·沃尔多·爱默生, 142; literary-society libraries, 文学社团的图书馆, 143; fraternities, 兄弟会, 147-8; athletics, 体育运动, 151-4; governing board, 董事会, 174; Amos Lawrence, 阿莫斯·劳伦斯, 179; salaries, 工资, 193, 195; astronomical observatory, 天文台, 225; scientific societies, 科学社团, 227-8; Mark Hopkins, 马克·霍普金斯, 243; Ira Remsen, 伊拉·雷姆森, 271; prizes, 奖项, 288; and women's colleges, 女子学院, 318; coeducation, 男女同校, 321; honor system, 荣誉制度, 371; Pres. Garfield, 加菲尔德校长, 378; John Bascom, 约翰·巴斯科姆, 399; alumni trustee movement, 校友董事运动, 428; Prof. Griffin, 格里芬教授, 445-6; entrance as sophomores, 直接进入二年级, 446n.; and *Mein Kampf*, 《我的奋斗》, 467

Williston, Samuel, 威利斯顿, 塞缪尔, 179

Wilson, Woodrow, 威尔逊, 伍德罗, 271, 338, 362, 365, 368

Winchell, Alexander, 温切尔, 亚历山大, 411

Winthrop, John, 温思罗普, 约翰, 5, 28

Wisconsin, 威斯康星州, 277

Wisconsin, University of, 威斯康星大

学: and religion, 宗教, 77; land-grant college, 赠地学院, 253; agricultural course, 农业课程, 258; and farmers, 农民, 258-9; and university movement, 大学运动, 277; certification system, 认证系统, 284; student motivation, 学生动机, 289-90; coeducation, 男女同校, 314, 319; John Bascom, 约翰·巴斯科姆, 321; graduate school, 研究生院, 335; Pres. Van Hise, 范·海斯校长, 348; Pres. Chamberlin, 钱伯林校长, 351; "Wisconsin Idea," "威斯康星理念", 363-4; extension courses, 扩展课程, 363; honor system, 荣誉制度, 371; football, 美式足球, 379; F. J. Turner, F.J. 特纳, 409; Richard T. Ely case, 理查德·T. 埃利案, 414; Catholic Club at, 天主教俱乐部, 459; on foundation support, 基金会的支持, 465; Experimental College, 实验学院, 477-8

Wittenberg College, 维滕堡学院, 54

Wofford College, 沃福德学院, 83, 139, 159, 191, 193-4

women's higher education, 女子高等教育: Cornell and Vassar, 康奈尔大学和瓦萨学院, 244, 316-18; elective principle in, 选修制原则, 303; influence of Enlightenment, 启蒙的影响, 308; Benjamin Rush on, 本杰明·拉什, 308-9; women's rights movement, 妇女权利运动, 310-11; Oberlin, beginning of, 奥柏林的开端, 311; and curricula, 课程, 317-18, 326; coeducation, 男女同校, 321-5; and junior colleges, 初级学院, 479

women's rights movement, 妇女权利运动, 310

Woodrow, James, 伍德罗, 詹姆斯, 104

Woodrow, Thomas, 伍德罗, 托马斯, 411

Woolsey, Theodore Dwight, 伍尔西, 西奥多·德怀特, 129

Wooster, College of, 伍斯特学院, 65, 301, 411, 444

Wren, Christopher, 雷恩, 克里斯托弗, 34

Wrestling, 摔跤, 152

Wright, Henry Parks, 赖特, 亨利·帕克斯, 435-56

Würzburg, University of, 维尔茨堡大学, 396

Wylie, Andrew, 怀利, 安德鲁, 46

# X

Xavier(Ohio), 泽维尔（俄亥俄州）, 54

# Y

Yale, Elihu, 耶鲁, 伊莱休, 8-9, 178

*Yale Lit*, 《耶鲁文学》, 143

Yale University, 耶鲁大学: origins, 起源, 8-10; governing board, 董事会, 15, 36, 167; curriculum, 课程, 26, 114, 302; science at, 科学, 29, 223-4, 231-2, 246, 347; and Benjamin Franklin, 本杰明·富兰克林, 29; mathematics, 数学, 29-30; during American Revolution, 美国独立战争期间, 34; and Pomona,

波莫纳, 53; and religion, 宗教, 17-18, 70, 73, 77, 77n., 79-80; student Moral Society, 学生道德协会, 78; Pres. Porter, 波特校长, 89, 108-9; George Santayana, 乔治·桑塔亚纳, 91; rebellion, 骚乱, 98; dormitories, 宿舍, 99-100; Commons at, 公共食堂, 102, 205-6; 1745 codification of laws, 1745年的法典编纂, 105-6; Timothy Dwight and, 蒂莫西·德怀特, 107; discipline, 纪律, 107; collegiate way vs. university development, 学院方式与大学发展, 108, 331, 445; enrollment, 招生, 114; 1828 report of faculty, 1828年的教师报告, 130-5; a national college, 全国性学院, 131; and Tusculum, 塔斯库勒姆, 135; literary societies, 文学社团, 137-8; fraternities, 兄弟会, 144; and athletics, 体育运动, 151, 153, 374-6, 378, 385, 389, 392-3; tutors, 导师, 163; professors, 教授, 165, 195; Elihu Yale, 伊莱休·耶鲁, 178; Daniel Coit Gilman, 丹尼尔·科伊特·吉尔曼, 233; Andrew D. White on, 安德鲁·D.怀特, 246; science of agriculture at, 农业科学, 248; as land-grant college, 赠地学院, 253; and Ph.D., 博士, 269, 396; and state university movement, 州立大学运动, 278; admission, 入学, 285; Lucinda Foote, 露辛达·富特, 307; liberal arts, 自由教育科目, 324-5; graduate education, 研究生教育, 334-5; fellowships, 奖学金, 336; vocational programs at, 职业项目, 339;

theology, 神学, 342; honor system, 荣誉制度, 371; university press, 大学出版社, 407; nonclergy president, 非神职人员校长, 419; Pres. Hadley, 哈德利校长, 421; Noah Porter, 诺厄·波特, 429; Dean Jones, 琼斯院长, 435; Dean Wright, 赖特院长, 435-6; lectures at, 讲座, 449-50; Lucius Beebe, 卢修斯·毕比, 454; honors program, 荣誉课程, 456-7; Harkness college system, 哈克尼斯学院体系, 460-2; William Lyon Phelps, 威廉·莱昂·费尔普斯, 466; Pres. Griswold, 格里斯沃尔德校长, 492; 参见 Sheffield Scientific School, 谢菲尔德科学学院; Yale Report of 1828, 1828年《耶鲁报告》

Yale Report of 1828, 1828年《耶鲁报告》: importance, 重要性, 131, 134-5; content, 内容, 131-4; and fraternity movement, 兄弟会运动, 149; and faculty salaries, 教师工资, 200; and Andrew Jackson, 安德鲁·杰克逊, 201; and Francis Wayland, 弗朗西斯·韦兰, 222; and R.P.I., 伦斯勒理工学院, 229-30; and curriculum, 课程, 238, 262, 341, 442; and R. M. Hutchins, R. M. 哈钦斯, 479

Yost, Fielding, 约斯特, 菲尔丁, 388-9

Young Men's Christian Association, 基督教青年会, 79-80, 362, 372

# Z

Zoology, 动物学, 222, 232, 247, 400

图书在版编目(CIP)数据

美国学院和大学史/(美)弗雷德里克·鲁道夫著;王晨译.—北京:商务印书馆,2024
(大学、思想与社会)
ISBN 978-7-100-23481-8

Ⅰ.①美… Ⅱ.①弗… ②王… Ⅲ.①高等学校—校史—美国 Ⅳ.①G649.712.8

中国国家版本馆CIP数据核字(2024)第050711号

权利保留,侵权必究。

大学、思想与社会
**美国学院和大学史**
〔美〕弗雷德里克·鲁道夫 著
王 晨 译

商 务 印 书 馆 出 版
(北京王府井大街36号 邮政编码100710)
商 务 印 书 馆 发 行
北京通州皇家印刷厂印刷
ISBN 978-7-100-23481-8

2024年7月第1版 开本 880×1230 1/32
2024年7月北京第1次印刷 印张 20 3/8
定价:98.00元